ISBN 978-0-266-44491-6
PIBN 10612582

This book is a reproduction of an important historical work. Forgotten Books uses
state-of-the-art technology to digitally reconstruct the work, preserving the original format
whilst repairing imperfections present in the aged copy. In rare cases, an imperfection in
the original, such as a blemish or missing page, may be replicated in our edition. We do,
however, repair the vast majority of imperfections successfully; any imperfections that
remain are intentionally left to preserve the state of such historical works.

Archiv

für

Geschichte der Philosophie.

Archiv

für

Geschichte der Philosophie

in Gemeinschaft mit

Hermann Diels, Wilhelm Dilthey, Benno Erdmann und Eduard Zeller

herausgegeben

von

Ludwig Stein.

Band II.

Berlin.
Druck und Verlag von Georg Reimer.
1889.

Inhalt.

Jahresbericht

über

sämmtliche Erscheinungen auf dem Gebiete der Geschichte
der Philosophie.

Archiv

für

Geschichte der Philosophie.

II. Band 1. Heft.

I.

Ἡγεμονία und δεσποτεία bei Xenophanes.

Von

E. Zeller in Berlin.

Die pseudoplutarchischen Στρωματεῖς (b. Eus. pr. ev. I, 8, 4) berichten über Xenophanes, unzweifelhaft nach Theophrast: ἀποφαίνεται δὲ καὶ περὶ θεῶν ὡς οὐδεμιᾶς ἡγεμονίας ἐν αὐτοῖς οὔσης· οὐ γὰρ ὅσιον δεσπόζεσθαί τινα τῶν θεῶν· ἐπιδεῖσθαί τε μηδενὸς αὐτῶν μηδένα μηδ' ὅλως. Diese Stelle schien mir und andern die Meinung, dass die Götter ein Oberhaupt über sich haben, unbedingt zu bestreiten, ebendamit aber die Vielheit der Götter, die ohne ein solches nicht gedacht werden kann und von den Griechen nicht gedacht wurde, aufzuheben. Freudenthal[1]) glaubt jedoch, dieselbe gestatte auch eine andere Deutung. Von einer Hegemonie ιter den Göttern werde X. selbst in diesem Zusammenhang nicht dᵏrochen, sondern nur „die despotische Beherrschung“ der unteren hᵃˡ₎r durch Zeus bestritten haben; und dies habe er ebensogut ἡῃεₗ können, als es Euripides (Herc. fur. 1343) in Nachbildung nᵒᵖˡs Fragments thut, ohne darum die Vielheit der Götter in Hombᵗ_u stellen. Allein bedeutet δεσπόζειν (um damit zu beginnen) ʰahe gₓ was wir unter einer despotischen Herrschaft verstehen, etwas äᵣ—

er bestᵣᵉogie d. Xenoph. 10f. Archiv I, 339 ff.

eine harte, rücksichtslose, die Rechte der Unterthanen nicht achtende Herrschaft? Was den δεσπότης, das δεσπόζειν, die δεσποτεία von andern die Herrschaft bezeichnenden Ausdrücken unterscheidet, ist lediglich die Unbeschränktheit der Herrschergewalt, nicht die Härte und Gewaltthätigkeit, mit der sie ausgeübt wird. Δεσπότης ist der Herr im Verhältniss zum Sklaven, die Seele (s. u.) im Verhältniss zu ihrem Leibe, der Eigenthümer im Verhältniss zu seinem Eigenthum: der δεσποτεία entspricht als ihr Correlatbegriff (z. B. bei Plato Phädo 80 A. Parm. 133 Df.) die δουλεία. Die Götter sind δεσπόται der Menschen, wie sie ja stehend genannt werden, weil diese ihr Eigenthum (κτῆμα Plato Phädo 62 B) sind; ihre Herrschaft kann überhaupt nur eine „Despotie" sein, weil sie kein Gesetz über sich haben, durch welches dieselbe beschränkt würde: die δεσποτεία αὐτή ist (Parm. 134 D) bei den Göttern. Schon hieraus folgt, dass bei derselben nicht an eine harte und gewaltthätige Herrschaft, sondern lediglich an die absolute Herrschermacht zu denken ist, deren Besitz ein Attribut der Gottheit ist: in jenem Sinn hätte ihr nicht blos das δεσπόζεσθαι sondern auch das δεσπόζειν abgesprochen werden müssen. Das gleiche ergibt sich für den allgemeinen Sprachgebrauch aus dem platonischen Phädo 63 C. 69 D, wo Sokrates die Hoffnung ausspricht, in den Göttern der Unterwelt wie in denen der Oberwelt δεσπότας ἀγαθούς, gütige Herren, zu finden: von Despoten in unserem Sinn kann ja in diesem Fall nicht gesprochen werden. Wenn endlich bei Theophrast (Ps. Plutarch) an den Satz, dass kein Gott einen Herrn haben könne, sich das Wort von der Bedürfnisslosigkeit der Götter anschliesst, so sehen wir aus der Stelle des Euripides, in welcher Freudenthal so überzeugend eine Benützung derselben Xenophanes-Verse aufgezeigt hat, deren Inhalt der angebliche Plutar wiedergibt, dass die Bedürfnisslosigkeit der Götter von dem ph sophischen Dichter zur Begründung der Behauptung verwe worden war, keiner von ihnen sei der Herr des andern. Herakles sagt hier, indem er die herrschenden Vorstellunger die Götter bestreitet: οὔτ' ἠξίωσα πώποτ' οὔτε πείσομαι — οἱ ἄλλου δεσπότην πεφυκέναι — δεῖται γὰρ ὁ θεὸς εἴπερ ἔστ' ὄντω δενός. Was liess sich aber durch die Bedürfnisslosigkeit ι

begründen? Dass ihre Herrschaft keine gewaltthätige sei, offenbar
nicht. Auch das aber nur sehr gezwungen, dass kein Gott einen Herrn
über sich habe; sondern nur das, wovon auch Euripides allein redet,
dass keiner Herr sei, weil keiner eines Dieners bedürfe. Xenophanes
muss daher an der Stelle, von der uns bei Euseb. nur ein knapper
Auszug erhalten ist, nicht blos ausgeführt haben, dass das δεσπόζεσθαι, sondern auch, dass das δεσπόζειν sich mit dem Wesen der Gottheit nicht vertrage; und von dem δεσπόζειν kann er nicht im Sinn
einer despotischen, d. h. gewaltthätigen Herrschaft gesprochen haben,
die das Wort als solches gar nicht bezeichnet, sondern nur in
demselben Sinn, in dem die Götter allgemein δεσπόται genannt
werden, in dem einer unbedingten Herrschaft. Es entspricht daher
seiner Meinung vollkommen, wenn ihm der angebliche Aristoteles
De Xenoph. 3. 977 a 23 ff. die Behauptung zuschreibt, als der
κράτιστος ἁπάντων könne Gott nur Einer sein, τοῦτο γὰρ θεὸν καὶ
θεοῦ δύναμιν εἶναι, κρατεῖν, ἀλλὰ μὴ κρατεῖσθαι ... πεφυκέναι γὰρ
θεὸν μὴ κρατεῖσθαι, wenn also das δεσπόζεσθαι hier durch κρατεῖσθαι erklärt wird, und wenn ebenso Theophrast a. a. O. ἡγεμονία
dafür setzt — das gleiche Wort, welches auch bei Plato, vielleicht
in Erinnerung an die Verse des Xenophanes, einem δεσπόζειν
entspricht. Plato sagt nämlich Phädo 80 A über Leib und
Seele: τῷ μὲν δουλεύειν καὶ ἄρχεσθαι ἡ φύσις προστάττει, τῇ δὲ
ἄρχειν καὶ δεσπόζειν, und er findet, dass die Seele eben darin
ihre Gottverwandtschaft an den Tag lege; ἢ οὐ δοκεῖ σοι τὸ μὲν
θεῖον οἷον ἄρχειν τε καὶ ἡγεμονεύειν πεφυκέναι, τὸ δὲ θνητὸν ἄρχεσ-
θαί τε καὶ δουλεύειν; Um so weniger haben wir Anlass zu der Vermuthung, die ἡγεμονία in der Plutarchstelle sei Xenophanes erst
von Theophrast oder seinem Bearbeiter geliehen. Denn kann auch
dieses Substantiv freilich in seinen Hexametern nicht gestanden
haben, so hindert doch nichts, dass das entsprechende Verbum,
ἡγεμονεύειν, darin stand; und dieses ist auch nicht allein für Xenophanes, der es damit nicht sehr genau nimmt, sondern auch für
Homer und Pindar nicht zu „prosaisch". Gesetzt, Xenophanes
habe geschrieben: οὐ γάρ τοι θέμις ἐστὶ θεοῦ θεὸν ἡγεμονεύειν, oder
etwas ähnliches, so hätte Theophrast allen Anlass gehabt, zu sagen:
er bestreite, dass unter den Göttern eine Hegemonie sei. Ja es

scheint mir, dass er ohne eine solche Veranlassung sich dieses von
der Herrschaft des Zeus über die Olympier sonst nie oder nur sehr
selten vorkommenden Ausdrucks kaum bedient haben würde.

Dass nun aber Xenophanes die Beherrschung der Götter durch
einen aus ihrer Mitte hätte bestreiten können, ohne darum die
Vielheit der Götter aufzugeben, dies wird m. E. durch das Beispiel des Euripides nicht dargethan. Ob dieser Schüler des Anaxagoras und der Sophisten den Polytheismus seines Volks für seine
Person wirklich getheilt hat, mag dahin gestellt bleiben — mir ist
es sehr zweifelhaft. Aber wie Dem sei, so lässt sich doch seine
Stellung zu unserer Frage mit der des Xenophanes nicht vergleichen. Er ist ein Dramatiker und braucht das, was er seinen
Helden in den Mund legt, so wenig zu vertreten als etwa Schiller
den Atheismus Talbots und den Katholicismus Mortimers; und er
lässt bekanntlich die widersprechendsten Dinge, gerade über die
Götter, oft in Einem Athem vortragen. Bei Xenophanes dagegen
handelt es sich um die ernsten Ueberzeugungen eines bedeutenden
Denkers; und einem solchen darf man augenscheinliche Widersprüche nicht ohne zwingende Gründe schuldgeben. Freudenthal sucht dies durch seine Erklärung des δεσπόζεσθαι zu vermeiden; wer sich von der Zulässigkeit dieser Erklärung nicht überzeugen kann, wird sich auch den weiteren Folgerungen aus
Theophrast's Aussage nicht entziehen können.

II.

Zu Aristoteles De memoria 2. 452 a 17 f.

J. Freudenthal in Breslau.

In seinen lehrreichen Untersuchungen zur Philosophie
der Griechen giebt Siebeck eine interessante Deutung der schwierigen Worte des Aristoteles De memor. 2. 452 a 17 f. Dieselbe ist
durchaus originell, beseitigt aber die vorliegenden Schwierigkeiten
nicht, sondern vermehrt sie durch die, wie es scheint, ungerechtfertigte Einführung logischer Beziehungen in eine psychologische
Erkenntniss. Da es sich hier um die von Aristoteles zuerst entwickelte[1]), für die moderne Psychologie grundlegend gewordene
Lehre von der Association der Vorstellungen handelt, seien die Bedenken gegen Siebecks Erklärung offen ausgesprochen.

Aristoteles' Worte lauten bei Bekker (Z. 17):

ἔοικε δὴ καθόλου ἀρχὴ καὶ τὸ μέσον πάντων· εἰ γὰρ μὴ
πρότερον, ὅταν ἐπὶ τοῦτο ἔλθῃ μνησθήσεται, ἢ οὐκέτ' οὐδὲ
ἄλλοθεν. οἷον εἴ τις νοήσειεν ἐφ' ὧν ΑΒΓΔΕΖΗΘ· εἰ
20 γὰρ μὴ ἐπὶ τοῦ Ε μέμνηται, ἐπὶ τοῦ ΕΘ ἐμνήσθη· ἐντεῦθεν
γὰρ ἐπ' ἄμφω κινηθῆναι ἐνδέχεται, καὶ ἐπὶ τὸ Δ καὶ ἐπὶ
τὸ Ε. εἰ δὲ μὴ τούτων τι ἐπιζητεῖ, ἐπὶ τὸ Γ ἐλθὼν μνησθήσεται, εἰ τὸ Η ἢ τὸ Ζ ἐπιζητεῖ· εἰ δὲ μή, ἐπὶ τὸ Α· καὶ
οὕτως ἀεί.

Zu diesem Texte, der vollständig sinnlos ist, bieten die Handschriften, alten Commentatoren und Uebersetzungen zahlreiche

---

[1]) Den Grund aber zur Lehre von der Association der Vorstellungen hat
schon Platon gelegt, wie das aus Phaedon 73 B f. hervorgeht.

Varianten dar [2]), von denen bald diese bald jene von den neueren
Erklärern und Herausgebern benutzt worden sind. Auch Siebeck
giebt, wie billig, die Vulgata auf und schlägt (S. 155 f.) folgende
Aenderungen vor: Z. 17 wird mit B [3]) τὸ vor καθόλου eingefügt,
Z. 20 HO statt EΘ mit Υ gelesen, das. ἐπὶ ohne handschriftliche
Gewähr gestrichen und endlich Z. 23 Δ statt A (mit Υ) geschrieben.
Hierdurch soll das Recht zu folgender Erklärung gewonnen sein.
'Das Allgemeine (τὸ καθόλου) und der Mittelbegriff (τὸ μέσον) sind
das Princip für das richtige Treffen bei der absichtlichen Wieder-
erinnerung' ... 'HO steht als Schema des καθόλου gegenüber den
einzelnen E und Δ. Wenn man sich auf E (das Einzelne) nicht
besinnt, so kommt man vielleicht bei (durch) HΘ (dem Allgemeinen)
darauf, denn von dort aus ist es leicht, sich auf Beides, sowohl
auf E als auf Δ zu besinnen'. Als Zeichen für das Allgemeine
sind die am Ende der Reihe stehenden HΘ gewählt, weil das καθόλου
vom Inhalte der gegebenen Wahrnehmungen am weitesten abliegt.
Von HO aus soll aber gerade E und Δ leicht reproducirbar sein,
weil unter dem H das E, unter Θ das Δ mitenthalten gedacht wird,
wie das Einzelne unter der Gattung.

Mit dem Satze (Z. 22—23) εἰ δὲ μὴ—ἐπὶ τὸ Δ soll dagegen die
Association durch den Mittelbegriff veranschaulicht werden, der ja
nach Aristoteles 'Wesen und Grund einer Sache enthält'. 'Γ und
Δ gehören zur Mitte ΓΔE; insofern bedingen sie die Reproduction
durch den engen begrifflichen Zusammenhang, in welchem sie zu
den gesuchten Z und H stehen und zwar um so besser, je näher
sie diesen sind'. Als Beispiel wird die von Aristoteles so oft gegebene Definition der ἔκλειψις angeführt, für die Siebeck folgendes
Schema aufstellt (S. 157):

$$\text{ἔκλειψις} = \underbrace{\text{ὑπὸ γῆς}}_{} \text{ἀντιφράξεως} \underbrace{\text{ἀπὸ σελήνης}}_{} \text{στέρησις φωτός.}$$
A(B)   Γ   Δ   E   Z   H

Das Allgemeine und der Mittelbegriff sollen also Ausgangspunkte (ἀρχαί), oder nach Siebeck 'Principien' für die Erinnerung

---

[2]) Die wichtigsten derselben sind Rh. Mus. 1869 S. 410 mitgetheilt.

[3]) Ueber diese und andere hier angewendete Abkürzungen vgl. Rh. Mus.
1869 S. 87.

durch Ideenassociation sein. Nicht aber von der logischen Verbindung der Begriffe, sondern von der Verknüpfung der Einzelvorstellungen auf Grund ihres zeitlichen oder räumlichen Zusammenhanges, ihrer
Aehnlichkeit oder ihres Gegensatzes (451 b 19) spricht Aristoteles
in den zwei Capiteln seiner Abhandlung über das Gedächtniss —
seiner ausführlich entwickelten Lehre gemäss, dass Gedächtniss und
Erinnerung Thätigkeiten des Sinnesorganes sind, dem Denken aber
nur accidenteller Weise zukommen, d. h. nur insofern Begriffe von
Einzelvorstellungen begleitet werden; denn 'der Vorgang der Erinnerung ist somatischer Art'[4]). Dass Aristoteles hier die Ideenassociation auf die logischen Beziehungen des Allgemeinen zum
Einzelnen, des Mittelbegriffes zu den äusseren Begriffen zurückgeführt haben sollte, ist nicht glaublich. Wendet man ein, dass die
ausgeführte Verbindung der Begriffe auch eine Association der entsprechenden Vorstellungen schaffe, so ist das richtig, aber nirgends
von Aristoteles hervorgehoben worden. Er erkennt nur die bekannten
oben erwähnten vier Principien der Association an (451 b 19 f.).
Warum, wenn Siebecks Deutung richtig wäre, fügte er daselbst diesen
vier nicht das Allgemeine und den Mittelbegriff als weitere Principien
hinzu? — Aber es ist gar nicht zuzugeben, dass das καθόλου als
solches zur Auffindung der vergessenen Einzelvorstellung uns führen
könne. Denn alle Einzelvorstellungen haben zu dem ihnen über-
geordneten Allgemeinen die gleiche Verwandschaft. Soll uns also
ein allgemeines H durch Association zu einem bestimmten Einzelnen
E führen, so muss das aus anderen Gründen geschehen, als weil
jenes καθόλου, dieses ein καθ' ἕκαστον ist, so muss eine der genannten vier Principien der Association den Uebergang vermitteln:
das καθόλου an sich ist also nicht ἀρχὴ πάντων.

Mit dem καθόλου fällt auch das μέσον in Siebecks Erklärung;
denn das von Aristoteles gewählte Schema verliert, bloss auf den
Mittelbegriff bezogen, jeden Sinn. Doch lässt sich die Unhaltbar-
keit der Siebeckschen Deutung auch in Bezug auf das μέσον besonders darthun.

---

[4]) De mem. 1. 451 a 14 μνήμη καὶ τὸ μνημονεύειν ... φαντάσματος ἕξις καὶ ..
τοῦ πρώτου αἰσθητικοῦ. 450 a 12 ἡ δὲ μνήμη καὶ ἡ τῶν νοητῶν οὐκ ἄνευ φαντά-
σματός ἐστιν. 2. 453 a 14 σωματικόν τι τὸ πάθος;.

Vom Mittelbegriffe sollen wir auf dem Wege der Association
leicht zu den äusseren Begriffen gelangen, weil er 'das Wesen und
den Grund einer Sache enthält' (nach Anal. post. II 2. 90 a 9 f.).
Ist aber die eigentliche Ursache der Association die causale Verknüpfung des μέσον mit den ἄκρα, warum bezeichnet Aristoteles
nicht, wie z. B. Hume und Beneke es thun, die Causalität als ἀρχὴ
πάντων, sondern vielmehr die durch ein Schlussverfahren hergestellte
logische Verbindung durch den Mittelbegriff? — Nicht jedes μέσον
ferner enthält das αἴτιον[5]). Ist auch in diesem Falle das μέσον die
ἀρχὴ πάντων? Bejahen wir das, weil Aristoteles keine Ausnahme
angiebt, warum sollte da nicht jede durch irgend ein Urtheil geschaffene Verknüpfung von Begriffen zur Erzeugung einer Association
genügen?

Und nun prüfe man auch den aristotelischen Text im einzelnen.
Es ist zunächst auffällig, dass Aristoteles zwei so verschiedene Beziehungen, wie die des Allgemeinen zum Einzelnen und des Mittel-
begriffs zu den äusseren Begriffen an Einem und demselben Beispiele, ohne den Uebergang vom καθόλου zum μέσον irgendwie anzudeuten, veranschaulicht haben sollte. Wer sagt uns, dass H Z. 19
das Allgemeine, Z. 23 aber das ἄκρον, dass Δ Z. 22 das Einzelne,
Z. 23 aber das μέσον bezeichnet?

Dass in dem Satze ἔοικε δὴ κτλ. (Z. 17) thatsächlich nicht von
zwei ἀρχαί die Rede sein kann, beweist der Singular τοῦτο (Z. 18),
der auf die ἀρχή zurückweist. Und dass nicht das Verhältniss des
Allgemeinen zu den einzelnen Gliedern Z. 19—22 erörtert wird,
geht aus dem ἄμφω (Z. 21) hervor, das nach Siebeck zwei beliebige
vorher nicht genannte Einzelne bezeichnen müsste.

Wie unpassend sind ferner nach Siebecks Erklärung die Zeichen
für die associirten Begriffe gewählt! Die am Ende der Reihe stehenden HΘ hat Aristoteles nach Siebeck zum Zeichen für das Allgemeine gebraucht, 'weil das Begriffliche, Gattungsmässige vom sinnlich Einzelnen ... am weitesten abliegt'. Liegt aber E, das Ein-

---

[5]) Anal. post. I c. 13: τὸ δὲ ὅτι διαφέρει καὶ τὸ διότι ἐπίστασθαι ἕνα μὲν
τρόπον .... ἄλλον δὲ εἰ δι' ἀμέσων μὲν, ἀλλὰ μὴ διὰ τοῦ αἰτίου, ἀλλὰ τῶν ἀντι-
στρεφόντων διὰ τοῦ γνωριμωτέρου (γίγνεται ὁ συλλογισμός).

zelne, wirklich von HΘ am weitesten ab? Und ist nicht auch Z, das H Zunächstliegende, ein Einzelnes in diesem Schema? —

Wann ferner hat Aristoteles zur Bezeichnung von Gegensätzen, wie einzelne Glieder und Allgemeines, die gleichartige Folge einer Buchstabenreihe, wie hier ΑΒΓΔΕΖΗΘ, gewählt? Warum bezeichnet er das Allgemeine durch zwei Buchstaben HO? Warum bedient er sich zur Bezeichnung des Verhältnisses vom μέσον zu den zwei ἄκρα hier der Reihe ΑΒΓΔΕΖΗ, während er es doch sonst nur durch drei Buchstaben selbst da veranschaulicht, wo ein Glied aus mehreren Begriffen besteht. So z. B. bei dem von Siebeck selbst gewählten Beispiele von der Mondfinsterniss (Anal. post. II 8. 93 a 30 f. 37 f.): σελήνη Γ, ἔκλειψις Α, τὸ πασσελήνου σκιὰν μὴ δύνασθαι ποιεῖν μηδενὸς ἡμῶν μεταξὺ ὄντος φανεροῦ, ἐφ᾽ οὗ Β.

Doch diese wunderliche Wahl der Buchstaben mag dahingestellt bleiben; jedenfalls aber dürfte man wohl erwarten, dass das von Siebeck gewählte Schema die aristotelische Lehre von der Association durch den Mittelbegriff einigermaassen veranschauliche. Das ist aber keineswegs der Fall. Das Schema ist nach Siebeck:

ἔκλειψις = ὑπο γῆς ἀντιφράξεως ἀπὸ σελήνης στέρησις φωτός

A(B)   Γ   Δ   E   Z   H

Und zur Erläuterung fügt Siebeck hinzu (S. 157): 'Worauf man sich zu besinnen sucht, ist der Vorgang und das Wesen der ἔκλειψις. Die Erinnerung blos an A und B (ἔκλειψις) bringt die gewünschte Einsicht noch nicht zurück, wohl aber, wenn man auf Γ (dass die Erde Ursache ist) und noch mehr, wenn man auf Δ (durch ihr Dazwischentreten) kommt'. Um dies Schema mit Aristoteles' Worten vereinigen zu können, ist Siebeck also gezwungen, ἔκλειψις für einen Doppelbegriff (= A und B) zu erklären, das μέσον gar durch drei Buchstaben ΓΔΕ auszudrücken, das zum ἄκρον gehörige ἀπὸ σελήνης noch zum Mittelbegriffe zu schlagen und das untrennbare γῆς ἀντίφραξις als eine Zweiheit von Begriffen anzusehen, an deren einen man sich erinnern kann, ohne des andern zu gedenken. Wie anders urtheilt Aristoteles über die Einheitlichkeit der eine Definition bildenden Glieder! Wie ist es überhaupt möglich zu wissen, dass die Erde Ursache der Mondfinsterniss ist, ohne zugleich zu wissen, dass sie es durch ihr Dazwischentreten ist? — Und wessen sucht man sich eigentlich zu entsinnen? Des 'Vorganges und des Wesens der ἔκλειψις', sagt Siebeck. Aber der Vorgang ist ja die ἔκλειψις (AB), und von ihr geht man aus: sie ist also bekannt. Das 'Wesen der ἔκλειψις' ferner ist vom μέσον nicht zu trennen — nach bekannter aristotelischer Lehre, auf die Siebeck selbst sich beruft: auch das Wesen der ἔκλειψις kann also nicht das sein, 'worauf man sich zu besinnen sucht'. So schwebt Alles in der Luft.

Hat sich somit Siebecks Erklärung als unhaltbar erwiesen, so wird man zu der früheren einfachen Auffassung der aristotelischen Worte zurückkehren müssen, welche die alten Commentatoren vortragen und die ich ˙(Rhein. Mus. 1869 S. 410f.) zu begründen versucht habe. Demnach ist zu lesen: Z. 17—19 wie Bekker Z. 19: εἰ γὰρ μὴ ἐπὶ τοῦ Ο ἐμνήσθη, ἐπὶ τοῦ Ε μέμνηται, εἰ τὸ Η ἢ τὸ Ζ ἐπιζητεῖ· ἐντεῦθεν γὰρ ἐπ' ἄμφω κινηθῆναι ἐνδέχεται, καὶ ἐπὶ τὸ Δ καὶ ἐπὶ τὸ Ζ. εἰ δὲ μὴ τούτων τι ἐπιζητεῖ, ἐπὶ τὸ Γ ἐλθὼν μνησθήσεται· εἰ δὲ μή, ἐπὶ τὸ Α.

Nur zwei grössere Aenderungen sind nothwendig: die Umkehrung der beiden Sätzchen (Z. 20) und die Versetzung der Worte εἰ—ἐπιζητεῖ von Z. 23 nach Z. 20. Die erste dieser Aenderungen findet an der Lesart der ersten Handschriftenclasse Unterstützung, in welcher die Worte ἐπὶ τοῦ Ε μέμνηται fehlen. Dies Sätzchen war also schon im Archetypos nach den Worten ἐπὶ τοῦ Ο ἐμνήσθη — des gleichen Anfangs wegen — ausgefallen und ist in B an die falsche Stelle geschrieben. — Die Umsetzung der Worte Z. 23 εἰ— ἐπιζητεῖ empfiehlt sich aus den Rh. Mus. 1869 S. 411 angegebenen Gründen. Z. 20 ist Ο für ΕΘ mit der guten Handschrift A, Th. Mich. und der alten lat. Uebers. zu schreiben; Z. 22 bietet auch die letztere Ζ für Ε dar.

Der Sinn des Ganzen ist klar. 452 a 7 f. war ausgeführt worden, dass man durch ein beliebiges Glied einer Reihe von Vorstellungen auf die vergessene Vorstellung geführt werden könne. Hierauf fährt Aristoteles fort (Z. 17f.): 'Im allgemeinen scheint auch[6]) das Mittelglied einer Reihe Ausgangspunkt (ἀρχή) für alle

---

[6]) 'Auch' das Mittelglied ist Ausgangspunkt und nicht bloss das eigent-

Glieder zu sein', da man von ihm aus vorwärts und rückwärts zu
den gesuchten Vorstellungen geführt werden kann. Geht man also
z. B. in der Reihe ΑΒΓΔΕΖΗΘ von dem zuletzt wahrgenommenen
Θ zu den früheren Vorstellungen zurück, so kann man von
ihm aus zu H und Z geführt werden, aber auch in umgekehrter
Folge, wenn man von E ausgeht. Erinnert man sich aber auch
bei E nicht an Z und H, dann wird man auch von keinem anderen Gliede aus sich erinnern können. Von E aus führt nun die
Association nach beiden Seiten, nach Z und nach Δ. Sucht man
aber keine dieser Vorstellungen, sondern eine noch weiter zurück-
liegende B, so kann man sich dieser, geht man auf gleicher Linie
weiter, von Γ aus entsinnen, oder wenn nicht von dieser, so in
umgekehrter Folge von A aus.

---

liche Anfangsglied, von dem 451 a 31 f. die Rede war. 'Im allgemeinen'
(καθόλου) sagt Aristoteles; denn bisweilen versagt die Thätigkeit der associativen
Erinnerung, wie 452 a 30 f. ausgeführt wird. Auf diese Bedeutung des καθόλου,
der zufolge es das 'unbestimmt Allgemeine', daher der Ergänzung und Berichtigung durch Erkenntniss des Einzelnen Bedürftige bezeichnet, haben die Erklärer des Aristoteles, soviel ich weiss, bisher nicht hingewiesen, und auch in
Bonitz' Index Aristotelicus tritt sie nicht klar hervor. Und doch ist sie
durch zahlreiche Beispiele zu belegen. So heisst καθόλου λέγειν bisweilen
'unbestimmt' 'nur im allgemeinen' reden. Vgl. Metaph. Λ 4. 1070 a 31 ἂν
καθόλου λέγῃ τις καὶ κατ' ἀναλογίαν; Polit. Γ 15. 1286 a 10 δοκοῦσι τὸ καθόλου
μόνον οἱ νόμοι λέγειν, ἀλλ' οὐ πρὸς τὰ προσπίπτοντα ἐπιτάττειν; Eth. Nik. E 14.
1137 b 14 περὶ ἐνίων δ' οὐχ οἷόν τε ὀρθῶς εἰπεῖν καθόλου; Eth. Nik. B 7. 1107 a 29
ἐν γὰρ τοῖς περὶ τὰς πράξεις λόγοις οἱ μὲν καθόλου κενώτεροί εἰσιν; De an. gen.
B 8. 748 a 7 οὗτος ὁ λόγος καθόλου λίαν καὶ κενός (denn wie es das. 747 b 29
heisst ὅσῳ καθόλου μᾶλλον, πορρωτέρω τῶν οἰκείων ἐστὶν ἀρχῶν); Polit. A 13.
1260 a 24 δῆλον δὲ τοῦτο καὶ κατὰ μέρος μᾶλλον ἐπισκοποῦσιν· καθόλου γὰρ οἱ λέγον-
τες ἐξαπατῶσιν ἑαυτούς; Anal. post. A 13. 79 a 5 οἱ τὰ καθόλου θεωροῦντες πολλάκις
ἔνια τῶν καθ' ἕκαστον οὐκ ἴσασι δι' ἀνεπισκεψίαν. Zu beachten ist auch Eth.
Nik. E 14. 1137 b 14 ἐν οἷς οὖν ἀνάγκη μὲν εἰπεῖν καθόλου, μὴ οἷόν τε δὲ ὀρθῶς,
τὸ ὡς ἐπὶ τὸ πλέον λαμβάνει ὁ νόμος. — Wie καθόλου bezeichnet auch das verwandte ὅλως die unbestimmte Allgemeinheit (nach Bonitz' Ausdruck ind. Arist.
506 a 32). Es wird daher dem ὡς ἐπὶ τὸ πολύ gleichgesetzt De long. vit. 5. 466 a 26
διὸ καὶ τὰ μεγάλα ὡς ὅλως εἰπεῖν μακροβιώτερα, ib. a 13 aber καὶ δὴ καὶ τὰ
μείζω ὡς ἐπὶ τὸ πολὺ εἰπεῖν τῶν ἐλαττόνων μακροβιώτερα. — Ebenso wird
ἁπλῶς bisweilen in der Bedeutung 'nur im allgemeinen' gebraucht und einem
σαφέστερον gegenübergestellt, wie Bernays (Dialoge S. 42. 150) hervorgehoben
hat. — 'Ueber einen ähnlichen Gebrauch von τὸ σύνολον ferner ist Vahlen (Beitr.
zu Aristotel. Poetik I S. 35) zu vergleichen.

Hierbei könnte auffällig erscheinen, dass Aristoteles anzunehmen scheint, die Reproduction einer Vorstellungsreihe gehe nach beiden Richtungen — vom Anfange zum Endgliede hin und umgekehrt — gleich gut von statten, und das widerspräche einer bekannten psychologischen Lehre. Aber Aristoteles hebt nur die Möglichkeit des Wiederauftretens der vergessenen Vorstellungen hervor, ohne über die grössere oder geringere Leichtigkeit der Reproduction in der einen oder der anderen Richtung etwas zu bestimmen. Von dem Endgliede O aber geht er wahrscheinlich aus, weil hiermit das zeitliche Ende der Wahrnehmungen bezeichnet sein soll; Θ ist also das uns zunächst liegende, bekanntere, daher im Bewusstsein am klarsten hervortretende Glied der Vorstellungsreihe. In ähnlicher Weise hat Aristoteles (451 b 19) das νοεῖν ἀπὸ τοῦ νῦν zuerst hervorgehoben.

Man darf hierbei an den von Lipps (Grundthatsachen des Seelenlebens S. 400) ausgesprochenen Gedanken erinnern, den Aristoteles freilich nur flüchtig streift: ʻDer associative Zusammenhang mit meinem der unmittelbaren Gegenwart und dem räumlichen Punkte, auf dem ich stehe, angehörigen Empfinden macht allein, dass es für mich noch ausser dem, was ich jetzt grade erlebe, festgegründete Wirklichkeit giebt. Mein Jetzt und Hier ist der letzte Angelpunkt für alle Wirklichkeit.ʼ

III.

ΒΙΟΣ ΤΕΛΕΙΟΣ in der aristotelischen Ethik.

Von

Emil Arleth in Prag.

Eth. N. I, 6 bestimmt Aristoteles den Begriff der Glückseligkeit mit folgenden Worten: „ . . . τὸ ἀνθρώπινον ἀγαθὸν ψυχῆς ἐνέργεια γίνεται κατ' ἀρετήν, εἰ δὲ πλείους αἱ ἀρεταί, κατὰ τὴν ἀρίστην καὶ τελειοτάτην. ἔτι δ' ἐν βίῳ τελείῳ. μία γὰρ χελιδὼν ἔαρ οὐ ποιεῖ, οὐδὲ μία ἡμέρα· οὕτω δὲ οὐδὲ μακάριον καὶ εὐδαίμονα μία ἡμέρα οὐδ' ὀλίγος χρόνος.“

Gewöhnlich wird diese Stelle dahin verstanden, Aristoteles habe für den Begriff der Glückseligkeit die Erstreckung des glückseligen Zustandes, genauer, das Vorhandensein aller sonstigen Bestimmungsstücke dieses Begriffes durch das ganze Leben eines Menschen bis zu seinem Tode in Anspruch genommen [1]). Aber nicht alle Forscher sind dieser fast traditionell gewordenen Ansicht beigetreten. So muss sich nach Ritter (Gesch. d. Phil. III. S. 328) die Glückseligkeit auf den grösseren Theil des Lebens erstrecken, Schwegler (Gesch. d. griech. Philos.) hält ein langes Leben für erforderlich, ja L. v. Hennig (Principien d. Ethik in histor. Entwicklung § 24) glaubt, mit β. τ. sei der Staat gemeint.

Besonders eingehend hat sich Rassow (Forschungen über d.

---

[1]) Eth. Eud. II. 1. 1219 b 6, Mag. mor. I. 4. 1185 a 4, Thomas v. Aquino (Commentar lib. I. lect. X.), Laas (εὐδαιμονία Aristotelis, Diss. inaug. § 5, S. 10), Teichmüller (Die Einheit der arist. Eudämonie, Bull. de la cl. hist. de l'Acad. imp. de St. Pétersbourg XVI, 321), Ziegler (Ethik d. Griech. u. Römer S. 110), Ueberweg (Grundr. I. § 50 mit Berufung auf Eth. N. X. 7. 1077 b 24), Ramsauer (Arist. Eth. N. ed. et comment. instr. G. R.).

nik. Ethik des Aristoteles) mit dieser Frage beschäftigt; nach ihm bedeutet βίος τέλειος „ein Leben, das seinen Zweck oder sein Ziel erreicht" (a. a. O. S. 116 ff.) [2]. Allein trotz der Genauigkeit und Ausführlichkeit seiner Untersuchung will er dieses Ergebnis nicht für völlig gesichert gelten lassen: „ . . . fraglich ist, ob Aristoteles sich mit dieser, wie es scheint, vollkommen hinreichenden allgemeinen Bedeutung begnügt, oder ob er, wie seine Schule, die zweckentsprechende Lebensdauer mit dem vollen Leben bis zum Tode zusammenfallen lässt". Für die letztere Auslegung spricht nach Rassow:

1) Der Schluss des Cap. 10 (1100 a 4 ff.): Es gibt Wechselfälle des Glückes; denjenigen, der im hohen Alter das Schicksal eines Priamus erfährt, preist niemand glückselig.

2) Das Zeugnis anderer Peripatetiker; Rassow nennt Eth. End., Magn. Mor. (siehe Anmkg. 1) und Stobaeus ecl. eth. ed. Gaisford S. 624: „τέλειον δ' εἶναι τοῦτον (sc. τὸν χρόνον), ὅσον ὥρισεν ἡμῖν πλεῖστον ὁ θεός."

Diesen Gründen setzt er die Eth. N. I. 11. 1101 a 9—13 gelehrte Möglichkeit der Wiedererlangung der verlorenen Glückseligkeit entgegen [3], ein Argument, welches nach seiner Meinung von entscheidendem Gewichte wäre, wenn nicht ein Zusatz erfolgte, der Alles wieder in Frage stellt: ἢ προσθετέον καὶ βιωσόμενον οὕτως καὶ τελευτήσοντα κατὰ λόγον, ἐπειδὴ τὸ μέλλον ἀφανὲς ἡμῖν, τὴν εὐδαιμονίαν δὲ τέλος καὶ τέλειον τίθεμεν πάντῃ πάντως;"

Um den Ueberblick zu erleichtern und Missverständnissen vorzubeugen will ich den Gang meiner Darlegung kurz angeben:

A) Nachweis, dass die Behauptung, zur Glückseligkeit sei nach Aristoteles das ganze Leben notwendig, unrichtig ist.

    I. Widerlegung der für diese Behauptung angeführten Gründe.

---

[2] Dieser Auslegung schliesst sich auch Susemihl an (Aristoteles' Politik. Griech. u. Deutsch, II. S. 195, Verhandlungen d. 35. Philol. Versamml. S. 24).

[3] 1101 a 9—10: οὔτε γὰρ ἐκ τῆς εὐδαιμονίας κινηθήσεται ῥαδίως, οὐδ' ὑπὸ τῶν τυχόντων ἀτυχημάτων ἀλλ' ὑπὸ μεγάλων καὶ πολλῶν, ἔκ τε τῶν τοιούτων οὐκ ἂν γένοιτο πάλιν εὐδαίμων ἐν ὀλίγῳ χρόνῳ, ἀλλ' εἴπερ, ἐν πολλῷ τινι καὶ τελείῳ, μεγάλων καὶ καλῶν ἐν αὐτῷ γενόμενος ἐπήβολος.

II. Gründe, welche gegen dieselbe sprechen.

B) Widerlegung der Ansicht Rassows, βίος τέλειος bedeute ein Leben, das seinen Zweck erreicht.

C) Versuch einer neuen Erklärung des Ausdruckes βίος τέλειος.

A.

I. Wenn man das Verhältnis des oben genannten Zusatzes zu den ihm unmittelbar vorausgehenden aristotelischen Ausführungen ins Auge fasst, so zeigt sich seine vollständige Unvereinbarkeit mit denselben, mag man nun βίος τέλ. == ganzes Leben nehmen oder nicht.

Unter der Voraussetzung, βίος τέλειος bedeute das ganze Leben würde die Stelle 1101 a 9—19 folgenden Sinn haben: „Den Glückseligen kann man definiren als einen gemäss der vollendeten Tugend Thätigen und mit äusseren Gütern hinreichend Ausgestatteten und zwar Beides nicht für eine beliebige Zeit genommen, sondern für das ganze Leben; vielleicht aber ist doch noch hinzuzusetzen, der Betreffende müsse auch in Zukunft bis zu seinem Tode so leben." Dass dies nichts anderes ist, als eine ganz sinnlose Tautologie, leuchtet ein.

Aber auch dann, wenn unter β. τ. nicht das ganze Leben verstanden wird, ist keine befriedigende Erklärung möglich. Die in β. τ. enthaltene Zeitbestimmung[1]) erfährt durch den Zusatz keine Aenderung, sondern es tritt eine ganz neue Forderung hinzu, nach welcher es unter Umständen nicht genügt, dass Einer für die Dauer des βίος τέλειος gemäss der besten Tugend etc. thätig ist, um den Namen des Glückseligen zu verdienen, er muss vielmehr in dieser Thätigkeit und in guten äusseren Verhältnissen bis an sein Lebensende verharren. βίος τέλειος würde hier jenes kleinste Zeitausmass bedeuten, unter welches die Lebensdauer nicht sinken darf, wenn in ihr die Glückseligkeit zur Verwirklichung gelangen soll, bei einer darüber hinausgehenden Lebenszeit aber müsste der Betreffende auch noch die weitere Frist bis zum Tode in der besprochenen Weise verbringen.

---

[1]) . . . μὴ τὸν τυχόντα χρόνον ἀλλ' τέλειον βίον . . . Eth. N. 1101 a 14.

Diese Ansicht ist darum unhaltbar, weil nach ihr im Falle eines über die Dauer des βίος τέλειος hinausreichenden Lebens der εὐδαίμων selbst während des βίος τέλειος nur insofern glückselig gepriesen werden dürfte, als ihm die Anwartschaft auf zukünftige Glückseligkeit (vom Ende des β. τ. bis zum Tode) zukäme; es würde also die Glückseligkeit im eigentlichen Sinne von der Glückseligkeit im uneigentlichen Sinne (der Anwartschaft) abhängig gemacht, während Aristoteles ausdrücklich das umgekehrte Verhältniss lehrt[5]).

Da sonach unter Beibehaltung des Zusatzes eine widerspruchsfreie Erklärung unmöglich erscheint, ist der Zweifel gegen seine Echtheit berechtigt; als ein fremdes Einschiebsel aber ist er ungeeignet, unserer Frage zum entscheidenden Beweisgrunde zu dienen.

Neben dem genannten Zusatz führt Rassow noch den Schluss des Cap. 10 (1100a4ff.) als Grund für die Ansicht an, dass Aristoteles das ganze Leben für die Glückseligkeit in Anspruch genommen habe, allein, wie eine genauere Betrachtung des Zusammenhanges darthun soll, mit Unrecht.

Eth. N. I. 10. wirft Aristoteles die Frage nach der Ursache der Eudämonie auf und findet, sie werde dem Menschen zu Theil δι' ἀρετὴν καί τινα μάθησιν ἢ ἄσκησιν, ganz besonders sucht er daselbst die Meinung auszuschliesen, der Zufall (τύχη) sei Ursache der Eudämonie, und beruft sich dabei auf seine früheren Erörterungen. Während nämlich alle anderen Güter entweder zu den von der Natur gegebenen notwendigen Voraussetzungen gehören oder den Rang von Mitteln einnehmen (I. 10. 1099b27. 28), besteht die Eudämonie in einer gewissen tugendmässigen Seelenthätigkeit (ib. 25—28) und zwar bedarf es zu derselben nicht nur der vollendeten Tugend, sondern auch eines βίος τέλειος, denn es ereignen sich mannigfache Wandlungen des Schicksals, wie dies z. B. von Priamus berichtet wird, der erst im hohen Alter vom Unglück heimgesucht wurde.

---

[5]) Eth. N. I. 10. 1100a2: ... οὐδὲ παῖς εὐδαίμων ἐστίν ... οἱ δὲ λεγόμενοι διὰ τὴν ἐλπίδα μακαρίζονται; vgl. 11. 1101a19: εἰ δ' οὕτως, μακαρίους ἐροῦμεν τῶν ζώντων οἷς ὑπάρχει καὶ ὑπάρξει τὰ λεχθέντα ...

Um diese Fälle richtig zu verstehen, muss man sich vergegenwärtigen, was Aristoteles Eth. N. I. 11. über das Verhältnis der äusseren Schicksale zur Glückseligkeit lehrt.

Von dem bekannten Ausspruche Solons ausgehend, dass Niemand vor seinem Tode glückselig zu preisen sei, sucht er die in demselben ausgedrückte Ueberschätzung der Bedeutung der äusseren Schicksale auf das richtige Mass zurückzuführen, indem er geltend macht, dass nicht in ihnen, sondern in der tugendmässigen Thätigkeit das Wesen der Glückseligkeit bestehe; verhielte es sich umgekehrt, so dürfte man keinen Menschen glückselig nennen, während er es wirklich ist, sondern erst nachdem er es gewesen ist. Die äusseren Schicksale üben nach Aristoteles ihren Einfluss, indem sie als günstige das Leben schmücken und als ungünstige es trüben, ja in besonders schweren Fällen sogar den Verlust der Glückseligkeit zur Folge haben. Aber auch dann ist die Wiedererlangung derselben nicht ausgeschlossen; nur wird sie nicht innerhalb kurzer Zeit erfolgen, sondern wenn überhaupt ἐν πολλῷ τινι (sc. χρόνῳ) καὶ τελείῳ, μεγάλων καὶ καλῶν ἐν αὐτῷ γενόμενος ἐπήβολος.

Da man nun, wie bemerkt wurde, bei der Interpretation der Schlussworte des zehnten Capitels von der in Cap. 11 enthaltenen Lehre des Aristoteles über die Bedeutung der äusseren Schicksale ausgehen muss, so ergiebt sich mit voller Deutlichkeit, dass die erstgenannte Stelle geradezu gegen die These beweist, für welche sie von Rassow (a. a. O. S. 116) als Argument angeführt wurde, denn wenn βίος (χρόνος) τέλειος resp. Glückseligkeit in einem Leben öfter als einmal zur Verwirklichung gelangen können, dann kann weder β. τ. ganzes Leben heissen, noch auch das ganze Leben zur Glückseligkeit notwendig sein [6]).

II. Die Ansicht, Aristoteles habe gelehrt, der Mensch müsse, um glückselig genannt werden zu dürfen, alle sonst geforderten

---

[6]) Die oben wiedergegebenen Ausführungen des Cap. 11 legen ein weiteres Zeugnis für die Unechtheit des Zusatzes (1101 a 16—19) ab, indem aus ihnen hervorgeht, dass derselbe gar keinen neuen Einwand enthält, sondern eine gänzlich unbegründete Wiederholung der zu Anfang des Capitels erhobenen Frage ist, ob ein Mensch, um glückselig genannt werden zu dürfen, sein ganzes Leben bis zum Tode von grossem Unglück frei bleiben müsse.

Bedingungen sein ganzes Leben hindurch verwirklichen, steht mit anderen gesicherten Lehren in Widerspruch.

1. Den Kindern kommt nach Aristoteles (1100 a 1 ff.) keine Glückseligkeit zu, was nach der obigen Annahme der Fall sein müsste; eine gewisse Lebensreife [7]) ist die Vorbedingung für die Glückseligkeit und dann wohl auch für die Unseligkeit, denn Kinder und Thiere sind der Sittlichkeit oder Unsittlichkeit im eigentlichen Sinne nicht fähig.

2. Die Glückseligkeit soll ein erreichbares und allgemein zugängliches Gut [8]) sein, geht aber durch grosses Unglück verloren; nun bringt es schon der Naturlauf mit sich, dass jeder Mensch in seinem Leben von irgend einem wahrhaft schweren Unglück betroffen wird, z. B. durch den Tod von Eltern, Gatten, Freunden u. s. w., es scheint also, dass eine solche Glückseligkeit weit entfernt, allgemein zugänglich zu sein, überhaupt unerreichbar ist [9]).

B.

Während Rassow in der unter A. behandelten Frage auf eine Entscheidung verzichten zu müssen glaubte, versuchte er eine Interpretation des Ausdruckes βίος τέλειος und zwar bedeutet derselbe nach ihm ein Leben, das seinen Zweck oder sein Ziel erreicht (a. a. O. S. 117).

Wenn man sich vergegenwärtigt, dass die aristotelische Untersuchung darauf ausgeht, den Begriff der Eudämonie genauer zu bestimmen, wird man dieser Ansicht nicht beipflichten können.

Der Zweck des Menschen ist die Glückseligkeit und diese wird nun definirt als ψυχῆς ἐνέργεια κατὰ τὴν ἀρίστην καὶ τελειοτάτην ἀρετήν, ἔτι δ' ἐν βίῳ τελείῳ — nach Rassow würde das heissen: Die Glückseligkeit (d. i. der Zweck des Menschen) besteht in der Seelenthätigkeit gemäss der besten Tugend und zwar innerhalb

---

[7]) Vgl. Zeller, Philos. d. Griech. II. 2. S. 616.

[8]) Eth. N. I. 2. 1095 a 16, vgl. VI. 8. 1141 b 11, 12; I. 10. 1099 b 18.

[9]) Anmerkungsweise sei noch erwähnt, dass Aristoteles an einer Stelle, wo er von dem ganzen Leben spricht, sich des Ausdruckes ἅπας βίος bedient (Eth. N. X. 6. 1176 b 28: καὶ γὰρ ἄτοπον τὸ τέλος εἶναι παιδιάν, καὶ πραγματεύεσθαι καὶ κακοπαθεῖν τὸν βίον ἅπαντα τοῦ παίζειν χάριν.

eines Lebens, welches seinen Zweck, der kein anderer ist als der Zweck des Menschen, erreicht. Soll Aristoteles vor dem Tadel bewahrt bleiben, idem per idem definirt zu haben, so muss eine andere Erklärung versucht werden.

C.

Im dritten Capitel des ersten Buches der Ethik lobt Aristoteles diejenigen, welche ihre Ansicht über das höchste Gut und die Eudämonie aus der Betrachtung der verschiedenen Lebensweisen oder Lebensformen entnehmen; als die hauptsächlichsten zählt er daselbst auf das der Lust gewidmete, das politische und das theoretische Leben [10]). In gleichem Sinne verwendet er das Wort βίος in der Politik [11]). Indem die Menschen, heisst es dort, auf verschiedene Art und mit verschiedenen Mitteln dem höchsten Zwecke, der Glückseligkeit, nachstreben, bringen sie die verschiedenen Lebensweisen und Staatsverfassungen hervor. Wenden wir diese Bedeutung auf unsere Stelle an, so entsteht die Frage: Was für eine Lebensform ist βίος τέλειος? Eine sehr naheliegende Antwort wäre: die vollendete Lebensform, aber was heisst das wieder? Ist damit die beste unter den verschiedenen Lebensformen gemeint oder überhaupt eine Lebensform, welche als solche zu ihrer Vollendung gelangt, d. h. mit allen charakteristischen Eigenthümlichkeiten, Dispositionen u. s. w. in einem Menschen verwirklicht ist im Unterschiede von der erst im Werden begriffenen? Wenn wir unter Vollendung den inneren Wert verstehen, so ist dieser durch die Angabe, dass die Eudämonie in der Thätigkeit gemäss der besten Tugend bestehe, hinreichend bestimmt und der Beisatz ἐν βίῳ τελείῳ würde gar nichts Neues besagen.

Anders verhält es sich, wenn wir annehmen, βίος τέλειος be-

---

[10]) Eth. N. I. 3. 1095 b 14: τὸ γὰρ ἀγαθὸν καὶ τὴν εὐδαιμονίαν οὐκ ἀλόγως ἐοίκασιν ἐκ τῶν βίων ὑπολαμβάνειν. οἱ μὲν πολλοὶ καὶ φορτικώτατοι τὴν ἡδονήν· διὸ καὶ τὸν βίον ἀγαπῶσι τὸν ἀπολαυστικόν. τρεῖς γάρ εἰσι μάλιστα οἱ προέχοντες, ὅ τε νῦν εἰρημένος καὶ ὁ πολιτικὸς καὶ τρίτος ὁ θεωρητικός.

[11]) Pol. VII. 8. 1328 a 42: ἄλλον γὰρ τρόπον καὶ δι᾽ ἄλλων ἕκαστοι τοῦτο (sc. τὸ ἄριστον = εὐδαιμονία) θηρεύοντες τούς τε βίους ἑτέρους ποιοῦνται καὶ τὰς πολιτείας.

deute eine zur vollständigen Entwicklung gelangte Lebensform im
Unterschiede von der erst im Werden begriffenen, denn offenbar
kann eine Lebensform nicht etwas im Augenblicke Vollendetes sein,
wie es nach Aristoteles das Sehen oder die Lust ist [12]), vielmehr wird
sie sich erst nach und nach ausbilden. Von dieser Anschauung
ausgehend hätten wir Folgendes als aristotelische Lehre zu betrachten:
Die Eudämonie besteht in tugendmässiger Seelenthätigkeit, doch
ist die Dauer dieser Thätigkeit nicht gleichgültig. Wer nur eine
ganz kurze Weile in derselben verharrt, wird nicht glückselig,
ebensowenig als eine Schwalbe den Frühling macht; es ist vielmehr
eine längere Zeit erforderlich und zwar eine solche, dass durch die
während derselben geübte Thätigkeit das Leben eine bestimmte
Richtung gewinnt; d. h. dass eine Lebensform zur vollständigen
Ausbildung gelangt. In diesem Sinne verlangt Aristoteles für die
Eudämonie das volle zeitliche Ausmass einer Lebensform [13]) oder
einen vollendeten Zeitabschnitt [14]).

Vielleicht erhebt jemand gegen die eben vorgetragene Ansicht den
Einwand, es dürfe auch nach ihr nicht der im βίος τέλειος Begriffene
glückselig genannt werden, es bestehe also die gleiche Schwierigkeit,
wie bei Annahme der Echtheit des Zusatzes.

Dem ist aber keineswegs so. Allerdings wird der im βίος
τέλειος Begriffene so lange nicht den Namen eines Glückseligen verdienen, als die zur Ausbildung der tugendhaften Lebensweise erforderliche Zeit noch nicht abgelaufen ist, denn alles Vorhergehende
gehört nicht zu dem vollendeten Sein, sondern zum Werden der
Lebensform; ist aber dieser Punkt erreicht, so braucht man nicht
weiter zu zögern, geschweige denn auf das Lebensende zu warten,
sondern kann mit vollem Recht den Betreffenden glückselig nennen,
während er es wirklich ist.

---

[12]) Eth. N. X. 3. 1174 a 13: δοκεῖ γὰρ ἡ μὲν ὅρασις καθ' ὁντινοῦν χρόνον
τελεία εἶναι ... τοιούτῳ δ' ἔοικεν καὶ ἡδονή.

[13]) Eth. N. X. 7. 1177 b 25: μῆκος βίου τέλειον.

[14]) Eth. N. I. 11. 1101 a 11: ἔκ τε τῶν τοιούτων οὐκ ἂν γένοιτο πάλιν
εὐδαίμων ἐν ὀλίγῳ χρόνῳ, ἀλλ' εἴπερ, ἐν πολλῷ τινι καὶ τελείῳ · · ·. Vgl. Metaph.
V. 16. init.: Τέλειον λέγεται ἓν μὲν οὗ μὴ ἔστιν ἔξω τι λαβεῖν μηδὲ ἓν μόριον,
οἷον ὁ χρόνος τέλειος ἑκάστου οὗτος οὗ μὴ ἔστιν ἔξω λαβεῖν χρόνον τινὰ ὃς τούτου
μέρος ἐστὶ τοῦ χρόνου.

Es erübrigt noch zu erweisen, dass der Schluss des zehnten Capitels mit den Ergebnissen unserer Untersuchung übereinstimmt. Dies geschieht, wenn man die in βίος τέλειος enthaltene Zeitbestimmung mit der Lehre des Aristoteles von der Bedeutung der äusseren Schicksale für die Glückseligkeit in Zusammenhang bringt.

Zur Glückseligkeit, heisst es am Schluss von Cap. 10, gehört die vollendete Tugend und die vollendete d. h. zur Vollendung gelangte Lebensform. Nun gibt es aber äussere Schicksale, welche das Zustandekommen (resp. Wiedergewinnen) der Glückseligkeit hindern; darum ist es notwendig, dass solche wenigstens für jene Zeit fern bleiben, welche zur Bildung einer Lebensform, in unserem Falle der tugendmässigen Lebensform, erforderlich ist. Wären schwere Unglücksfälle über ein wenn auch noch so langes Leben derart vertheilt, dass die Zeit zwischen je zweien immer weniger betrüge, als eine Lebensform zu ihrer Ausbildung braucht, so käme keine Glückseligkeit zu Stande.

IV.

Zur Psychologie der Scholastik.

Von

H. Siebeck.

4.

Avicenna.

Inhalt und Gliederung der Psychologie Avicenna's sind bereits in der Geschichte der Psychologie (I, 2 S. 431 f. 436 f.) zur Darstellung gekommen. Der Zweck und Zusammenhang der gegenwärtigen Untersuchungen macht es aber erforderlich, dem dort Ausgeführten, (auf welches übrigens verschiedentlich zurückzuweisen sein wird), eine Erörterung des Einflusses hinzuzufügen, welchen die Werke des arabischen Arztes und Aristotelikers auf die allgemeine Ausbildung des Interesses für die empirische Psychologie, sowie auf die Methode derselben ausgeübt haben.

Der grösste Theil von Avicenna's Werken lag dem 12. Jahrh. in Uebersetzungen vor; schon im elften aber benutzte man seine Lehren an Stelle der noch nicht hinlänglich bekannten oder verbreiteten aristotelischen Ansichten [1]. Sein Einfluss war so massgebend, dass selbst das Hervortreten der aristotelischen Originalwerke zunächst nur dazu beigetragen hat, die von ihm begründete Richtung zu verstärken, sodass abgesehen von der Bedeutung des Augustinismus erst das Aufkommen der averroistischen Strömung einen wesentlich neuen Faktor in das wissenschaftliche Leben des MA hineinbrachte. Avicenna begründet für alle Parteien der

---

[1] Jourd. 202. Wie durchgreifend auch für die Folgezeit seine Erörterung der logischen Frage hinsichtlich der Existenz der Universalien war, s. bei Prantl, Gesch. d. Log. II, 318; Münchener Sitz-Ber. 1864, II S. 58 ff.

Scholastik ohne Ausnahme einen gemeinsamen Bestand an empirisch-psychologischen Ansichten und Unterscheidungen [2]); der objektiv-empiristische Zug der Psychologie, der, wie früher (§ 1) gezeigt wurde, bereits im Nominalismus selbständige Keime getrieben hatte, kommt [3]) durch seine Werke zur vollen Geltung namentlich auch auf der Seite der Realisten. Was nun aber an ihm in dieser Beziehung ausschlaggebend war, liegt nicht so vorwiegend in dem Inhalt und der Substanz seiner Erörterungen (deren Material ohnehin bald genug durch die Aufgrabung der antiken Originalien überdeckt wurde), als vielmehr in der Eigenthümlichkeit seiner methodisch-lehrhaften Behandlung derselben. Diese nämlich hat auch seinem Meister Aristoteles gegenüber etwas Selbständiges. Obgleich er zu ihm sich weniger kritisch verhält, wie vor Zeiten Galen, so haben doch, wie bei diesem, so auch bei Avicenna, dem Arzte, in der Psychologie die Interessen des auf Thatsachen gerichteten Physiologen das Uebergewicht über die spekulativen. Bezeichnend für diesen Unterschied ist schon seine strenge Unterscheidung der medizinischen Psychologie von der philosophischen, deren Verschiedenheit sich auch für die gemeinsamen Objekte zur Geltung bringe [4]). Gleich die Behandlung des obersten Problems vom Wesen der Seele und ihrem Verhältnisse zum Leibe zeigt diesen Unterschied der Methode. Als Definition der Seele erscheint hier die bekannte Formel des Aristoteles [5]), jedoch nicht bevor das Dasein der Seele und ihre wesentliche Verschiedenheit vom Körper

---

[2]) Von eigentlichen Untersuchungen auf diesem Felde kann man vor Thomas und Duns wohl nicht reden.

[3]) Ungeachtet der unleugbaren neuplatonischen Färbung, welche seine Lehre von der Vernunft an den Tag legt (s. Gesch. d. Psych. I, 2 S. 436 f.).

[4]) Für den Mediziner machen z. B. Gemeinsinn und Anschauung (phantasia) eine Kraft aus; der Philosoph dagegen unterscheide jenen als das aufnehmende, diese als das bewahrende Vermögen für äussere Eindrücke. Ebenso sei für den Mediziner die Unterscheidung zwischen der imaginativa, die unter dem Einflusse der aestimativa, und der cogitativa, die unter dem der rationalis stehe, unwesentlich; dsgl. die von Gedächtniss und Erinnerung, da was beiden schade, sich auf einen und denselben Gehirntheil beziehe. Canon I, 1, 6 Kap. 5 (ed. Ven. 1523).

[5]) prima perfectio corporis naturalis organici (d. an., übers. von Andr. Alpagus, Ven. 1546, Kap. 2).

bestimmt worden ist aus der thatsächlichen Verschiedenheit zweier
Arten von Bewegung (der natürlich-organischen und der rein
mechanischen), sowie zweier Arten von Körpern (mit und ohne die
Fähigkeit der „Apprehension"), sodass die Seele schon von hier aus
als das Prinzip der lebendigen Bewegung und des Bewustseins hervortritt. Als solches (d. an. Kap. 3) entstehe sie nicht aus der
Mischung der Elemente, sondern komme von aussen dazu. Als
Beweis dafür wird an andrer Stelle die Thatsache der Ermüdung
angezogen [6]. Hinsichtlich der Substanzialität und „Trennbarkeit"
der Seele wird nach Abhörung der dialektischen Gründe gleichfalls
auf Thatsachen der Erfahrung verwiesen [7]. In der gleichen Richtung
bewegen sich die Angaben über die Theile der Seele.

Von den drei Arten der Vegetativa (Erzeugung, Ernährung,
Wachsthum) wird die zweite in vier Unterabtheilungen (attractiva,
retentiva, digestiva, expulsiva) gespalten [8]) und überhaupt die verschiedenen Vermögen noch weiter zu theilen gesucht auf Grund
der verschiedenen Leistungen der Organe. Die Nothwendigkeit
ihres Bestehens ferner wird (teleologisch) mit den thatsächlichen
Bedürfnissen des Organismus begründet. Ausserdem finden sich
manche Beobachtungen über den Zusammenhang der einzelnen
Vermögen verwerthet: Empfindung, heisst es (d. an. Kap. 5) ist
immer zusammen mit Bewegung und umgekehrt, selbst Thiere, die

---

[6]) Aphorism. 40 (in der angeführten Ausgabe von de anima): Wäre die
„Complexion" des Leibes das alleinige Bewegungsprinzip desselben, so könnte
es zu dem bei Anstrengung eintretendem Gefühle oder Bewusstsein einer der
Natur des Organismus auf die Dauer widerstrebenden Thätigkeit gar nicht
kommen.

[7]) d. an. Kap. 6; f. 30a. Der Leib nimmt nach dem 40. Lebensjahre
ab, während die Seele von diesem Zeitpunkte ab in der Regel erst ihre volle
Kraft erreicht. Die Formen und Gegenstände des Denkens und Wissens sind
unendlich, mithin nur durch eine immaterielle Kraft zu bewältigen (vgl. ebd.
de Almahad Kp. 5; f. 68b). Die intentionalen Species der Wahrnehmung haben
einen körperlichen Ort (im Auge) und zeigen sich hier je nach der Grösse des
Gegenstandes grösser oder kleiner; die intelligiblen Species aber sind an
keinem Orte (f. 69b f.). Uebermässige Sinneseindrücke schädigen das Organ,
die seelische Kraft aber wird durch starke Eindrücke vermehrt u. s. w.

[8]) Die Eintbeilung des äussern und innern Wahrnehmungsvermögens s.
Gesch. d. Psych. I, 2, S. 431.

keine Fortbewegung kennen, haben doch Ausdehnung und Zusammenziehung und machen bei verkehrter Lage Anstrengungen, die normale zu gewinnen. Die verschiedenen Sinne ferner fördern einer den andern, der Geschmack z. B. den Geruch, der seinerseits weiter zu einem Urtheile über Zuträglichkeit oder Schädlichkeit der Nahrung verhilft und darin vom Gesichtsinn unterstützt wird, sowie auch von den verschiedenen Vermögen des innern Sinnes und dem der Bewegung. Die sinnlichen Gefühle der Lust und Unlust beruhen auf Affektionen des im Herzen befindlichen Pneuma, welche eintreten, je nachdem eine gegebene Wahrnehmung der Natur des betreffenden Sinnes naturgemäss ist oder ihr widerstreitet. Daher entsteht Lust namentlich auch bei dem Uebergange von einem der Natur des Organs unzuträglichen Affekte zu einem „natürlichen" [9]). Als allgemeinste Eintheilung der bewegenden Kraft findet sich die in der Scholastik so folgenreiche Unterscheidung der vis concupiscibilis und irascibilis bereits bei Avicenna (d. an. Kap. 5; f. 13 a). Nach der praktischen Seite hin betont er vom Standpunkte des Empirikers aus den Einfluss der Uebung (de cord. S. 21).

Wie ich anderwärts (Gesch. d. Psych. a. a. O. 407) gezeigt habe, bringt sich das empirische Interesse in der Psychologie der älteren Scholastik nicht sowohl durch neue Ergebnisse selbständiger Beobachtung zur Wirkung, als vielmehr in dem Bestreben, in den gegebenen Stoff möglichst ausgiebige und feste (ziffermässige) Eintheilungen hineinzutragen. Auch diese methodische Eigenthümlichkeit hat in Avicenna ihren Begründer. Die sinnlichen Qualitäten z. B. bilden bei ihm (d. an. 6) acht Paare von Gegensätzen, von denen auf den Tastsinn vier, auf die andern je eins kommen; als dem Inhalte der verschiedenartigen Sinnesempfindungen gemeinsam werden (ebd.) fünf Qualitäten (Gestalt, Zahl, Grösse, Bewegung, Ruhe) aufgeführt u. dgl. Hand in Hand hiermit geht das Streben nach möglichst präciser Herausstellung der wesentlichsten Thatsachen und Verhältnisse, sowie nach einer gewissen Ausgiebigkeit

---

[9]) De corde ejusque facultatibus, übs. v. Joann. Bruyerinus (Lugd. 1559) S. 14 f.

derartiger Paragraphirungen [10]). Die präcise Fassung verleiht dabei
manchem den Schein der Neuheit [11]).

Durchgehend ist ferner schon bei Avicenna der teleologische
Gesichtspunkt der Erklärung psychologischer Thatsachen. Jede Ein-
zelseele, lehrt er, gehört zu einem bestimmten einzelnen Leibe, zu
demjenigen nämlich, dessen Beschaffenheit ihrer individuellen
Eigenthümlichkeit angemessen ist (Aphor. 22). Die Individuen
unterscheiden sich daher nach den Graden der Vortrefflichkeit ihrer
Komplexion und ihres Temperamentes und demgemäss auch in den
Dispositionen zum Guten und Bösen (ebd. 38). Die Seele bedarf
des ihr angemessenen Körpers als eines Mittels zu ihrer eigenen
Vervollkommnung (45). Der Hauptunterschied von Mensch und
Thier liegt in dem umgekehrten Verhältniss, in welchem bei beiden
Bewegung und Erkenntniss zu einander stehen: bei den vernunft-
losen Wesen sind die apprehensiven Funktionen nur Mittel zum Zwecke
der Bewegung; bei den vernünftigen dagegen dient das Bewegungs-
vermögen zur Vervollkommnung der Vernunft-Einsichten (d. an. 5).
Dass die Empfindung des Hellen angenehm ist, Dunkelheit aber
Unlust erweckt, kommt daher, dass das Seh-Pneuma sich durch
Licht und Glanz als etwas seiner Natur Verwandtes kräftigt, in der
Finsterniss dagegen etwas seiner Natur Entgegengesetztes erfährt
(d. cord. S. 13) u. a.

· Auch ein genetischer Charakter endlich, oder wenigstens

---

[10]) So bei der Erörterung der Verhältnisse, vermittelst welcher jeder der
erwähnten gemeinsamen Qualitäten für jeden spezifischen Sinn zur Apprehension
gelangt: das Gehör vernimmt in der Verschiedenheit der Stimmen zugleich
die Zahl der tongebenden Dinge, sowie mit der Stärke des Tons ihre Grösse (!);
aus der Art jener Verschiedenheit erkennt es Ruhe und Bewegung u. dgl.
(d. an. 6 f. 19 b). Kp. 7 stellt kurz die seelischen Thätigkeiten, auf welchen
die Unterscheidung der verschiedenen Formen des inneren Sinnes beruht,
neben einander; ebenso Kap. 8 die unterschiedenen Operationen der Denk-
Seele.

[11]) Zu dem Satze, dass das Wesentliche der Erkenntniss in der der Form
eigenthümlichen Abstreifung der Materie (denudatio formae a materia) bestehe,
wird (a. a. O. f. 24 a f.) hinzugefügt, diese denudatio erfolge für die Sinne
nicht spontan sondern mit Hilfe des Mediums und entweder per accidens oder
mit Hilfe der bewegenden Kraft; die aktive Seele dagegen vollziehe sie selbständig und mit Willkür.

ein Streben darnach, lässt sich in Avicenna's Psychologie nicht verkennen. Allerdings kommt, nach seinen Ausführungen (Aphor. 1.5)
dem Sinne nur Empfindung, wirkliche Erkenntniss dagegen nur der
Seele zu: bei angestrengtem Denken achten wir nicht auf äussere
Eindrücke. Aber die menschliche Seele erkennt nur vermittelst
der sinnlichen Inhalte, welche die Grundlage für die begrifflichen
sind. Die Prinzipien des Wissens sind der Seele angeboren und
somit der Anlage nach schon im Kinde vorhanden. Unter ihrer
Mitwirkung entwickelt sich die Erkenntniss auf Grundlage der
Wahrnehmungen. Zu einer wirklichen Einsicht in ihr eigenes Wesen kann die Seele freilich während der Verbindung mit dem Körper nicht gelangen; sie neigt vielmehr zum Sinnlichen und geräth
leicht in den Irrthum, dass es überhaupt nichts Intelligibles gebe
(Aphor. 4. 8); zur vollen Erkenntniss ihrer selbst und des Uebersinnlichen kommt sie erst nach der Befreiung von der Materie
(ebd. 27; f. 116 b). Aus demselben Grunde kommt sie aber auch
dem Wesen der Dinge nicht eigentlich auf die Spur: sie erkennt
nur deren Qualitäten und Accidenzen [12]), so statt der Substanz am
Körper die drei Dimensionen, am lebenden Wesen die Eigenschaften
des Wahrnehmens, Denkens und Handelns, an der Seele die Fähigkeit der organischen Bewegung, an Gott die Begriffe des obersten
Wesens und des nothwendigen Seins [13]). Die Erkenntniss durch Definition (Genus und Artunterschied) ist nicht die des einheitlichen
Wesens (ebd. f. 108 a) [14]).

---

[12]) Non scit differentias essentiales vel substantiales unicuique carum sig-
nificantes essentias rei ipsius. Aphor. 11; f. 108 a.

[13]) Esse est pars definitionis dei et non pars essentiae ejus, denn dies
ist supra esse und das „Sein" nur ein praesuppositum et attributum ei
a nostro intellectu, ebd.

[14]) Auf die Relativität in der Auffassung des Inhalts anschaulicher
Eindrücke macht A. aufmerksam, wenn er ausführt (d. cord. S. 26), die Imagination wirke nicht nach Massgabe des wirklichen Wesens der Dinge sondern
nach der Art, wie sie uns je nach Umständen (secundum oblata et occurrentia)
erscheinen: selbst der Anblick von Honig werde unangenehm, wenn er zufällig
an Ekelhaftes von ähnlichem Aussehen erinnere. Zur Klarlegung des Unterschiedes in den Leistungen des äussern und des innern Sinnes wird darauf
hingewiesen, dass die Wahrnehmung z. B. des Falles der Regentropfen, der
in gerader Linie erfolgt, die Vorstellung des Geraden als solche nicht ein-

Man erkennt unschwer, wie diese Richtung der Avicenna'schen Psychologie mit den kritizistischen Anfängen im Nominalismus sich begegnet und den letzteren ·neue Triebkräfte zuzuführen geeignet war. Hieran hinderte auch nicht der Umstand, dass ihr Urheber die Möglichkeit wirklicher und wesenhafter Erkenntniss vermittelst der inspirirten Vernunft ausdrücklich offen liess [15]). Denn dies war eine auch der christlichen Philosophie geläufige Vorstellung, neben der hier wie dort der empiristische Zug der Untersuchung ungestört seinen Fortgang nehmen konnte.

Von Avicenna im Wesentlichen kam dem MA die Richtung auf bestimmtere Kodifizirung des empirisch-psychologischen Materials [16]).

---

schliesst und bei erstmaliger Wahrnehmung auch nicht enthalten kann, dass diese vielmehr erst ein Resultat der Art und Weise ist, wie der Inhalt des äusseren Vorgangs vom innern Sinne aufgefasst wird. S. bei Hauréau, Phil. scolast. II, 1 S. 206 f.

[15]) S. Gesch. d. Psych. I, 2 S. 437 f.

[16]) Die psychologischen Anschauungen des arabischen Geheimbundes der lauteren Brüder, die im 11. Jahrh. von Spanien her auch im christlichen Abenlande Eingang gefunden haben sollen, haben hier Avicenna und Averroes gegenüber allem Anschein nach keinen hervorragenden Einfluss gewonnen. Die l. Br. waren auch nicht wie jene vorwiegend Theoretiker und Systematiker sondern Vertreter eines praktischen common sense, (was sie nicht verhindert, allerlei astrologischen Aberglauben mit den Zeitgenossen zu theilen). Hiermit hängt auch der durchweg eklektische Charakter ihrer theoretischen Sätze zusammen, die im lockeren Nebeneinander Spekulatives und Empirisches, Medizinisches, Platonisches und Aristotelisches aufweisen· Ihr Hauptaugenmerk geht mehr auf die Anwendung jener Sätze zur Erklärung mancher Erscheinungen des charakterologischen und sozialen Lebens sowie ausserdem zur Begründung einer rationalistisch gerichteten Theologie. Ihr Denken steht in oberster Linie überall unter der Leitung nicht von theoretisch-wissenschaftlichen und spekulativ-theologischen, sondern von praktisch-anthropologischen und den höhern Bedürfnissen des konkreten weltlichen Lebens entnommenen Gesichtspunkten, — Grund genug zur Erklärung des Umstandes, dass ihre Lehren für die Zwecke der christlichen Scholastik wenig in Betracht kommen. Vgl. Dieterici, die Philosophie der Araber im 10. Jahrh. etc. VII. d. Anthropologie (Lpz. 1871) S. 8 ff. 28 f. 32 ff. 147. IV. Logik und Psychologie (ebd. 1868) 104 ff. Aug. Müller in den Gött. Gel. Anz. 1887. no. 24. S. 902 f.

V.

Zur Synderesis der Scholastiker.

Von

Dr. **L. Rabus** in Erlangen.

In der psychologisch-ethischen Terminologie der Scholastiker und auch bei protestantischen Theologen des 16. und 17. Jahrhunderts kehrt das Wort Synderesis immer wieder. Man pflegte damit das natürliche Wesen des Menschen zu bezeichnen, welches durch die Sünde nicht zerstört werde, sondern, den Regungen des Gewisssens vorstehend, zum Guten antreibe und vom Bösen abmahne [1]); angelegentlich erörterte man das Verhältnis der Synderesis zum Gewissen und zum übrigen Seelenleben. Zurückverfolgen aber lässt sich der Gebrauch des Wortes bis auf des Hieronymus Commentar zum Propheten Ezechiel, wo der gelehrte Kirchenvater zu Vers 6 und 7 des ersten Kapitels bemerkt, dass sehr Viele zur Erklärung der Vision des Propheten die psychologische Dreiteilung Platons herbeiziehen und ausserdem noch eine vierte und oberste psychische Potenz annehmen, eine Synderesis „wie die Griechen sagen". Da es nun dieses Wort im Griechischen nicht gibt und auch bei den Scholastikern verschiedentlich geschrieben erscheint, hat man zufolge der bisherigen Unmöglichkeit, aus Handschriften eine sichere Lesart zu entnehmen, sich auf Konjekturen geworfen. Seit dem 16. Jahrhundert findet sich in den gedruckten Ausgaben scholastischer Werke und in den Wörterbüchern Synteresis; ebenso haben neuerdings sich für συντήρησις Jahnel, R. Hofmann und Gass ausgesprochen, Nitzsch dagegen hat die Lesung συνείδησις empfohlen und Ziegler in seiner Geschichte der Ethik (2. Abt. S. 312 ff.) τονθόρισις vermutet. Ueberhaupt ist, wenn man einmal Synderesis

---

[1]) Vergl. auch H. Siebeck, Gesch. d. Psychologie I, 2. Abt. S. 424 und 445 f.

streicht, dem Vermuten ein weiter Spielraum gegeben. Daher dürfte der Versuch gerechtfertigt sein, mit Beachtung der ganzen Stelle bei Hieronymus und namentlich des griechischen Sprachgebrauchs, auf welchen doch der Autor ausdrücklich hinweist, aus dem Worte Synderesis selbst die Meinung des Urhebers zu eruieren. Solcher Versuch aber führt schlechterdings auf das Wort Synaeresis, so dass hiernach der Kirchenvater, der ohne Zweifel das stoische ἡγεμονικόν im Sinne hatte, das oberste psychische Princip zunächst nur nach dessen formaler (synthetischer) Bedeutung und Funktion bezeichnet und erst weiterhin inhaltlich als scintilla conscientiae und als spiritus erklärt: zu jenem Behufe bedient sich der grosse Schüler des berühmten Grammatikers eines griechischen Terminus, welcher, sowohl in der gewöhnlichen Sprache der Griechen (συνελών) als auch seit Plato und Aristoteles in der Ausdrucksweise der Dialektiker begründet (συναιρεῖσθαι opp. διαιρεῖσθαι), synonym mit σύνθεσις oder ἕνωσις bei einem Plutarch und Longin hervortritt, sich aber vornehmlich bei den Grammatikern festgesetzt hat, von den lateinischen Grammatikern gewöhnlich mit dem Beisatz „wie die Griechen sagen" angeführt wird und schon aus der Grammatik den damaligen Gebildeten geläufig war. Von der Grammatik her musste der Terminus auch den Scholastikern bekannt sein. Indem sie aber bezüglich der Stelle bei Hieronymus und bei denen, die ihm nachschrieben, die griechische Benennung eines besonderen Seelenvermögens erwarteten, waren sie von vorneherein geneigt, für Synaeresis ein anderes Wort zu lesen. Wie nun thatsächlich Synderesis daraus wurde, darüber lassen sich mancherlei Vermutungen aufstellen: am wahrscheinlichsten dürfte sein, dass bei der aspirierten Aussprache von Synaeresis (wie man ja auch proheresis sprach, vgl. Alexander Hales. Summa II, qu. 76 ff.) gemäss dem Lautgesetz ein d (t, th) eingeschoben wurde, dies durch den mündlichen Unterricht sich verbreitete und, nachdem man auf die ursprüngliche Schreibung nicht weiter geachtet hatte, die fernere Schreibung selbst sich demgemäss gestaltete. Hieraus wird zugleich die vielgeschmähte Angabe Alberts des Grossen verständlich: Synderesis componitur ex Graeca praepositione syn et haeresis.

VI.

Paläographische Bemerkungen zu Kants nachgelassener Handschrift.

Von

Julius von Pflugk-Harttung in Basel.

Das Manuscript jenes Nachlasses Immanuel Kants „vom Uebergange von den metaphysischen Anfangsgründen der Naturwissenschaft zur Physik" und „System der reinen Philosophie in ihrem ganzen Inbegriff", befindet sich jetzt bekanntlich im Besitze des Herrn Pastors A. Krause in Hamburg, bei dem es der Verfasser dieser Abhandlung einsah und untersuchte [1]).

Es besteht wesentlich aus Foliobogen mit schmalem (etwa zwei Finger breitem) Rande, welche in 13 Konvolute, je in einem Umschlage, vertheilt wurden, nur dass das 12 te und 13 te durch den gleichen zusammengehalten werden. Die Konvolute erweisen sich von sehr verschiedener Dicke: das erste enthält 10 Foliobogen, II = 12, III = 8, IV = 2 und dazu 36 Blätter verschiedener Grösse, V = 13½, VI = 4, VII = 10¼, VIII = 7½, IX = 7, X = 12 nebst mehreren Blättern, XI = 8, XII = 9½, XIII = 1. In Summa allein 105 Bogen zu je 4 Seiten = 420 Folioseiten, und, das Uebrige hinzugerechnet, mehr als deren 500.

Wie man sieht, fällt nur das vierte Konvolut stärker aus dem Rahmen: die Foliobogen treten zurück vor kleineren Blättern.

---

[1]) Bemerkt mag werden, dass dieser Artikel vor nahezu 1½ Jahren geschrieben ist und dass seitdem die Publikation Krauses erschien: „Das nachgelassene Werk Immanuel Kants." Frankfurt u. Lahr 1888, die eine wesentliche Verkürzung ermöglichte. Immerhin bleibt das Werk noch Manuskript, weil Krause blos eine „Populäre Darstellung" mit Belegen giebt.

Doch ist dies mehr äusserlich als dem Inhalte geltend. Die Hauptmasse besteht nämlich nicht aus einzelnen Papierstücken, oder,
wenn man will, Zetteln, sondern aus in einandergelegten Oktav-
bogen, worauf ein langer Entwurf des Elementarsystems niedergeschrieben und streng ordentlich in 24 Paragraphen getheilt ist.
Offenbar haben irgend zufällige Umstände obgewaltet, welche die
Benutzung des abweichenden Papierformates bewirkten, wie solche
ja jedem aufstossen, der sich mit umfangreichen Arbeiten beschäftigt. Was noch vom vierten Konvolute übrig bleibt, sind
ebenfalls philosophische Abhandlungen auf kleineren Blättern, einzelne aus Sparsamkeit auf bereits gebrauchtem Papiere geschrieben.
Und dazu gesellen sich schliesslich mehrere Privatnotizen, welche
im Anhange mitgetheilt werden, weil sie Einblick in Kants All-
tagsleben gewähren.

Schon hier konnten wir Sparsamkeit, fast möchte man sagen
Knauserei, mit dem Beschreibstoffe beobachten; das gleiche bleibt
überall und hat den Hauptgrund für die Schwerbenutzbarkeit des
Manuscriptes abgegeben: der Rand erwies sich für häufigen Gebrauch viel zu schmal, Vorder- und Rückseite des Papiers wurden
gleicher Weise in Anspruch genommen.

Der Eintragung nach lässt sich das Manuscript in zwei Gruppen zerlegen: in den eigentlichen Text und in Nachträge, Zusätze
und Umarbeitungen. Ersterer nimmt die Hauptmasse des Papieres
ein, letztere wurden meistens dem Rande zugewiesen, greifen aber
doch nicht selten in den Textraum über und wuchsen wohl gar
zu eigenem Texte an, der wegen der losen Blätter leicht zwischen-
gelegt werden konnte.

Der Text pflegt in mittelgrosser, gleichmässig klarer Schrift
eingetragen zu sein, die Reihen sind gerade, die Abstände gut.
Deutlich erkennt man, dass keine fortlaufende Abschrift sondern
die erste Niederschrift vorliegt. Bisweilen wurden längere Stücke
auf einmal ausgeführt, bisweilen lassen sich zahlreiche Neuansätze
beobachten.

Nehmen wir z. B. II Konvol. I, 3, so ergiebt sich: S. 3a und b
sind offenbar in einem Zuge geschrieben, bis zum letzten Viertel
von b, hier setzt ein etwas anderer Duktus ein, der sich über 4a

bis 4 b erstreckt, wo er noch zweimal wechselt. Eine weniger abgeschriebene Feder und dunklere Dinte zeigt 5a. welches in drei
malen eingetragen zu sein scheint[2]). Auf S. 5 b haben wir wieder
eine stark benutzte Feder, doch anderen Duktus als auf S. 3
und 4.

In dieser Weise verhält es sich bald mehr. bald weniger mit
dem ganzen Manuscripte. Mitunter ist mitten im Satze abgebrochen.
z. B. V Konv. 4, 7, wo die Ueberschrift und ersten drei Worte von
einer spitzen und harten Feder herrühren, dann folgen 1½ Sätze
(„werden können') mit abgeschriebener, worauf abermals eine spitze
Feder einsetzt, welche jedoch nicht die der Ueberschrift sein dürfte.
Alles dies ergiebt mit voller Deutlichkeit ein immer erneutes Ab-
brechen und Fortsetzen, ein durchaus ruckweises Arbeiten.

Vergleichen wir ferner die Schriften der verschiedenen Konvolute, so lässt sich bei der eigenartig gleichmässigen Hand des
Verfassers, welche ihm bis zum höchsten Alter verblieb, nichts
völlig Sicheres sagen. Dennoch deuten zumal die Anfänge der
Hauptstücke dahin, dass ein Theil derselben ziemlich gleichzeitig
geschrieben wurde, jedenfalls früher als Abtheilungen der fort-
schreitenden Arbeit. Dies entspräche einer an sich schon wahr-
scheinlichen Thatsache, dass Kant nicht hinter einander wegschrieb,
sondern das Werk, nach dem Entwurfe, einzeln auszuführen begann, bald hier, bald dort, wie ihn gerade Stoff und Geist gelenkt
haben.

Für alles dies zeugt auch der Umstand, dass er mitunter
ganze und halbe Seiten freiliess; sie sollten jedenfal's meistens gefüllt werden, was unterblieb. Besonders belehrend für das stück-
weise Vorgehen ist III Konv. 3, 6. Hier bietet 6a auf zwei Dritt-
theilen der Seite Text, der sich dem früheren von S. 5 a b anschliesst; darunter steht: „zur Vorrede gehörig", von deutlich
nicht gleichzeitiger Hand. Wenden wir um, so zeigt 6b oben eine
Ueberschrift: „Erstes Hauptstück von der Quantität der Materie".
sie ist durchstrichen und darunter gesetzt: „Einleitung". Mit dem

---

[2]) „Wenn ... berühren. Die Begriffe ... vorgestellt werden. Die bewegende ... Seneca."

dazugehörigen Texte füllt sie nicht ganz die Hälfte der Seite, um oben S. 7a weiter zu gehen, auch 7a nur zur Hälfte füllend, abermals abbrechend und oben S. 7b fortfahrend. Auf S. 6b in der Mitte reiht sich der Text der Vorrede an, welche 6a unten aufhörte; er bedeckt aber die Seite nicht ganz, sondern deutet mit einem Doppelkugelzeichen auf die Mitte von 7a, unterhalb des Einleitungstextes. Da geht die Vorrede weiter, springt im letzten Drittel der Seite auf den Rand über, während unten in der Mitte von 6b und 7a etwas anderes, nicht zugehöriges, steht. Hieraus ergiebt sich nun folgender Sachverhalt: Kant schrieb erst den fortlaufenden Text auf S. 6a und setzte die Ueberschrift auf 6b, verfasste dann die Vorrede von 6a, fuhr 6b in der Mitte fort, weil er den oberen Raum für das „erste Hauptstück" behalten wollte und machte es auf 7a ebenso. Nachträglich strich er die Ueberschrift, begann die Einleitung und benutzte für sie den oben freien Platz. Die Vorrede sollte auf 7a zuerst kürzer werden, weshalb er raumverschwenderisch eintrug mitten hin setzend: „Die bewegenden Kräfte der Materie | werden am besten nach der Ord-nung der Categorien | eingetheilt: nach ihrer Quantität, Qualität, Relation und Modalität". Dies scheint ihm nachträglich nicht ganz zugesagt zu haben, er strich den letzten vorausgehenden Satz, um Neues an dessen Statt zu bringen. Dafür gebrach es aber an Platz; deshalb begann er hinter dem letztgestrichenen Worte ein-zusetzen, um alsbald rechts auf den Rand überzugehen. Hier kam er ebensowenig aus und griff nunmehr auf den noch übrigen eigentlichen Textraum zurück, erst auf S. 7a unten, dann gar noch nach S. 6b unten hinüber. Wiederholt erwuchsen ihm neue Gedanken, die zwischen- und untergeschoben wurden, wo gerade ein Oertchen vorhanden.

Hiermit sind wir auf die Umarbeitung gekommen. Das text-lich Eingetragene wurde nachkorrigirt und zwar so stark, dass keine Seite verbesserungslos geblieben ist, manche auf das un-barmherzigste vorgenommen wurde. Da zeigt sich: Durchstreichung einzelner Worte, Zeilen und Sätze, halber, ja ganzer Seiten, die Verbesserungen bisweilen über dem Durchstrichenen geschrieben, bisweilen zwischen die ursprünglichen Zeilen geklemmt; vor allem fesselt die starke Benutzung des Randes den Blick. Wegen des knappen Raumes sind die Randkorrekturen meistens in verkleinerter Schrift gehalten, mitunter umfassen sie mehr als der Text, bezw. als das, was von diesem nach allem Ueberarbeiten geblieben. Wenn der Raum nicht reichte, finden sie sich auch oben unten oder zu Mitten in den Text hineingeschoben.

In den Korrekturen tritt deutlich das immer und immer erneute Durcharbeiten des Manuscriptes zu Tage, man sieht verschiedenen Duktus, andere Feder und Dinte, bisweilen sechsfach wechselnd und mehr. Nehmen wir z. B. die untere Hälfte der Randbemerkungen II. Konv. 13, 24, so bieten sich mit ziemlicher Sicherheit fünf Einzeleinträge. Der erste derselben umfasst nur fünf Worte und eine kleine Zeichnung, der zweite zwei Sätze in neun Zeilen, der dritte neun Zeilen, der vierte elf Zeilen und der fünfte deren dreizehn. Jedes dieser Stücke hebt sich von dem anderen ab, und damit nicht genug, vom dritten Nachtrag steht das letzte Wort „berührt" rechts unter dem vorletzten, neben der ersten Zeile vom vierten Nachtrage und ausserdem wurden die drei Schlusszeilen des dritten zusammengedrängt; d. h. also: der Nachtrag Nr. 4 wurde früher hergestellt als Nr. 3, der Autor kam bei Ausführung des letzteren zu kurz und half sich so gut es eben ging. Aehnliche Fälle späterer Niederschrift einer oberen Note als der unteren giebt es viele. Kant trug ein, wie ihm gerade der Gedanke kam, bald hoch, bald tief. Es finden sich sogar blosse Randbemerkungen ohne allen Text, sei es, dass dessen Raum unbeschrieben blieb, sei es, dass er zwar gefüllt, aber nachträglich durchstrichen wurde.

Ergaben sich der Korrekturen und Nachträge viele, so nahm Kant zu allerlei Zeichen seine Zuflucht, um jene auf den gehörigen Ort hinzuweisen; er verwendete einfache Striche, Kreuze, Sterne, Kreise, Kreise und Striche verbunden, mehrere Kreise und dergl. Schien das alles noch nicht zu genügen, so findet sich auch wohl ein weiterer Vermerk, etwa ein „verte" bei dem Zeichen und auf der anderen Seite wurde alsdann fortgefahren (z. B. II. Kon. 1; 1 und 2). Oft steht das dem Zeichen entsprechende Gegenstück nicht daneben, sondern an ziemlich entlegener Stelle, an nahezu fremdem Orte, wenn am richtigen kein Raum vorhanden. Oder es ist ein kleineres Blatt eingelegt, wie V. Konv. 2. 3. in welchem wieder erbarmungslos herumkorrigirt wurde. Sehr häufig zeigt sich dieselbe Sache in verschiedenen Bearbeitungen[3], selbst ein Dutzendmal und mehr behandelt, um endlich die richtige Fassung zu erringen, stets den neuen Ergebnissen gerecht zu werden. Solche Entwürfe bieten grossentheils gleiche Worte und Wendungen und sind nur einfach beigelegt, was den Beschauer völlig irre machen, den Glauben erwecken kann, als habe sich der grosse Denker immerfort wiederholt. Dies scheint um so näher zu liegen, als Kant auch hier eine unverkennbare Peinlichkeit, ja, wir dürfen wohl sagen, eine gewisse Pedanterie walten liess. Unzählige Male steht bei dem Worte „Wahrnehmung" in Klammer „empirische Vorstellung mit Bewusstsein". Wenn er auf das Wort „fest" stösst, macht er gern eine Bemerkung, dass es richtiger mit v statt f geschrieben werde. Gebraucht er das Wort „Physikus" mit lateinischer Endung, so pflegt er in Klammer zu setzen „Stadt und Land", was er nicht bei der Form „Physiker" thut und dergl.

Hin und wieder können Text- und Randbemerkungen gleichzeitig sein, gewöhnlich gehören diese einer späteren Zeit an. Wir finden, wie die Notizen offenbare Verwandtschaft mit einer Textschrift zeigen, die früher oder später vorkommt. So hat ein Theil der Randnachträge von V. Konv. 8, 16b gar keine Aehnlichkeit mit den daneben stehenden Textbuchstaben, desto grössere aber mit denen von V, 3, 6b unten, welche auch S. 7 beginnen, oder denen von V, 10, 19 zweite Hälfte. Anderseits scheint jene Notiz zeitlich wieder der nahe zu stehen, die sich V, 10, 19b in der Mitte befindet, während darüber und darunter eine wesentlich schwerere Hand gewaltet hat.

Derartige Dinge lassen sich zu hunderten mehren, immer aber bleibt im Auge zu behalten, dass Kant's Schrift nirgends sicheren Anhalt gewährt, dass man im besten Falle mit Wahrscheinlichkei-

---

[3] Im III. Konv. 1 findet sich die Unterschrift: zweiter Versuch (Reicke, Altpr. Monschr. VIII, S. 521).

ten rechnen muss. Kant's versale und klare Schrift gestaltete sich je nach Raum und Zeit sauberer oder flüchtiger, grösser oder kleiner; eigentlich hastig hingeworfene Partien sind selten. Nach dem vielfach etwas zitterigen und unsicheren Duktus, der bisweilen hervortretenden Neigung zu Kleinschrift möchte man das zehnte und namentlich das elfte Konvolut für die späteren halten, doch könnten Krankheit, Nervosität und dergleichen eingewirkt haben. Auch Nr. 1 und 7 sind gewiss recht jung, zumal jenes.

Das Gesagte bietet einen lehrreichen Einblick in die Arbeitsart des Gelehrten. Er entwarf das Werk erst in seiner Gesammtheit, gliederte es in Theile und begann diese einzeln zu behandeln, jeden selbständig für sich. Seine Gedanken trug er nicht ununterbrochen im Kopfe herum, bis sie völlig ausgereift und in die endgültige Form gediehen waren, sondern schrieb sie nieder, wenn sie ihn vorläufig fertig dünkten. Diese Niederschrift, der erste Text, gestaltete sich dann aber allmählich zu einem Gebäude auf Abbruch, von dem er nahm und stehen liess, je nach späterer Erwägung. Unermüdlich wurde gefeilt, umgearbeitet, bereichert, neu entworfen; neben dem Ringen nach dem stofflich Richtigen steht das, nach dem entsprechendsten Ausdrucke.

· Eine derartige Thätigkeit verlangt Zeit, viel Zeit, das gleiche die schwer auszudenkende Materie, ihre vorläufige Formulierung und dies alles erstreckt sich über 500 Folioseiten in sparsamster Schrift, mit starker Benutzung sonst freibleibenden Papieres. Schon hiemit ist äusserlich erhärtet, dass die Arbeit sich über Jahre ausgedehnt haben muss. Die Schrift deutet in gleiche Richtung.

Wie lange Kant an dem Werke thätig gewesen, lässt sich aus diesem selber natürlich nicht darthun, wir müssen dafür äussere Anhaltspunkte suchen. Nach einem Briefe an Garve (S. Stern, Die Beziehung Kant's zu Garve S. 34, vom 7. Aug. 1783) soll er über 12 Jahre an der Kritik der reinen Vernunft gearbeitet und sie in etwa 4—5 Monaten niedergeschrieben haben. Dies ist nicht dahin zu verstehen, als ob der Philosoph das Werk 12 Jahre blos in seinem Kopfe durchgegohren und es dann in einem Zuge hingeschrieben habe, sondern bei der Arbeitsart Kant's, wie unser Manuscript sie zeigt, dahin: dass er 12 Jahre geschrieben und gefeilt hat, bis er das Ganze zu dem Punkte der Vollendung brachte, wo es in 3—4 Monaten druckfertig redigiert werden konnte. Wir sehen, der Denker arbeitete sehr langsam, that sich selber schwer Genüge. war er aber fertig, dann schloss er schnell ab. Dieses Ergebniss darf auch für unser Werk in Anspruch genommen werden. wobei noch zu erwägen bleibt, dass es fast von doppeltem Umfange ist und einer höheren Altersstufe angehört, als die Arbeitskraft geringer war, wie in jüngeren Jahren.

Hiezu gesellen sich einige bestimmte Daten der Handschrift. Auf einem der benutzten Papierstücke steht unter anderem „Zwey Briefe des Fräulein (?) Cruse an Hartknoch und Baron Ungern von Sternberg, imgleichen an Director Euler in Petersburg". Mag man diese Notiz fassen, wie man will, soviel scheint gewiss, dass es sich um lebende Personen handelt und Euler starb am 7. September 1783. Wir besässen damit ein sehr frühes Datum.

Ein zweiter Zettel beginnt: „Gratuiti Anthropol. 1795". Auch er bietet viele Aufzeichnungen zur Arbeit.

Ein dritter, von dem das gleiche gilt, trägt: „Robert Motherby, 11. Aug. 179..., die letzte Zahl leider undeutlich, sie kann 0, 5 und 8 sein; mir scheint 5 das Wahrscheinlichste.

Ein vierter Arbeitszettel wurde von Kant selber unterzeichnet mit dem Beisatze: 8. Aug. 99.

Im Jahre 1798 erwähnt er das Werk brieflich an Garve und Kiesewetter.

Auf dem Umschlage des siebenten Konvolutes steht: „Im 80sichsechsten Jahr meines Alters." Kant ist 1724 geboren, die Bemerkung ergäbe mithin das Jahr 1800. Schliesslich besitzen wir Nachricht, dass er bis zu seinem Tode an dem Manuscripte gearbeitet hat, also bis 1804 (vergl. Krause, das nachgelassene Werk S. XIV, XVI).

Es ist wahrscheinlich, dass jemand, dem die Königsberger Archive und Privatnachrichten zu Gebote stehen, aus Einzelheiten. zumal Namen, noch weitere Daten zu Tage fördern kann. Für uns genügt es, die Endpunkte 1783 und 1804 gefunden zu haben, die sich ohne Gewaltsamkeit kaum wegdeuten lassen. Und dabei bleibt noch zu erwägen, dass 1783, als die für den ersten Zettel späteste Zahl erscheint, dass er wahrscheinlich etwas früherer Zeit angehört. In runder Zahl können wir nach den Daten ungefähr 25 Jahre Thätigkeit für das Manuscript in Anspruch nehmen. Das erscheint auf den ersten Blick sehr hoch, doch stimmt es zum Aeusseren des Manuscriptes und zu dem, was bei der Bearbeitung der Kritik der reinen Vernunft gesagt worden. Hinzu gesellt sich, dass der Stoff unseres Werkes oder sagen wir unserer zwei Werke ein noch schwierigerer als der des früheren ist, dass es dem Verfasser offenbar aus den Fugen ging, er seiner nicht Herr werden, er es nicht zur Drucklegung fertig bringen konnte; alles Umstände, die dem, der selber geistig thätig ist, starke Gründe für Verzögerung abgeben. Selbstverständlich hat Kant nicht 25 Jahre ununterbrochen bei dem Manuscripte gesessen, eine hochgradigere Thätigkeit dürfte sogar erst in den letzten 10 Jahren eingesetzt haben, aus denen die Mehrzahl der Daten stammt und wo der Wunsch herantrat, das Werk noch vor dem Tode fertig zu bringen. Aus den Briefen an Garve und Kiesewetter geht hervor, dass er sich 1798 in voller Thätigkeit befand; das Werk war noch nicht vollendet, scheint sich aber nach seiner Auffassung dem Abschlusse zuzuneigen.

Mit diesen Ergebnissen dürfen wir an die weitere Thatsache treten, dass Kant einigemale ein bereits anderweitig gebrauchtes Papier verwendete und hie und da persönliche Notizen aufzeichnete. Ersteres kann schwerlich jemand auffallen, am allerwenigsten, wenn er sich jene Sparsamkeit vorstellt, wie sie das ganze Manuscript beweist. Wohl jeder Autor benutzt gelegentlich die Rückseite eines Briefes, oder einer Rechnung, wenn sie ihm gerade bei Fixirung eines Gedankens in die Hände fällt, und so that es auch Kant, wenngleich nur vereinzelt, wie aus der Beilage dieses Artikels zu ersehen. Hiehin gehört es auch, wenn sich im X. Konvolute zwei Entwürfe über die Pockennoth finden, deren Rückseite philosophische Untersuchungen bedecken. Und nicht viel anders steht es mit den gelegentlichen Privatnotizen. Es sind Dinge, die Kant sich aus irgend einem Grunde aufschrieb, meistens ganz unten rechts am Rande oder ganz unten quer unterhalb des Textes, einmal auch an der Seite, quer gegen den Text. — Doch solche Bemerkungen

sind ebenfalls selten, wie die zweite Beilage darthut. Bei weitem
häufiger sind Notizen auf den gedruckten Umschlägen der Konvolute. Aber stets muss man vor Augen behalten, dass es sich um
ein noch unfertiges Manuscript handelt, über welches der Autor
Jahre, Jahrzehnte gebrütet hat, und das er für sich und seine Bedürfnisse einrichtete, ohne daran zu denken, dass von späteren Ge-
schlechtern einmal jeder Punkt unter die Lupe genommen und
kommentirt werde. — Oder ahnte er es bereits, und verlangte in
pessimistischen Anwandlungen, dass die Handschrift nach seinem
Tode verbrannt werde (Wasianski, bei Krause S. XIV). Ein unfertiges Manuscript ist anders zu behandeln als ein abgeschlossen
redigirtes Buch.

Noch Kant selber schlug die 13 Konvolute je in einen Druck-
bogen ein (Druckpapier offenbar wieder aus Sparsamkeit), welche
er theilweise mit der Konvolutenzahl und sonstiger Angabe bezeichnete. Die Umschläge bestehen aus Zeitungen und anderen
Sachen, welche leider keine Zeitbestimmung ermöglichen, weil die
Bogen und Umschläge sowohl von anfang an zusammengehört haben,
als diese auch erneuert sein können. Letzteres erscheint als das
bei weitem Wahrscheinlichere, da die Umschläge am meisten zu
leiden hatten und Druckpapier wenig Widerstandskraft besitzt.
Die Reihenfolge der Bogen innerhalb der Konvolute zeigt sich jetzt
durch Bleistiftbezeichnungen fixiert, die wahrscheinlich vom Propste
Schön herstammen. Aber theilweis hat Kant persönlich noch die
Bogen vermerkt, so im X. und XI. Konvolute, wo sie mit A. B.
C bis Z. und dann mit AA, BB, u. s. w. versehen wurden. Nicht
unbedeutende Abschnitte des eigentlichen Elementarsystems sind
sogar wiederholt in Paragraphen, zum Theile mit Zahlbezeichnun-
gen, gebracht. In den einzelnen Konvoluten tritt ein gewisser
gemeinsamer Gedankengang hervor; wenn er nicht immer inne gehalten, so bleibt zu bedenken, dass das Werk noch unvollendet,
überhaupt wohl, wie schon angedeutet, etwas aus dem Rahmen
gegangen war. Dazu gesellt sich, dass einige Bogen nicht in
ursprünglicher Ordnung zu liegen scheinen, was schon Reicke bei
deren zwei bemerkte. Vom fünften Bogen des VII. Konvolutes ist
durch Kants Bezeichnung sicher, dass er nicht dahin gehört (Altpr.

Monatsschr. XIII. S. 643, 652). Im XII. Konv. 1,4 hat Kant am Rande bemerkt: „vid. Bog. A. Uebergang S. 4 mit rother Tinte" (vgl. Reicke I, S. 17), ein so bezeichneter Bogen findet sich nicht im Konvolute, wohl aber als dritter des neunten und zwar in der Weise, dass die beiden Innenseiten zwar rein sind, die beiden äusseren dagegen schmutzig, als ob sie auf unsauberem Tische oder Boden gelegen hätten. Es wäre mithin möglich, dass das Papier auf die Erde fiel und dabei aufklappte oder sonst durcheinander geworfen wurde (vergl. Krause S. XV). Zufolge der Paginierung müsste es vor der Thätigkeit Schöns geschehen sein. Wie leicht kommen nicht lose Blätter in Unordnung und wie vielen Zufälligkeiten, ja Gefahren war unsere Handschrift nicht ausgesetzt!

Nach alledem ist eine gute Textedition äusserst erschwert, wenn nicht gar bisweilen unmöglich. Es handelt sich um ein unfertiges, geradezu erdrückend durch- und umgearbeitetes Manuscript.

Beilage I.
Notizen aus Kants Privatleben.

Herr cand. rer. nat. J. Noelting hat die folgenden Notizen aus dem Manuscripte zusammengestellt:

Konvolut I und VII sind in Händen des Herrn Dr. Reicke in Königsberg.

Im Konvolut II findet sich nichts auf häusliche Angelegenheiten bezüglich.

Konv. III, Bog. 5 S. 3 (11), rechts unten an der Ecke neben dem Texte die Multiplication von 15×15. — S. 3 (11b) eine Berechnung und ein Zeichen.

Konv. IV. Zettel 36 ein gebrauchtes Blatt mit: Gratuiti Antropol. 1795. | Joh. Freytag. | Zymanowsky. | From. | Wenslawsk. | Gregorovius. | — Auf der sonst leeren Rückseite von Zettel 37 steht: Gottfried Christoph Wilhelm Grünmüller. — Auf Zettel 44 rechts oben fern vom Text: Fuchs Lichtzieher (durchstrichen). — Auf Zettel 46, quer gegen den Rand: Zwey Briefe des (oder durch) Fl. Cruse an Hartknoch und Baron Ungern von Sternberg imgleichen an Director Euler in Petersburg.

Kon. V, keine Notiz; ebenso VI, VIII, IX.

Konv. X, Bog. 1 S. 9. Zettel 2. Oben vor dem Texte, von diesem theilweise bedeckt, mit Bleistift: Sittenlehre Jesu von Stäudlin dem II. Inspector Ehrenbotts abgeben, zwey Briefe von Tiefdrunk. — Bog. 12 Zettel 4: war vor der Benutzung für das Manuscript als Brief gebraucht. Darauf steht:

> Da Ew. Hochedelgeboren
> das Inserat in das Intelligenzblatt der Jenaischen A. L. Z.
> abzusenden gesonnen sind, so will ich nur erinnern, dass der
> Brief morgen (Freytags) vor 8 Uhr — etwa um halb 8 —
> auf die Post gegeben werden müsse.   ∵
>
>   J. Kant.
>   d. 8 ten Aug. 99.

— Auf demselben Zettel quer gegen den Text: an Prof. Rincx. Poselger. Stadtraths. — Halbbogen II und Bogen III p. 1 handelt von der Pockennoth und ist bereits von Reicke veröffentlicht (Aus Kants Briefwechsel, Königsberg 1885). — Auf Halbb. IV p. 2 unten am Rande: NB. Die Marke vom weissen Wein ist noch nicht abgegeben worden, wohl aber eine vom rothen Wein schon vorher. — Heute Criminal R. Jensch und Ehrenboth und trockenes Obst zur Gesundheit zu geben oder Pfarrer Sommer. — Zeitung von Nicolovius von der Revolution in Paris. — Von Sch....se am Sonnabend zu erfahren, wer das Stück Münchener Abhandlung des [Ungl.. durchstrichen] Verunglückten hat. — Halbb. VI p. 2, unten links am Rande: [Durchstrichen: Neue Groschen anzuschaffen]. Heute Prof. Porschke. Criminal R. Jensch. — An G. Rath Pott Danksagung wegen Beitritt Azorenwein ...... die noch fehlenden schwarzen Bouteillen. — Unten ganz am Rande: [Durchstrichen: Sonntags Abstäubung der Studirstube doch sehr vorsehen durch die Köchin. Verstopfen von Decken der Fenster in der Studir- und Schlafstube, vielleicht auch in der Essstube]. — Halbb. XVI unten rechts am Rande: Lampe hat auf seiner oberen Stube einen Bund Schlüssel und die Tochter hat's auch dem L. zu melden, dass das ihm bedingterweise versprochene Quartal bis zum zweyten aufbehalten werde .... das ..... die Tochter .... — Zu bemerken ist, dass alle diese Notizen auf dem Rande der Halbbögen stehen.

Konv. XI. Bog. 1 S. 4, links oben am Rande: Teltower. | Prof.
Rincx. Doct. Motherby. — Bog. 6 S. 2, links unten in der Ecke:
H. Schirrmacher und Mag. [durchstr.: Schultz, eingeschaltet: Gänsch.
Durchstr.: Der H. Magister Schultz und M. Gänsch oder H. Schirr-
macher und M. Gänsch . . . .]. — S. 4 links unten in der Ecke:
Religion die höchste Angelegenheit des Menschen in einer Anrede
der Vernunft an sich selbst vorgestellt von J. K. und gewidmet
dem H. G. R. Pott.

Konv. XII Bog. A. S. 4, links unten eine Berechnung.

Konv. XIII bietet keine Notiz.

Die auf den Umschlägen angebrachten Aufzeichnungen sind
hier nicht gegeben.

Beilage II.

Benutztes Papier.

Wiederholt hat Kant bereits benutztes Papier noch einmal
verwendet, und zwar in folgenden Fällen, aus dem IV. Konvolute.

1. Bleistiftbezeichnung 3 und 4. Quartblatt, lang 0,23, breit
0,185, ursprünglich zusammengefalteter Brief an Kant, jetzt nur
noch in der Mitte gebrochen, so dass vier Seiten entstehen. Auf
der ersten Seite, die Adresse: Des | Herrn Prof. Kant | Wohlge-
bohren. Unten in der Mitte der runde Siegellackfleck. Auf der
dritten Seite der Brief: Hierbey erhalten Ew. Wohlgebohrnen einen
Schein über die letzt empfangenen 232 und 204 Rtl..r., zusammen
also für 436 Rthlr. Den 11ten Schein über 232 Rthlr. werde mich
also zurückerbitten. — Robert Motherby. — 11ten Aug. 179 . . .
[die letzte Zahl kann 0, 5 oder 8 sein]. Vor dem Briefe oben in
der rechten Ecke, abgetrennt durch einen schrägen Strich: S. J.

2. Blstbz. 5. Quartblatt 0,23 zu 0,185, den Adressentheil einer
Zuschrift an Kant bietend, diese selber wurde abgerissen. Auf der
Vorderseite: Sr. Wohlgebohrnen | dem Herrn Professor Kant | zu |
Königsberg | in Pr. | Hiebei eine Rolle | in gr. Wachs Leinw. | sign.
K. worin 55 Rthlr. | W. | König. Ober Schul- | Kassen Gelder. — Links
oben von der Adresse findet sich ein undeutlicher Zahlenvermerk,
vielleicht 21 & 22 Rthlr. Rechts am Rande das unversehrte Siegel
der Königlich Preussischen Oberschulkasse.

3. Blstbz. 6. Quartblatt 0,2 zu 0,19. Wieder der Adressentheil einer Zuschrift. Auf der Vorderseite: Dem Herrn Professor Kant. Noch deutliche Spuren der ursprünglichen Oblate zeigend.

4. Schmaler Papierstreif 0,21 zu 0,035. Trägt auf der einen Seite in ganzer Länge den Namen: Gottfried Christoph Wilhelm Grünmüller.

Bleistiftbezeichnung 4: Briefentwurf an Garve.

Bei allen diesen Blättern wurde der freigebliebene Raum von Kant je nach Bedürfniss für seine Arbeit benutzt, Nr. 4 auf der Rückseite halb eng beschrieben, halb mit physikalischen und mathematischen Figuren bedeckt, wie solche auch sonst im Manuscripte vorkommen.

Wegen Wasianski's Brief an Kant aus dem VII. Konv. vergl. Altpr. Monatsschr. XII S. 569.

VII.

Zu Goethes Philosophie der Natur.

Wilhelm Dilthey in Berlin.

Als ich in dem „Leben Schleiermachers" die Naturphilosophie
Schellings und Hegels zurückverfolgte in die Goethes und hierbei
die älteste Urkunde dieser Naturphilosophie, Goethes Aufsatz „Natur"
erörterte, konnte über das Verhältnis der Naturansicht Goethes zu
der Herders in dieser Zeit (1782), kein litterarisches Zeugnis Licht
verbreiten. Wenn auch der intime Austausch zwischen Herder
und Goethe in dieser Zeit eine völlige Auflösung der Frage, welchen Anteil diese beiden Personen an der Ausbildung des deutschen Pantheismus haben, unmöglich macht, so werden uns doch
Aeusserungen willkommen sein, welche wenigstens die Frage bestimmter begrenzen. Das Verhältnis ist dasselbe als es in Bezug
auf die Ausbildung der mechanischen Weltansicht gegen die Mitte
des 17. Jahrh. besteht. Die Abgrenzung des Anteils von Galilei,
Descartes und Hobbes lässt sich auch hier wegen des lebendigen,
mündlichen und brieflichen Verkehrs der entscheidenden Personen
und ihrer Freunde nicht endgültig feststellen.

Die ausgezeichnete Ausgabe Herders, welche wir Suphan
verdanken, bringt in ihrem neuerschienenen 13. Bande[1]) ältere
Niederschriften und ausgesonderte Kapitel aus einem Entwurf zu
den ersten drei Büchern der Ideen. Schon die erste Ueberschrift,
die uns hier aufstösst: Vorzüge des Menschen vor seinen Brüdern,

---

[1]) Herders sämmtl. W. herausg. von Suphan Bd. 13. Berlin, Weidmann
1887.

den Erdtieren, erinnert an den Monolog „Wald und Höhle": „Du
führst die Reihe der Lebendigen vor mir vorbei und lehrst mich
meine Brüder im stillen Busch, in Luft und Wasser kennen."
Dann aber zeigt sich dieser Entwurf im Ton, in den Hauptsätzen,
ja in einzelnen Stellen dem Aufsatz Goethes über die Natur verwandt.

Goethe.

Natur! Wir sind von ihr um-
geben und umschlungen — unvermögend, aus ihr herauszutre-
ten, und unvermögend, tiefer in
sie hineinzukommen. Ungebeten
und ungewarnt nimmt sie uns
in den Kreislauf ihres Tanzes
auf.

Sie liebt sich selber und haftet ewig mit Augen und Herzen
ohne Zahl an sich selbst. Sie
hat sich auseinandergesetzt, um
sich selbst zu geniessen. Immer
lässt sie neue Geniesser erwach-
sen, unersättlich, sich mitzuteilen.
Sie freut sich ...

Jedes ihrer Werke hat ein
eigenes Wesen, jede ihrer Erscheinungen den isolirtesten Begriff, und doch macht Alles Eins
aus.

Herder.

Welche Unendlichkeit umfasst
mich, wenn ich, überzeugt und
betroffen von tausend Proben dieser Art, Natur! in deinen heiligen Tempel trete. Kein Geschöpf
bist du vorbeigegangen: du teil-
test dich allem in deiner Uner-
messlichkeit mit und jeder Punkt
der Erde ist Mittelpunkt deines
Kreises.

Die Schöpfung ist dazu geschaffen, dass sie auf jedem
Punkte genossen, gefühlt, gekostet werde; es mussten also
mancherlei Organisation sein,
sie überall zu fühlen und zu
kosten ...

... wenn sie von Millionen
Geschöpfen auf allen ihren Seiten durchgenossen, durchempfun-
den wird.

Jedes deiner Werke machtest
du ganz und Eins und sich nur
selbst gleich; du schufst es gleichsam von innen heraus ...

Grosse Mutter! deine Kraft ist
überall ganz und unendlich;
allenthalben hast du compen-
siret.

Der Aufsatz Goethes ist im „Tiefurter Journal" 1782 erschienen. Schon d. 7. Dez. 1781 schreibt Goethe an Frau von Stein, dass er einen Roman über das Weltall durchgedacht habe und seiner Freundin diktieren zu können wünsche. Das Fragment ist augenscheinlich im Zusammenhang dieser Gedanken entstanden. Herder hat nach Haym II. S. 196 seit dem Frühjahr 1783 über den Plan seiner Ideen gegrübelt, am 28. August 83 war es zur Erneuerung der Freundschaft zwischen Goethe und Herder am Geburtstag Goethes und Gottfried Herders gekommen. In den ersten Tagen des Dezember las dann Herder die ersten Kapitel des begonnenen Werkes vor. So rücken die verwandten Stellen Goethes und Herders auch zeitlich nahe aneinander. Man könnte denken, dass Herder das ihm natürlich aus dem Tiefurter Journal bekannte Goethe'sche Fragment in Erinnerung gehabt, als er schrieb. So stimmt der hier bemerkbare Einfluss Goethes auf Herders Ideen wohl überein mit einem ausdrücklichen Zeugnis über dies sein Verhältnis zu Herders Werk, das uns bei dem allerdings nicht immer zuverlässigen Falk erhalten ist. „In dem ersten Band des Herderschen Werks sind viele Ideen, die mir gehören; diese Gegenstände wurden damals von uns gemeinsam durchgesprochen."

Die Anschauung, welche bei Goethe entschiedener, bei Herder hier unbestimmter auftritt, ist im Gegensatz zu Spinozas Trennung der Eigenschaften der Natur, sofern sie räumlich ist und sofern sie denkt, eine genetische Auffassung des Naturzusammenhangs, nach welcher die in der anorganischen Natur unbewusst wirkende Bildungskraft sich in den bewussten, empfindenden Organismen „auseinandergesetzt" hat, „um sich selbst zu geniessen". Die Natur blickt aus den Augen der Tiere und Menschen, und sie geniesst sich selbst in dem Wechsel der Gefühle derselben. Eine solche Betrachtungsweise ist in Einklang mit Spinozas Satz, dass die Natur oder Gott oder die Substanz in den menschlichen Geistern als ihren Teilen sich selber erkennt und liebt. Aber der Satz Spinozas empfängt bei Goethe einen ästhetischen Charakter. Die Natur wird hier in ein sich selbst geniessendes einheitliches Wesen verwandelt. Die ästhetische Auffassung betrachtet die Natur als ein sich Genugsames, in sich Ruhendes, aus seinen unbewussten

Kräften Wirkendes und Geniessendes. Und diese ästhetische Naturauffassung ist hier in diesem Fragment „Natur" zum ersten Mal
durchgeführt. An dem empirischen Material geologischer Beschäftigungen hat dann Goethe bald danach deutlicher aus diesen Voraussetzungen den Gedanken einer Entwickelung in der Natur abgeleitet, welche von dem materiellen, dunklen, unbewussten auf-
wärtsführt zu den im Licht des Bewusstseins geniessenden Geschöpfen.

VIII.

Die Philosophie in Dänemark im 19. Jahrhundert.

Von

Professor **Harald Höffding** in Kopenhagen.

Das geistige Leben hier im Norden hat sich — seit der Reformationszeit — in genauem Zusammenhange mit und unter star-
kem Einflusse von dem deutschen Geistesleben entwickelt. Dies
gilt besonders in philosophischer Rücksicht. Aus Dänemark ist
kein Denker hervorgegangen, welcher einen Wendepunkt in der
Geschichte des philosophischen Forschens herbeigeführt hätte. Aber
wie auf anderen Gebieten hat man auch hierin die vom Auslande
kommenden Strömungen auf eigentümliche Weise zu assimiliren und
zu verarbeiten versucht. Im Anfange dieses Jahrhunderts trat bei uns
die Philosophie der Romantik auf und übte einen grossen, Anfangs
sogar einen überwältigenden Einfluss auf unser ganzes Geistesleben,
besonders auf die Poesie und die Entwickelung der religiösen Ideen
aus. Unsere neuere nationale Literatur wurde durch diese Einwirkung und die dadurch erweckte frische und tiefe Lebensauffassung
hervorgerufen. Die Philosophie Schellings und Hegels übte lange
Zeit eine grosse Herrschaft. Aber man darf behaupten, dass der
der dänischen Geistesrichtung eigentümliche Sinn für die reale
Natur und die psychologische wie geschichtliche Wirklichkeit
es uns möglich machte, dass die bedeutungsvollen Ideen jener
Philosophie unsere Entwicklung befruchten konnten, ohne dass wir
uns doch in abstrakte und hyperidealistische Speculationen verloren. — In den letzten Decennien hat sich bei uns wie in Deutschland die kritische Philosophie wieder hervorgearbeitet. Neben

deutscher Einwirkung geht jetzt ein sehr starker Einfluss von England aus, indem die jüngere Generation von Stuart Mill, Darwin
und Herbert Spencer entscheidende Impulse empfangen hat.

I.

Henrik Steffens, in Norwegen (1773) geboren, auf väter-
licher Seite aus Holstein, auf mütterlicher aus einem altdäni-
schen, bis ins Mittelalter zurückgehenden Geschlechte stammend,
ein feuriger Redner, welcher besonders die Gabe besass die Eigentümlichkeit anderer zu erblicken und zu erwecken, führte die
Schellingsche Philosophie in Dänemark durch die in der dänischen
Litteraturgeschichte berühmten Vorlesungen ein, welche er im
November 1802 in Kopenhagen begann, und welche im folgenden
Jahre teilweise gedruckt wurden. (Indledning til filosofiske Fore-
loesninger 1803). Er stellte hier die naturphilosophischen Gedanken
dar, welche er früher in einer deutschen Schrift (Beiträge zur innern
Naturgeschichte der Erde, 1801) ausführlich entwickelt hatte; aber
er behandelte auch Probleme, welche der Aesthetik, der Religionsphilosophie und der Philosophie der Geschichte angehörten. Es war
ja eben die Aufgabe der Schellingschen Philosophie, den inneren Zusammenhang oder gar die Identität aller dieser Probleme zu zeigen.
Sie machte keinen scharfen Unterschied zwischen Geist und Natur,
zwischen dem Bewussten und dem Unbewussten, zwischen dem
Gedanken und der Phantasie, zwischen Gott und dem Universum.
Die Natur ist eine Stufenreihe, innerhalb welcher das geistige Leben
sich nach und nach entwickelt. In allem ist eine und dieselbe
Einheit; in der Welt der Natur und der des Geistes regen sich
dieselben Kräfte und dasselbe Leben, wenn das Auge nur aufgetan
ist sie zu erblicken. Steffens begann darum seine Vorlesung mit
der Erklärung, dass er bei seinen Zuhörern „den inneren Drang,
das eigentliche Wesen der Dinge zu erkennen, das Rätsel des
Daseins zu lösen, und die innere Anschauung, welche jeden Teil
zu einem Ganzen zusammenfasst und das absolute Ganze und Eine
als das Reale setzt", voraussetzte. Er appellirte also an ein höheres
Organ, eine „intellektuelle Anschauung". Er suchte dann die Einheit in der Natur und in der Geschichte aufzuzeigen. Es gilt für

ihn „die Freiheit der Vernunft in der Notwendigkeit der Natur, die
Notwendigkeit der Natur in der Geschichte zu erkennen". Die
unorganische Welt erreicht erst in der organischen ihr eigenes
Ziel, und innerhalb dieser entsteht der freie Geist, dessen notwendige Entwickelung die Geschichte darbietet. Durch die ganze
Natur ist eine individualisirende Kraft zu spüren, die im Menschen
ihre Vollendung erreicht. In der poetischen Genialität und der
religiösen Begeisterung haben wir die höchsten Offenbarungsformen
der grossen, in Allem sich regenden Kraft vor uns. Aber dies alles
ist nur einer höheren Anschauung zugänglich, während es dem
experimentellen Forschen und dem kritischen Verstande verborgen
ist. „Unsere Wissenschaften haben uns die Natur verschlossen!"
Von den physischen und chemischen Theorien appellirt Steffens
kühn an „die ewige Natur selbst". Er wollte einen Standpunkt
einnehmen, auf welchem sich die höchste Wissenschaft, die höchste
Religiosität und die höchste Poesie begegneten, und legte einen
gewaltigen Protest gegen die kritische, analysirende Tendenz des
18. Jahrhunderts ein. Als ächter Romantiker pries er die Urzeit,
als das Geistesleben noch ungeteilt war, und die Menschen der
Natur und der Gottheit näher standen. „Ist nicht das Schönste,
Herrlichste, was unsere Zeit durchdringt, der Sinn für jene alte,
verschwundene?" — Diesen Vorlesungen verdanken nach ihren
eigenen Erklärungen die hervorragendsten Führer der poetischen
und religiösen Entwicklung in Dänemark, Männer wie Oehlen-
schläger, Grundtvig und Mynster, ihre erste Anregung. Vielerlei
Ideen wurden angeregt; ein reicher Gährungsstoff war jetzt vorhanden. Steffens selbst war es nicht vergönnt, diese Keime zu
pflegen; die Autoritäten betrachteten ihn mit Misstrauen; man be-
schuldigte ihn, bald dem Atheismus, bald dem Katholicismus zu
huldigen. Er war auch mehr dazu geeignet die Bewegung hervorzurufen als sie zu leiten. 1804 ging er nach Halle, und seine
weitere Entwicklung gehört der deutschen Literatur an.

Einem klareren und besonneneren Denker war es vorbehalten, das
philosophische Forschen hier in Dänemark weiter zu führen. Im Jahre
1803 wurde Niels Treschow (geb. bei Drammen in Norwegen 1751,
gest. in Kristiania 1833), welcher als Rektor in Kristiania eine

4*

Reihe vortrefflicher Vorträge über die Kantische Philosophie gehalten hatte, als Professor der Philosophie an die Universität in
Kopenhagen berufen, und er übte hier in den zehn Jahren seiner
Wirksamkeit (bis er nach der neuen Universität in Kristiania ging)
einen sehr grossen Einfluss nicht nur auf die Studirenden, sondern
auch durch seine Vorlesungen auf weitere Kreise aus. Erst als
reifer und in der Philosophie des 18. Jahrhunderts wohl bewander-
ter Mann wurde Treschow mit der neuen spekulativen Lehre bekannt. Er stellte sich ihr kritisch prüfend gegenüber, indem sein
lebhafter und kühner Geist ihr nur dasjenige entnahm, was ihm
brauchbar und berechtigt erschien. In seiner Selbstbiographie gibt
er seine Stellung so an: „Ohne Anhänger entweder der älteren,
vorkantischen oder der neuesten Philosophie zu sein, behielt ich
aus jener die Lust zur Klarheit der Begriffe und zur Genauigkeit
in der Gedankenentwickelung; von dieser wurde ich auf das In-
konsequente des gewöhnlichen Dualismus und auf die Notwendigkeit, alles Wirkliche und Mögliche aus einem Principe zu entwickeln, aufmerksam gemacht." Der Unterschied zwischen Treschow
und den spekulativen Philosophen ist der, dass während diese im
Gedanken in der Einheit des Daseins schwelgen und sich dadurch
der Mystik nähern, für ihn dieser Gedanke eine Voraussetzung ist,
auf welcher unsere Forschung beruht, wenn sie den Zusammenhang
der Dinge sucht. Weil die Erfahrung selbst dieses Suchen immer
wieder erweckt, muss jener Gedanke mehr als eine blos subjective
und menschliche Voraussetzung sein. Durch diese Begründung
des Einheitsgedankens steht Treschow der Erfahrungswissenschaft
näher als Schelling und Steffens. — Seine bedeutendsten Schriften
sind: „Elementer til Historiens Filosofi" (1811) und „Om den
menneskelige Natur" (1812), welche den psychologischen und historischen Sinn des Verfassers zeigen und die noch jetzt nicht ohne
Interesse sind.

Treschow huldigt der Identitätshypothese, nach welcher Geist
und Körper nur verschiedene Seiten eines Dinges sind, indem
dieses sich dem inneren Sinne anders als den äusseren Sinnen darstellt. Beiden liegt nur ein Princip zu Grunde, „welches zu erkennen wol schwierig, aber vielleicht nicht unmöglich ist". Es

gibt kein Kausalverhältniss zwischen Empfindung und Bewegung; Bewegung kann nur Bewegung, Empfindung nur Empfindung hervorbringen. Aber jede Bewegung ist mit einer entsprechenden Empfindung, jede Empfindung mit einer Bewegung verbunden. Die allgemeine Materie ist der sichtbare Gott, eine Offenbarung des höchsten Wesens; die Kräfte der Natur sind von der Kraft der Gottheit nicht verschieden. — Die Klarheit, mit welcher Treschow die Identitätshypothese aufstellt, die seine Lehre vor der Schelling-Hegelschen auszeichnet, wird doch durch seinen Vitalismus einigermassen gestört. Die Seele ist nach ihm mit der „Lebenskraft" eins, und wirkt als solche auch in den körperlichen Funktionen. Dieser mythologische Begriff, welchen er mit der Physiologie seiner Zeit teilt, macht es ihm nur anscheinend leichter das Problem zu lösen.

Durch die ganze Natur und Geschichte nimmt Treschow eine kontinuirliche Entwickelung an. „Von Stoffen, welche roh zu sein scheinen, weil man noch keine Form in ihnen entdeckt, vollzieht sich ein allmählicher Uebergang zu bestimmteren Gestalten, deren Reihenfolge nur in allgemeinen Zügen angegeben werden kann. Durch scharf bezeichnete Grenzen sind sie nicht zu unterscheiden, weil der Gang der Natur in den Abweichungen oder Ausartungen, durch welche die früheren Geschlechter und Arten in ganz neue verwandelt werden, nicht blos kriechend ist, sondern so langsam, dass weder Erfahrung noch Geschichte uns befähigen, seinen beinahe unmerklichen Spuren zu folgen." Alles Lebendige hat dieselbe Wurzel. Wenn wir hinlänglich zurückgehen, kommen wir zu einer Stufe, „wo das moralische Wesen kaum vom physischen zu unterscheiden war, — wo der Mensch noch nicht Mensch war". Nun zeigt uns die Geologie, dass es Wasserthiere gab, noch ehe das feste Land seine Einwohner bekam. Auch der Mensch muss also Wasserthiere unter seinen Ahnen haben. Wir haben uns dieses Ursprungs nicht zu schämen. Ist ja doch jedes Individuum noch immer in seinem Anfang ein Wesen, das tief unter vielen Thieren, ja Pflanzen steht. Die Geschichte des Individuums und des Geschlechts bietet dieselben Grundzüge. — Treschow bewundert also nicht, wie die Romantiker, die Urzeit. Für ihn

streitet es gegen die allgemeinen Gesetze der Entwickelung, dass
die ersten Menschen' Genien oder Götter gewesen sein sollten,
und nicht Instinktwesen, welche erst durch einen langen und mühsamen Entwickelungsgang Vernunftwesen werden konnten. Er
nimmt bei allen lebendigen Wesen einen Entwickelungstrieb an,
welcher besonders als ein Trieb nach Selbstwirksamkeit hervortritt. Im Menschen geht dieser Trieb endlich darauf aus, nach
Vernunftideen selbstwirksam zu sein. — Diese Lehre stärkt nach
Treschow unsere Hoffnung und unsere Geduld. Sie macht die
Menschheit gross und heilig in unseren Augen, indem wir sehen,
dass an ihrer Vollkommenheit seit Jahrtausenden gearbeitet wurde
und noch immer gearbeitet wird.

In seiner Schrift „Ueber die menschliche Natur, besonders von
der geistigen Seite" gibt Treschow eine klare und gesunde Darstellung der psychologischen Hauptphänomene und Gesetze. Sie zerfällt in drei Abschnitte: 1. Ueber das Vorstellungsvermögen (hierunter: über die Empfindungen, über die Reproduktion und die
Association. über die Denkkraft). 2. Ueber das Gefühlsvermögen.
3. Ueber den Willen. (Hierunter auch über Triebe und Neigun-
gen, über Gewohnheiten und Fertigkeiten, über Leidenschaften und
Affekte.) — Obgleich Treschow nicht wenig von der vorkantischen
Auffassung beeinflusst ist, weist er doch entschieden die Lehre
Leibniz's von den Gefühlen als verworrenen Vorstellungen ab. Diese
Lehre gründet sich, wie er zu zeigen sucht, auf eine unvollstän-
dige Induktion. — Im Einzelnen finden sich bei Treschow sehr viele
feine und treffende Bemerkungen und Analysen. Von älteren
Autoren scheint ihn besonders Tetens (welcher ja ein geborener
Däne war) beeinflusst zu haben.

Die spätere Wirksamkeit Treschow's, nach seiner Rückkehr
nach Kristiania, war besonders der Religionsphilosophie gewidmet.
Er gab eine platonisirende „Christenthumsphilosophie" heraus.
Aber seine Wirksamkeit in Kopenhagen hatte doch die Bedeutung,
dass die Philosophie bei uns von dem Evangelium der Romantik
sich entfernte, und dass naturwissenschaftliche, psychologische und
historische Studien als Grundlagen der Philosophie behauptet
wurden.

Auch von der religiösen Seite her erhob man der romantischen Schule gegenüber ernste Bedenken. Unter den von Steffens beeinflussten Männern habe ich oben auch N. F. S. Grundtrig genannt, den grossen Dichter und eifrigen Vorkämpfer für Orthodoxie, Nationalität und volkstümliche Erziehung, dem unser ganzes Volksleben ausserordentlich viel verdankt. Philosophisches Studium und Denken hat in die Entwickelung dieses mächtigen Geistes stark hineingegriffen. Es gab eine Zeit, wo er, seiner eigenen Aussage nach, „mit Fichte, Schiller und Schelling über die Rätsel des Lebens sann". Besonders hat Fichte einen grossen Einfluss auf ihn gehabt, einen grösseren vielleicht, als er sich klar bewusst war, obgleich er ihn immer hoch verehrte und ihm, selbst nachdem er seinerseits der weltlichen Wissenschaft den Rücken gekehrt hatte, durch ein Gedicht ein schönes Denkmal nach seinem Tode setzte. Nicht nur wirkten die ideale Begeisterung und der ethische Ernst Fichte's tief auf Grundtrig ein, sondern viele der historischen und pädagogischen Ideen des deutschen Philosophen (besonders diejenigen, welche er in den „Grundzügen des gegenwärtigen Zeitalters" und den „Reden an die deutsche Nation" entwickelte) findet man in den Anschauungen des dänischen Dichtertheologen wieder. Der Kampf gegen die geistlose Gelehrsamkeit und das blosse Aufsammeln von Stoff, die Polemik gegen den allzu grossen Raum, den in neuerer Zeit das geschriebene („todte") Wort auf Kosten des mündlichen („lebendigen") einnimmt, die Arbeit für eine nationale und volkstümliche Erziehung, welche die ursprünglichen Vermögen des Individuums und des Volks sich frei entfalten lässt und das Volk nicht in verschiedene Klassen zerspaltet, — alles dies kann Punkt für Punkt in Fichtes Schriften nachgewiesen werden und gibt ein lehrreiches Beispiel davon ab, wie Gedanken in einem ganz andern Boden als demjenigen, in welchem sie zuerst hervorgesprossen sind, wurzeln und Früchte tragen können. Unsere vorwiegend „nationale" Richtung in Schule und Leben verdankt der deutschen Philosophie einige ihrer bedeutendsten Ideen. Auch von Schelling wurde Grundtrig stark beeinflusst. Die Schellingsche Philosophie zeigte ihm die ganze Natur und die Geschichte als ein grosses Weltdrama, welches die Poesie, die Religion und die Wissen-

schaft. jede auf ihre Weise, darzustellen suchen. Als aber die Zeit
für Grundtrig kam, da sein gährender Geist in dem „alten, ein-
fältigen Glauben" Ruhe fand, musste er an einer Lehre Anstoss
nehmen, nach welcher Gott nicht ist, sondern sich ewig durch das
Weltleben entwickelt, und für welche das christliche Dogma von
der leidenden Gottheit, welche die Sünde durch ihren Tod sühnt,
nur ein grosses Symbol der durch Leiden und Kämpfe fortschrei-
tenden Weltentwicklung ist. Er schrieb dann (1815), als Antwort
auf einen Angriff des Physikers H. B. Oersted, eine Streitschrift, in
der er beweisen wollte, „dass Schelling's Philosophie unchristlich,
gottlos und lügenhaft ist". — An die Philosophie der Romantik
erinnert doch auch später die Stellung Grundtrig's und vieler seiner
Anhänger der experimentellen und kritischen Wissenschaft gegenüber. Er gab eigentlich niemals die Ansicht auf, welche ihn in der
genannten Schrift aussprechen liess, dass „das leidenschaftliche
Studium und die hohe Werthschätzung der Physik, besonders
der experimentellen, auf Mechanik gegründeten, ein Zeichen des
nahen Todes der Wissenschaftlichkeit ist". Sein Begriff von
Wissenschaft trug, wie seine ganze Lebensanschauung, fortwährend
das Gepräge der Romantik. Die geistigen Visionen mit ihrer Genialität und ihrem Irrtum waren bei ihm immer stärker als die
prüfende Kritik. Der Sinn für die ideale Bedeutung der Erscheinungen wurde nicht mit Interesse für ihren realen Zusammenhang
vereint. Hierin liegt die Begrenzung des an und für sich fruchtbaren Einflusses des grossen Mannes auf das Geistesleben unseres
Volkes, eine Begrenzung, welche zum Teil der Zeit zu verdanken
ist, innerhalb welcher seine Lehrjahre fielen. —

Der Gegner Grundtrig's, Hans Christian Oersted, der berühmte Physiker, Entdecker des Elektromagnetismus, war zuerst in
seiner allgemeinen Naturauffassung ein Schüler Schelling's. Selbst
später, als er mit nüchternen Augen auf die spekulative Naturphilosophie zurücksah, behauptete er, dass „die grosse Bewegung,
welche geistreiche Männer am Anfang des Jahrhunderts in Rücksicht auf die wissenschaftliche Auffassung hervorgerufen hatten,
einen wichtigen Einfluss auf die Naturforscher Deutschlands und des
Nordens gehabt hat und auch nicht ohne Einfluss auf den wissen-

schaftlichen Geist in der übrigen Welt geblieben ist". Die Idee
der Einheit der Naturkräfte, welche die Schellingsche Philosophie behauptete, hat gewiss auch bei den Untersuchungen mitgewirkt, welche zu seiner berühmten Entdeckung Anlass gaben. —
Er sonderte später bestimmt zwischen Spekulation und Erfahrung
und erklärte, dass es eben für den, welcher die Ueberzeugung hat,
dass eine Grundeinheit die ganze Natur durchdringt, doppelt notwendig wird, seinen Blick auf die Welt des Mannigfaltigen zu
richten, innerhalb welcher diese Wahrheit erst seine Bestätigung
finden kann. Und er meinte, dass sich eben aus einer gründlichen
Naturforschung eine tiefere Philosophie entwickeln würde, als diejenige ist, welche sich in den meisten philosophischen Systemen findet,
und eine echtere Poesie als diejenige, welche sich in den meisten
Dichtungen findet, ja dass auch die religiösen Anschauungen dadurch berichtigt werden könnten.

In „Aanden i Naturen" (1849—50), eins der bedeutendsten
Werke unserer Literatur (welches auch in deutscher Uebersetzung:
„Der Geist in der Natur" vorliegt), sammelte Oersted eine Reihe
von Abhandlungen, welche zu sehr verschiedenen Zeiten verfasst
sind, aber vereint ein klares und schönes Bild seiner Weltanschauung geben. Sein Hauptgedanke ist, dass dasjenige in der
Natur, welches sich bei der ununterbrochenen Veränderung erhält,
die Kräfte sind, welche zuletzt zu einer Grundkraft zurückführen,
und die Gesetze, welche sich zuletzt als eine die ganze Natur
durchdringende Allvernunft zeigen. Die körperliche Wirklichkeit
ist nicht die wahre; die Körper sind nur Aeusserungen lebendiger Wirksamkeiten. Körper und Geist sind unzertrennlich in
einem Princip verbunden. Im Denken erwacht die schaffende
Natur zum Bewusstsein in uns; daher sind wir fähig, die Natur
zu verstehen. Zwischen Gottes Willen, der nicht als dem menschlichen ähnlich gedacht werden muss, und dem Wesen der Natur,
kann kein Streit sein, weil beide eins sind. —

Auch auf specielleren Gebieten hat Oersted interessante Ge-
sichtspunkte entwickelt. So z. B. in seinen „To Kapiter af deh
Skönnes Naturlaere" (1845). (Auch in deutscher Uebersetzung:
Naturlehre des Schönen.) —

Treschow's Nachfolger als Professor der Philosophie in Kopenhagen war Frederik Christian Sibbern (1785—1872). Er
wurde in seiner Jugend von der Romantik und ihrer Philosophie
stark ergriffen. In ihnen fand er Nahrung für Herz und Geist.
Er war eine dichterische Natur, und hat für die Gährung seiner
Jugend in den „Briefen Gabrielis'" einen poetischen Ausdruck gesucht. Seine Lehre ist eine der gesündesten Formen, in welchen
die deutsche Philosophie auf das dänische Geistesleben Einfluss gewonnen hat. Sein Sinn für das Konkrete, sein Beobachtungsinter-
esse und seine warme Sympathie für das individuelle Leben bewirkten, dass er kein Anhänger des abstrakten und apriorischen
Deducirens und Konstruirens werden konnte. Nach seiner Ueberzeugung musste die Philosophie immer von einem gegebenen Inhalt ausgehen, und erst durch die Bearbeitung dieses Inhalts
konnten die höchsten Ideen gewonnen werden. Die Philosophie
muss explikativ sein, ehe sie spekulativ werden kann; und
die spekulative Erkenntniss muss selbst wieder durch beständige
„Konferenz" mit dem wirklich Gegebenen bestätigt werden.
Wenn die Ideen, die uns die Welt verständlich machen, sich uns
bei unserer Bearbeitung der gegebenen Erfahrungen kundgeben, so ist
dies nach Sibbern (welcher hier seiner Erkenntnisslehre einen metaphysischen Hintergrund gibt) dadurch möglich, dass wir selbst
Glieder des Weltzusammenhangs sind, und dass das innerste Wesen
der Welt sich auch in uns regt. Dass aber eine absolute Erkenntniss nicht erreicht werden kann, ist in der sporadischen Entwicke-
lungsweise der Welt begründet. In grosser Mannigfaltigkeit, in
vielen einzelnen Erscheinungen auf einmal erscheint uns die Welt,
und es ist eine unendliche Aufgabe, das gemeinsame Centrum der
verschiedenen Entwickelungsreihen zu bestimmen. (Vergl. die
Schrift von Sibbern „über den Begriff, die Natur und das Wesen
der Philosophie" 1843.)

Seine allgemeine Weltanschauung hat Sibbern besonders in
seiner „Spekulativen Kosmologie" (1846) dargelegt. Alles Entstehen
und alles Werden wird durch zwei Faktoren möglich: der eine ist die
in Allem wirkende Ordnung, der andere ist etwas bestimmt Gegebenes, welches mit sich führt, dass in jedem einzelnen Falle jener

Ordnung gemäss eben diese bestimmte Erscheinung und keine andere entsteht. Es gibt immer verschiedene Ausgangspunkte, aus
welchen die Processe der Natur ihren Lauf nehmen. Diese Ausgangspunkte stehen in gegenseitiger Wechselwirkung, so dass sie
nicht nur Aktionspunkte, sondern auch Reaktionspunkte sind. Daher erscheint uns die Natur als ein grosser Wechselwirkungspro-
cess, eine grosse „Debatte, ein Kampf von allem gegen alles", und
erst durch diese grosse Weltdebatte entfaltet das Dasein seine
ganze Fülle. — Sibbern tritt durch diese Auffassung in bestimmterm
Gegensatz zu Hegel und der deutschen Schule, denen er vorwirft,
dass sie keine wirklich historische Auffassung des Daseins begründen können. Historische Entwickelung setzt gesonderte Ausgangspunkte in gegenseitiger Wechselwirkung voraus. Die Entwickelung geht darauf aus, Harmonie zwischen den sporadisch ein-
geleiteten Processen, Ordnung in das Chaos zu bringen. Beim
Krystallisationsprocesse z. B. (wie wenn das Wasser friert) entstehen
die Nadeln an vielen verschiedenen Punkten, aber schliessen sich
nach und nach zusammen und bilden einen kompakten Zusammenhang. Einen ähnlichen Verlauf finden wir bei der Entwickelung
des Foetus, bei der Bildung eines Staates. Und wenn wir zum
Ursprunge der Erde und des ganzen Planetensystemes zurückgehen,
muss jede Partikel des Urnebels Ausgangspunkt für Anziehung und
Abstossung gewesen sein; durch die so hervorgebrachten unendlich
mannigfaltigen Wechselwirkungen entstand die jetzige Form der
Himmelskörper. Innerhalb dieses grossen Entwickelungsprocesses ist
das Entstehen des Menschen aus den langen Reihen früherer organischer Vorfahren eine einzelne Episode.

Trotz der sporadischen Ausgangspunkte vollzieht sich nach
Sibbern ein kontinuirlicher Fortgang zu grösserer Harmonie und
höheren Lebensformen. Aber wie der Foetus auf gewissen Stadien
seiner Entwickelung dem unkundigen Beobachter eine Missgestalt zu
sein scheint, kann auch bisweilen die Entwickelung der Welt in
eine ganz andere Richtung als die nach grösserer Vollkommenheit
zu gehen scheinen. Dies sind doch nur Krümmungen des Weges,
welche die immer wachsende Harmonie zwischen dem Einheitsgrunde
des Daseins und den mannigfaltigen Ausgangspunkten nicht aus-

schliessen. — Die Weltentwickelung ist ewig, weil eine unendliche Inhaltsfülle durch sie realisirt werden soll. — Die Welt ist als eine grosse Individualität zu betrachten, deren Centrum die Gottheit ist. Die Mannigfaltigkeit der Elemente (der sporadischen Ausgangspunkte) ist die „Weltseite" des Daseins; das Einheitsprincip, welches sich in der Weltordnung kundgiebt, ist die „Gottesseite" des Daseins. Obgleich Sibbern sich so dem Pantheismus nähert, betrachtet er doch den innersten Grund des Daseins als ein persönliches Wesen.

Während Sibbern in seiner Jugend der Kirchenlehre sehr nahe stand und gegen den Rationalismus kämpfte, konnte er der immer mehr zugespitzten Orthodoxie nicht folgen. Es bildete sich bei ihm ein freier religiöser Standpunkt aus, den er in seinen späteren Schriften (besonders in Universitätsprogrammen aus den Jahren 1846—1849) ausgesprochen hat. Er betonte jetzt die rein humane Seite des Christenthums und wandte seine Theorie der sporadischen Entwickelung auch auf das religiöse Leben an: dieses entwickelt sich durch Wechselwirkung verschiedener Richtungen und Persönlichkeiten und ist nur wahr und gesund, wenn jedes Individuum nur dasjenige sucht, was ihm zur Förderung seines geistigen Wohles dienen kann. Gegen den Versuch der Kirche alle religiöse Vorstellungen nach einem Muster zu formen tritt Sibbern sehr bestimmt auf. Sein Standpunkt ist hier Subjektivismus, aber durch den festen Glauben an das in allen Subjekten sich regende universelle Leben begründet. —

Von einzelnen Disciplinen hat Sibbern sich besonders mit der Psychologie beschäftigt. Er brachte hierzu in mehrfacher Richtung glückliche Voraussetzungen mit: einen frischen und lebendigen Natursinn, gutes Beobachtungsvermögen, besonders für die Erscheinungen des Gefühls- und Trieblebens, und nicht geringe Einsichten in Naturwissenschaft und Physiologie. Seine psychologischen Arbeiten (deren älteste 1819 erschien) leiden teils unter dem herrschenden teleologischen Vitalismus, teils — besonders in den späteren Ausgaben — unter einem Hange zum Rubriciren und Katalogisiren, welcher zu seiner grossen und warmen Sympathie für die seelischen Lebensäusserungen in einem eigentümlichen Gegensatz steht. Die besten Abschnitte seiner psychologischen Werke

sind diejenigen, welche das Gefühlsleben behandeln. Besonders die
Bedeutung der Kontrast- und Mischungsverhältnisse auf diesem
Gebiete hat er in grossen Zügen klar hervorgehoben. — In
seinem Buche „Om Forholdet mellun Sjael og Legeme" (1849)
[Ueber das Verhältniss zwischen Seele und Körper] erklärt er sich
gegen jede dualistische Auffassung und legt die Theorie zu Grunde,
dass das Leben als Bewusstseinsleben und als materielles Leben
nur ein Leben ist. „Die körperliche Wirksamkeit und die Geistes-
wirksamkeit sind wesentlich zusammenhängende koordinirte Wirkungen einer gemeinsamen, gleichzeitig in beiden wirkenden
Ursache." Er weist die spiritualistische Lehre von der Seele als
einer Substanz oder eines für sich bestehenden Wesens entschieden
ab: „Seele ist nur seelisches Leben." — Wie bei Treschow hat
auch bei Sibbern die Identitätshypothese noch nicht jene Klarheit
und Nothwendigkeit, welche zuerst Fechner ihr gegeben hat, indem
er sie nur als nothwendige Konsequenz des Gesetzes der physischen
Energie darstellte. —

Sibbern hatte ein grosses Interesse für alle Seiten des Lebens.
Nicht nur an der religiösen, auch an der politischen Debatte nahm
er eifrigen Anteil. In allen Stadien unserer inneren politischen Entwickelung von 1830—1870 hat er durch Brochuren und Abband-
handlungen seine oft sehr gründlichen und originellen Beiträge zu den
brennenden Fragen gegeben. Er ging aber immer seinen eigenen
Weg, und seine unbeholfene Darstellungsart nebst seinen vielen
Idiosynkrasien hinderten ihn hier — wie auch auf anderen Gebieten — daran, einen solchen Einfluss zu üben, wie seine Ideen
und sein warmes Herz es an und für sich verdienten. — In seinen
letzten Jahren beschäftigte er sich viel mit der socialen Frage, welche
er schon 1849 als weit wichtiger als die konstitutionelle bezeichnete und schrieb u. a. eine Utopie von einem kommunistischen
Zukunftsstaate, die er in der Form von „Mitteilungen aus einer
Schrift aus dem Jahre 2135" herausgab. —

Alles in Allem eine der originellsten Persönlichkeiten, welche
das dänische Geistesleben in diesem Jahrhundert aufzuzeigen hat. —

Unter den öffentlichen Diskussionen, an welchen Sibbern Teil
nahm, war auch der interessante Streit, welcher in den Jahren

1824—1825 in unserer Literatur über die Freiheit des menschlichen
Willens geführt wurde. Er begann mit einer Meinungsverschieden-
heit zwischen Aerzten und Juristen darüber, ob es — wie diese
behaupteten — eine scharfe Grenze zwischen Wahnsinn und nor-
maler menschlicher Vernunft gäbe, oder ob — wie jene behaupteten
— Uebergänge und Zwischengrade vorhanden seien. In einer scharfsinnigen und interessanten Schrift „Om Afsindighed und Tilregnelse,
et Bidrag til Psykologien og Retslæren" (1824) [Ueber Wahnsinn und
Zurechnung, ein Beitrag zur Psychologie und Rechtslehre] unternahm
F. G. Howitz, Professor der Medicin an der Universität, eine tiefergehende Untersuchung der Begriffe von Freiheit und Zurechnung.
In philosophischer Hinsicht ist er am meisten von Spinoza
und Hume beeinflusst. Er fordert eine rein psychologische und
physiologische Betrachtung des menschlichen Willenslebens und
sucht darzutun, dass eine solche sehr wol mit einer ethischen
Betrachtung vereinbar ist. Howitz ist ein klarer und geschmack-
voller Autor, dessen Standpunkt dem in der neueren Psychologie und Ethik herrschenden entschieden verwandt ist. In seiner
eigenen Zeit stand er einsam. Eine Reihe der ersten Namen der
dänischen Literatur traten gegen ihn auf. A. S. Oersted (Dänemarks grösster Jurist) und J. P. Mynster (später Bischof in Kopenhagen) bekämpften ihn wesentlich vom Standpunkte der gangbaren
moralischen Vorstellungen aus, während Sibbern und J. L. Heiberg eine höhere Einheit von Freiheit und Notwendigkeit aufzuzeigen suchten.

II.

Der eben genannte Johann Ludwig Heiberg (1791—1860)
war der erste Vertreter der Hegel'schen Philosophie in der dänischen
Literatur. Sein Name ist bei uns besonders als Dichter und ästhetischer Kritiker sehr geschätzt; aber seine philosophischen Studien
hatten einen grossen Einfluss auf seine Entwickelung nach beiden
Richtungen. Als Professor der dänischen Literatur in Kiel (1822—
1825) wurde er mit der Hegel'schen Philosophie bekannt und suchte
mit Ernst in sie einzudringen. Es fiel ihm aber sehr schwer, und selbst
ein Aufenthalt in Berlin, wo er Hegel's persönlichen Umgang ge-

noss, half ihm noch nicht, den Grundgedanken des Systems zu
erfassen. Auf der Rückreise aber hatte er dann seine philosophische Erleuchtung. Er hielt sich einige Zeit in Hamburg auf,
immer mit den neuen Gedanken beschäftigt. Eines Tages — erzählt er selbst — „wurde ich plötzlich in einer Weise, welche ich
niemals vorher noch später erlebt habe, von einer momentanen
inneren Anschauung ergriffen, welche wie ein Blitzstrahl mir auf
einmal die ganze Region erleuchtete und den mir bis jetzt verborgenen Centralgedanken in mir weckte. Von diesem Augenblicke
an war mir das System in seinen grossen Umrissen klar, und ich
war vollkommen davon überzeugt, dass ich es in seinem innersten
Kern erfasst hatte ... Ich kann wahrheitsgemäss sagen, dass jener
wunderbare Augenblick wol die wichtigste Epoche in meinem
Leben war." Diese Erleuchtung (über welche die Gegner des Hegelianismus und Heibergs sich oft lustig gemacht haben) war für ihn
auch als Dichter fruchtbar, und seine eigene Erklärung hierüber
ist wohl geeignet zu zeigen, in welcher Weise er die Hegel'sche
Philosophie auffasste. „Ich hätte niemals meine Vaudevillen geschrieben und wäre gar nicht Theaterdichter geworden, wenn ich
nicht durch die Hegel'sche Philosophie das Verhältniss des Endlichen
zum Unendlichen zu verstehen gelernt und dadurch einen Respekt
vor den endlichen Dingen bekommen hätte, welchen ich vorher nicht
fühlte, dessen aber der dramatische Dichter unmöglich entbehren
kann, und wenn ich nicht durch dieselbe Philosophie die Bedeutung
der Begrenzung zu erfassen gelernt hätte. Denn ohne eine solche
hätte ich mich weder beschränkt, noch kleine und begrenztere, vorher von mir verachtete Rahmen zu meiner Darstellung gewählt."
Heiberg machte also die neue Einsicht besonders in seiner poetischen
Produktion fruchtbar; aber er hat sie auch in interessanten und geist-
vollen Abhandlungen auf die theoretische Aesthetik (besonders bei Bestimmung der gegenseitigen Verhältnisse der Kunstarten) angewandt.
Ausserdem hat er einen „Leitfaden zu Vorlesungen über spekulative Logik" geschrieben, und in seiner Abhandlung „über die Bedeutung der Philosophie für die jetzige Zeit" suchte er zu zeigen,
wie durch die Hegel'sche Philosophie eine freiere und tiefere Weltanschauung erreicht wird: „Das Ideal wird mit der Wirklichkeit,

unsere Forderungen werden mit demjenigen, was wir besitzen, unsere
Wünsche mit demjenigen, was erreicht worden ist, versöhnt." In
der von Heiberg herausgegebenen Zeitschrift „Perseus, Journal für
die spekulative Idee" hatte diese Philosophie sogar eine kurze Zeit
ihr eigenes Organ.

Neben der Aesthetik wurde der Hegelianismus besonders auf
die Theologie angewandt. Eine neue Aera schien Vielen durch die
Art, in welcher Hegel Glauben und Wissen versöhnt hatte, eingeleitet zu sein. Was auf dem Gebiete des Glaubens in der anschau-
lichen, konkreten Form der Vorstellung oder der Phantasie hervortritt, sollte dasselbe sein, was für den philosophischen Denker als
abstrakter Begriff hervortritt; der Unterschied sollte nur formal
sein. „Der Gedanke stieg" — wie Heiberg in einer Universitäts-
kantate sagt — „in die Höhe hinauf, als er in sich selbst nieder-
stieg." Unter diesen grossen Verheissungen ergriff die studirende
Jugend eine spekulative Raserei. Man führte immer Hegel'sche Formeln im Munde und verachtete diejenigen, welche auf dem Standpunkte der „Unmittelbarkeit" standen, ohne sich zum „Begriffe"
erhoben zu haben. Alles konnte man auflösen und zu einer
„höheren Einheit" verbinden. — Vorläufig war es die sogenannte
„rechte" (orthodoxe, konservative) Seite der Hegel'schen Schule,
welche Anhänger gewann. Als Gegner des Hegelianismus traten Mynster und Sibbern auf. Paul Möller († 1838), Sib-
berns Kollege an der Universität, auch als Dichter bekannt, hatte
sich eine Zeitlang dem Hegelianismus genähert, aber entfernte sich
später von ihm und nahm einen, dem jüngeren Fichte am nächsten
verwandten Standpunkt ein. Er hat sich zumeist mit der Geschichte der Philosophie beschäftigt. H. Martensen, der Theologe,
Mynster's Nachfolger als Bischof in Kopenhagen, stand Heiberg
nahe und war Mitarbeiter am „Perseus"; aber er fühlte sich durch
Hegel's Versuch einer autoritätslosen und voraussetzungslosen Philosophie abgestossen, und wollte, dass die Philosophie statt eines
„autonomen" einen „theonomen" Ausgangspunkt nehmen solle. Von
der entgegengesetzten Seite wurde der Versöhnungsversuch durch
Anhänger der linken Seite des Hegelianismus, besonders A. F.
Beck und H. Bröchner, bedroht. Doch der bedeutungsvollste

Widerstand gegen diese ganze Philosophie kam von dem Manne, welcher Dänemarks grösstes Denkergenie in diesem Jahrhundert ist, Sören Kierkegaard (1813—1855)[1]).

Es ist für Kierkegaard charakteristisch, dass er sich in seiner Jugend viel mit Sokrates beschäftigt hat. Seine Doktordisputation: „Om Begrebch Ironi med saerligt Hensyn til Sokrates" (1841) [Ueber den Begriff der Ironie mit besonderer Rücksicht auf Sokrates] gibt eine sehr geistvolle, obgleich einseitige Charakteristik des Sokrates. Bei der ganzen folgenden literarischen Wirksamkeit Kierkegaards blieb Sokrates sein Vorbild. Er liebte die indirekte und experimentirende Darstellungsart im Gegensatz zu der direkten und dogmatischen, welche von den spekulativen Philosophen und Theologen angewandt wurde. Die Gymnastik der Gedanken war seine Lust, und sein grosses Talent mit Begriffen zu operiren war mit einer ausserordentlichen Sprachkunst, freilich auch mit einer Neigung sowohl mit Begriffen als mit Worten zu spielen, verbunden. Alle diese Talente wandte er im Dienste des religiösen Glaubens an. Er betrachtete es als seine Aufgabe, das religiöse Problem wieder in seiner strengen christlichen Form zu stellen, nachdem die Versöhnung des Christenthums mit der Welt im Staatskirchenturne („dem officiellen Christentume") und die Versöhnung von Glauben und Wissen in der spekulativen Philosophie die Einsicht verdrängt hatte, dass es sich hier nur um das persönliche Verhältniss des Einzelnen der absoluten Forderung gegenüber handelt. Für diese Aufgabe wirkte er durch seine ganze Produktion, durch seine ästhetischen und philosophischen sowol wie durch seine religiösen Schriften, auch dann, als er als einsamer Denker und Schriftsteller seine nur von Wenigen recht verstandenen Werke schrieb, da er — in seiner letzten Lebenszeit — als leidenschaftlicher Polemiker und Agitator einen gewaltigen Kampf gegen die Staatskirche begann.

---

[1]) Ueber die Persönlichkeit, das Leben und Wirken dieses merkwürdigen Mannes vgl. die von sehr verschiedenen Standpunkten geschriebenen Karakteristiken von Georg Brandes („Sören Kierkegaard, eine kritische Darstellung") und A. Bärthold („S. K., eine Autor-Existenz eigener Art"; „Noten zu S. K.'s Lebensgeschichte"; „Die Bedeutung der ästhetischen Schriften S. K.'s").

In philosophischer Hinsicht ist die bedeutendste Schrift Kierkegaard's „Uvidenskabelig Efterskrift" (1846) [Unwissenschaftliche Nachschrift]. Er bekämpft hier den spekulativen Idealismus. Seine Hauptsätze sind: Ein logisches System kann es geben, aber ein System der Wirklichkeit kann es — für uns Menschen — nicht geben. Und selbst was das logische System, welches die allgemeinen Kategorien des Daseins darstellt, betrifft, muss zwischen den rein apriorischen und den von der Wirklichkeit abstrahirten Begriffen unterschieden werden. Das logische System soll keine Mystifikation sein, in welcher der Inhalt der Wirklichkeit durch Subreption entwickelt wird. Man muss sich ferner darüber klar sein, dass der Anfang des Systems nur durch Reflexion und Abstraktion gemacht wird, so dass von einem absoluten Anfang keine Rede sein kann. Endlich muss scharf zwischen dem empirischen Leben und der dem logischen Systeme zu Grunde liegenden reinen oder abstrakten Subjektivität unterschieden werden. — Ein System der Wirklichkeit kann es für uns nicht geben, weil unsere Existenz in die Zeit fällt. Existiren ist Werden. System bedeutet Abgeschlossenheit, Totalität, aber so lange wir existiren, streben wir und können nicht unser und das ganze Dasein zusammenfassen. Nur für Gott bildet die Wirklichkeit ein System, weil er über das Werden erhaben ist. Ein jedes System muss pantheistisch sein und nicht nur den Unterschied zwischen Gut und Böse aufheben, sondern auch den Begriff der Existenz in phantastischer Art verflüchtigen. Eben die Abgeschlossenheit macht das System pantheistisch. [Kierkegaard sieht nicht die naheliegende eigentümliche Konsequenz, dass Gott also Pantheist sein muss!] Es hilft nichts, dass man einen Paragraphen einschiebt, in welchem man sagt, dass man die Existenz urgire. Wenn man wirklich die Existenz urgirt, muss dies sich darin zeigen, dass man kein System (der Wirklichkeit) aufstellt. — Ein solches System würde keine Ethik aufstellen können. Das ethische Willensleben setzt die Realität der Aufgabe und der Wahl voraus, und verschwindet in seiner Bedeutung, wenn man die Welt sub specie aeterni sieht.

Für die in der Zeit existirende Subjektivität kann die Wahrheit nur im Glauben erfasst werden; eine objektive Gewissheit ist

unmöglich. Nur durch leidenschaftliche Anschliessung kann die
Wahrheit unter dem Wechsel der Wirklichkeit festgehalten werden.
Die Wahrheit ist das Ewige, aber wir sind in der Zeit. Aber der
Glaube erreicht seine höchste Potenz, wenn sein Gegenstand nicht
nur die ewige Einheit ist, die wir nur wegen des Wechsels der
Wirklichkeit nicht objektiv begründen können, sondern wenn die
ewige Wahrheit selbst in der Zeit entsteht, wie Gott im Christentume in einem bestimmten Zeitpunkte Mensch wird. Der christ-
siche Glaube ist der Glaube an das Paradoxe, und nur die Verzweiflung des Sündenbewusstseins macht es möglich, den Sprung
von jenem sokratischen Glauben zu dieser höchsten Potenz des
Glaubens zu machen.

Kierkegaard accentuirt mit solcher Energie die Bedeutung der
einzelnen Subjektivität, dass er alle Kontinuität zwischen den Individuen und der übrigen Welt aufhebt. Er polemisirt gegen die
Lehre von den „zurückgelegten Stadien". Geistesentwickelung —
sagt er — ist Selbstentwickelung; jedes folgende Individuum muss
von vorn anfangen. Das menschliche Individuum verhält sich
nicht zur Entwickelung des Menschengeistes, wie das Thierexemplar
sich zur Thierart verhält. — Man kann hieraus urteilen, wie
Kierkegaard sich zur modernen Entwickelungslehre gestellt haben
würde. Er würde deren Bedeutung nicht anerkannt haben, wie
er im Ganzen eigentlich gegen eine jede zusammenhängende und
rationelle (physiologische, psychologische und historische) Auffassung
des Menschenlebens protestirt. Anderseits hat er Recht darin, dass
man den Unterschied zwischen autogenetischer und phylogenetischer
Entwickelung nicht verwischen darf; es ist dies — wie früher in
der spekulativen Philosophie, so jetzt in der spekulativen Biologie
— oft geschehen. —

Kierkegaard's Kritik der spekulativen Philosophie bezeichnet
bei uns einen Wendepunkt und bahnt der Erneuerung der kritischen Philosophie den Weg. — Seine strenge Betonung des
Vernunftwidrigen des christlichen Glaubensinhalts zog eine scharfe
Grenzlinie zwischen positiv-religiösem Glauben und humaner Lebensanschauung, eine Grenzenlinie, welche die Philosophie der Romantik
verwischt hatte. Er wirkte als Stromteiler, führte die einen zu

5*

innigerer Vertiefung in das Glaubensleben, aber machte es für die anderen klar, dass ihre Lebensanschauung eigentlich gar nicht auf dem Boden des Christentums beruhe. Er steht in unserer Literatur als eine sokratische Gestalt da, welche auf viele Menschen, mögen sie auch sehr verschiedene Standpunkte einnehmen, einen anregenden und erlösenden Einfluss geübt hat. —

Ein Anhänger der Hegel'schen Religionsphilosophie war in seinen ersten Arbeiten Rasmus Nielsen (f. 1809, von 1841 an Professor der Philosophie an der Universität, gest. 1884). Eine Aenderung seiner Ansichten wurde durch S. Kierkegaard's Schriften hervorgerufen und er brachte sie zuerst in „Evangelietroen og den moderne Bevidsthed" (1849) [Der Evangelienglaube und das moderne Bewusstsein] und dann in einem scharfen Angriffe auf die Dogmatik Martensen's zum Ausdruck. Nielsen unterschied von dieser Zeit an zwischen Glauben und Wissen als zwei absolut verschiedenen Principien. Der Glaube ist die Sache des Lebens, der Existenz und hat im Wollen seine Wurzel; das Wissen ist die Sache der objektiven Theorie. Der Wille selbst ist antirational, unbegreifbar; denn die Theorie begreift nur eine Freiheit, die mit innerer Notwendigkeit eins ist. Je energischer der Wille entwickelt ist, desto schärfer ist der Gegensatz des Willenslebens gegen die Theorie, und der Mensch kann nicht unbedingt wollen, ohne die Gottheit als unbedingt allmächtigen Willen zu postuliren. Der Glaube ist ein Glaube an das Wunder. Aber eben darum hat das Wunder auch nur Realität für den Glauben, hat nur eine geistige Wirklichkeit. Darum ist keine Theologie als Wissenschaft möglich. Nielsen polemisirt gegen die Theologie, aber behauptet den Glauben. Die Kritik der Theologie geht seiner Auffassung nach zu weit, wenn sie den religiösen Glauben selbst angreift. Eben weil Glaube und Wissen absolut verschiedene Principien sind, können sie beide festgehalten werden. Der Glaube ist die Sache der persönlichen Lebensanschauung und muss daher die höchste Stelle einnehmen; die Wissenschaft ist nur eine relative Aufgabe und kann dem Existirenden in seinem persönlichen Leben nicht helfen. — In seiner „Religionsphilosophie" (1869) hat Nielsen diese Gedanken ausführlich entwickelt.

Der Bruch mit der spekulativen Religionsphilosophie führte Nielsen zu einer neuen Prüfung des Verhältnisses zwischen Spekulation und Erfahrung und dadurch zu einem eifrigen Studium von Mathematik und Naturwissenschaft. Doch gab er niemals die Hegel'sche Methode auf. Er hoffte nur, sie auf einer solideren Grundlage durchführen zu können. In „Grundideernes Logik" (1864—1866) und „Natur og Aand" (1873) [Natur und Geist] findet man seine allgemeinen philosophischen Anschauungen. Es ist die Aufgabe der Philosophie den Inhalt der Fachwissenschaften zu assimiliren und die Begriffe von ihrer ursprünglichen empirischen Begrenzung zu befreien, damit das Bewusstsein den so erworbenen Inhalt zu einer Totalität mit innerem Zusammenhang formen kann. Hegel hatte in unklarer Weise das Subjektive und das Objektive, den Begriff und die Existenz identificirt. Im Gegensatz zu ihm behauptet Nielsen den Unterschied zwischen der wissenden Subjektivität und der objektiven Realität und stellt darum — statt einer „Logik der Idee" — eine „Logik der Grundideen" auf, indem die Idee des Wissens und die Idee der Macht ihren Dualismus in der Idee der Wahrheit, welche mit der absoluten (ontologischen) Subjektivität eins ist, überwinden. Hegel's Grundfehler war — nach Nielsen — dass das absolute Wissen bei ihm wol einen Inhalt, aber keinen Gegensatz hat. Die absolute Subjektivität muss nicht nur das absolute Wissen, sondern auch die absolute Macht sein; nur dann können die logischen Kategorien Wirklichkeits-Kategorien werden.

Die Philosophie führt also zu einem Theismus; aber dieser ist zu abstrakt, um Grundlage der praktischen Lebensanschauung zu sein; darum muss man — wenn das persönliche Leben nicht erschlaffen soll — vom Wissen zum Glauben übergehen. — Es ist für Nielsen eigentümlich, dass er die Gegensätze so stark hervorhebt. Dies hängt gewiss damit zusammen, dass bei ihm die Phantasie beinahe der Reflexion ebenbürtig war, wie er denn überhaupt ein lebhafter und energischer Redner war, der es besonders liebte, sich in Antithesen zu bewegen. Grossen Einfluss hat er durch seine zündenden Vorträge auf die akademische Jugend und auf weitere Kreise ausgeübt. Die Gegensätze stellen ja eben die Probleme und fordern die Denkkraft heraus. —

Die Lehre Nielsen's vom Glauben und Wissen gab in den
Jahren 1865—1868 zu einer Polemik Anlass, in welcher eine
Reihe älterer und jüngerer Autoren auftraten. Die grösste Aufmerksamkeit erregte von der einen Seite eine Schrift von Martensen,
von der anderen Georg Brandes durch seine Schrift „gegen
den Dualismus unserer neuesten Philosophie" (1866). Aber die
gründlichste Untersuchung der ganzen Frage gab H. Bröchner's
Schrift „Problemet om Tro og Viden" (1868) [„Das Problem vom
Glauben und Wissen"].

Hans Bröchner (geb. 1820, von 1857 Professor der Philosophie an der Universität, gest. 1875) war von der Theologie zur
Philosophie übergegangen, hatte Strauss's „Glaubenslehre" übersetzt
und später (1857) eine gründliches Studium und tiefe Sympathie
bekundende Abhandlung über Spinoza geschrieben. Auch Bröchner gehörte der Hegel'schen Schule an und arbeitete sich, eben so
wenig wie Nielsen, niemals aus ihrem Gedankengang und ihrer
Methode heraus. Er suchte doch zu zeigen, dass dieser Gedankengang so entwickelt werden könnte, dass die Erfahrung und die reale Wirklichkeit ihr Recht bekämen. Am meisten beschäftigte er
sich mit der Geschichte der Philosophie. Die Frucht dieser Studien hat er teils in der geistreichen Schrift: „Bidrag til Opfattel-
sen af Philosophiens historiske Udvikling" (1869) [Beiträge zur
Auffassung der historischen Entwickelung der Philosophie], teils in
seinem Handbuch der Geschichte der Philosophie (1873—1874)
niedergelegt. Der oben genannten Streitschrift, in welcher er sich
sowol gegen Martensen („die philosophirende Theologie"), als gegen
Kierkegaard und Nielsen („den antitheologischen religiösen Standpunkt") wendet, gab er ein positives Supplement in der Schrift:
„Det Religiöse i dets Enhed med det Humane" (1869) [Das Religiöse in seiner Einheit mit dem Humanen]. Nach Bröchner ist die
wahre Religiösität nicht etwas von dem wahren Erkennen und dem
wahren (ethischen) Handeln Verschiedenes. Sie ist die Versöhnung
und die Ruhe, welche der Menschengeist findet, wenn er sich aus
dem unmittelbaren sinnlichen Leben, wo er von streitenden Kräften
geteilt wird, und wo der Zweifel an der Wahrheit der Erkenntniss
und der Gültigkeit der Handlung entstehen kann, zu seinem Innern,

dem Grunde seines Wesens zurückzieht. Hier findet er die innere Quelle seiner Kräfte, und hier sieht er seinen Geist in seinem Ursprunge aus dem allgemeinen Princip des Daseins. Diese Einsicht kann wegen der Begrenzung des menschlichen Wesens nicht vollständig bewiesen werden; sie ist ein rationeller Glaube, welcher aus dem Wesen des Menschen entspringt. Die Erkenntniss hat hier eine regulirende Macht; sie kann wol einem Glaubenspostulate gegenüber ihr non liquet aussprechen, behält aber immer ihr veto. Sonst würde jedes Kriterium zwischen wahrem und falschem Glauben mangeln. — Das Princip des Daseins muss als ideal-reales gedacht werden, so dass es die reale Möglichkeit der Materie in sich fasst. Es ist eine absolute Subjectivität, die Quelle des persönlichen Lebens, aber selbst über alles persönliche Dasein erhaben.

Diese seine Auffassung, welche er durch viele tiefgehende psychologische Entwickelungen (so namentlich über das Problem des Bösen) begründet, stellt Bröchner in Gegensatz teils zu solchen Ansichten, welche das Religiöse entweder in metaphysische Abstraktionen oder psychologische Illusionen auflösen, teils zu den positiven Religionen, welche das wahrhaft Religiöse verendlichen, indem sie es in äusserliche und endliche Formen kleiden. — Bröchner hat — obgleich er sowol durch seine abstrakte und schwer zugängliche Darstellungsart als durch die Richtung seiner Ideen in seiner Zeit sehr einsam stand — durch die Idealität und Energie seiner Persönlichkeit auf nicht wenige jüngere Männer gewirkt, die er in eine freie und humane Lebensanschauung eingeführt hat. —

III.

Nur eine kurze Uebersicht über die Literatur der letzten Decennien soll noch hinzugefügt werden. Bis 1870 war die spekulative Philosophie die allein herrschende in dem öffentlichen philosophischen Unterricht. Die Reaktion gegen sie ist dem Einflusse teils der englisch-französischen Philosophie, teils den Fachwissenschaften zuzuschreiben. Die erste Arbeit, in welcher eine solche Reaktion hervortritt, ist die Doktorabhandlung des bekannten Aesthetikers Georg Brandes (geb. 1842) über Taine's Aesthetik

(1870). — In den folgenden Jahren gab der Verfasser dieser
Uebersicht (geb. 1843), seit 1883 Professor an der Universität, Ar-
beiten über die nachhegelsche. Philosophie in Deutschland (1872)
und über die englische Philosophie unserer Zeit (1874) heraus.
Innerhalb der deutschen Philosophie wurde hier namentlich Lotze's
Bedeutung hervorgehoben, innerhalb der englischen auf Stuart
Mill und namentlich auf Herbert Spencer hingewiesen. In einer
Abhandlung über „die Grundlage der humanen Ethik" (1876) (in
deutscher Uebersetzung 1880) versuchte ich eine rein psychologisch-
historische Grundlegung der Ethik. In den folgenden Jahren beschäftigten mich namentlich psychologische Studien, deren Frucht
die im Jahre 1882 erschienene „Psychologie im Umriss" war.
(Zweite Auflage 1885. Deutsche Uebersetzung 1887). Ich habe
hier eine rein empirische Darstellung der psychologischen Haupt-
fragen versucht, mit grösstmöglicher Benutzung der Physiologie
und der Experimentalpsychologie. Obgleich ich der englischen
Schule sehr viel verdanke, habe ich doch verschiedene ihrer Resultate zu berichtigen versucht, und in philosophischer Rücksicht führen
meine Untersuchungen mich dazu, die Grundgedanken des Kriticismus als Ergebnisse der psychologischen Analysen und Hypothesen
zu behaupten. In meiner „Ethik" (1887) (Deutsche Uebersetzung
1888) habe ich versucht, teils eine Darstellung der ethischen Principien zu geben, teils diese Principien durch eine Untersuchung
der wichtigsten Lebensverhältnisse zu prüfen und anzuwenden. —
Sophus Heegaard (geb. 1835, seit 1875 Professor der Philosophie,
gest. 1884) bildete seine philosophischen Ansichten namentlich
unter dem Einfluss eines eifrigen Studiums von Kant und Lotze,
später auch von Mill und Spencer aus. Als Schriftsteller ist er am
meisten durch seine populäre Schrift über „Intoleranz" (1878) bekannt, in welcher er das Recht der einzelnen Individuen, ihre religiösen Anschauungen auf eine mit ihrer Persönlichkeit stimmende
Weise zu formen, behauptet. Er steht jedem Versuche einer wissenschaftlichen Entscheidung religiöser Fragen skeptisch gegenüber,
aber betont sehr stark, dass die Möglichkeit, der Glaube (besonders
der Unsterblichkeitsglaube) könnte Recht haben, von grosser Bedeutung für die Lebensführung ist. („Wir leben von Möglichkeiten.")

Später hat er ein Handbuch der Erziehungslehre geschrieben. — Kristian Kroman (geb. 1846, seit 1884 Professor der Universität) gab schon in seiner Doktorabhandlung „über die Lehre der exakten Wissenschaft von der Existenz der Seele" (1877) Andeutungen über den Standpunkt, welcher in seinem Hauptwerke: „Vor Naturerkendelse". (1883) (Deutsche Uebersetzung 1883) hervortritt. Er nimmt allen spekulativen Anschauungen und dogmatischen Behauptungen gegenüber einen skeptischen Standpunkt ein. Die Principien unserer Erkenntniss sind ihm nur Postulate, welche weder deduktiv, noch induktiv begründet werden können. Die erkenntnisstheoretischen Fragen werden mit gründlicher mathematischer und naturwissenschaftlicher Einsicht auf das Gebiet der Fachwissenschaften hinüber verfolgt. In seinen allgemeinen philosophischen Ansichten scheint Kroman Lotze am nächsten zu stehen. Ausser einem Kompendium über Logik und Psychologie (1882) (Zweite Auflage 1888) hat er noch „über Ziele und Wege des höheren Schulunterrichts" (1886) geschrieben. Diese letzte Schrift, welche in lebhafter Form die pädagogische Bedeutung der verschiedenen Lehrfächer diskutirt und sich namentlich gegen das Vorherrschen des Sprachunterrichts wendet, hat grosse Aufmerksamkeit erregt und den Streit um die Ordnung der Schule belebt. — Claudius Wilckens, seit 1884 Docent der Philosophie und der Sociologie an der Universität, hat in seiner Doktorabhandlung „über das Erkenntnissproblem" (1875) einen durch den Einfluss der Beneke'schen Philosophie modificirten Kriticismus aufgestellt. In seiner „Sociologie" (1881) gibt er eine auf fleissiges Studium gebaute Darstellung dieser Disciplin, und so eben ist (1888) von seiner Hand eine „Aesthetik" erschienen. — Auf sociologischem Gebiete arbeitet auch Dr. C. N. Starcke, dessen Buch „Die primitive Familie" (1888 in Leipzig erschienen) eine eingehende Untersuchung über die primitiven Familienverhältnisse, welche ja in den letzten Jahren mehrere gewagte Theorien veranlasst haben, liefert. Früher hat Starcke über Ludwig Feuerbach (1883) (Deutsche Uebersetzung 1885) geschrieben. — In Dr. Alfred Lehmann haben wir einen selbständigen Arbeiter auf dem Gebiete der experimentellen Psychologie. Ausser seiner Doktorabhandlung „über die elementare Aesthetik

der Farben" (1884) hat er in Wundt's „Studien" verschiedene
Abhandlungen veröffentlicht. —

Als gemeinsam für die jüngere philosophirende Generation in
Dänemark darf ich gewiss die Ueberzeugung angeben, dass es in
der Philosophie jetzt vor allem darum zu thun ist, durch Untersuchungen auf dem Gebiete der Erkenntnisslehre, der Psychologie, der
Ethik und der Socialwissenschaft eine solche Grundlage herbeizu-
schaffen, durch welche die grossen philosophischen Probleme beleuchtet
werden können. Aber trotz aller unserer Kritik und alles unseren
Realismus müssen wir einräumen, dass der Grundgedanke des
Idealismus die letzte Voraussetzung ist, zu welcher die Reflexion
uns zurückführt, selbst wenn wir diesen Gedanken nicht in so dog-
matischer Weise aussprechen oder so grosse Hoffnungen auf seine
wissenschaftliche Durchführung setzen können, wie es bei unseren
Vorgängern der Fall war. —

IX.

Se un processo evolutivo si osservi nella storia dei sistemi filosofici italiani.

Von

Prof. **F. Puglia** in Messina.

In un precedente fascicolo di questa Rivista abbiamo affermato, che nella storia dei sistemi filosofici italiani si osserva un processo evolutivo, e che si sono ingannati coloro che hanno sostenuto il contrario. Eccone ora la dimostrazione.

Osserviamo dapprima, che non accogliamo la opinione di coloro, i quali ritengono, che la filosofia italiana incominci col periodo del Risorgimento ed escludono dalla storia del nostro pensiero filosofico il pitagorismo, che annoverano tra i momenti essenziali del pensiero greco, e la scolastica, che, credono, non abbia colore di sorta ed appartenga più al cristianesimo in generale, che a questa o a quella nazione in particolare [1]). E le ragioni, che ci determinano a respingere questa opinione sono le seguenti: 1º che la coltura greca non disfece la primitiva coltura dei Siculi, e il pitagorismo non può quindi considerarsi come uno dei momenti essenziali del pensiero greco, ma deve ritenersi, come dimostreremo, prodotto in gran parte del genio italico: e lo stesso è a dirsi della filosofia eleatica: 2º che la maggior parte dei

---

[1]) Fiorentino, La filosofia contemporanea in Italia, Napoli. 1876.

filosofi italiani. anco del periodo del risorgimento, ritenuto da
alcuni il primo periodo della vera filosofia italiana, dichiarano di
volere rannodare le loro dottrine a quelle dei pitagorici e degli
eleatici; 3° che anco in quei pochi periodi storici, lungo i quali
il pensiero italiano subì l'influenza di sistemi filosofici stranieri, le
dottrine filosofiche insegnate in Italia hanno assunto un carattere
tutto loro proprio.

In ordine alla scolastica anco noi conveniamo che essa non
ci appartiene esclusivamente, affermiamo anzi qualcosa di più, e ne
daremo la dimostrazione, che la filosofia scolastica è ·importazione
straniera, e. che durante il medio evo il pensiero filosofico italiano
è rappresentato dalla scienza del diritto.

Premesse queste idee, veniamo alla dimostrazione della tesi
propostaci:

In Sicilia e nell' Italia meridionale al tempo del maggiore
sviluppo di vita delle colonie greche sorgono due scuole filosofiche,
la Pitagorica e la Eleatica, e sebbene i fondatori siano greci
di origine, pure le dottrine da questi propugnate presentano caratteri molto diversi da quelli che si osservano nei sistemi filosofici della scuola ionica. E molti storici della filosofia dichiarano
di non sapere trovare le vere cause della differenza: ma queste
debbono ricercarsi nell' ambiente fisico, nel carattere etnico
degli antichi abitatori di quella regione, nella precedente cultura,
ecc. ecc. E perciò noi riteniamo, che la filosofica pitagorica ed
eleatica facciano parte della storia del nostro pensiero filosofico.

Or bene, i pitagorici si diedero, come i filosofi ionici,
allo studio della natura, e tentarono, a differenza di questi ultimi,
elevarsi al di sopra dei fenomeni per trovare il principio delle
cose tutte. Per essi i numeri sono i principi delle cose,
principi materiali, non già essenze spirituali, perché i
numeri nel sistema di quei filosofi divengono qualcosa di esteso.
Onde ben disse Aristotele che i pitagorici non distinsero lo spirito
dalla materia. e non conobbero che la sola realtà sensibile.
Anche lo Zeller sostiene, che uno dei caratteri essenziali del
pitagorismo è quello di non stabilire differenza tra forma e ma-

teria e cercare immediatamente l'essenza e sostanza delle cose nei numeri [2]).

Per i pitagorici le cose tutte, i n u m e r i, derivano dal N u m e r o per eccellenza, dall' U n o (m o n i s m o   f i l o s o f i c o), che non chiamarono D i o, come han creduto alcuni. Ammisero l'eternità dei mondi, non ostante i cangiamenti: la n e c e s s i t à del d i v e n i r e delle cose, ecc. ecc.

Il sistema dei pitagorici, come si scorge, è n a t u r a l i s t i c o, m o n i s t i c o   e   m a t e m a t i c o. Tutte le cose essi ridussero a n u-m e r o   e   m i s u r a, non esclusi i principi di esse, e queste e quelle fecero derivare da unico principio.

Quanta differenza fra questo sistema e quelli dei filosofi i o n i c i!

Un' evoluzione delle dottrine pitagoriche può considerarsi il sistema degli e l e a t i c i. Parmenide insegnò, che il tutto non può essere concepito, che come u n i t à, e che l'E s s e r e solo è. Cosi al N u m e r o ed ai n u m e r i si sostituiva un principio più reale di essi, l'E s s e r e, che è il reale sensibile (n a t u r a l i s m o   m o n i s t i c o). La filosofia di Parmenide non lascia posto alle dottrine teologiche, e relativamente alla c o s m o l o g i a si avvicina molto alle dottrine pitagoriche.

Sembraci che l'evoluzione dal p i t a g o r i s m o all' e l e a t i s m o siasi avverata in questi due sommi concetti fondamentali: sostituzione dell' E s s e r e all' U n o, affermazione che il solo r e a l e è l'E s s e r e, ed il molteplice un' apparenza.

Anche i sistemi di altri antichi filosofi sono evoluzione dei due precedenti.

Empedocle sostenne, che elementi diversi concorrono alla formazione delle cose; che in uno stato originario quelli erano raccolti nello S f e r o (unità dell' E s s e r e) nè distinse l'anima dal corpo.

Il sistema del filosofo di Agrigento è m o n i s t i c o   e   n a t u r a l i s-t i c o, e può considerarsi una evoluzione dei sistemi dei p i t a g o r i c i e degli e l e a t i c i. E per questo gli storici sono discordi nel giudi-

---

[2]) Zeller, H i s t o i r e   d e   l a   p h i l o s o p h i e   d e s   G r e c s, Paris, 1880.

carlo, ed alcuni vorrebbero considerarlo come pitagorico, altri come eleatico.

In Roma, secondo il giudizio di illustri scrittori, non vi fu filosofia originale, e prevalsero due sistemi importati dalla Grecia, lo stoicismo e l'epicureismo: sistemi ambedue naturalistici e monistici. E chi bene esamina l'intima natura di questi due sistemi scorge in modo evidente il nesso organico tra essi e le dottrine fondamentali dei pitagorici, degli eleatici e di Empedocle. E non troviamo difficoltà ad affermare, che lo stoicismo e l'epicureismo siano una evoluzione degli antichi sistemi filosofici dell' Italia, compiutasi sul suolo greco. E questa è ragione principale per dare spiegazione della prevalenza di quei due sistemi presso il popolo romano.

In Lucrezio inoltre rinascono Parmenide ed Empedocle; col poema della Natura si rinnovella il pensiero filosofico dei nostri avi, onde si può dire, che sino a Lucrezio il processo evolutivo nei sistemi filosofici non soffri interruzione in Italia.

Ma ciò non è tutto. La più splendida manifestazione del pensiero e del sentimento dei romani è il diritto, meravigliosa evoluzione di un nucleo di idee, che erano sparse nei sistemi dei pitagorici, degli eleatici, e degli stoici. Si ricordi che i filosofi della scuola pitagorica ed eleatica furono riformatori politici, e che i Romani molto stimarono la sapienza politica dei filosofi della prima scuola. Ed ecco un addentellato tra il pensiero dei romani e quello dei filosofi delle scuole cennate relativamente alla vita sociale e politica, della quale il diritto è elemento essenziale. Vero è che lo stoicismo sembra avere avuto grande influenza nello sviluppo della giurisprudenza, ma se ben si considera si osserva, che esso nel diritto romano apparisce come una reminescenza storica, perchè il sentimento giuridico avea raggiunto il più elevato grado di sviluppo e si era sostituito ad ogni altro sentimento etico.

Or bene per i romani la scienza del diritto o la giurisprudenza è la filosofia direttrice della vita, la vera e sana filosofia. Lo ha detto Ulpiano, sintetizrando il concetto dei pensatori romani, quando con orgoglio cosi si espresse: „veram nisi fallor philosophiam, non simulatam, affectantes" (L. 1. D. 1. De justit. et jure).

Dunque, a cominciare dai pitagorici a venire giù sino ai romani vi è un processo evolutivo nel pensiero filosofico nostro.

Caduto l'impero romano di occidente, le tradizioni romane in Italia non vennero meno ed il diritto fu sempre in vigore. Senza questa continuità storica non si potrebbe spiegare il passaggio dal mondo antico al moderno nel nostro paese. Ed osserva lo Stintzing, che nel medio evo il sentimento di cotesta continuità fu molto più vivo di quanto noi non immaginiamo [3]). In Italia nel medio evo si tentò anco, come in Oriente erasi fatto, la conciliazione tra la filosofia e le idee cristiane, e quando la filosofia scolastica sorse in Francia, anco qui vi furono propugnatori di essa, e superiore a tutti Tommaso d'Aquino. E poichè dualistica, trascendentale, religiosa, formalistica fu anco in Italia la scolastica, si potrebbe credere, che lungo il medio evo la evoluzione del pensiero filosofico italiano abbia subito una interruzione. Sarebbe questa una credenza erronea, come or dimostriamo.

Certamente la scolastica in Italia non può considerarsi come una fase evolutiva del nostro pensiero filosofico, perchè presenta caratteri opposti a quelli dei sistemi filosofici italiani precedenti e posteriori. Essa, come bene osserva il Chiappelli, fu importazione straniera, scesa ad affuscare la splendidezza del pensiero italiano [4]). E si noti, che la reazione centro di essa fu segnata dal ritorno all' antica filosofia nostra, come fra breve si vedrà, e che la scolastica non ebbe valorosi rappresentanti in Italia, tranne Tommaso d'Aquino, che, se ben si considera, si stacca in certo modo dall' indirizo comune dei filosofi scolastici, e si da in braccio ad Aristotele, la filosofia del quale è più conforme che non la platonica al genio filosofico nostro. L'Aquinate è senza dubbio un grande ingegno italiano, che subisce la influenza della scolastica, e che pure si ribella a talune dottrine di questa, e tuttavia egli è fuori dell' evoluzione del pensiero filosofico nostro.

---

[3]) Stintzing, Ulric Zasius, Basel, 1857.
[4]) Chiappelli, Vita e opere giuv. di Cino da Pistoia, Pistoia, 1881.

A nostro giudizio, la tradizione della coltura filosofica italiana nel medio evo è rappresentata dal diritto o meglio dalla filosofia giuridica. Il diritto fu la vera forza integratrice della vita sociale del popolo oppresso lungo la barbarie medioevale, ed i giuristi possono considerarsi come i continuatori del sapere antico e gli avversari della scolastica. Si ricordi, che mentre Abelardo imprimeva carattere dialettico alla teologia medioevale, Irnerio illustrava il diritto romano e divulgava la sapienza giuridica degli avi nostri.

E dopo il risorgimento degli studi di diritto romano troviamo in Italia due correnti di idee, due ordini di pensatori, che, per dire così, si dividono l'eredità del passato, i teologi ed i giuristi. E questi ultimi, che sono i continuatori delle patrie tradizioni, della coltura scientifica, lottano contro i primi, e combattono le pretese della Chiesa ed i canonisti. Ed è opportuno ricordare col Carle, che le vicende della teologia scolastica e lo studio della giurisprudenza romana procedettero di pari passo [5]). Era ciò conseguenza della lotta, che si agitava fra le due correnti di idee, e che ebbe termine col trionfo della scienza laica, cioè degli studi giuridici, prodotto naturale del nostro genio speculativo e pratico.

L'erudizione classica del secolo XV rinvigorì l'ingegno italiano, e ad essa tenne immediatamente dietro il risorgimento filosofico, che fu reazione energica contro la scolastica, importazione straniera.

Pomponazzi combatte i miracoli, il soprannaturale, la immortalità dell'anima, ecc. ecc. Monistico e naturalistico è il sistema di lui e per metodo e per contenuto, e si connette ai sistemi filosofici italiani antichi.

Telesio, che precedette Bacone nel propugnare il metodo sperimentale e di osservazione per lo studio di qualunque ordine di fenomeni naturali, tenne in seria considerazione le dottrine di Parmenide nel fondare il suo sistema cosmologico. Sostenne essere eterno il mondo, materiale l'anima, ecc. Patrizzi insegnava, che

---

[5]) Carle, La vita del diritto nei suoi rapporti colla vita sociale, Torino, 1884.

la natura emana da Dio, che tutto in se comprende ed unifica, ed a tutto dà vita; donde la sua eternità ed infinità. Cardano ritiene, che le cose tutte (fenomeni ed esseri), non esclusi i fatti dello spirito, sono sottoposte a leggi naturali. Bruno, la figura più splendida del periodo del nostro risorgimento filosofico, sceglie per modello Lucrezio Caro, tiene in considerazione la filosofia dei Pitagorici e di Parmenide. Egli è vero continuatore della filosofia tradizionale italiana, e getta la fondamenta di un importante sistema filosofico, che, può dirsi, ha dato origine alla filosofia moderna. La spiegazione, che egli ci dà della formazione del mondo è una evoluzione scientifica delle idee filosofiche prevalse sempre in Italia. L'infinita varietà delle forme, dice egli, sotto le quali la materia ci apparisce, essa non le riceve da un altro essere, dal di fuori, ma le trae da sè stessa, le fa uscire fuori dal proprio seno. Chi ha conoscenza chiara del sistema filosofico del Bruno è costretto a riconoscere, che le idee fondamentali, che lo costituiscono, sono una vasta e complessa evoluzione delle più importanti dottrine, che si insegnarono nei periodi più splendidi della coltura filosofica italiana. Il sistema di Bruno sembrerebbe una creazione ex nihilo, se non fosse messo in rapporto col Poema della Natura di Lucrezio, col sistema pitagorico ed eleatico. Financo prevale ed è comune a questi la forma geometrica di esposizione.

E bene osserva, a proposito dei filosofi del rinascimento, il Fiorentino, che stabilendo un confronto fra Telesio, Patrizi e Bruno vi trova non solo somiglianza nella critica verso la filosofia aristotelica, una anco analogia nel modo del rinnovarla, perché in tutti è additata come sorgente di errori la separazione assoluta della materia e della forma; in tutti additata come necessità la spiegazione della natura secondo principi schiettamente naturali[6]). E vedremo fra breve, come fra i filosofi cennati e gli altri, di cui faremo menzione, sianvi legami ideativi molto intimi.

Il Campanella, a nostro giudizio, è solo nella dottrina della conoscenza un continuatore della filosofia antica italiana, poichè per

---

[6]) Fiorentino, Storia della filosofia, Napoli, 1886.

lui sapere è sentire, la scienza è una collezione di esperienze sensibili ed il metodo adatto alla scoperta del vero è l'induttivo. Nelle altre parti della filosofia il Campanella segna un regresso rispetto al Bruno.

Galileo va anco annoverato fra quei filosofi che si ribellarono alla scolastica per rinnovare il pensiero filosofico nostro. Fu egli strenuo propugnatore di quel metodo sperimentale e di osservazione, che più tardi applicato allo studio delle scienze morali e sociali doveva potentemente contribuire al rinnovamento di esse.

Vico dava ampio svolgimento ad un ordine di idee, che forma parte integrante della filosofia generale, alla filosofia della storia. Seguendo il metodo a posteriori, sempre prediletto dai filosofi italiani, penetra nella natura intima delle civili istituzioni, e per contraddire ai dogmi cristiani (tristi erano invero i tempi!) ammette, che lo svolgimento della civiltà si compie sotto l'azione della Provvidenza. Ma la Provvidenza del Vico, a nostro parere, è la natura naturans di Bruno, l'Uno della scuola eleatica, il Numero per eccellenza o la Monade suprema dei Pitagorici. Ecco il filo della tradizione filosofica italiana. E se si considerano le dottrine psicologiche del Vico si vedrà come fra esse e le dottrine dei filosofi del rinascimento vi è intimo nesso. Vico è il fondatore di quella scienza positiva delle società, che oggi ha avuto il nome di Sociologia.

Dopo il Vico i più illustri pensatori italiani coltivarono a preferenza la filosofia civile, perché incominciara l'agitazione per liberare la patria dal giogo straniero. Ed ecco il Genovesi, il Romagnosi, il Gioia, il Filangieri, ecc., i quali per metodo di ricerca scientifica non si allontanano del Vico e lo seguono nelle più importanti dottrine filosofiche.

In tempi a noi più vicini il Galluppi richiamò le menti allo studio della realtà, ma non seguì le tradizioni filosofiche italiane. Se ne allontanarono del tutto Gioberti, Rosmini e Mamiani, il quale ultimo dapprima con molto entusiasmo aveva sostenuto doversi rinnovare l'antica filosofia italiana fondata sulla esperienza.

L'idealismo ontologico di questi tre filosofi prevalse per un tempo troppo breve, perchè non adatto al genio filosofico italiano, e tosto si scagliarono contro elevati ingegni, il Ferrari. il Cattaneo, l'Ausonio Franchi, ecc. Si richiamarono in vita le dottrine del Vico, e dei filosofi del rinascimento.

Oggi poi si insegnano dottrine filosofiche diverse, delle quali alcune si possono considerare come fusione di idee tradizionali e di idee di sistemi stranieri. Tende però a prevalere il naturalismo filosofico, che è sistema monistico, carattere proprio delle filosofia italiana.

Esso non è, come vanno ripetendo alcuni, importazione straniera, una evoluzione delle più importanti dottrine filosofiche, che da tempi antichi si sono sostenute in Italia. In esso però sono messi a profitto i risultati degli studi moderni di biologia, sociologia, ecc. ecc.

E già in un ramo delle scienze antropo-sociologiche, nel diritto penale, una rivoluzione in senso naturalistico ha avuto luogo, ed è sorta una nuova scuola penale, la quale ha già sostenitori all' estero.

E dopo queste fugaci considerazioni domandiamo; è possibile negare che nella storia dalla filosofia italiana non vi sia un processo evolutivo? Crediamo che no.

Ed invero tutti i problemi fisici, morali e sociali, ecc., sono stati dalla maggior parte dei nostri filosofi risoluti coll' aiuto del metodo di osservazione ed oggi col metodo sperimentale; ed ecco l'unità del metodo scientifico o filosofico. Essi si sono tenuti lontani dall' idealismo ontologico, dal misticismo e dal dualismo, e se qualche momento per influenza di particolari circostanze sorse qualche pensatore tendente al trascendentalismo, immediatamente ne è venuta fuori la reazione, e sono riprese le. fila della tradizione filosofica italiana. Inoltre chi osserva a fondo i sistemi, dei quali abbiamo fatto fugacissimo cenno, scorge un nucleo di idee fondamentali, che nel corso di tanti secoli sono state ampiamente discusse, sviluppate e sostenute dai nostri filosofi con un metodo, che potremmo dire uniforme. E poiché i problemi della filosofia sono di natura diversa, troviamo che in un periodo storico oggetto di studio furono i problemi del mondo fisico, in un altro quelli del mondo sociale, ecc. ecc., che più

6*

tardi gli stessi problemi furono riprodotti, e che le dimostrazic
date e le risoluzioni sostenute presentano un nesso intimo ideativ
Il che mostra, che un processo evolutivo nei nostri sistemi fi
sofici vi è [7]).

---

[7]) Vedi il bellissimo discorso del Prof. Morselli su Giordano Brur
e l'altro La filosofia monistica in Italia (nella Rivista di filosol
scientifica, an. VI, 1887).

Jahresbericht

über

mmtliche Erscheinungen auf dem Gebiete der Geschichte
der Philosophie

in Gemeinschaft mit

Ingram Bywater, Hermann Diels, Wilhelm Dilthey, Benno Erdmann,
J. Gould Schurman, Paul Tannery, Felice Tocco und Eduard Zeller

herausgegeben

von

Ludwig Stein.

I.

Bericht über die deutsche Litteratur der Vorsokratiker. 1887.

Von

H. Diels in Berlin.

Ueberweg, Fr. Grundriss der Geschichte der Philosophie. I. Theil. Das Alterthum. Siebente Aufl. bearb. von Dr. M. Heinze. Berlin 1886. 360 Seiten. 8⁰.

Der Ueberweg'sche Grundriss scheint durch ähnliche Bücher in neuerer Zeit etwas in den Hintergrund gedrängt zu werden, ist aber immer noch unentbehrlich für den, der sich rasch namentlich über die Litteratur dieses Gebietes orientieren will. Diese bibliographische Seite ist auch in der neuen Auflage wieder sorgfältig berücksichtigt worden. Es fehlt aber auch nicht an andern gut begründeten Zusätzen und noch besser begründeten Streichungen. Die ersten Abschnitte enthalten freilich auch noch in der neuesten Auflage manches Verwunderliche. Wie lange soll S. 2 das Pseudocitat: „Herodot I 50 wird φιλοσοφία auf die Kenntnis der Gestirne bezogen" noch fortgeschleppt werden? Statt dessen könnte auf Gorgias Hel. § 13 und Wilamowitz Ph. Unters. I 214 verwiesen werden, mit dessen Ansicht Ref. freilich nicht übereinzustimmen bekennt. Auch in der Uebersicht über die Quellen ist manches bedenklich. Wir treffen S. 25 Diogenes aus Laerte (?) in Cilicien (?) um 220 (?) n. Chr. an. Was S. 27 über Origenes gesagt ist, kann kein Neuling verstehen; und das danach über Eusebios gesagte ist unrichtig.

Mit den neueingefügten Stellen, die neueren Forschungen ihre Anregung verdanken, wird man sich meist, wenn auch nicht immer,

einverstanden erklären können. Nützlich wäre es, das Buch dem-
nächst einer gründlicheren Umarbeitung zu unterziehen, wobei
meines Erachtens die tautologische und unübersichtliche Doppelgestalt
des Buches (Gross- und Kleingedrucktes) geändert werden müsste.

JACOBI, K. G. Gesammt-Repetitorium über alle Prüfungsfächer der
     allgemeinen Bildung. Für Candidaten des höheren Schulamts.
     IV. V. Bändchen: Geschichte der Philosophie. Leipzig 1887.
     89 und 88 Seiten. Kl. 8°.
     Zur Characteristik diene das Motto:
         O socii . . . revocate animos maestumque timorem
         Mittite: forsan et haec olim meminisse iuvabit.

Κωστομοίρη, Α. Γεώργιος. Περὶ ὀφθαλμολογίας καὶ ὠτολογίας τῶν
     ἀρχαίων Ἑλλήνων ἀπὸ τῶν ἀρχαιοτάτων χρόνων μέχρις Ἱππο-
     κράτους. Ἐν Ἀθήναις 1887. 248 Seiten. 8°.
Das Thema, das hier von einem griechischen Augen- und Ohren-
arzte sehr fleissig und eingehend behandelt wird, könnte auch der
Erkenntnis der griechischen Physik zu Gute kommen, wenn der
Verf. historisch-philosophische Betrachtung mit seiner medizinischen
Fachkenntnis vereinigte. Aber er hat lediglich eine äusserliche Zusammenstellung nnd Paraphrasierung der Quellennotizen gegeben mit
besonderer Betonung des Lexicalischen. Die Bestrebung den wissenschaftlichen Zusammenhang in den Lehren der griechischen Physiker
nachzuweisen hat ihm fern gelegen; das Ganze liest sich vielmehr wie
die Arbeiten eines Psellos oder Tzetzes. Da der Verf. die neuere,
namentlich deutsche Litteratur nach S. ιε′ kennt (Philippson's ὕλη
ἀνθρωπίνη u. A. ist ihm freilich entgangen), so begreift man diesen
byzantinischen Standpunkt nicht recht.

Orphiker.

GRUPPE, O. Die griechischen Culte und Mythen in ihren Beziehun-
     gen zu den orientalischen ·Religionen. I. Band. Einleitung.
     Leipzig 1887. XVIII und 706 Seiten. Gr. 8°.
     Ein kleiner Abschnitt dieses weitblickenden und weitangelegten
Werkes bezieht sich auf die griechische Philosophie und ihre In-

cunabeln. Der Verf. geleitet von dem im Titel ausgesprochenen
Grundgedanken kommt zu dem Resultate, dass die Anfänge der
griechischen Philosophie in sehr bemerkenswerter Weise durch die
Speculation der orphischen Gedichte und diese wiederum durch
orientalische Originalgedichte angeregt worden seien. Die Art, wie
sich der Verf. diese Uebertragung oder vielmehr Uebersetzung
durch die verschiedenen Nationen denkt ist so paradox, dass man
zunächst glauben könnte, der Verf. erlaube sich mit dem Leser einen
Scherz. Aber diese Vermutung zerfällt sofort gegenüber dem Ernste
des Studiums, der ausgebreiteten Gelehrsamkeit und der Gründlichkeit der Quellenforschung, die hier, wenigstens auf dem erwähnten
Teilgebiete, uns entgegentritt. Und das Problem selbst verdient
wirklich das eindringlichste Nachdenken, da wol nur noch wenige
an die völlige Autochthonie der griechischen Speculation glauben
werden. Aber freilich die Resultate und noch mehr die Methode
dieses Buches werden eher abschreckend als anlockend wirken, da
selbst die richtigen Ergebnisse dieser Untersuchungen, an denen es
keineswegs ganz fehlt, auf falscher oder wenigstens vorschneller
Schlussfolgerung beruhen.

Der Verf. unterscheidet hauptsächlich drei orphische Theogo-
nien. Die älteste, die Plato, Aristoteles und Eudemos kennen, ist
das älteste in griechischer Zunge verfasste Gedicht. Das Buch Ξ der
Ilias kennt in der Διὸς ἀπάτη eine „Travestie" (S 614) oder
„Parodie" (S. 623) jener ältesten Theogonie, deren Verse sich zum
Teil noch aus der Bearbeitung Homers in ursprünglicher Form herstellen lassen. Dieses ehrwürdige Gedicht ist nun seinerseits weiter
nichts als eine fast wörtliche Uebersetzung aus der uralten phönikischen Theogonie, die sich ebenfalls noch in beachtenswerten Fragmenten aus dem Sanchuniathon des Philon von Byblos herstellen
lässt. Zwar ist dieser Sanchuniathon, wie der Verf. zugibt, nichts
als eine leichtfertige Fälschung des Philon; aber dabei ist doch
jenes alte phönikische Gedicht zugezogen worden, wie sich eben aus
der merkwürdigen Uebereinstimmung mit dem griechischen Urgedicht
ergibt. Denn es kann, meint der Verf., doch nicht zweifelhaft sein,
dass der Κρόνος der Orphiker, der mit κραίνω zusammenhänge und
„Fürst" bedeute (?), eine Uebersetzung (?) des phönikischen (?) אל (?)

bei Philon darstelle. Ref. gibt gerne zu, dass die Διὸς ἀπάτη bemerkenswerte Reminiscenzen eines theogonischen Gedichtes zeigt, aber alle andern Ergebnisse: die Restitution des orphischen Urgedichtes, die Verbindung desselben mit den platonischen und peripatetischen Anführungen der Orphiker, endlich gar die Berührungen mit der phönikischen Urtheogonie scheinen mir Träume zu sein, die durch die elfenbeinerne Pforte gekommen sind.

Die zweite durch Athenagoras und Damaskios bezeugte Theogonie (des Hieronymos) hält Gruppe ebenfalls für alt. Genauer beschäftigt er sich mit der sog. rhapsodischen orphischen Theogonie, auf die, wie er in Uebereinstimmung mit O. Kern[1]) behauptet, sich alle Citate der Neuplatoniker beziehen. Hier sucht er speciell den kosmischen Grundgedanken des orphischen Systems nachzuweisen. Er bezeichnet als solchen „das Zusammenfliessen und Auseinanderfliessen als die Geschichte des Weltenlebens" (S. 643). Dieser Gedanke (der in der Formulierung jedoch nicht orphisch, sondern Gruppisch ist) verrate seine innere Verwandtschaft mit dem griechischen Denken des ausgehenden 6. Jahrhunderts. Daher könne die orphische Theogonie nicht spät entstanden, sondern müsse mit den Anfängen der ionischen Physik gleichzeitig sein. Wie schon die Fassung des Grundgedankens als Fliessen andeuten soll, wozu in den orphischen Stellen gar keine Veranlassung vorliegt, findet Gruppe eine engere Berührung mit Heraklit, wobei er in unklarer Interpretation namentlich auch auf das Fr. 127 Byw. εἰ μὴ γὰρ Διονύσῳ πομπὴν ἐποιοῦντο eingeht. Der Anstoss, dass Heraklit nur 3 Elemente kenne, während die Orphiker bereits mit der Vierzahl arbeiten, beunruhigt ihn nicht. Heraklit habe das eine eben wieder aufgegeben. Auch zu Empedokles und Pherekydes weist der Verf., freilich in oberflächlicher Weise, Beziehungen in den orphischen Gedichten nach. In Bezug auf Heraklit, der natürlich den ausgiebigsten Stoff darbietet, fasst er sein Ergebnis S. 653 so zusammen:

---

[1]) De Orphei Epimenidis Pherecydis theogoniis quaestiones criticae. Berlin (Nicolai) 1888. Diese Schrift wird im Jahresber. des Jahres 1888 besprochen werden.

„In dem ungeheuren Prozess, den auf griechischem Boden das menschliche Denken durchmachte, indem es von der religiösen Erkenntnis zum voraussetzungslosen Forschen, vom Mythos zum Logos fortschritt, in diesem Prozess bezeichnen unsere Gedichte die frühere, Herakleitos die spätere Phase. Die Dichter erfinden den Mythos von der Verschlingung der Welt durch das Urfeuer; Herakleitos denkt den Gedanken aus, indem er daraus eine in alle Ewigkeit feststehende periodische Welterneuerung macht. Die Dichter führen Ideen aus, die consequent zu der grossen Erkenntnis von der Anfangslosigkeit der Welt führen müssen, aber hart vor dieser Erkenntnis machen sie Halt: sie wagen noch nicht von der überlieferten Vorstellung der gewordenen Welt zu lassen; erst Herakleitos spricht es aus [Fr. 8]: κόσμον τόνδε τὸν αὐτὸν ἁπάντων οὔτε τις θεῶν οὔτε ἀνθρώπων ἐποίησεν, ἀλλ' ἦν ἀεὶ κτλ.“

Es sei mir gestattet, ehe diese Dogmenvergleichung weiter um sich greift, welche die Originalität jener griechischen Denker nicht nur beeinträchtigen, sondern vernichten würde, einen Vorbehalt anzuknüpfen.

Auch ich halte es für wahrscheinlich, dass die Urform der orphischen rhapsodischen Theogonie dem 6. Jahrh. angehört (die orphische eschatologische Mystik scheint mir noch beträchtlich älter), auch ich halte es für möglich, dass Heraklit, wie andere gleichzeitige Denker, durch einzelne wenige Wendungen und Gedanken der orphischen Gedichte angeregt worden sei, wenn ich auch nicht den Quellpunkt heraklitischer Spekulation darin zu finden glaube [2]). Aber was Gruppe als heraklitisch anspricht in der Spekulation der Orphiker (wie jenem Grundgedanken des wechselnden Entstehens und Vergehens in dem einheitlichen Princip), das liegt der ganzen hylozoistischen Anschauung jener Zeit zu Grunde und nähert sich in der eigentümlichen Form des Gedankens teilweise mehr dem Pantheismus des Xenophanes.

Anders aber steht es z. B. mit jenem bei Gruppe sinnlos und

---

[2]) Wie E. Pfleiderer nachweisen wollte. S. Archiv I 105. (Mit Rücksicht auf eine Aeusserung Zellers ebenda S. 612 bemerke ich, dass die Niedrigkeit des in Pfleiderers Entgegnung gegen mich angeschlagenen Tones mir eine Antwort verbietet.)

metrisch fehlerhaft abgedruckten Fragmente bei Clemens, das, wenn man ihm mit Bywater (zu Heraclit Fr. 78) einen sprachlich möglichen Gedanken unterlegt:

$$\text{Ἔστιν ὕδωρ ψυχῇ θάνατος, ψυχὴ δ' ὑδάτεσσιν,}$$
$$\text{ἐκ δ' ὕδατος μὲν γαῖα, τὸ δ' ἐκ γαίης πάλιν ὕδωρ·}$$
$$\text{ἐκ τοῦ δὲ ψυχὴ ὅλον αἰθέρ' ἀναΐσσουσα,}$$

nur aus Heraklit geschöpft sein kann. Denn dieser Gedanke ist ebenso unorphisch als ganz eigentümlich heraklitisch. Gäbe man hier die Originalität des Ephesiers auf, so wäre er selbst in dem Allerindividuellsten, seinem Stile, ein elender Nachahmer. Hier scheint denn auch Gruppen das Gewissen zu schlagen. Denn drei Seiten nachdem er jene orphischen Verse als Original des Heraklit verwertet hat, giebt er mit Bezug auf sie Zellern zu, dass „die naheliegende Ideenverwandtschaft hin und wieder zur Einschwärzung heraklitischer Züge geführt haben mag". Ist diese Möglichkeit späterer Interpolationen einmal zugegeben, so sieht man leicht, dass die Benutzung der Orphica einen ganz anderen Grad von Vorsicht und Umsicht erheischt, als ihn der Verf. angewandt hat. Dass derartige Religionsbücher späteren Interpolationen ausgesetzt sind, liegt ja so sehr in der Natur der Sache und zeigt sich in den Hesiod'schen Gedichten so handgreiflich, dass man auf alle Fälle sehr stark damit rechnen muss[3]).

Der durchschlagende Beweis für das Alter der orphischen Litteratur liegt für den Verf. der griechischen Culte in ihrer angeblichen Uebereinstimmung mit der altorientalischen Weisheit. Auf dieses Gebiet ihm weiter zu folgen, fehlt es mir an Kenntnissen nicht minder als an Mut. Denn der kaleidoscopische Wirbel aller möglichen ägyptischen, phönikischen, assyrischen, indischen Philosopheme verwirrt den klaren Blick nicht minder als die verblüffende Methode, diese orientalische Urphilosophie nicht aus den alten ächten Quellen, sondern oft aus den trübsten Lachen spätesten Griechentums zu schöpfen oder ächte alte Urkunden, wie die bekannte

---

[3]) Aehnliche Interpolationen lassen sich auch in dem S. 647 aus Macrob. angeführten orph. Fragm. für Empedokles nachweisen. Man vgl. ferner was aus der Theogonie des „Linos" Heraklitisches angeführt wird (Gruppe S. 628).

Höllenfahrt der Istar durch chaldäisch-neuplatonischen Allegorien-
dunst zu verdunkeln.

Solchem Wuste gegenüber sinkt die kritische Feder aus der
Hand. Orientalische Phantasmagorien umgaukeln das Auge und aus
den wunderlichen Fratzen paradiesischer Urweisheit sieht man die
Schatten von Creuzer, Röth und Gladisch auftauchen, die ihrem
jungen Adepten freundlich grüssend zuwinken.

Xenophanes.

Dümmler, F. Rheinisches Mus. XLII (1887) 139f. [1]).

Bei Athenäus IV 174f. liest man γιγγραίνοισι γὰρ οἱ Φοίνικες,
ὥς φησιν ὁ Ξενοφῶν, ἐχρῶντο αὐλοῖς σπιθαμιαίοις τὸ μέγεθος ὀξὺ καὶ
γοερὸν φθεγγομένοις. Da die Stelle bei Xenophon nicht steht und
der Dialect auf die Ias weist, so vermutet der Verf. nicht ohne Wahrscheinlichkeit, das Fragment stamme aus Xenophanes, dessen Polemik gegen die θρῆνοι der Aegypter (und Eleaten) erwähnt wird;
er stellt, da die Threnoi der Phönicier auf Adonis in der Athenäos-
stelle mit γιγγραίνοισι in Verbindung gesetzt werden, beispielsweise
folgende Verse her:

Φοίνικες δ' αὐλοῖσιν Ἄδωνιν γιγγραίνοισι
ὀξύ τε καὶ γοερὸν φθέγγονται . . .

[Warum nicht φθεγγομένοις beibehalten?]

Pindar.

Lübbert, E. *Commentatio de Pindaro dogmatis de migratione ani-*
marum cultore. Index Schol. hib. Bonnae 1887.

Der Verf. beabsichtigt vor allem eine religionsgeschichtliche
Aufklärung der mystischen Worte der zweiten Ol. Ode zu geben
(63 Chr. 56 M.) εἴγε ... τις οἶδεν τὸ μέλλον· ὅτι θανόντων μὲν ἐνθάδ'
αὐτίχ' ἀπάλαμνοι φρένες ποινὰς ἔτισαν, τὰ δ' ἐν τᾷδε Διὸς ἀρχᾷ ἀλιτρὰ
κατὰ γᾶς δικάζει τις ἐχθρᾷ λόγον φράσαις ἀνάγκᾳ. Er billigt mit Recht

---

[1]) Den ebenda S. 140 stehenden Aufsatz von Susemihl über die Chronologie des Pittakos, wie andere neuere Arbeiten von Wölfflin, Studemund,
Brunco über die Sprüche der 7 Weisen kann ich in diesem Jahresberichte
nicht berücksichtigen, da sonst dem Begriffe der Philosophie eine unziemliche
Ausdehnung gegeben werden müsste.

die Erklärung Aristarchs, dass hier eine doppelte Strafe vorliege: die
Sünden des Lebens werden im Tode gebüsst, die Sünden des Todes
im Leben.

Das letztere erläutert er nun dahin, dass Pindar in Uebereinstimmung mit pythagoreischer (nicht-orphischer) Anschauung unter
den Sünden der Unterwelt nicht bestimmte Vergebungen, sondern
eine Art Erbsünde verstanden habe, welche namentlich bei der
Wahl des Lebensberufes vor der Palingenesie die sündigen Menschen
verstricke. So wird Pindar in diesem Punkte, wie der Verf. auch
in Einzelheiten ausführt, zum Vorläufer Platons.

Die sehr ausführliche Darlegung des Verf., welche die Eschatologie der Pythagoreer und Orphiker anziehend darstellt, würde
noch überzeugender wirken, wenn der historische Anlass zu diesem
seltsamen Excurse Pindars aufgeklärt wäre. Denn die ganze Ode
von der 2. Strophe an scheint mir auf gewisse Mysterien hinzuweisen,
bei denen der Agrigentiner Theron, der Landsmann und Zeitgenosse
des mystischen Empedokles, beteiligt war. Es würde gewiss belehrend
sein, wenn ein solcher Kenner Pindars und der Religionsgeschichte
sich hierüber verbreiten wollte.

HEUSSLER, H. in Fichte's Zeitschr. f. Philosophie. N. F. XXII.
    (1887) 137.

Der Verf. sucht in einer Anzeige der Schwegler'schen *Geschichte
der Philosophie im Umriss. 14. Aufl. durchgesehen und ergänzt
von R. Koeber* unter A. nachzuweisen, dass das bekannte Protagoreische Dictum übersetzt werden müsse: „Aller Dinge Massstab
ist der Mensch, der Seienden, wie er ist (sich gerade befindet),
der Nichtseienden, wie er nicht ist."

II.

Bericht über die deutsche Litteratur der sokratischen, platonischen und aristotelischen Philosophie 1886, 1887. Zweiter Artikel: Plato.

Von

E. Zeller in Berlin.

(Schluss.)

Als Nachtrag zu meiner Uebersicht über die platonische Literatur dieser Jahre nenne ich noch:

1. Zingerle, Zu Platons Laches (Philol. Abhandl. 4. H. S. 40—43).
2. Schönborn, Zur Erklärung des Phädrus. Pless 1887 (Progr.).
3. R. Hochegger, Ueber die platonische Liebe. Berlin. R. Eckstein Nachf. s. a. 22 S.
4. B. Rothlauf, Die Physik Plato's. 1. 2. München 1887. 1888. (Progr.) 51 u. 90 S.
5. C. Demme, Die platonische Zahl. Zeitschr. für Mathematik und Physik. Lpz. 1887, H. 3. Histor. Abth. S. 81—99. H. 4, 121—132.

Von Nr. 1 und 2 kann ich indessen nur die Titel anführen, da es der Verlagshandlung nicht gelang, sie mir zu verschaffen. Nr. 3 ist ein Vortrag, der unverkennbar nicht den Anspruch macht, einem Kenner Plato's irgend etwas Neues zu sagen. Sehr viel Neues enthält auch Nr. 4 nicht; aber doch ist es recht dankenswerth, dass Vf. es unternommen hat, in diesen fleissigen und anspruchslosen Abhandlungen alles zusammenzustellen, was sich bei Plato, vorzugsweise natürlich im Timäus, auf die Physik im engeren Sinn (mit Ausschluss der Mathematik und der organischen

Physik) bezügliches findet. Den Stellen aus Plato, die in Uebersetzung mitgetheilt werden, sind Bemerkungen beigefügt, welche
theils zu ihrer sachlichen Erläuterung dienen, theils ihr Verhältniss zu der heutigen Naturwissenschaft betreffen; unter denselben
ziemlich viele Auszüge aus neueren Werken zur Geschichte der
Physik und ihrer einzelnen Theile, welche dem philologischen Erklärer Plato's weniger zur Hand zu sein pflegen; wogegen Vf.
seinerseits selbst sagt, dass er auf erschöpfende Benutzung der einschlägigen Literatur verzichte. Einzelheiten betreffend will ich
folgendes bemerken. Dass Plato jedem Element seinen natürlichen
Ort anweist, ist zwar unbestreitbar; aber auf Phädo 110. Krat.
410 durfte sich Vf. (I, 13) dafür nicht berufen. — Zu weit her-
geholt scheinen mir seine Vermuthungen (I, 31) über die Gründe,
weshalb Plato Tim. 55 D f. die Elemente hinsichtlich ihrer Beweglichkeit so ordnet: Feuer. Luft, Wasser, Erde. Ich denke, er hält
sich hiebei einfach an den Augenschein; und er sagt ja auch a. a. O.
nicht: weil die Erde die Würfelform hat, sei sie das unbeweglichste Element, sondern: weil sie das unbeweglichste ist, wolle er
diese Form ihr zuweisen. — Dass es sich bei der pythagoreisch-
platonischen Messung der Tonhöhe nach Zahlen nicht um die
Schwingungszahlen (I, 41. II, 17 u. ö.) der Töne handelt, von
denen jene Zeit noch nichts wusste, sondern um die Längen-
verhältnisse der tönenden Saiten, und dass die πληγαί, aus denen
die Töne zusammengesetzt sind, nicht „Schwingungen" (II, 1)
sind, sondern Stösse, hätte Verf. aus meiner, ihm, wie es scheint,
unbekannt gebliebenen, Phil. d. Gr. I⁴, 372. IIa³, 654f. abneh-
men können. — II, 27 glaubt Vf. mit andern, der Kreis des
Selbigen und des Andern Tim. 36 C werden beide von dem
Himmelsgewölbe umfasst. Allein der Kreis des Selbigen, der
Fixsternhimmel, ist vielmehr selbst das Himmelsgewölbe; umhüllt
wird er nebst den sieben Planetensphären von der κίνησις κατὰ
ταὐτὰ καὶ ἐν ταυτῷ περιαγομένῃ; κίνησις ist aber nicht = κύκλος,
σφαῖρα oder οὐρανός, diese die Welt umgebende κίνησις ist vielmehr
das gleiche, wie die sie (nach Tim. 36 E) umgebende Seele, die ja
auch (Gess. X, 896 A) als eine sich selbst bewegende Bewegung bezeichnet wird. Dass die Planeten kein eigenes Licht haben, son-

dern ihre ganze Beleuchtung von der Sonne erhalten (II. 40), geht aus Tim. 39 B nicht hervor; Rep. X, 616 D f. Tim. 40 A f. spricht vielmehr dafür, dass dies nur vom Monde gilt, mag auch Plato vielleicht den andern Planeten neben dem eigenen noch ein von der Sonne entlehntes Licht zugeschrieben haben, wie Anaxagoras. Nr. 5 versucht eine neue Erklärung des Zahlenräthsels, welches Platò Rep. VII, 546 B f. seinen Lesern aufgibt. Indessen werden durch diese Abhandlung die von den bisherigen Erklärungsversuchen übriggelassenen Dunkelheiten so wenig aufgehellt, dass sie vielmehr auch da, wo dieselben festen Grund unter sich haben, diesen wieder verlässt, um statt dessen mit einer neuen Deutung in die Irre zu gehen. Der Hauptgrund dieses unbefriedigenden Ergebnisses liegt aber darin, dass es der Arbeit des Vf. an einer haltbaren exegetischen Grundlage allzusehr gebricht, wie dies denn freilich nicht überraschen kann, wenn er beispielsweise S. 132 in den Worten: ξύμπας δὲ οὗτος ἀριθμὸς γεωμετρικὸς τοιούτου κύριος, ἀμεινόνων καὶ χειρόνων γενέσεων das τοιούτου mit γεωμετρικὸς verbindet und von κύριος abtrennt (wie sie dann aber zu erklären sein sollen, wird uns nicht gesagt). Während bisher, so viel ich mich erinnere, niemand bezweifelte, dass a. a. O. unter dem θεῖον γεννητὸν die Welt verstanden werde, unter dem ἀνθρώπειον die Menschengeschlechter, will D. jenes (angeblich mit dem Bekker'schen Scholiasten, der aber vielmehr die Gesammtheit des Körperlichen darunter versteht) auf die Seele beziehen, dieses auf den Leib, und die ganze Beschreibung auf die Rep. X, 614 ff. erwähnten 1000jährigen Perioden für die Wanderung der Seelen. Um nun in unserer Stelle diesen Sinn finden zu können, deutet er den ἀριθμὸς τέλειος auf die Zehnzahl und die Zahl des ἀνθρώπειον γεννητὸν auf die Hundert; dass aber von einer Verbindung dieser beiden Zahlen zu einer dritten bei Plato kein Wort steht, eine solche vielmehr ganz unmöglich, und die Zahl des ἀνθρώπειον γεννητὸν die einzige ist, um die es sich bei der richtigen Anordnung der Zeugungen handelt, macht ihm keine Sorge. Dass ferner a. a. O. mit den Worten ἐν ᾧ πρώτῳ αὐξήσεις — ἀπέφηναν auf die Zahl hundert hingewiesen werde, wird mittelst einer durchaus unannehmbaren Erklärung dargethan. Für ἀποστάσεις liest D. mit einem Theil der Handschriften ἀποκαταστάσεις. giebt diesem die Bedeutung: „Zurückkehren zum Ausgangspunkt". die freilich für dieses Wort aus den ἀριθμοὶ ἀπο-καταστατικοί (in ihren höheren Potenzen wieder auftretende Zahlen, wie 5 und 6) noch lange nicht folgt, hält τρεῖς ἀποκαταστάσεις λα-βοῦσαι für gleichbedeutend mit: dreimal zu sich selbst addirt, τέτ-ταρας ὅρους λαβοῦσαι mit: vervierfacht, und bringt so heraus, dass die fraglichen Worte die Generationszahl als das Vierfache von 5^2 (als ob die δυναμένη 5 mit δυνάμεναί τε καὶ δυναστευόμεναι — 5. 4. 3 — bezeichnet werden könnte) beschreiben wollen. Was endlich die, gegenwärtig, wie ich glaube, (u. a. von Susemihl Arist. Polit. II, 371 ff.) vollkommen befriedigend erklärten Worte: ᾧν ἐπίτριτος πυθμὴν — κύβων τριάδος betrifft, so meint Vf. zunächst τρὶς αὐξηθεὶς sei gleichfalls so viel als: dreimal zu sich selbst addirt; er macht sodann aus dem ἐπίτριτος πυθμὴν πεμπάδι συζυγεὶς still-schweigend die Fünf allein, und übersetzt schliesslich τὴν μὲν (sc. ἁρμονίαν) ἴσην ἰσάκις, ἑκατὸν τοσαυτάκις: „die eine, eine gleiche, gleichvielmal genommen gibt, ebensovielmal wie oben (dreimal um sich selbst) vermehrt, hundert." In den nächstfolgenden Worten: τὴν δὲ ἰσομήκη μὲν τῇ, προμήκη δὲ, giebt er der Variante προμήκει den Vorzug, lässt diesen Dativ von dem zu ergänzenden ἁρμονίαν regiert sein, und erklärt, wie laut auch das μὲν und δὲ protestiren mögen: „die andere ist die Beziehung gleicher Seiten zu ungleichen Seiten". Unter den ἑκατὸν ἀριθμοὶ ἀπὸ διαμέτρων ῥητῶν πεμπάδων (wie D. statt πεμπάδος liest) u. s. w. soll die Zahl Hundert (wie wenn diese mit ἑκατὸν ἀριθμοὶ bezeichnet werden könnte!) als Pro-dukt aus den Quadraten der Diagonalen von zwei Quadraten von 5 zu verstehen sein; wobei aber die zwei Quadrate ganz willkür-lich eingeschwärzt werden. Bei den ἑκατὸν κύβοι τριάδος versagt die Exegese des Vf.: er ändert daher den Text, setzt: ἑκατὸν δὲ κύβων καὶ τοῦ ἀπὸ τριάδος und übersetzt dieses klassische Griechisch ebenso klassisch: „andererseits aber hundert als Summe von Kuben [nämlich 64 und 27] und des Dreiquadrats". — Dies der neueste Beitrag zur Erklärung Plato's von mathematischer Seite.

III.

Jahresbericht über die neuere Philosophie bis auf Kant für 1887

Von

Benno Erdmann in Breslau

Erster Teil

Descartes und Locke

Es sei gestattet, den Jahresbericht diesmal mit einer Erörterung zu beginnen, welche die Grenzen zwischen einem solchen Bericht und einer selbständigen Abhandlung im wesentlichen verwischt. Die Gründe dafür liegen fürs erste darin, dass die Ergebnisse der beiden gleich zu nennenden Arbeiten mehrfach eine Zustimmung gefunden haben, welche schwerlich gerechtfertigt werden kann, und fürs zweite darin, dass der gemeinsame Gegenstand derselben nicht bloss für die Systeme der beiden Philosophen, auf die er sich unmittelbar bezieht, sondern für die Entwicklungsgeschichte der philosophischen Probleme im siebzehnten Jahrhundert überhaupt bedeutsam ist.

Die Arbeiten sind eine Strassburger und eine Berliner Dissertation:

1. Geil, G. Ueber die Abhängigkeit Lockes von Descartes, 98 S., Strassburg. J. H. Ed. Heitz.
2. Sommer, R. Lockes Verhältniss zu Descartes, 63 S., Berlin, Mayer und Müller.

Das glücklich gewählte Thema ist dort von Windelband anangeregt, hier als Gegenstand einer akademischen Preisfrage aufgegeben.

Nach Anlage und Methode sind beide Abhandlungen gänzlich
verschieden. Die erstere ist im ganzen sorgsam fundirt, wenn
schon die Interpretation im Einzelnen von Missverständnissen nicht
frei ist: ihre Methode ist wesentlich inductiv; die Ergebnisse ver-
bleiben, abgesehen von den einleitenden Bemerkungen gegen die
in der Tat aus systematischen Gründen mehrfach überschätzte und
zu ausschliesslich betonte Trennung der philosophischen Strömungen des siebzehnten und achtzehnten Jahrhunderts in eine rationalistische und eine empiristische, mehr im Einzelnen: die Disposition ist etwas undurchsichtig; die Darstellung öfters schwerfällig
und nicht frei von Wiederholungen. Die andere geht auf Einzelnes
kaum ein: das Verfahren ist hauptsächlich deductiv; die Ausführung reich an Einfällen und Aussichten, die öfter ohne kritische
Zurückhaltung systematisirt werden; die Darstellung ist gewandt
und lebendig.

Schon in Folge unvollständiger Heranziehung des Materials
hat keiner von beiden Autoren den Gegenstand erschöpft; keines
der hauptsächlicheren Ergebnisse beider wird, wenn die nachstehende Erörterung beweiskräftig ist, aufrecht erhalten werden
können: Beide jedoch sind als Erstlingsarbeiten Leistungen, die den
Durchschnitt der Dissertationen überragen. Sie liefern Vorarbeiten,
die jedem zu statten kommen werden, der den historischen Beziehungen zwischen Descartes und Locke vollständiger nachgeht,
und die damalige Lage der philosophischen Probleme umfassender
und unbefangener würdigt.

Von einer kritischen Besprechung der Auffassungen des Cartesianischen Systems bei beiden Autoren werde hier abgesehen.
Geil findet den Grundzug desselben ganz wie bei Locke in der
Zuspitzung der philosophischen Probleme auf die Erkenntnistheorie.
Sommer dagegen sieht als den „Centralpunkt" derselben eine „dogmatisch starre" Metaphysik, welche in Locke „die Forderung einer
Kritik der Erkenntnismittel erweckt". Jener behauptet in ausführlicher, übrigens durch unbeachtet gebliebene Nachweise Bau-
manns leicht zu ergänzender Darstellung, dass das *lumen naturale*
im engeren Sinne, als das Vermögen der Erkenntnis des unmittelbar Evidenten, in dem Systeme Descartes die wichtigste Stelle

einnimmt". Dieser konstruirt sich, die systematisirte Dichtung in der *dissertatio de methodo* für historische Wahrheit nehmend, die Metaphysik des Philosophen aus den nachträglich „rational formulirten" „inneren Erfahrungen" Gottes, der Willensfreiheit und der geistigen Natur des Menschen.

In der Abhängigkeitsbestimmung beider Philosophen legt Geil besonderen Nachdruck auf die Uebereinstimmung derselben in der Lehre von den angebornen Ideen, die S. als einen offenbaren Bestandteil der Opposition Lockes gegen Descartes kaum erwähnt. Geil sucht zu erweisen: Lockes Definition der *innated ideas* trifft nicht die Fassung der *ideae innatae* bei Descartes; die von Locke kritisirten Beweisgründe für solche Ideen ferner fehlen bei Descartes; die Gesichtspunkte dieser Lockeschen Kritik entsprechen vielmehr im ganzen den Annahmen des französischen Philosophen; Locke erkenut sogar in den Vorstellungen des Ich und der Gottheit angeborene Ideen im Sinne Descartes an (*Essay* IV 7, 7; IV 10, 1, 4, 6); die von Locke bekämpfte Hypothese endlich findet sich nicht bei Descartes, sondern bei Denkern wie Ralph Cudworth, Henry More, Samuel Parker und Theophilus Gale, also bei den platonisirenden Theologen jener Zeit, sowie bei Herbert von Cherbury. Nach dem Allen war „Locke sich bewusst, dass Descartes nicht in dem Sinne angeborne Ideen behauptet hat, in dem er sie leugnet".

Beiden Philosophen ist nach Geil ferner die Lehre von der intuitiven Erkenntnis gemeinsam, sofern beide anerkennen, dass das *lumen naturale* uns unmittelbar gewisse Grundsätze in uns auffinden lässt. Auch die Lehre von der demonstrativen Erkenntnis zeigt „Locke durchaus abhängig von Descartes": des letzteren Idee einer *mathesis universalis* klingt in Lockes Sätzen von der demonstrativen Gewissheit der Mathematik, der Moral und des Gottesbeweises wieder. Sommer dagegen lässt Locke sich Descartes Unterscheidung der Vorstellungswelt und der Welt der bewegten Materie „ganz zu eigen machen"; sie gibt ihm den scharf begrenzten Begriff der *sensation* als der Sinneswahrnehmung, die als subjectiv erregte Empfindung streng von dem erregenden materiellen Vorgang geschieden wird. Er findet ferner im Gegensatz zu Geil in Lockes

Theorie der demonstrativen Erkenntnis als der mittelbaren *implicite* eine Kritik der Methode Descartes.

Geil wie Sommer heben sodann die Anerkennung hervor, die Locke dem Cartesianischen *cogito ergo sum* zu Teil werden lässt (IV 10, 2 u. IV 3, 6): „*It is past controversy, that we have in us something that thinks; our very doubts about what it is confirm the certainty of its being.*" Sommer lässt aus der „Aufnahme und Vertiefung" dieser „einfachsten inneren Erfahrung" den Begriff der *reflection* entstehen.

Selbst Lockes Urteilslehre „trägt" nach einem kühnen Bilde Geils „deutlich Descartes' Geist auf der Stirn", sofern er lehrt: *error is not a fault of our knowledge, but mistake of our judgment, giving assent to that which is not true.*"

Hinsichtlich des Gottesbeweises finden beide Interpreten wieder Entgegengesetztes. Nach Geil leitet Locke „ganz in Cartesianischer Weise aus dem Begriff Gottes die Vollkommenheit Gottes ab mit Hilfe des *lumen naturale*, ein Beweis der erkenntnistheoretisch ganz auf einer Linie mit den Cartesianischen Auslassungen über den Gottesbegriff steht, und nur allzusehr Descartes' Einfluss verrät." Sommer dagegen urteilt: „Locke macht (durch seine Analyse der Gottesvorstellung) für den aufmerksamen Leser den Cartesianischen Gottesbeweis zu nichte, selbst wenn er sich nicht in directer Widerlegung gegen denselben wendet."

Sogar für Lockes Stellung zur Offenbarung lässt Geil „die Möglichkeit einer Beeinflussung" bestehen, während Sommer aus der Auffassung der Offenbarung bei beiden Philosophen zwei Entwicklungsperioden systematisirt: dort Anwendung der Vernunft nur auf Dinge *de quibus fides divina nihil docet*; hier die Vernunft ein dem Glauben ebenbürtiges Princip.

Geil sucht endlich auch auf dem Gebiet der Naturerkenntniss tiefgehende Abhängigkeit aufzudecken: „das Wirken der Objectenwelt geschieht nach Descartes wie nach Locke durch Stoss"; Lockes Erörterung der *secondary qualities* zeigt „bis auf einzelne Wendungen in der Darstellung frappante Aehnlichkeit mit Locke;" gleiche Uebereinstimmung bieten, abgesehen von der *solidity*, die Ausführungen beider Philosophen über die von Locke sogenannten *primary qualities*.

Sommer andrerseits hebt hervor, dass die Lehre von den *spiritus animales*, „welche sich Descartes bei der konsequenten Verfolgung seines Gedankens von der *materia extensa* ergeben hatte", von Locke acceptirt, aber nur als mögliche Hypothese eingeführt sei. Er sieht endlich in Lockes Aeusserungen über unsere Unwissenheit hinsichtlich der Substanzsn (II 23, 16, 26) „den absoluten Idealismus schon vollkommen vorgebildet", und glaubt in dem Umstand, dass Locke diesen Idealismus in seiner Lehre von den *primary qualities* so gar nicht erkennbar macht, „den Einfluss der physikalischen Denkart" Descartes' zu erkennen.

Es bedarf nach dieser vergleichenden Aufzählung kaum der Bemerkung, dass auch diejenigen Argumente beider Interpreten, die sich nicht direkt entgegengesetzt sind, zum Teil nur geringe Beweiskraft haben. Dahin gehören vor allem die Aehnlichkeiten, welche Locke zwar mit Descartes, aber doch auch mit andern seiner Zeitgenossen und Vorgänger verbinden, so dass aus ihnen auf eine specielle Abhängigkeit von Descartes nur geschlossen werden könnte, wenn die Abhängigkeit von jenen andern ausgeschlossen würde. Zu solchem Ausschluss findet sich aber abgesehen von der Theorie der sekundären und primären Qualitäten weder bei Geil noch bei Sommer ein Versuch.

So fällt das *lumen naturale*, ein Begriff, der schon durch die Art wie beide Philosophen ihn einführen und verwerten, seine scholastische Abstammung verrät. Geil versperrt sich allerdings nicht von vornherein den Weg zu einer historischen Ableitung, wie gelegentlich E. Grimm (1873) getan hat, welcher erklärte, dass das *lumen naturale* „zwar ein herkömmlicher Begriff der Scholastik war", dass man jedoch „bei der Unabhängigkeit von aller scholastischen Philosophie, welche das System Descartes' auszeichnet", die Bestimmung desselben „nicht aus der Scholastik, sondern nur aus Descartes selbst zu gewinnen suchen" müsse. Aber er glaubt doch aus dem Mangel einer ausdrücklichen Definition desselben bei Descartes (und bei Locke!) „ruhig den Schluss ziehen zu dürfen, dass es seiner (Descartes') Ansicht nach nur aus den Wirkungen zu beschreiben sei". Er betritt also den freigelassenen Weg

nicht. Locke gebraucht überdies den Terminus *light of nature*
nicht in dem engeren Sinne, in dem das *lumen naturale* bei Descartes (wie später bei Leibniz) principiellere Bedeutung hat, sondern ganz wie Hobbes stets in dem weiten traditionellen Sinne, der
durch den Gegensatz zu der *positive revelation* gegeben ist. So im
Essay I 3, 13 und in den von G. unbenutzt gelassenen Briefen, bei
Lord King *(Life of John Locke*[2] 1830) z. B· I 367.

Ebenso fällt als Argument, um nur dies eine noch zu erwähnen,
die Hypothese der *spiritus animales*, die ja nicht nur eine bis in
die Blütezeit der griechischen Philosophie verfolgbare Geschichte
besitzt, sondern auch gerade um den Anfang des sechzehnten Jahrhunderts weiteste Verbreitung gefunden hatte. War sie doch ein
Gemeingut der wissenschaftlichen Medicin jener Zeit. Und Locke
hat sie gewiss hauptsächlich wie vor ihm Descartes aus dieser
Quelle geschöpft, wenngleich es möglich, aber irrelevant ist, dass
er sie zuerst bei Descartes kennen gelernt hat. Er fand sie bei
Servet, bei Cesalpin, bei Harvey, kurz bei seinen medicinischen
Studien überall ebenso, wie wir heutzutage etwa die Lehre von
den sensorischen und motorischen Nerven.

Von solchen Gesichtspunkten aus fallen die meisten der von
Geil wie von Sommer beigebrachten Argumente in sich zusammen.
Von den übrig bleibenden beruht die Beziehung der Urteilslehre
Lockes auf die des Descartes auf einer irrtümlichen Deutung der
Worte des englischen Philosophen. Es geht dies aus der Willens-
und Freiheitslehre Lockes, die G. nicht erörtert, unzweifelhaft her-
vor. Keine der beiden Abhängigkeiten ferner, die G. und S. in
dem Lockeschen Gottesbeweis finden, ist zutreffend. Sie hätten
auch hier Entscheidendes in dem mannigfachen biographischen
Material bei Lord King und Fox Bourne *(The life of John
Locke*, 2 vol. 1876) sehen können, das sie vollständig unbeachtet
gelassen haben. Locke hat sich in der Tat mit dem Gottesbeweise
Descartes' beschäftigt, jedoch nicht ihn anerkennend, wie G. behauptet, sondern ihn verwerfend, aber nicht aus den Gründen ihn
verwerfend, die S. vermutet. Der Beweis endlich findet sich nicht
in dem *Essay*, wo beide ihn gesucht haben, sondern in einem
Blatt seiner *Miscellaneous Papers*, und zwar vom Jahre 1696, und

hebt mit folgenden, Lockes Vertrautheit mit der Cartesianischen Lehre charakteristisch illustrierenden Worten an: „*Though I had heard Descartes's opinion concerning the being of a God often questioned by sober men, and no enemies to his name, yet I suspended my judgment of him till lately setting myself to examine his proof of a God, I found that by it senseless matter might be the first eternal being and cause of all things as well as an immaterial intelligent spirit; this, joined to his shutting out the consideration of final causes out of his philosophy, and his labouring to invalidate all other proofs of a God but his own, does unavoidably draw upon him some suspicion*" (bei Lord King II 133 —139). In gleichem Geiste stimmt er wenige Jahre später, als er seinem Freunde, dem Theologen van Limborch, einen Beweis der Einzigkeit Gottes mitteilte, dem Urteil zu, dass die herkömmliche Anordnung der Argumente in den Gottesbeweisen dartue, „*que les Théologiens, les Philosophes, et Descartes lui-même, supposent l'unité* (die Einzigkeit) *de Dieu, sans la prouver*" (W. in ten *volumes* [11] 1812, X 77, 75).

Es bleiben nach dem Allen drei Argumente zur Prüfung übrig. Fürs erste Lockes Anerkennung des in der Cartesianischen Formel *cogito ergo sum* enthaltenen Gedankens. Denn eine solche darf in den oben angeführten Worten gesehen werden, auch wenn man sich bei der verneinenden Frage Geils: 'Wo ist jene als ein Satz, wie das Cartesianische *cogito ergo sum* vor Descartes aufgestellt worden?' an Augustinus, Campanella, Montaigne, Charron und Sanchez erinnert. Diese Anerkennung will jedoch wenig besagen: Bei Locke fehlen alle jene Voraussetzungen und all' jene Consequenzen, die den Gedanken bei Descartes grundlegende Bedeutung gewinnen lassen. Ausserdem kann diese gelegentliche Uebereinstimmung dem aufmerksamen Beobachter den Unterschied nicht verdecken, der in Lockes Polemik gegen die *cogitatio* als Attribut der Seele vorliegt. Hier hat A. de Fries (1879), dessen scharfsinnige Abhandlung beide Interpreten unverwertet gelassen haben, um vieles genauer gesehen.

Ueberzeugend ferner ist Geils Beweis aus der Aehnlichkeit in der Theorie der primären und secundären Qualitäten nicht, selbst wenn man von den später auszuführenden allgemeinen Bemerkungen absieht. Eine direkte Abhängigkeit der Darlegung Lockes von den Erörterungen Descartes' aus den mehrfachen, von Geil allerdings überschätzten Analogien einzelner Beweisgründe, sowie aus den geringeren Analogien zu den Auslassungen von Hobbes wird man Bedenken tragen anzunehmen, sobald man sich der weiten Verbreitung und Anerkennung der Grundlagen dieser Theorie seit dem vierten Jahrzehnt des siebzehnten Jahrhunderts bewusst bleibt, so lange ferner die Beziehung der Lehre Lockes auf die *primariae* und *secundariae qualitates* bei R. Boyle, auf die Eucken hingewiesen hat, nicht ebenfalls in den Kreis der Untersuchung gezogen ist. Die Historiker der Philosophie haben zu oft gegen den Geist der Sache gesündigt, als dass wir uns nicht lebendig halten müssten, wie solche Aehnlichkeiten ohne jeden direkten historischen Einfluss, rein aus der Gleichheit des Gegenstandes, entstehen können.

Am bestechendsten möchte der ausführliche Beweisversuch Geils wirken können, da eine bewusste Abhängigkeit zu konstatieren, wo die Tradition einen principiellen, absichtlich hervorgehobenen Gegensatz annimmt, in der Lehre von den angebornen Ideen. Denn es ist unzweifelhaft, übrigens aber schon überzeugend von de Fries nachgewiesen, dass die Annahmen von Locke der Lehre Descartes, wird die letztere im Sinne der Deutungen verstanden, die Descartes selbst ihr besonders in den Briefen und an einer Stelle der *Oeuvres inédites*, aber auch in den *Responsiones* der *Meditationes de prima philosophia* gegeben hat, nicht principiell entgegenstehn. Geil allerdings überschätzt auch hier die Aehnlichkeit. De Fries hat treffend bemerkt, dass es nach Locke „keine *ideae innatae* geben kann als *quaedam dispositiones*, die ohne entsprechender Reize zu bedürfen und ohne von Bestimmungen des Willens abhängig zu sein, im entwickelteren Geistesleben sich bekunden, sei es als Vorstellungen, sei es als *notiones communes* oder *veritates aeternae*".

Aber es ist trotz der Anerkennung solcher Aehnlichkeit festzuhalten, dass Descartes nicht bloss das Vorhandensein von *ideae innatae* behauptet, das Locke leugnet, sondern auch nach dem Wortlaut der augenfälligsten Ausführungen in einem Sinne behauptet, dem Locke ausdrücklich widerspricht.

Locke definirt die angebornen Ideen, die er bekämpft, als *primary notions, κοιναὶ ἔννοιαι, characters, as it were, stamped upon (woven into, imprinted on) the mind of man which the soul receives in its very first being, and brings into the world with it.* Er schliesst sodann: 1) dass sie als *imprinted* auch *perceived*, d. i. bewusst, also auch *known and assented to* sein müssen; 2) dass sie *fairest and clearest and most perspicuous nearest the fountain in the children* erscheinen müssen; 3) dass sie — im Gegensatz zu den *adventitious notions — the foundation and guide of all acquired knowledge and future reasonings* sein müssen; 4) dass sie *can neither want nor receive any proof;* 5) dass *there would be nothing more easy, than to know, what and how many they are.*

Dass diese Bestimmungen nicht ohne polemische Rücksicht auf Descartes getroffen sind, wird schon durch die Aufnahme des Cartesianischen Terminus *adventitious (ideae adventitiae)* bei Locke nahegelegt. Sodann aber erklärt Descartes in den *Meditationes: Deum me creando* (= *the soul receives in its very first being) ideam illam (sc. Dei) indidisse* (= *to stamp upon), ut esset tamquam nota* (= *characters as it were) artificis operi suo impressa* (= *to imprint on*). Er wiederholt in den *Responsiones,* dass die *idea Dei omnium mentibus eodem modo est indita.* Gleiches steht in den *Principia philosophiae.* Ebenda handelt er von den *veritates, quae in mente nostra sedem habent.* Aus Descartes' Erklärungen folgt sodann: 1) dass diese Ideen bewusst sein müssen; denn, wie bekannt, definirt er: *ideae nomine intelligo cuiuslibet cogitationis formam illam, per cuius immediatam perceptionem ipsius eiusdem cogitationis conscius sum.* Dass dieselben 2) von Anfang an *fairest and clearest* sein müssen, erkennt er allerdings nicht an. Aber er hat seinen Gegnern diese Konsequenz doch nahe gelegt, wenn er z. B. hervorhebt: *non dubium est, quin clare ac distincte percipi possint; alioqui enim communes notiones non essent dicendae,* wenn er sich ferner überraschend oft auf ihnen zugehörige Prinzipien als *lumine naturali notissima* beruft. Dass die angebornen Ideen 3) die Grundlage unseres Erkennens bilden, hat Descartes zwar wol nirgends so gerade heraus gesagt, aber an den entscheidendsten Punkten seiner Lehre hat er ihnen entstammende Axiome in solcher Funktion eingeführt. Es genüge dafür auf jenes der *axiomata sive notiones communes* zu verweisen, das so notwendig anzunehmen ist, *„ut ab ipso uno omnium rerum tam sensibilium quam insensibilium cognitio dependeat"*, auf das sechste Axiom nämlich der *rationes more geometrico dispositae: realitatem objectivam idearum nostrarum requirere causam, in qua eadem ipsa realitas non tantum objective, sed formaliter vel eminenter contineatur.* Die angebornen Ideen bedürfen und vertragen 4) keinen Beweis: *nam quaecunque lumine naturali mihi ostenduntur . . . nullo modo dubia esse possunt, quia nulla alia facultas esse potest, cui aeque fidam ac lumini isti, quaeque illa non vera esse possit docere.* Nur für die letzte Lockesche Bestimmung findet sich bei Descartes kein Acquivalent, sondern ein Gegenstück. Denn Descartes lehrt an bekannter Stelle der Principien. dass es sehr viele angeborne Ideen giebt, *„quae quidem omnia facile recenseri non possunt"*. Aber diese Differenz verschwindet nicht bloss unter der Fülle des Uebereinstimmenden, sondern sie betrifft auch eine Annahme, bei der das sachliche Recht so offenbar auf Lockes Seite ist, dass dieselbe als eine direkte, allerdings erst von Kant bestimmt gezogene Konsequenz der rationalistischen Ideenlehre angesehen werden muss.

Mir scheint demnach, hätten de Fries und Geil den Versuch gemacht, Lockes weitzerstreute Voraussetzungen über den von ihm bekämpften Begriff sich wie oben geschehen zusammenzusuchen, und sie mit denjenigen Descartes' zusammenzusehen, sie würden sich der Einsicht nicht haben verschliessen können, dass Lockes Polemik in der That Descartes mehr noch gilt als etwa Herbert von Cherbury.

Es kommt noch hinzu. dass Descartes' angeborne Ideen als *veritates aeternae*, oder *notiones communes* rationalistische Etiquetten zeigen, die Locke zwar in seinem *Essay* nicht ausdrücklich als ungehörig zurückweist, die aber auf die Lehren desselben über die Giltigkeit unserer Erkenntnisse ganz und gar nicht passen.

Vielleicht darf es nach dem Allen als überflüssig angesehen werden, auch noch nachzuweisen, dass selbst die Argumente, die Locke für die gegnerische Ansicht anführt, der Lehre Descartes nicht so fern stehen, wie es Geil erscheint, dass speziell das *great argu-*

ment *des general assent* in Descartes' Einführung des *lumen naturale* deutlich vorgebildet ist.

Nicht überflüssig jedoch ist es, darauf hinzuweisen, dass zwar im Grunde Lockes Lehre vom Ursprung der Ideen sich nicht allzuweit von den Interpretationen entfernt, die Descartes selbst seinen Behauptungen über die *ideae innatae*, wennschon im Widerspruch mit dem Wortlaut ihrer Beschreibung und der ihnen zugewiesenen Erkenntnisfunktion hat angedeihen lassen, dass jedoch Locke diese Verwandschaft wol gesehen und in seiner Polemik kritisch verwertet hat. Denn wenn Descartes auf eine *facultas ideas istas formandi* verweist, wenn er behauptet, *tantum nos habere in nobis ipsis facultatem illas eliciendi*, wenn er erklärt, *elles sont dans notre entendement seulement en puissance comme diverses figures dans un morceau de cire*, wenn er ausführt, *illas innatas esse eodem sensu, quo dicimus generositatem esse quibusdam familiis innatam, aliis vero quosdam morbos* u. s. w., so ist in der That „*the capacity of knowing the natural impression contended for*". Dann aber, *will all the truths a man ever comes to know, by this account, be every one of them innate; and this great point will amount to no more, but only to a very improper way of speaking; which whilst it pretends to assert the contrary, says nothing different from those, who deny innate principles.*

Locke leugnet ja in der Tat gar nicht das Vorhandensein von *natural impressions on the mind.* Er erkennt ausdrücklich vielmehr solche *innate principles*, solche *characters, which God has stamped upon men's minds* an. Er zählt dazu aber nur Bedingungen wie *the desire of happiness and the aversion to misery* (Ess. I 3, 3) oder *original tempers* wie *the gay, the pensive and grave* und andere. (*On Educ. § 68.*) Und er behauptet, dass diese *natural tendencies imprinted on the mind* nichts für das Vorhandensein von Principien beweisen, wie Descartes sie im Auge hatte, von Prinzipien nämlich, *which are to be the principles of knowledge regulating our practice.* Sie widerlegen dasselbe sogar aus dem oben unter 3) angegebenen Grunde. Denn *we could not but perceive them constantly operate in us and influence our knowledge, as we do those others on the will and appetite.* So sehr ist er vielmehr im Gegen-

salz gegen Descartes und die anderen Rationalisten befangen, dass
er es unterlässt, auch die Grundlagen unseres Verstandes von diesem
Gesichtspunkt aus zu betrachten, jene *intellectual faculties*, von
deren *operations* wir durch *reflection* Ideen erhalten, dass er sogar
das Platonisch-Aristotelische Gleichniss von der Wachstafel im traditionellen scholastischen Sinne festhält, ohne es durch seine Voraussetzungen über solche *faculties* einzuschränken.

Bezeichnend endlich für diese Stellung des englischen Philosophen ist auch die Art wie er die Angriffe seiner Gegner auf
diesen Punkt charakterisirt. Solche waren z. B. in dem Werke
von Henry Lee, *Anti-Scepticism; or notes upon each chapter of
Mr. Lockes Essay, In four books*, 1702, in *Lowde's Discourse concerning the Nature of Man* und in desselben *Moral Essays*, in *John
Norris Essay towards the theory of the ideal or intelligible world*
P. II. 1704 und in Sherlocks *Discourse concerning the happiness
of good men*, 1704 (in der *Digression concerning Connate Ideas,
or Conbred Knowledge*) enthalten. Im Hinblick auf diese, abgesehen von Norris' Buch jetzt verschollenen Arbeiten, schrieb Locke
1704 an Anthony Collins: „*What you say about my Essay of
Human Understanding, that nothing can be advanced against
it, but upon the principle of innate ideas, is certainly
so; and therefore all who do not argue against it from innate
ideas, in the sense I speak of innate ideas . . . at last . . . state
the question so, as to leave no contradiction in it to my Essay*“
(W. X. 285, 293). Ein solches Urteil aber wäre schlechterdings
unmöglich gewesen, wenn Locke jemals sich jener Uebereinstimmung
mit Descartes, als einem Vertreter dieser Lehre, bewusst gewesen
wäre, die Geil behauptet.

Locke also hat im ersten Buch seines *Essay* auf Descartes'
(und seiner Schüler) Theorie der angebornen Ideen durchgängige,
bestimmte, polemische Rücksicht genommen, polemische Rücksicht
selbst gegen diejenige Fassung der Cartesianischen Lehre, die seiner
eigenen Ueberzeugung am nächsten liegt. Alle Ausführungen des
ersten Buchs stehen unter dem Einfluss dieser bewussten Kritik.

Gewiss aber ist, dass Descartes, wenn auch wie es scheint der
hauptsächlichste, so doch nicht der einzige Gegner war, den Locke

dabei vor Augen hatte. Unzweifelhaft gehört, wie die Anführungen Lockes zeigen, auch Herbert von Cherbury dazu. Tatsächlich getroffen werden auch alle Cartesianer, sowie die Cartesianisirenden Skeptiker und Mystiker, die an diesem Punkte mit Descartes auf gleichem Boden stehen. Auf Differenzen in der Schule hinsichtlich dieser Lehrmeinung hat Bouillier (*Histoire de la Philosophie Cartésienne*) mehrfach aufmerksam gemacht. Wen Locke von diesen Schülern ebenfalls im Sinne gehabt hat, ist nicht auszumachen, und wenig bedeutsam.

Bemerkt zu werden aber verdient, dass wir über die Entwicklung der Lehre von den angebornen Ideen seit dem Anfang des siebzehnten Jahrhunderts bis auf Locke, und über die Lehren in der Philosophie der Renaissance sowie der Scholastik, welche den begrifflichen Zusammenhang derselben mit der Platonischen Metaphysik, der letzten Quelle der ganzen Lehre, vermitteln, nur ganz unzulänglich unterrichtet sind.

Uebrigens sei hier ausdrücklich einmal hervorgehoben, dass jene ganze Kritik Lockes die Bedeutung, welche ihr in fast allen Darstellungen seiner Lehre zugeschrieben wird, weder für den Ursprung noch für den Bestand derselben besitzt.

Nicht aus dem Gegensatz gegen die rationalistischen Ueberzeugungen seiner Zeit, sondern aus dem breiten Boden der empiristischen Lehren, die er bei Vorgängern wie Lord Bacon und besonders Hobbes fand, die ihm in den Untersuchungsmethoden der Mediziner und Naturforscher seiner Epoche, speziell seines Volkes entgegentraten, die ihm endlich aus der eigenen Beschäftigung mit mit den politischen, socialen und religiösen Fragen seiner Culturperiode erwuchsen, hat sich die Lehre Lockes entwickelt. Das Material zur Entscheidung über die Entwicklung Lockes bei Lord King und Fox Bourne sowie in den Briefen des Philosophen gegen den Bischof von Worcester hätten Geil und Sommer benutzen müssen.

Zum Beweise des eben behaupteten Ursprungs der Lockeschen Lehre sei zunächst auf die Geringschätzung historischer Vorprüfung vor der sachlichen Entscheidung über die Probleme hingewiesen, die Locke, wie viele seiner Zeitgenossen, charakterisirt. Es ist dies vielleicht um so notwendiger, als wir gegenwärtig geneigt sind, den

Wert solcher historisch-kritischen Studien zu überschätzen. Locke schreibt in einem von Lord King (I² 171) mitgeteilten Aufsatz aus dem Jahre 1677 zu dem die §§ 20, 24 des späteren *Conduct of the Understanding* zu vergleichen sind: „*Converse with books is not, in my opinion, the principal part of study; there are two others that ought to be joined with it, each whereof contributes their share to our improvement in knowledge; and those are meditation and discourse. Reading, methinks, is but collecting the rough materials, amongst which a great deal must be laid aside as useless. Meditation is, as it were, choosing and fitting the materials, framing the timbers, squaring and laying the stones, and raising the building; and discourse with a friend . . . is, as it were, surveying the structure, walking in the rooms, and observing the symmetry and agreement of the parts, taking notice of the solidity or defects of the works, and the best way to find out and correct what is amiss.*" In diesem Sinne erklärt er gegen den Bischof von Worcester (Works IV¹¹ der grossen Ausgabe, 136): „*The great end to me, in conversing with my own or other men's thoughts in matters of speculation, is to find truth, without being much concerned, wether my own spinning of it out of mine, or their spinning of it out of their own thoughts help me to it.*" Denn „*the distinction of invention, or not invention, lies not in thinking first or not first, but in borrowing or not borrowing your thoughts from another.*" Von solchem Gesichtspunkt aus will daher aufgefasst sein, was Locke demselben Gegner vorhält, als dieser durchblicken liess, der Philosoph habe seinen Begriff der Gewissheit Descartes entnommen: „*Though I must always acknowledge to that justly admired gentleman* (nämlich Descartes) *the great obligation of my first deliverance from the unintelligible way of talking of the philosophy in use in the schools in time, yet I am so far from entitling his writings to any of the errors or imperfections which are to be found in my Essay, as deriving their original from him, that I must own to your lordship they were spun barely out of my own thoughts, reflecting as well as I could on my own mind, and the ideas I had there; and were not, that I know, derived from any other original.*"

Diese Erklärungen des Philosophen erhalten ihren Wert aller-

dings erst durch die Bestätigung, die ihnen aus den Dokumenten
seiner Entwicklung erwächst, welche besonders Lord King und Fox
Bourne allgemein zugänglich gemacht haben.

Es war wie allbekannt ein Gespräch über einen Gegenstand,
der von dem Thema des *Essay* weit ablag [1]), das die ersten *hasty
and indigested thoughts* zu dem späteren Hauptwerk zur Folge hatte.
Jene Gedanken hat kein gefälliger Zufall aufbewahrt. Jedoch eine
Notiz in des Philosophen *common-place book* aus jener Zeit, 1671,
ist erhalten, welche die erste Fassung des Grundgedankens der
späteren Arbeit wiedergibt (bei Lord King I 10). Die Worte lassen
keine Spur einer kritischen Reaktion gegen rationalistische Lehrmeinungen erkennen. Sie dienen vielmehr einem dogmatischen Empirismus zum Ausdruck, der dem Sensualismus ungleich näher steht
als der spätere *Essay*. „*I imagine*", heist es dort, „*that all
knowledge is founded on, and ultimately derives itself from sense,
or something analogous to it, and may be called sensation . . .
and therefore ·I think that those things which we call sensible qualities, are the simplest ideas we have, and the first object of our understanding.*" Man erkennt die Nachwirkung der Oxforder Studien,
insbesondere den Einfluss von Hobbes, den schon die zehn Jahre
früheren politischen und moralischen Erörterungen, welche Fox
Bourne I 147—165 teils zuerst veröffentlicht, teils aus Lord Kings
Werk neu abgedruckt hat, dem aufmerksamen Leser verraten.
Aus dem gleichen Geist sind die Betrachtungen über den Raum
in den Jahren 1675. 1677. 1678 geschrieben, in deren letzter er
sich mit dem Cartesianischen Begriff der ausgedehnten Substanz
kritisch auseinandersetzt (bei Lord King I 123, 175, 179), sowie
die Erörterungen über *knowledge, its extent and measure* und über
study aus der gleichen Zeit (a. a. O. II 161f. 171f.). Selbst da,
wo wir in ihnen wieder das Programm seines späteren Werks entwickelt finden (II² 197), leitet keine Spur auf Descartes hin. Dagegen könnten Reflexionen aus dem Jahr 1781 (II² 225f.) den

---

[1]) „Offenbar metaphysischer Art" fügt Sommer seinem Bericht bei.
Aber dies „Offenbar" verdeckt einen Fehlschluss. Tyrrel, einer der Teilneh-
mer an jenem Gespräch, berichtet, dasselbe bezog sich auf „*the principles of
morality and revealed religion*" (Fox Bourne II 88).

Schein erwecken, als ob sie rationalistischen Einwirkungen zuzuschreiben seien. Locke nahm schon damals an: „*The first great
step, therefore, to knowledge, is to get the mind furnished with true
ideas, which the mind being capable of knowing of moral things as
well as figures, I cannot but think morality, as well as mathematics,
capable of demonstration . . . knowledge then depends upon right
and true ideas; opinion upon history and matter of fact: and
hence it comes to pass, that our knowledge of general things
are aeternae veritates, and depend not upon the existence or accidents of things, for the truths of mathematics and morality are
certain, whether men make true mathematical figures, or suit their
actions to the rules of morality or no.*" Er behauptet dem entsprechend, es sei unzweifelhaft wahr, dass die Summe der Dreiecks-
winkel gleich zwei Rechten sei, gleichviel ob eine solche Figur wie ein Dreieck existire oder nicht. Diese Annahmen
decken sich in der Tat nicht ganz mit den entsprechenden Erörterungen im vierten Buch des *Essay*. Und man kann behaupten,
sie haben eine mehr rationalistische Färbung als jene. Aber man
muss sich in erster Reihe erinnern, dass dieselben sich bei Locke
doch noch eher mit den empiristischen Grundlagen seiner Lehre
vertragen, als die ganz gleichen Annahmen über die Giltigkeit der
relations of ideas bei seinem ungleich konsequenteren Nachfolger
Hume. Denn dieser behauptet wie hier Locke: „*That the square
of the hypothenuse is equal to the squares of the two sides, is a pro-
position, which expresses a relation between these figures . . . Pro-
propositions of this kind are discoverable by the mere operation of
thought, without dependence on what is anywhere existent in the
universe. Though there never were a circle or triangle in nature,
the truths, demonstrated by Euclid, would for ever retain their certainty and evidence*" (bei Green und Grose[2] vol. IV 21). Ausserdem aber dürften wir nach dem Bisherigen an eine Einwirkung
Cartesianischer Lehren erst denken, wenn zwei Wege historischen
Begreifens verschlossen wären, von denen keiner verschlossen werden
kann, die sogar aller Wahrscheinlichkeit nach beide als Erkenntnis-
pfade von Locke gewandelt worden sind. Erstens nämlich haben
wir an Hobbes zu denken, der doch ebenfalls lehrt: „*Si cogitatione*

nostra semel conceperimus angulos trianguli omnes simul aequari duobus rectis, et nomen hoc alterum dederimus triangulo, habens tres angulos aequales duobus rectis: etsi nullus augulus existeret in mundo, tamen nomen maneret, et sempiterna erit veritas propositionis istius, triangulum est habens tres angulos duobus rectis aequales." Hobbes geht so weit, anzuerkennen, dass die demonstrative Gewissheit der Geometrie daher stamme, weil wir die Figuren selbst erzeugen. Es hat sogar den Anschein, dass jene ganze Ausführung Lockes sich direkt auf Hobbes bezieht. Denn Locke sagt an der oben ausgelassenen Stelle: *Physique, polity and prudence are not capable of demonstration, but a man is principally helped in them by the history of matter of fact, and a sagacity of enquiring into probable causes, and finding out an analogy in their operations and effects.* Hobbes dagegen hatte behauptet: *Certitudo scientiarum omnium aequalis est, alioqui enim scientiae non essent, cum Scire non suscipiat magis et minus. Physica, Ethica, Politica si bene demonstratae essent non minus certae essent quam pronuntiata mathematica* (Contra Geometras, Anfang*).* Denn dass Locke die *Ethica* bei Hobbes durch *prudence* ersetzt, ist notwendig, weil er der Ethik ebenfalls den rationalen Charakter zuerkennt. Doch solche speziellen Beziehungen bleiben unsicher. Es sei deshalb nur noch erwähnt, dass Locke hier, trotzdem er von *aeternae veritates* spricht, doch nicht den Cartesianischen Sinn des Wortes damit verbindet. Denn abgesehen von seiner entgegengesetzten Auffassung ihres Ursprungs würde er nach dem, was er in den angeführten Stellen schon damals hinsichtlich des Raumes lehrte, niemals mit Descartes behauptet haben: *est profecto determinata quaedam trianguli natura, sive essentia, sive forma immutabilis et aeterna, qae a me non efficta est, nec a mea mente dependet, ut patet ex eo quod possint demonstrari variae proprietates de isto triangulo, nempe quod ejus anguli sint aequales duobus rectis*" (Med. V).

Gewiss jedoch ist Lockes Lehre von dem rationalen Wesen der Mathematik nicht nur auf Hobbes verwandte Lehre zurückzuführen. Fliesst doch für ihn derselbe Quell, aus dem Descartes wie auch der Gegner desselben, Hobbes, trotz der Verschiedenheit ihrer Ausgangspunkte ihre ähnliche Auffassung und Wertschätzung der

8*

mathematischen Methode geschöpft haben, die geometrisch-mechani-
sche Wissenschaft, die seit dem Ende des sechzehnten Jahrhunderts
die Dürre der aristotelisch-scholastischen Naturkunde erstaunlich
fruchtbar zu machen begonnen hatte. Und es bedarf keines Beweises, dass er wie jene aus diesem Quell, und zwar früh und an-
dauernd sich gestärkt hat.

Eine Abhängigkeit von Descartes würde also auch an dieser
Stelle unangebracht sein.

Was sich sonst an Beziehungen auf Descartes und seine Schüler
bei Locke findet, lässt kein Beweismaterial für die vorliegende
Frage gewinnen. So die Beziehung auf Descartes als Mathematiker
bei Lord King I 223, ferner die Uebersetzung von Nicoles *Essais
de morale* 1672, die 1828 als „*Discourses, translated from Nicoles
Essays by John Locke*" von Th. Hancock veröffentlicht worden
sind. So auch die wiederholte Ablehnung sich mit dem System des
französischen Philosophen auseinanderzusetzen, das der Bischof von
Worcester überflüssiger Weise in seinen Streit mit Locke hinein-
gezogen hatte: W. IV 237, 348, 362, 418. Ferner die kritischen
Bemerkungen über einzelne Lehren Descartes, wie gegen seine
mechanistische Auffassung der Tierseelen (Lord King I 238) oder
seine Lichthypothese (W. IV 416). Endlich die Aufsätze über Male-
branches Hypothese des Schauens der Dinge in Gott, sowol die um
1694 ausgearbeitete, ursprünglich für die zweite Auflage des *Essay* bestimmte *Examination* als auch die *Remarks upon some of Mr. Norris'
books*, die Mr. Maizeaux und Collins 1719 veröffentlicht haben.

Ebenso wenig spricht es für eine Anerkennung des Geistes
der Cartesianischen Metaphysik, wenn Locke gelegentlich dem oben
erwähnten Remonstranten van Limborch schreibt: *Cartesianorum
quam in epistola tua reperio loquendi formulam, nullatenus capio.
Quid enim sibi velit cogitatio infinita, plane me fugit*" (W. X 81).
Schwerlich vielmehr würde irre gehen, wer behaupten wollte, dass
das Urteil des Philosophen über John Norris' Methode als ein re-
präsentativer Ausdruck seiner Meinung über den Cartesianismus
überhaupt aufgefasst werden könne. Ich meine das Urteil, das er
1704 an Collins schreibt: *Men of Mr. Norris's way seem to me
to decree, rather than to argue. They, against all evidence of sense*

and reason; decree brutes to be machines, only because their hypo-
thesis requires it; and then with a like authority suppose, as you
rightly observe, what they should prove: viz. that whatsoever thinks,
is immaterial" (W. X 283).

Als ein ähnliches Symptom darf es endlich vielleicht angesehen werden, dass Descartes' Name bei einer Gelegenheit fehlt,
wo wir erwarten dürften ihn zu finden, falls jene erste Befreiung
seines Geistes von den Fesseln der scholastischen Methode, die
Locke Descartes verdankt, zu einer dauernden Anerkennung der
Methode und der Ergebnisse desselben geführt hätte. Locke er-
widert dem Bischof von Worcester, der sich auf den Gegensatz der
Methode Lockes zu dem Verfahren der griechischen Philosophen
berufen hatte: *„But supposing they (sc. the old philosophers) never*
thought of it (sc. Locke's demonstration), must we put out our eyes,
and not see whatever they overlooked? Are all the discoveries made
by Galileo, my Lord Bacon, Mr. Boyle and Mr. Newton etc. to be
rejected as false, because they teached us what the old philosophers
never thought of . .?" Man sieht auch hier, welcher Boden es war,
aus dem die Wurzeln seines Geistes Nahrung gezogen haben.

Aber nicht bloss die Entwicklung der Philosophie Lockes,
sondern auch die Stellung, welche die Kritik der angeborenen
Ideen in dem Bestande seiner späteren Theorien einnimmt, legt
für die untergeordnete Bedeutung dieser Kritik Zeugniss ab. Es
ist vielleicht unziemlich, aber schwerlich ganz unrichtig zu behaupten, sie habe ihre traditionelle Bedeutung in den Augen
mancher späteren Philosophen und vieler Historiker zum Teil dem
Umstande zu danken, dass sie die ersten Bogen des *Essay* einnimmt, wie auch die unbillige Vernachlässigung des principiell so
bedeutsamen vierten Buches in gleichem Masse auf seine äussere
Stellung zurückzuführen sein möchte. Denn über die geringe sachliche Bedeutung der Lehre belehrt fürs erste der *Abstract of the*
Essay, den Leclerc 1686 in französischer Uebersetzung veröffent-
licht hat. Locke beginnt denselben (Lord King II 237) mit den
Worten: *In the thoughts I have had concerning the understanding,*
I have endeavoured to prove that the mind is at first rasa tabula.
But that being only to remove the prejudice that lies in some

*men's minds, I think it best, in this short view I design here of my
principles, to pass by all that preliminary debate which makes
the first book, since I pretend to show in what follows the original
from whence, and the ways whereby, we receive all the ideas our
Understandings are employed about in thinking.* Sodann hat Fox
Bourne in seinem *Life of J. Locke* wahrscheinlich zu machen gesucht, dass das ganze erste Buch zuletzt geschrieben sei, eine Annahme, die durch seine Anführungen in der Tat nahe gelegt wird.
Bestätigt sie sich, so dient sie der eben angeführten Aeusserung
des Philosophen zu fester Stütze. Sie erfordert allerdings eine
genauere Prüfung, die, wenn sie auch den anderen von Locke gelegentlich hingeworfenen Winken über die Geschichte seines Essay
nachgeht, noch Dankenswerteres über den Ursprung der Lockeschen
Lehren gewinnen kann. Notwendig würde für eine solche Untersuchung allerdings die entsagungsvolle philologische Vorarbeit sein,
das Textverhältnis der verschiedenen von Locke selbst veranstalte-
ten Ausgaben und der von ihm veranlassten Uebersetzungen festzustellen. Keine der späteren Ausgaben, die ich kenne, giebt
darüber Auskunft. Und doch beweist Lockes Briefwechsel mit
Molyneux (W. IX 289—472), wie zahlreich die Veränderungen sind,
wie ganze principiell bedeutsame Abschnitte, so, um nur einen zu
nennen, das Kapitel über *Identity and Diversity* nicht dem ursprünglichen Kontext angehörten.

Die vorstehenden Erörterungen genügen vielleicht die Ueberzeugung zu erwecken, dass die Abhängigkeit Lockes von Descartes
durch beide Interpreten weit überschätzt worden ist, dass speziell
die bestechende Meinung, Locke stehe hinsichtlich des Ursprungs
der Ideen in bewusster Abhängigkeit zu dem französischen Philosophen, zu Gunsten der traditionellen Auffassung wieder aufzugeben sein wird.

Sie genügen jedoch bei weitem nicht, die Gesamtheit der
Beziehungen Lockes zu Descartes klar zu legen.

Denn fürs erste ist von den Lehren, durch die sich Locke in
bewussten Gegensatz zu Descartes setzt, hier nur die eine genauer
behandelt worden. Es fehlt Lockes Kritik des Substanzbegriffs, der
Begriffe der denkenden und der körperlichen Substanz sowie der

Gottesidee, der metaphysischen Grundbegriffe also des Cartesianismus. Ebenso ist, um auch ein Glied des positiven Lehrbestandes anzuführen, die Hypothese Lockes ausser Acht gelassen worden, dass es nicht widersprechend sei, der materiellen Substanz die Fähigkeit zu denken beizulegen. Das aber ist eine die Grundlagen des Cartesianismus aufhebende Annahme, welche von den neueren Darstellern der Lehre Lockes zu sehr in den Hintergrund gedrängt wird, obschon sie für Locke selbst wie seine Briefe und Streitschriften beweisen, bedeutsamer ist, als die vorsichtigen Andeutungen im *Essay* erkennen lassen, obgleich sie ferner für die Entwicklung des Materialismus im vorigen Jahrhundert einen damals oft anerkannten Stützpunkt abgegeben hat.

Auch in Bezug auf diese Lehren ist es jedoch irrig, so ausschliesslich an Descartes zu denken, wie der Regel nach geschehen ist. Es zeigt sich vielmehr auch hier, dass Lockes *Essay* im ganzen nicht nur einer Reaktion gegen Descartes und seine engere und weitere Schule, sondern auch insbesondere gegen die Nachscholastik zugeschrieben werden müsse. Lockes Hauptwerk gibt nicht eine Kritik, welche sowol die speciellen Lehren der einen und der andern dieser Schulen bekämpft, sondern einen Inbegriff psychologisch fundirter empiristischen Lehrmeinungen, welche ihre kritischen Spitzen gegen die erkenntnistheoretisch ungeläuterten, beiden gemeinsamen metaphysischen Voraussetzungen kehren. Die Beweisgründe gegen die ausschliessliche Beziehung jener Kritik, speciell des Substanzbegriffs auf Descartes, stecken in den Streitschriften des Philosophen gegen den Bischof von Worcester. Mr. Stillingfleet hatte Lockes Definition des Substanzbegriffs bemängelt. Locke aber beruft sich dagegen nicht etwa auf Descartes, obgleich ihm dieser schon durch häufige Berufungen seines Gegners auf die Lehren desselben nahe gelegt war, sondern er führt aus: „*He that should show me a more clear and distinct idea of substance* (als die im Essay angegebenen), *would do me a kindness I should thank him for. But this is the best I can hitherto find, either in my own thoughts, or — in the books of logicians: for their account or idea of it is, that it is „Ens" or „res per se subsistens et substans accidentibus"*, *which in effect is no more, but that substance is a being or thing.* Als „*Logicians of note in the schools*" werden sodann aus dem „*whole tribe of Logicians*" jetzt unbillig verschollene, aber für ihre Zeit wie das Beispiel Spinozas zeigt, einflussreiche Männer wie Burgersdicius und Sanderson aufgeführt. Lockes Kritik des Substanzbegriffs also trifft zwar Descartes, sofern er den seit Aristoteles überlieferten Substanzbegriff ohne Bedenken in seine voraussetzungslose Forschung hineingenommen hat, sie ist aber nicht etwa ausschliesslich, nicht einmal vorzugsweise gegen ihn gerichtet, sondern vielmehr gegen die scholastische Tradition.

Ganz unberücksichtigt geblieben endlich sind in der vorliegenden Erörterung die Einwirkungen Descartes' auf Locke, durch die sich der letztere als ein Fortbildner der Probleme zeigt, die bei jenem vorliegen. Sie mögen zum Schluss nur angedeutet werden.

Vor allem kommt hier jener frühe, von Locke selbst anerkannte Einfluss in Betracht, durch den der Philosoph „*from the unintelligible way of talking of the philosophy in use in the schools in time*" befreit worden war. Allerdings war der letztere, dem er während seiner Studienzeit in Oxford ausgesetzt war, niemals tief eingedrungen. Er hatte ihm vielmehr nur den Glauben gegeben, „*that his no greater progress in knowledge proceeded from his not being fitted or capacitated to be a scholar*" (Lady Masham bei Fox Bourne 1 47, danach Leclerc in seinem *Eloge*). Was er daher durch Descartes damals gewonnen, war „*the relish of philosophical things, because . . . that what he said was very intelligible from whence he was encouraged to think that his not having understood others had possibly not proceeded from a defect in his understanding*" (A. a. O. 61, aus gleicher Quelle, danach bei Leclerc in der Biblioth. chois. XI 349). Was er demnach Descartes damals zu danken hatte, besteht erstens in dem Interesse für Philosophie und zweitens in der Anerkennung der Forschungsmethode desselben, sofern diese von dem scholastischen Verfahren abwich, des Geistes also selbständiger, auf den Stand des damaligen Einzelwissens gestützter Untersuchungsweise des Wirklichen. Ausdrücklich wird uns aus seinem Munde bezeugt, dass er schon damals „*very often differed in opinion from Descartes*". Durch die Schule des französischen Philosophen also ist Locke niemals hindurch gegangen. Was ihn

damals von Descartes trennte, wissen wir nicht. Vermuten aber
dürfen wir nach dem Stand seiner Ueberzeugungen um 1660—1670,
dass schon in jenen Jahren der Geist des Empirismus seine Gedanken beherrschte.

Die speziellen Abhängigkeitsbeziehungen seiner späteren Lehre
von dem Systeme Descartes' sind demnach vor allem in den Sätzen
zu suchen, in denen er auf Grund der Voraussetzungen und der
Methode des Empirismus über Descartes' traditionelle Bestimmung
der Substanz und der Gottheit, und über die jenem eigenen Fassungen des Ich und des Körpers hinausgeführt wird. In jedem
solchen bestimmt zugespitzten und eingehend ausgeführten Widerspruch liegt ja ebenfalls eine nicht geringe Annerkennung. Möglich ist es ferner, dass der Begriff der *reflection*, soweit Locke sich
durch ihn von Baco und Hobbes trennt, auf den Einfluss der Cartesianischen Lehre zurückgeführt werden darf. Angelegt ist derselbe in den oben citirten Worten „*or something analogous to sensation*" schon 1671. Aber der Wege, auf denen dieser Keim in
seine Seele gelegt werden konnte, sind viele, und neben all' den
verschiedenen historischen Vermittlungsweisen von Platons Ideenlehre an bleibt die sachliche, das *spinning of it out of his own
thoughts*, so dass es willkürliche Konstruction ist, sie gar zu einem
bestimmten Lehrbestandteile des Cartesianismus in Beziehung zu
setzen. Und es bleibt zu bedenken, dass Locke zu einer rechten
Würdigung der Konsequenzen seiner Theorie der *reflection* nirgends
gelangt.

Der Zweck dieser Zeilen ist erfüllt, wenn sie zu erneuter
Untersuchung ihres Gegenstandes anregen.

siąg Jahr

gestande 6

wie in A.
senndlers d
zum Theil

c der i
is da i

an V

Nic

da z

c .

IV.

Die Geschichte der Philosophie in Holland in den letzten zehn Jahren.

Von

Prof. **C. B. Spruyt** in Amsterdam.

Die Arbeiten auf dem Gebiete der Geschichte der Philosophie waren in den letzten Jahrzehnten in Holland nicht so zahlreich, wie man mit Rücksicht auf die Traditionen unseres Volkes erwarten und für seine Zukunft hoffen möchte. In den zwanziger und dreissiger Jahren dieses Jahrhunderts, als van Heusde, der Platoniker, und Schroeder, der zur Philosophie des *common-sense* bekehrte Kantianer, in Utrecht docirten, war diese Universität eine wahre Pflegestätte ernstlicher Studien in der Griechischen Philosophie und breitete sie ihren Einfluss weit über die Grenzen des engeren Kreises ihrer Studenten aus. Karsten's Ausgabe von Xenophanes, Parmenides und Empedocles, die Arbeiten von Bakhuyzen van den Brink *Variae Lectiones ex historia philosophiae antiquae*, Groen van Prinsterer's *Prosopographia Platonis* und viele andere tüchtige Schriften datiren aus dieser Periode. Noch erfreulicher war das allgemeine Interesse, mit welchem solche Werke empfangen wurden. „Unsere Studenten" — sagt van Heusde mit Recht — „ohne im strengen Sinne des Wortes Socratici oder Platonici zu werden, unterlassen doch nicht die Principien dieser Philosophie in ihrem Leben und in der Praxis, zu welcher ihre speciellen Studien sie vorbereitet haben, anzuwenden. Wie manchen gibt es unter den Theologen und Juristen, ja selbst unter den Medicinern, die ich hier und anderswo seit zwanzig, dreissig Jahren gekannt habe, der sich noch öfters mit der Lectüre der Platonischen Werke und der Arbeiten, welche hier und im Auslande über Plato herauskommen, auch mit meinen eigenen Schriften über diesen Gegenstand beschäftigt!" [1]

Jetzt haben sich die Zustände gänzlich geändert, und es haben theils die Naturwissenschaften, theils die philologisch - kritischen Untersuchungen die Mehrzahl der besseren Köpfe unserer Landsleute in Anspruch genommen. Die Philosophie überhaupt, und besonders die Geschichte der Philosophie wurde vernachlässigt. Zum Theil ist diese Aenderung der wissenschaftlichen Richtung unseres Volkes damit zu erklären, dass ausgezeichnete Forscher, wie Mulder, der Chemiker und Physiologe, Kaiser, der Astronom, Cobet, der Philologe das Streben der Jugend in andere Bahnen lenkten. Waren doch diese Männer nicht gerade begeisterte Verehrer der Philosophie. Sie entsprachen mehr oder weniger dem Bilde, das Land von dem eigenthümlichen Verhalten des Niederländers zur Philosophie oder vielmehr gegen die Philosophie entworfen hat.

„Die Philosophie hat in den Niederlanden wenig Beifall gefunden. Man fand sie unfruchtbar, kalt wie Eis und vor allem neologisch; drei ernste Beschwerden für ein Volk, das einen ehrlichen Gewinn, einen häuslichen Heerd und feste Grundsätze als die wichtigsten Lebensinteressen hochhält." [2]

Andere Gründe für die relative Verwahrlosung der Philosophie wird der denkende Leser nicht so sehr in als zwischen den Zeilen des klar und geistreich geschriebenen Büchleins finden, in welchem G. von Antal eine Skizze der Holländischen Philosophie im letzten Jahrhundert giebt. [3] Der Verfasser, ein früherer Student der Utrechter Universität, aus Ungarn gebürtig, und jetzt wieder in seinem Vaterlande lebend, besitzt eine für einen Ausländer wahrhaft staunenswerthe Belesenheit in der Holländischen Litteratur.

---

[1] *Brieven over het beoefenen der wysbegeerte*, Utrecht 1837, Seite 26.

[2] In der Zeitschrift *de Gids* von 1864 in einem Artikel „*Dienende Philosophie*", eine Kritik der Opzoomerschen Philosophie.

[3] G. von Antal. *Die Holländische Philosophie im neunzehnten Jahrhundert.* Eine Studie. Utrecht 1888 (112 Seiten).

Mit einem gereiften Urtheil über philosophische Fragen, verbindet er so viel Anerkennung, dass er mit Leibnitz sagen könnte: „Ich billige fast alles, was ich lese … Meine Gemüthsstimmung ist von Natur so, dass ich in den Schriften Anderer lieber den eigenen Nutzen, als die fremden Mängel aufsuche."

Von Antal fängt seine Arbeit an mit der Erzählung des vieljährigen und heftigen Streites zwischen klassischer Philologie und Kantianismus, der im ersten Dezennium dieses Jahrhunderts in Holland geführt wurde, und bei welchem der redliche Paulus van Hemert sich den schweren und derben Waffen Wyttenbach's nicht vollkommen gewachsen zeigte. Die ernsteren Elemente dieses Kampfes kann der deutsche Leser in Prantl's einschlägiger Abhandlung finden;[1] das komische Beiwerk, zur Characteristik der Zeit nicht ohne Werth, wird er wohl zum ersten Male bei von Antal lesen können. Fügen wir zur Characteristik des gehässigen Wyttenbach noch hinzu, dass er, der Fremde, der in diesem Lande Gastfreiheit genoss, sich nicht schämte, während der französischen Gewaltherrschaft (1810—1813) seinen wissenschaftlichen Gegner heimlich bei den Behörden zu denunciren.[2]

Die wenigen Seiten, die von Antal unseren „verstorbenen und verschollenen" *common-sense* Philosophen und Eklektikern widmet, haben einen spöttischen Anstrich. Wohl nicht ganz mit Recht, denn die Männer, die der Autor erwähnt, standen nicht so weit hinter ihren Schottischen Geistesverwandten, einem Beattie und anderen zurück. Freilich, sie hatten Hume nicht begriffen; aber war das nicht damals das allgemeine Loos der Sterblichen? Schroeder und van Heusde, deren Werth von Antal so gerecht zu schätzen weiss, befanden sich den Problemen Hume's und Kant's gegenüber in demselben Stande der Unschuld wie Hennert und Genossen. Dass jemand im Ernste fragen könnte: „Auf welchem Grunde beruht die Beziehung desjenigen, was man in

---

[1] Daniel Wyttenbach als Gegner Kants. Sitzungsber. der p. p. und h. Classe der Münchener Akad. 1877.

[2] D. Wyttenbachii *Epistolarum selectarum fasc. primus*, herausgegeben von Mahne, Wyttenbach's Biograph Gent, 1829, pag. 101.

uns Vorstellung nennt, auf den Gegenstand"[6]) — das war ihnen
eine unverständliche Subtilität.   Von diesem Gesichtspunkte aus ist
ihre tiefe Antipathie gegen die deutsche Philosophie zu verstehen;
damit begreift man auch, wie ihre überaus segensreiche Wirksamkeit mehr der allgemeinen Cultur der Nation, als dem Studium der
Philosophie zu Gute kam.   Dabei bedenke man, dass die Systeme
von Kant, Fichte, Schelling und Hegel ihnen an den Grundsätzen
der Christlichen Religion zu rütteln schienen.   „Wir wollen — sagt
van Heusde — beim Philosophiren Einfachheit, guten, gesunden
Verstand und dabei vor Allem gute Principien, die jedenfalls nicht
gegen unsere Theologie streiten."[7])

In der Befreiung der Philosophie aus der Knechtschaft, in
welcher sie Theologie und Philologie gefangen hielten, sieht von
Antal das grosse Verdienst von C. W. Opzoomer, dessen System
er im Umriss darstellt.   Der Einfluss dieses universellen und fruchtbaren Gelehrten auf die Generation, die in 1845 und 1846 seine
ersten Werke wie ein Phänomen anstaunte, ist jedenfalls ausserordentlich tief gewesen.   Doch ist es fraglich, ob seine Wirkung,
Alles zusammen genommen, dem ernsten Studium der Philosophie
förderlich war.   Aufgetreten als begeisteter Jünger der Krause'schen
Lehre, sodann bald bekehrt zu einer Philosophie, die dem Comte'
schen Positivismus und dem Stuart Mill'schen Empirismus ihre
wesentlichen Züge abborgte, stand Opzoomer nicht hinter Schroeder und van Heusde zurück in der dringenden Warnung vor
„den Dornen der Speculation", in denen die anerkannt grossen
Meister der Philosophie, ein Descartes, Spinoza, Hegel, stecken geblieben wären.   In seiner Logik, die erst unter dem Titel „die Methode der Wissenschaft", später in geänderter Form mit wesentlich
ungeändertem Inhalt unter dem Namen „das Wesen der Erkenntniss" — ein Titel der für eine empiristische Logik oder Methodo-
logie nicht recht passend ist — erschien, giebt er eine Beschreibung
der Methode der Naturwissenschaft und versucht zu beweisen,
dass diese Methode auch in den „Geisteswissenschaften" die einzig

---

[6]) Kant an Marcus Heze.   4. Brief.   Hartenstein VIII, 689.
[7]) van Heusde pag. 41.

brauchbare sei. Natürlich kann eine derartige Tendenz den Leser
nicht anlocken, sich in dem schwer zugänglichen Gedankenbau
der grossen Denker heimisch zu machen. Denn diese haben nach
Opzoomer fast immer eine fehlerhafte Methode gebraucht, und fanden nur dann und wann zufälliger Weise eine Wahrheit, wenn
sie, ohne es zu bemerken, „bei der Erfahrung um die Ecke geguckt
hatten". Die Befreiung der Philosophie, welche von Antal Opzoomer
zuschreibt, ist dann auch eine sehr relative. Freilich ist die Philosophie bei ihm nicht eine Dienerin der Philologie, noch eine
ancilla theologiae; sondern sie steht im Dienste der Praxis und
soll sich, dem Worte Bacon's gemäss: *Nisi utile est quod facias,*
vana est gloria vestra aller Metaphysik und Speculation enthalten.
Der Streit zwischen Idealisten und Realisten wird z. B. mit der
Bemerkung abgefertigt, dass die Kämpfer eine Antwort auf eine
Frage suchen, „die keine Antwort zulässt".

Bei solcher Sachlage kann es uns nicht wundern, dass unter den
hunderten von Schülern, die Opzoomer's treffliche Vorlesungen mit
jugendlicher Begeisterung folgten, sehr wenige für die Philosophie
ein bleibendes Interesse gewonnen haben und dass O.'s grosse Talente nicht im Stande waren, der Philosophie in Holland die Ehre
zu erhalten, die ihr gebührt. Das Bild der Holländischen Philosophie seit den fünfziger Jahren ist wahrlich nicht so erfreulich,
wie der wohlwollende von Antal am Schlusse seiner Abhandlung
sagt. Ein trauriges Zeugniss ihres heruntergekommenen Zustandes
ist das Unterrichtsgesetz von 1876, welches das obligatorische
Studium der Philosophie für fast alle Studenten aufhob, und statt
dessen ein Doctorat in der „speculativen Philosophie" einführte,
um welches sich natürlich kein Mensch bewirbt. Solcher Gesetzgebung gebührt die scharfe Beurtheilung Land's in Mind, 1878:

„The (special Doctor of Philosophy) will be different from
anything yet known in history. A young man of eighteen, fresh
from his gymnasium, is to be instructed in Logic, Psychology and
the history of Greek and Roman Philosophy, and then to take the
degree of candidate. By another examination, concerning Mediaeval
and Modern systems, and Metaphysics, „in its full extent and all
its applications", together with a dissertation to be argued on for

an hour, he may conquer the title of a Doctor and afterwards — repent of his neglected education." [8])

In der That kommt diese formelle Anerkennung der philosophischen Studien so ziemlich mit ihrer Aufhebung überein und man kann davon sagen:

„Philosophy at large can dispense with Universities, but Universities, that try to dispense with Philosophy will be found in the long run to tamper with the mainspring of their own constitution."

Trotz dieser ungünstigen Verhältnisse ist die Geschichte der Philosophie im letzten Jahrzehnt natürlich nicht ganz unbearbeitet geblieben.   Zur Griechischen Religionsphilosophie gab Hoekstra einen Beitrag [9]), in welchem er zu zeigen sucht, dass die bekannte Lehre des φθόνος τῶν θεῶν ἐπὶ τῇ τῶν χρηστῶν εὐτυχίᾳ, die Herodot zum schärfsten Ausdruck bringt, eine jüngere Erfindung sei, „ein Symptom des irreligiösen Aberglaubens, das sich immer zu offenbaren scheint, so bald der Hauch eines gottlosen Skepticismus über die alten Objekte der Verehrung geht".   „Wäre" — sagt Hoekstra weiter — „Herodot's Theorie vom Neide der Götter schon in der Periode der mehr naiven Frömmigkeit bei den Griechen herrschend gewesen" — wie z. B. Nägelsbach in der Nachhomerischen Theologie zu meinen scheint — „so hätten wir hier auf dem Gebiete der Phänomenologie des religiösen Bewusstseins eine Erscheinung vor uns, die nicht allein einzig, sondern auch in psychologisch-religiöser Hinsicht räthselhaft, ja vielleicht ganz unbegreiflich wäre." Hoekstra glaubt, dass die Stellen bei Homer, Hesiod, den Gnomikern, Aeschylus, Sophokles, aus welchen man bei oberflächlicher Durchsicht die Vorstellung vom φθόνος τῶν θεῶν herauslesen kann, eine andere Deutung erfordern.   Seine Behandlung der vielen Dichterstellen eingehend zu besprechen ist hier nicht möglich.   Nur möchte ich bemerken, dass Hoekstra sich vielleicht die Religion der alten Griechen zu erhaben gedacht hat, wenn er meint, dass

---

[8]) Land Philosophy in the Dutch universities. Mind Vol. III, pag. 104.

[9]) Hoekstra De wangunst der Goden op het geluk, ook der rechtvaardigen. Verslagen en Mededeelingen der K. Akademie van Wetenschappen. 1883 (89 Seiten).

diese sich über den „Unbegriff des Götterneides" [10]) ebenso sehr ereifert hätten, wie der Christ des neunzehnten Jahrhunderts. Im
κλέπτειν, μοιχεύειν καὶ ἀλλήλους ἀπατεύειν fanden die Homerischen
Götter nichts Unanständiges, und doch sind diese Handlungen
ἀθεμίστια ἔργα, wie Xenophanes sagt. Wohl meint Hoekstra, dass
„die Götter, zu welchen die Frommen in der Ilias ihre Gebete richten,
in ihrer Vorstellung immer reine und heilige Wesen sind". „Denn
das Göttliche ist bei Homer das ideelle, das höchste, das schönste,
u. s. w." Aber man könnte fragen, ob diese Anhäufung von ehrenden epitheta im Gebete nicht etwa ihren Grund hat in dem selbst-
süchtigen Streben des Betenden, der seinen Gott gnädig stimmen
will und dabei in der Schmeichelei ein Mittel findet, das so bequem als billig ist. Thun wir nicht besser, die alt-griechischen
Vorstellungen über die Götter aus den Mythen abzuleiten, an deren
Ungeheuerlichkeiten der alte Grieche keinen Anstoss nahm, als mit
Hoekstra die beim Anreden der Götter reichlich gespendeten Lobeserhebungen ganz ernst zu nehmen?

Auch K. Kuiper, welcher die Philosophie und Religion im
Drama von Euripides in einem ausführlichen Werke [11]) bespricht,
und in der Person des Tragikers ein Gemälde des Kampfes entwirft, „der am Ende des fünften Jahrhunderts vor Christus die
Harmonie des geistigen Lebens der Athener zu zerstören anfing,
des Kampfes zwischen neuer Wahrheit und altem Glauben", schlägt
diesen alten Glauben ziemlich hoch an. In den Vorstellungen über
die Gottheit bei Homer liegen nach Kuiper die Begriffe der All-
macht, der Allwissenheit, der Allgegenwart, freilich nur *in nuce*.
Denn vielerlei Umstände, z. B. anthropomorphische Anschauungen,
verhindern die volle Anerkennung dieser göttlichen Attribute. Noch
mehr ist der Begriff der sittlichen Vollkommenheit als Attribut der
Gottheit rudimentär geblieben: aber doch findet der Autor eine
Ahnung davon in der Bezeichnung der Götter als δωτῆρες ἐάων —
eine Ansicht, die wohl nicht viel Beifall finden wird. Dieser Glaube

[10]) „het wanbegrip van de wangunst der Goden", e. d. S. 20.
[11]) Dr. K. Kuiper. *Wysbegeerte en godsdienst in het drama van Euripides,*
Haarlem 1888 (436 Seiten).

erhält sich nach K. nahezu unverändert bis Pindar. Bei diesem Dichter vernehmen wir „neue Töne", die Lehre der Belohnungen und Strafen nach dem Tode und des göttlichen Ursprungs der ·Seele.

Die Herkunft dieser neuen Elemente der Religion wird aus der Philosophie abgeleitet. Der Autor giebt eine weitläufige Kritik der Ansicht Zellers, nach welcher der Unsterblichkeitsglaube — oder vielmehr die neue Form, die der uralte Unsterblichkeitsglaube im fünften Jahrhundert annahm — aus der Theologie in die Philosophie aufgenommen sei. Bei Cicero *Tuscul.* I, 16, 38 soll die Phrase „*quod litteris exstet*" beweisen, dass Cicero seinen Bericht „*Pherecydes Syrius primus dixit animos esse hominum sempiternos*" Phereeydes selbst oder wenigstens „dem Zeugniss eines alten Autors" entnommen hat. Ist Zeller im Rechte, dass im Zeitalter Pindars die pythagoreische Lehre noch nicht in Thebe bekannt war, warum sollte Pindar die Lehre der Unsterblichkeit nicht aus Pherecydes geschöpft haben können? Wenn Herodot sagt, dass die Lehre der Metempsychose aegyptisch ist und dass Griechen sie von den Aegyptern entlehnt haben, kann er unter den Leuten, τῶν ἐγὼ εἰδὼς τὰ οὐνόματα οὐ γράφω, auch wohl Pherecydes und Pythagoras meinen.

·Ich verweilte etwas länger bei dieser Auseinandersetzung, weil sie die schwachen Seiten der mit Liebe geschriebenen und ansprechenden Abhandlung Kuiper's in ein helles Licht stellt. Er geht von der Voraussetzung aus, dass die Fragen von Gott und Unsterblichkeit, wie bei Kant so auch im Denken der vorsokratischen Philosophen den ersten Rang behaupteten. Aber diese Männer waren, wie Aristoteles sagt, φυσικοί, Naturforscher. Zwar bringen die Consequenzen ihrer physischen Theorieen sie bei Gelegenheit mit den landläufigen Vorstellungen über die Götter und die Menschenseelen in Streit. Aber diese Themata werden nur sehr oberflächlich behandelt, und consequentes Denken darüber ist vor Plato gar nicht zu finden. Darum kann man nicht mit Kuiper die Unsterblichkeitslehre, die in gewissem Sinne schon bei Homer vorkommt, in der vorsokratischen Philosophie ihren Ursprung nehmen lassen, wie dies schon Bakhuyzen van den Brink in

seinen *Variae Lectiones* in musterhafter Weise gezeigt hat. Wenn
Kuiper aus Herodot's Bericht über das ἀθανατίζειν der Geten ableiten will, dass die Unsterblichkeitslehre Herodot sehr originell vorkam, so übersieht er, dass ἀθανατίζειν hier „unsterblich machen"
bedeutet. Die Eigenthümlichkeit der Geten bestand gewiss nicht
in ihrem Glauben an Unsterblichkeit, aber in ihrer Gewohnheit,
jedes fünfte Jahr einen Mann zum Unsterblichen zu machen. d.
h. ihn zu tödten und dabei mit einer Mission an Zamolxis zu beehren. Dass Herodot mit den Griechen, τῶν ἐγὼ εἰδὼς τά ούνόματα
ού γράφω, den längst verstorbenen Pherecydes oder Pythagoras gemeint haben sollte, ist nicht anzunehmen, da Herodot keinen Grund
hatte, diese Namen zu verschweigen. Aus dem Umstande, dass
Herodot noch zweimal dieselbe Phrase anwendet, und in beiden
Fällen gelegentlich der Mittheilung nicht sehr ehrenvoller Thaten
noch Lebender, wird es sehr wahrscheinlich, dass der Grieche, dessen
Namen er II, 123 nicht nennen will, der berühmte Empedokles ist.

Was Kuiper über den Einfluss der Philosophie auf die Anschauungen der Dichter sagt, steht natürlich mit seiner Vorstellung
über ihren Inhalt im engsten Zusammenhang. So findet er eine
grosse Aehnlichkeit zwischen „diesen zwei Ueberzeugungen, dem
Glauben an die innere Stimme des göttlichen Verstandes (des Logos)
bei den Philosophen und dem Vertrauen auf die Mantik, als Offenbarung Gottes bei den Gläubigen", und lässt er Heraklit „gewissermaassen" den Schlaf des Körpers als einen Zustand betrachten,
der für mehr exacte innere oder geistige Wahrnehmung vorzüglich
geeignet ist. Aber die Mantik der Gläubigen beruht auf sinnlicher
Wahrnehmung von Zeichen; der Glaube der Philosophen an die
Stimme des Logos auf völliger Negation der Wahrheit des sinnlichen
Eindrucks. Und Heraklit sagt in einem bekannten Fragment, das
wir im Schlafe unseren Verstand verlieren, wie Kuiper selbst an
einer anderen Stelle seines Werkes citirt.

Die Beschreibung der Theologie und Philosophie des Euripides
ist natürlich durch die Auffassung der vorsokratischen Philosophie
stark beeinflusst. Wie Kuiper den homerischen Helden und den
alten Philosophen eine mehr ethisch-religiöse Gesinnung zuschreibt,
als aus den Quellen belegt werden kann. so bekommt auch der

Skeptiker Euripides bei ihm einen religiösen Charakter, der sich u. A. in seiner Sympathie für den Cretensischen Zeus-Cultus und für die Verehrung von Dionysos und Demeter zeigen soll. Auch Stellen aus den Pirithous, dessen Unächtheit Kuiper leugnet, spielen bei der Argumentation für diese Behauptung eine erste Rolle.

Zu ganz anderen Ergebnissen kommt die Inaugural-Dissertation, in welcher Berlage denselben Gegenstand behandelt[12]). Berlage sieht in Euripides nicht einen Anhänger einer bestimmten philosophischen Schule, sondern einen Mann von grosser *inconstantia* und *rerum novarum studium,* dessen Glaube den zerstörenden Zeiteinflüssen nicht widerstanden hatte; der im mittleren Lebensalter in seinen Tragödien die Erzählungen über die Götter zum Gegenstand einer scharfen und bitteren Satire machte, aber älter geworden, mit Socrates und Plato der Ansicht war, dass die Bekämpfung dieser Mythen ohne Nutzen und vielleicht verderblich sei. Die Schrift verdient die Beachtung derjenigen, die sich mit Euripides beschäftigen. Was Berlage's Ansichten über die Geschichte der Griechischen Philosophie betrifft, so würde er besser gethan haben, einige zweifelhafte Theorieen, z. B. seine vollkommene Ehrenrettung der Sophisten, nicht so unbedingt zu vertreten. Dass er Grote *„primum eorum patronum et vindicem"* nennt, beweist zur Genüge, dass er die Litteratur über die Sophisten nicht mit der Genauigkeit kennt, die ein so entschiedenes Auftreten motiviren würde.

Plato und seiner Zeit widmet H. Was seit Jahren ein gründliches Studium, dessen Früchte uns in vier Abhandlungen vorliegen[13]). Leider sind sie nicht so bekannt, wie sie es verdienten, weil die

---

[12]) J. Berlage. *Commentatio de Euripide philosopho.* Lugduni-Batavorum 1888 (216 Seiten).

[13]) H. Was. *De dichter en zyne vaderstad.* Eene inleiding tot den Staat van Plato. Leiden 1881 (42 Seiten).

      „   *Plato's Politeia.* Een kritisch-aesthetisch onderzoek. Arnhem 1885 (72 Seiten).

      „   *Athene's Democratie.* Im *Tydspiegel* 1886 (30 Seiten).

      „   *Plato's Symposion.* Eene erotische Studie. Arnhem 1887 (103 Seiten).

holländische Sprache nur wenigen Plato-Forschern zugänglich ist.
Wie schon der Titel seiner ersten Schrift über Plato zeigt, will
Was besonders den dichterischen Charakter der platonischen
Lebens- und Weltanschauung beleuchten. In diesem Charakter
liegt nach ihm der Grund der Unmöglichkeit einer Exposition
der Lehre Plato's, die in gewissem Grade befriedigend wäre. „Eine
derartige Philosophie muss die Systemsucht mit Rathlosigkeit
und Verzweiflung schlagen. Daraus entspringt die Sprachver-
wirrung unter denjenigen, die sich mit der Exposition des wahren
Inhalts der Lehre beschäftigen, die Plato verkündet hat." Die
Widersprüche zwischen den Behauptungen des platonischen Socrates
in verschiedenen Dialogen (und öfters in demselben Dialog) werden
ihren zureichenden Grund darin finden, dass Plato's Seele „mit sich
selber spricht" und entgegengesetzte Anschauungen vorträgt, in
welcher die Kunst des Dichters eine „gewissermassen zufällige"
Einheit bringt, und die Poesie dort die Hand bot, wo die Logik
ihn im Stiche liess. „Bei der Deutung der Platonischen Ansichten
verbleibe daher das Endurtheil nicht bloss der Kritik, sondern man
gebe dabei auch der Aesthetik eine Stimme." So wird man sich
z. B. vor der unbilligen Kritik bewahren, die Krohn an der Politeia
geübt hat, und man wird überhaupt den „daimonischen Mann" in
der passenden Beleuchtung sehen.

Erinnert diese Betrachtungsweise des Autors an die *lobes céré-
braux* des skeptischen Renan, die in dessen *Dialogues philosophiques*
im heftigsten Kampfe begriffen sind und diametral entgegengesetzte
Meinungen verfechten, sowie an die Anschauung Grote's, der in
Plato vor allem den dialectischen Forscher findet, welcher auch
mit negativen Resultaten vollkommen zufrieden ist, so verdient sie
doch Beachtung. Es wäre zu wünschen, dass Was seinen Gesichtspunkt in der platonischen Frage bald in einem grösseren Werke
beleuchtete und näher begründete. Allerdings kann man schwerlich glauben, dass die Meinung von Was — Plato sei ein philo-
sophirender Mythendichter — den Sieg behalten wird über die gewöhnliche Ansicht, dass Plato ein Denker ist, der seine ausserordentliche dichterische Anlage nur da zum Worte kommen lässt,
wo das Denken ihm die Hülfe versagt, und, seiner wissenschaft-

lichen Theorie gemäss, versagen muss; aber die tüchtigen Studien und das eindringende Verständniss dieses Plato-Verehrers können zu einer Berichtigung der Theorieen, die in Plato bloss oder besonders den Systematiker schätzen, einen dankenswerthen Beitrag liefern.

Der Aufsatz über Athens Democratie ist eine tiefangelegte Beurtheilung des bekannten Werkes von Julius Schvarcz. Für die Geschichte der Philosophie ist daraus nichts zu entnehmen als des Autors Urtheil über die verschiedenen Methoden der Geschichtsbetrachtung. Er verwirft mit W. von Humboldt die teleologische Geschichtsschreibung, in welcher der Historiker seine eigenen Ideen den Thatsachen aufdrängt, und zeigt im Einzelnen, wie diese Methode Schvarcz bei der Kritik der Democratie Athen's und Taine in seinem Urtheil über die französische Revolution in die Irre geführt hat. Höher schätzt er die „stasiotische" Methode, welche in der Darstellung der Geschichte die Ideen einer der streitenden Parteien zu den ihrigen macht — wie dies Macaulay in der englischen, Grote in der griechischen Geschichte thun — und so wenigstens theilweise ihre Ideen aus den Thatsachen herleitet. Die „kallopistische" Geschichtsschreibung, welche, von wahrer Begeisterung beseelt, den behandelten Stoff in feurigen Herzensergiessungen feiert, rühmt er nicht nur als zulässig, sondern sogar, treffend angebracht, als sehr verdienstlich. Aber die Krone gebührt dem „dynamischen" Geschichtswerke, das unparteiisch „den Kräften nachspürt, von denen die Ereignisse und die handelnden Personen der Ausdruck und die Verkörperung sind". Solche Geschichtsschreibung ist freilich ein Ideal, welchem etwa ein Ranke sich nähert.

Diese Betrachtungen über die Aufgabe der Geschichtsschreibung machen es mir möglich, ohne weither geholte Erörterungen anzudeuten, warum das Urtheil über das letzte Werk des trefflichen Autors nicht unbedingt günstig sein kann. In seiner Schrift über Plato's Symposion tadelt Was das Lob und die Verklärung, die der platonische Eros bei vielen älteren Schriftstellen, und noch in den letzten Jahren u. A. bei Weygoldt und Schmelzer gefunden hat. Er ereifert sich über das „Apostolat" der wahren Liebe, als dessen Träger Plato von Vielen betrachtet ist. Er stellt die

Entwickelung der Vorstellungen über den Eros von Homer bis
Plato dar, und findet am Ende dieser Auseinandersetzung den
Grund der bedenklichen Verschmelzung von Paederastie und Philosophie bei Plato in der Absicht des Philosophen, das Xenophontische Symposion zu verspotten. Dass das Bild, welches Xenophon
von Socrates entworfen hat, naturgetreu ist, kann Plato freilich
nicht leugnen. Aber er hat den guten Xenophon zum Besten und
belacht z. B. dessen Streben nach historischer Genauigkeit im Anfang seines Dialogs, wo der eine unbedeutende Jünger des Socrates,
Apollodoros, sagt, dass er seine Nachrichten von einem anderen
unbedeutenden Jünger, Aristodemus hat, dessen Mittheilungen auch
nicht sehr vertrauenswürdig sind. Und gegen den Schluss des
Xenophontischen Symposion, in welchem durch die Heirath des
Jünglings mit dem Mädchen die Liebe zwischen Mann und Weib
gefeiert wird, stellt Plato als Contrast die dialectische Untersuchung
des Begriffes vom Eros und die Rede der Diotima hin. Offenbar
will er mit dem paradoxen Ergebniss, dass Eros ein Philosophes
ist und mit der Herabwürdigung der Liebe zum weiblichen Geschlechte die hausbackene Weisheit von Xenophon's Gastmahl
lächerlich machen. Und das gelingt ihm, allerdings nicht ohne
einen grossen Aufwand der allergröbsten Sophistik und nicht ohne
den verderblichsten Einfluss auf die griechischen Sitten, wie Was
zu zeigen unternimmt. Denn „zwischen Plato's Eros und dem
Geschlechtstrieb besteht kein Causalverband". „Das Band zwischen
platonischer Ideenlehre und Plato's erotischer Weltanschauung ist
rein zufällig", und dabei entsteht der Schein, als ob die Tugend
ein Bündniss geschlossen hätte mit „unfläthigen" Begierden.

Was der reformatorische Plato gethan haben müsste, um die
griechischen Sitten zu verbessern, ist etwas ganz anderes, als sein
verunglückter Versuch, die Paederastie zu verfeinern. Wer „den
Augiasstall reinigen" wollte, der hätte die Gymnasien und Palaestren
vernichten und den Männern bei Todesstrafe verbieten müssen, sich
im Beisein Anderer zu entkleiden; er hätte die Hetairien auflösen
und den Mädchen eine Erziehung zuwenden müssen, die der ge-
fährlichen Concurrenz der Hetaeren für immer ein Ende machte.
Doch Plato dachte nicht an derartige Reformen, und seine unzu-

länglichen und zweideutigen Betrachtungen über den Eros mussten
das Uebel vergrössern.

Dieses Hauptergebniss der Schrift von Was scheint mir ein
wahres Modell „teleologischer" Geschichtsbetrachtung zu sein. Ich
will darauf kein Gewicht legen, dass er selbst die Unmöglichkeit
solcher Reformen im alten Hellas anerkennt. Aber er hätte bedenken sollen, dass Plato's ethisches Ideal unzweifelhaft die λύσις καὶ
χωρισμὸς ψυχῆς ἀπὸ σώματος ist und dass die geschlechtliche Liebe
zwischen Mann und Weib nach seiner Anschauung für den besseren
Menschen eine nicht minder grobe Verirrung ist, als die Paederastic.
Der Mensch soll durch die Liebe zum Schönen zur Gemeinschaft
mit der Ideenwelt gelangen. Aber um dieses Ziel zu erreichen,
muss er die Sinnenlust unbedingt verwerfen. Nur die Seele, die
standhaft und felsenfest dem Treiben des schlechten Pferdes widerstanden hat, geht ὑπόπτερος aus dem irdischen Leben — wie es
im Phaedrus heisst, dessen Inhalt Was in dieser Schrift gar
nicht in Betracht zieht. Dieses asketische Ideal des Plato spricht
Was nicht an; die Xenophontische Denkart berührt ihn sympa-
tischer. Niemand wird ihm das verargen. Aber wie kann er die
teleologische Geschichtsbetrachtung rügen, die „dynamische" loben
und doch übersehen, dass in Plato sich die gewaltige Kraft der
ascetischen Weltanschauung erhebt, die viele Jahrhunderte später
in Mönchswesen und Coelibat ihre tief eingreifende Wirkung zeigt,
die noch Schiller reden lässt von der „bangen Wahl zwischen
Sinnenglück und Seelenfrieden", und die auch noch heute einer der
grössten Factoren ist, mit denen der Historiker zu rechnen hat.
Die vielen interessanten Einzelnheiten können diesen Grundfehler
von Was' „erotische Studie" — sollte wohl heissen „Studie über
Erotik" — nicht gut machen.

Die gelegentlichen Bemerkungen über Sokrates in der erstge-
nannten Schrift von Was gaben mir Anlass, die Bedeutung des
Sokrates als Denkers etwas näher zu beleuchten [14]). Gegen die An-

---

[14]) C. B. Spruyt. *Socrates als wysgeer*, in der Zeitschrift *de Gids*, 1882
(36 Seiten).

nahme von Was, dass Socrates mit den Israelitischen *Nabi*, den durch die Gottheit Inspirirten zu vergleichen sei, erinnerte ich an die prosaische Nüchternheit des Xenophontischen Sokrates, und im Anschluss an die bekannte Aristotelische Stelle, Metaph. M, 4 S. 1078. b 27—32, versuchte ich zu zeigen, dass Sokrates mit Recht als der Mann geehrt wird, mit dem eine ganz neue wissenschaftliche Richtung beginnt. Das würde man kaum verkennen, wenn nicht die Bedeutung, die das Wort *inductio* in den späteren Zeiten angenommen hat, Viele und u. a. auch Was veranlasst hätte, die sokratische ἐπαγωγή und die ἐπακτικοί λόγοι falsch zu deuten. Diese ἐπαγωγή ist zwar in gewissem Sinne ein specieller Fall der Methode, die man jetzt Induction nennt, das Schliessen vom Besonderen auf das Allgemeine. Doch ihre wahre Natur besteht darin, dass aus dem gegebenen Umfang eines Begriffs, z. B. der ἀνδρεία im Laches, der δικαιοσύνη im ersten Buche der Republik, sein Inhalt gesucht wird durch ein Substitutionsverfahren, bei welchem man das Prädicat der versuchsweise aufgestellten Definition, das *definiens*, für den Namen des Begriffs, das *definitum*, oder umgekehrt, in Sätze substituirt, die im Kreise der untersuchenden Dialektiker als wahr anerkannt sind. Die bei diesem Verfahren an's Licht kommenden Widersprüche fordern eventuell eine Aenderung oder Verbesserung der Definition, und die neue Definition wird auf die nämliche Weise geprüft. Das ist die Methode der Dialectik, die Sokrates und Plato mit grossartiger Virtuosität handhaben, und deren Werth aus ihrem Wesen mit derselben Bestimmtheit hervorgeht, wie die Grenzen ihrer Anwendung. Unentbehrlich zur Herstellung eines consequenten Denkens beruht sie auf der Voraussetzung, dass die allgemeinen Sätze, auf welche sie ihr Substitutionsverfahren anwendet, unzweifelhaft wahr sind.

Im Anschluss an diese Characteristik der Sokratisch-Platonischen Dialectik versuchte C. M. van Deventer den Angriff von Was auf das Symposion durch die Behauptung zu pariren [15]), dass

---

[15]) C. M. van Deventer. *Iets over den Eros van Plato.* In der Zeitschrift *de Nieuwe Gids* 1887 (9 Seiten).

Eros an der Stelle Sympos. 199 D — 201 C nicht Liebe, sondern Begierde bedeute — ein Versuch, der nur beweisen kann, dass auch eine genaue Prüfung einer einzelnen platonischen Betrachtung nicht zum Ziele führt, wenn man es unterlässt, andere mit derselben zu vergleichen.

Derselbe Autor bot in seiner Inaugural-Dissertation eine Monographie über die Geschichte des Begriffes des chemischen Elements im Alterthum und im Mittelalter[16]). Die Schrift zeugt von Scharfsinn und grossem Fleiss. Wesentlich Neues bringt sie jedoch nur in einer ausführlichen Kritik der Behauptung Berthelots[17]), dass die Alchemisten ihre Theorie von der gemeinsamen *materia prima* aller Metalle dem platonischen Timaeus entlehnt haben. Van Deventer meint, dass der Timaeus den Alchemisten doch wohl etwas zu schwer gewesen sei, was Berthelot vielleicht selbst eingesehen hätte, wenn er nicht die freie Martin'sche Uebersetzung citirt hätte; dass bei Berthelot's Hypothese unbegreiflich bleibe, warum die Alchemisten nur an eine *prima materia* der Metalle, nicht aber aller Körper glaubten; und endlich, dass der im Timaeus angedeutete und bei Aristoteles deutlicher entwickelte Begriff der *materia prima* so unbestimmt ist, dass die Alchemisten ihn ebenso gut aus eigenen Mitteln hätten erfinden können, wie die alten Jonier die Vorstellung des lebendigen Grundstoffes.

H. G. L. A. Bakhoven gab eine instructive Studie über die platonische Frage[18]) heraus, in welcher er die Auffassungen von Plato's Ideenlehre bei Auffarth, Teichmüller und anderen neueren Autoren ablehnend, eigene Anschauungen vorträgt, die meines Erachtens nicht haltbar sind. Er nimmt an, dass das Wort ἰδέα bei Plato öfters in der Bedeutung von Vorstellung gebraucht wird. Dadurch kommt er zur Hypothese, in Plato's System sei eine logische, eine psychologische und eine metaphysische Seite zu unterscheiden. Dass

---

[16]) C. M. van Deventer. *Schetsen uit de geschiedenis van de Scheikunde.* Dordrecht, 1884 (148 Seiten).

[17]) In *les origines de l' Alchimie*, 1884.

[18]) H. G. L. A. Bakhoven. *Platonisten van den laatsten tyd.* Im *Tydspiegel*) 1885 (32 Seiten).

die Termini εἶδος, ἰδέα und ὄν oder ὄντως ὄν, durch welche diese drei Seiten des Objekts der platonischen ἐπιστήμη angedeutet werden sollen, so ziemlich *promiscue* gebraucht werden, gesteht er ein. Auch fühlt er wohl, dass die platonischen Ideen doch eigentlich nicht Vorstellungen, sondern die Objekte von gewissen Vorstellungen sind. Denn er missbilligt Auffarth's Erklärung der platonischen Lehre, weil dieser vergessen habe, dass die Ideen auch ein Objekt der höchsten Erkenntniss sind. Dass die platonische Lehre bei dieser Auffassung der Ideen als Objekte von Vorstellungen, über deren Richtigkeit in den letzten Jahrzehnten doch wohl annähernd eine *communis opinio* besteht, sich in „eine mystische Contemplation, in ein geistiges Schauen verirren" würde, hat Bakhoven wohl gesagt, aber nicht begründet.

In meiner Abhandlung über die Bedeutung der Termini ἄπειρον und πέρας im Philebus [17]) bemerkte ich in Anschluss an M. Cantor, dass die Entdeckung der Irrationalität des Verhältnisses zwischen Diagonal und Seite des Quadrats und der damit zusammenhängende Gegensatz zwischen den discontinuirlichen Grössen — wie die Reihe der Zahlen, wenn man die Zahl als eine Summe von Einheiten definirt — und die continuirlichen, wie die Länge, den Pythagoreern sehr wichtig vorkam. Dann zeige ich, dass Plato's Beschreibung des ἄπειρον im Philebus nicht auf das Unendliche, oder das Unbegrenzte oder das Unbestimmte, sondern allein auf die continuirliche Grösse, seine Definition des πέρας nur auf die discontinuirliche Grösse passt. Unter der Voraussetzung, dass diese Ausdrücke auch bei den Pythagoreern denselben Sinn hatten, und noch nicht die mehr allgemeine Bedeutung, die Aristoteles ihnen gewöhnlich giebt, gebe ich eine Erklärung der bekannten Stelle der Metaphysik A 5 S. 986 a, 15—22, wo Aristoteles die Pythagoreische Lehre mehr andeutet, als beschreibt, und widerlege die Kritik, welche Schaarschmidt in seiner „angeblichen

---

[17]) C. B. Spruyt. *Over de beteekenis der woorden* ἄπειρον *en* πέρας *in Plato's Philebus.* In den Verslagen en Mededeelingen der Koninkl. Akademie, 1885, (31 Seiten).

Schriftstellerei des Philolaos" an dem Philolaos-Fragment bei Sto-
baeos Ecl. I. pag. 468 geübt hat.

　　B. H. C. K. van der Wyck versucht in seiner Abhandlung
über den Begriff der εὐδαιμονία bei Aristoteles [20]) eine principielle
Vertheidigung der Aristotelischen Ethik, nicht nur wider die Angriffe Kant's, Lewes' und Thilo's, deren Auffassungen über die
Meinungen des Aristoteles sich bei Kennern wohl keiner grossen
Autorität erfreuen, sondern auch gegen den Hinweis auf die logischen Fehler in ihren eigenen Grundsätzen in Zeller's Geschichte.
Der Zirkel, den Zeller II, 2, 657 darin findet, dass unsere Zwecke
von unserem Willen, unser Willen von unserer Tugend abhängen,
und insofern unsere Einsicht durch unsere Tugend bedingt ist,
während umgekehrt unsere Tugend von unserer Einsicht (φρόνησις)
abhängt, — soll nicht bestehen, weil Aristoteles wegen seiner Lehre
von der Ewigkeit der Welt das Problem, wie die Tugend im Laufe
der Zeiten entstanden sei, nicht zu lösen hatte. Aber die Anmerkung
von Zeller bezieht sich wahrlich nicht auf die *Zeitfolge* von Tugend
und Einsicht, sondern, wie er selbst, S. 658 sagt, liegt „die Haupt-
schwierigkeit darin, dass beide (ἀρετή und φρόνησις) auch ihrem
Wesen nach durch einander bedingt sind". Der φρόνιμος im zweiten
Buche der Ethik ist vor Allem der Mann, der die verschiedenen
menschlichen Zwecke richtig abschätzt und nur in zweiter Reihe
der scharfsinnige Beurtheiler der Mittel, durch welche diese Zwecke
realisirt werden können. Aber im sechsten Buche, wo das Wesen
des φρόνιμος absichtlich behandelt und endgültig fixirt wird, hat er
nur die zweite Aufgabe vor Augen. Daher hängt die richtige
Mitte, in deren Einhaltung die Tugend bestehen und zu deren Bestimmung der φρόνιμος nicht nur über die Mittel, sondern auch
über die Ziele urtheilen soll, bei Aristoteles wirklich in der Luft.

　　Soll die Lösung dieser Schwierigkeit vielleicht darin zu suchen
sein, dass die wahre oder „höhere" menschliche Natur in jedem die
nämliche ist, wie van der Wyck an einer anderen Stelle anzuneh-

---

[20]) B. H. C. K. van der Wyck. *Over het begrip der eudaimonia by Aristoteles.* In den Verslagen en Mededeelingen der Koninkl. Akademie, 1882,
(33 Seiten).

men scheint. so fragt es sich doch, wie diese höhere Natur eine Norm für die menschlichen Handlungen abgeben könne, wenn man sie nur in einem theoretischen Vermögen, dem νοῦς, sucht.

Ebenso scheint mir die zweideutige Stellung, welche die äusseren Güter bei Aristoteles zum Begriffe der Glückseligkeit einnehmen, wahrlich nicht erklärt durch v. d. W.'s Bemerkung, dass die äusseren Güter wohl *Bedingungen*, aber nicht *Bestandtheile* des Glückes seien. Die schwachen Seiten der Aristotelischen Ethik haben ihren Grund im Intellectualismus der griechischen Philosophie; auch die subtilsten Ausführungen werden sie dem Einsichtigen nicht verdecken können. Glücklicherweise hindern sie uns nicht, in die tiefgefühlte Bewunderung für den Genius des Aristoteles, die van der Wyck's Abbandlung auszeichnet, einzustimmen.

Hiermit möchte ich die Uebersicht der wichtigeren holländischen Arbeiten zur Geschichte der griechischen Philosophie beendigen. Ich hoffe in einem späteren Hefte, einen Bericht über die Litteratur zur neueren Philosophie geben zu können.

V.

Delle opere pubblicate in Italia nel 1886 e 1887 intorno alla storia della Filosofia.

Von

Felice Tocco in Florenz.

Alessandro Chiappelli, Il naturalismo di Socrate e le prime Nubi di Aristofane (Rendiconti della R. Accademia dei Lincei Roma 1886).

Il Prof. Chiappelli, del quale nella passata rassegna esposi un lavoro su Eraclito, avea precedentemente scritta questa nota sul naturalismo di Socrate. Ed a torto io la trascurai credendola di data più antica. Riparo ora e ben volentieri all'error mio, e sono io il primo a riconoscere che se le ipotesi del professore napoletano non sono facilmente accettabili, certo non potevano essere difese con maggiore ingegno e copia di dottrina. L'ipotesi del Chiappelli é questa, che nella prima redazione della Nubi Aristofane, leggermente punzecchiando Socrate, lo avrebbe rappresentato come un filosofo naturalista e acchiappa-nuvole, che perde il suo tempo a cercar quante volte la pulce salti la lunghezza dei suoi piedi, o come faccia il cielo a mandar guizzi di lampi e fragori di tuoni. Invece nella seconda redazione lo avrebbe rappresentato con più fosca tinta e come un corruttore di costumi, che a forza di sottigliezze toglie ogni differenza tra giusto e ingiusto, e sa bene al secondo daré tutte le apparenze del primo. Questa diversità nelle due redazioni sarebbe nata dal mutamento stesso del filosofare socratico, che nei primi anni non era diverso da quello dei naturalisti presocratici, e non prese un indirizzo etico se non molto tardi,

e dopo la rappresentazione delle prime Nubi. Siffatta mutazione,
che rendeva ancor più pericoloso l'insegnamento di Socrate, avrà
contribuito ad impermalize un conservatore come Aristofane, il quale
all' innocua e in parte veridica satira della prima redazione avrebbe
sostituita una più violenta ed ingiusta, facendosi eco di quelle
accuse che più tardi condussero alla condanna del più virtuoso
degli ateniesi. Ammessa questa ipotesi, bene si spiega come Seno-
fonte e Platone, non conoscendo se non la prima redazione, chè la
seconda non pare sia stata mai recitata, non serbino nessun ran-
core contro Aristofane, a segno che questi nel Convito platonico è
rappresentato come un geniale amico di Socrate.

A me in verità l'ipotesi che Socrate abbia mutato d'indirizzo
a quarantacinque anni, quanti ne contava quando furono rappre-
sentate le Nubi, parmi molto ardita. Nè saprei spiegare come di
questo mutamento nè Platone nè Aristotele abbian saputo nulla.
Del resto anche in quella parte della commedia aristofanesca, che
il Chiappelli riconosce per antica, Socrate è rappresentato non solo
come un meteorologo, ma bensì come un sofista che sa colle
arti sue dare tal rilievo al discorso più debole da farlo apparire più
forte. Che sotto questo discorso debole si debba intendere il torto,
che a forza di sofismi appaja poi diritto, lo dice chiaramente
Strepsiade (v. 115), il quale appunto per questo si rivolge a Socrate,
nella speranza che apprendendo quell' arte possa frodare i suoi
creditori (v. 245). E dato anche che il dialogo dei due parlari sia stato
aggiunto di pianta nella seconda redazione, come par che opini il
Chiappelli, senza dubbio deve tenersi come una legittima conseguenza
delle premesse poste fin dalla prima redazione. La dimostrazione
adunque del Chiappelli, a parte anche qualche inesattezza, come l'interpetrazione data a pag. 291 del verso 435, parmi dia luogo a
molte dubbiezze. Ed ha contro di sè l'autorità dell' Apologia platonica, dove è detto esplicitamente che il primo e più grave capo
di accusa contro Socrate era contenuto intero nella prima redazione delle Nubi. E in questo stesso luogo dall' Apologia Socrate si meraviglia d'essere messo a paro di Gorgia e di Prodico
alludendo evidentemente al verso 361 della prima redazione delle
Nubi.

ALESSANDRO CHIAPPELLI. Ancora sui rapporti fra le Ecclesiazuse
di Aristofane e la Repubblica di Platone (Rivista di Filologia
e d'Istruzione classica anno XV. fasc. 7—8 Gennajo—-Febbrajo
1887 p. 343—352).

In una precedente memoria inserita nella stessa Rivista (anno
XII e XIII), il Chiappelli avea tentato di sostenere che le Ecclesiazuse di Aristofane mettano in burla le opinioni del 4°. libro
della Repubblica platonica, e che alle accuse aristofanesche Platone
risponda nel quinto libro. Su questa tesi il nostro autore ritorna
per ribadirla ancor meglio, e salvarla da alcune critiche, come
quelle, che io stesso gli avevo fatte nella *Coltura* (anno III. vol. 5).
Non è il caso di ritornare sulla discussione, ma dirò solo che i
nuovi argomenti addotti dal Chiappelli mi convincono poco. Platone nel Timeo 18 C poteva senza dubbio accennare alla stranezza
e novità delle proposte da lui fatte nella Repubblica; Aristotele
avrà potuto dire che la teoria della comunanza dei beni, dei figli
e delle donne. appartiene in proprio a Platone; ma queste testimonianze non vogliono dire altro se non che il primo a discutere
scientificamente le suddette riforme politiche, fu appunto il filosofo
ateniese, che le ricavò come conseguenze necessarie del fine, che
assegnava allo Stato. Il che non esclude che simiglianti idee
abbiano potuto eziandio pullulare per intemperanza di propositi e
vaghezza di novità nelle agitazioni demagogiche. La comunanza delle
donne non è accennata nel frammento del Protesilao di Euripide
(fr. 655 Nauck)?

Prof. GIOVANNI CESCA, La teorica della conoscenza nella filosofia
greca. Verona Drucker e Tedeschi 1887. pp. 66.

È un lavoro d'insieme, che sopra un punto speciale percorre
tutta la filosofia greca dalle origini sino ai neoplatonici. L'autore
s' è giovato largamente della storia ormai classica dello Zeller, e
delle acute ricerche del Natorp, nè certo in un lavoro cosi com-
plessivo si può aspettare grande novità; ma in molti punti dissente
dalle sue guide, e interpetra le fonti con piena libertà di giudizio.
Citerò ad esempio la pagina 47, dalla quale si può anche ricavare
la convinzione propria dell' autore, che gli serve di norma nel

giudicare di tante e svariate dottrine. Trattasi di Enesidemo, che in qualche punto parrebbe si fosse discostato dal suo relativismo, come a dire in quelle proposizioni dogmatiche sul tempo, sulla mente e sull' essenza, che seguendo Eraclito, sostenne. „Queste, dice il nostro autore, prese nel loro significato verbale, contrastano realmente col fenomenismo, il quale non ammette che si possa dare alcuna dottrina sull' essenza delle cose, e questa contraddizione fu fatta anche notare dagli scettici posteriori, che tolsero quelle proposizioni dalla dottrina scettica. Malgrado però che i successori di Enesidemo facciano menzione di questa contraddizione, parve impossibile ai recenti storici della filosofia, che uno spirito critico così acuto e sottile possa esser caduto in simile errore, e cercarono perciò di giustificarlo in due modi, o attribuendo la contraddizione ai suoi espositori, o togliendola del tutto. Al primo mezzo si attenne lo Zeller, il quale riconosce la completa opposizione, ma la attribuisce a Sesto Empirico ed ai giovani scettici e non ad Enesidemo, il quale, ricercando storicamente gli antecedenti della sua dottrina, citò quelle proposizioni di Eraclito, ma non le fece sue, mentre invece i suoi successori le diedero come sue. Questa spiegazione è combattuta ben a ragione dal Natorp, il quale dice essere impossibile che Sesto abbia commesso un tale errore in tanti luoghi; perciò egli ritiene che quelle proposizioni sieno realmente di Enesidemo, e cerca di togliere la contraddizione, mostrando come esse non devono venir intese in un senso dogmatico, ma in uno fenomenico, il quale fu disconosciuto dai suoi successori in seguito al significato dogmatico delle parole. In ciò egli ha pienamente ragione, giacchè anche il fenomenalista ammettendo la verità nel fenomeno, non respinge ogni conoscenza ed ogni ricerca empirica, nè ogni spiegazione dei fatti dell' esperienza; anch' egli ricerca, osserva, esperimenta e cerca le leggi ed i fattori dei fatti, soltanto in questo modo crede di aver descritte ed esplicate le cose come appaiono a noi, e non come sono in sè. Egli dà così alle sue proposizioni un significato fenomenico del tutto opposto al noumenico, ma dovendo esprimersi colle parole usate da tutti gli uomini, ed essendo queste state formate in conformità al dogmatismo e realismo volgare dell' uomo primitivo, le di lui proposizioni vengono spesso prese alla lettera in un senso dogmatico, dal quale tanto difficilmente si può liberare la mente umana. Per ciò le proposizioni fenomeniche di Enesidemo, in seguito alle parole, colle quali erano formulate, vennero prese in un senso dogmatico, e ciò poté succedere allora con tanta maggior facilità, che la dottrina fenomenalista era appena abbozzata, e delineata soltanto nel suo principio fondamentale, e quindi non potera venir ben compresa dai suoi contemporanei e successori, dominati interamente dal dogmatismo assolúto. ... Il Natorp nel togliere quella contraddizione in Enesidemo e nell' interpretare la sua dottrina, lo fa cadere in un' altra contraddizione ancor maggiore, giacché egli ammette nella di lui teoria un elemento razionalistico nel logos posto come base e garanzia dei fenomeni ... Questa dottrina che il Natorp vuole attribuire al filosofo scettico, non risulta direttamente e chiaramente dalle notizie che Sesto ci dà di lui, e non è neppure necessariamente implicata nel fenomenalismo. È vero che questo al di là del fenomeno˙ deve ammettere una cosa in sè, ma perciò non à alcun bisogno di una intuizione razionale del noumeno, non essendo questo mai conosciuto da noi, ma soltanto posto necessariamente come base e fondamento del fenomeno".

Dr. Guido Bigoni. Ipazia Allessandrina Studio Storico (Estratto dal Tomo V Serie VI degli atti del R. Istituto Veneto Venezia, Antonelli 1887) p. 105.

Debbo ripetere a proposito di questo lavoro le stesse cose che scrisse il direttore del nostro Archivio sulla consimile memoria del Meyer. D'Ipazia si sa tanto poco, e quel poco che si sa fu già cosi abilmente sfruttato dall' Hoche, che nulla di nuovo si può aggiungere. Lo stesso Dr. Bigoni lo confessa: „Io, egli scrive a p. 46, avea già raccolto quanto mi facea per il presente studio, quando, per cortesia di due professori della nostra Università, ebbi notizià di un saggio dell' Hoche pubblicatosi più recentemente in Germania e d'uno studio scritto quest' anno dal Meyer sullo stesso argomento. Lettili riscontrai che le loro conclusioni si accordavano nei punti essenziali con quelle a cui io pure era giunto." Ciò non pertanto l'Autore credette opportuno di pubblicare i suoi studi, supplendo alla mancanza della materia con una larga introduzione sulla coltura alessandrina (p. 1—43), e con una biografia del discepolo d'Ipazia, il vescovo Sinesio, che occupa altre diciotto pagine, dalla 58 alla 76. Infine del volume sono tradotte quattro lettere di Sinesio, e la chiusa della costui orazione contro i barbari.

La parte serbata ad Ipazia è ben poca, nè si poteva altrimenti. Il Bigoni dice come il Meyer che Ipazia „probabilmente, nutrita com' ella era di severi studî, avrà anticipato il tentativo di Proclo per ricondurre ai suoi principii una scuola cosi degenerata con Giamblico e Crisanto, con Massimo e Giuliano (p. 56)". Sulla misera fine d'Ipazia il nostro cosi scrive a pag. 93: „Esaminando le testimonianze, e dando a ciascuna il suo giusto valore, raccogliendo tutto quello che gli scrittori più ortodossi ci tramandarono sul carattere di Cirillo, tenendo conto del naturale, prontissimo alle violenze che in molti fatti avea dimostrata la plebe di Alessandria, bisogna concludere che i Parabolani del partito di Cirillo furono gli autori della strage, senza forse che il vescovo l'avesse espressamente ordinata, ma perché la precedente condotta di lui rispetto ad Oreste lasciava loro sperare che l'opera sarebbe stata da lui ratificata, e che avrebbero in lui trovato sempre appoggio e difesa".

Agostino Moglia, L'aristotelismo e l'Enciclica di Leone XIII Piacenza 1887.

Non è un lavoro storico questo del Moglia, ma interpetrativo dell' Enciclica di Leone XIII. Il buon sacerdote non vuol negare l'infallibilità del Papa, ma d'altra parte non intende di rinunziare al sistema rosminiano, cui da molti anni è addetto. Interpetra quindi l'Enciclica Aeterni Patris nel senso che si debba tornare non alla scolastica, bensi alla tradizione dei padri e dei dottori, la quale della scolastica antica facea la forza e la fortuna, e nella scolastica più recente venne quasi del tutto oscurata. „Poichè, egli dice (p. 30), sarebbe un errore assai grossolano l'opinare che S. Tommaso abbia preferito la filosofia di Aristotele, comune a tutte le scuole del suo secolo, all' antica dei Padri che era stata universalmente abbandonata, anche posto che l'avesse purgata dalle eresie, che portava nella scuola degli Arabi; perocchè sarebbe sempre ribelle alla tradizione filosofica di S. Agostino". Epperò i moderni tomisti, dandosi per aristotelici, sono degeneri discepoli del loro maestro, e l'Enciclica implicitamente li condanna e li esorta a rimettersi sulla diritta via. „Dopo il concilio vaticano, aggiunge il malcauto interprete, l'infallibilità del Papa non ha data prova si chiara di sè in alcun altro atto, quanto in questo, poiché i razionalisti dovranno confessare che Leone da Papa condannò quella filosofia cui da Vescovo al par degli altri avea introdotto nella sua diocesi credendola sana e legittima." Sfortunatamente per il Moglia la Congregazione dell' Indice, condannando il Rosmini, ha ben provato, contro la interpetrazione del pio sacerdote, che il linguaggio del Papa non era diverso da quello del vescovo. E che nelle scuole ecclesiastiche di qui innanzi o il più leggero soffio di libertà intellettuale si disperderà, e perfino nelle quistioni dell' intelletto agente e del possibile bisognerà che tutti pensino come il Papa ha decretato..

Monsignor ALFONSO MARIA CAN. VESPIGNANI. Il Rosminianismo ed il lume dell' intelletto umano. Studio critico - filosofico. Bologna 1887.

· Questo grave volume di pag. 932, dedicato al Cardinale Giuseppe dei conti Pecci, fratello del Papa, non è uno studio storico sul sistema rosminiano, ma un libro polemico da servire di risposta ad un altro di egual mole, anonimo, pubblicato nel 1881 sotto il titolo: Del lume dell' intelletto secondo la dottrina dei St. Dottori Agostino, Bonaventura e Tommaso d'Aquino. Veramente non tocca a noi di parlare di questa pubblicazione, dove, non meno che nella precedente del Moglia, della storia si fa strazio; nè si ammette alcuna differenza tra il periodo patristico e lo scolastico propriamente detto. Che siffatti libri sieno scritti contro il Rosmini, o in di lui favore, non monta; l'indirizzo è sempre lo stesso. Mostrare come nessun divario corra tra S. Agostino, S. Tommaso e S. Bonaventura, e che tutti insegnino le stesse dottrine, favorevoli secondo gli uni, ed ostili secondo gli altri al Rosminianismo, questo è · lo scopo dei polemisti, e non si stancano dal torcere e

ritorcere i testi finchè non dicano ciò che loro accomoda. Se
S. Agostino per esempio dice nel De libero arbitrio lib. 1 cap. 12:
„Quapropter nullo modo negaveris esse incommutabilem veritatem
... tamquam miris modis secretum et publicum lumen, praesto
esse ac se praebere communiter", ciò non ha nulla che fare colla
dottrina platonica, ma vuol dire soltanto che „la verità non è una
creazione o una fattura dalla mente umana, ma invece un che indipendente all'atto nella sua entità fondamentale dalla mente me-
desima", tale quale come più tardi l'ha ripetuto il Balmes, che
certo non si può accusare di platonismo. Tutti i padri e i dottori
sono in fondo d'accordo, chè tutti nello stesso modo seppero
innestare al tronco rigoglioso della dottrina rivelata i rami più
verdi della sapienza antica. Beati tempi, in cui tutti credevano
e pensavano ad un modo, nè la ragione umana si smarriva fra
tanti sistemi e indirizzi opposti, come accadde quando i filosofi
moderni, ribellatisi alla tradizione, accesero nella scienza e nella
vita la face della discordia.

A quei tempi, seguita il Vespignani, e a quella filosofia bisogna
far ritorno. Lo disse solennemente il S. Padre; per combattere gli
errori del presente, principalmente il razionalismo e il liberalismo,
il sole mezzo efficace è: restaurare la filosofia tomistica, che tutte
le altre dei padri e dei dottori riassume e compie. Anche il
linguaggio filosofico bisogna modificare, tornando alla dicitura degli
scolastici. E l'anima la diremo forma sostanziale nel senso attri-
buitole da S. Tommaso, vale a dire principium intrinsecum
per quod substantia a substantia substantialiter differt
(p. 62). Faremo nostra la dottrina e la dicitura scolastica che
„tanto nella visione sensitiva, quanto nella conoscenza intellettiva
concorrono o almeno ponno concorrere tre diversi mezzi, sub quo,
quo, in quo. Il primo di essi ... è nella ragione di principio
formale dispositivo ... , il secondo, vale a dire medium quo
videtur, non è altro che la specie intenzionale di un visibile
secundum quamcumque cognitionem, informante la potenza
visiva consentanea ... il terzo, o medium in quo aliquid videtur, non è altro che una qualsivoglia cosa od obbietto (p. 126—
134). Qualunque sia il significato attribuito dai moderni alla parola

soggettivo ed oggettivo, noi torneremo all' uso medievale „subjectus, subjectum, participium a subjicio, posto sotto, ὑποτιθείς, subtus positus, cosa in cui o sopra cui sia posta alcun' altra. Oggetto vale ciò che è messo dinanzi o contro. ... La figura di Mercurio è soggettiva in quanto al sasso, in cui è ricevuto, ed è oggettiva in quanto a Mercurio oggetto rappresentato per essa.“

Ma non val la pena di continuare. I moderni tomisti ritornano all' antico non per isvecchiarlo ed accomodarlo ai bisogni nuovi, bensì per riprodurlo nell' integrità sua. E credono che una filosofia, nata in determinate condizioni di coltura, possa attecchire e rigermogliare, quando tutto è profondamente ed irremediabilmente mutato. Strana illusione codesta di fare il vuoto intorno a sè nella speranza di attingervi nuove sorgenti di vita!

Prof. PIETRO RAGNISCO.   P. POMPONAZZI e G. ZABARELLA (Estratto dagli atti del R. Istituto veneto di scienze, lettere, ed arti Tom. V. serie VI. Venezia 1887).

Il Prof. Ragnisco dopo avere studiate le polemiche insorte nell' universiti di Padova tra lo Zabarella il Petrella e il Piccolomini, in questa memoria espone le dottrine dello Zabarella intorno all' anima in confronto principalmente del Pomponazzi. Le conelusioni, a cui arriva l'autore sono queste, che io riproduco colle stesse sue parole „Zabarella sorpassa per due ragioni il Pomponazzi. La prima è: tener per fermo, come massima indiscutibile, che ogni forma della materia prende l'essere dalla materia stessa: negazione perciò della forma astratta dalla materia. Anche il pensiero non cessa di essere inerente alla materia, perché tutte le potenze e tutte le anime sono edotte dalla materia. ... Tanto la sensazione che l'intellezione in origine sono materiali, nell' atto sono in certo modo senza materia. ... Inoltre, egli ha un buon concetto intorno alle facoltà dell' anima; poiché dice che sono attitudini che vanno a determinarsi in certe parti del corpo; ne nega per fino la preformazione, e non perde di vista l'unità dell' anima nelle funzioni di queste potenze. L'anima produce il pensiero come la sensazione, questa è locale ed è generale, cosi il pensiero è nella fantasia ed è in tutta l'anima. A questa dottrina faceva eco la differenza soltanto di grado tra senso ed intelletto, ammettendo che una facoltà più nobile deve anche potere abbracciare ciò che è della facoltà inferiore. L'intelletto in quanto appunto percepisce i particolari, può esso stesso sollevarsi agli universali".

Se una cosa è da desiderarsi in questi faticosi studi del professore padovano è la chiarezza. Talvolta l'esposizione italiana è più oscura del testo latino riprodotto a piè di pagina. Cosi a pag. 29 il testo dice cosi: Nam potentia sensitiva est organica, ideo in sua operatione est materialis, quodammodo, quia in recipiendo utitur corpore; est tamen aliquo modo immaterialis ratione judicii, quia sola ipsa anima judicat. Lo Zabarella da buon aristotelico attribuisce al senso non solo la percezione, ma benanche l'apprezzamento del percepito. Il senso non coglie solo il colore, l'odore, il sapore; ma li giudica o piacevoli o dolorosi. Or se la percezione è in qualche modo corporea, perché legata coll' organo che le serve d'istrumento, non cosi il giudizio o la valutazione, che sta nel rapporto di quella data sensazione con tutta l'anima, o per meglio dire col soggetto senziente. Il Ragnisco invece espone cosi: „il viso in atto è in certo modo senza materia, perché se l'immagine è nel corpo, l'anima nel giudicare non si serve dell' organo." Il lettore non può intendere se si tratti del giudizio in generale, ovvero di quel particolare giudizio o estimazione, che è proprio del senso.

Prof. PIETRO RAGNISCO. Carattere della filosofia patavina (Estratto dal Tomo V Serie VI degli atti del R. Istituto veneto. Venezia 1887).

Lo scopo di questa memoria è di mettere in confronto la scuola patavina colla platonica del Ficino del Cusano e del Bruno, e di tanto esaltare quella, quanto abbassar questa „Chi si è più avvicinato non solo, ma ha potentemente cooperato nell' ordine scientifico della storia all' avvenimento della fisica sperimentale di Galileo, la filosofia platonica e neoplatonica italiana infetta di misticismo e di teosofia, che era fuori le università italiane, ovvero l'Università patavina coi continui commenti, i quali o correggevano

Aristotele, ovvero estendevano la scienza a nuovi problemi?" (p. 28).
La risposta secondo il Prof. Ragnisco non è dubbia „Aristotele non
comanderà più nella scienza; ma chi ne affrettò la catastrofe non
fu la fisica a priori nè di Telesio nè di Bruno, ma l'opera lenta e
tenace della interpetrazione scientifica dell' Aristotele ellenico, che
pose al chiaro la necessità dell' osservazione, perché il metodo fasse
proficuo alla ricerca della natura, e questa fu l'opera di Padova"
(p. 29). A me ripugna di entrare in questa via di apprezzamenti
e valutazioni subbiettive. Dirò solo che per provare la sua tesi il
Ragnisco dovea mostrarci come i commentatori di Padova, lungi
dall' esser ligii ad Aristotele, mettessero a nudo i vizii aprioristici
della sua Fisica, meglio di quel che avesse fatto il Bruno, nello
Acrotismus camoeracensis, poniamo. Ma il nostro autore è ben
lontano dall' avere financo tentata questa prova. E se non vuole
torcere i fatti a modo suo, deve pur confessare che il Cremonini
è il frutto più maturo della scuola padovana, e ne segue fedelmente
le tradizioni e il metodo. Sicché vero precursore di Galileo
dovremmo chiamare costui, che chiudeva gli occhi per non vedere
i fatti alle teorie d'Aristotele ripugnanti, e non diremo precursore
il Bruno, che prima del Galileo avea accettata e sostenuta la teorica
copernicana, impernandovi il suo sistema filosofico.

A questo proposito io scrissi nella mia conferenza su G. Bruno:
„La grandezza, la novità del Bruno sta nella costruzione di una
filosofia rispondente alla nova scienza e ai novi bisogni dello spirito"·
Questo giudizio non è mio, ma del Keplero, la cui lettera al Galilei
è notissima. Al Ragnisco non piace, e crede di combattermi e di
mettermi in contraddizione con me stesso, perché in altro luogo
dissi: „Una gran parte di quella materia propria dei teologi ei crede
si debba trasformare col comodo metodo delle allegorie". Ma quale
ripugnanza scoprite tra queste due proposizioni? Un filosofo può
bensi costruire un sistema filosofico movendo dai dati della scienza
contemporanea, e poscia mostrare che questo sistema non discorda
dalla Religione, purché liberamente interpetrata. Ho detto io forse
che il motive principale del filosofare bruniano fosse il religioso,
come par che opini il Ragnisco, o non l'ho anzi esplicitamente
negato? Sarò dunque in contraddizione col professore padovano,

e me ne duole; ma egli non deve affibbiarmi le opininioni sue per mettermi alle prese con me medesimo.

Un altro punto merita d'essere toccato, è quello della doppia verità. Secondo il Ragnisco „il partito migliore lo scelse senza dubbio la filosofia patavina, che distinse il campo della fede da quello della scienza: e siccome questa s'intendeva espressa in Aristotele, che era il filosofo della natura, così, secondo Aristotele, voleva dire secondo la ragione naturale". Questa interpetrazione troppo benevola del famoso espediente della doppia verità non regge a parer mio. Se i filosofi padovani· avessero proclamato alcuni problemi filosofici, poniamo quello dell' immortalità dell' anima o della provvidenza, come insolubili dalla ragione umana, allora ci sarebbe stato posto per la fede; ma quando li risolvevano in un modo reciso e definitivo, non si può ammettere sul serio che alle opposte soluzioni dell' insegnamento religioso prestassero verace assenso. La doppia verità fu sempre, da Averroé in poi, una scappatoja, ed un filosofo che quel commodo sutterfugio disdegna, ed offre la sua vita in olocausto alle sue convinzioni, non solo dalla politica „incerta ed agitata" è proclamato eroe, come pretende il Ragnisco, ma da chiunque abbia sgombra la mente da ire di parte, o da falsi preconcetti.

Davdi Levi. Giordano Bruno o la Religione del pensiero. Torino 1887.

Il titolo stesso spiega gl'intendimenti del Libro. Giordano Bruno non è fondatore di una nuova filosofia, ma di una nuova religione. „Tutto ciò era più che un' eresia e uno scisma, era una nuova religione, che potrebbe agevolmente informarsi in culto proprio, avere i suoi riti e costituire un quinto Evangelo, il nuovo Credo, non più fondato sopra leggende ipotetiche, ma sopra leggi infallibili e incontrovertibili della natura, elevare il tempio futuro sull' adamanto e costituire un sistema, il quale, al pari del cattolico, abbracci l'ordino spirituale, il fisico e sociale, tal che governi e domini del pari individui famiglie, nazioni, e potrebbe comprendere e abbracciare nella sua vastità ogni manifestazione del divino, e tutte le varietà del genere umano. Era la rivoluzione più radicale, che abbia osato promuovere quel secolo audace e irrequieto" (p. 421). Indarno cerchi le prove di queste e consimili asserzioni, chè dei concetti del Bruno intorno alle religione, dei giudizii che egli porta sulle varie forme del sentimento religioso, dei rapporti che secondo lui debbono intercedere fra la Religione e la Scienza, non v'ha se non un cenno fugace ed imperfetto in due pagine sole, p. 407—408. Fisso nel concetto di fare del Bruno l'apostolo della Religione del pensiero, che deve succedere alle due precedenti, quella dei sensi, e quella del sentimento o della passione (p. 441), lo confronta con Gesù, e scopre tra i due novatori fantastiche analogie. Cosi „Gesù dichiara d'essere venuto non a mutare la legge, ma a compierla, dichiara sè Dio e figlio di Dio, predica moralità giustizia ed amore; Bruno proclama di voler continuare e completare l'antica dottrina filosofica italiana negletta ed obbliata, dimostra alla sua volta l'infinità di Dio, la sua immanenza e presenza nell' universo . . . risveglia non solo la coscienza in noi, ma il sentimento morale per renderci perfetti come Dio . . . Ambedue nel termine del loro apostolato sono tratti da una forza misteriosa e provvidenziale nella capitale religiosa del mondo; l'uno nella Gerusalemme antica, l'altro nella Gerusalemme moderna, in Roma" (p. 423—25). Bruno dunque oltre e più che filosofo è profeta, e al pari di tutti i grandi rivelatori dell' Umanità, ha, come a dire, una seconda vista, e con meravigliosa esattezza fino dal 1585, quando scrive gli Eroici furori, divina la tremenda cata, strofe del 1600. „Mira il tradimento del giuda veneto che lo vende e lo accusa all' inquisizione; la barca che lo transita alle carceri, e poi di prigione in prigione a Venezia, a Roma[1]); le torture, dalle quali avrà le carni lacerate, le vampe del rogo che dovranno divorarlo[2])" (p. 237). Questa riforma religiosa, che al pari della

---

[1]) Eroici furori sonetto 52 op. it. II. 399 (ed. Wagner). Levi p. 347.
    Gentil garzon, che dal lido scioglieste
    La pargoletta barca . . .
    Vedi del traditor l'onde funeste.
    E nel sonetto 53 p. 400, Levi p. 313.
    Che invan ritento a lidi più sicuri.
[2]) Eroici furori p. 373 (Levi p. 382) Cicada vede una „face ardente circa

pitagorica è insieme filosofica, il Bruno l'avrebbe di già abbozzata nel primo libro, che di lui abbiamo, il cui titolo secondo il Levi non s'ha da intendere nel senso, che s'è inteso finora, di concetti umani in contrapposso degli archetipi divini, bensi in quest' altro più profondo „i misteri religiosi non ritraggono che ombre della verità e devono diliguarsi quando il concetto del divino brilli alle menti in tutto il suo splendore e nella sua infinitudine; l'uomo allora passerà dalle tenebre alla vera luce" (p. 135). Allo stesso scopo ma per altra via intenderebbe la commedia Il candelajo „Il candelajo è la lanterna di Diogene in mano al filosofo. Il cinico greco portava la lanterna intorno per trovare l'uomo, il filosofo nolano per ritrovare la verità, la sincerità, e chiarire, mettere a nude le ipocrisie, le buaggini, le laidezze sociali e per servirmi delle stesse parole del Bruno: la candela del suo candelajo potrà chiarire certe ombre d'idee le quali invano spaventano le bestie" (p. 80). „Secondo ogni probabilità Bruno, nel dedicare la commedia a qualche amica od amante, che abitava nel Reame di Napoli, allude pure ad alcuna società misteriosa, filosofica e religiosa ad un tempo, quali abbondarono sempre nella terra dei Pitagorici .... La fata morgana, com' è noto, è il miraggio, e vero miraggio sono spesso gli scritti antipapali dei nostri poeti e filosofi ... sono fantasie che adombrano il vero" (p. 83).

Queste torte e fallaci interpetrazioni bastano a chiarire il concetto fondamentale del libro, e il metodo che vi si adopera. Sfortunatamente non scarseggiano gli errori. Non terrò conto di alcuni lapsus come a pag. 7: Des Dorides in luogo di Desdouits, a p. 103: De clavis magis in luogo di Clavis magna, a p. 253 e passim Wurtemberg in luogo di Vittemberga, ed altri consimili. Ma non posse mandargli buono, che seguiti a negare (p. 97 e 98) la conversione al protestantesimo in Ginevra, mentre conosce i documenti pubblicati dol Dufour, secondo i quali il Nolano medesimo chiede di essere riammesso alla comunione calvinistica. Nè tampoco posso dargli ragione, quando egli (p. 233) rivendica al

---

la quale è scritto. Ad vitam, non ad horam" e a p. 375 uno „strale infocàto, che ha le fiamme in luogo di terrigna punta, circa il quale è avvolto un laccio et ha il motto: Amor instat ut instans".

Bruno il sonetto: Poiché spiegate ho l'ali al bel desio, come se il Fiorentino solo per congettura l'abbia restituito al Tansillo, e non perché di fatto si trovi nella raccolta autentica delle poesie tansilliam. Se il Levi avesse consultata questa raccolta, ripubblicata dallo stesso Fiorentino, avrebbe visto che non solo il sonetto 16 degli Eroici furori, ma benanche il 13 D'un si bel fuoco e d'un si nobil laccio, sono tansilliani. Non so poi che cosa sia l'Oratio valetudinaria di cui egli parla a p. 256 e 258, il cui soggetto sarebbe stato l'elogio della sapienza; il brano che ne adduce il Levi appartiene alla oratio valedictoria da lui stesso citata nella nota 2 di p. 258 in seguito alla pretesa valetudinaria. E potrei seguitare ancora per un pezzo, ma quel che ho detto mi autorizza a conchiudere che il libro del Levi, sebbene abbia pregi letterarii indiscutibili, è ben lontano dall' essere una vera ricostruzione storica.

Mr. Pietro Bàlan.   Di Giordano Bruno e dei meriti di lui ad un monumento. Saggio storico popolare. Bologna 1886.

È un libercolo d'occasione, d'indole polemica e senza valore alcuno. Per dare qualche esempio del metodo tenuto da Monsignore accennerò al cap. VII, dove espone i giudizii portati sul Bruno da diverse parti, e sapete su quale autorità si fonda? Sul Tiraboschi, sull' Andres, sul Rivato, e sul Cantù, tutti filosofi di prima riga secondo l'autore. Cita anche ad avvalorare la sua tesi il Fiorentino e lo Spaventa, ma sentite in qual modo. Fiorentino dice che invano si cerca in Bruno la rigida e metodica dimostrazione; Spaventa aggiunge che l'etica del Bruno è avviluppata in cento allegorie e figure strane e bizzarre, e che il Nolano non poté rinvenire il centro, smarrito come fu nel girare attorno alla circonferenza, ed il nostro Monsignore dando a questi giudizii maggior portata di quel che intendessero i due scrittori, ne inferisce che „negli scritti filosofici del Bruno non v'è ordine, non precisione, non chiarezza; egli è verboso, confuso oscuro, sicche alcuna volta si può dubitare se intendesse quel che diceva" (pag. 63). Diamo ora un esempio della critica filosofica. Bruno chiama „Dio prima causa, in quanto che le cose tutte son da lui

distinte, come l'effetto da l'efficiente, la cosa prodotta dal producente".
E Monsignore ribatte „ma dunque Dio è distinto dal creato, come
qui si dice, od è anima del mondo e quindi confuso, come potenza
di tutto e più ancora tutto in tutto?" (p. 68). Come se produzione
fosse lo stesso di creazione, e dicendo, poniamo, che il germe dell'
organismo sia distinto dall' organismo stesso, si voglia porre tra i
due una diversità di natura. Della critica storica poi non parliamo.
Monsignore par che dubiti del rogo del Bruno „Unico ricordo, in-
certo e vago si ha in certi Avvisi di Roma del 12 e 19 Febbrajo
1600, i quali parlano di un frate Domenichino da Nola che era
stato a Ginevra due anni, che avea insegnato a Tolosa ed a Lione,
che in Germania avea più volte disputato col cardinale Bellarmino...
Ora è certo che G. Bruno fu a Ginevra appena due mesi e non
due anni, che a Lione non insegnò; nè pare che abbia pur visto il
cardinale Bellarmino in Germania o altrove" (p. 108). Come se
l'estensore degli Avvisi solo perchè fosse inesattamente informato
dei casi passati della vita del Bruno, dovesse prendere più grossi
abbagli su fatti, che si svolgevano sotto ai suoi occhi. Lasciamo
stare che il Balan ignora i decreti pubblicati dal Berti, e la notizia
estratta dal Fiorentino dal libro della Depositeria generale di Papa
Clemente VIII.   E cosi si scrive la storia!

Sante Ferrari. G. Bruno, F. Fiorentino, T. Mamiani. Commemorazioni lette nella. R. Accademia di Mantova. Mantova
   1887.

La più importante di queste tre commemorazioni è la prima,
dove il giovane professore porta un giudizio sereno e coscienzioso
sull' opera del Bruno „Una volta, ei scrive, succeduta ai deliri dell'
ascesi la festa dell' umanismo, il pensiero procedette anche oltre
Bruno; nè il pensatore del secolo decimonono accetterebbe più per
intero le teoriche di lui. Ma ciò non scema il merito di quel
valoroso. Chè a renderlo degno dell' ammirazione e della ricono-
scenza dei popoli basterebbe l'aver egli strenuamente propugnati i
dritti della natura e l'emancipazione della coscienza, anche se a
questa libertà non fosse giunto a dare un contenuto durevole.
Sta il fatto invece che il mondo moderno c'è tutto, benchè allo

stato di fermentazione, nel cervello di Bruno; e che molte delle tesi da lui sostenute formarono, e sono ancora oggi, la base granitica della Scienza. La luce emanata da lui, se ebbe dei bagliori incerti per il velo di nebbia che la cingeva, andò nel tempo afforzandosi fino a brillare in tutta la sua purezza nel sereno meriggio" (p. 11).

A. Chiappelli, La dottrine della Realtà del mondo esterno nella filosofia moderna prima di Kant. Firenze 1886. pp. 141.

È un volume non grande di mole, ma ricco di soda dottrina e di non comune erudizione; nè io ho d'uopo di presentarlo ai lettori tedeschi dopo la larga recensione del Natorp. L'autore intende di studiare il modo come il problema sulla realtà del mondo esteriore sia stato risoluto nella filosofia moderna da Cartesio a Kant. Giustamente egli osserva, che questo problema è pressocchè straniero alla filosofia antica; perchè „se le sottili analisi di Pirrone e di Carneade riescono a dimostrare che nulla possiamo conoscere con certezza, e che quindi di due proposizioni contradittorie l'una non è meno vera dell' altra, con questo non intendono punto affermare che nulla esista oltre le nostre rappresentazioni, ma solo che la conoscenza nostra non può oltrepassare la verosimiglianza, e che quindi bisogna sospendere ogni giudizio intorno alla realtà" (p. 8). Tutto al contrario dobbiamo dire della filosofia moderna che „fin dai suoi principii annunziandosi come una critica della conoscenza" dovrà discutere il problema della realtà esteriore come uno „dei più caratteristici e capitali".

Alla soluzione, che il Cartesio dette di questo problema, il Chiappelli consacra un intero capitolo, esponendo largamente la teorica gnoseologica, chè ne è il presupposto. E col Natorp, che su questa via lo precedette, non sempre si trova d'accordo. Così a p. 21 nega che a mente del Cartesio „le idee matematiche debbano svolgersi in noi all' occasione dell' esperienza", anzi secondo il concetto platonico dal Cartesio riprodotto „dovrebbe dirsi che l'esperienza si svolge secondo quella idee ed è illuminata da essa". A pag. 27 non consente al Natorp, che Cartesio e Kant si accordino nel motivo fondamentale che la validità e certezza dei nostri concetti sia garantita dai principii immanenti del nostro conoscere, perché secondo Cartesio „l'idea di Dio non ha più ragione in altre idee. ma in una realtà" e quindi „l'idea suprema ha valore di un giudizio assertorio o esistenziale; non è dunque immanente alla conoscenza il principio, ma transcendente" (p. 28). Ed a me pare che il Chiappelli abbia ragione, ma neanche il Natorp ha torto. E la contraddizione più che tra i due espositori è nel Cartesio stesso, nelle cui filosofia cozzano due principii e direi quasi due indirizzi all'atto opposti, quello che non ammette altra verità certa all'infuori dell' Io penso, e quello che mette la fonte di ogni verità al di là dell' Io, nell' essere perfettissimo. Un aspetto particolare di quest' opposizione è rilevato acutamente dal Chiappelli nei motivi che inducono il Cartesio a superare il dubbio intorno alla realtà del mondo esteriore. „Se difatti, ei scrive a p. 52, con uno sguardo abbracciamo tutto il processo di questa dimostrazione cartesiana d'una res extensa, è facile vedere come resulti da due serie d'argomenti, che Descartes ha invano tentato di comporre in unità. Questi due presupposti sono la veracità, e il ragionamento dall' effetto alla causa, cioè dalla sensazione involontaria all' oggetto che la produce". Ai quali motivi se ne aggiunge un terzo „poco rilevato dagli storici. Dalle ricerche sull' errore risultava come questo sia in fondo un prodotto della volontà. Ora si dimostra che la fede nella realtà corporea non può essere erronea, perché indipendente dalla volontà" (p. 37).

Al capitolo sul Cartesianismo il Chiappelli fa seguire un altro sul periodo cartesiano; che comprende Geulinx, Malebranche e Spinoza. L'autore stesso riconosce che il problema sulla realtà del mondo esterno „nel periodo cartesiano si perde, a cosi dire, di vista" (p. 67); perchè „non si ricerca più in qual modo abbiamo conoscenza dei corpi esterni, ma come è possibile spiegare la relazione fra questi e l'anima". Tuttavia egli parla diffusamente di questo periodo in quanto che „nelle forme varie dell' occasionalismo si può ricercare il progressivo complicarsi dei termini nei quali sarà posto il problema idealistico". Per queste ragioni il nostro Autore tratta con ampiezza del Geulinx, e tocca anche della quistione insorta a motivo di questo filosofo tra il Pfleiderer, l'Eucken e lo Zeller. In fondo il Chiappelli, sebbene faccia qualche concessione ai due primi, è sostanzialmente d'accordo con quest' ultimo. Saltando su questa quistione, che non è strettamente legata col nostro argomento, io mi restringo a riferire un passo, dove il Chiappelli sa connettere il Geulinx col Malebranche e collo Spinoza meglio, a parer mio, di quel che faccia l'Erdmann. „Geulinx, ei scrive a p. 81, rimane ancora cartesiano, perché serba la dualità del pensiero e del corpo esteso. Accanto a Dio, unità sostanziale delli spiriti, rimane la sostanza corporea, unità dei corpi. Da questo dualismo, Spinoza potrà facilmente svolgere il concetto monistico. ... Ma per giungere a codesto punto deve farsi un altro passo, e appianare la difficoltà di conciliare l'estensione colla natura divina, e fare precisamente l'inverso di quello che avea fatto Geulinx. ... Questo momento dovrà svolgersi in Malebranche".

Il terzo e ultimo capitolo, intitolato: Passaggio all' idealismo dogmatico, prende le mosse dall' empirismo del Locke, nel quale il problema del mondo esteriore torna di nuovo ad avere capitale importanza. Imperocchè il Locke delle tre realtà, vale a dire l'anima, Dio, e il mondo esteriore, crede che la prima s'abbia, come dicevano anche i Cartesiani „per intuizione, la seconda per dimostrazione, la terza solo per sensazione". E poiché „la semplice esistenza di una rappresentazione nel nostro spirito non prova la realtà del suo oggetto, come la figura dipinta di un uomo non prova la sua esistenza reale" (pag. 115), cosi il Locke è costretto a darne una dimostrazione, come avea fatto Cartesio. E se tralascia „quasi affatto il criterio della veracitas Dei, dà più largo svolgimento ol principio dell' argomentazione dall' effetto alla causa, che l'occasionalismo aveva abbandonato" (p. 118). Per tal guisa il Locke riesce ad un realismo empirico; ma d'altra parte egli avea messa in evidenza la distinzione, che rimonta a Cartesio, e se vogliamo anche a Democrito, tra qualità primarie e secondarie, e le prime sole avea tenute per reali, le seconde no. Poste queste premesse „la conseguenza d'un assoluto fenomenismo era inevitabile. Ammessa la natura fenomenica delle proprietà seconde, non vi era più ragione nessuna di negarla alle primarie" p. 127. E cosi era aperta la via all' idealismo del Berkeley, e del Collier.

Questo è in succo il libro del Chiappelli, che desidero vedere

condotto a termine al più presto. Io non sono d'accordo coll' Autore
in parecchi punti, e credo che egli stesso, ritornando sul suo lavoro,
lo ritoccherebbe non poco. Così non saprei ammettere che „per
Kant la stessa esperienza interna . . . è possibile solo presupponendo
l'esperienza esterna", e che „questa è appunto la novità dell' idealismo trascendentale e la differenza capitale nelle confutazione dell'
idealismo fra la prima e'la seconda edizione" (p. 42). Nè direi
che „nel sistema cartesiano v'era pure il germe del sensismo"
(p. 66), e molto meno che per il Locke „la riflessione ricava tutta
la sua materia dalle sensazioni esterne" (p. 128). Ma queste sono
piccole mende, che non tolgono nulla al pregio del libro, il quale
è un notevole „contributo alla storia dell' idealismo prekantiano".
Giuseppe Tarantino.   Saggio sul Criticismo e sull' associazionismo
    di Davide Hume.   Napoli 1887.

In un saggio storico sul Locke pubblicato nella Rivista di Filosofia scientifica Serie 2ª anno V vol. V Settembre 1886, ripren-
dendo una tesi dello Zimmermann, il Tarantino avea dimostrato
che il criticismo Kantiano prende le mosse dal Locke. E sebbene
qualche esagerazione si notasse in quello scritto, che a me rincresce
di non avere qui a mia disposizione per renderne conto più esatta-
mente, pure è innegabile che nel saggio del filosofo inglese oltre
la parte genetica è anche la critica, e la seconda non ha minor
valore della prima. Seguitando i suoi studi sulla filosofia inglese
l'Autore vuole dimostrare che „Davide Hume, oltre al merito
d'essere stato il creatore della Psicologia dell' associazione, ha pure
quello d'aver portato il Criticismo al massimo punto del suo sviluppo, e che la sua posizione non fu da Kant superata". È la
stessa tesi, che nel 1792 sosteneva lo Schulze, e che parecchi anni
or sono io combattei col testo stesso dell' Hume (Tocco, Fenomeno
e Noumeno. Nella filosofia delle scuole italiane anno 1881). A me
pare che il Tarantino non usi rispetto a Kant la stessa diligenza
che mostra nel riassumere l'Hume. E trascuri un elemento impor-
tantissimo di confronto, vale a dire il valore che il Kant, a differenza dell' Hume, attribuisce alla matematica, la quale penetrando
l'esperienza, la tramuta in una costruzione necessaria, su cui i
dubbi dell' Hume non hanno più presa.

Neueste Erscheinungen auf dem Gebiete der Geschichte der Philosophie.

Aars, Das Gedicht des Simonides in Plato's Protagoras, Christiania, Dybwad.

de Arnim, Joh., Philodemea, Rhein. Museum Bd. 43, H. 3, S. 360 ff.

v. Arnim, Hans, Quellenstudien zu Philo von Alexandrien, Berlin, Weidmann'sche Buchhandlung.

Arnoldt, Emil, Zur Beurtheilung von Kant's Kritik der reinen Vernunft und Kant's Prolegomenon, Altpreussische Monatsschrift, Neue Folge, Bd. 25, Heft 3, 4.

Asmus, Rudolphus, Quaestiones Epicteteae, Freiburg, Mohr.

Berndt, Th., Bemerkungen zu Platon's Menexem, Gymn.-Progr., Herford.

Busse, Ad.; Der Historiker und Philosoph Dexippus, Hermes, Bd. 23, H. 3.

Brinker, K., Das Geburtsjahr des Stoikers Zeno und dessen Briefwechsel mit Antigones Gonatas, Progr., Schwerin i. M.

Demme, C., Die Hypothesis in Plato's Menon, Programm, Dresden.

Dieckert, Gust., Das Verhältniss des Berkeley'schen Sensualismus zu Kant's Vernunftkritik, Programm, Konitz.

Dieckhoff, W., Leibniz' Stellung zur Offenbarung, Rectoratsrede, Rostock, Hiller.

Effer, H., Schleiermacher's Ansicht von der Natur des Gedächtnisses etc., Programm, Eupen.

Endes, Alexander von Hales' Leben und psychologische Lehre, Philosophisches Jahrbuch Bd. I, H. 1.

Engels, Friedr., Ludwig Feuerbach und der Ausgang der classischen deutschen Philosophie, Stuttgart, Dietz.

Farny, Émile, Etude sur la morale de Malebranche, Leipziger Dissertation.

Gehrke, Albert, Vorstufen christlicher Weltanschauung im Alterthum, Progr., Rudolstadt.

Geiger, Godhard, C. Marius Viceborinus Afer, ein neuplatonischer Philosoph, Programm, Metten.

v. Gizycky, Kant und Schopenhauer, Leipzig, Friedrich.

Glöckner, G., Der Gottesbegriff bei Leibniz, Zeitschrift für exacte Philosophie Bd. 16, H. 1.

Harnack, A., Augustin's Confessionen, Giessen, J. Ricker.

Hartenstein, E., Die Lehren der antiken Skepsis über Kausalität, Zeitschr. f. Philes. u. philos. Kritik Bd. 93, H. 2.

Hettinger, Fr., Dante's Geistesgang, Cöln, Görres-Gesellschaft.

Kalmus, Platon's Vorstellungen über den Zustand der Seele nach dem Tode, Programm, Pyritz.

v. Kleist, H., Zu Plotin's Enneade IV, 3 u. 4, Progr., Leer.

Krause, Die Lehre des h. Bonaventura über die Natur der körperlichen und geistigen Wesen, Paderborn, Schöningh.

Kunz, Fr., Bekämpfung und Fortbildung Lessing'scher Ideen bei Herder, Programm, Teschen.

Langeni, P., Ad nonnullos locos Ciceronis de finibus librorum adnot. part I et II, Programm, Münster.

Liers, Rhetoren und Philosophen im Kampf um die Staatsverfassung, Programm, Waldenburg i. Schl.

Lukas, Fr., Methode der Eintheilung bei Platon, Halle, Pfeffer.

Merguet, Lexicon zu Cicero's philos. Schriften, Heft 3, Jena, Fischer.

Meyer, A., De compositione Theogoniae Hesiodeae, Berliner Dissertation.

Michaelis, Zur aristotelischen Lehre vom νοῦς, Programm, Neustrelitz.

Michaelis, C. Th., Stuart Mill's Zahlenbegriff, Programm der Charlottenschule in Berlin.

Michelet und Haring, Kritische Darstellung der dialectischen Methode Hegels, Leipzig, Dunker u. Humblot.

Monnier, Marc., Litteraturgeschichte der Renaissance von Dante bis Luther. Autorisirte deutsche Uebersetzung, Nördlingen, Beck.

Pech, Der Gottesbegriff in den heidnischen Religionen der Neuzeit, Freiburg, Mohr.

Plessner, P., Die Lehre von den Leidenschaften bei Descartes, Leipzig, Fock.

Reich, E., Schopenhauer als Philosoph der Tragödie, Wien, Konegen.

Reim, B., Der transcendentale Idealismus bei Schopenhauer und Kant, Rudolstadt, Keil.

Reinhardt, L., Die Quellen von Cicero's Schrift de deorum natura, Breslau, Köbner.

Riedel, O., Die Bedeutung des Dinges an sich in der Kant'schen Ethik, Stolp.

Schenkl, H., Die epiktetischen Fragmente, Sitzungsberichte der Wiener Akad. der Wissenschaften Bd. 115, S. 443—596 (Separat-Abdruck, Wien, Tempsky).

Schirlitz, C., Beiträge zur Erklärung der plat. Dialoge Gorgias und Theaitetos, Programm, Neustettin.

Schmitt, Das Geheimniss der Hegel'schen Dialectik, Halle, Pfeffer.

Schütte, H., Theorie der Sinneswahrnehmungen bei Lucrez, Leipzig, Fock.

Schultess, Fridericus, Annaeana studia, Programm, Hamburg.

Siebeck, H., Untersuchungen zur Philosophie der Griechen, zweite Auflage, Freiburg, Mohr.

Stählin, S., Kant, Lotze, Ritschl, Leipzig, Dörffling u. Franke.

v. Stein, K. H., Rousseau und Kant, Deutsche Rundschau Bd. 14, H. 11.

Stein, Ludwig, Leibniz in seinem Verhältniss zu Spinoza auf Grundlage unedirten Materials entwicklungsgeschichtlich dargestellt, Sitzungsberichte
der Kön. preuss. Akademie der Wissenschaften 1888, XXV.

Thedinga, Fr., Der Begriff der Idee bei Kant, Programm, Hagen.

Thieme, K., Glaube und Wissen bei Lotze, Leipzig, Dörffling u. Franke.

Tiemann, J., Kritische Analyse von Buch I und II der platonischen Gesetze,
Programm, Osnabrück.

Veeck, O., Die religionsphilosophischen Anschauungen Trendelnburgs, Gotha,
Behrend.

Vogel, Goethe's Selbstzeugnisse über seine Stellung zur Religion, Leipzig,
Teubner.

Wahle, R., Die geometrische Methode Spinoza's, Abhandlungen der Wiener
Akademie 1888.

Walbe, E., Syntaxis Platonicae specimen, Bonn, Behrend.

Windelband, W., Geschichte der antiken Naturwissenschaft und Philosophie,
Nördlingen, Beck.

Würz, C., Die sensualistische Erkenntnisslehre der Sophisten und Plato's
Widerlegung derselben, Programm, Trier.

Archiv

für

Geschichte der Philosophie.

II. Band 2. Heft.

X.

Thales ein Semite?

Von

H. Diels in Berlin.

Bei dem eifrigen Bestreben, das im Altertum nicht minder
wie in der Neuzeit hervorgetreten ist, die Anfänge der griechischen
Speculation irgendwie an den Orient anzuknüpfen, ist es nicht zu
verwundern, dass Thales der ehrwürdige ἀρχηγέτης der ionischen
Naturphilosophie mit orientalischen Einflüssen in Verbindung gesetzt wird, insofern er seine nautischen, astronomischen und mathematischen Kenntnisse sich bei den Aegyptern, Phönikiern, Chaldäern,
die er besucht habe, erworben haben soll. Bereits im fünften Jahr-
ndert scheint dergleichen geglaubt worden zu sein. Und Herodot
leitet an einer der drei Stellen, wo er des weisen Milesiers Erwähnung thut, sogar sein Geschlecht von den Phönikiern ab. Es geschieht dies da, wo er den Vorschlag des Thales erwähnt, den
ionischen Städtebund mehr zu centralisieren (I 170). Bernays
(Phokion S. 25) sieht in dieser genealogischen Bemerkung eine
„Malice“, die gegen den Mangel an Lokalpatriotismus gerichtet sei,
wie er in jenem Vorschlag hervorträte. Dieser Ansicht möchte ich
nicht beitreten, weil die politische Anschauung des Halikarnassiers
von Hause aus gar nicht mit dem Particularismus der ionischen

Zwölfstädte sympathisiert (vgl. z. B. I 146), sondern wol mehr mit dem Vorschlag des Thales, den er ja als eine χρηστὴ γνώμη bezeichnet. Und bei diesem Vorschlage wird Herodot gewiss nicht an phönikische Staatsverfassung, sondern eher an sein politisches Ideal, Athen, gedacht haben, wie er selbst andeutet [1]).

Vielmehr liegt der genealogischen Bemerkung des Herodot τὸ ἀνέκαθεν γένος ἐόντος Φοίνικος eine völlig ehrliche Anerkennung zu Grunde. Den Zeitgenossen erschien der gewaltige Mann, der die Flüsse ableitete und die Sonnenfinsternisse voraussagte, (Herod. I 74 75) wie ein Verkünder übernatürlicher Weisheit, die nicht aus Griechenland, sondern nur aus dem Ursitze der Cultur, dem Oriente, stammen konnte. Er war z. B. der erste, der den Pol schärfer bestimmte und den kleinen Bären der Schiffahrt als Leitstern empfahl. Man wusste, dass dies phönikische Tradition war [2]). Herodot konnte daher um so leichter an einen genealogischen Zusammenhang mit Phönikien glauben, als er auch an einer andern Stelle die Gephyräer, die selbst aus Eretria stammen wollen, mit den unter Kadmos Führung ausgewanderten Phönikiern in Verbindung setzt [3]). Diese Colonisten werden hier als die Pioniere einer höheren Cultur geschildert und namentlich die Einführung des Alphabets auf sie zurückgeführt. Da es nun eine alte, zuerst wie es scheint bei Demokrit nachweisbare Ueberlieferung gab, welche das Geschlecht des Thales, die Theliden, mit jenen Kadmeern in Verbindung setzte [4]), und Herodot selbst die Einwanderung der Kad-

---

[1]) a. O. I 170 ἐκέλευεν ἐν βουλευτήριον Ἴωνας ἐκτῆσθαι...., τὰς δὲ ἄλλας πόλεις, οἰκεομένας μηδὲν ἧσσον, νομίζεσθαι κατάπερ εἰ δῆμοι εἶεν. Das οἰκεομένας μηδὲν ἧσσον bezieht sich auf den noch weitergehenden Vorschlag des Bias, einen Synoikismos aller Ionier in Sardes zu veranstalten, was Herodot als χρησιμωτάτη γνώμη bezeichnet.

[2]) Kallimachos Fr. 94 II 259 Schn. Θάλητος ὅς τ' ἦν τἆλλα δεξιὸς γνώμῃ καὶ τῆς ἀμάξης ἐλέγετο σταθμήσασθαι τοὺς ἀστερίσκους, ᾗ πλέουσι Φοίνικες.

[3]) I 57 ὡς μὲν αὐτοὶ λέγουσι, ἐγεγόνεσαν ἐξ Ἐρετρίης τὴν ἀρχήν, ὡς δὲ ἐγὼ ἀναπυνθανόμενος εὑρίσκω, ἦσαν Φοίνικες τῶν σὺν Κάδμῳ ἀπικομένων Φοινίκων.

[4]) Laert. I 22 ἦν τοίνυν ὁ Θαλῆς ὡς μὲν Ἡρόδοτος καὶ Δοῦρις καὶ Δημόκριτός φασι, πατρὸς μὲν Ἐξαμύου, μητρὸς δὲ Κλεοβουλίνης, ἐκ τῶν Θηλιδῶν, οἵ εἰσι Φοίνικες εὐγενέστατοι τῶν ἀπὸ Κάδμου καὶ Ἀγήνορος. Das folgende (§ 23) ἐπολιτογραφήθη δὲ ἐν Μιλήτῳ ὅτε ἦλθε σὺν Νείλεῳ ἐκπεσόντι Φοινίκης ist so thöricht kompiliert, dass man den ursprünglichen Zusammenhang nicht einmal ahnen

meer in Ionien annimmt (I 146), so ist es leicht begreiflich, wie wahrscheinlich diese Genealogie dem Herodot erscheinen musste. Weniger gesichert möchte uns, die Richtigkeit aller dieser Zusammenhänge vorausgesetzt, der behauptete phönikische Ursprung erscheinen. Und selbst wenn Thales' Ahnen von den Kadmeern und diese aus Palästina stammten, so wäre es doch etwas verwegen, die eigentümliche Begabung des späten Epigonen mit jener semitischen Urabstammung in Verbindung bringen zu wollen.

Wie aber, wenn diese Theliden doch mit angeborner Zähigkeit an dem alten Ursprunge und den Traditionen des Geschlechtes festgehalten und selbst in dem Namen noch der Urheimat eingedenk geblieben wären? Der Vater des Thales führt den ungriechischen Namen Examyes und da sich unter den zahlreichen Varianten auch die Form 'Εξαμυσύλου befindet, so ist P. Schuster (Acta Soc. phil. Lips. IV, 1875, 328 ff.) auf den Gedanken verfallen in diesem Examyul einen phönikischen Namensvetter des Samuel zu erkennen.

Da diese Darlegung vielfach Eindruck gemacht hat, so möchte ich hier darzulegen versuchen, dass es sich mit jenem Namen ganz anders verhält. Θαλῆς 'Εξαμύου [5]) ist die gewöhnlich überlieferte Form, wie sie Diog. I 22 und 29 in der guten Ueberlieferung erscheint, wie sie bei Suidas und dem aus derselben Quelle geschöpften Platoscholion (Rep. 600 A), bei Stobaios, bei Eusebios (Synkellos, Chronicon paschale, Hieronymus) überliefert ist, wie sie endlich auf der Herme des Thales in der Sala delle Muse im Vatikan in antiker Schrift eingemeisselt ist. Aber der Name klingt griechischem Ohre nicht verständlich. Daher haben die Schreiber zum Teil auf ihre Weise eine Verbesserung versucht, indem sie im ersten Bestandteile die Präposition ἐξ zu erkennen vermeinten.

---

kann. Θηλιδῶν heisst das Geschlecht in der besten Ueberlieferung BP, Θηλυδῶν in F. Meineke wollte Βηλιδῶν lesen, Νηλειδῶν Bywater. Es scheint vorläufig geraten, nichts zu ändern, obgleich ein sprachlicher Zusammenhang mit Θαλῆς, den Schuster annimmt, abzuweisen ist.

[5]) Eine nur orthographische Var. ist εξαμύου bei Steph. v. Byzanz s. v. Μίλητος S. 452, 15 Mein. und beim sog. Aristoteles de Nilo (Fr. ed. Rose Leipz. 1886) S. 192 Thales qui de ameo. Auch das in Vulgattexten hier und da vorkommende 'Εξαμίου ist durch byzantinische Aussprache des υ leicht entstellt.

So lesen Simpl. Phys. S. 23, 22 die guten Hdss. ἐκ σάμου. Auf
dasselbe ἐκ σάμου ist unabhängig davon ein Schreiber des Stobaios
(Flor. 3, 79) verfallen. Aehnlicher Verderbnis mag auch das aus
Porphyrios' Philosophengeschichte (Fr. 5 Nauck) geflossene Citat
im Fihrist des Muḥammed ibn Isḥâk den Vatersnamen *Mallos* statt
Examyes verdanken [6]). Noch weiter hat sich die gesammte Ueberlieferung des Laertios von dem Ursprünglichen II 4 entfernt, wo
das handschriftliche Θαλῆς ἐκ καλοῦ längst von M. Gudius in Θαλῆς
᾽Εξαμύου überzeugend gebessert worden ist. So begreifen wir nun auch
eine Lesart des Vaticanus 140 im Laertios I 22 ἐξαμύου, wo der
Schreiber das unverständliche Wort sich offenbar durch die Besse-
rung ἐξ ἀμύλου zu 'verdeutlichen suchte. Wenn die Worte nur
griechisch aussehen, um den Sinn kümmern sich diese braven
Schreiber wenig. Es bedarf nun für ein philologisch geschultes
Auge keines besonderen Scharfblickes, um das verfängliche ἐξαμυούλα
des florentiner Codex (F), von dem Schuster ausging, als eine weitere
Entstellung jener Lesart zu erkennen. Auch hier wird in der Vorlage ἐξαμύου gestanden haben, wovon der in F ausradierte Accent
über μυ noch eine Spur zurückgelassen hat [7]). So wenig also die Variante der armenischen Uebersetzung Examilas neben der Uebereinstimmung der griechischen Excerptoren und der lat. Uebers. des
Hieronymus in ᾽Εξαμύου irgendwie selbständigen Wert beanspruchen
darf. ebensowenig kann eine noch dazu missverstandene Conjectur
in F, einer unzuverlässig und lüderlich geschriebenen Handschrift,

---

[6]) A. Müller, *Die gr. Philos. in d. arabischen Ueberl.* Halle 1873 S. 5.
Die Verderbnis will Müller S. 30³ anders erklären. Malus statt Thales erscheint bei Eutychius ann. I p. 267. S. Röper *lect. Abulfaragh.* I S²¹.

[7]) Ich entnehme diese Thatsache der scharfen Collation des Hrn. I. Bywater,
welche dieser mit gewohnter Liebenswürdigkeit mir zur Verfügung gestellt
hat. (Hr. G. Vitelli, der sich gütigst einer Nachprüfung der Stelle unterzogen
hat; schreibt mir: *sotto all' indice del nome proprio* (~) *pare vi sia una rasura,
ma non lo garentisco*) Ich nehme an, dass die durch Ueberschreiben des λ angedeutete Conjectur aus einem älteren Exemplare in F und Vatic. 140, die
sonst unabhängig von einander zu sein scheinen, übertragen worden ist, wie
ja das gegenseitige Durchcorrigieren in den älteren Laertioshdss. in ungewöhn-
lichem Masse stattgefunden hat.

neben der guten Ueberlieferung des Laertios in Betracht kommen. Ἐξαμύης steht also nicht nur in der sonstigen Ueberlieferung, sondern auch bei Laertios vollkommen sicher und wird zum Ueberfluss durch die Analogie einiger auf ionischen Inschriften erhaltenen Namen bestätigt. Ein mit Thales gleichzeitiges Anathem, das im Heraion zu Samos stand, trägt als Namen des Weihenden Χηραμύης (Bechtel Ion. Inschr. 211), eine halikarnassische Inschrift (Bechtel 240, 11) hat den Namen Παναμύης (gen. Παναμύω). Es ist jetzt kein Zweifel mehr, dass diese mit dem Suffixe ὑης (ὑυς, ὑα, ὑη) gebildeten Eigennamen der karischen Sprache angehören [8]). Also trägt Thales Vater wie der des Herodot einen karischen Namen. Das ist nicht zu leugnen. Wer aber daraus nun weitergehende genealogische Schlüsse ziehen und auf diesem Wege wieder zur semitischen Herkunft gelangen möchte, würde vermutlich wiederum in die Irre gehen. Denn die semitische Abkunft der Karier, die früher ziemlich allgemein geglaubt wurde, ist durch die Sprachforschung widerlegt werden. Es herrscht jetzt vielmehr entschieden die Anschauung vor, dass die Karier, wie die nahverwandten vorderasiatischen Völkerstämme der Phrygier, Pamphylier, Lydier u. s. w. Arier sind [9]). Und die Namen ihrer Städte und Personen zeigen allerdings arische Suffixe und arische Compositionsweise. Wie dem auch sein mag, ein besonderer, höherer Cultureinfluss des karischen Elementes kann zu Thales' Zeit unmöglich bestanden haben. Denn einerseits hören wir nicht, dass diese Leute sich damals ausser durch Seeraub und Söldnerdienst bekannt gemacht hätten. Andrerseits ist die karische Cultur die entschieden niedere, die früh und vollständig in der griechischen

---

[8]) S. Georg Meyer in Bezzenberger's *Beitr. z. indog. Sprachf.* X (1886) 147. Die karischen Eigennamen hat Haussoullier *Bulletin de corr. hell.* IV 315 gesammelt. Doch fehlt Manches.

[9]) S. Eduard Meyer in Ersch u. Gruber's Encycl. Art. *Karier*, desselben *Geschichte d. Alt.* I 299 u. a. O. Milchhöfer *Anf. d. Kunst in Griech.* S. 109. Georg Meyer a. O. Den schwachen Argumenten für semitischen Ursprung hat Kaibel ein nicht eben stärkeres hinzugefügt, bei Ribbeck *Archestrati rel. fr.* 55, wo es von Teichioessa heisst Μιλήτου κώμη Καρῶν πέλας ἀγκυλοσκώλων. Kaibel bemerkt dazu: *an fuit ex eorum numero Archestratus, qui Semiticae stirpis esse putarent Cares? quos quidni etiam veteres putabimus observasse incurvatis cruribus prae ceteris mortalibus a natura donatos fuisse?*

aufgegangen ist. Ihre Bundesverfassung, das Χρυσαορικὸν σύστημα, zeigt mit der Einrichtung der ionischen Zwölfstädte grosse Aehnlichkeit, im ionischen Aufstande treiben sie dieselbe antipersische Politik, und in den jonischen und dorischen Colonien der Küste zeigen sich im 6. und 5. Jahrhundert die Karier den Griechen vollkommen gleichberechtigt. Die erhaltenen umfangreichen Namenslisten, namentlich der Inschriften von Halikarnass, wo das karische Element allerdings sich immer besonders deutlich ausgeprägt hat, weisen ein Durcheinander von griechischen und karischen Namen auf, wie sich etwa in unseren Gegenden deutsche und slavische Namengebung mischt. Reingriechische Familiennamen, wie Πρωταγόρης Ἡρακλείδεω und reinkarische wie Παραύσσωλος Πανυάσσιος stehen neben griechisch-karischen Mischnamen wie Μόσχος Τενδέσσιος und umgekehrt Πανύασσις Δημητρίου. Wenn nun auch für Milet und Umgegend eine so stark ausgesprochene Mischung wie in Halikarnass nicht anzunehmen ist[10]), so bin ich doch versichert, dass Thales, des Examyes Sohn, trotz des barbarischen Namens seines Vaters für nicht weniger hellenisch und für nicht weniger erlaucht gegolten hat als jener Zeitgenosse Thales, des Orion Sohn, der seinen Namen auf dem marmornen Löwen an der heiligen Strasse bei Milet verewigt hat[11]). Die höhere Cultur Vorderasiens ist damals längst eine einheitlich griechische gewesen, und aus ihr ist als ihre schönste Blüte die Speculation des Thales und seiner Schule hervorgewachsen. Wie viel oder wie wenig fremder Anregung dabei zu verdanken ist, dies zu ermitteln, bleibt weiterer nüchterner Forschung vorbehalten. Sicherlich aber wird der Stammbaum des Thales hierbei keine Rolle spielen.

---

[10]) Vgl. die Liste des benachbarten Iasos (Bechtel 104).
[11]) Bechtel 93. Kirchhoff *Stud. z. Gesch. d. gr. Alph.* 4 26 d.

XI.

Die Hypothesis in Platons Menon.

Von

Alfred Gercke in Berlin.

Vermöge seiner Dunkelheit hat der locus mathematicus in dem platonischen Dialoge Menon (S. 86 f.) auf denkende Leser seit jeher eine starke Anziehungskraft ausgeübt. Doch scheint er eine endgiltige Lösung nicht finden zu sollen. Nur der neueste Beurtheiler dieser Materie, Günther, schreibt in seiner Geschichte der Mathematik etc. [Iwan Müllers Handbuch V 1] 1888 S. 30,7 einer früheren Arbeit die richtige Deutung der vielbehandelten Stelle zu, jedoch ohne überhaupt zu wissen, von welcher Stelle des Menon die zahllosen Dissertationen und Programme handeln (nicht Menon S. 82 f.!). Mit vereintem Bemühen haben Mathematiker, Philosophen und Philologen die Elemente sehr verschiedenartiger Konstruktionsaufgaben in den Worten des Sokrates gefunden und Vierecke, Rechtecke, Quadrate, gleichschenklige, rechtwinklige, gleichschenklig-rechtwinklige und gleichseitige Dreiecke, den Andeutungen jener Stelle folgend, in Kreise eingezeichnet und die Bedingungen dieses Verfahrens bestimmt. Aber schon das Auseinandergehen der Meinungen muss dem Unbefangenen sagen, dass keiner der einzelnen Versuche das Problem löst, dass vielmehr, wenn jede einzelne Konstruktion aus den Worten herauszulesen ist, alle in den griechischen Worten liegen, oder auch keine: dass man eine spezielle geometrische Aufgabe gesucht hat, wo der Philosoph nur eine methodologische Anlehnung an ein allgemeines Verfahren exakter Wissenschaft beabsichtigt hat. So fordert Cicero von seinem Sohne de off. III 7, 33 'ut geometrae solent non omnia docere sed postulare ut quaedam sibi concedantur, quo facilius quae volunt explicent, sic ego a te postulo, mi Cicero, ut mihi concedas, si potes, nihil praeter id quod honestum sit propter se esse expetendum'. Cicero spricht von unbewiesenen aber vorläufig als richtig angenommenen Sätzen, aus welchen die Folgerungen streng wissenschaftlich gezogen werden sollen, und ebenso sagt der platonische Sokrates, die von Menon gestellte Frage, ob die Tugend lehrbar sei, könne er erst beantworten, wenn Menon ihm gewisse Voraussetzungen zugestanden habe, z. B. dass die Tugend ein Wissen sei. Wie Cicero belegt er die Korrektheit seiner dem Laien springend erscheinenden Gedankenführung durch ein in der Geometrie wie in den Naturwissenschaften oft eingeschlagenes Verfahren, eine Voraussetzung, welche sich vielleicht durch den Augenschein oder die Erfahrung empfiehlt, vorläufig als richtig anzunehmen und darauf folgerichtig weitere Schlüsse zu bauen. Eine spezielle, nicht ohne weiteres lösbare Aufgabe und eine spezielle Voraussetzung hierbei anzuführen, hatte für Platon so wenig Zweck wie für Cicero. Wollte er aber sich trotzdem auf ein einzelnes Beispiel mit exakten Angaben statt auf die ganze Methode berufen, so durfte er die genauen Angaben nicht weglassen: denn nur dem Menon zeigte Sokrates im Sande die Figuren, für den Leser musste er sie mit der Ausführlichkeit und Gründlichkeit beschreiben, welche wir von ihm auch sonst überall gewohnt sind. Was er nicht sagt, hat er nicht in den Sand gezeichnet: er denkt auch nicht an eine Verwandlungsaufgabe, da er von einem Verwandeln so wenig als von einer vier- oder mehr-eckigen Figur redet. Was Sokrates klar machen will, pflegt eher einfältig breit als kurz angedeutet und gelehrt zu sein, um wie viel mehr aber das, was Licht auf die folgenden Erwägungen werfen soll; trotzdem 'ereignet sich hierbei das Merkwürdige: während die Erwägungen nicht die geringsten Schwierigkeiten boten, erschien das angeführte geometrische Beispiel um so dunkler'. So äussert sich derjenige, welcher zuletzt mit achtbarer Gelehrsamkeit die Spuren der gesuchten Figuren im Sande aufgespürt hat (Carl Demme, Progr. No. 522 Dresden 1888 S. 7 f.).

Mir scheinen die Worte Platons nicht mehr bes gen zu sollen als die Ciceros; sie lauten mit meiner Uebersetzung folgendermassen:

86 E ἀλλὰ σμικρόν γέ μοι τῆς ἀρχῆς χάλασον καὶ συγχώρησον ἐξ ὑποθέσεως αὐτὸ σκοπεῖσθαι, εἴτε διδακτόν ἐστιν εἴτε 5 ὁπωσοῦν. λέγω δὲ τὸ »ἐξ ὑποθέσεως« ὧδε, ὥσπερ οἱ γεωμέτραι πολλάκις σκοποῦνται [eher σκοποῦντες] ἐπειδάν τις ἔρηται αὐτούς, οἷον περὶ χωρίου εἰ οἷόν 10 τε ἐς τόνδε τὸν κύκλον τόδε τὸ χωρὶς τρίγωνον ἐνταθῆναι — εἴποι ἄν τις ὅτι „οὔπω οἶδα εἰ ἔστιν τοῦτο τοιοῦτον, ἀλλ’ ὥσπερ μέν τινα ὑπόθεσιν προὔργου 15 οἶμαι ἔχειν πρὸς τὸ πρᾶγμα τοιάνδε· εἰ μέν ἐστιν τοῦτο τὸ χωρίον τοιοῦτον οἷον παρὰ τὴν δοθεῖσαν αὐτοῦ γραμμὴν παρατείναντα ἐλλιπεῖν (so b, ἐλλείπειν 20 T, ἐλλίπειν B) τοιούτῳ χωρίῳ οἷον ἂν αὐτὸ τὸ παρατεταμένον ᾖ, ἄλλο τι συμβαίνειν μοι δοκεῖ καὶ ἄλλο αὖ εἰ ἀδύνατόν ἐστιν ταῦτα παθεῖν. ὑποθέμενος οὖν 25 ἐθέλω εἰπεῖν σοι τὸ συμβαῖνον περὶ τῆς ἐντάσεως αὐτοῦ εἰς τὸν κύκλον εἴτε ἀδύνατον εἴτε μή.“

gich mir ein wenig im Anfange nach und gestatte, dass jenes unter einer Voraussetzung untersucht wird, ob sie lehrbar sei oder was sonst. Ich verstehe dieses „unter einer Voraussetzung" so, wie etwa die Mathematiker oft bei ihren Untersuchungen, wenn einer sie fragt z. B. über eine Figur, ob es möglich ist, in diesen Kreis hier dieses ausserhalb befindliche Dreieck einzutragen — wie dann einer sagen würde „ich weiss es noch nicht, ob dies so beschaffen ist, aber ich denke für diese Sache eine Art Voraussetzung bereit zu haben in folgender Weise: falls diese Figur (Δ) derartig ist, dass man, wenn man sie an die gegebene Linie (O) angetragen hat, Platz hat für eine derartige Figur, wie die angetragene eben ist, dann scheint mir das ein Fall zu sein, und wieder ein anderer, wenn es unmöglich ist, dass dies geschieht. Wenn ich also eine Voraussetzung gemacht habe, will ich dir das sagen, was das Einschreiben derselben in den Kreis betrifft, ob es unmöglich ist oder nicht."

Geändert habe ich nur Zeile 11 τὸ χωρὶς τρίγωνον für das überlieferte τὸ χωρίον τρίγωνον, denn die Bestimmung, dass Kreis und Dreieck bezw. Vieleck gesondert gegeben sind, ist unerlässlich für die mathematische Genauigkeit in einer Zeit, wo die termini noch nicht entwickelt waren; andererseits kann Sokrates nicht unbestimmt andeuten, das Gebilde (χωρίον) solle „als (inhaltsgleiches? ähnliches?) Dreieck" in den Kreis eingeschrieben werden; und das Gebilde selbst muss als Dreieck, Viereck oder Vieleck bezeichnet sein, wenn eine bestimmte Aufgabe hierin liegen soll.

Nach meiner Auffassung ist also Sokrates einfältig genug, vom Menon nur das Zugeständnis zu verlangen: ein Dreieck müsse klein genug sein, in einen Kreis hineinzupassen, wenn die Aufgabe, es hineinzutragen, möglich sein solle, wie auch die Tugend in den Begriff des Wissens sich einfügen muss, wenn sie gleich allem Wissen lehrbar sein soll.

XII.

Zu der platonischen Atlantissage.

Von

Otto Kern in Berlin.

Six hat in der fünfzehnten der seiner Dissertation De Gorgone
Amstelodami 1885 angehängten Thesen die Behauptung aufgestellt,
dass der platonische Atlantismythos ‚mutatis mutandis' auf die
Niederlage der Perser zu beziehen sei. Er hat sich also der von
Susemihl vor mehr als dreissig Jahren vorgetragenen Vermutung
angeschlossen. Es mag sein, dass er neue Argumente beizubringen
weiss, dass er sichere Beziehungen auf die Perserkriege gefunden
hat, das aber steht fest, dass Susemihls und seines Schülers Brieger
Gründe nicht genügen[1]). Und mag uns auch dieses und jenes an
die gewaltige That des themistokleischen Athens erinnern, mag Plato
unter dem Eindruck geschrieben haben, den auf ihn die Heldenthat
seiner Väter gemacht hat, die Anregung zu seiner Atlantisepisode
haben ihm die Perserkriege ganz gewiss nicht gegeben. Denn Plato
erzählt von einem Kriege, der vor 9000 Jahren (Timaios p. 23 E)[2])
zwischen den Athenern und Atlantinern geführt sei. Schon Solon
hat von dem Kriege keine directe Ueberlieferung mehr erhalten,
durch ägyptische Priester hat er erst von ihm erfahren. Durch
diese Zeitangabe wird die von Susemihl aufgestellte Hypothese
widerlegt, nicht minder aber auch dadurch, dass das Reich der

---

[1]) Zuerst in der Uebersetzung des Kritias Stuttgart 1857, dann Genetische
Entwickelung der platonischen Philosophie II 2 (1860) 486 f.

[2]) Vgl. Susemihl Genetische Entwickelung der platonischen Philosophie
II 477 f.

Atlantis im Westen liegt. Nach einem Kriege müssen wir suchen, welchen die Athener mit westlichen Nachbarn in hohem Altertum geführt haben.

Betrachten wir den Feind, mit welchem Altathen kämpft. Im Anfang des Timaios wird uns der Krieg und seine Folgen geschildert, im Kritias giebt uns Plato eine genaue Schilderung des Atlantisreiches, welches Poseidon bei der Theilung der Erde als seinen Antheil erhalten hat. Ueber die im fernen Westen wohnenden Atlantiner herrschen zehn Könige, welche Poseidon mit Kleito, der Tochter des Euenor und der Leukippe, gezeugt hat. Die Etymologie des letztgenannten Frauennamens hat besondere Bedeutung: wir befinden uns im Poseidonreiche. Zu beachten ist auch, dass der eine Poseidonsohn Elasippos (Kritias p. 114 C) heisst. Auf der Insel stand ein grosser, prächtiger Tempel des Poseidon, in welchem sich ein plastisches Bild des Meergottes befand, um den hundert Nereiden auf den Rücken von Delphinen schwammen. Bei dieser Beschreibung kommen uns sofort die schönen Verse in den Sinn, in denen Ilias N 27 f. der Ritt des Poseidon durch das Meer geschildert wird, wir erinnern uns der zahlreichen Kunstwerke, auf denen wir die Bewohner des Meers in den anmutigsten Gruppierungen dargestellt sehen. Die genaue Beschreibung Platos macht es sehr wahrscheinlich, dass er ein bestimmtes Kunstwerk vor Augen hat.

Die Herrschaft der zehn Könige richtet sich (Kritias p. 119 C) κατὰ ἐπιστολὰς τὰς τοῦ Ποσειδῶνος, ὡς ὁ νόμος αὐτοῖς παρέδωκε, καὶ γράμματα ὑπὸ τῶν πρώτων ἐν στήλῃ γεγραμμένα ὀρειχαλκίνῃ, ἣ κατὰ μέσην τὴν νῆσον ἔκειτο ἐν ἱερῷ Ποσειδῶνος .... So sehen wir, dass die Atlantis dem Poseidon gehört, auf ihn als seinen Stammherrn geht das Herrschergeschlecht zurück. Dass aber Athena auch im Kritias Athens Schutzgöttin ist, versteht sich von selbst,

ἔστιν γὰρ οὐκ ἄσημος Ἑλλήνων πόλις
τῆς χρυσολόγχου Παλλάδος κεκλημένη.

Auf der einen Seite stehen also die Poseidonsöhne, auf der anderen die Schützlinge der Athena; zwischen Beiden kommt es zu einem heftigen Kampf. In welche Zeit derselbe fällt, hat Plato selber klar angegeben, sagt er doch, dass der Kampf vor Theseus'

Zeit ausgefochten sei, p. 110 A. B λέγω δὲ αὐτὰ τεκμαιρόμενος, ὅτι Κέκροπός τε καὶ Ἐρεχθέως καὶ Ἐριχθονίου καὶ Ἐρυσίχθονος τῶν τε ἄλλων τὰ πλεῖστα, ὅσαπερ καὶ Θησέως τῶν ἄνω περὶ τῶν ὀνομάτων ἑκάστων ἀπομνημονεύεται, τούτων ἐκείνους τὰ πολλὰ ἐπονομάζοντας τοὺς ἱερέας Σόλων ἔφη τὸν τότε διηγεῖσθαι πόλεμον, καὶ τὰ τῶν γυναικῶν κατὰ τὰ αὐτά. Also Kekrops, Erechtheus, Erichthonios, Erysichthon. Mit Kekrops beginnen die Könige der Athener, der letzte König aus dem Geschlecht des Erichthonios ist Erechtheus. Seine Gestalt macht in der sagenhaften, ältesten Geschichte Athens Epoche, er ist der letzte von Plato Erwähnte, welcher zu den ἄνω Θησέως gehört. Ist es verwegen, wenn wir hiernach den Krieg in die Regierungszeit des Erechtheus fallen lassen? Diese Spur zu verfolgen wird nicht fruchtlos sein.

Vor den Perserkriegen ist kein Krieg, welchen Athen geführt hat, zu solcher Berühmtheit gelangt wie der eleusinische. Plato (Menexenos p. 239 B)[3]) stellt selbst beide Kriege einander gegenüber, vgl. B. Giseke Thrak. pelasgische Stämme und ihre Wanderungen S. 43. Und wenn also der Gedanke, dass der Perserkrieg in der Atlantiserzählung gemeint sei, nicht aufrecht gehalten werden kann, liegt es von Anfang an am nächsten an den eleusinischen Krieg zu denken. Der platonischen Dichtung liegt die ἔρις der Athena und des Poseidon zu Grunde, nach meiner Ansicht auch der Sage vom eleusinischen Krieg. So hat Isokrates Panathen. 193 auch die Sache aufgefasst: Θρᾶκες μὲν γὰρ μετ' Εὐμόλπου τοῦ Ποσειδῶνος εἰσέβαλον εἰς τὴν χώραν ἡμῶν, ὃς ἡμφισβήτησεν Ἐρεχθεῖ τῆς πόλεως, φάσκων Ποσειδῶ πρότερον Ἀθηνᾶς καταλαβεῖν αὐτήν.

Im Atlantisreiche gebieten zehn Könige, welche die Vertreter der Perserhypothese zu Satrapen zu machen kein Bedenken getragen haben. In Eleusis herrschen vor der Vereinigung mit Athen verschiedene Fürsten, von welchen uns der homerische Demeterhymnos Triptolemos, Diokles, Eumolpos, Keleos, Polyxenos, Dolichos nennt[4]).

---

[3]) Nach den Ausführungen von Diels Abhandlungen der Preuss. Akademie der Wissenschaften 1886 S. 21 ff. halte ich die Echtheit des Menexenos für erwiesen, anders auch jetzt Zeller Archiv I 614.

[4]) Vgl. Friedrich Hiller von Gaertringen De Graecorum fabulis ad Thraces pertinentibus Berolini 1886 p. 13 s.

Poseidon wurde in Eleusis hochverehrt, nach Pausanias I 38, 6
gab es dort einen Tempel des Poseidon Πατήρ. Zum Kampfe
mit den Athenern hinaus ziehen die Poseidonsöhne Eumolpos
und Phorbas (Harpokration u. d. W. Φορβάντειον). Den Gegensatz zwischen den unter dem Schutz des Poseidon kämpfenden
Eleusiniern und den Athenern drücken am schärfsten aus die Worte
der Praxithea im Euripideischen Erechtheus (fr. 362, 45 Nauck):

οὐδ' ἀντ' ἐλάας χρυσέας τε Γοργόνος
τρίαιναν ὀρθὴν στᾶσαν ἐν πόλεως βάθροις
Εὔμολπος οὐδὲ Θρᾷξ ἀναστέψει λεώς
στεφάνοισι, Παλλὰς δ' οὐδαμοῦ τιμήσεται.

Nach diesen Erwägungen scheint es mir nicht zu kühn zu
sein, wenn ich die platonische Atlantis als ein Zeugniss für den
eleusinischen Krieg in Anspruch nehme. Plato hat frei mit seinem
Stoff geschaltet hier, wie anderwärts; aber woher ihm die Anregung kam, wollen wir doch nicht verkennen.

Auch im Einzelnen finden wir im Kritias Eleusis wieder. Von
Demeter freilich kein Wort, ihrer scheint auch nicht im Euripideischen Stück gedacht worden zu sein, das nur den Conflict zwischen
den Poseidonsöhnen und den Athenern behandelte. Aber die
Fruchtbarkeit des Atlantislandes wird ganz besonders gerühmt
p. 113 C, 117 A—C. Sehr entschieden betont Plato den Kult der
Atlantiner, und zwei gottesdienstliche Einrichtungen erinnern direct
an Eleusis, die ἀπαρχαί, von denen die grosse eleusinische Inschrift
(vgl. H. Sauppe Attica et Eleusinia Ind. schol. hiem. Gottingae
1881) genaue Kunde gegeben hat, und die Jagd auf den Opferstier,
welche Artemidor I 8 (vgl. A. Nebe De mysteriorum Eleusiniorum
tempore et administratione publica. Diss. Halenses VIII (1886)
p. 110) berichtet.

Der eleusinische Krieg ist, wie U. von Wilamowitz Aus Kydathen S. 125 sagt, 'der Kampf zweier stammfremder Völker und
zweier Religionen, des thrakischen Speers wider die attische Gorgo'.
So haben ihn die attischen Redner immer aufgefasst. Dasselbe
gilt von dem Krieg der Atlantiner mit den Athenern, auch diese
beiden Völker sind einander stammfremd, hat doch die Poseidon-
statue des Atlantinertempels ein εἶδος βαρβαρικόν, s. Kritias p. 116 D,

Susemihl genetische Entwickelung II 485. Die Invasion der Poseidonsöhne ist im Kritias sowohl wie in der attischen Sage ein Einfall des vereinigten westlichen Continents, wie Grote (Geschichte Griechenlands I 163, 32 Deutsche Uebersetzung) den eleusinischen Krieg mit Recht bezeichnet hat, man vergleiche nur Kritias p. 108 E πάντων δὴ πρῶτον μνησθῶμεν, ὅτι τὸ κεφάλαιον ἦν ἐνάκις χίλια ἔτη, ἀφ' οὗ γεγονὼς ἐμηνύθη πόλεμος τοῖς θ' ὑπὲρ Ἡρακλείας στήλας ἔξω κατοικοῦσι καὶ τοῖς ἐντὸς πᾶσιν z. B. mit Xenophon Memorab. III 5, 9 οἶμαι μέν, εἰ τούς γε παλαιοτάτους ὧν ἀκούομεν προγόνους αὐτῶν ἀναμιμνήσκοιμεν αὐτοὺς ἀκηκοότας ἀρίστους γεγονέναι. Ἆρα λέγεις τὴν τῶν θεῶν κρίσιν, ἣν οἱ περὶ Κέκροπα δι' ἀρετὴν ἔκριναν; λέγω γὰρ καὶ τὴν Ἐρεχθέως γε τροφὴν καὶ γένεσιν, καὶ τὸν πόλεμον τὸν ἐπ' ἐκείνου γενόμενον πρὸς τοὺς ἐκ τῆς ἐχομένης ἠπείρου πάσης.

Das hohe Lob, welches v. Wilamowitz Homerische Untersuchungen S. 398 dem platonischen Kritias ertheilt hat, verdient er voll und ganz. Die Zeit, in der man dieses Meisterwerk, das ein Torso bleiben sollte, Plato absprach, ist längst vorüber. Mit staunender Bewunderung sehen wir, wie sein Genius aus der Anregung, welche ihm eine attische Sage gegeben, ein Werk schuf, dessen Nichtvollendung für jedes poetisch empfindende Gemüt ein unersetzlicher Verlust ist.

XIII.

Zur Psychologie der Scholastik.

Von

H. Siebeck.

5.

Alexander von Hales und Johann von Rochelle.

Das Interesse, den Thatsachen der äussern und innern Erfahrung, wenn auch nicht vermittelst eigner Beobachtung sondern an der Hand der zugänglich gewordenen antiken Autoritäten, nachzuzugehen, war mit dem Anfange des 13. Jahrh. durch die Einflüsse vom Orient her kräftig angeregt worden. Auch die spezifisch theologische und realistisch-dialektische Richtung der Scholastik mochte sich dieser Strömung nicht länger verschliessen[1]). Ein entschiedener Realist wie Alexander Neckam war zugleich der beflissene Förderer physikalischen Wissens, und Alfred der Engländer, in dessen Ansichten man den Uebergang von der platonischen Theologie zu der empirisch-psychologischen Richtung des Aristotelismus verfolgen kann[2]), war allem Anscheine nach dessen Schüler. Seit dem Ende des zwölften Jahrhunderts wird die empirische Psychologie mehr und mehr in den Dienst der dogmatischen Theologie gezogen und gewinnt dadurch ihrerseits wieder in Bezug auf Gehalt wie auf Umfang. Erörterungen wie die über die Erkennbarkeit Gottes, psychologische Konstruktionen über das Geistesleben der Engel trugen nicht minder wie Untersuchungen über das Ver-

---

[1]) Obschon es anfangs an Spuren einer von dorther kommenden Abgeneigtheit nicht mangelt. S. Hauréau II, 1 S. 69 ff.

[2]) Vgl. ebd. S. 64 f. Gesch. d. Psych. I, 2, S. 426. 428. 430.

hältniss von Sünde, Freiheit und Gnade u. a. dazu bei, theils ober-
flächliche Beobachtungen zu vertiefen, theils innere Zusammenhänge in den wissenschaftlichen Gesichtskreis zu rücken, für welche
der arabische Lehrmeister noch keinen Sinn hatte; und dies alles
umsomehr als man bereits namentlich in Augustins Schriften für
derartige Tendenzen unerreichte Vorbilder besass[3]). Immerhin wird
der Einfluss des letzteren in der ersten Hälfte des 13. Jahrh. noch
von Aristoteles oder vielmehr von Avicenna überwogen. Man erkennt das besonders deutlich in der an theologischen wie psychologischen Einzelproblemen schon sehr reichen Summa des Alexander von Hales († 1245).

Von Haus aus mehr der victorinischen Richtung zuneigend,
aber alten und neuen Bildungseinflüssen gleichermassen zugänglich, bezeichnet Alexander in der mittelalterlichen Psychologie den
Wendepunkt, an welchem der mehr platonische Charakter der
früheren Epoche auf lange hin zu Gunsten des aristotelischen auf
die Seite gedrängt wird[4]). Er ist der erste Scholastiker, der den
Ansichten der Araber, insbesondere des Avicenna, in das theologische System Zutritt gewährt. Wo diese nicht zureichen, sucht
er bei Augustin, gelegentlich auch bei Johannes Damascenus,
Boëtius, Avicebron, Bernhard von Clairveaux u. a. sich Rath zu
holen, ohne dabei für seine dogmatischen Interessen auf eingehende
Untersuchungen Verzicht zu leisten. Die Methode des Avicenna
erkennt man u. a. in seinen Erörterungen[5]) über das gegenseitige
Verhältniss der Seelenkräfte: die seelische Kraft als solche steht,
wie er lehrt, höher als die blosse Lebenskraft, kommt aber im Organismus später als diese zur Wirkung. Die Gründe und Gegengründe hierfür beziehen sich unter schliesslicher Berufung auf den
arabischen Lehrmeister wesentlich auf physiologische Thatsachen
wie Herzbewegung, Empfindung, Embryonalleben. Für Einthei-

---

[3]) Ueber den Einfluss des Augustinismus in der Psychologie des MA s.
Zeitschr. f. Philos. u. philos. Krit. Band 93, S. 162 ff.

[4]) Vgl. Gesch. d. Psych. a. a. O. S. 422 f 428 f. 448 f. Ueber A.'s Metaphysik der Seele und sein Verhältniss zu aristotelischen Ansichten vgl. Enders
im Philos. Jahrbuch (Fulda 1888) I, S. 43 ff.

[5]) Alex. Hal. Summ. univ. theol. (ed. 1489) II, 65, 2, 3.

lungen ist Avicenna oft ohne weiteres massgebend[6]). Bei tiefer
gehenden Erörterungen wendet er sich allerdings an Augustin. Im
Hinblick auf diesen unterscheidet er als Stufen der Erkenntniss:
ingenium, ratio, memoria und intellectus[7]), nicht ohne zu bemerken, dass in den drei ersteren nur drei verschiedene Grade einer
und derselben Kraft wirken, zu denen die Intelligenz als Erkenntniss des Uebersinnlichen hinzutrete (II, 69, 5, 1). Den ebenfalls
von Augustin entlehnten Begriff der sensualitas bestimmt er dahin, dass sie als erkennender Faktor die äussern Objekte wahrnehme, als bewegender aber die Vernunft auf sinnliche Anlässe
zum Handeln anrege (ebd. 68, 2). Das concupiscible und das
irascible Vermögen unterscheiden sich nach A. nicht nur, (wie Joh.
Damasc. sagte), dadurch dass jenes das Gute begehrt und dieses das
Uebel flieht, sondern namentlich durch die verschiedene Art des positiven Begehrens: das erstere strebt nach dem Gefallenden (delecta-
bile), das andere nach dem Schwierigen (arduum und honorabile);
ausserdem aber kommt in Betracht, ob das Gute (bzw. sein Gegentheil) als gegenwärtiges oder als zukünftiges vorgestellt wird. In ähnlich vertiefender Weise behandelt er die Ansichten des Johannes über
das Verhältniss des Willens zum liberum arbitrium (IV, 55, 3, 2).

Wie der Einfluss der Araber der abendländischen Wissenschaft
gelegentlich auch neue Probleme zuführte, zeigt die eingehende
Untersuchung, welche A. an der Hand von Avicenna, der Schrift
de motu cordis u. a. über die Ursache und Eigenthümlichkeit des
Lebens anstellt[8]). Das Leben, wie er ausführt, ist als Potenz
zu betrachten in dem Sinne, dass es den übrigen (seelischen) Potenzen als organischer Grund vorausliegt. Seine Wurzel hat es im

---

[6]) So in der Lehre vom innern Sinn und der cerebralen Lokalisation von
dessen Kräften; II, 67, 1. 2. 3.

[7]) ingenium investigat, ratio judicat, memoria servat, intellectus comprehendit, II, 69, 5, 1.

[8]) Dass sie auch den Eindruck der Neuheit machte, erkennt man aus dem
Umstande, dass Vincenz von Beauvais, der (Spec. quadr. XXIV, 16 ff.) diese Ausführungen A.'s excerpirt, ausdrücklich dabei die Frage erhebt (18), warum
diesen Gegenstand nicht schon Aristoteles behandelt habe. Der Grund liege
darin, dass letzterer die Psychologie nicht sowohl als Mediziner (d. h. Empiri-
ker) denn als Philosoph ausführe.

Herzen, durch dessen Bewegung es den andern Thätigkeiten die
Kräfte zuführt. Die Erhaltung der Lebensthätigkeit auf Grund des
Lebens geschieht wesentlich durch die Konservirung des Pneuma
als des Vehikels für Empfindung und Bewegung. Man muss daher
an einem und demselben Organe seine Lebenskraft noch von der
seelischen Kraft unterscheiden; letztere kann vernichtet sein, während die erstere fortbesteht[9]). Das Leben ist die ursprünglichste
(grundwesentliche) stetige Thätigkeit der Seele als erkennender
und handelnder Substanz. In diesem Sinne ist es genauer als
habituale Potenz zu bezeichnen; es ist nicht habitus im eigentlichen Sinne, nicht eine bestimmte Disposition zu irgend einer
Thätigkeit, welche der Potenz äusserlich zuwächst oder anhängt
und ihr den Uebergang in Handlung erleichtert; sondern es ist
Disposition im Sinne der Wurzel für die Kräfte der Substanz selbst:
die Organe der verschiedenen Potenzen werden durch die Ausstrahlung (irradiatio) der Lebenskraft vermittelst des Pneuma in
Thätigkeit versetzt[10]). Die Lebensthätigkeit ist kontinuirlich und
unermüdlich, weil die Herzthätigkeit dies ist. Das Herz selbst besitzt diese Eigenschaften wegen seiner engeren Beziehung zur Seele
und seiner grösseren Vollkommenheit als Organ[11]). An diese Erörterungen schliesst sich eine naturphilosophische Hypothese über
den Ursprung des Lebens. Das kosmische Prinzip desselben wird
ganz im Sinne der aristotelischen Physis (s. Gesch. d. Psych. I, 2,
S. 137) bestimmt: die Elemente der Welt enthalten eine einfache
und unkörperliche „Natur", die als solche von der der Elemente
noch verschieden ist. Ihre Mitwirkung bei der bewegenden Kraft
in Pflanzen und Thieren bedingt unter dem Hinzutreten astralischer
Einflüsse in den organischen Wesen die Beseelung. Auf Grundlage dieser Annahme findet dann auch die aristotelische Lehre,
dass der tiefste Grund aller Bewegung in dem Verlangen (nach
Gott als dem Schönsten und Besten) liege, eine Ausführung, die,
wenn sie nicht ausdrücklich auf das erwähnte Prinzip der Physis
sich stützte, einen entschieden pantheistischen Charakter heraus-

---

[9]) Alex. Hal. H, 90, 2, 3; vgl. Vinc. Bell. XXIV, 16. 17.
[10]) Ebd. 2, 4. 5. Vinc. 19. 22.
[11]) Alex. 91, 1, 1. Vinc. 24.

kehren würde. Auf dem Verlangen (appetitus), heisst es, beruht
die Kraft (vigor) der Bewegung und weiterhin auch die des Lebens.
Verlangen ist in allen materialen Dingen, nur verschieden nach
Art und Grad, gemäss der Verschiedenheit der Dinge. In denjenigen, welche mehr Materie als Form haben, ist das Verlangen
stumpf und gleichsam schlafend; im umgekehrten Falle aber (wie
bei dem Feuer) heftig und lebhaft, und aus diesem Grunde in der
Seele besonders kräftig und scharf. Das Verlangen ist auch schon
der Grund dafür, dass die Materie mit der Form, die Potenz mit
dem Aktus sich vereinigt[12]). Bei einem kräftigen und scharfen
Verlangen in einem einfachen Wesen wie die Seele werden demgemäss Potenz und Aktus immer zusammengehn, daher in diesem
Falle nicht nur Substanz, sondern lebendige Substanz vorliegt.
Das Leben als aktuelle Thätigkeit ist nun das stetig von der
Potenz zum Aktus übergeführte Wirken der Seele selbst und damit zugleich die Erfüllung des ihr immanenten Verlangens, daher
Leben für die Seele zugleich Lust ist[13]). Mit dieser Lust hat die
Seele zugleich die Vollkommenheit ihrer Thätigkeit; mit der Ver-
minderung des Verlangens wird mithin das Leben von selbst
schwächer und neigt sich dem Ende zu. Hätte das Verlangen der
Seele die Befriedigung schon in sich selbst, so würde sie sich niemals mit dem Leibe wesentlich verbinden. Diese Vereinigung geschieht aber, damit das Verlangen sein Objekt erreiche und hierdurch zum aktuellen Wirken komme. Durch das Verlangen bewegt
auch die Seele den Leib in den verschiedenartigen Bewegungen,
um ihn und sich selbst zu vervollkommnen. Dass die Verbindung
beider sich schliesslich wieder löst, liegt nicht an der Seele, sondern an der eintretenden Schwäche des Körpers. Der Grad der
Verschmelzung (colligatio) von Seele und Leib ist übrigens bei den
verschiedenen Arten des Belebten verschieden. Das Lebensprinzip
(d. h. die Seele) des Vegetabilen und Sensibeln geht voll und ganz

---

¹²) analog der aristotelischen Ansicht, es sei der Materie wesentlich, nach
Form zu streben.
¹³) Alex. 91, 1, 2. 2, 1. Vinc. 31. 33 f. Alex. 2, 2. Vinc. 36: Cum autem
actui suo conjungitur et suo desiderabili unitur et in ejus unione delectatur,
perfectus est et vitam operatur. Tunc enim viget anima et delectatur.

in der Belebung des Körpers auf, ohne für sich etwas zu sein oder zu bedeuten. Bei den Vernunftwesen dagegen hat die Seele dem Körper gegenüber ein Eigenleben und ist daher (im Unterschiede von jenem) vom Leibe trennbar, ohne dies einzubüssen (a. a. O.). Der Schüler Alexanders, J o h a n n v o n R o c h e l l e (de Rupella), von dessen Werken uns nur einige Mittheilungen aus Handschriften und eine Anzahl von Exzerpten bei Vincenz von Beauvais zu Gebote stehen, hat sich neben Alexander im wesentlichen an dieselben Autoritäten gehalten, scheint aber, und vielleicht in noch weitergreifendem Anschluss an Avicenna, vorzugsweise die Psychologie ausgeführt zu haben [14]). Sein Hauptaugenmerk hat er, so viel man hiernach beurtheilen kann, auf Eintheilungen ge- richtet. Die Unterschiede der Seelenvermögen sind nach seiner wie seines Lehrers Ansicht nicht lediglich Modifikationen der ein- heitlichen Seelenthätigkeit durch Organe oder Objekte, sondern reale Unterschiede im Wesen der Seele selbst, deren Dasein durch Or- gane, Objekte ·und Handlungen nur kenntlich wird [15]). Die äussern Sinne unterscheiden sich nach Massgabe dessen, dass sie entweder wie Gesicht und Gehör, mehr im Dienste der Seele, oder, wie die drei andern, mehr in dem des Leibes stehen. Die Empfindung selbst geschieht entweder aus der Entfernung oder durch unmittel- bare· Berührung (Vinc. Bell. XXV, 20). Dass der Sinn in der Empfindung nur die Species (Form) des Dinges und nicht dessen Substanz selbst wahrnehme, wird begründet durch den Satz, dass er im letzteren Falle unfähig sein würde, Entgegengesetztes (z. B. Schwarz neben Weiss) auf- d. h. wahrzunehmen [16]). Von den Ver- mögen der innern Wahrnehmung, für deren Stufenleiter und Ob- jekte hier Avicenna massgebend ist, gehen nach Johannes' Ansicht der Gemeinsinn und die Imagination auf die formalen Eigenthüm- lichkeiten des Empfundenen, instinktive Beurtheilung (aestimatio) aber und Gedächtniss auf die Qualität (intentiones) selbst [17]). Ge- dächtniss und Imagination sind lediglich apprehendirend, die übrigen ausserdem zugleich wirkend (operantur; Vinc. Bell. ebd. 85). Die

---

[14]) s. Hauréau II, 1, 195 ff. Erdmann, § 195, 6. Renan, Averroes (Par. 1852) S. 208.   [15]) Hauréau 196. Vgl. Alex. Hal. 65, 2, 3.
[16]) Hauréau 204.   [17]) Ebd. 210.

Phantasie tritt als apprehensives Vermögen besonders während des Schlafes (in den Traumbildern) hervor; im Wachen dagegen kommt ihre Thätigkeit vor den äussern Sinneseindrücken seitens der Seele nicht zur Beachtung[18]). In dieser ihrer „natürlichen" Thätigkeit ist sie der Vernunft gegenüber selbständig; als inneres sinnliches Erkenntnissvermögen dagegen steht sie mit ihren Anschauungsinhalten unter deren Leitung. Gedächtniss im Allgemeinen haben auch die Thiere; willkürliche Erinnerung auf Grund der Vernunft (und zwar vermittelst der Ideenassoziation) besitzt nur der Mensch. Vom Intellekt als dem Vermögen der Vernunfterkenntniss für irdische Dinge wird die Intelligenz als die Fähigkeit der (auf Erleuchtung beruhenden) Erkenntniss des Uebersinnlichen unterschieden (Vinc. Bell. XXVII, 14. 29. 41). Die intellektuelle Kraft ist zwar auch ihrerseits nicht vom Organismus unabhängig, haftet aber nicht an einem bestimmten Theile desselben, sondern an dem Ganzen als solchen (ebd. 33). Die höhere Funktion derselben (die Intelligenz) ist (nach Augustin) als Abbild der Trinität die höhere Einheit von Gedächtniss, Vernunft und Wille. Ausserdem besitzt die Vernunft, sofern sie sich auf Sinnliches bezieht, vier dienende Kräfte: die vis inventiva, judicativa, memorativa, interpretativa, die dann ihrerseits weiteren Untertheilungen unterliegen (ebd. 53).

Johannes' Lehre vom Begehren zeigt die nachstehende Eintheilung (Vinc. Bell. XXVII, 62. 64):

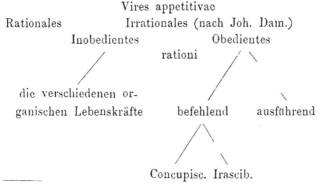

Vires appetitivae

Rationales   Irrationales (nach Joh. Dam.)

Inobedientes   Obedientes

rationi

die verschiedenen organischen Lebenskräfte   befehlend   ausführend

Concupisc. Irascib.

<hr />

[18]) Operat enim semper, sed intenta anima circa sensibilia in vigilia non attendit continuam operationem fantasiae. Ebd. 202.

Definition, Ein- und Untertheilung des Willens (Vino. Bell. XXVII, 83) ist die des Damasceners. Die bewegende Kraft zerfällt nach Johannes in die organische und die vernünftige; jene wirkt entweder im Allgemeinen (generaliter) oder im Besondern (ebd. 76); diese entweder als vernünftiger Wille oder als (indeterminirte) Freiheit (91). Die organische Bewegung regiert die Glieder vom Herzen aus vermittelst der Athmung unter Mitwirkung von Wärme und Kälte; die von der Vernunft abhängige bewegt auf Grund der Vorstellung (Apprehension) (ebd. XXV, 102).

Aus alledem scheint hervorzugehn, dass die Psychologie des Johann von Rochelle trotz ihrer geflissentlicheren Aus- und Durchführung im Wesentlichen ein Mosaik überlieferter Ansichten darstellte, dass ihre Tendenz besonders auf genauere Katalogisirung der psychischen Vermögen hinauskam, und dass ihr Autor hinter seinem Lehrer Alexander an Originalität des Denkens erheblich zurückstand.

An dieser Stelle unserer Berichterstattung gebührt nun auch der Enzyklopädie des Vincenz von Beauvais († 1264) eine ausdrückliche Erwähnung. Das 25.—27. Buch derselben giebt eine Zusammenstellung der überlieferten psychologischen Lehren und „Thatsachen", exzerpirt aus den verschiedensten Quellen, aber in lesbärer Weise auf einen Faden gereiht, wenn auch mit sehr ungleicher Berücksichtigung der einzelnen Fragen [19]). Man erkennt namentlich auch bei ihm, wie sehr Avicenna daran gewöhnt hatte, die Thatsachen der sinnlichen Wahrnehmung, sowie diejenigen Gebiete des organisch-psychischen Lebens eingehender in's Auge zu fassen, in denen sich die physiologischen Prozesse mit den seelischen Vorgängen am unmittelbarsten verschmolzen zeigen. So handelt (d. h. kompilirt) Vincenz sehr eingehend über Schlaf und Traum, über Wesen und Verhältniss der Vis concupiscibilis und irascibilis u. dgl. Die Fragen der spekulativen Psychologie, vom Wesen des Intellekts, der Synteresis u. a. treten dagegen bei ihm mehr in den Schatten.

---

[19]) Ueber das ganze Werk vgl. v. Liliencron, Ueber den Inhalt der allgemeinen Bildung zur Zeit der Scholastik (München 1876).

6.
Albert d. Gr.

Diese Ungleichmässigkeit der Behandlung beseitigt zu haben,
ist das psychologische Verdienst Albert des Gr. Die Tendenz,
das alte Material in grösster Fülle und Verständlichkeit und in
möglichst didaktischer Anordnung der abendländischen Welt zugänglich zu machen, ist in seinen Schriften mit grosser Konsequenz
und entschiedenem Erfolge zur Durchführung gelangt. Neben
Aristoteles herrscht auch bei ihm vorzugsweise noch Avicenna,
wenngleich ihm auch Averroes bereits genügend bekannt ist[20]).
Selbständigkeit in der Darstellung des Materiales besitzt Albert im
Grunde nicht im höheren Masse wie Vincenz; das Vorwiegen jedoch des pädagogischen Gesichtspunktes vor dem enzyklopädischen
bringt es mit sich, dass er zu denjenigen Punkten, hinsichtlich
deren er Meinungs-Verschiedenheiten vorfand, sich ein eigenes Urtheil zu bilden suchte.

In den Schriften de anima, de sensu et sensibili, de memoria
u. s. w. kommentirt Albert die aristotelischen Untersuchungen in
der gegebenen Reihenfolge, jedoch in der Weise, dass die aus der
Methode und den Resultaten der empirischen Psychologie seither
aufgetretenen Erörterungen in der Form von Digressionen eingeschaltet oder wenigstens kritisch beleuchtet werden. Gleich zu Anfang (d. an. I, 1, 1) wird der Psychologie ausdrücklich der Charakter einer scientia naturalis zugesprochen, da die Seele ja nur
die Vollendung und Vollkommenheit des Menschen ausmache. Von
der Formwirkung bei Naturdingen wird jedoch die der Seele genauer unterschieden: sie steht im Unterschied von jener über dem
Körper, ist der obersten Ursache unmittelbar verwandt, ist daher
ein unkörperlich Bewegendes und wirkt ihrer Natur nach nicht
eins sondern vieles (II, 1, 8). Unter den Kräften der Seele wird
zunächst die bei Aristoteles in der Psychologie nur nebenbei behandelte virtus generativa in breiter Eintheilung nach Faktoren,
Materien und Wirkungen dargestellt (ebd. 2, 7) und sodann (8) die
den drei Kräften der vegetativen Seele untergebenen vier virtutes

[20]) vgl. Jourdain 285. Renan, Averroes 183.

materiales (appetitiva, attractiva, digestiva, expulsiva) behandelt.
Der Verfasser bemüht sich zu diesem Punkte, die genannten Kräfte
nicht bloss aufzuweisen, sondern auch die organischen Bedingungen
zu zeichnen, in deren Zusammenwirken jede derselben sich darstellt. II, 3, 4 beschreibt die vier Stufen der mit der Apprehension
sich vollziehenden Abstraktionsthätigkeit: Wahrnehmung, Imagination, Urtheil (aestimatio) und Erfassen des Begriffes. Es folgt (3, 6)
die Vertheidigung der aristotelisch-scholastischen Empfindungstheorie
(Aufnahme der Species intentionalis in den Sinn und die Seele)
sowohl gegen die entgegengesetzte platonisch-augustinische (bzw.
neuplatonische) Lehre (vgl. Gesch. d. Psych. I, 2, S. 433) wie gegen
die Ansicht derjenigen, welche auf die Vermittelung durch ein
physikalisches Medium, wie das Licht, besonderes Gewicht legen[21]).
Beim Gemeinsinn werden die Avicenna'schen Unterscheidungen
der imaginatio, aestimativa und phantasia behandelt[22]). II, 4, 12
bestimmt das grundbedingende Verhältniss des Gemeinsinns zu den
äusseren Sinnen[23]). Ueber die drei in ihm beschlossenen Vermögen
bringt die dritte Abtheilung des Werkes eingehendere Bestimmungen: die Imagination behält von dem Inhalte der Wahrnehmungen
besonders die Vorstellungen von Grössen und Gestalten[24]), vermag
aber auch (bei Einsiedlern und Propheten) überirdische Eindrücke
in sinnliche Gebilde (Zukunfts-Träume u. dgl.) umzusetzen (III,
1, 1). Die aestimativa ergänzt den Wahrnehmungsinhalt durch Erzeugung darauf bezüglicher Gefühle der Zu- oder Abneigung; sie
verhält sich zur Imagination, wie der praktische Intellekt zum

---

[21]) Forma sensati per se ipsam generat se in medio sensus secundum esse
sensibile. Es ist daher zwecklos zu fragen, quid conferat ei illud, sicut si
quaeritur quid conferat luci lucere secundum actum. II, 3, 6. (ed. Lugd. 1651).
Vf. Hauréau II, 1, 287 f.

[22]) ebd. 4. 7. die phantasia ist es, welche die wahrgenommenen Formen
(auch die in der imaginatio aufbewahrten) trennt und verbindet, und zwar
sowohl im Wachen wie im Schlafe. Sie dient auch (p. 116 a) zur Wieder-
erinnerung des Vergessenen, weil sie die Intentionen zu den Formen und
umgekehrt bewegt; per hoc enim venitur in simile aliquid ejus quod prius
scitum fuit, und dadurch in oblitum.

[23]) Der sens. comm. est origo sensuum propriorum; diese sind von ihm bedingt, nicht umgekehrt, nec aliquid sui esse habet ab eis (p. 121 a).

[24]) Daher (ebd.) haben die bene imaginantes Talent zur Mathematik.

spekulativen, denn sie ist nicht nur apprehendirend, sondern auch bewegend: sie bedingt (auch bei Thieren) das instinktive Fliehen oder Hinstreben auf Veranlassung der Wahrnehmung, ist aber eben deswegen nicht mit der schon zur Denkseele gehörigen Meinung (opinio) identisch (ebd. 2, p. 123 a f.). Die Phantasie (die Aristoteles noch nicht hinlänglich von den beiden eben genannten Vermögen unterschieden hat), verbindet und trennt die sinnlichen Bilder und bedingt bei den höheren Thieren [25] die Auswahl unter den Dingen zum Behuf des Gebrauchs. Sie ist innerhalb dieser Stufe des Seelenlebens das Analogon der auf Vernunft begründeten electio, wirkt aber selbst lediglich ad instinctum naturae und deshalb in dem thierischen Schaffen immer in einer und derselben Weise; mannigfaltig erst beim Menschen unter Leitung der Vernunft. Dem Intellekt ist sie oft hinderlich, sofern sie die Seele zu sehr mit der Kombination sinnlicher Bilder in Anspruch nimmt und ausserdem durch Einmischung von Fiktionen unter die Bilder des Wirklichen ihn zu täuschen vermag (ebd. 3, p. 124 a). Die drei genannten Vermögen wirken alle auf Grund körperlicher Organe. Dass z. B. die Imagination die Lage zweier Gegenstände als rechts und links von einem dritten bestimmt, geschieht nicht unter Vermittelung des Intellekts, der ja nur die abstrakten Begriffe des Rechten und Linken erzeugt, sondern muss darauf beruhen, dass die Lage sich so auch in dem entsprechenden Gehirntheile zur Darstellung bringt (4, p. 125 b).

Digressorisch folgen weiter eingehende Erörterungen über die Natur des Intellekts. Die Probleme, welche aus der aristotelischen Bestimmung desselben entspringen, gipfeln in den drei Fragen, wie der intellectus possibilis als unveränderliches Vermögen den Einwirkungen von Seiten der aktiven Vernunft zugänglich sein, ferner, wie angesichts seiner überindividuellen Natur doch der einzelne Mensch seine Vernunft für sich haben könne, und wie er endlich, wenn er „der Möglichkeit nach alles" (Arist. d. an. III, 8) ist, von der ersten Materie zu unterscheiden sei (III, 2, 3). Unter

---

[25] d. h. bei denen, welche ein mehr entwickeltes Gehirn haben und in diesem ein feineres Pneuma besitzen (ebd.).

den psychologischen Problemen in Betreff der Bewegung erscheint (IV, 9) die Frage, ob bei den nur mit dem Tastsinn versehenen Thieren als bewegendes Prinzip (und als Ersatz der Vernunft) ebenfalls wie bei den höher organisirten die Phantasie zu gelten habe. Aus den bei ihnen hervortretenden Kontraktionen und Ausdehnungen sei zu schliessen, dass sie gleichfalls Gefühle der Lust und Unlust, sowie Verlangen besitzen. Sie haben indess nur eine „undeterminirte" Phantasie (179a), d. h. ohne Bewusstsein eines bestimmten von andern unterschiedenen Verlangens und ohne Vorstellung eines Ortes und Richtpunktes, und dem entsprechend nur eine unbestimmte und ohne Unterscheidung vor sich gehende Bewegung. Einzelsinne, Gemeinsinn und Phantasie sind bei ihnen noch nicht differenzirt, was sich schon aus dem Mangel eines ausgebildeten Kopfes und Gehirnes ergiebt, deren Fehlen die getrennte Lokalisation dieser Vermögen unmöglich macht (180a).

IV, 10 behandelt die Synteresis und das Gewissen[26]). Die Freiheit des Willens begründet Albert (181b) mit einer zur Zeit

---

[26]) Jene enthält die als habitus angebornen und „gleichsam" unfehlbaren obersten Prinzipien für das Handeln (habitus operabilium universales quae sunt quasi ipsa principia morum, circa quae quasi nunquam incidit error et quae sunt quasi regentia prima in moribus, p. 181a). Das Gewissen ist die Anwendung derselben auf besondre Umstände vermittelst der ratio und kann auf Grund dessen auch irren. —

In Sachen der Schreibung Synteresis sei eine gelegentliche Bemerkung gestattet. Ich halte συντήρησις für die richtige und ursprüngliche Form und vermag weder mit Nitsch (Jahrb. f. prot. Theol. V, 492) συνείδησις noch mit Rabus (im vorigen Hefte des Archivs) συναίρεσις, noch mit Th. Ziegler (Gesch. d. christl. Ethik 312) τονθόρυσις dafür anzuerkennen. Die letztere dürfte noch für die bestbegründete gelten, da in der That als Funktion der S. überall in der Scholastik das remurmurare (= τονθορύζειν) contra peccatum angegeben wird. Ebenso durchgehend, (wenngleich gerade bei Thomas und Duns weniger hervorstechend), ist aber daneben die Bestimmung der S. als lumen und ganz besonders als scintilla (conscientiae) im Sinne eines Restes von dem ursprünglichen moralischen Lichte, welcher dem Menschen nach dem Sündenfalle noch erhalten ist, wie dies schon deutlich in der grundlegenden Stelle bei Hieron. ad. Ezech. I, 6. 7 hervortritt. Die S. ist das was von dem ursprünglichen Lichte noch (als Funke) konservirt geblieben ist. Mit dieser Bedeutung deckt sich der Ausdruck, denn das in der Patristik auch sonst vorkommende συντήρησις bedeutet conservatio. Die Scholastik hat sie bereits aus der Patristik überkommen (vgl. Jahnel, Theol. Quartalschr. 52, 240f.) und an

des Thomas fast schon über Thomas hinausgehenden Betonung
seiner Selbständigkeit gegenüber dem Intellekt[27]). Der Unterschied
zwischen der Concupiscibilis und Irascibilis wird (182b) auf Plato's
Unterscheidung von ἐπιθυμητικόν und θυμός zurückgeführt. Bei den
Menschen sind sie rationale, bei den Thieren Naturtriebe. Sie beruhen auf körperlichen Passionen, sind aber der Leitung der Vernunft zugänglich.

Die letzte Digression endlich (III, 5, 4) zeigt, wie die strengere
Rücksichtnahme auf den empirischen Thatbestand auch Albert, der
im Grunde nur der Interpret des Aristoteles sein will, in einem
prinzipiellen Punkte über den Standpunkt des Meisters hinausführt.
Gegenüber der Ansicht, dass die drei aristotelischen Seelentheile
nicht eine Substanz ausmachen könnten, weil die unvergängliche
und „trennbare" Denkseele den beiden andern nicht wesensgleich
sei, zeichnet er den genetischen Stufengang von unten nach oben,
in welchem die untere Kraft immer von der oberen vorausgesetzt
und mit aufgenommen wird, und entscheidet auf Grund dessen das
Problem dahin, dass in Beziehung auf Unvergänglichkeit und Trennbarkeit vom Körper zwischen den Seelentheilen kein Unterschied
bestehe. Denn dass zwei derselben ihre Funktionen immer nur
unter Vermittelung körperlicher Organe vollziehen, sei zwar ein
thatsächlicher (accidenteller), aber kein wesentlicher Unterschied[28]).

---

ihr in erster Linie festgehalten trotz des Umstandes, dass ihr, wie die Schreib-
art sinderesis zeigt, der etymologische Zusammenhang zwischen Begriff und
Ausdruck verloren gegangen war. Vgl. u. a. Alex. Hal. Summ. univ. th. (ed. 1489)
II, 76, 1. Alb. M. Summa de creat. (ed. Lugd. 1651) II, 69; aus der jüngeren
Scholastik u. a. Petr. Aureol., In libr. sent. (ed. Rom. 1596) II, 39, 2 p. 310a B.
Gabr. Biel, Collector. II, 39, 1 F. Auch Meister Eckarts „Fünklein" zeigt noch
deutlich den Ursprung aus der S. (Vgl. Lasson S. 105.) Ein dunkler Punkt
bleibt freilich in der Sache, so lange wir nicht im Stande sind, innerhalb der
Patristik selbst den dargelegten Gedankenzusammenhang in dem Prozesse
seiner Entstehung zu beobachten. Aus Hieronymus sieht man nur so viel,
dass er sich zu seiner Zeit schon vollzog oder vollzogen hatte.

[27]) Der Wille ist quasi facultas omnium aliarum (facultatum), quoniam non
cogitamus nisi quando volumus et hoc modo quasi motor est aliarum virium
ad actum (182a).

[28]) 188b: die Seele hat auch nach dem Tode alle drei Kräfte. Licet non
utatur eis, tamen non sunt otiosae, quoniam usus impeditur per accidens.

XIV.

Antike und mittelalterliche Vorläufer des Occasionalismus.

Von

Ludwig Stein in Zürich.

Einleitung.

Einzelne tiefgreifende Grundprobleme der Philosophie sind fast so alt wie diese selbst und dabei doch so jugendstark, als wären sie erst soeben aus dem gährenden Gewühl der frischlebigen Gegenwart emporgetaucht. Es hat fast den Anschein, als ob das eherne Gesetz vom Kampf um's Dasein auch auf geistigem Gebiete seine unentrinnbare Anwendung fände. Denn auch auf dem Tummelplatz der Geistesgeschichte kann man ein verzweifeltes Ringen einander widerstrebender Ideen beobachten, bis es der einen vermittelst eines spezifischen Uebergewichts gelingt, einen entscheidenden Sieg über die andere davonzutragen. Und die Philosophiegeschichte ist im letzten Grunde nur die Geschichte der einander durchkreuzenden, bekämpfenden und endlich überwindenden Ideen.

Es ist vielleicht um so eher gestattet, eine Analogie zwischen dem Verlauf der geistigen Prozesse und dem der organischen Natur überhaupt zu ziehen, als ja die psychischen Producte im Wesentlichen doch nur ein Theil der in der Gesammtheit der organischen Natur wirksamen Kräfte sind. Es ist darum nur schwer abzusehen, warum die geistigen Functionen nach anderen Grundgesetzen verlaufen sollten, als die physischen. Wie in der organischen Natur nach der Formulirung, die Herbert Spencer dem tragenden Gedanken Darwin's gegeben hat, nur das Passende sich im Kampf

um's Dasein erhält. so dürften denn auch — mutatis mutandis —
unter den philosophischen Problemen, die doch je eine ganze
Gattung von Begriffen darstellen, nur die passenden und lebens-
fähigen sich im Laufe der Jahrtausende erhalten, während die minder-
werthigen im Kampfe erliegen. Unaufhörlich tauchen immer wieder
neue Probleme auf; aber nur wenige erweisen sich von wider-
standsfähiger Dauer. Zwar verstehen es die stets neu emporstrebenden Modeprobleme für eine Weile zu fesseln und namentlich
weitere Kreise zu blenden; aber sie bleiben doch nur philosophische
Eintagsfliegen, jenen Leuchtkäferchen vergleichbar, die sehr kurz-
lebig sind und zumeist nur im nächtlichen Dunkel umherschwärmen,
weil ihr schimmernder Glanz vor dem hellen Sonnenstrahl ver-
bleicht. Diese ephemeren Probleme versinken ebenso urplötzlich,
wie sie unvermittelt emporgetaucht sind, und die Wahlstatt der
Philosophiegeschichte ist übersät von solchen Gedankenleichen.

Daneben gibt es aber einige wenige Grundprobleme, die
bereits in der antiken Philosophie in vollster Schärfe hervorgetreten
sind und seither ihre Lebenskraft nicht bloss nicht eingebüsst, sondern immer mehr gesteigert haben. In vorderster Reihe jener
ewigwährenden Grundprobleme nun steht der Determinismus. Neben
der Frage nach der Substanz — heisse diese nun ἓν καὶ πᾶν, Atom
oder Monade — nimmt das Problem des Determinismus und der
durch diesen bedingte Correlatbegriff der Wahlfreiheit vielleicht
die erste Stelle ein. Nur muss man sich durch die verschieden-
gearteten Vermummungen und Verschanzungen, unter denen diese
Probleme im Laufe der Jahrhunderte erscheinen, nicht täuschen
lassen. Der Determinismus zeigt sich in der Geistesgeschichte
zuweilen bis zur Unkenntlichkeit verpuppt: Theodicee, ἀνάγκη,
Fatum, Erbsünde, Gnadenwahl, Vorsehung, Allwissenheit, Prädestination, siderische Constellation, Kismet u. v. A. sind nur mehr
oder weniger unbeholfene, stammelnde Laute für einen und denselben Begriff des Determinismus. Alle diese sinnfälligeren Be-
nennungen für den einen abstracten Begriff der inneren Nothwendigkeit alles Geschehens sind eben nur aus dem gleichen anthro-
pomorphisirenden Bedürfniss entsprungen, aus welchem die Religionsstifter den abgezogenen Gottesgedanken durch Vermenschlichung

veranschaulicht und der Perzeptionskraft der Menge angeschmiegt haben. So wird denn der weitausblickende Philosophiehistoriker beispielsweise in dem bis zum Ueberdruss vielverhandelten scholastischen Problem der Gnadenwahl und Erbsünde etwas mehr sehen, als dürres, unfruchtbares Schulgezänk; er wird vielmehr selbst in dieser kirchlich-dogmatischen Einkleidung den philosophischen Naturlaut, wie er verzweifelt nach einer Erlösung aus dem martervollen Dilemma: Determination oder Willensfreiheit ringt, trotz des betäubenden dogmatischen Stimmgewirrs feinfühlig heraushören.

Unter diesem höheren Gesichtswinkel gesehen hat in der Geistesgeschichte der philosophische Widerstreit zwischen menschlicher Freiheit und natürlicher oder göttlicher Nothwendigkeit seit zwei Jahrtausenden niemals geruht. Selbst während der starren Geistesstockungen in der patristischen und scholastischen Periode bewahrte dieses Problem seine zähe, ungebrochene Widerstandskraft. War es auch vom Schauplatze der Philosophie verschwunden, so erschien es doch immer wieder in kirchlichem Gewande. Es wurde ein Hauptproblem der Religionsphilosophie, der christlichen nicht weniger, als der jüdischen und muhammedanischen. In der neueren Philosophie wurde dieses immer noch unbeantwortete Grundproblem aus seiner scholastischen Formulirung herausgeschält und wieder in den ihm einzig gebührenden Mutterboden der reinen Philosophie zurückverpflanzt. Heute lautet die Formel nicht mehr: wie verträgt sich die göttliche Vorsehung mit der menschlichen Willensfreiheit? Aber mit nicht geringerer Dringlichkeit und Unabweislichkeit tritt heute an uns die ethische Grundfrage heran: wie ist mit der jetzt fast allgemein zugestandenen physischen Nothwendigkeit die sittliche Zurechnungsfähigkeit und Verantwortlichkeit vereinbar? Und je mehr das Prinzip der Vererbung gewisser Laster durch die neuere Wissenschaft, namentlich durch Statistiker, Physiologen und Strafrechtslehrer zum Gesetz erhoben zu werden droht, desto schärfer spitzt sich gerade heute die Frage zu: steht der Mensch unter dem unausweichlichen Bann seiner Verhältnisse, sei es seiner anererbten Laster, sei es seiner sozialen Umgebung; wie kann man ihn für seine unfreiwilligen Vergebungen zur Verantwortung ziehen? Ja, wie ist bei stillschweigend vorausgesetztem Willensdeterminismus eine Ethik überhaupt möglich? Das ist die Grundfrage, die auch die neueren Ethiker: Spencer, Leslie Stephen, Sidgwick, Gould Schurman, Steinthal, Wundt, Sigwart, Höffding und Paulsen lebhaft beschäftigt.

Man sieht also, dass dieses uralte Problem seit zwei Jahrtausenden von seiner Actualität nichts eingebüsst, ja eher noch in jüngster Zeit sich bedenklich verschärft hat. Ein solches Problem aber, das den heftigsten Anstürmen der sonst Alles zersetzenden Zeit unbeugsam Trotz geboten hat, das in der Flucht der Jahrhunderte immer wieder auf's Neue auftaucht, wenn freilich auch in vielfach verkappter und entstellter Form, das verdient denn doch wol ein Grundproblem der Philosophie genannt zu werden.

Die versuchten Lösungen solcher Grundprobleme sind nun immer interessant, auch wenn sie auf greifbaren Irrungen beruhen; sie sind ein erfreuliches Zeichen dafür, dass menschlicher Fürwitz niemals zurückgeschreckt ist, sondern sich stets selbst an unergründlich scheinende Fragen herangewagt hat. Doppelt interessant werden diese Lösungen, wenn es sich einmal zeigt, dass Denker verschiedener Nationen und Zeiten völlig unabhängig von einander auf die gleichen, noch dazu höchst verwickelten Lösungsversuche verfallen sind. Es ist dies dann ein lautredendes Zeugniss für die über Zeit und Raum erhabene Homogeneität des menschlichen Geistes, der in verschiedenen Zonen und unter durchaus anderartigen Kulturvoraussetzungen nicht blos die gleichen Fragen ersinnt, sondern auch die gleichen, zuweilen höchst komplizirten Antworten aufspürt. Freilich ist es bei den zuweilen undurchsichtigen Kulturzusammenhängen namentlich des früheren Mittelalters ungemein schwierig festzustellen, inwieweit beispielsweise der eine arabische Denker von irgend einem antiken beeinflusst ist. Allein je mehr die genaue Ausmittlung der philosophischen Zusammenhänge hier erschwert ist, desto erfreulicher ist es, wenn es an einem entscheidenden, eklatanten Beispiel aufzuzeigen gelingt, dass wirklich solche gleichartige Lösungen in einem Falle konstatirt werden können, wo gegenseitige Beeinflussungen zum Theil höchst unwahrscheinlich, zum anderen Theile aber geradezu ausgeschlossen sind.

Ein solch augenfälliges Beispiel gleichgearteter Lösungsversuche zu verschiedenen Zeiten und unter völlig andersgestalteten Kulturregionen bietet uns nun der Lösungsversuch zwischen Determinismus und Freiheit dar, der gemeiniglich als der occasionalistische bekannt ist. Die Versöhnung zwischen Nothwendigkeit und Freiheit wird hier bekanntlich darin gefunden, dass der Mensch allerdings durch die von Gott in ihm vollzogenen Handlungen gezwungen erscheint, dass er jedoch andererseits insofern eine gewisse Selbständigkeit und somit Verantwortlichkeit besitzt, als er seinen vermitttelst göttlicher Assistenz vollzogenen Handlungen seine freudige Zustimmung ertheilen, aber auch versagen kann. Damit wäre dann ein allerdings äusserst dürftiger Spielraum für die Ethik geschaffen: das Mass der sittlichen Verantwortlichkeit würde sich sonach nach dem Grade des guten oder bösen Affects richten, von welchem die jeweilige Handlung begleitet war.

So sonderbar dieser Ausweg aus dem schwierigen Dilemma unser modernes Bewusstsein auch anmuthen mag, so ist er doch nicht gar so widersinnig, wie er auf den ersten Anblick erscheint. Man bedenke doch, dass unsere heutige Rechtsprechung diesem occasionalistischen Gedanken gewisse Concessionen macht; denn Dolus und Affect spielen bei der Strafabmessung bekanntlich keine geringe Rolle. Wir werden offenbar denjenigen, der aus politischem, religiösem, sozialem oder wie auch geartetem Fanatismus einen Mord begeht ganz anders und viel milder beurtheilen, als einen gemeinen Raubmörder, der mit cynischer Schadenfreude und kannibalischer Mordlust sein Opfer zerstückelt. Die That ist die gleiche; und doch welch himmelweiter Abstand in unserem sittlichen Werthurtheil! Wenn auch der Mord aus Fanatismus schwer geahndet wird, fällt doch das sittliche Werthurtheil ganz anders aus über einen gemeinen Mörder, als über einen solchen aus fanatischer Ueberzeugung. Und worauf stützt sich die toto coelo verschiedene sittliche Beurtheilung der gleichen Handlung? Doch wol nur darauf, dass wir den ersteren verabscheuen, weil er seine blutige That mit diabolischem Behagen vollführte, während wir den letzteren tief bemitleiden, dass er unter dem fürchterlichen, aber unentrinnbaren Banne seines Fanatismus stand. Also kommt auch bei unserem sittlichen Werthurtheil der Affect,

von welchem eine Handlung begleitet ist, ganz beträchtlich in An-
schlag! Nun, etwas Anderes wollten auch die Occasionalisten und
alle Philosophen vor ihnen nicht, die den Werthmesser der sittlichen Zurechnungsfähigkeit in den Affect verlegten, der bei
der Handlung als unerlässliche Begleiterscheinung auftritt. Eine
andere Frage ist es freilich, ob man auf eine so haardünne Voraussetzung die ganze Ethik aufbauen kann.

Dieser Gedanke nun, an die Stelle der bedingungslosen Wahlfreiheit den Affect zu setzen und aus demselben die moralische
Verantwortlichkeit abzuleiten, galt bisher allgemein als Specificum
des Occasionalismus. Folgende Auseinandersetzungen werden nun
den Beweis für eine bereits früher von mir aufgestellte Behauptung
zu erbringen suchen [1]), dass nämlich der gleiche Gedanke uns schon
in der antiken Philosophie bei den Stoikern, in der scholastischen einmal bei der arabischen Philosophenschule der Ascharija,
andermal beim christlichen Mystiker Richard von St. Victor
mit einer so unverkennbaren Deutlichkeit entgegentritt, dass ihnen
selbst der Ausdruck gemeinsam ist, ohne dass doch ein histori-
sches Abhängigkeitsverhältniss angenommen werden müsste.

Da jedoch der historische Hintergrund und die philosophischen
Leitmotive der vier genannten Schulen ganz wesentlich auseinandergehen, so empfiehlt es sich, jede dieser Gruppen auf dieses Problem
hin zu prüfen und sie in chronologischer Reihenfolge gesondert vor-
zuführen, um sodann das Endergebniss in ein Schlusswort zu-
sammenzufassen.

Kap. I.
Die Stoiker.

In voller systematischer Geschlossenheit tritt uns der Determinismus zum ersten Male in der Stoa entgegen. Unklare fata-
listische Vorstellungen freilich waren dem griechischen Volksglauben
nicht weniger beigemischt, als den meisten alten Kulten, zumal
das offenbare Unterworfensein des Menschen unter aussergewöhn-

---

[1]) Vgl. m. Abhandl. „Zur Genesis des Occasionalismus", im Archiv,
Band I, Heft 1, S. 61, sowie m. Erkenntnisstheorie der Stoa (zweiter Band
der Psychologie) S. 191, Note 383 ff.

liche Naturereignisse ihm von jeher den Gedanken an unausweichliche Schicksalsfügungen nahelegen musste [2]). Auch bei den älteren griechischen Dichtern, vielleicht schon bei Homer [3]), jedenfalls aber bei einem Hesiod und Pindar, einem Aeschylus, Sophocles und Euripides spielt die Τύχη keine geringe Rolle. Die griechischen Philosophen des 5. Jahrhunderts passen sich, soweit der winzige Bruchtheil ihrer auf uns gekommenen Fragmente überhaupt ein Urtheil über ihre Stellung zum Determinismus gestattet, fast durchweg dem herrschenden Volksglauben an, ohne die philosophische Seite der Τύχη schärfer hervorzukehren. Nur Heraklit hat mit dem ihn auszeichnenden genialen Tiefblick die philosophische Tragweite des Determinismus ahnungsvoll angedeutet [4]). Dass aber auch ihm der tiefgehende Widerspruch zwischen Determinismus und Willensfreiheit noch entgangen ist, darf uns um so weniger Wunder nehmen, als selbst Philosophen vom Range eines Sokrates, Plato und Aristoteles an diesem Problem ahnungslos vorbeigegangen sind. Bei S o k r a t e s wog eben das religiös-sittliche Interesse zuweilen so entschieden vor, dass darunter die rein philosophische Seite der behandelten Probleme leiden musste. Wenn er sich beispielsweise zum Erweise für die Gültigkeit des Vorsehungsglaubens auf die Aussprüche der Orakel berief [5]), die ohne Vorsehung unmöglich wären, so beweist das hinlänglich, dass ihm weder das philosophische Problem des Determinismus, noch der Widerstreit zwischen menschlicher Freiheit und natürlicher Nothwendigkeit zu klarem

---

[2]) Vgl. darüber Trendelnburg, Nothwendigkeit und Freiheit in der griechischen Philosophie, in: historische Beiträge, II, 115 ff.

[3]) Trendelnburg a. a. O. S. 126 ff.

[4]) Heraklit zum bewussten, energischen Verkünder des Determinismus zu stempeln sind wir nicht berechtigt, da ein unmittelbar auf ihn selbst zurückzuführendes Fragment über diese Frage nicht vorliegt. Die diesbezüglichen Aeusserungen bei Plutarch, Stobaeus, Theodoret und Simplicius, auf die Zeller, I 4, 606³ hinweist, tragen eben in den Terminis wie in ihrem Gedankengepräge eine so unverkennbar stoische Färbung, dass der heraklitische Kern kaum mit Sicherheit aus der stoischen Hülse herausgeschält werden kann. Sicher ist jedoch, dass er die εἱμαρμένη zum ersten Mal zur philosophischen Doctrin erhoben hat.

[5]) Vgl. z. B. Xenoph. Mem. IV, 3, 12: αὐτοὺς ἡμῖν συνεργεῖν, διὰ μαντικῆς τοῖς πυνθανομένοις φράζοντας τὰ ἀποβησόμενα καὶ διδάσκοντας, ᾗ ἂν ἄριστα γίγνοιντο;

14*

Bewusstsein gekommen war. Im Uebrigen ist auch Plato kaum
von dem Vorwurf freizusprechen, dass er die πρόνοια ganz unvermittelt neben der Wahlfreiheit bestehen liess[6]), ohne auch nur
durch ein Wort anzudeuten, dass zwischen beiden Begriffen ein
nur schwer auszugleichender Gegensatz besteht.

Entbehrte die Willenstheorie Plato's noch einer breiteren philosophischen Unterlage, so ergänzte Aristoteles allerdings jene
augenfälligen Lücken, die sein Meister offen gelassen hatte, mit
dem ihm eigenen Geschick. Zweifelsohne hat Aristoteles die Willensfreiheit zuerst als philosophisches Problem voll erkannt und sie
einerseits aus dem etwas niedrigen Niveau des landläufigen Gemein-
begriffs, andererseits aus der übersinnlichen Welt der intelligiblen
Freiheit, wie sie bei Plato vielfach erscheint[7]), hinausgerückt in
die Sphäre kühlen und nüchternen metaphysischen Denkens. Auch
konnte er für die positive Begründung der Willensfreiheit um so rück-
haltsloser eintreten, als er an eine Rücksichtnahme auf die noch von
Plato so scharf betoute πρόνοια nicht gebunden war. Allerdings
erwähnt er wol beiläufig den vulgären Vorsehungsglauben[8]), aber
die vorsichtig einschränkende hypothetische Form, in welche er

---

[6]) Es hat freilich nicht an Versuchen gefehlt, Plato zum einseitigen De-
terministen zu stempeln und diejenigen Stellen, an denen er sich für die
Willensfreiheit erklärt, durch geschraubte Interpretationen hinwegzuklügeln.
Aber selbst der glänzenden Dialectik eines Martin, Steger, Wildauer und Teichmüller wird es niemals gelingen, ein so rückhaltsloses Eintreten für die Wahlfreiheit, wie es in der Rep. X, 617 E, 619 B hervortritt, künstlich hinwegzuinter-
pretiren. Dass daneben der Timaeus in seiner durchweg teleologischen Naturauffassung eine starke Hinneigung zum Determinismus verräth, bleibt freilich
ein ungelöster Widerspruch. Vgl. übrigens, was Zeller neuerdings II[4], 854[1]
bemerkt und Wildauer, Platon's Lehre vom Willen, S. 240 f.

[7]) Vgl. Trendelnburg a. a. O. S. 149, 157, 185.

[8]) Eth. Nic. X, 9, 1179, a, 22: εἰ γάρ τις ἐπιμέλεια τῶν ἀνθρωπίνων ὑπὸ θεῶν
γίνεται, ὥσπερ δοκεῖ. Hier könnte noch angefügt werden Magna Moral. II, 8,
1207, a, 15: ἀλλὰ μὴν οὐδ' ἡ ἐπιμέλεια καὶ ἡ εὔνοια ἡ παρὰ τοῦ θεοῦ δόξειεν
ἂν εἶναι εὐτυχία. Schon in meiner Schrift: Die Willensfreiheit und ihr Verhältniss zur göttlichen Praescienz und Providenz etc., Berlin 1882, S. 117,
Note 188 habe ich nachzuweisen gesucht, dass die vorsichtige hypothetische
Fassung (ὥσπερ δοκεῖ), die Arist. dem Vorsehungsglauben gegeben hat, wol
nur als matte Concession an den überkommenen Volksglauben aufgefasst werden dürfe.

diesen Glauben eingekleidet hat, lassen kaum darüber Zweifel aufkommen, dass es ihm mit der göttlichen Vorsehung unmöglich
Ernst sein konnte, zumal sein extramundaner, auf das Denken
seiner selbst beschränkte ·Gott keinerlei unmittelbare Verbindung
mit unserem Weltgebäude unterhalten soll.

In der That erscheint denn auch Aristoteles als der vollendetste antike Vertreter der Wahlfreiheit, für die er aus dem reichen
Arsenal seiner Dialectik das schwerste Geschütz in's Treffen führt.
Beide Gesichtspunkte, unter denen eine Begründung der Willensfreiheit möglich ist: d. i. der ethische und psychologische,
kommen bei ihm gleichmässig zu energischem Ausdruck. Die
ethische Begründung der Freiheit beruht theils auf der allgemein
zugestandenen Freiwilligkeit der Tugend, theils und besonders auf
der Behauptung, dass ohne Freiheit jegliche sittliche Verantwortung
und damit auch jedwede Ethik überhaupt hinfällig und illusorisch
wäre [9]. Psychologisch wird sie damit gerechtfertigt, dass der Mensch
vermittelst seines Verstandes den natürlichen Verlauf der Ursachen
offenbar in sich hemmen kann [10]. Nothwendig ist nur das Vergan-
gene, nicht das zukünftig Geschehende. Die Forderung der menschlichen Freiheit hängt bei Aristoteles übrigens auch mit seiner Metaphysik eng zusammen. Denn sobald das Einzelwesen zur Substanz
(οὐσία) erhoben wird, ist es nicht mehr angängig, diese Substanz
in eine Abhängigkeit zu einer Causalreihe zu setzen, die ausserhalb ihrer liegt; sie muss vielmehr nothwendig in sich selbst das
Prinzip ihrer eigenen Causalität haben, d. h. frei sein.

Allein mag auch der Einzelmensch nach Aristoteles im Hinblick auf eine etwaige transcendente Causalität durch Gott
absolut frei sein, so muss sich diese seine Freiheit, soll sie unangetastet bleiben, auch vor der immanenten Causalität der Welt
bewähren. Und hier lässt Aristoteles die Konsequenz im Stich.
Gott gegenüber ist der Mensch wol ganz frei, jedoch nicht in
gleichem Masse gegenüber dem Weltzweck. Hier widerstreitet die

---

[9] Vgl. das bekannte Kapitel der Nic. Eth. (I, 7).
· [10] Vgl. de interpret. cap. 9, p. 18; de gen. et corr. II, 11 p. 337; Trendelnburg II, 152.

Teleologie, die er ja nachdrucksvoller und ausschliesslicher betont
hat, als irgend einer seiner Vorgänger[11]), dem Freiheitsbegriff.
Denn ist der Zweck das weltgestaltende und weltbeherrschende
Gesetz, so muss sich doch offenbar auch der menschliche Wille
diesem Weltgesetz unterwerfen. Dann aber sind der Freiheit die
Lebensadern unterbunden; sie gilt nicht mehr in absolutem Sinne;
sie ist vielmehr schonungslos an die Fessel des Zweckes geschmie-
det. Man sieht eben, dass absolute Wahlfreiheit mit keinem
System recht stimmen will; sie passt ebensowenig in den Rahmen
der aristotelischen Teleologie, wie in den jeden Zweck streng ausschliessenden Determinismus Spinoza's hinein. Ja, Aristoteles selbst
scheint eine leise Ahnung von der Unvereinbarkeit der von ihm
vertretenen absoluten Freiheit mit dem Zweckbegriff aufgestiegen
zu sein, wenn ihm einmal das Gleichniss entschlüpft[12]), dass in
einem wohlgeordneten Hause der Sklave weit mehr Freiheit als
der Herr besitzt, weil dieser sich naturgemäss an die zweckmässige
Hausordnung hält, während jener an keinen Zweck gebunden ist.
Hier schimmert unleugbar der Gedanke durch, dass der kühlbe-
rechnende Verstand seine Thätigkeit an Zwecken misst. Dass aber
damit die Bedingungslosigkeit der Freiheit völlig preisgegeben ist,
hat Aristoteles ebensowenig erkannt oder gar eingeräumt, wie sein
Nachfolger Theophrast, der über die Willensfreiheit sogar eine
eigene Schrift verfasste[13]), ohne jedoch von der Teleologie seines
Lehrers auch nur um Haaresbreite abzuweichen.

So war die Situation unseres Problems geartet, als die Stoa
den Schauplatz der Geistesgeschichte betrat. Aristoteles hatte ihr
wol im Ausbau des Freiheitsproblems bedeutend vorgearbeitet;
Heraklit mag ihr durch einzelne lose hingeworfene Andeutungen
und abgebrochene Gedankenspähne die Grundzüge zu ihrem Determinismus geliehen haben. Damit waren aber nur rohe Umrisse
gegeben. Die straffe Gliederung des deterministischen Problems,
sowie die schroffe Gegenüberstellung von Freiheit und Determinis-

---

[11]) Phys. II, 9; de part. an. I. 1 und dazu Ritter, Gesch. d. Philos. III,
212 ff.
[12]) Metaph. XII, 10.
[13]) Diog. Laërt. V, 43: περὶ Ἐξουσίου ά.

mus bleiben das unbestreitbare Verdienst der Stoa, so dass meine
an die Spitze dieses Abschnittes gesetzte Behauptung, der Determinismus trete uns zum ersten Male in der Stoa in voller systematischer Geschlossenheit entgegen, wol kaum als zu weit-
gehend befunden werden dürfte.

Fasste man bisher das Fatum in grobsinnlicher Weise als per-
sonifizirtes Schicksal auf, das willkürlich bestimmend in den Weltlauf eingreift — eine Vorstellung, die zweifelsohne das Product der
Furcht vor aussergewöhnlichen Naturereignissen ist —, so gewinnt
das Fatum in der Stoa die Gestalt der immanenten Causalität.
An die Stelle der Furcht tritt die Erkenntniss der inneren Ur-
sächlichkeit alles Geschehens. Die εἱμαρμένη wird den Stoikern
zum εἱρμός [14]), d. h. zur engverschlungenen, gesetzmässig ineinan-
dergreifenden Verkettung der Ursachen im Weltganzen.   Hier erst
erscheint der Determinismus vollkommen losgelöst von der mythi-
schen Umhüllung, in welcher er bis dahin zumeist aufgetreten war.
Das Fatum ist ihnen nichts Aussergewöhnliches oder gar Ueber-
göttliches, wie etwa dem Pittakus in dem ihm zugeschriebenen Ausspruch [15]), sondern es fällt mit dem Urpneuma d. h. der Gottheit
zusammen.   Natur, Schicksal, Nothwendigkeit und Gott sind nur
verschiedene Namen bez. Thätigkeitsarten einer und derselben
Grundkraft [16]), die natürlich in der pantheistischen Stoa mit dem
Grundstoff zusammenfällt.

Mit diesem scharf gezeichneten Pantheismus vertrug sich
die Teleologie vielleicht noch besser, als mit dem aristotelischen Dualismus.   Bei Aristoteles war nämlich gar nicht abzusehen,
wer denn eigentlich die vernünftigen Zwecke in den Naturlauf
hineinlegen sollte; Gott doch wol nicht, denn dieser führt ja seit

---

[14]) Vgl. m. Psychologie der Stoa Bd. I, 53, Bd. II, 340, Note 770; Menagius
ad Diog. Laërt. VII, 149; Trendelnburg a. a. O. S. 122; Gercke, Chrysippea
(Jahrb. für class. Philol. Suppl. Band XIV p. 715 ff.).   Flach sind die hergehörigen Ausführungen von Göring, der Begriff der Ursache in der gr. Philosophie, Leipzig 1874, S. 41 f.

[15]) Diog. Laërt. I, 77: ἀνάγκᾳ δ᾽ οὐδὲ θεοὶ μάχονται; ähnlich der Ausspruch
der Pythia bei Herodot I, 91: τὴν πεπρωμένην μοίρην ἀδύνατά ἐστι ἀποφυγέειν
καὶ θεῷ; vgl. Trendelnburg a. a. O. S. 127.

[16]) Vgl. m. Psychol. d. Stoa Bd. I, 45.

dem ersten Bewegungsanstoss, den er der Welt gegeben, ein welt-
abgeschiedenes, streng gesondertes Dasein (χωριστός). Und so
herrscht denn über die zwecksetzende Kraft beim Stagiriten eine
gewisse Unklarheit. Anders in der Stoa. Hier ist die εἱμαρμένη
mit dem λόγος identisch [17]). Das Schicksal wirkt demnach nicht
blind und mechanisch, sondern vernunftbegabt und bewusst, so
dass in der gesetzmässigen Causalität aller Erscheinungen die höchste
Vernunftkraft waltet. Da ist es denn kein Wunder, dass in dieser
von der höchsten Vernunft am Gängelbande der Causalität mit
starrer Unbeugsamkeit geleiteten Welt Alles auf's Harmonischste
und Vollendetste eingerichtet ist [18]).

Allein je gerechtfertigter ihre Teleologie aus dem inneren Zusammenhang ihres Systems heraus erscheinen muss, desto weniger
Raum war für eine etwaige Bethätigung der menschlichen Willensfreiheit vorhanden. Erfolgt Alles in der Natur mit unabänderlicher
Gesetzmässigkeit und verfolgt ferner dieses Gesetz einen Vernunft-
zweck, der der Gesammtheit zum Wohl gereichen muss, so ergibt
sich aus diesen beiden Voraussetzungen mit logischer Folgerichtigkeit zweierlei: eine Willensfreiheit kann es einerseits nicht geben,
denn durch eine solche würde die ewige Causalitätsreihe unterbrochen und somit das eherne Weltgesetz durchlöchert; andererseits braucht es auch keine zu geben, denn das vernunftbegabte
Geschick ordnet Alles ohnehin zum Heile der Menschen zweck-
mässig an. Der Mensch könnte also, besässe er gar eine Freiheit,
mit seinem blinden Willen nur verderben, nichts bessern. Was
kann also der Mensch Vernünftigeres thun, als sich dem Schicksals-
zuge anzupassen, dem unentrinnbaren Lauf des vernünftig und
zweckmässsig waltenden Verhängnisses unterzuordnen? Jeder Widerstand gegen das Verhängniss ist unklug, weil unnütz. Und so
haben denn die Stoiker ihre prinzipielle Leugnung der Willensfreiheit auf jene kürzeste Formel gebracht, die Seneca in freier
rhythmischer Uebertragung in den bekannten, zum geflügelten Wort

---

[17]) Philodem de piet. p. 82 Gomp; Heinze, Lehre vom Logos S. 100 ff.
[18]) Plut. plac. phil. I, 6, 2 (Actius Diels p. 293), καλὸς δὲ ὁ κόσμος; Diog.
L. VII, 149; Plut. St. rep cap. 21; Cic. de fin. III, 5, 18 u. ö.

gewordenen Vers gegossen hat: ducunt volentem fata, nolentem trahunt [19]).

Nun war allerdings der metaphysischen Konsequenz vollauf Genüge geschehen; der Determinismus war mit einer so unerbittlichen Folgerichtigkeit durchgeführt, wie nie zuvor. Aber jetzt begann die Ethik, die ja eine Wahlfreiheit zu ihrer schwerlich entbehrlichen Voraussetzung hat, entschiedene Einsprache gegen diesen starren Determinismus zu erheben. Und je strenger die sittlichen Anforderungen waren, welche gerade die Stoa an den Menschen stellte, desto dringender trat an sie die Verpflichtung heran, die Willensfreiheit in irgend einer Form zu retten. Allein trotz des Vorwiegens des ethischen Interesses in der Gesammttendenz der stoischen Philosophie mochte sich doch kein stoisches Schulhaupt dazu verstehen, die metaphysische Konsequenz der ethischen unterzuordnen d. h. den von der Metaphysik geforderten Determinismus zu Gunsten der Freiheit zu opfern. Um aber gleichwol der Freiheit und somit der sittlichen Verantwortung einen Spielraum zu verschaffen, verfielen sie auf jenen Ausweg, der später bis auf den Occasionalismus hin so mannigfache Nachahmung gefunden hat, dass sie nämlich unter ungeschmälerter Aufrechthaltung des Determinismus doch eine Schattenfreiheit retteten, sofern sie diese Freiheit in den Affect verlegten, von welchem unsere jeweiligen nothwendigen Handlungen begleitet sind.

Urheber dieser Theorie war wol der Stoiker Kleanthes, während dessen Nachfolger Chrysipp den Widerstreit zwischen Nothwendigkeit und Freiheit mehr durch seine bekannte, auch im Mittelalter nachgeahmte Unterscheidung von Haupt- und Mittelursachen lösen wollte [20]). Da uns jedoch an dieser Stelle nur die von

---

[19]) In m. Erkenntnisstheorie d. Stoa S. 329 ff. habe ich den Nachweis unternommen, dass diese knappe Fassung des Determinismus den Stoiker Kleanthes zum Urheber hat.

[20]) Die Hauptstelle für die Unterscheidung Chrysipp's der causae principales et perfectae von den causae adjuvantes ist Cic. de fato, 18, 41; vgl. auch Cic. Top. 15, 59; Plut. de St. rep. cap. 47. Auch diese Problemslösung Chrysipps ist in das arabisch-jüdische Mittelalter übergegangen. Wir begegnen ihr bei der arabischen Philosophenschule der Ascharija (Schahrastâni, deutsch von Haarbrücker, I, 105), beim arabischen Aristoteliker ibn Sina (Franck, diction-

Kleanthes versuchte Problemslösung interessirt, zumal diese in der
späteren Stoa zur herrschenden Doctrin geworden ist, scheiden aus
unserer Behandlung die übrigen Lösungsversuche Chrysipps, die
ich an anderer Stelle gewürdigt habe[21]), aus. Um aber die von
Kleanthes vertretene Version voll erfassen zu können, muss man
sich den erkenntnisstheoretischen Hintergrund dieser Frage, der in
der spezifisch stoischen Lehre der συγκατάθεσις gipfelt, genau vergegenwärtigen.

Die Stoiker nennen nämlich das Urtheil nicht κρίσις, wie sonst
wol üblich ist, sondern sie erfanden dafür den eigenthümlichen,
selbstgebildeten Terminus συγκατάθεσις, weil nach ihnen jedem Urtheil ein Affect des Beifalls oder Missfallens beigemischt ist[22]).
Und so gingen sie denn gar soweit, Urtheil und Willensfreiheit
geradezu zu identifiziren[23]), weil eben unser Urtheil nur in dem
Masse frei ist wie unser Wille. Unser Urtheil ist stets durch die
Energie (den Tonus) des sinnlichen Eindrucks causal bedingt,
ebenso wie unser Wille durch die Causalität des Naturverlaufs
determinirt ist. Nur freilich können wir vermittelst unserer Affecte
unserer συγκατάθεσις ein individuelles Gepräge geben. Wir
können nämlich das Gute oder das Böse, das wir vermöge der
durch unsere Naturanlage bedingten Causalität doch thun müssen,
freudig oder auch widerwillig thun, und auf diesem Affect,
den wir bei unseren nothwendigen Handlungen empfinden, beruht das sittliche Verdienst[24]).

---

naire de la Philosophie s. v. ibn Sina), endlich bei den jüdischen Philosophen
Juda Halevi (Kusari p. 116 ed. Cassel) und Abraham ibn Daud (Emuna Rama
p. 87 ed. Weil). Auch Thomas d'Aquino, Summa Theologiae I, 105, 5 kommt
darauf zurück.

[21]) Erkenntnissth. d. Stoa S. 340, Note 771; vgl. dazu Zeller III[3], 166 ff.;
Trendelnburg a. a. O. 174 ff.; Heine, Stoicorum de fato doctrina, Naumburg
1859, p. 43 ff.

[22]) Epict diss. I, 18; Erkenntnissth. d. Stoa S. 198 ff.

[23]) Stob. Floril. VIII, 66 p. 386 Gaisf.; Epict. diss. III, 22, 42 u. ö.; Erkenntnissth. S. 187, Note 378.

[24]) Wie dies namentlich der ursprüngliche Verbreiter dieser Doctrin,
Kleanthes, bei Seneca, de benef. VI, 1 in markanter Kürze ausdrückt. Nicht
die That, sondern die Gesinnung entscheidet über sittlichen Werth oder
Unwerth: voluntas (= συγκατάθεσις) est, quae apud nos ponit officium.

Die sittliche Zurechnungsfähigkeit ist demnach durch die Gesinnung bedingt. Wir sollen uns dem Schicksalslauf nicht bloss
unterordnen, sondern seine Fügungen sogar mit „freudigem Beifall" begleiten[25]), und das ist der unterscheidende sittliche Vorzug
des Weisen gegenüber dem Thoren. Dieser thut zwar zuweilen das
Gute, aber mit Widerstreben und nur weil er es muss, denn, wie
Kleanthes sagt:

$$\mathring{\eta}\nu \; \delta \grave{\epsilon} \; \mu \mathring{\eta} \; \vartheta \acute{\epsilon} \lambda \omega$$
$$\varkappa \alpha \varkappa \grave{\delta} \varsigma \; \gamma \epsilon \nu \acute{o} \mu \epsilon \nu o \varsigma, \; o \mathring{\upsilon} \delta \grave{\epsilon} \nu \; \mathring{\eta} \tau \tau o \nu \; \mathring{\epsilon} \psi o \mu \alpha \iota.$$

Aber der sittlich hochstehende Weise jubelt der Schicksalsfügung
freudig entgegen, und in dieser lauteren Gesinnung liegt
sein moralisches Verdienst. Das stimmte so recht zum ethischen Ideal der Stoa, dass nicht Werkheiligkeit, vielmehr nur vor-
nehmes, geläutertes Denken den Kernpunkt der Sittlichkeit ausmachen soll. Dieses Denken ist uns aber freigegeben, ja in ihm
allein besteht unsere Willensfreiheit[26]).

Will man nun diesen stoischen Versuch, dem Dilemma von
Nothwendigkeit und Freiheit zu entrinnen, auf den kürzesten Ausdruck bringen, so spitzt sich dieser dahin zu: 'Unser sittliches
Verdienst beruht auf dem „freudigen Beifall" (συγκατάθεσις bei den griechischen, adsensio bei den römischen
Stoikern), mit welchem unsere nothwendigen Handlungen
verknüpft sind.

Kap. II.
Die Ascharîja.

Der Schauplatz, auf welchem sich die jetzt zu besprechenden
Geisteskämpfe abspielten, ist völlig anders geartet, als der vorhin
geschilderte. Handelte es sich dort um Gedankengebilde, die sich
bei dem höchstveranlagten Volk des Alterthums erst nach drei-
hundertjährigem Ringen zu einer Zeit herausgestaltet haben, als

---

[25]) Sen. ep. 96, 2: non pareo deo, sed adsentior. ex animo illum, non
quia necesse est, sequor. Weitere zahlreiche Belege Erkenntnissth. 190,
Note 382, 364, Note 868, 377, Note 927.

[26]) Rufus Ephes. bei Stob. Ekl. II, 35 H: ἐφ' ἡμῖν χρῆσις τῶν φαντασιῶν,
wogegen Epictet auf die ὀρθὴ χρῆσις τῶν φαντασιῶν das Hauptgewicht legt,
diss. I, 1, 7 u. ö.

dieses Volk den Höhepunkt seiner Kultur bereits überschritten
hatte und in einem geistigen Zersetzungsprozess begriffen war, so
begegnen wir hier einer erst beginnenden, mächtig emporstrebenden,
in ungesundem Sturmschritt dahinbrausenden Kultur. Auf dem
klassischen Boden von Hellas hatten wir es mit einer gereiften
Gedankenfrucht zu thun, die vom Baume der philosophischen Erkenntniss herabfiel; auf dem Boden des kampflustigen, im inneren
dogmatischen Ausbau begriffenen Islâm hingegen handelt es sich
um eine kaum aufgeschossene Gedankenblüthe, die vorzeitig abge-
pflückt wurde. Es versteht sich daher von selbst, dass auch das
uns beschäftigende Problem bei diesem farbenreichen Szenenwechsel
und den grundmässig veränderten treibenden Motiven in eine wesentlich andere Beleuchtung gerückt wird. Während der Widerstreit von Nothwendigkeit und Freiheit in der griechischen Philosophie Jahrhunderte lang kaum beachtet und erst von den Stoikern
in seiner ganzen Schärfe und Unversöhnlichkeit erfasst wurde, hat
im Islâm gerade dieser Widerstreit den Ausgangspunkt des
philosophischen Denkens gebildet. Der erste Anstoss zu philosophischem Denken innerhalb des Islâm ist, wie wir bald sehen
werden, unleugbar von der Frage nach der Prädestination ausgegangen. Und je mannigfaltiger die Antriebe waren, die bei den
Griechen wie bei den Arabern zur Problemsstellung von Nothwendigkeit und Freiheit geführt haben, um so merkwürdiger und
beachtenswerther wird es sein, wenn diese beiden Gedankenrichtungen, die von so durchaus verschieden gestalteten philosophischen
Voraussetzungen und kulturlichen Vorbedingungen ausgegangen
sind, sich gleichwol in einem gemeinsamen Treffpunkte begegnen.

Die Araber der Vorzeit, deren Kulturverhältnisse der Muham-
medaner verächtlich als gâhilija d. h. „Zustand der Unwissenheit" bezeichnet, waren rückhaltlose Fatalisten[27]). Das werden

---

[27]) Vgl. Salisbury, Journal of the American Oriental Society, T. VIII,
p. 106: but what concerns us most is the presentation of evidence of the fact,
that the early arabs were fatalists. Dieser Beweis ist Salisbury gelungen,
wenn auch seine weitere These, auf die wir bald zurückkommen, durch neuere
Forschungen hinfällig wird. Ueber die vormuhammedanische Kultur der Araber
vgl. Sprenger, Lehre und Leben Muhammeds, 1, 250 ff.

wir, auch abgesehen von den seitens der Fachwissenschaft für deren
Fatalitätsglauben erbrachten Beweisen, um so leichter begreifen,
als der Glaube an ein Schicksal uns bei den meisten Naturvölkern
begegnet, weil er eben dem unbeholfenen Kindheitszustande der
Menschen am meisten entspricht. Dem lebhaften und stürmischen
Feuergeist Muhammed sagte jedoch dieser starre, jegliche individuelle Bewegungsfreiheit im Keime erstickende Fatalismus anfänglich wenig zu. Zudem ist er nicht umsonst bei jüdischen und
christlichen Lehrern in die Schule gegangen. Hier musste ihm die
Willensfreiheit als eine der unantastbaren Fundamentalsätze der
monotheistischen Religionen in die Augen springen [28]). Und in
der That nahm er in der jugendlichen Empfänglichkeit seiner
ersten Entwickelungsperiode einen mächtigen Anlauf, trotz des tief-
wurzelnden Fatalismus im Volksglauben die Willensfreiheit in den
Korân einzuführen. Man hat früher diese Thatsachen bestreiten zu
müssen geglaubt [29]), weil die auf unumschränkte Prädestination
deutenden Stellen im Korân vorwiegen, ja in einzelnen Partien
desselben ausschliesslich dominiren. Allein seitdem die neuere
Korânforschung verschiedene Entwicklungsstadien im Korân festgestellt hat [30]), ist jüngeren Forschern der kaum anfechtbare Nachweis gelungen, dass die der Jugendperiode Muhammeds entstammenden Sûren neben der Prädestination auch der Willensfreiheit einen
breiten Spielraum gewähren [31]).

---

[28]) Ueber die jüdische Philosophie sagt der berufenste Interpret derselben,
S. Munk, in seinen Mélanges de la philosophie arabe et juive p. 462: la doctrine
du libre arbitre est une des doctrines fondamentales du Mosaïsme. Und wenn
auch von der christlichen Philosophie nicht ganz das gleiche gilt, so hatte
die Willensfreiheit doch auch hier eine annähernd fundamentale Bedeutung,
vgl. Bergier, Encyclopédie méthodologique, Theil Theologie II, p. 429.

[29]) So namentlich Salisbury a a. O. p. 129.

[30]) Vgl. G. Weil, historisch-kritische Einleitung in den Korân, Bielefeld
1844, und Th. Nöldecke, Geschichte des Korâns, Göttingen 1860.

[31]) Gegen Salisbury wendete sich der Franzose Guyard in einer Abhandlung: 'Abd er-Razzâque et son traité de la prédestination, Journal Asiatique
1873, indem er an zwei Korânstellen den unwiderleglichen Beweis führt, dass
Muhammed zu Anfang auch die Willensfreiheit verkündet hat. Unabhängig
von Salisbury hatte schon vorher Heinrich Steiner in seiner gründlichen,
höchst beachtenswerthen Monographie: Die Mu'taziliten oder die Freidenker

Sehr bald jedoch erkannte Muhammed seinen Missgriff. Seine
Herübernahme der Freiheitslehre fand bei seinen Anhängern schon
nur mässigen Anklang, und bei seinen Widersachern, die ihn wegen
dieses ihnen so fremden Begriffs verketzerten, stiess er auf heftigen
Widerstand. Nicht jedes junge Reis lässt sich auf jeden beliebigen knorrigen Baumstumpf hinaufpropfen! Religionsstifter müssen
mit zartem Feingefühl an schon vorhandene Vorstellungen anknüpfen, nicht völlig ungewohnte, fremdartige gewaltsam einbür-
gern wollen. Diese augenfällige Wahrheit drängte sich Muhammed
sehr bald auf und er suchte daher seinen früheren Fehl wettzu-
machen, indem er nunmehr sich bestrebte, durch nachdrücklichere
Hervorkehrung und fanatische Betonung der Prädestination (قدر,
جبر) die ursprünglichen Spuren von Willensfreiheit im Korän
möglichst zu verwischen [32]).

Allein die Zwiespältigkeit, die Muhammed früher selbst in den
Korän hineingelegt hatte, war nun einmal da und liess sich nicht
mehr hinwegdeuteln. Diese frühere Zwitterstellung des Religions-
stifters gab nun den ersten Anstoss zu dogmatischen Kämpfen.
Noch bei seinen Lebzeiten bildete sich eine starke Opposition gegen
seine spätere Abschwörung der Willensfreiheit heraus. Und wurden
diese Ketzer auch vorerst durch Gewaltmittel niedergehalten [33]), so
ward damit die Ketzerei selbst noch lange nicht vertilgt. Den

im Islâm, Leipzig 1865, S. 33—37 mit voller Klarheit gezeigt, wie gewaltsame
Anstrengungen Muhammed anfangs gemacht hat, den Freiheitsbegriff zu retten.
Diese Beweisführung Steiner's nennt ein jüngerer holländischer Forscher,
Th. Houtsma, de stryd over het dogma in den Islâm tot op el Ashari, Leiden
1875, p. 42 mit Recht die gelungenste Partie des Steiner'schen Buches (best
geslaagde hoofdstuk).

[32]) Die Hauptstelle, auf welche Salisbury a. a. O. p. 129 seine Behauptung
von der absolut deterministischen Grundansicht Muhammed's stützte, war die
entschieden freiheitnegirende Antwort des Propheten بل شى قضى علیهم
ومضى علیهم. Allein Salisbury hat eben nicht daran gedacht, dass dieser
Ausspruch einer späteren Periode des Propheten entstammt.

[33]) Der Ketzer Mâbad z. B. wurde gekreuzigt, vgl. Dugat, philosophes et
théologiens Musulmans, Paris 1879, p. 43. Ueber das Schicksal anderer Hä-
reten vgl. Sale, the Koran, a preliminary discourse, p. 210; Kremer, Geschichte
der herrschenden Ideen des Islâm's S. 30 f.: Houtsma, p. 45.

gekreuzigten Märtyrern des philosophischen Freiheitsgedankens entstanden allerorten überzeugungstreue Rächer, die sich mählig zu
einer philosophisch-theologischen Schule zusammenthaten. Und so
hat denn das uns beschäftigende Problem des Determinismus im
Islâm die erste grosse philosophische Schule, die Kadarîja[34]), hervorgetrieben.

Es würde uns zu weit abführen, wollten wir die wandlungsreichen Schicksale der zahlreichen philosophischen Secten[35]), die,
entweder an die Kadarîja sich anlehnten, oder in ausgesprochene
Opposition zu ihr traten, hier weiter verfolgen. Es genüge uns
eine knappe Skizzirung des weiteren Verlaufs in allgemeinen Zügen
unter ständigem Hinweis auf die für uns wesentlichste Thatsache,
dass das Problem des Determinismus, freilich in der verhüllten Gestalt eines theologischen Dogmas, Ausgangs- und
Brennpunkt der spezifisch arabischen Philosophie[36]) gewesen und geblieben ist.

Im Allgemeinen mag noch vorbemerkt werden, dass bei den
arabischen Philosophenschulen der ersten zwei Jahrhunderte nach
der Hegira die tiefgehenden Trennungslinien von Philosophie und
Theologie noch gar nicht aufgespürt sind, dass ihnen vielmehr
beide unmerklich ineinander übergehen und verfliessen. Hält
man diesen Gesichtspunkt fest, so zeigt es sich sofort, wie die von
der Kadarîja offen angekündigte Wahlfreiheit und die bei ihr
schüchtern hervortretende Anzweiflung der Prädestination[37]) die im

---

[34]) Ueber den vielumstrittenen Namen und die Tendenz der Kadarîja vgl.
Steiner a. a. O. S. 26 ff.; Houtsma a. O. p. 44.

[35]) Die 73 philosophischen Secten, in die sich der Islâm nach einer bekannten traditionellen Prophezeihung Muhammed's spalten sollte, wurden durch
die Wirklichkeit weit überholt, wie das berühmte Buch von Schahrastâni (ed.
Cureton), deutsch von Haarbrücker (Religionspartheien und Philosophenschulen)
deutlich beweist. Nur muss man sich dabei, wie Steiner S. 2 richtig bemerkt,
daran erinnern, dass bei den Orientalen sich die Geschichte mehr an Personen
und Namen, denn an Gedanken und innern Zusammenhang knüpft.

[36]) Im Unterschied einerseits zu den reinen arabischen Aristotelikern, wie
ibn Sina und ibn Roschd, die nur wenige spezifisch moslemische Züge verrathen, andererseits zu den Ssûfi's, wie al-Farâbi oder al-Ghazzâli, die eine mehr
mystische bezw. skeptische Richtung vertreten.

[37]) Dugat a. a. O. p. 216.

Stillen schon ohnehin glimmenden Funken schürt und zu einer hell-
lodernden philosophischen Flamme entfacht. Mit der Proklamirung
der Willensfreiheit war zwar die Vernunft nicht verletzt, aber die
Majestät des Korân angetastet. Jetzt muss die Vernunft dem
Korân zur Hülfe kommen, und wenn sie das nicht vermag, wird
sie geächtet. Oder die Vernunft, die eine Willensfreiheit dringend
heischt, steht über dem Korân; dann aber müssen die im Korân
sich befindlichen, auf absoluten Determinismus hindeutenden Stellen
hinweggeklügelt werden. Den letzteren Weg beschritten die Mu'taziliten. d. h. die Freidenker im Islâm[38]), den ersteren die Mu'takallimûn, d. h. die bedingungslosen, orthodoxen Anhänger des im
Korân niedergelegten Gotteswortes (كلام)[39]).

Diese beiden Grundrichtungen beherrschten mehr denn ein
Jahrhundert die moslemische Philosophie. Wol haben dogmatische Zanksucht und selbstgefällige Sectenbildung auch damals
eine Anzahl von kleineren Systemchen gezeitigt, aber diese kennzeichnen sich bei näherem Zusehen nur als leise Schattirungen
und unwesentliche Abzweigungen der beiden grossen Mutterschulen:
Mu'taziliten und Mu'takallimûn.

Und gerade als diese beiden Gegenfüssler einander erbittert
und unversöhnlich gegenüberstanden vollzog sich jener geistige
Verschmelzungsprozess, den man in der Geschichte der Philosophie
mit fast regelmässig wiederkehrender Pünktlichkeit beobachten
kann: Wo zwei Systeme einander schroff und unerbittlich gegen-
überzustehen scheinen, da bereitet sich mählig eine Synthese vor,

---

[38]) Ein solcher Interpret, der die für ihn verfänglichen Korânstellen weg-
deutete, war beispielsweise der eifrige Mu'tazilit Hischâm ibn 'Amr al-Fûti
(al-Ghûti bei Mawâkif), vgl. Schahr. ed. Cureton p. ٥٠: وكـان يمتنع مـن
اطلاق اضافات افعل الي البماري تعدنى وان ورد بـهـ التنزيل; ähnlich
Mawâkif, ed. Sörensen p. ٣٣٩.

[39]) Treffend bezeichnet de Sacy, Chrestomathie arabe, I, 467 die Mu'takallimûn als Scholastiker. Sie sind es insofern, als sie die Autorität des
Korân unangetastet lassen, unterscheiden sich aber doch wieder von den jegliche Spekulation streng verpönenden Fokhis, sofern sie überhaupt eine rationalisirende Exegese des Korân zulassen. Vgl. über den Kalâm, Pococke,
Specimen historiae Arabum p. 199 ff.; Haarbrücker a. a. O. II, 392; Frankl,
ein mu'tazilitischer Kalâm, Wien 1872.

welche die beiden entgegengesetzten Standpunkte in eine höhere Einheit zusammenfasst [40]). Gewöhnlich pflegt dann auch diese Vermittlungsmethode vorerst den Sieg davonzutragen und eine Weile das Feld zu behaupten. Die Synthese zwischen der absoluten Wahlfreiheit der Mu'taziliten und dem absoluten Determinismus der Mu'takalimûn vollzog sich gleichzeitig — und auch dies ist eine häufig beobachtete Erscheinung — in mehreren Köpfen. Schon der gemässigte Mu'tazilit Husain an-Naddschâr versuchte einen Vermittlungsstandpunkt anzubahnen, indem er die These aufstellt: Gott ist der, welcher die Handlungen der Menschen, die guten wie die bösen, die schönen wie die schimpflichen, schafft, und der Mensch ist der, welcher sich dieselben aneignet. Naddschâr räumte auch dem in der Zeit entstandenen Vermögen (des Menschen) einen Einfluss ein und nannte denselben Aneignung (كسب) nach der Weise, wie (später) al-Ascha'ri, und er stimmte mit diesem auch darin überein, dass das Vermögen mit dem Thun zusammenfalle [41]).

Dem gleichen Vermittlungsgedanken begegnen wir auch bei einem anderen Zeitgenossen al-Ascha'ri's, 'Abdallâh Muh'ammad ibn Karrâm, einem Mann, dem nur Neuerungssucht in der Neuschöpfung von philosophischen Terminis, keineswegs jedoch tiefere Bildung oder gar philosophische Originalität nachgerühmt wird [42]).

---

[40]) Man braucht dabei nicht an die gewaltsamen Geschichtsconstructionen Hegels zu denken, der dieses Prinzip der Synthese bis auf die äusserste Spitze getrieben hat. Wie Vieles, was Hegel durch masslose Uebertreibung in Verruf gebracht, doch in beschränkterem Masse heute noch Geltung hat, so auch die Synthese in der philosophiegeschichtlichen Construction.

[41]) Haarbrücker, I, 93; Schahr. ed. Cureton p. ٩٣: وقال هو خالف اعمال العباد خيرها وشرها وحسنها وقبيحها والعبد مكتسب له ... وسمى ذلك كسبًا.

Wegen der schweren Zugänglichkeit dieser arabischen Werke citire ich die wichtigsten beweisenden Kraftstellen im Original. Bei der Wiedergabe der Haarbrücker'schen Uebersetzung erlaube ich mir da und dort einige kleine Abweichungen, deren Berechtigung und Nothwendigkeit der Kundige herausfühlen wird. Naddschâr wird auch erwähnt bei Mawâkif ed. Sörensen p. ٥٧, Zeile 14.

[42]) Tâhir al-Isfarâini gibt im 11. Bab (Abschnitt) seines Buches ein nicht gerade schmeichelhaftes Bild von der geistigen Persönlichkeit Karrâm's.

Im Namen dieses Karrâm oder vielmehr seines Anhängers ibn al-Haiszâm berichtet nun Schahrastâni[43]): Gott hat alles Bestehende, das Gute, wie das Böse, gewollt und alles Existirende, das Schickliche wie das Schimpfliche, geschaffen. Für den Menschen aber nahm man ein Thun durch die in der Zeit entstehende Kraft an, und dieses Thun wird Aneignung genannt. Diese hat Einfluss auf das Hervorbringen eines Nutzens . . . . und dieser Nutzen ist der Tummelplatz der gesetzlichen Verpflichtung[44]).

Allein mögen auch diese beiden Lösungsversuche, von denen schwer zu ermitteln sein dürfte, in welchem Verhältnisse deren Vertreter zum berühmten Schulhaupt al-Asch'ari standen, den Kern des uns interessirenden Problems ganz richtig treffen, so kennzeichnen sie sich doch nur als schüchterne, unsicher tastende Versuche. Zu voller Durchbildung und durchgreifender Ausgestaltung ist diese Vermittlungstheorie zwischen Determinismus und Willensfreiheit erst durch den Stifter des seinerzeit mächtigsten und einflussreichsten philosophischen Systems, durch Abu-'l-'Hasan 'Ali ibn Isma'îl al Ascha'ri (880—941) gelangt.

Al Ascha'ri war ein Apostat der mu'tazilitischen Schule. Eines Mittwochs erklärte er öffentlich in der grossen Moschee zu Basra, dass er alle mu'tazilitischen Haeresien feierlich abschwöre und die drei dogmatischen Kardinalpunkte des Islâm: die

---

[43]) Haarbrücker I, 126, ed. Cureton p. ٨٤: وقـل نحـن نثبـت الـقـدر خـيـره وشره من الـلـه تعـالي وانه اراد الكـائـنـات كلهـا خيرهـا وشرهـا وخلق الموجـودات كلهـا حسنهـا وقبيحهـا ونثبـت للعبـل فعلاً بـالقـدرة الحـادثـة يـسـمّـي ذلك كسبـاً . . . تلك الفـائـدة هي مـورد التكليـف.

[44]) Man achte darauf, dass hier schon diese Schattenfreiheit der Aneignung (كسب) mit der Motivirung auftritt, dass sie die rechtliche, resp. sittliche Zurechnungsfähigkeit rechtfertigt. Im Uebrigen hat auch die philosophische Secte der Dhirârija der gleichen Vermittlungstheorie gehuldigt, vgl. Schahr. Haarbrücker I, 94: Sie behaupteten, die Handlungen der Menschen seien der Wirklichkeit nach anerschaffen und der Mensch eigne sie sich der Wirklichkeit nach an, ed. Cureton p. ٦٣: وقالا افعـال الـعـبـاد مخـلـوقـة للبـاري تعـالى حقيقـة والعبـد يكتنسبهـا حقيقـة.

Praeexistenz des Korân, die Attribute Gottes, sowie die Prae-destination hiermit anerkenne[45]). Damit begründete er die nach ihm benannte Schule, die weil sie zwischen den Extremen geschickt vermittelte und Concessionen nach beiden Seiten hin machte, sehr bald eine so ungeahnte Ausdehnung gewann, dass sie eine beherrschende Stellung im Islâm sich erobert und Jahrhunderte hindurch behauptet hat[46]). Und so characterisirt sich denn die Lehre al Ascha'ri's durchgehends als eine Vermittlungsphilosophie[47]), in welcher uns nach einem glücklichen Wort Houtsma's der Friedenstractat der bis dahin einander bitter befehdenden Parteien vorliegt[48]).

Eine andere Frage ist es, ob und inwieweit al Alscha'ri jene Theorie der Zurückführung der Willensfreiheit auf die blosse Aneignungsfähigkeit (كسب), auf die es uns doch zuvörderst ankommt, selbst erfunden oder nur aus schon vorhandenen Denkelementen zusammengefügt hat. Letztere Annahme entbehrt nicht einer gewissen Wahrscheinlichkeit. Denn mögen auch die schon berührten Schulen der Naddschâri, Karrâmi und Dhirâri, die eine gleichlautende Theorie aufgestellt haben zum Theil Zeitgenossen, zum Theil sogar Nachfolger al Ascha'ris gewesen sein, so besitzen wir doch an einer Äusserung des ibn Hakam, die in einem dem zweiten Jahrhundert der Hegira entstammenden Werke Fikh al-akbar niedergelegt ist[49]), ein lautsprechendes Zeugniss dafür,

---

[45]) Vgl. Munk, Mélanges p. 324 ff. Ausführlicher dargestellt bei Mehren, exposé de la réforme de l'islamisme, Florenz 1878; W. Spitta, zur Geschichte abu'l 'Hasan al Ascha'ri's, Leipzig 1876.

[46]) Dies gilt namentlich von seiner eigenthümlichen Versöhnung der Nothwendigkeit mit der menschlichen Freiheit, vgl. A. v. Kremer, a. a. O. II, 282.

[47]) Spitta a. a. O. S. 107 ff. kennzeichnet al Ascha'ri als einen Philosophen des Kompromisses. Das waren im Grunde alle Vertreter des occasionalistischen Gedankens.

[48]) Houtsma p. 10: In de geschriften van el Asha'ri ligt ons het vredestractaat vóór, dat daaraan (nl. aan de heftige stryd) een einde maakte.

[49]) Kremer I, 43: Alle Handlungen der erschaffenen Wesen, seien sie nun Bewegung oder Ruhe, sind in der Wirklichkeit ihr Verdienst (كسب) und Gott der Erhabene ist ihr Schöpfer und alle (Handlungen) geschehen nach seinem Willen und seinem Wissen; vgl. auch ibid. S. 38.

dass eine gleichklingende Lösung des uralten Widerstreits schon
lange vor dem Auftreten al-Ascha'ri's versucht worden ist. Diese
Frage aber, inwiefern al Ascha'ri Schöpfer oder nur Verarbeiter
dieser Theorie ist, wird sich nun um so weniger beantworten
lassen, als uns über dessen Lehren verhältnissmässig nur spär-
liches Material zufliesst, so dass seine Philosophie heute noch in
ein nur wenig gelichtetes Dunkel gehüllt ist[50]. Sind wir doch in
der wenig erfreulichen Zwangslage, uns über seine schärfere Um-
grenzung des Begriffes der Aneignung an nichtmuhamedanische,
vorzugsweise jüdische Quellen um Auskunft zu wenden, weil uns
die muhammedanischen vielfach im Stiche lassen. Die orientalische
Philologie, so mächtig sie auch gegenwärtig emporstrebt, ist heute
noch recht weit davon entfernt, uns alle jene handschriftlichen,
im stillen Gewahrsam der Bibliotheken verborgenen Schätze an's
Tageslicht des Drucks zu fördern, aus denen wir hierüber eine
erschöpfende, allen Forderungen der modernen Philologie entsprechende Kunde entnehmen könnten.

Aber sei's darum! Können wir auch nicht genau ermitteln,
ob al-Ascha'ri aus eigener Schöpferkraft oder durch fremde Antriebe jene uns hier interessirende Theorie der Aneignung her-
ausgearbeitet hat, so steht doch soviel unstreitig fest, dass er sie zuerst in jene schulmässig knappe, systematische Formulirung gebracht
hat, in welcher sie uns heute vorliegt. Und im letzten Grunde
ist eben nicht derjenige Schöpfer eines philosophischen Systems,
der einen Gedanken gleichsam nur flüchtig hinhaucht oder in losen
Strichen ahnungsvoll andeutet, vielmehr zuhöchst derjenige, der die
verschwommenen Gedankengebilde in eine feste, greifbare Form
bannt, der jene Gedanken, die vielleicht unbewusst und unaus-
gesprochen auf aller Lippen schweben, auf den kürzesten philosophischen Ausdruck bringt und dadurch in ein gangbares System
kleidet. In diesem weiteren Sinne aber ist al-Ascha'ri unstreitig

---

[50] Etwas besser sind wir seit den dankenswerthen Arbeiten von Mehren
und Spitta über Ascha'ri's Lebensverhältnisse unterrichtet; aber seine
philosophische Stellung ist noch von keiner Seite gebührend gekennzeichnet
worden. Von dieser gilt vielmehr heute noch die Klage Houtsma's p. 14:
„dat daaraan nog zoo goed als niets gedaan is".

der typische Vertreter jener Theorie der Aneignung, die uns schon in der Stoa als συγκατάθεσις oder adsensio entgegengetreten ist und uns noch beim christlichen Mystiker Richard von St. Victor als consensus, bei den Occasionalisten als consentiment begegnen wird.

Al Ascha'ri weist überhaupt in seinen erkenntnisstheoretischen Annahmen eine frappante Aehnlichkeit mit den Stoikern auf. Selbst jene kasuistisch feine erkenntnisstheoretische Unterscheidung der Stoa, nach welcher die Sinne als solche uns niemals täuschen, dass es vielmehr nur unser Urtheil sei, das die offenbaren Sinnestäuschungen hervorbringe [51]) — ein Satz, der auch in der neueren Philosophie häufig rezipirt wird [52]) — wurde von den Ascharija wortwörtlich verkündet [53]).

Das uns speziell beschäftigende Problem hat im Munde al Ascha'ri's freilich einen etwas theologischen Beigeschmack, zumal ja bei dieser ganzen Schule Theologie und Philosophie fast unmerklich in einander übergehen. Was also bei den Stoikern als natürliche, innere, immanente Causalität erscheint, das nennt al Ascha'ri den Willen Gottes; aber das ist mehr Wortdifferenz, als Sachverschiedenheit. Beide stimmen darin überein, dass eine unabänderliche, unverbrüchliche Causalität herrscht — heisse diese nun εἱμαρμένη oder Gott — und dass auch des Menschen Wille diesem Causalnexus unweigerlich unterworfen ist. Die natürliche Consequenz dieses entschiedenen Determinismus ist, dass Gott oder das Verhängniss auch Schöpfer des Bösen sein müsse [54]), was die Stoiker sowohl als auch al Ascha'ri ungescheut zugeben.

---

[51]) Plut. St. repugn. cap. 47; fragm. de an. VII, p. 733 ed. Wyttenbach; Stob. Ekl. I, 50 (Aet. Diels 398): οἱ Στωικοὶ τὸν σοφὸν αἰσθήσει καταληπτικὸν ἀπὸ τοῦ εἴδους τεκμηριωδῶς. Vgl. übrigens m. Erkenntnissth. d. Stoa S. 186, Note 282.

[52]) So beispielsweise von Locke, essay concerning human understanding, IV, chapt. 11 § 3: But besides the assurance we have from our senses themselves, that they do not err in the information they give us of the existence of things without us, when they are affected by them; ibid. III, 20 § 1: error is not a fault of our knowledge, but a mistake of our judgement, giving assent to that which is not true. Des gleichen Arguments hatte sich auch Descartes wiederholt bedient.

[53]) Vgl. Hammer, Leipziger Litteraturzeitung 1826, S. 1292; H. Ritter, über unsere Kenntniss der arabischen Philosophie, S. 24.

[54]) Nach Chrysipp ist Gott auch Urheber des Bösen, dessen Vorhanden-

Um aber gleichwol die Berechtigung einer sittlichen Verantwortlichkeit zu retten, stellte al Ascha'ri jene Theorie des Kasb
auf, durch welche er sich am entschiedensten den Stoikern, insbesondere der durch Seneca und Epictet vertretenen Lehre des
Kleanthes annäherte. Er sagte nämlich wörtlich[55]): Schahr. p. ٦٨
Z. 3 v. u.

„. . . Und der Diener (d. i. der Mensch im Gegensatze zu
Gott, dem Herrn) bestimmt seine Handlungen, da der Mensch von
sich aus einen wesentlichen[56]) Unterschied findet zwischen den Bewegungen des Zitterns und Bebens[57]) und zwischen den Bewegungen
der freien Wahl und des Willens; der Unterschied geht aber darauf
zurück, dass die freiwilligen Bewegungen unter der Bestimmung[58])
entstehen, auf der freien Wahl des Bestimmenden beruhen. Daher
sagt er: das Angeeignete (al muktasabu) ist das durch die zeitlich eintretende[59]) Bestimmung Bestimmte und unter der zeitlich eintretenden Bestimmung Entstehende." Das Resultat dieser Theorie

sein wegen des Gegensatzes von Tugend und Laster begründet wird, Alex.
Aphrod. de fato c. 37 p. 118; Flut. St. rep. cap. 47 (Gercke, Chrysippea p. 747)
u. ö. Ebenso sagt al Ascha'ri: Gott will Alles, das Gute wie das Böse, das
Nützliche wie das Schädliche, Schahrest. ed. Cureton (ebenso Maimonides III,
cap. 17, p. 120f. Munk) p. ٦٨: قال اراد الجميع خيرها وشرها ونفعها
وضرها. Vgl. auch Delitzsch, Anekdota S. 305, Ez Hachajim p. 95 Ueber die
metaphysische Bedeutung dieser Frage vergl. die tiefgehende Untersuchung
von A. L. Kym, das Problem des Bösen, München 1878.

[55]) Obige wörtliche Uebersetzung verdanke ich Herrn Prof. Steiner in
Zürich. Die Haarbrücker'sche Uebersetzung dieser im Uebrigen schwierigen,
für mein thema probandum beweiskräftigen Stelle ist so vieldeutig und
konfus, dass ich zu deren Erklärung den eben genannten bekannten Orien-
talisten herbeiziehen musste.

[56]) eigentlich: nothwendigen, auf innerer Nothwendigkeit beruhenden.

[57]) Zittern und Beben sind hier selbstverständlich koordinirt, wie freie
Wahl und Wille; unfreiwillige und freiwillige Bewegungen werden einander
gegenübergestellt.

[58]) nämlich der vom Menschen ausgehenden Bestimmung.

[59]) חׇדׇת heisst: neu eintretend, zeitlich entstehend, im Gegensatz zu:
ewig قديم oder אֲזׇלׅי. Die zeitlich eintretende Bestimmung, oder: zeitlich
d. h. je im gegebenen Zeitpunkt wirkende Macht ist die vom Menschen aus-
gehende, die ewige diejenige Gottes.

fasst er sodann kurz dahin zusammen[60]). „Dieses Thun wird Aneignung genannt, so dass es in Bezug auf das Schaffen von
Seiten Gottes Produciren und Hervorbringen, in Beziehung aber
auf die Aneignung seitens des Menschen Geschehen unter seiner
Macht ist."

Diese asch'aritische Theorie des Kasb, die nach al Ghazzâli
schon im Korân einen gewissen Stützpunkt findet[61]), die aber nichtsdestoweniger frühzeitig bereits auf heftigen Widerstand stiess[62]),
war von al-Ascha'ri so unklar und so wenig widerspruchsfrei
formulirt, dass sich schon im Mittelalter zwei verschiedene Auffassungen darüber herausbildeten, so dass die schärfere Umgren-
zung derselben heute noch strittig ist[63]).

Sowohl in Bezug auf die göttliche Causalität, als auch hinsichtlich der menschlichen Aneignung sind nämlich je zwei Fälle

---

[60]) Schahr. Haarbr. I, 103, Cureton p. ٩٩: ويسمّى هـذا الفعل كسبًا

فـيـكـون خلقًا من الله تعالى ابداعًا واحداثًا وكسبًا من العبد

فعل العبد قدرته. Vgl. dazu Mawâkif ed. Sörensen p. ١٠٥: حصولًا بتكت

مـخـلـوقـا لله ابداعا واحداثا ومحسوبا للعبد المراد بكسبه اياه

مقارنته لقدرته وارادته.

[61]) Vgl. al Ghazzâli, Ihjâ IV, 312: Die Denker stellten hierfür (nl. für
Nothwendigkeit und Selbstbestimmung) eine dritte Kategorie auf und nannten
sie nach Massgabe des Korân „das Verdienst" (كسب), vgl. A. v. Kremer
a. a. O II, 306, Note 26.

[62]) Schon ibn Adi wendete sich gegen das asch'aritische Kasb, vgl. Stein-
schneider, al Farâbi, Petersburg 1869, S. 155: Er (ibn Adi) schrieb gegen die
Lehre, dass Gott Urheber der Handlungen sei, während dem Menschen nur
eine Aneignung (اكتساب, gewöhnlich كسب) zukomme, s. al Kifti op. I,
12, ibn Atti 'Os op. 1.

[63]) Gegen die Definition, die Dozy im Supplément aux dictionnaires
arabes, T. II, Leyde 1881, p. 436 über الكسب gegeben hat, wendete sich
Fleischer in seinen Dozy-Studien (Berichte d. sächs. Ges. d. Wissensch. 1886,
S. 73), indem er, gestützt auf Bistâni's arabisch-arabisches Wörterbuch (Muhi-
tu'l-Muhit p. ١٨١٢), folgende Definition des landläufigen philosophischen Schul-
ausdrucks الكسب gibt: die Betheiligung des Könnens und Wollens des
Menschen an seinem (von Gott) vorherbestimmten Thun.

denkbar: Entweder hat Gott durch einen Urwillensact die Causalität in die Natur hineingelegt, dann wäre er nur mittelbarer
Schöpfer der menschlichen Handlung, oder er erschafft continuirlich jegliche Willenshandlung, dann ist er ihr unmittelbarer
Urheber. Bezüglich der menschlichen Mitthätigkeit lautet wieder
die Alternative: Entweder ist diese Mitwirkung nur eine genöthigte,
somit unwirksame und mechanische, etwa gleich dem Nicken einer
Pagode, oder diese Mitwirkung besteht in einer wirksamen
Cooperation, die auf das Zustandekommen der Handlung Éin-
fluss hat.

Da aber für alle diese vier denkbaren, einander widerstreitenden
Fälle historisch beglaubigte Zeugnisse über al-Ascha'ri vorliegen, so
wird man dessen wahre Meinung nur vermittelst kritischer Prüfung
ausmitteln können. Für die erste Annahme, dass nämlich Gott
den Causalzusammenhang in die Natur vermittelst eines einzigen
Urwillensactes hineingelegt hat — wie später die Occasionalisten
Louis de la Forge und Clauberg behaupteten [64]) — besitzen wir
das wichtige Zeugniss Schahrastâni's, der ja selbst Anhänger der
Ascharîja war [65]). Und doch gibt diese Darstellung des Asch'ariten
Schahrastâni wol kaum die wirkliche Meinung des al Ascha'ri wieder,
da Schahrastâni sich selbst in Widersprüche verwickelt. Gleich darauf nämlich lässt er al-Ascha'ri sagen, dass Gott bei den Bewegungen des Menschen eigentlich der Veranlasser sei, weil er ihm
die Fähigkeiten zu denselben erst anerschaffen müsse. Man exem-
plifizirte dann am Schreiben des Menschen, und das scheint ein
beliebtes Schulbeispiel geworden zu sein [66]). Denn auch Maimonides

---

[64]) Wie ich in m. Abhandlung, zur Genesis des Occasionalismus, Archiv I,
S. 55 ausgeführt habe. Gegenüber den gewichtigen Einwänden Euckens, Göt-
tinger gel. Anzeiger, 1887, 949 ff. vgl. man jetzt H. Seyfarth, Louis de la
Forge, Gotha 1887, S. 40 ff.; vgl. weiter Note 106.

[65]) Schahr. Haarbr. I, 101: Gottes Wille ist ein einziger, der sich auf
Alles erstreckt; ebenso ibid. I, 102, Cureton p. ٩٨: قال وارادته واحدة أزلية
خالصة. Ueber Schahrastâni's Zugehörigkeit zur Schule der Asch'arija, vgl.
Haarbrücker, II, 402. Nach Dugat a. a. O. p. 273 soll übrigens auch al-Ghazzâli aus den Asch'arîja hervorgegangen sein.

[66]) Vgl. Schahr. Haarbr. I, 102. Dass die Schreibbewegung marktgän-
giges Schulbeispiel war, um das unmittelbare Eingreifen der Gottheit darzu-

hat es uns in voller Ausführlichkeit aufbewahrt. Er berichtet nämlich als die Ansicht al-Ascha'ri's[67]): Für die Schreibbewegung dieser Feder hat Gott vier Vorgänge hervorrufen müssen, die neben einander coexistiren, ohne sich gegenseitig causal zu bedingen. Erstens meinen Willen die Feder in Bewegung zu setzen, zweitens die Fähigkeit meiner Bewegung überhaupt, drittens diese spezielle Handbewegung, viertens endlich die Bewegung der Feder. Wenn also der Mensch eine Handlung verrichtet (oder doch selbst zu verrichten vermeint), so hat ihm Gott vorher den Willen zur That, sowie die Fähigkeit zur Vollführung derselben und schliesslich die Handlung selbst zuvor anerschaffen. An anderer Stelle sagt Maimonides gar ausdrücklich: sie behaupten, dass Gott alle Geschehnisse unmittelbar, ohne Vermittlung eines Naturgesetzes und ohne jede wie auch geartete Dazwischenkunft erschafft[68]). Nur hat sich Gott eine gewisse Gewohnheit in seiner stets sich erneuernden Schöpfungsweise vorbehalten, wodurch es erklärlich wird, dass auch in der Erscheinungswelt die gleichen Ursachen dieselben Wirkungen hervorrufen[69]). Bedarf es aber des continuirlichen Dazwischentretens der Gottheit, um Handlungen zu ermöglichen, so würde die Welt naturgemäss in dem Augenblick in ein bodenloses Nichts versinken, in welchem Gott aufhörte, continuirlich immer von Neuem weiterzucreiren[70]) — ein Gedanke, der später bei Malebranche in genau derselben Fassung wiederkehrt. Dass durch diese strenge Formulirung des Determinismus seitens der Ascharîja die Natur des Möglichen auf-

---

thun, ersieht man u. A. auch daraus, dass auch die Zahiriten, sonst Gegner der Asch'arîja, behaupten, „die Bewegung in der Hand des Schreibenden ist von Gott anerschaffen", vgl. Goldziher, die Zahiriten, S. 141.

[67]) Maimonides, More Nebukhim I, cap. 72, französisch von Munk, guide des égarés, I, 394. Dieses Schulbeispiel kehrt nochmals wieder, I, cap. 73, Munk p. 393.

[68]) Maimonides, ibid. I, cap. 72, Munk I, p. 390.

[69]) Ibid. I, cap. 73, Munk p. 392: Dieu a établi comme une chose habituelle que cette couleur noire, par exemple, ne naquit qu'au moment où l'étoffe s'unît à l'indigo. Auch diesem Gedanken begegnet man wieder bei den Occasionalisten, namentlich bei Malebranche.

[70]) Vgl. Munk, Mélanges p. 325 ff.; guide des égarés I, 391.

gehoben wurde, hinderte sie nicht, die letzten Consequenzen desselben zu ziehen, so arg sie dieserhalb auch befehdet und be-
spöttelt wurden [71]).

Man ersieht aus alledem, dass al-Ascha'ri nicht jenem Determinismus huldigte, den später die Occasionalisten de la Forge und
Clauberg verkündeten, nach welchen Gott nur durch einen einzigen schöpferischen Urwillensact die Causalität aller Dinge festgesetzt hätte und somit nur mittelbar Veranlasser aller menschlichen Handlungen wäre, dass er vielmehr jenen Determinismus
vertrat, den ich als den Occasionalismus der zweiten Phase bezeichnet habe [72]), nach welchem die Gottheit ohne Zuhilfenahme
ewig geltender Naturgesetze jede einzelne menschliche Handlung unmittelbar schöpfen muss, sodass ohne ein unmittelbares
Eingreifen Gottes kein Blatt vom Baum fallen kann [73]).

Um aber bei diesem starren Fatalismus die sittliche Zurechnungsfähigkeit aufrecht halten zu können, musste der menschlichen
Selbstbethätigung irgend ein Spielraum geschaffen werden. In
seiner Theorie des Kasb glaubte al-Ascha'ri nun diesen Spielraum
gefunden zu haben. Allein soll diese Aneignung seitens des Menschen eine rein mechanische, gezwungene sein, wie einzelne Ausleger dieses Kasb deuten [74]), so ist nicht abzusehen, wo hier die

---

[71]) Vgl. z. B. Averroes, destructio destructionis III, fol. 27, col. 1; Maimon. I,
cap. 73, p. 389 ff.; III, cap. 25, p. 198 Munk; Ahron b. Elia, Ez Hachajim p. 181
ed. Delitzsch: בת אשעריה שבטלו טבע האפשר מיכלחו ושמו פעולותיו
שם מחויבות או נמנעות בעבור שפעולתו נמשבת לרצון השם. Darum fällt er
denn auch über die asch'aritische Lehre das vernichtende Urtheil p. 115:
ענין שלא יושג בדעת ולא יושבל בו דבר אמתי. Ueber diese straffe Formulirung des Determinismus seitens al Asch'ari vgl. Mehren a. a. O. p. 49;
Spitta a. a. O. S. 96.

[72]) Als dessen Vertreter Cordemoy, Geulincx und Malebranche anzusehen
sind, vgl. Archiv, I, 58 ff.

[73]) Maimonides I, cap. 70, p. 391 ff.; III, cap. 17, p. 120 Munk.

[74]) In diesem Lichte einer rein wirkungslosen, mechanischen Aneignung
stellt Ahron ben Elia das Kasb dar, indem er einen Unterschied zwischen
קְנִיָה (Aneignung) und ריוח (Erwerb) hypostasirt und den Asch'arija die
Lehre in den Mund legt: שאין לאדם פועל כלל אבל יש לו הקניה, Ez

Verdienstlichkeit liegen soll. Hätte der Mensch keinen individuellen Mitantheil am Zustandekommen seiner Handlungen, und
wäre das dem Menschen eignende Kasb nur im Sinne eines mechanischen Aneignens d. h. pagodenhaften Kopfnickens zu verstehen, dann wäre diese ganze Theorie des Kasb von einer gar zu
durchsichtigen Sophistik.   Eines so läppischen Scheinmannövers
war al Ascha'ri denn doch wol nicht fähig.   Wollte er doch auf
das Kasb die Berechtigung der ganzen Ethik aufbauen[75]).   Das konnte
er aber nur dann, wenn in diesem Kasb ein thätiger, persön-
licher Mitantheil, ein mit Affect begleitetes individuelles Wollen
eingeschlossen war.   Und in der That geben die meisten der überlieferten Definitionen des asch'aritischen Kasb[76]) demselben die

---

Hach. p. 115 Delitzsch.   Diese קניה repräsentirt das mechanische Aneiguen,
während ריוח mehr den Erwerb durch selbstthätigen Mitantheil darstellt.
Hiernach hätte al Asch'ari also nur die mechanische Aneignung gelehrt.   Dieser
Irrthum Elia's ist wahrscheinlich auf eine Stelle des Maimonides, I, cap. 73,
p. 394 Munk zurückzuführen, wo es wirklich heisst: il (l'homme) n'agit point
au moyen de la faculté créée dans lui, laquelle n'a point d'influence sur
l'action; ähnlich III, cap. 17, p. 120. In dieser Auffassung widerspricht sich
aber Maimonides selbst, denn an anderer Stelle I, 51, p. 186 sagt er ausdrücklich im Namen der Ascharija: l'homme n'a point d'action, mais il a
lacquisition (كسب).   Im Uebrigen gibt auch Ahrön b. Elia zu, dass ein
Theil der Ascharija das Kasb als ריוח verstanden hat, vgl. p. 17 Delitzsch:

הנקרא ...... וקצת מבח אשעריה שהשלימו לה ביכולת הנבראת קצת
ריוה בלשון חבמינו וכו'.

[75]) Wie dies aus Baidâwi's (Anhängers der Ascharija) Bemerkung zu
Sûre 14, V. 27 (I, ۴۹., 17 und 18 ed. Fleischer) deutlich erhellt.

[76]) Im Sinne einer selbstthätigen Mitwirksamkeit erscheint das
Kasb in des Karaïten Josef al Basir Muhtawi, ספר נעימות (noch ungedruckt;
das arabische Original, jüngst aufgefunden, ist im Besitz des Prof. Kaufmann in
Budapest).   Im Kap. 30, überschrieben שער בבריית בני אדם, befindet sich
ein interessanter Passus über das كسب, der diese letztere Auffassung desselben bestätigt.   Dieser Bericht über das كسب ist um so werthvoller und
glaubwürdiger, als er wol der erste uns erhaltene sein dürfte, da er
aus dem 10. Jahrh. stammt.   Die gleiche Auffassung des Kasb vertritt
Baidâwi zu Sure 11, 75; Schahrast. passim.; Mawakif ed. Sörensen p. 115;
Dschordschâni, definitiones ed. Flügel p. 193.   Von neueren Forschern vgl.
Pococke l. c. p. 239f. und 248f.; Sale, the Koran (nach Pococke) p. 221—23;

Deutung, dass es eine thätige Cooperation, eine individuelle Mitwirksamkeit des menschlichen Willens beim Zustandekommen der
von Gott in ihm vollzogenen Handlungen ausdrücken soll. Und
so kommt denn der asch'aritische Begriff des Kasb der
stoischen συγκατάθεσις, dem consensus des Richard von St. Victor,
sowie endlich dem consensus (consentement) der Occasionalisten ausserordentlich nahe.

Zum Schlusse dieser Auseinandersetzung über den arabischen
Occasionalismus möchte ich die Bemerkung nicht unterdrücken,
dass der triftigste Einwand, der gegen jede occasionalistische
Theorie erhoben werden kann, schon von einem arabischen Denker,
ibn Hizâm, ausging. Er hält nämlich den Ascharîja die Alternative entgegen: Entweder ist dieses Kasb ganz unabhängig von
Gott, dann ist es zwar Freiheit, aber die göttliche Causalität
ist durchbrochen, oder auch das Kasb ist eine Schöpfung Gottes,
dann ist eben die ganze Theorie wesenlos und inhaltsleer[77]).

Kap. III.
Richard von St. Victor.

Bei der reicheren und mannigfaltigeren Gedankenfülle, die das
Christenthum gegenüber dem Islâm auszeichnet, ist es nicht zu
verwundern, dass innerhalb desselben das Problem des Determinismus nicht jene prädominirende Stellung einnahm, wie im Islâm.
Bildete die Frage nach der Prädestination in der dogmatischen
Ausgestaltung des Islâm den hervorspringenden und das gesammte
philosophische Denken zunächst beherrschenden Ausgangspunkt, so
hatte sie für das im dogmatischen Ausbau begriffene Christenthum
bei Weitem keine solche hervorstechende Bedeutung. So stand
sie beispielsweise dem Logosbegriff an Wichtigkeit erheblich nach.
Und doch würde man fehlgehen, wollte man die Tragweite dieses
Problems für die Entwicklung der christlichen Philosophie unter-
schätzen. Trotz der fundamentalen Bedeutung nämlich, welche die

---

Renan, Averroes p 81; Schmölders, essai sur la philos. arab. p. 135, 196 ff.;
Munk, Mélanges p. 325 ff.; Dugat l. c. p. 146; Frankl, a. a. O. S. 21 und 44;
Mehren, l. c. p. 49; Spitta a. a. O. S. 96 f. und 106.

[77]) Cod. Lugd. 1 f. 194 r. bei Houtsma a. a. O. S. 65.

Willensfreiheit für die christliche Theologie hat, fehlte es schon frühzeitig nicht an Versuchen, dieselbe zu Gunsten eines entschiedenen Determinismus völlig preiszugeben.

Die Manichäer z. B. tragen kein Bedenken, die freie Selbstbestimmung des Menschen rückhaltlos und unumwunden zu leugnen[78]). In durchgreifendem Gegensatz zum Manichäismus beschränkt wieder der Pelagianismus die göttliche Prädestination, um nur die volle und ungeschmälerte Selbstbestimmung des Menschen zu retten[79]). Und wieder können wir die bei den Stoikern und den Ascharîja konstatirte Thatsache beobachten, dass überall dort, wo zwei unvermittelte und scheinbar unversöhnliche Extreme einander gegenüberstehen, sich zur rechten Zeit eine Compromissphilosophie herausarbeitet, welche die Schroffheit der Gegensätze durch mildernde Abschwächung abfeilt und eine Verschmelzung der entgegenstehenden Ansichten vornimmt. In diesem Falle war nun der Semipelagianismus der Mittler, der vom absoluten Determinismus der Manichäer eine Brücke schlug zur bedingungslos proklamirten Wahlfreiheit des Pelagianismus. Der Widerstreit von göttlicher Nothwendigkeit und menschlicher Freiheit wird von Semipelagianern auf jene, stark an den Stoizismus anklingende Weise gelöst[80]), dass dem Menschen zwar

---

[78]) Vgl. Stöckl, Geschichte der patristischen Philosophie S. 83.

[79]) Ueber die sonderbare Art, wie die Pelagianer die Prädestination zu Gunsten der Freiheit hinwegdeuteten, vgl. August. contra duas epp. Pelag. l. 2, c. 7.

[80]) Vgl. Joanni Cassiani Collationes III, cap. 12 p. 575 Migne: adjutorium Domini junctum eidem semper ostenditur, quo sane ne penitus libero collabamur arbitrio, cum titubasse nos viderit, porrectione quodammodo manuum suarum sustenat atque confirmat; vgl. ibid. III, 21, 22 p. 583 Migne ... non liberum arbitrium hominis volumus submovere sed huic adjutorium et gratiam Dei per singulos dies ac momenta necessariam comprobare; ibid. VII, 8 p. 678 M.: in nobis virtus respuendi sive acquiescendi libertas est attributa ..... Constat ergo neminem posse a diabolo decipi, nisi illam qui praebere illi maluerit suae voluntatis assensum; ibid. XIII, 8 p. 912: adest igitur inseparabiliter nobis semper divina protectio; ibid. XIII, 9, p. 919 Migne: et quia etiam suis interdum motibus homo ad virtutum appetitus possit extendi, semper vero indigeat adjuvari. Ich habe das Material über die Freiheitslehre der Semipelagianer, insbesondere Cassian's, hier möglichst vollständig angegeben, einmal weil die bezügliche Darstellung· Stöckl's S. 133 — eine andere neuere philosophiegeschichtliche

die Initiative aber nicht die Executive eingeräumt wird. Ohne
göttliche Assistenz kann keine Handlung vollbracht werden, aber
der menschliche Wille kann zuweilen die veranlassende Ursache
werden, dass Gott die gewollten Handlungen der Menschen vollzieht. Oder auch der Mensch zollt den Handlungen, die Gott in
ihm vollbringt, seinen Beifall (assensus), und darauf beruht
sein sittliches Verdienst. Man sieht, dass es immer der
gleiche Ausweg ist, auf welchen der Vermittlungsstandpunkt verfällt, ja vielleicht verfallen muss, weil es vernünftigerweise keinen
anderen gibt.

Dem gleichen Vermittlungsversuch begegnen wir in der Patristik noch einmal, und zwar beim Kirchenvater Hieronymus,
dessen starke Seite die Philosophie bekanntlich nicht war. Auch
behandelt er das Problem nur mehr episodisch, indem er es in
seine Polemik gegen die excessive Freiheitslehre des Pelagianismus
einflicht. Bei ihm kehrt denn auch die stoische Wendung assensus, die uns bei den Semipelagianern begegnet ist, wieder[81]), wobei freilich unentschieden bleiben mag, ob etwa zwischen Hieronymus und Cassian ein Abhängigkeitsverhältniss besteht.

Durch Augustin, der die Schlusssumme der patristischen Philosophie in ebenso encyclopädischer Weise zusammenfasste, wie
Thomas d'Aquino die der scholastischen, kam unser Problem zum
vorläufigen Abschluss. Er hatte sich die verzweifelte, an innerem
Widerspruch krankende Ausflucht zurechtgelegt, Gott sehe die

Behandlung der Patristik besitzen wir leider immer noch nicht — mangelhaft,
theilweise geradezu verfehlt ist, andermal desshalb, weil man aus unserer
Zusammenstellung ein selbst bis auf den Ausdruck sich erstreckendes
Anklingen an den Stoizismus entnehmen kann. Wenn Cassian von assensus
voluntatis spricht, so hat er diese Wendung vielleicht Seneca oder Cicero entlehnt.

[81]) Vgl. Hieron. Ep. 132, adv. Pelag. p. 1153 Migne: velle et currere
meum est: sed ipsum meum, sine Dei semper auxilio, non erit meum ...
avarus sum ad accipienda beneficia dei, nec ille deficit in dando, nec ego
satior in accipiendo; vgl. Dialog. contra Pelag. III, 10, p. 607 M.: liberum ex
parte cessat arbitrium, quod in eo tantum est, ut velimus atque cupia-
mus, et placitis tribuamus assensum; ibid. I, 4: non sic donata est
liberi arbitrii gratia, ut Dei per singula tollatur adminiculum; ähnliche
Wendungen finden sich noch adv. Jovin. I, 29; Comm. in Ep. ad Gal. III,
6 u. ö.

freien Handlungen des Menschen als freie voraus, so dass die göttliche Providenz die Freiheit nicht aufhebe[82]). Damit waren die Gemüther vorerst beschwichtigt. Und sintemal das halbe Jahrtausend nach Augustin vermöge einer geistigen Dürre die Sahara der abendländischen Kultur bedeutet, so darf es uns nicht Wunder nehmen, dass vom 5. bis zum 10. Jahrhundert auf christlicher Seite kein nennenswerther Versuch gemacht wurde, das uns hier interessirende Problem irgendwie aufzufrischen.

Das im Dogma etwas verhärtete und eingerostete Problem des Determinismus wurde aufs Neue in Fluss gebracht durch die kühne Formulirung, die der durch seine tragischen Schicksale bekannte Fuldaer Mönch Gotschalk ihm gegeben hat. Durch seine Lehre einer doppelten Prädestination, d. h. der Begnadeten zur Glückseligkeit und der Verworfenen zur Verdammniss[83]) hatte er dem Determinismus eine so starre Form gegeben, wie er sie innerhalb der christlichen Kirche in gleicher Schärfe und Unerbittlichkeit nur noch einmal wieder erhalten hat, und zwar durch Martin Luther[84]).

Allein mochte auch der Determinismus gleich an der Schwelle der scholastischen Philosophie mit noch so lärmschlagender Prätension auftreten, so wurde er doch weit übertönt und in den Hintergrund gedrängt durch den betäubenden Kampf zwischen Nominalismus und Realismus — ein Kampf, der in der gesammten Scholastik so sehr prävalirte, dass man für Probleme, die nicht unmittelbar mit diesem zusammenhingen, fast stumpf und unempfindlich wurde. Und so flüchtete sich denn die uralte Frage nach der Vereinbarkeit des Determinismus mit der Willensfreiheit aus der Scholastik in die Mystik.

Das erklärte Oberhaupt der scholastischen Mystik, der heilige Bernard von Clairvaux (doctor mellifluus) brachte in seiner Schrift de gratia et libero arbitrio diese von der Scholastik etwas

---

[82]) Augustin, de lib. arbitr. III, 4; de civ. dei V, 9 und 10.
[83]) Ueber die Tragweite dieses berühmten Prädestinationsstreites, der für den Urheber desselben, den Mönch Gottschalk, einen so traurigen Ausgang genommen hat, informirt am eingehendsten Staudenmeyer, J. Scot. Erigena, Bd. I. S. 170—200.
[84]) In Luthers bekannter Schrift de serv. arbitr. passim.

vernachlässigte Frage wieder in frische Bewegung. Er unterscheidet
drei Arten von Freiheit. die in höchster Vollendung nur Christus
besessen hat, die sich jedoch in abgeschwächter Gestalt auch beim
Menschen vorfinden [85]). Nur der Sünde gegenüber ist der Mensch
unfrei [86]), da er seine höchste Freiheit durch den Sündenfall ver-
wirkt hat. Aber selbst in den Fällen, in denen uns ein Ueberrest
von Freiheit geblieben ist, können wir aus eigener Machtvollkom-
menheit nichts vollführen. Die göttliche Gnade — im Uebrigen
nur ein anderer, kirchlicher Name für den Determinismus — muss
beim Zustandekommen unserer Handlungen mitwirken [87]). Andererseits ist aber auch die göttliche Gnade ohne die Mithilfe unseres Willens unwirksam; beide Factoren müssen also zum Zustandekommen der menschlichen Handlung zusammenwirken [88]).
Worauf gründet sich demnach unser sittliches Verdienst? Offenbar
doch nur auf unsere Zustimmung zu den durch Gottes Gnade in
uns vollzogenen Handlungen, d. h. auf den Beifall, mit welchem
wir unsere nothwendigen Handlungen begleiten [89]). Die cooperatio
und der consensus des Menschen machen seine sittliche Zurechnungsfähigkeit aus — genau dieselbe Lösung, die wir bereits bei
den Stoikern und den Ascharija kennen gelernt haben.

Hatte aber der heilige Bernard von Clairvaux diese Theorie
nur mit gewissen Vorbehalten entwickelt, so tritt sie uns bei
Richard von St. Victor in voller Schärfe und systematischer
Rundung entgegen. Die Victorianer — so benannt nach ihrem
Aufenthaltsort, dem Kloster St. Victor in Paris — waren ohnehin
die begeisterten Fortbildner der mit Mystik durchsetzten Philosophie des S. Bernard. Und so ist es denn sehr begreiflich, dass

---

[85]) de gratia et lib. arbitr. cap. 3 und 4; H. Schmidt, der Mystizismus des
Mittelalters, S. 226.

[86]) Sermones de divers. 81.

[87]) de grat. et lib. arbitr. cap. 13, 42: hominis conatus ad bonum et cassi
sunt, si a gratia non adjuvantur, et nulli si non excitentur; vgl. Stöckl, Philosophie des Mittelalters I, 299.

[88]) Ib. cap. 1 und 14, 46; cap. 6: velle siquidem inest nobis ex libero
arbitrio, non etiam posse quod volumus.

[89]) Ibid. cap. 1: cooperari dicitur liberum arbitrium, dum consentit,
hoc est, dum salvatur. Consentire enim salvari est.

die vom h. Bernard wieder mit Nachdruck aufgegriffene Frage nach
der Vereinbarkeit der Freiwahl mit dem Determinismus von
den Victorianern mit grosser Lebhaftigkeit weiter verhandelt
worden ist. Zwar der erste Victorianer, Hugo, ohnedem der
minder bedeutende, hat zur Weiterbildung unseres Problems
nichts Beträchtliches beigetragen. Um so entschiedener und durchgreifender ist nun dessen Freund und Nachfolger Richard von
St. Victor für dasselbe eingetreten. Er schuf sich für seinen
Lösungsversuch eine breitere Grundlage, sofern er das Geistesver-
mögen des Menschen in Vernunft und Affect eintheilte; die
Vernunft soll die Wahrheit zu ermitteln streben, der Affect auf
die Aneignung der Tugend gerichtet sein[90]). Der menschliche
Wille ist nur ein Ausfluss dieses Affects[91]), somit unselbstän-
dig, weil vom Affect bedingt. Unsere Freiwahl kann demnach
nicht in jenem absoluten Sinne gelten, als ob wir die unbedingte
Gewalt in uns hätten, zwischen Gut und Böse zu wählen und nach
unserer Wahl auch zu handeln. Denn das Handeln liegt überhaupt nicht in unserer Macht. Gott ist es vielmehr, der innerlich
wie äusserlich auf uns einwirkt[92]): innerlich auf unsern Willen,
äusserlich, indem er unsern Willen in die That umsetzt. Ohne
die göttliche Beihülfe kann daher keine Handlung vollzogen werden. Und doch ist der menschliche Wille frei, sofern Gott wohl
die Handlung selbst, nicht aber die menschliche Einwilligung
zur Handlung erzwingen kann[93]). Die Gesinnung ist es, um es
kurz zu sagen, die den menschlichen Handlungen das Gepräge des

---

[90]) Vgl. Richard v. St. Victor, de praep. an. ad contempl. c. 3 p. 3 Migne:
una est ratio, altera affectio, ratio, qua discernamus, affectio, qua diligamus;
ratio ad veritatem, affectio ad virtutem. Vgl. noch p. 255 u. 896 Migne.

[91]) Ib. cap. 5: obsequitur sensualitas affectioni.

[92]) Richardus, de arca mystica, cap. 16: Duobus autem modis nobis Deus
cooperatur: interius videlicet et exterius. Interius per occultam inspira-
tionem, exterius per manifestam operum suorum administrationem; vgl.
auch dessen de statu inter. hominis cap. 7—11; de contemplatione III, cap. 24;
ebenso de erud. hom. cap. 30: potestas tua, cooperatrix gratia.

[93]) Rich. de statu inter. hom. cap. 13 p. 1125 Migne: Non autem arbitrium hominis idcirco liberum dicimus, quia promptum habet, bonum et
malum facere, sed quia liberum habet, bono vel malo non consentire;
ähnlich cap. 3 p. 1105 und 33 p. 1140; de erud. hom. cap. 30 p. 1280 Migne.

Sittlichen oder Unsittlichen aufdrückt[94]). Diese Gesinnung aber,
d. h. der Affect, mit welchem wir die göttlichen Handlungen begleiten, ist des Menschen ureigenstes, unveräusserliches Besitzthum;
denn auf diesen unsern Beifall hat selbst Gott keinen Einfluss[95]).
Darum beruht denn auch auf diesem freudigen Beifall, den wir
den göttlichen Handlungen zollen, unser sittliches Verdienst[96]). Freilich wäre es eine traurige Beschränkung des Menschen, wollte er
seine ganze Seligkeit ausschliesslich auf diesen consensus aufbauen;
man soll sich vielmehr bestreben, durch mystische Versenkung dem
Weltgeist näherzukommen. — Doch hier verlässt Richard den
sichern Untergrund des nüchteren philosophischen Denkens und
wagt vom Schwungbrett seiner reichen Einbildungskraft aus einen
kühnen Sprung in die verschwommenen Regionen der mystischen
Extase. Dahin aber können wir ihm naturgemäss nicht mehr
folgen.

Nur auf eine bezeichnende Thatsache will ich zum Schlusse
dieses Kapitels noch hinweisen: Alle diese Vorläufer der occasionalistischen Lösung des Freiheitsproblems glaubten mit unerschütter-
licher Zuversichtlichkeit, dass sie die Wahlfreiheit und die aus derselben entspringende sittliche Zurechnung ihrem vollen Umfange nach aufrechtgehalten haben. Ja, Richard von St. Victor
preist mit überschwenglicher Siegesgewissheit die hohe, durch nichts
zu ersetzende Würde der Freiheit[97]), die das edelste Besitzthum,
die vornehmste Zier des Menschen sei. Es ist merkwürdig, wie
sehr die Philosophen geneigt sind, ihre Leistungen zu überschätzen

---

[94]) Richardus, de arca mystica L. III, cap. 16: Numquam opus justificationis perficitur, si creator non cooperatur ... Verumtamen in justificationis
nostrae opus voluntarium consensum requirit Deus ... Solum enim
justa velle, est jam justum esse.

[95]) de statu int. hom. cap. 13 p. 1125: Libertatis vero est, quod consensus
ejus extorqueri vel cohiberi non potest.

[96]) de arca mystica III, cap. 24: idcirco homini ad retributionum gloriam
cumulatur, quicquid ex libero mentis consensu in ipsa divinitus agitur.

[97]) de statu int. hom. cap. 6 p. 1120: Liberum arbitrium omnium quae in
homine sunt regimen et moderamen conditionis jure suscepit; ähnlich cap. 3:
Inter omnia creationis bona nihil in homine sublimius, nil dignius libero arbitrio; ebenso de erud. hom. cap. 30 p. 1281.

und wie geringe Selbstkritik sie vielfach bekunden. Alle Occasionalisten glaubten die Freiheit voll zu retten; Richard nennt sie gar die Krone des Menschen. Er merkte aber nicht, dass diese Krone nicht aus echtem, probehaltigem Gold besteht, sondern nur aus blinkendem, verrauschendem Schaumgold.

Kap. IV.
Die Occasionalisten.

Descartes hatte von seiner erkenntnisstheoretischen Grundvoraussetzung aus die aristotelisirende Metaphysik der Scholastiker durchgreifend beseitigt. Unter den wuchtigen Schlägen seiner überzeugenden Beweisgründe hörten auch die letzten Zuckungen der nur langsam dahinsiechenden Scholastik auf. Allein er hatte auf den wenig festen Untergrund des Zweifels die erste unantastbare Gewissheit, sein viel besprochenes: cogito ergo sum gestützt, das den Angelpunkt seiner ganzen Metaphysik bildet. Seiner Meinung nach freilich hatte er damit sein metaphysisches System, das mit mathematischer Präzision, wenn auch noch nicht, wie bei Spinoza, in mathematischer Form ineinandergefügt war, unerschütterlich fest begründet. Aber gar bald zeigten sich an diesem kühn aufgeführten Gebäude recht bedenkliche Lücken und Risse, die selbst seinem engeren Schülerkreise nicht verborgen blieben.

Schon die Grundpfeiler seines ganzen Systems waren unhaltbar. Vor Allem war es der doppelte Dualismus von Gott und Welt einerseits, sowie Denken und Ausdehnung andererseits, an dem die ganze Metaphysik Descartes' nothwendig scheitern musste. Geist und Körper, Denken und Ausdehnung sollen diejenigen Substanzen sein, die wir klar und deutlich erkennen und darum auch als wahr und wesenhaft anerkennen müssen. Substanz heisst aber, nach der Definition Descartes[98]), was zu seiner Existenz keines anderen bedarf. Nun soll jedoch über den beiden Substanzen des Denkens und der Ausdehnung eine höhere Ursubstanz, nämlich die Gottheit stehen, welche jene beiden nicht nur hervorgebracht hat, sondern sie

---

[98]) Vgl. Princip. Phil. I, § 51; vgl. auch Natorp, Descartes' Erkenntnisstheorie S. 78 f.

sogar als creatio continua noch fortwährend weiter erschafft.
Der Widerspruch liegt offen und grell zu Tage. Sollen Denken
und Ausdehnung Substanzen ·heissen, dann können sie unmöglich
erschaffen sein, da ja Descartes selbst das Wesen der Substanz dahin definirt, dass sie keines anderen zu ihrer Existenz bedarf.
Freilich versucht Descartes einen Ausweg aus diesem Dilemma, indem
er die unendliche Substanz von der endlichen unterscheidet;
jene soll die Gottheit sein, diese in Denken und Ausdehnung zer-
fallen. Allein dieser Nothbehelf ist nur unzulängliches Flickwerk.
Sobald das Wesen der Substanz vorzugsweise in ihrer Selbständigkeit besteht, kann sie unmöglich erst erschaffen sein; eine endliche
Substanz ist daher ·ein metaphysisches Unding! Hier ist der gerade Weg, der unvermeidlich zur pantheistischen Philosophie
Spinoza's führen musste, wo es nur eine einzige, ewige Substanz
gibt, nämlich die Gottheit, während Denken und Ausdehnung die
für uns erkennbaren Attribute jener unendlichen Substanz bilden.

Ein zweiter, nicht minder augenfälliger Widerspruch in der
Metaphysik Descartes betraf das Verhältniss der beiden Substanzen:
Denken und Ausdehnung zu einander. Die Natur dieser Substanzen
besteht nach ihm wesentlich darin, dass jede von beiden ohne
die andere existiren kann, so dass sie sich geradezu gegenseitig
ausschliessen [99]). Denken und Ausdehnung stehen demnach einander schroff und unvermittelt gegenüber; sie haben keinerlei Ge-
meinsamkeit, gar keine wie auch gearteten Beziehungen und Berührungspunkte; sie sind, wie Descartes sagt, toto genere verschieden [100]). Allein durch die Thatsache des menschlichen Daseins wird
diese metaphysische Wahrheit recht bedenklich in Frage gestellt.
Im Menschen sind Geist und Körper, Denken und Ausdehnung
unleugbar eng verschlungen. Descartes selbst ist ein eifriger Verfechter der Willensfreiheit [101]); nach ihm also vollführt der Körper

---

[99]) Resp. ad sec. Object. Def. X.
[100]) Resp. ad Object. III, 2.
[101]) Princ. philos. I, 29, 35, 41 u. ö. Vgl. Saisset, précurseurs et disciples
de Descartes p. 159 ff. So sagt Descartes in den von Foucher de Careil herausgegebenen Oeuvres inédites de Descartes: Dieu a fait trois miracles, les
choses de rien, l'homme Dieu et le libre arbitre de l'homme.

unbedingt Alles das, was der Geist durch den Willen bestimmt. Woher kommt aber plötzlich diese innige Beziehung zwischen jenen beiden schroff getrennten Substanzen? Wo sind die Fäden, welche Denken und Ausdehnung zu einem harmonischen Causalnexus verknüpfen? Was sich ausschliesst, kann doch unmöglich auf einander wirken.

Hier will Descartes wieder mit einem Nothbehelf dem schwierigen Dilemma entschlüpfen: Der Mensch gilt ihm gleichsam für ein Wesen oder eine Substanz für sich[102]), da er sich aus den in Rücksicht auf den Menschen unvollkommenen Substanzen Denken und Ausdehnung[103]) zusammensetzt. Der Mensch bildet also nach Descartes eine substantielle Vereinigung (unio substantialis). Das Mittelglied zwischen Leib und Seele sollen alsdann die Leidenschaften bilden, und geht so weit, die Seele, diese Denksubstanz, zu localisiren und ihr das Conarion als Aufenthaltsort anzuweisen. Ja, er versteigt sich gar dazu, von einer ausgedehnten Seele zu sprechen[104]).

Man sieht hier deutlich, wie bitter sich Inconsequenzen in der Philosophie rächen, wie selbst so scharfsinnige Philosophen wie Descartes sich selbst verleugnen, sobald sie nur um Haaresbreite von der geebneten Bahn der Consequenz abweichen. Man vergegenwärtige sich recht genau und scharf diesen schreienden Widerspruch. Derselbe Descartes, der es als eine der ersten und vornehmsten metaphysischen Wahrheiten hingestellt hatte, dass Denken und Ausdehnung zwei durchaus getrennte, einander völlig ausschliessende Substanzen bilden sollen, vergisst sich so weit, von einem ausgedehnten Denken zu sprechen und somit die Grenze dieser Substanzen von Grund aus zu verrücken! Hier ist also wieder ein greifbarer Widerspruch in der Metaphysik Descartes', der ausgeglichen werden musste — ein Widerspruch, der zunächst nothwendig und folgerichtig zum occasionalistischen System geführt hat.

---

102) Meditat. VI. Vgl. auch Al. Chiapelli, la dottrina della realtà del mondo esterno nella filosofia moderna, Ferenze 1886, p. 52 f., 60 f.

103) Resp. ad Object. IV.   Weitere Stellen bei Natorp, a. a. O. S. 87 f.

104) Les passions de l'âme I, Art. 30, vgl. K. Fischer, Geschichte der neueren Philosophie I, 1 p. 523; Natorp S. 88, 177.

Den ersten Anlauf zur Lösung des Problems, wie bei der aneinander ausschliessenden Beschaffenheit von Körper und Geist doch das gegenseitige Aufeinanderwirken dieser beiden Substanzen zu erklären sei, hat wol der französische Arzt und Physiolog Louis de la Forge genommen [105]). Er ist freilich noch nicht Occasionalist in jenem strengeren Sinne, wonach bei jedem Willensact ein unmittelbares Eingreifen der Gottheit erforderlich sein soll. Er versucht vielmehr den Widerspruch dadurch zu lösen, dass er das eigenthümliche, aus dem Rahmen der Substanz heraustretende Verhältniss von Leib und Seele auf einen Urwillensact ·der Gottheit zurückführt [106]). Aber er ist schon auf dem besten Wege, Occasionalist zu werden; seine Lösung mag allenfalls zu weiteren Versuchen nach dieser Richtung hin den Impuls gegeben haben.

Auf den ersten Anblick könnte es freilich scheinen, als ob nur der Widerstreit der einander ausschliessenden Substanzen: Denken und Ausdehnung zur occasionalistischen Lösung hingeführt hätte, während das Problem des Determinismus, das bisher alle occasionalistischen Lösungen hervorgetrieben hatte, gerade beim Occasionalismus selbst unbetheiligt wäre. Doch scheint dies nur so. Es wird sich uns zeigen, dass Geulincx und Malebranche durch den Occasionalismus auch dem Dilemma zwischen Freiheit und Nothwendigkeit entrinnen wollten. Denn hier war wieder eine klaffende Lücke im cartesianischen System auszufüllen. Descartes huldigte einer mechanischen Naturansicht und proklamirte dabei die Willensfreiheit, ohne herauszufühlen, dass beide consequentermassen einander aus-

---

[105]) Vgl. meine Abhandlung, zur Genesis des Occasionalismus, Archiv I, 56 ff. Diejenigen, die Clauberg zum ersten Vertreter des occasionalistischen Gedankens stempeln wollen, haben übersehen, dass Clauberg bei seinem Aufenthalt in Paris von Louis de la Forge Einflüsse erfahren hat, vgl. Bouillier, histoire de la philosophie Cartésienne, I, p. 294.

[106]) Auch Clauberg vertritt in seiner Abhandlung: de corporis et animae in homine conjunctione diese ältere Auffassung des Occasionalismus, vgl. Bouillier ibid. p. 297 ff., was mich auch in der Annahme bestärkt, dass Clauberg seine occasionalistische Theorie bereits unter der Einwirkung de la Forge's aufgestellt hat. Dass übrigens die jüngst erschienene Schrift Seyfarth's, Louis de la Forge, Gotha 1887, meine Auffassung der Stellung de la Forge's bestätigt, habe ich bereits oben Note 69 bemerkt.

schliessen. Und diese so naheliegende Consequenz hat denn auch Spinoza rückhaltslos gezogen, indem er die Freiheit dem Determinismus unbedenklich geopfert hat.

Hier also wollten die Occasionalisten, die sich ja ihrer ganzen Denkrichtung nach als Compromissphilosophen kennzeichnen, die Vermittlungsbrücke zwischen dem cartesianischen Freiheitsbegriff und dem Determinismus schlagen. Mit der occasionalistischen Antwort sollten gleichzeitig zwei Probleme ihre Lösung finden: Einerseits sollte durch die stete cooperatio Gottes das unerklärliche Ineinandergreifen von Leib und Seele, dieser einander ausschliessenden Substanzen, begreiflich gemacht werden, andererseits sollte dieses occasionelle Eingreifen der Gottheit unter Wahrung der menschlichen Zustimmung eine Versöhnung von Freiheit und Nothwendigkeit ermöglichen.

Géraud de Cordemoy freilich, der Urheber des Occasionalismus in engerem Sinne — den ich als Occasionalismus der zweiten Phase bezeichnet habe[107]) — scheint in seinem Lösungsversuch mehr die Versöhnung der beiden Substanzen, als die Vermittlung zwischen Determinismus und Freiheit im Auge zu haben. Er behauptet nur, dass Gott jedesmal, wenn die menschliche Seele sich auf eine Handlung wollend concentrirt, unmittelbar eingreifen muss, um die Verbindung zwischen Seele und Leib jeweilen (occasional) herzustellen[108]) und somit das Zustandekommen der Handlung erst zu ermöglichen. Hier ist von einer individuellen Färbung des menschlichen Willens, die an dem Zustandekommen der Handlung einen Mitantheil hätte, nicht entfernt die Rede. Erst bei Geulincx und Malebranche tritt das Bestreben hinzu, auch den Widerspruch von Freiheit und Nothwendigkeit zu lösen. Denn nur so ist es zu begreifen, wenn sie neben die göttliche operatio die menschliche cooperatio hinstellten und der letzteren einen gewissen Mitantheil an der Handlung zuschrieben, sofern diese cooperatio von einem freudigen Affect begleitet sein soll. Für die Erklärung des Aufeinanderwirkens beider Substanzen wäre ja diese Unterscheidung ganz unnö-

---

107) Zur Genesis des Occasionalismus, Archiv I, 56.

108) Cordemoy, dissertations philosophiques, discours IV und V, p. 71, 73 ff.; traité de Metaphysique I, 103, 107; II, 113; Bouillier, I, 515 f.

thig! Sobald wir aber annehmen, dass Geulincx und Malebranche
ihren Occasionalismus nicht auf die Metaphysik beschränkten, ihn
vielmehr durch die versuchte Rettung der Willensfreiheit auch ins
Ethische hinüberspielen liessen, werden wir die Nothwendigkeit
dieser Unterscheidung begreifen.

Was bei Cordemoy nur mehr als schüchterner Versuch hervortrat,
das führte Geulincx mit selbstbewusster Entschiedenheit und in systematischer Abrundung durch. Er erklärt rundweg jedes wechselseitige
Causalverhältniss zwischen Leib und Seele für ausgeschlossen; die Zunge
zittert wol im Munde, wenn ich sprechen, die Füsse bewegen sich wol,
wenn ich gehen will, aber diese Bewegung bringe nicht ich hervor;
ich weiss nicht, woher sie kommt, sagt er einmal wörtlich[109]). Bewirke
ich aber nicht einmal die Bewegungen meines eigenen Inneren, so
ist es vollends unmöglich, dass ich als Subject d. h. als Denksubstanz
Dinge ausser mir erschaffen oder hervorbringen soll. Es ist daher nur
eine irrige Volksmeinung, wenn man mir zumuthet, dass ich
schreibe, male, dass ich ein Brod, einen Tisch, ein Kleid anfertige.
Diese Thätigkeiten, die ich scheinbar vollbringe, gehören keineswegs meinem Ich als solchem an; sie müssen vielmehr von einer
anderen Macht hervorgebracht sein, da diese Dinge doch nur durch
Bewegung entstehen konnten. Ich kann aber nicht einmal meinen
eigenen Körper, geschweige denn Dinge ausser mir unmittelbar
bewegen[110]). Eine höhere, ausser mir liegende Kraft ist es sicherlich, die meine Finger bewegt, wenn sie Steine zusammenfügen,
aus denen alsdann nach meiner Ansicht ein Haus oder ein Thurm
entsteht[111]). Mein Ich als solches ist überhaupt nur ein unbe-

---

[109]) Ethica Tract. I, Sect. II, § 2, p. 112: Jam corpus meum varie quidem
pro arbitrio meo movetur (lingua namque in ore meo huc illuc titubat, cum loqui;
brachia jactantur, cum stare; pedes projiciuntur, cum ire volo) sed motum
ego illum non facio; nescio enim quomodo peragatur; vgl. auch
Metaph. I, 8, 9; Grimm, Arnold Geulincx' Erkenntnisstheorie, Jena 1875, S. 44.
Wie sodann dieser metaphysische Occasionalismus bei Geulincx allmälig
in den ethischen einbiegt, hat E. Göppert, Geulincx' ethisches System, Breslau 1883, S. 11 treffend aufgezeigt.

[110]) ibid. p. 121: Denique huc mihi deveniendum esse perspicio, ut in-
genue fatear, nihil me extra me facere.

[111]) ibid. p. 124. Chiapelli l. c. p. 72 f.

theiligter, müssiger Zuschauer. Auf der Schaubühne, die man
Welt nennt, gehöre ich nur zum passiven Publikum, bin aber
selbst kein Acteur [112]). Bin ich es aber nicht, der die Bewegungen
meines Körpers verursacht, so muss es Gott sein, der jene wunderbare Harmonie zwischen Leib und Seele hergestellt hat und
stets dadurch aufrecht erhält, dass er gelegentlich unserer Denk-
oder Willensacte den entsprechenden körperlichen Vorgang erzeugt.
Thatsächlich sind also meine scheinbaren Handlungen nicht die
meinigen, sondern die der Gottheit [113]). Diese Harmonie zwischen
Geist und Körper ist nicht minder wunderbar, als die Welt-
schöpfung selbst; es ist kein geringeres Wunder, dass meine Zunge
im Munde erzittert, wenn ich das Wort „Erde“ ausspreche, als
wenn die Erde selbst davon erzitterte [114]). Geulincx gebraucht
für dieses Verhältniss bekanntlich das Gleichniss von zwei gleich
gehenden Uhren, die unabhängig von einander stets dieselbe Zeit
anzeigen [115]), und es ist bekannt, dass auch Leibniz sich dieses

---

[112]) ibid. p. 133: spectator sum in hac scena, non actor, ähnlich p. 142.

[113]) ibid. p. 139: Eatenus vero non esse meam actionem, sed Dei; vgl.
noch p. 154 ... ego non faciam: Deus forte faciet. Metaph. 36: unio enim
illa, qua cum corpore unitus sum, ... non potest aliud esse quam voluntas
et beneplacitum ejus (sc. dei). Vgl. noch Metaph. 34 u. Zeller, Sitzungsberichte. der Akad. 1884 S. 683, Separatabdr. S. 11.

[114]) ibid. p. 140.

[115]) Dieses Uhrengleichniss findet sich bei Geulincx in den Anmerkungen zur
Ethik dreimal, Eth. 124, 140, 155. Pfleiderer, Arnold Geulincx, Tübingen
1882, S. 26 ff. wollte bekanntlich folgern, Leibniz habe die Entlehnung des
Uhrenbeispiels von Geulincx absichtlich verschwiegen. Darauf hat Zeller, über
die erste Ausgabe von Geulincx' Ethik (Abhandl. der Akademie, 1884) Leibniz
in Schutz genommen, und ich habe Archiv I, 59, Note 13 den Nachweis zu
erbringen versucht, dass das Uhrengleichniss in der cartesianischen Schule
das gebräuchliche, schon von Descartes stammende Schulbeispiel war. Nachträglich fand ich noch zwei mittheilenswerthe Thatsachen, die Leibniz von
dem Verdacht des Plagiats völlig entlasten. L. muss nämlich Geulincx' Werke
erst ziemlich spät kennen gelernt haben, denn an zwei Stellen, an denen er alle
bedeutenderen Cartesianer aufzählt (in der Gerhardtschen Ausgabe I, 16 und IV,
136) fehlt Geulincx' Name. Andererseits hat man bisher übersehen, dass sich
das Uhrengleichniss bei L. schon sehr früh (1677) findet, und zwar in L.'s
Randglossen zu Eckhard's Brief, bei Gerhard I, 232: Harmonia autem est uni-
tas in multitudine, ut si vibrationes duorum pendulorum inter se
ad quintum quemlibet ictum consentiant.

Gleichnisses bedient und es auf die prästabilirte Harmonie angewendet hat.

Allein dieses Uhrengleichniss könnte für den Occasionalismus
Geulincx' missverständlich werden. Danach könnte es nämlich
scheinen, als habe auch Geulincx ähnlich wie etwa de la Forge
das wechselseitige Verhältniss von Leib und Seele durch einen
göttlichen Urwillensact entstehen lassen. Dem ist aber in der
That nicht so. Gott ist nach Geulincx der Schöpfer unserer Handlungen nicht mittelbar durch ein Naturgesetz, sondern unmittelbar durch seinen jedesmaligen Willen. So oft wir etwas
durch Gottes Vermittlung vollbringen, greift Gott unmittelbar
ein [116]). Das Uhrengleichniss müsste daher noch etwa in dem
Sinne fortgesetzt werden, dass wie das Wesen der Uhr es erfordert,
dass sie periodisch aufgezogen wird, so auch das Verhältniss von
Leib und Seele, dass es fortdauernd von Gott erneuert und aufrechtgehalten wird. Dieser Fortschritt des Geulincx gegen den
Occasionalismus Cordemoy's, der darin besteht, dass er ein unmittelbares Eingreifen der Gottheit zur Aufrechterhaltung dieses
durch ein Gesetz festgestellten Verhältnisses von Leib und Seele
annimmt, ist für unsern Zweck von ausserordentlicher Wichtigkeit.
Denn namentlich in diesem Punkte trifft er mit den Ascharîja
und Richard von St. Victor zusammen.

Offenbar liegt in der Theorie des Geulincx implicite ein
starrer Determinismus enthalten. Für die Willensfreiheit erübrigt
nach alledem nur ein geringer Spielraum. Bin ich nicht Urheber
meiner Handlungen, dann ist nicht abzusehen, weshalb ich ihretwegen zur Verantwortung gezogen werden könnte. Allein diese
letzte folgerichtige Consequenz, die sich aus dem Occasionalismus
nothwendig ergibt, nämlich die absolute Negirung der Wahlfreiheit, scheut sich Geulincx bei seinem vorwiegenden Interesse für
eine ethische Grundlegung der Philosophie ebenso zu ziehen, wie
seiner Zeit die Stoiker, die Ascharîja oder Richard von St. Victor.
Der Ausweg, den die Stoa in jener knappen Sentenz gewählt hatte:

---

[116]) Metaph. p. 124: motus, quem mundi conditor effecit et conservando
continuo efficit.

volentem ducunt fata, nolentem trahunt, steht ihm noch offen, und er zögert auch nicht, ihn zu wählen. Man glaubt wahrlich einen Stoiker vor sich zu haben, wenn Geulincx sagt[117]): Cum Deus me hinc arcesset[118]), nil me retardabit: statim veniam, omni animo veniam, veniam lubens, volens: advolabo. Nicht ich, sagt er an anderer Stelle[119]), bestimme Gott, so oder so zu handeln, sondern er vollzieht zuweilen meinen Willen, weil dies in seiner Urabsicht lag. Unser Verdienst liegt aber in der freudigen Zustimmung, die wir Gottes Handlungen zollen[120]). Diese Zustimmung hat mir Gott freigelassen: Deus exitum non injunxit me, sed propositum[121]).

An diese mehr ethische Formulirung des Occasionalismus knüpft nun Malebranche vorzugsweise an. Denn auch der Occasionalismus Malebranche's, so verschieden er sonst in seiner Voraussetzung und Begründung von dem Geulincx' sein mag, kommt in Bezug auf die Willensfreiheit zu demselben Resultat. Die Wahlfreiheit sagt er, besteht darin, dass der Mensch sein Urtheil und seinen freudigen Beifall zurückhalten kann[122]). Diese Willensfreiheit hat Gott dem Menschen eingepflanzt; es ist daher unsere höchste Aufgabe, uns dieser Gottesgabe in ausgedehntestem Masse zu bedienen[123]). Freilich, meint er, drängt

---

[117]) Ethica Tract. I, Sect. II, § 4, num. 2, p. 148.

[118]) Die editio princeps hat accersiet. Man vergleiche mit diesem Satze Geulincx' den oben Note 25 angeführten Ausspruch Seneca's und man wird eine überraschende, fast wörtliche Uebereinstimmung finden.

[119]) ibid. p. 154: Deus saepe metum illum impartitur, quem volo; non, quia ego volo, sed quia ipse vult me volente motum illam fieri.

[120]) ibid. p. 189. Die weitere Ausführung dieses Gedankens findet man bei V. van der Haeghen, Geulincx, étude sur sa vie, ses Ouvrages etc. p. 121 ff.

[121]) ibid. p. 195.

[122]) Vgl. recherches de la vérité 1. Buch, I, 2: la liberté consiste en ce ... qu'il peut suspendre son jugement et son amour; ähnlich ibid. 1. Buch, III, 2. Ich citire Malebranche nach der Pariser Ausgabe von 1837.

[123]) ibid. 1. Buch, III, 3; de la prémotion physique II, 390: la liberté consiste dans un vrai pouvoir qu'a l'âme de suspendre ou de donner son consentement; ähnlich Meditations chrétiennes II, p. 132; Entretiens sur la Metaphysique, II, 23, 48 und XIII Entretiens II, 99; Eclaircissement (II) zu den recherches de la vérité, p. 298; vgl. endlich Cap. X seiner Ethik.

uns Gott unaufhaltsam zum Guten als solchem; aber wir haben
doch die Macht, uns diesem intensiven Drang zu entziehen, weil
wir durch Gottes Güte die Fähigkeit besitzen, den Handlungen
Gottes, die er in uns vollzieht, unsern Beifall und unsere Zustimmung zu ertheilen, aber auch zu versagen. Demnach besitzen
wir an unseren Handlungen ein gewisses Verdienst, einen gewissen
Mitantheil. Gott allein ist es wol, der unsere Handlungen vollbringt, aber wir sind dabei mitthätig; dieu opère et c'est nous
qui coopéront[124]). In einer späteren Schrift führt er diesen Gedanken noch präziser und in schärferer Betonung durch; er sagt[125]):
Dieu comme cause efficace produit en nous, sans nous, toutes
nos perceptions et toutes nos motions. Mais il ne produit pas
nos consentiments libres à ces motions. Wie sich denn Malebr.
überhaupt in seinen späteren Schriften immer mehr jener Fassung
des Occasionalismus annähert, die ihm Geulincx gegeben hat.

Ziehen wir nun das Schlussergebniss der occasionalistischen Lösung, so können wir es kurz dahin zusammenfassen: Der Kernpunkt
des Problems wird so beantwortet, dass Gott im Momente des Handelns die Fähigkeit zum Handeln in uns erzeugt, und dass andererseits unsere Willensfreiheit wesentlich und vorzüglich darauf
beruht, dass wir den durch Gott in uns vollzogenen Handlungen
unsere freudige Zustimmung ertheilen, aber auch versagen können. Das Gesammtresultat unserer bisherigen Untersuchung ist folgendes: Das Problem des Occasionalismus mit seiner
fein zugespitzten Pointe des Zusammenfallens göttlicher Wirksamkeit mit menschlicher Mitwirksamkeit findet sich in der gleichen
Prägung des Gedankens[126]) vor den Occasionalisten schon bei

---

[124]) Vgl. Eclaircissements zu den recherches de la vérité p. 292 ed. Paris
1837: Dieu nous pousse sans cesse, et par une impression invincible vers le
bien en général ... mais dieu ne nous porte point nécessaierement
ni invinciblement à l'amour de ce bien. Nous sentons qu'il nous est libre
de nous y arrêter, que nous avons le mouvement pour aller plus loin.

[125]) Vgl. de la prémotion physique II, 390.

[126]) Nicht blos des Gedankens, sondern auch des Ausdrucks, da die
bisherigen Auseinandersetzungen wol genügend dargethan haben, dass die
Termini συγκατάθεσις, assensus, ﻋﻘﺪ, consensus, consentiment libre nur
Synonyma sind.

den Stoikern, den Ascharîja und Richard von St. Victor. So verschiedengestaltet die philosophischen Ausgangspunkte und Voraussetzungen aller dieser Schulen auch waren, so begegneten sie einander doch in dem Treffpunkte einer und derselben, noch dazu höchst verwickelten Problemslösung. Es erübrigt uns daher zum Schlusse nur noch die kurze Untersuchung, ob und inwieweit diese vier philosophischen Schulen auf einander gewirkt haben oder doch wenigstens gewirkt haben könnten.

Kap. V.
Etwaige historische Beziehungen der verschiedenen Occasionalistenschulen.

Soll das hier aufgezeigte häufige Auftauchen des occasionalistischen Problems an verschiedenen Zonen und zu verschiedenen Zeiten eine theoretische Bedeutung — etwa für die Völkerpsychologie — gewinnen, dann muss zum wenigsten in einem Falle der Beweis durchschlagend gelingen, dass zwei Schulen das gleiche Problem formulirt und mit gleichen Terminis gelöst haben, ohne dass auch nur die leisesten historischen Beziehungen zwischen ihnen angenommen werden könnten. Und das ist bei den Ascharîja und den Stoikern der Fall. Die Ascharîja konnten die Lehren der Stoiker schon aus dem Grunde unmöglich kennen, weil kein einziges Werk der Stoa eine arabische Uebersetzung gefunden hat[127]). Nun war ich allerdings früher auf ein anderes Auskunftsmittel verfallen, um das etwaige Vorkommen stoischer Lehrsätze bei arabischen Philosophen zu erklären. Ich erinnerte daran, dass einzelne griechische Schriftsteller, wie beispielsweise Alexander von Aphrodisias, welche die stoischen Lehrsätze mit behaglicher Breite, wenn auch in polemischer Tendenz auseinandersetzten, den Arabern sehr wol bekannt, ja sogar recht verbreitet unter ihnen waren[128]). Allein dieses Auskunftsmittel

---

[127]) In der Liste der arabischen Uebersetzungen griechischer Schriftsteller, die Wenrich, de auctorum graecorum versionibus arabicis etc. aufführt, befindet sich keine einzige, die ein stoisches Werk zum Inhalte hat.

[128]) Dies gilt ganz besonders von Alexander Aphrodis., dessen Werke, ganz besonders auch seine für uns so wichtige Schrift de fato, den Arabern bekannt, ja sogar unter ihnen ziemlich verbreitet waren, vgl. Wenrich, l. c.

trifft bei al-Ascha'ri keineswegs zu. Denn diese Uebersetzungen
entstanden erst verhältnissmässig recht spät[129]), während al-Ascha'ri
zu den früheren Vertretern der arabischen Philosophie zählt (er
blühte $\pm$ 910). Zudem finden sich, wie ich oben gezeigt habe[130]),
schon im zweiten Jahrhundert der Hegira Ansätze zu einer occasionalistischen Lösung, also zu einer Zeit, wo überhaupt arabische
Uebersetzungen griechischer Philosophen noch gar nicht existirten[131]).

Aber selbst angenommen, al-Ascha'ri habe wirklich griechische
Schriften, etwa Alexander Aphrodisias' de fato gekannt, so konnte
er demselben allenfalls die chrysippische Lösung des Problems
durch die Theorie der Mittelursachen entnehmen[132]), aber doch
nicht die occasionalistische des Kleanthes. Denn diese findet sich
in voller Schärfe weder bei Alexander, noch bei irgend einem den
Arabern bekannt gewordenen Schriftsteller, sondern nur bei
Seneca, von dessen schriftstellerischer Existenz zu den Ohren der
Araber natürlich auch nicht die leiseste Kunde gedrungen ist.
Nach alledem kann wol die Annahme als ausgeschlossen gelten,
als ob der Occasionalismus der Araber stoischen Ursprung haben
könnte. Und wenn er gleichwol in derselben Gedankenfassung, ja
sogar in der gleichen Worteinkleidung bei den Stoikern wie
bei den Ascharîja erscheint, so dürfte hier wol der Beweis gelungen
sein, dass nicht überall da, wo frappante philosophische Aehnlich-
keifen vorliegen, nothwendig directe historische Zusammenhänge

---

p. 273—280. Auf diese Thatsache habe ich bereits Willensfreih. S. 110 u.
Erkenntnissth. d. Stoa S. 291 hingewiesen.

[129]) Sie fallen nicht mit der Entstehung der arabischen Aristoteliker
im 10. Jahrhundert zusammen.

[130]) Vgl. oben Note 62.

[131]) Die frühesten Uebersetzungen setzt Wenrich l. c. p. 13 ff., 25 ff. an
das Ende des zweiten Jahrhunderts der Hegira. Die Nachricht des Abu'l
Faradsch, specimen hist. Arab. ed. Pococke p. 19, schon die Mu'taziliten seien
von der griechischen Philosophie beeinflusst, steht vereinzelt da.

[132]) Die Stellen, an denen Alex. Aphrod. die deterministischen Anschauungen
Chrysipps entwickelt, findet man jetzt zusammengestellt bei Gercke, Chrysippea
p. 719—742. Die chrysippische Theorie der Mittelursachen, wie sie namentlich Cic. de fato cap. 18 und Plut. de St. rep. cap. 47 entwickeln, findet sich
in voller Ausführlichkeit bei al-Ascha'ri, Schahrast, Haarbr. I, 105.

construirt werden müssen, dass der menschliche Geist vielmehr seiner speculativen Anlage nach von gleichartiger Beschaffenheit ist, so dass es gar nicht Wunder nehmen darf, wenn Philosophen, die verschiedenen Zeiten und Nationen angehören, ganz unabhängig von einander nicht bloss auf die gleichen Probleme, sondern auch auf gleichklingende Lösungen verfallen. Welche Consequenzen sich hieraus für den völkerpsychologischen Gedanken ergeben, haben wir hier nicht zu untersuchen. Für die Methode der Philosophiegeschichte ist durch diese Aufdeckung einer so augenfälligen Gedankenanalogie vielleicht eine Erkenntniss von nicht zu unterschätzendem Belang gewonnen [143]).

Bei den Semipelagianern, Bernard von Clairvaux und Richard von St. Victor lässt sich nicht mehr der stringente Beweis führen, dass sie ganz selbstständig zur occasionalistischen Lösung gelangt sind, wenngleich die Wahrscheinlichkeit eine sehr hohe ist. Sicherheit lässt sich hierüber darum nicht erzielen, weil Seneca und Cicero von den Patres ecclesiae wie von den Scholastikern gleich eifrig gelesen wurden [134]). Und so wäre es denn nicht ganz ausgeschlossen, dass Seneca die christlich-scholastischen Occasionalisten beeinflusst haben könnte, wenn es gleich nicht wahrscheinlich ist, dass gerade eine versteckte Stelle bei Seneca, die sich noch dazu nicht in den verbreiteten Naturales quaestiones, sondern in den viel weniger bekannten Episteln findet, so viele Köpfe zum Occasionalismus angeregt hätte.

Die gleiche Reserve muss ich mir in Bezug auf die Occasionalisten κατ' ἐξοχήν, Geulincx und Malebranche, auferlegen. Auch bei ihnen ist die Wahrscheinlichkeit, als könnten sie den occasionalistischen·Gedanken von Seneca oder dem Mystiker Richard von St. Victor aufgegriffen haben, eine ausserordentlich geringe. Aber

---

[133]) Nur andeutungsweise sei hier erwähnt, dass sich auch die unbestreitbaren Analogien zwischen der griechischen und indischen Philosophie ganz ungezwungen, ohne Annahme irgend eines Abhängigkeitsverhältnisses, auf dieselbe Weise erklären lassen.

[134]) Vgl. Jourdain, recherches critiques sur l'âge et l'origine des traductions latines d'Aristote p. 21 f. Leibniz schon hat die interessante Bemerkung gemacht, dass die Kirchenväter und Scholastiker ihre ethischen Lehren meist aus Seneca schöpften; vgl. auch folgende Note.

ganz undenkbar wäre diese historische Beziehung nicht, zumal
Leibniz sogar Descartes den Vorwurf macht, er habe seine Ethik
dem Stoizismus, insbesondere Seneca entlehnt[135]). Hält man sich
jedoch den bereits früher von mir geführten Nachweis vor Augen,
dass der Occasionalismus gleichzeitig bei Cordemoy und Geulincx
auftaucht, ohne dass zwischen ihnen auch nur die geringste Ver-
bindungslinie bestünde[136]), so schrumpft die Möglichkeit, als könnte
der cartesianische Occasionalismus aus dem stoischen oder scho-
lastisch-mystischen unmittelbar hervorgeflossen sein, auf ein Minimum zusammen. In Wahrheit dürften wol alle die hier vorge-
führten Occasionalistenschulen ohne jegliche Spur gegenseitiger Beeinflussung je aus sich selbst heraus diese Theorie entwickelt haben. Ist dies an dem einen Beispiel der Ascharîja unbestreitbar nachgewiesen; warum sollte es nicht auch für die
übrigen Schulen gelten, die doch von ihren philosophischen Voraussetzungen aus diesem Problem ungleich näher standen, als die
Ascharîja?

Welchen bleibenden Werth diese occasionalistische Lösung für
die Ethik als solche hat, das ist eine Streitfrage der systematischen Philosophie, die für den Historiker nur von untergeordneter
Bedeutung ist. Für den Historiker haben eben alle Gedankengänge
der Philosophen gleichsehr Interesse, auch wenn sie offenbar in die
Irre führen. Denn so gut die philosophischen Wahrheiten eine
nur relative Geltung haben, so auch die Irrthümer. Es ist darum
mit Recht gesagt worden, dass in jedem philosophischen Irrthum
ein Stück Wahrheit steckt.

Es mag darum auch sein, dass eine solche ethische Grundlegung, wie der Occasionalismus sie fordert, dass nämlich die Ge-

---

[135]) Bei Foucher de Careil, Nouvelles lettres et opuscules inédits de
Leibniz, p. 3: Premièrement, sa morale est un composé des sentiments des
Stoïciens et des epicuriens, ce qui n'est pas fort difficile, car Sénèque déjà
les concilioit fort bien; ebenso ibid. p. 14: La morale de Des Cartes est sans
doute celle des Stoïciens.

[136]) Vgl. Archiv I, 60 f. Bei Geulincx käme allenfalls noch sein Verhältniss zu Justus Lipsius, dem Erneuerer des Stoizismus, in Betracht, auf welches V. van der Haeghen a. a. O. S. 25 mit Recht hingewiesen hat. Aber
bei Cordemoy fällt auch dieses Bedenken fort.

sinnung allein das Kriterium der Sittlichkeit ausmachen soll, psychologisch unhaltbar und jedenfalls beim heutigen Kulturzustand practisch undurchführbar ist, weil die gegenwärtige Generation moralisch noch nicht so hoch steht, ihr ganzes Sittengebäude auf einen solchen Untergrund aufzurichten. Aber die Philosophen haben doch auch das schöne Vorrecht, die Dinge sub specie aeterni betrachten und die höchsten Ziele ihrer Forderungen andeuten zu dürfen. Und so mag denn die egoistische oder die aus dieser abgeleitete altruistische Moral, wie sie Herbert Spencer beispielsweise formulirt, für das heutige Menschengeschlecht wol die passendere sein; aber für die höchste Entwicklungsstufe der Menschheit gibt es kaum eine geläutertere, idealere Ethik, als die occasionalistische, die ihrem Strebensziele nach mit den höchsten Forderungen der Ethik Lessings zusammenfällt, nach welcher der Mensch selbst im Vollbewusstsein seines Willensdeterminismus das Gute in reiner und lauterer Gesinnung mit seelischer Freude vollbringt blos weil es gut ist.

Ein Hymnus auf Immanuel Kant.

Mitgetheilt von

Karl Köstlin in Tübingen.

In dem Nachlass des am 7. April 1888 verstorbenen Herrn
geheimen preussischen Justizrats Moriz Flach befanden sich zahlreiche Gedichte des Vaters des Obigen, des dereinstigen Bürger-
meisters Flach in Pillau, in welcher seiner Vaterstadt derselbe 1864
im Alter von 87 Jahren gestorben ist. Unter diesen Gedichten
war Eines an Kant, welches nach dem Ableben des Herrn g. J.
Moriz Flach der Sohn desselben, Herr Dr. Johannes Flach in Rudolstadt, mir zu jeder mir passend scheinenden Verwendung als Geschenk überlassen hat. Der Grossvater Flach studirte in Königsberg die Rechtswissenschaft, er hörte aber auch Kant; ein von ihm
dem Philosophen nachgeschriebenes Collegienheft über Logik und
ein ihm von Ebendemselben propria manu in lateinischer Sprache
ausgestelltes Zeugniss über den Besuch der Vorlesungen sind noch
vorhanden. Es ist nicht unmöglich, dass Flach sen. der Verfasser
des Gedichts an Kant ist, da dasselbe sich mitten unter zahlreichen
poetischen Arbeiten von ihm vorfand. Das Gedicht, welches die Königsberger Studirenden Kant, nachdem er kürzlich sein dreiundsiebzigstes Lebensjahr überschritten,
wie es scheint als sein (im Herbst 1797 erfolgter) Rücktritt von
der akademischen Lehrthätigkeit in Aussicht stand, dargebracht
haben, ist auf vier Folioseiten mit grossen lateinischen Lettern gedruckt und am Anfang und Schluss mit ehrenden Ornamenten im
Geist der damaligen Zeit versehen. Wir haben an diesem Hymnus

ein authentisches Dokument der ungemein hohen und warmen Verehrung, welche der berühmte, damals freilich bereits mit Alters-
schwäche kämpfende Philosoph am Orte seiner Wirksamkeit in den
weitesten Kreisen genoss, und so sei er denn hiermit der Oeffent-
lichkeit übergeben.

Dem
verehrungswürdigsten
Herrn Professor

I. Kant

aus
Hochachtung und Liebe
dargebracht

von

sämmtlichen Studierenden der hiesigen Universität.
Den 14. Juni 1797.

Dich — der Erde allergrösten Geist,
Den die Welt mit vollem Recht so heist,
Dich — o Kant! — Dich sollte ich besingen? —
Kühn ists — den Gedanken nur zu wagen! —
Selbst Augustus Sänger würd' sich fragen:
Dürfte Dir dies Wagestück gelingen?

Plato — Newton — o wie weit zurük,
Liess sie Deines Geistes tiefer Blik!
Unter allen Sterblichen hienieden
Unter allen allen grossen Spähern
War's — dem Geist des Höchsten sich zu nähern
Dir am meisten — Dir zuerst beschieden.

Ehrerbietig Dir zur Seite stehn
Deines Geistes Adlersflug zu sehn,
Dies — ja dies allein ist's was wir können! —
Ist es nun — in jene weite Höhen
Möglich uns, von fern Dir nachzugehen,
Glüklich, glüklich sind wir dann zu nennen.

17*

Stolz mit Recht sind wir auf dieses Glük! —
Auf uns sieht die Welt mit Neid im Blik,
Und wünscht sehnlich sich in unsre Kreise! —
In der Zukunft späten, fernen Tagen,
Werden rühmend Enkel von uns sagen:
„Diese lebten bey dem weisen Greise!" —

Mehr denn achtzehntausend Tage schon
Sind als Lehrer ruhmvoll Dir entflohn,
Und noch blikt Dein Geist mit Jugendfülle
In das Heiligthum der höchsten Wahrheit,
Hellt das Dunkelste mit lichter Klarheit
Troz dem Schwanken seiner schwachen Hülle.

O! — auch dieser Kraft kehr bald zurük!
Dass Du lange noch zum allgemeinen Glük
Kannst auf dieser Erde Gottes wallen! —
Nimm nun hin dies Opfer unsrer Liebe
Ja es kommt aus lautrem reinem Triebe,
Drum o Theurer! lass es Dir gefallen.

Die vollkommene Treue dieses Abdrucks des Originals beur
kundet hiedurch

Dr. Phil. Karl Köstlin
Tübingen 4. December   Professor der Aesthetik
         1888.   an der Universität Tübinge

XVI.

Zwei Briefe Kants

aus dem Nachlass Borowskis

mitgeteilt von

B. Erdmann in Breslau

Bekanntlich enthalten die Gesamtausgaben der Werke Kants verhältnismässig nur wenige Briefe des Philosophen. Manche früher bereits gedruckte allerdings, die in dieselben aufzunehmen waren, sind der Aufmerksamkeit der Herausgeber entgangen. Nicht wenige ferner sind erst nach dem Erscheinen der letzten Hartensteinschen Ausgabe ans Tageslicht gekommen. Aber auch wenn wir alles bisher Gedruckte zusammennehmen, zeigt doch ein Vergleich mit den mehrfachen Andeutungen der ersten Biographen Kants sowie eine genauere Prüfung der persönlichen Beziehungen, in denen der Philosoph stand, dass was wir besitzen nur ein kleiner Teil von dem wissenschaftlichen Briefwechsel des Philosophen ist. Selbst das reichere Material, das R. Reicke mit stillem Sammlerfleiss seit Jahren zusammengebracht hat, wird an diesem Tatbestande nicht viel ändern. Die grössere Zahl der Briefe, darunter besonders die Schreiben aus der ersten Zeit der Docententätigkeit, die berufen wären, zur Aufhellung der Entwicklung des Philosophen Wesentliches beizutragen, scheint unwiderbringlich verloren. Nur die beiden Bände der Sammlung von Briefen an Kant, die ein Spiel des Zufalls nach Dorpat hat gelangen lassen, sind erhalten. Leider sind sie trotz ihres Umfangs wenig geeignet, den wissenschaftlich bedeutsameren Fragen, die sich auf den Bestand und die Entwicklung der Lehrmeinungen Kants beziehen, wertvolles Material zu geben.

Gewiss aber sind noch manche einzelne Briefe im Privatbesitz erhalten, deren Druck wünschenswert ist, so sehr auch für den Briefwechsel Kants wahr ist, dass nicht alles, was Pietät und Zufall besonders aus den letzten Lebensjahren des Philosophen aufbewahrt hat, gedruckt zu werden verdient.

Zu solchen wertvolleren Briefen gehört der nachstehende, den P. Wendland, ein Enkel Borowskis, der Redaktion unserer Zeitschrift freundlichst zur Veröffentlichung übergeben hat. Es ist einer der frühesten, die wir besitzen.

Das Schreiben besteht aus einem halben Bogen mit der Adresse: *A Monsieur — Monsieur Borowski*[1]*) — Gouverneur des jeunes — Messieurs' de Knolloch — Chez lui.* Daneben am oberen Rande von anderer, vielleicht Borowskis Hand, links: *z* (2?) 10. 6 *Märtz* 761, — rechts: Von Hherrn *M. Kant.*

Der Brief selbst, der eine Quartseite füllt, lautet:

P. I.

Ich habe gestern die *operation* an dem gewesenen Waysenvater dem *Licutenant Duncker* glücklich vollführen gesehen. Ich habe mit dem *operateur*[2]*) von meinem Vorhaben wegen eines blind gebohrnen gesprochen. Er fand sich willig die *operation* an ihm vorzunehmen wenn er ihn zuvor untersucht und dazu tüchtig gefunden haben würde. Es hat auch schon eine Gesellschaft guter Freunde sich *engeag*irt die Kosten zu seiner Pflege so lange die Kur hier dauert herzugeben. Ich habe also keine Zeit zu verlieren. Ich bitte ergebenst berichten Sie mir doch den Nahmen dieses Jungen aus *Lichtenhagen* oder wie der Ort sonst heissen

---

[1]) Einiges über denselben in dieser Zeitschrift I 67. Spezielleres, abgesehen von der kleinen Skizze in der A. D. Bibl., in den Preuss. Provinzialbl. VII 79f.

In den Ausgaben von Kants Werken ist nur der Brief Kants an Borowski vom Jahre 1792 gedruckt, den Borowski in seiner biographischen Darstellung veröffentlicht hat. Den diesem vorhergehenden Brief Borowskis an Kant hat Hartenstein aus der gleichen Quelle abgedruckt. Vier andere Briefe Borowskis an Kant aus der Dorpater Sammlung harren der Veröffentlichung.

[2]) Ursprünglich, durchstrichen: ihm — dafür, übergeschrieben: dem *operateur*.

mag wovon letzlich geredet wurde, den Nahmen des Priesters unter welchem sein Vater gehöret und wo möglich den Nahmen und Aufenthalt des Edelmans oder Amtmans wer es auch ist welcher über dieses Dorf zu gebieten hat. Befehlen Sie meinem Bedienten, weñ er wieder koñen soll die Antwort von Ihnen abzuholen. Dies ist der Fall wo man nicht anders seine eigene Absichten erreichen kan als indem man die Glückseeligkeit eines andern befördert. Meine verbindlichste Empfehlung an ihren jungen Herren und meinen tiefen *respect* an die sämtliche gnädige Dames' ihres Hauses. Ich bin mit aller Hochachtung

Dero

d 6 *Mertz:* treuer Freund u. Diener

1761 *Kant.*

Die Abfassung dieses Briefes fällt in den Anfang der zweiten Entwicklungsperiode Kants, die Zeit des kritischen Empirismus. Kant war bereits unter dem Einfluss der Ergebnisse, zu denen ihn die Untersuchung der Principien unseres Erkennens und besonders des Gottesproblems geführt hatte, sowie durch Einwirkungen von Crusius' Polemik gegen den Wolffianismus und Newtons tiefwirkender Grundlegung der mechanischen Naturauffassung, endlich durch die Anregungen der in breitem Strom nach Deutschland eindringenden englisch-französischen Aufklärung der Banden ledig geworden, mit denen ihn der Pietismus der Schule und der pietistisch gefärbte, durch Leibnizische Elemente gekräftigte Wolffianismus seiner Universitätslehrer gefesselt hatte. Die Gedanken, durch deren Niederschrift er sich in den nächstfolgenden Jahren als Glied den Philosophen der deutschen Aufklärung anschloss, um später ihr Führer zu werden, waren in voller Entwicklung. Er bildete sich, mit den Worten Herders zu reden, der ein Jahr später zu seinen Füssen zu sitzen begann, „ganz zu einem Philosophen der Humanität und in dieser menschlichen Philosophie zu einem Shaftesbury Deutschlands."

Einen ungleich breiteren Raum, als die späteren kritischen Schriften erraten lassen, als selbst die Abhandlungen der nächsten Jahre unmittelbar zu erkennen geben, nahmen damals unter seinen

Arbeiten die psychologischen Studien ein. Nur wer die allmähliche
Auslösung der Anthropologie aus den Vorlesungen über physische
Geographie zu einer selbständigen Vorlesung verfolgt, den Geist
recht schätzt, aus dem die Essais über das Schöne und Erhabene
geschrieben sind, und mit den Resultaten dieser beiden Betrachtungen die vielfach variirten Schilderungen Herders zusammenhält,
wird die Bedeutung derselben in zutreffender Weise würdigen.
Allerdings war es schon damals nicht die Psychologie als Schul-
wissenschaft, wie Wolff sie in doppelter Darstellung systematisirt
hatte, die er hochschätzte, sondern vielmehr jene freiere Form der
Behandlung psychologischer Probleme, die vor allen in englischen
Mustern vorlag.

Zu jenen Problemen gehörte als ein damals viel besprochenes
die Frage nach den Gesichtswahrnehmungen der operirten Blind-
geborenen und dem Verhältnis derselben zu den Wahrnehmungs-
vorstellungen des Tastsinns. Locke hatte derselben durch seine
Erörterung der Frage und der apriorischen, im Princip richtigen
Beantwortung Molyneux' im zweiten Buch seines Essay weite Verbreitung gegeben. Weder Molyneux jedoch noch Locke hatten
die weittragende Bedeutung derselben für die psychophysische
Raumtheorie erkannt. Ebenso wenig auch Berkeley, dessen kurze
Besprechung in der *New Theory of Vision* nichts Neues beibringt.
Die verneinenden Antworten Molyneux' und Lockes auf die Frage
des ersteren, ob ein Blindgeborner im Stande sei nach der Operation einen Würfel von einer Kugel zu unterscheiden, hatten durch
die Erfahrungen, die Chesselden an einem glücklich operirten
Knaben gemacht hatte, Bestätigung gefunden (1728). Derselbe
hatte berichtet: *He knew not the shape of any thing, nor any one
thing from another, however different in shape, or magnitude, but
upon being told what things were, whose form he before knew from
feeling, he would carefully observe, that he might know them again.*
Lockes Darstellung liess jedoch für den aufmerksamen Leser einem
Zweifel Raum, der durch Chesseldens Berichte keine Lösung erhielt. Schon Jurin hatte in seinen Beiträgen zu R. Smith' *Com-
pleat System of Opticks* (Cambridge 1738) bemerkt, dass Locke in
seiner Behandlung der Frage an den Voraussetzungen Molyneux'

nicht streng festgehalten habe. Jener lasse dem Operirten die Gelegenheit, seine Gesichtserfahrungen von den beiden Gegenständen möglichst vollständig zu machen, Locke verlange Antwort *with certainty at first sight*. In Folge dieser durchaus zutreffenden Unterscheidung der beiden Lösungen war sogar Molyneux' Verneinung nicht unwidersprochen geblieben. Jurin versucht im gleichen Zusammenhang mit scharfsinniger Dialektik, aber unzureichender Einsicht in die unbestimmten Localisationen, die den Operirten in solchem Fall noch längere Zeit hindurch allein möglich sind, den strengen Beweis, dass derselbe unter Molyneux' Bedingungen *„will unerringly distinguish between the two bodies"*. Jurin kann sich dabei sogar auf den damals vielgenannten blinden Mathematiker Saunderson berufen. Smith hatte ihm mitgeteilt, dass Saunderson der gleichen Meinung sei.

Es ist kaum zweifelhaft, dass Kant um diese Lage des Problems wusste. In seinen Schriften findet sich zwar, wenn ich recht gesehen habe, kein Beleg, auch nicht in der trümmerhaften Anthropologie. Wol aber bietet die von Fr. Chr. Starke nach handschriftlichen Vorlesungen, wahrscheinlich aus dem Winter 1773, herausgegebene Menschenkunde oder philosophische Anthropologie (1831) auch hier einen Anhalt. Kant erzählt dort: „S . . .³) hat einen Blindgebornen vom Staare befreiet; dieser konnte Anfangs nur die Dinge unterscheiden, die er auch betasten konnte; den Hund und die Katze konnte er nicht eher unterscheiden, als bis er sie betastet hatte. Bei Gemälden schien ihn wieder umgekehrt sein Gesicht zu betrügen; denn er fühlte, dass das, was er als erhaben ansah, falsch war." (S. 63.) Dieser Bericht aber entspricht vollständig der Mitteilung Chesseldens, die Smith a. a. O. abdruckt: Es heisst dort: *Having often forgot which was the cat (which he knew by feeling) he was observed to look at her stedfastly, and then setting her down, said, so puss, I shall know you another time . . . We thought he soon knew what pictures represented, which were shewed to him, but we found afterwards we were mistaken: for about two months after he was couched he discovered at once,*

---

³) Wol nur ein Versehen des Hörers, dem der Name Chesselden fremd war.

they represented solid bodies . . . but even then he was no less surprized, expecting the pictures would feel like the things they represented, and was amazed when he found those parts, which by their light and shadow appeared now round and uneven, felt only flat like the rest." Das ganze Material der Streitfrage, auch der Bericht Jurins, war ferner schon seit dem Jahre 1755 auch in deutscher Uebertragung zugänglich. Denn damals bereits war Kästners Bearbeitung von Smiths optischem Hauptwerk erschienen (Vollständiger Lehrbegriff der Optik nach Herrn Robert Smiths Englischen mit Aenderungen und Zusätzen bearbeitet). Und alle Ausführungen des Originals über diese Frage waren hier unverändert geblieben. Es liegt deshalb im Hinblick auf den obigen Brief kein Grund vor anzunehmen, dass Kant seine Kenntniss von der Frage erst nach 1761 genommen hat. Denn aus dem Umstand, dass Kant das Molyneux-Lockesche Problem nicht ausdrücklich erwähnt, lässt sich nichts schliessen. An eine Vorlesung für viele vom Charakter der Kantischen Anthropologie lässt sich nicht der Anspruch stellen, dass mehr als das leicht anschaulich zu machende Material herbeigezogen werde.

Wir dürfen demnach schliessen, dass Kants Wunsch, einen solchen Patienten zu beobachten, und demzufolge der obige Brief, dem Interesse an der experimentellen Entscheidung der Fragen entsprungen ist, welche einerseits die Differenz zwischen Locke und Molyneux andrerseits Jurins und Saundersons Entscheidung gegen den letzteren in ihm wachgerufen hatte. Mehr zu schliessen ist bedenklich. Denn es wäre unrecht, die Worte einer unkontrollirten Nachschrift zu pressen, um die Stellungnahme Kants in der ganzen Frage aus ihnen herauszulesen. Sie würde hineingelesen werden müssen. Zu ebenso unzulänglichem Resultat würde es führen, wollte man aus Kants kritischer Raumlehre heraus eine solche Entscheidung zu gewinnen suchen.

Am 1. Juli 1791 war Fichte von Warschau aus nach Königsberg gekommen. Auf die Hauslehrerstellung, die er am ersteren Ort finden sollte, hatte er nach dem ersten wenig versprechenden

Besuch verzichtet. Am 23. August besuchte er Kant zum zweiten
Mal, nachdem er ihm wenige Tage vorher das Manuscript seiner
Kritik aller Offenbarung übersandt hatte. Kant schien „sehr wol
mit der Abhandlung zufrieden". Am 29. besuchte er auf Kants
Empfehlung Borowski, der ihm durch seine Offenheit das Geständ-
nis seiner bedrängten Lage abnötigte. Am 2. September schrieb
er voll warmen Gefühles und zugleich voll edlen Stolzes an Kant
um ein Darlehn, das ihm die Rückreise in seine Heimat ermöglichen sollte [4]). Kant schlug ihm dagegen vor, er solle sein Manuscript der Kritik aller Offenbarung durch Borowskis Vermittlung
an Hartung verkaufen. Mit dem 13. September bricht das Tagebuch Fichtes, dem diese Notizen entnommen sind, ab. Ergänzt
wird dasselbe durch den nachstehenden Brief Kants.

Auf dem einen Blatt des halben Bogens steht die Adresse: des
Herren — Pfarrern *Borowski* — Hochwohlehrwürden. Auf dem
zweiten das von fremder, vermutlich Borowskis Hand am oberen
Rande rechts die Notiz trägt: *praes.* 16. Sept. 1791, stehen die
Zeilen:

Ueberbringer dieses Hr. Fichte hat aus der Unterredung,
deren Ew: Hochwohlehrw: ihn theilhaftig gemacht haben, ein so
grosses Zutrauen zu Ihnen gefasst, dass er wegen seiner Verlegen-
heit, davon er Ihnen selbst Eröfnung thun wird, auf ihre gütige
Vorsprache sich Rechnung macht. Es komt darauf an, dass sein
Mscrpt: Versuch einer Critik der Offenbarung hier einen
Verleger bekome und dieser dafür ein *honorarium*, und zwar bey
Ueberlieferung desselben, so gleich bezahle. — Ich habe zwar nur
Zeit gehabt, es bis S. 8 zu lesen, weil ich durch so viel andere
Abhaltungen beständig[5]) unterbrochen werde; aber so weit ich ge-

---

[4]) Der Brief ist in den Dörptischen Beyträgen, die zuerst (II 1815, S. 97 f.)
die Briefe Fichtes an Kant, abgesehen von dem letzten vom 1/1 1798, veröffentlichten, ohne Datum. Dasselbe folgt aus dem Tagebuch Fichtes, das J. H. Fichte
in dem „Leben und litter. Briefwechsel" seines Vaters (I² 131) veröffentlicht
hat. Weder Schubert noch Hartenstein haben denselben in ihren Ausgaben
der Werke Kants aufgenommen, obgleich sie die übrigen abdrucken.

[5]) übergeschrieben.

komen bin, finde ich es gut gearbeitet und der gegenwärtigen Stimung zum Untersuchen der Religionssachen wohl angemessen. Besser werden Ew. Hochwohlehrw: darüber urtheilen köñen, weñ Sie sich die Bemühung geben wollen es durchzulesen. Nun ist sein Wunsch, dass, wenn Sie dieser Schrift eine Gute Abnahme zu *prognostici*ren sich getraueten, Sie Hrn. Hartung dazu zu bewegen suchen möchten ihm Sie abzukaufen, um vor der Hand sich [6]) dafür das Unentbehrlichste zu verschaffeñ. Die weitern Aussichten wird er Ihnen selbst bekañt zu machen die Ehre haben.

Ich bitte mir die Zumuthung nicht ungütig auszulegen, welche Ihnen eine Beschwerde macht, aber doch Ihrem wohlwollenden Character nicht zuwieder ist und bin mit der vollkomensten Hochachtung

Ew. Hochwohlerwürden
ganz ergebenster Diener
J. Kant
d. 16. *Sept.* 1791.

Die Ausführung J. H. Fichtes auf S. 137 u. 138 der Biographie bedarf hiernach einiger Berichtigungen. Dieselben haben jedoch zu ausschliesslich biographischen Wert, als dass ihre Besprechung hier angezeigt wäre. Sie ergeben sich bei kritischem Vergleich überdies ohne Schwierigkeit.

---

[6]) Es folgt ein durchstrichenes: aus.

Jahresbericht

über

ɪntliche Erscheinungen auf dem Gebiete der Geschichte
der Philosophie

In Gemeinschaft mit

gram Bywater, Hermann Diels, Wilhelm Dilthey, Benno Erdmann,
Gould Schurman, Paul Tannery, Felice Tocco und Eduard Zeller

herausgegeben

von

Ludwig Stein.

VI.

Bericht
über die deutsche Litteratur der sokratischen, platonischen und aristotelischen Philosophie 1886, 1887. Dritter Artikel: Aristoteles.

Von

E. Zeller in Berlin.

Von den zahlreichen kleineren und grösseren Arbeiten, welche in unsern Berichtsjahren Aristoteles gewidmet worden sind, will ich (so weit sich beides überhaupt trennen lässt) zuerst diejenigen besprechen, welche sich mit seinen Schriften, sodann die, welche sich mit seiner Philosophie beschäftigen. Die Geschichte seines Lebens ist in diesem Zeitraum nur beiläufig, aus Anlass der Untersuchung über seine Schriften, berührt worden.

MICHELIS, FR., Aristotelis περὶ ἑρμηνείας librum pro restituendo totius philosophia fundamento interpretatus est. Heidelb., Weiss, 1886. 84 S.

Nach dem Vorwort hatte der Verf. die Absicht, an deren Ausführung ihn der Tod verhindert hat, dieser Schrift noch eine zweite, in deutscher Sprache, folgen zu lassen; die letztere sollte die Schrift π. ἑρμ. nach ihrer allgemeinen Bedeutung für die Philosophie besprechen, die vorliegende will ein philologisch-kritischer Commentar sein. Auch sie geht aber weit weniger darauf aus, den Wortsinn des aristotelischen Buchs zu erklären, als seine Stelle in der Entwicklung der platonisch-aristotelischen Philosophie zu bestimmen

und an seinem Inhalt nachzuweisen. M. glaubt nämlich, π. ἑρμ.,
neben den Katcgorieen der älteste Bestandtheil des Organon, bezeichne den Punkt, an dem die aristotelische Logik aus der platonischen herauswuchs; seine Abzweckung bestehe (S. 74) *in redi-*
genda platonica λόγου definitione (Soph. 262 B ff.) *ad enuntiationis*
simplicis sive unum de altero praedicandi notionem; und er lässt
sich in dieser Annahme auch durch den Umstand nicht irre
machen, dass π. ἑρμ. die erste Analytik, die Logik und π. ψυχῆς
anführt, seinerseits dagegen in keinem aristotelischen Werk angeführt wird. Ebenso sieht er in denjenigen Zügen, durch welche
sich π. ἑρμ. von den Analytiken unterscheidet (vgl. Phil. d. Gr. II b,
220, 3. 221, 2. 4. 222, 1), nicht spätere schulmässige Erweiterungen
und Modifikationen der aristotelischen Logik, sondern solche Bestandtheile derselben, welche ihr nur bei ihrer ersten Entwicklung
aus der platonischen angehörten, aber später bei Seite gelegt wurden. Die Erwägungen, durch welche M. diese Annahmen zu beweisen versucht, in kurzem Auszug wiederzugeben, ist um so
weniger möglich, da diesem Versuch nicht blos die Menge der
Einzelheiten, die zu besprechen wären, sondern auch die Undurch-
sichtigkeit der Darstellung und der Mangel an scharfen und unzweideutig bestimmten Begriffen im Wege steht, an welchem die
Schriften dieses Halbscholastikers zu leiden pflegen. Das Lesen
der vorliegenden wird durch ihre zahllosen Druckfehler und ihr
schlechtes Latein nicht wenig erschwert. Nichtsdestoweniger wird
keiner, der sich mit der aristotelischen (oder pseudoaristotelischen)
Schrift eingehender beschäftigt, an der Arbeit des gelehrten und
in seiner Art scharfsinnigen Mannes vorbeigehen dürfen.

Viel wichtiger aber, als die ebenbesprochene Schrift, ist

CHRIST, W., Aristotelis Metaphysica recogn. Leipzig. Teubner.
    1886. XX u. 330 S.

Diese neue Ausgabe der Metaphysik gehört zu dem erwünsch-
testen, was die letzten Jahre der Aristoteles-Litteratur gebracht
haben. Denn seit denen von Bonitz und Schwegler ist für die
Reconstruction des aristotelischen Textes durch Arbeiten, unter
denen gerade die von Bonitz an erster Stelle zu nennen sind,

so vieles geschehen, dass es schon längst an der Zeit war, unter
Benützung derselben eine neue Textesrecension vorzunehmen; und
es ist sehr erfreulich, dass diese so bewährten Händen anvertraut
worden ist. Ueber seine kritischen Hülfsmittel und Gesichtspunkte
hat sich Chr. theils im Vorwort theils in den „Kritischen Beiträgen zur Metaph. d. Arist." (Sitzungsber. d. philos. Kl. d.
bayr. Akad. 1885, 406—423) ausgesprochen. Als die massgebenden
Handschriften legt er den Parisinus E und den Laurentianus A^b zu
Grunde, von denen, wie er wahrscheinlich macht, alle andern bis
jetzt bekannten herstammen; jener gehört dem X., dieser dem
XII. Jahrh. an; der letztere ist aber wegen des Alters und der
Güte seiner Vorlage noch vorzüglicher als der andere. Eine neue
Vergleichung dieser beiden Handschriften ergab eine ganze Anzahl
werthvoller Verbesserungen; andere wurden durch Vermuthung gefunden; so z. B. XII, 7. 1072 b 2 das unzweifelhaft richtige: ἔστι
γάρ τινι τὸ οὗ ἔνεκα καὶ τινός. Eine besondere Aufmerksamkeit
widmet Chr. der Ausscheidung solcher Stellen, in denen er spätere,
meist von Aristoteles selbst herrührende Bemerkungen vermuthet,
die vom Rand in den Text kamen; indem er von der berechtigten
Voraussetzung ausgeht, dass die Metaphysik, und die aristotelischen
Lehrschriften überhaupt, erst nach dem Tod ihres Verfassers herausgegeben worden seien und bis dahin von demselben noch fortwährend Zusätze erfahren haben. Der von ihm in dieser Weise
revidirte Text kann mit vollem Recht als ein vielfach verbesserter
bezeichnet werden. Im Einzelnen werden die Ansichten natürlich
immer auseinandergehen. Eine Anzahl von Verbesserungsvor-
schlägen, die sich mir beim I., IX. und XII. Buch ergeben haben,
erlaube ich mir im nachstehenden zur Prüfung vorzulegen. I, 3.
984 a 15 setze man statt ἄλλως das fast gleich aussehende ἁπλῶς,
welches zu dem vorangehenden οὕτω ... συγκρίσει u. s. f. einen
viel passenderen Gegensatz bildet. — Dass I, 4. 985 b 9 Arist. nicht
geschrieben haben kann: ὅτι οὐδὲ τὸ κενὸν τοῦ σώματος, ist allgemein anerkannt; aus Theophrast b. Simpl. Phys. 28, 11 ff. ergibt
sich das Richtige: ὅτι οὐδὲ τ. κ. ἔλαττον τ. σ. — I, 6. 987 b 22
empfiehlt sich mir noch immer die Vermuthung (Phil. d. Gr. IIa,
750, 1[1]), dass die Worte: τὰ εἴδη, die sich mit τοὺς ἀριθμοὺς absolut

nicht zusammenconstruiren lassen, eine erklärende Randglosse zu τ. ἀρ. seien. Die einfache Auskunft, mit Asklepius (und vielleicht schon Plotin V, 4, 2. 518 A) καὶ τοὺς ἀριθμοὺς zu lesen, verschmäht Chr. mit Recht: denn theils erhielten wir so einen zu der knappen Sprache unserer Stelle nicht stimmenden Pleonasmus, theils ist es kaum glaublich, dass schon zur Zeit Alexanders das für die Construction unentbehrliche καὶ so allgemein verschwunden war, wenn es ursprünglich im Text stand. Jackson's Vorschlag, τοὺς ἀριθμοὺς (oder, wie er liest, καὶ τ. ἀρ.) nach Z. 21, hinter ἕν, hinaufzurücken, ist schon desshalb verfehlt, weil die Zahlen nicht zu den ἀρχαὶ der εἴδη gezählt werden können. Wollte man andererseits τοὺς ἀριθμοὺς streichen, so erhielte man an den Worten: τὰ εἴδη εἶναι (statt: εἶναι τ. εἰ.), auch abgesehen von dem Hiatus, einen übellautenden Schluss des Satzes, und man könnte es nicht erklären, wie jemand dazu gekommen sein sollte, das εἴδη durch ἀριθμοὺς zu erläutern. Wir sehen aber auch aus Simpl. Phys. 454, 19 ff., dass Plato nach der Darstellung des Aristoteles in der Schrift über das Gute (auf welche I, 6. 9 der Metaphysik zurückzugehen scheint) gerade die Zahlen aus dem Einen und dem Gross-und-Kleinen abgeleitet hatte. — I, 6. 987 b 34 halte ich die Worte: ἔξω τῶν πρώτων, für welche sich schlechterdings keine passende Erklärung finden will, für eine auf Missverständniss beruhende Glosse, wie schon Phil. d. Gr. IIa,³ 634, 3 bemerkt ist. Alle sonstigen Angaben des Aristoteles, auch das ebengenannte ausführliche Bruchstück bei Simplicius, stimmen darin überein, dass Plato die Zahlen überhaupt, nicht blos einen Theil derselben, in der angegebenen Weise construirte. — Zu I, 8. 990 a 24 ff. bleibe ich bei meiner Vermuthung (Phil. d. Gr. I,⁴ 362, 1), dass vor ἤδη (Z. 26) „τοῦτο" einzuschalten und das διὰ τὸ Z. 27 in „διὸ" zu verwandeln sei, da ich der überlieferten, auch von Chr. beibehaltenen LA keinen annehmbaren Sinn abzugewinnen vermag. — I, 9. 991 b 20 scheinen mir die Worte: οὐδ' ἔσται τις διὰ ταῦτα ἀριθμὸς eine nicht in den Text gehörige Paraphrase des vorangehenden: καὶ οὐκ ἀριθμὸς zu sein. — Ebd. Z. 29 hat Aristoteles vielleicht περὶ τὰς ποιητικὰς ἐπιστήμας geschrieben, wie IX, 2. 1046 b 3. — IX, 3. 1047 a 9 hat Cod. T mit ἔτι ὡς wahrscheinlich das Richtige. —

IX, 4 Anf. glaube ich gegen Christ an meiner von ihm nicht berührten, in den Sitzungsberichten der hiesigen Akademie 1882, Nr. 9, S. 155 f. näher begründeten Emendation: εἰ δ' ἐστί, τὸ εἰρη-μένον, δυνατόν, ᾧ ἀδύνατον μὴ ἀκολουθεῖ, festhalten zu müssen. — XII, 1. 1069 a 30 f. unterrichten uns die von Freudenthal bei Averroës nachgewiesenen, Christ, wie es scheint, noch nicht bekannten Bruchstücke des ächten Alexander (Abhandl. d. Berl. Akad. 1884. Freudenthal: die durch Averroës erhaltenen Fragmente Alexanders S. 72 vgl. 44) über zwei Lesarten, wovon die eine mit Christ's Conjectur: ἧς ἡ μὲν φθαρτή ... ζῷα, ἡ δ' ἀίδιος, ἧς ἀνάγκη u. s. f. übereinstimmt; ich meinerseits gebe mit Freudenthal und Alexander selbst der andern den Vorzug und lese demnach: οὐσίαι δὲ τρεῖς, μία μὲν αἰσθητή, ἧς ἡ μὲν ἀίδιος ἡ δὲ φθαρτή, ἣν πάντες ὁμολογοῦσιν, οἷον τὰ φυτὰ καὶ τὰ ζῷα, ἧς ἀνάγκη τὰ στοιχεῖα λαβεῖν. — XII, 4. 1070 b 30 wird meine von Bonitz gebilligte Conjectur: ἀνθρώπῳ ἄνθρωπος jetzt durch den ächten Alexander (a. a. O. S. 95, Fr. 19) bestätigt. Was Chr. hier vorschlägt, liegt von allen handschriftlichen Lesarten allzuweit ab. — Der unklaren Stelle XII, 5. 1071 a 11 f. liesse sich vielleicht dadurch einigermassen abhelfen, dass Z. 12 hinter ὕλη ein ἥ eingeschaltet würde. — Ebd. Z. 20 empfiehlt sich m. E. die von A^b gebotene Streichung des τὰ vor καθόλου. — XII, 6. 1071 b 34 vermuthet Chr. (mit Schwegler): οὐδὲ τοῦ ὡδὶ τὴν αἰτίαν. Der Ueberlieferung noch näher läge: οὐδ', εἰ ὡδὶ, τ. αἰτ. — XII, 10. 1075 a 19 ff. hält Chr. den Satz: ἀλλ' ὥσπερ—φύσις ἐστὶν für einen späteren Zusatz; mir scheint diese Annahme entbehrlich zu sein, und das folgende (λέγω δ' οἷον u. s. f.) gerade den in μικρὸν τὸ εἰς τὸ κοινὸν angedeuteten Gedanken zu erläutern. Dagegen mag Z. 22 f. zu setzen sein: τοιαύτη γὰρ ἑκάστου αὐτῶν ἡ φύσις ἀρχή ἐστιν. — Was B. XII als Ganzes betrifft, so glaubt Christ (S. 246 f.), es habe nach der Absicht des Aristoteles auf A Β Γ Ε Ζ Η Θ I Μ N und dann erst A folgen sollen (Δ sollte seiner Ansicht nach nicht in unser Werk aufgenommen werden, von K ist auch die erste Hälfte unächt), XII, 1—5 seien aber nur im Umriss ausgeführt und der Zusammenhang nicht selten durch Randbemerkungen, die in den Text kamen, gestört; c. 6—10 mögen desshalb ausgearbeiteter sein, weil Arist.

ihren Inhalt schon in dem Gespräch π. φιλοσοφίας behandelt hatte.
(Hierüber S. 266.) Eine dankenswerthe Zugabe zu Christ's Ausgabe der Metaphysik ist das Wortregister.

　Christ's Recension der Bücher A B bespricht, und seine eigenen zahlreichen Abweichungen von derselben begründet

Susemihl., Philologische Wochenschrift 1887, S. 5 ff.; Emendationen
　　zu allen Theilen der Metaphysik theilt derselbe Arist. Oeco-
　　nomica 87 f. mit.

　Einen sehr beachtenswerthen Beitrag zur tieferen Erforschung
unseres Werkes liefert

Natorp, P., Thema und Disposition der aristotelischen Metaphysik.
　　Philos. Monatsh. XXIV, 37—65. 540—574.

　Diese sorgfältige und scharfsinnige Untersuchung hat das Verdienst, eine Reihe von Fragen zur Sprache zu bringen und sich
mit eindringender Gedankenarbeit an ihrer Lösung zu versuchen,
welche bisher noch nicht scharf genug gestellt worden sind. Sie
alle aber führen auf die Grundfrage zurück, worin wir eigentlich
das Thema der aristotelischen Schrift über die erste Philosophie,
unserer „Metaphysik", zu suchen haben. Es kreuzen sich hier nämlich zwei Gesichtspunkte, deren Verhältniss nicht sofort klar ist.
Einerseits bezeichnet Arist. nicht selten als den Gegenstand seiner
Untersuchung das ὂν ᾗ ὄν, die οὐσία, und der grössere Theil unseres
Werkes ist dieser Frage gewidmet; andererseits enthält es aber
doch im XII. B. eine eingehende Erörterung über die ewigen
immateriellen Wesen, also über eine bestimmte Art von Substanzen, und gerade dieser Theil des Werks ist es, welcher in der
peripatetischen Schule (De motu anim. c. 6. 700 b 7) zuerst unter
dem Titel: π. πρώτης φιλοσοφίας angeführt, und dem zuliebe dieser
ganze Theil des philosophischen Systems in der Metaphysik selbst
(VI, 1. 1026 a 19. XI, 7. 1064 b 3) als θεολογικὴ bezeichnet wird.
Wie verhalten sich nun diese zwei Zweckbestimmungen zu einander? Will unser Werk nur den allgemein ontologischen, oder
neben und mit ihm zugleich den theologischen Theil der Untersuchungen behandeln, welche später unter dem Namen der Meta-

physik zusammengefasst werden? N. erklärt sich für die erste von diesen Annahmen, indem er es für einen unleidlichen Widerspruch hält, dass eine Wissenschaft, die vom Seienden überhaupt handelt, zugleich ein besonderes Gebiet des Seins im Unterschied von allen andern behandeln sollte (S. 49 f. u. ö.); und er sucht durch eine eingehende, nicht blos auf die ausdrücklichen Erklärungen des Aristoteles, sondern auch auf die ganze Composition unseres Werks sich erstreckende Untersuchung darzuthun, dass sein Verfasser diesen Widerspruch nicht begangen haben könne. Dass die Composition unserer Schrift aus seiner Ansicht über ihr Thema sich am besten begreife, ist ihm der Hauptbeweis für die Richtigkeit dieser Ansicht; ebenso dient ihm aber umgekehrt seine Bestimmung über den Zweck der Metaphysik als das wichtigste von den Merkmalen, nach denen über die Aechtheit des Einzelnen und seine Stellung im Ganzen entschieden wird. Die eigentliche Substanz unseres Werks besteht ihm zufolge (wie er S. 549 ff. im wesentlichen mit Christ übereinstimmend ausführt), nach den vorbereitenden Büchern I. III. IV aus den beiden correspondirenden Theilen: VII bis IX, 9 und XIII. XIV. XII, in denen auch (S. 558 ff.) die Aporieen des III. B. ihre vollständige Erledigung finden. B. X ist eine selbständige Abhandlung über das Eine, ein Anhang zu der über das Seiende, B. V, wenn auch ächt, gehört nicht in unsere Metaphysik, B. K ist (wie Verf. in dieser Zeitschrift I, 178 ff. des näheren ausgeführt hat) auch in seiner ersten Hälfte (von der zweiten und B. II nicht zu reden) das Werk eines späteren Peripatetikers. Aehnlich ist aber (S. 549 ff.) auch über B. VI zu urtheilen: wenn auch sein 1. Kap. von Arist. herrühren mag, gehört es doch nicht in unser Werk; c. 2—4 sind jedenfalls unächt. Auch in den ächten Büchern findet jedoch N. nicht ganz weniges auszuscheiden oder umzustellen. Seinen Ausführungen hierüber in's einzelne zu folgen, fehlt mir der Raum; und auch die Bedenken, zu denen mir sein Gesammtergebniss Anlass giebt, muss ich mich begnügen kurz anzudeuten. Zunächst nämlich habe ich, was die Composition unseres Werkes betrifft, in N.'s Abhandlung keinen Aufschluss darüber gefunden, wie er sich das Verhältniss unserer drei letzten Bücher zu den früheren vorstellt. Soll Arist. nach Abfassung des

I. Buchs die ganze ausführliche Auseinandersetzung seines 9. Kapitels im XIII. grossentheils wörtlich wiederholt haben, oder wenn er XIII früher geschrieben hat, als I in seiner jetzigen Redaktion: soll er die Absicht gehabt haben, das, was er aus XIII nach I verpflanzt hatte, in jenem zu belassen und somit statt einfacher Rückweisung noch einmal zu bringen? Ist andererseits jenes so undenkbar wie dieses: liegt dann nicht am Tage, dass nach der Abfassung unseres jetzigen I. Buchs XIII und XIV aus dem Hauptwerk ausgeschlossen, und wahrscheinlich in Folge davon bei der Herausgabe des letztern in einen Anhang verwiesen wurden? Wäre ferner B. XII erst nach I—IX geschrieben, oder wenigstens nach ihrer Abfassung von Arist. in unser Werk eingereiht worden: würde er dann wohl das, was in den früheren Büchern viel klarer und erschöpfender auseinandergesetzt ist, XII, 1—5 wiederholt haben, und dazu noch ohne jede Hindeutung auf die früheren Erörterungen (B. XII citirt keines der voranstehenden) und in einer so aphoristischen, nicht selten bis zur Unverständlichkeit knappen Form, wie sie nur für einen später (mündlich oder schriftlich) weiter auszuführenden Grundriss, nicht für ein zur Herausgabe bestimmtes Werk passte? C. 3 weist ja aber auch 1069 b 35. 1070 a 5 deutlich hierauf hin. Was endlich B. VI betrifft, so macht es trotz Natorps Widerspruch (S. 546 f.), neben der Parallele des XI. Buchs, die auch im Fall seiner Unächtheit nicht bedeutungslos ist, auch eine Stelle Theophrast's wahrscheinlich, dass es schon in der ersten Redaktion unserer Metaphysik einen Theil derselben bildete. Denn wenn dieser aristotelische Schüler gleich im Eingang seiner metaphysischen Aporieen (Fr. 12, 1) bemerkt, dass die θεωρία τῶν πρώτων auf die νοητά als ἀκίνητα bezogen und für σεμνοτέρα gehalten werde als die Physik, so entspricht diesen Aussagen keine andere aristotelische Stelle so genau, wie VI, 1. 1026 a 13 ff.; wenn daher Theophrast in seinen Aporieen andere Theile unseres Werks (B. IV. IX. XII. XIV) nachweislich berücksichtigt, dieses mithin bei der Abfassung derselben ihm schon als Ganzes vorlag, so kann man nur schliessen, auch B. VI habe einen Theil dieses Ganzen gebildet. Dann wird man sich aber auch die Bezeichnung der „ersten Philosophie" als θεολογική c. 1. 1026 a 19 gefallen lassen müssen.

Denn das Sätzchen, das sie enthält, und das N. als späteren Zusatz aus dem, wie er annimmt, doch wohl von Aristoteles verfassten aber nicht in unsere Schrift gehörigen Kapitel entfernen will (S. 51. 550 f.), — dieses Sätzchen ist nicht allein durch B. XI, 7. 1064 b 1 f. geschützt, sondern es ist auch für den Zusammenhang (den es nach N. „in störendster Weise unterbrechen" soll) ganz unentbehrlich. Streicht man es, so könnte das, was mit dem nächstfolgenden (οὐ γὰρ ἄδηλον u. s. f. Z. 19 ff.) bewiesen werden soll, nur eines von zweien sein: entweder, dass die χωριστὰ καὶ ἀκίνητα noch mehr, als andere Ursachen, für ewig zu halten, oder dass sie die αἴτια τοῖς φανεροῖς τῶν θείων seien. Was dagegen hier wirklich bewiesen wird, ist weder dieses noch jenes: wenn hier vielmehr gesagt ist, das Göttliche könne nur in den unbewegten Substanzen gesucht werden[1]), und die πρώτη φιλοσοφία könne als die τιμιωτάτη ἐπιστήμη (und als solche war sie ja schon I, 2. 982 b 28 ff. bezeichnet) nur das Werthvollste (also das Göttliche) zu ihrem Gegenstand haben, so folgt aus beidem nur, dass die „erste Philosophie" Erkenntniss des Göttlichen, Theologie ist. B. VI steht auch mit dieser Erklärung nicht allein; schon I, 2. 983 a 5 ff. war ja bemerkt, die erste Philosophie sei in doppelter Hinsicht die göttlichste Erkenntniss: als diejenige, welche Gott besitze, und als diejenige, welche sich auf das Göttliche beziehe. Der Name der Theologie steht hier nicht, aber in der Sache ist zwischen ἐπιστήμη τῶν θείων und θεολογικὴ wirklich kein Unterschied; und dass sich Aristoteles der letzteren Bezeichnung deshalb nicht bedient haben würde, weil er in der Regel unter den „Theologen" die mythologischen Dichter, Hesiod und die Orphiker versteht (N. S. 55 ff.), will mir nicht einleuchten: wir reden ja doch auch sowohl von natürlicher als von positiver Theologie, Aristoteles selbst weist durch sein πρῶτοι θεολογήσαντες I, 3. 983 b 29 darauf hin, dass es

---

[1]) Diese sind nämlich mit der τοιαύτη φύσις Z. 20 gemeint: diese Worte gehen ebenso, wie die beiden ταῦτα Z. 17 auf die Z. 15 genannten χωριστὰ καὶ ἀκίνητα. Das χωριστὸν bezeichnet übrigens hiebei nicht das Stofflose (N. 48, 18), sondern wie so oft, das Fürsichbestehende, Substantielle: χωρ. κ. ἀκίν. heisst: unbewegte Substanzen. Als ἀκίνητα müssen diese immateriell sein, aber χωριστὰ sind auch die körperlichen Dinge.

noch eine andere Theologie gebe als die alten Theogonieen, und
dass die φιλοσοφία θεολογική mit diesen verwechselt werden
könnte, hatte er nach allem, was er über Gegenstand und Aufgabe derselben und über ihre Identität mit der „ersten Philosophie" gesagt hatte, gewiss nicht zu befürchten. Auch Natorp
würde es aber ohne Zweifel nicht befürchten, wenn ihm nicht eben
jene Identität der beiden, seiner Ansicht nach so verschiedenen
Wissenschaften zum Anstoss gereichte. Allein es fragt sich eben,
ob dieselbe Aristoteles ebenso anstössig war, ob er gleichfalls einen
unerträglichen Widerspruch darin sah, dass die Wissenschaft von
dem „Seienden als solchem", von der Substanz im allgemeinen,
sich zugleich mit einer bestimmten Art von Substanzen, den unkörperlichen, beschäftigen solle. Und diese Frage zu verneinen, be-
rechtigen uns auch solche Stellen, gegen deren Aechtheit N. selbst
nichts einzuwenden hat. So wird jene Wissenschaft I, 2 zuerst
(982 a 21) als ἡ καθόλου ἐπιστήμη bezeichnet; in der Folge aber
(983 a 5 ff.) wird von ihr gesagt, sie allein sei die ἐπιστήμη τῶν
θείων, so dass also an eine von der „ersten Philosophie" verschiedene Wissenschaft vom Göttlichen gar nicht gedacht wird[1]). Nicht
anders verhält es sich mit B. XII. In seinen Anfangsworten
nennt es als seinen Gegenstand ganz allgemein die Substanz
(περὶ τῆς οὐσίας ἡ θεωρία); aber schon 1069 a 30 ff. bemerkt es:
von den drei Arten von Substanzen, die es gebe, gehen zwei
(die αἰσθητὴ φθαρτὴ und die αἰσθ. ἀίδιος) die Physik an, die
dritte dagegen, die ἀκίνητος, eine andere Wissenschaft, von der
es sich von selbst versteht, und Phys. VIII, 9. 192 a 34 auch
ausdrücklich gesagt ist, dass sie keine andere sei als die „erste
Philosophie". Demgemäss wird denn auch XII, 2—5 von der
αἰσθητὴ οὐσία nur ihren allgemeinen Bestandtheilen nach gesprochen,
auf die οὐσίαι ἀκίνητοι dagegen c. 6—10 so genau eingegangen, als
dies dem Philosophen überhaupt möglich war, und damit eben das
geleistet, was die Physik a. a. O. der ersten Philosophie zugewiesen hatte: περὶ τῆς κατ' εἶδος ἀρχῆς, πότερον μία ἢ πολλαὶ καὶ τίς
ἢ τίνες εἰσὶ δι' ἀκριβείας διορίσαι. Hiemit stimmt nun durchaus über-

---

[1]) Wie dies auch N. S. 52 f. ausdrücklich anerkennt.

ein, was VI, 1. 1026 a 10ff. (s. o.) steht: wenn es ein ἀίδιον καὶ ἀκίνητον καὶ χωριστὸν gebe, so sei es nicht Sache der Physik oder der Mathematik, sondern einer (ἐπιστήμη) προτέρα ἀμφοῖν, dieses zu erkennen; und es ist entschieden verfehlt, wenn N. (S. 48) hier die Worte: εἰ δέ τί ἐστιν ἀίδιον u. s. f. übersetzen will: „Ob es ein Ewiges u. s. w. gibt, diess zu erkennen" ist Sache der προτ. ἀμφοῖν. Diese Deutung des εἰ scheitert (auch abgesehen von der Erklärung 1025 b 16, dass das τί ἐστι und das εἰ ἔστιν der gleichen Untersuchung zufalle) schon an dem nächstfolgenden; denn auf die Worte Z. 20: εἰ που τὸ θεῖον ὑπάρχει, lässt sie sich keinenfalls anwenden, und ebensowenig auf Z. 27ff., wo das, was N. in Z. 10 wegzudeuten versucht, auf's unzweideutigste gesagt ist: dass nicht die Physik die πρώτη ἐπιστήμη sei, sondern die πρώτη φιλοσοφία die erste Wissenschaft sei, wenn es eine οὐσία ἀκίνητος gebe. Auch 1026 a 15 sagt aber, wie sich aus dem vorhergehenden deutlich ergibt, nicht, dass die erste Philosophie neben anderem „auch vom Stofflosen und Unwandelbaren handle" (N. 49), sondern schlechthin und ohne diese Beschränkung, dass es die Physik mit solchem zu thun habe, das substantiell aber veränderlich ist, die reine Mathematik mit solchem, das unveränderlich, aber nicht substantiell ist, die erste Philosophie dagegen mit dem, was sowohl (καὶ . . καὶ) substantiell als unveränderlich ist. Und das gleiche steht De an. I, 1. 403 b 9f., wenn hier dem πρῶτος φιλό-σοφος im Unterschied vom Physiker und Mathematiker nur das zugewiesen wird, was weder einem bestimmten Stoff anhaftet noch blos durch Abstraktion von dem Körperlichen unterschieden wird, an dem es vorkommt, sondern wirklich ein κεχωρισμένον ist. Zugleich belehren uns aber auch diese und andere Stellen darüber, worauf es beruht, dass Arist. die allgemeine Untersuchung über die Substanz und die über die ewigen und immateriellen Substanzen einer und derselben Wissenschaft zuweist. Gegenstand dieser Wissenschaft sind nämlich im allgemeinen die letzten Gründe der Dinge (I, 2. 982 b 1ff. 28. b 8. 24. VI. Anf. u. o.); näher jedoch die der ὄντα ᾗ ὄντα, der οὐσίαι (IV, 1. 2. VI Anf. VIII Anf. IX Anf.). Um nun diese zu finden, muss natürlich untersucht werden, worin das Wesen der οὐσία besteht; diese allgemeine Untersuchung über die Substanz

bildet daher einen wesentlichen Bestandtheil der ersten Philosophie, und dieser ist es, mit dem sich nach der Einleitung im I.,
den Aporieen im III., und der Erörterung über die Formalprincipien im IV. B. alle von Aristoteles selbst in unser Werk eingearbeiteten Bücher (VI—X) beschäftigen. Jene Untersuchung selbst
aber führt auf die Frage, welche schon in den Aporieen (III. 1.
995 b 31) als eine von den wichtigsten bezeichnet wird, ob es nur
körperliche oder auch unkörperliche Ursachen und Principien gibt,
und diese Frage ist so wichtig, dass von ihrer Beantwortung die
Möglichkeit einer „ersten Philosophie" wesentlich abhängt. Nur
wenn es eine οὐσία ἀκίνητος gibt, gibt es eine φιλοσοφία πρώτη, eine
solche, welche nicht blos das Körperliche, sondern das Seiende als
solches seinem allgemeinen Wesen nach betrachtet (VI, 1. 1027 a
27 ff.). Mit der körperlichen Substanz dagegen und der materiellen Ursache hat es die Physik zu thun [1]. Der „ersten Philosophie" bleiben mithin von den letzten Gründen, deren Erkenntniss
ihre Aufgabe ist, nur die immateriellen übrig; und diese laufen
in der Gottheit als ihrer Spitze zusammen, welche zugleich die
Form ohne Stoff, der erste Beweger und der letzte Zweck oder
das ἀγαθόν ist. In ihrer Betrachtung kommt daher auch die allgemeine Untersuchung über das Seiende zum Abschluss, und zu
ihr soll sie hinführen [2]. In dem aristotelischen Gedankenkreis findet daher zwischen der metaphysischen Ontologie und der Theologie nicht blos kein Gegensatz, sondern ein so enger Zusammenhang
statt, dass beide einer und derselben Wissenschaft angehören, welche
ihrem Inhalt nach sowohl die Wissenschaft vom Seienden als die

---

[1] Metaph. XII, 1. 1069 a 30 ff. (s. o.) VII, 11. 1037 a 14. Phys. VIII, 9.
192 a 34 ff. (s. o.) Metaph. XIII, 1 Anf.: περὶ μὲν οὖν τῆς τῶν αἰσθητῶν οὐσίας
εἴρηται τίς ἐστιν, ἐν μὲν τῇ μεθόδῳ τῇ τῶν φυσικῶν περὶ τῆς ὕλης u. s. w. Dass
mit dieser μέθ. τ. φυσ. nur die Physik, nicht (wie N. S..555 will) ein Theil
der Metaphysik (VII, 2 f.) gemeint ist, liegt am Tage. Μέθοδος τῶν φυσικῶν
von einer Untersuchung der „physischen Substanzen" zu erklären, ist schon
sprachlich unmöglich: da müsste es περὶ τ. φυσ. heissen. Es wird aber auch
nie ein Theil der Metaphysik in ähnlicher Weise citirt, und der Inhalt von
VII, 2 f. wäre damit recht unzutreffend bezeichnet.

[2] M. vgl. hierüber ausser dem, was S. 266 f. aus VI, 1. I, 2. XII, 1 angeführt ist, auch I, 2. 982 b 8 f. 983 a 8, VII, 17 Anf.

Wissenschaft vom Göttlichen genannt werden kann. Für das reine Sein oder die οὐσία hält Arist. nur das stofflose und desshalb unveränderliche Sein, und eben dieses ist ihm auch das Göttliche. Eine andere, für sich zu behandelnde Frage ist es, ob sich diese Ansicht widerspruchslos durchführen lässt, und diese Frage wird man nur verneinend beantworten können. Aber die Schwierigkeiten, welche hieraus hervorgehen, wurzeln viel zu tief in dem Ganzen des aristotelischen Systems, als dass sie sich mit philologisch-kritischen Mitteln, durch Athetese einzelner Abschnitte und veränderte Erklärung einzelner Stellen beseitigen liessen. Denn ihr letzter Grund liegt in jener Doppelsinnigkeit des Begriffs der οὐσία, welche sich durch die ganze Metaphysik hindurchzieht: darin, dass schliesslich, wie bei Plato, nur die Form ohne Stoff für ein Wirkliches im vollen Sinn, eine οὐσία oder ein ἐνεργείᾳ ὄν gilt, während doch den Einzeldingen und der ὕλη, ohne die kein endliches Einzelwesen denkbar ist, die Wirklichkeit so wenig abgesprochen werden kann, dass sogar nur die Individuen πρώτη οὐσία sein sollen. Nach dem ersten Gesichtspunkt muss die Untersuchung über die οὐσία sich auf das stofflose und unveränderliche Sein, die θεῖα, beschränken, nach der andern müsste sie alles Sein, mit Einschluss des körperlichen, gleichmässig umfassen.

Indem ich mich den naturwissenschaftlichen Werken zuwende, nenne ich zunächst:

POSCHENRIEDER, FR., Die naturwissenschaftlichen Schriften des Aristoteles in ihrem Verhältniss zu den Büchern der hippokratischen Sammlung. Bamberg, Gärtner 1887. 67 S.

Diese sorgfältige, mit Sachkenntniss angestellte Untersuchung führt den Beweis, dass Aristoteles in zahlreichen Stellen seiner Thiergeschichte und anderer Werke neben dem echten Hippokrates auch noch andere, zu den älteren Bestandtheilen der hippokratischen Schriftsammlung gehörige Bücher benützt hat, während er seinerseits (nach S. 23 f.) von dem Verf. der Schrift De carnibus benützt worden ist; dass ferner auch unächte oder zweifelhafte Schriften, B. VII und X der Thiergeschichte und die Probleme, von den hippokratischen Werken nicht selten Gebrauch machen.

Was man über Aristoteles' Verhältniss zu seinen Vorgängern auch
bisher schon vermuthen konnte, erhält durch diese Nachweise eine
weitere Bestätigung, und noch werthvoller sind sie vielleicht für
die Kritik der uns unter dem Namen des Hippokrates überlieferten
Werke.

DITTMEYER, L., Die Unechtheit des IX. Buches der Aristotelischen
     Thiergeschichte. (Separatabdruck a. d. Blättern f. d. bayer.
     Gymnasialschulw. XXIII. Jahrg.) München. 1887. 47 S.

Was schon Aubert und Wimmer in ihrer Ausgabe der Thiergeschichte hinsichtlich ihres IX. Buchs behauptet hatten, das wird
hier durch eine allseitige und gründliche Untersuchung in überzeugender Weise dargethan. Dieses Buch bildet keinen ursprünglichen Theil des aristotelischen Werks, es ist demselben vielmehr
erst von einem Gelehrten aus der peripatetischen Schule beigefügt
worden, welcher für seine Arbeit ausser den zoologischen Schriften
des Aristoteles auch noch weitere Quellen benützt, aber sein Material ziemlich äusserlich zusammengetragen hat. Da es aber nicht
blos von Aristophanes in derselben Weise wie die übrigen Bücher
excerpirt wird, sondern auch das Verzeichniss des Hermippus
(Diog. V, 25) der Thiergeschichte neun Bücher beilegt, wird seine
Entstehung kaum über das zweite Drittheil des 3. Jahrhunderts
herabgerückt werden können.

Von einer in Philippopel aufgefundenen Handschrift der Bücher
π. οὐρανοῦ, π. γενέσεως καὶ φθορᾶς und π. ψυχῆς machen zwei dortige Gelehrte, Konstantinides und Papageorg, viel Aufhebens:
jener in den Jahrbb. für class. Philologie Bd. 135 (1887) S. 217 f.,
dieser in der Berliner philolog. Wochenschrift VII, 482. Indessen
wird erst eine genauere, von Sachkundigen vorgenommene Untersuchung feststellen können, ob dieser, von den Genannten selbst
erst dem 13. oder 14. Jahrh. zugewiesene Codex vor anderen der
gleichen Zeit angehörigen solche Vorzüge besitzt, dass sich ihm zur
Berichtigung des aristotelischen Textes etwas erhebliches entnehmen
lässt.

Den Text von De anima I, 3. 407 a 11 bespricht Susemihl
Philologus XLVI (1886) S. 86; einige Stellen der Schrift π. αἰσθή-

σεως Bäumker Jahrb. f. Philol. CXXXIII (1886) S. 319f. Von
c. 1—3 dieser Schrift gibt

Ziaja, J., Aristoteles De sensu cap. 1. 2. 3 bis pag. 439 b 18.
Breslau 1887. 15 S. 4°. (Gymn. progr.)
eine Uebersetzung, der erklärende Anmerkungen beigefügt sind.
Die erstere ist mitunter etwas schwerfällig gerathen; die Anmerkungen, in einzelnem von Bäumker's Auffassung abweichend,
können denen, welche sich mit diesem Theil des aristotelischen Systems eingehender beschäftigen, zur Beachtung empfohlen werden.

Arleth, E., Ueber Aristoteles' Eth. Nic. I, 5. 1097 b 16ff. (Zeitschr.
f. Philos. u. phil. Krit. Bd. 90. 1886. S. 88—110)
handelt über die bekannte und vielbesprochene Stelle, worin die
Eudämonie als πάντων αἱρετωτάτη μὴ συναριθμουμένη bezeichnet,
und dann, nach unserem jetzigen Texte, beigefügt wird: συναριθμουμένην δὲ δῆλον ὡς αἱρετωτέραν μετὰ τοῦ ἐλαχίστου τῶν ἀγαθῶν u. s. w. Die verschiedenen Erklärungen dieser Stelle werden
sorgfältig dargestellt und meistens zutreffend beurtheilt. A. selbst
tritt S. 102ff. der bei, nach welcher μὴ συναριθμ. besagen soll:
„wenn sie nicht als etwas Zusammengezähltes (aus Theilen be-
stehendes) betrachtet wird". Ich meinerseits kann noch immer
(wie schon Phil. d. Gr. II b, 610f.) nicht einräumen, dass συναριθμούμενος diese Bedeutung haben kann, und auch A. hat weder
ihre sprachliche Möglichkeit nachgewiesen, noch irgend eine Stelle
beigebracht, worin das Wort in diesem oder einem analogen Sinn
gebraucht würde. Ich verstehe ebensowenig, wie Aristoteles in den
Worten: συναριθμ. — αἱρετώτερον ἀεί hätte sagen können: wenn
die Glückseligkeit aus Theilen bestände, wäre sie, mit jedem beliebigen anderen Gut zusammengenommen, wünschenswerther, als
allein: wer sie sich als eine Summe einzelner Güter denkt, der
nimmt ja doch immer an, dass sie alle Güter in sich begreife,
gerade für diesen kann daher der Fall, dass ein weiteres Gut zu
ihr hinzukomme, gar nicht eintreten. Ich weiss aber jenen Worten überhaupt keinen mit Aristoteles' Ansichten verträglichen Sinn
abzugewinnen, und halte dieselben daher (wie schon a. a. O. be-

merkt ist) für eine Interpolation. Auch im vorhergehenden scheint mir die Auseinandersetzung Z. 8—14 (τὸ δ' αὔταρκες — ἐπισκεπτέον), welche den Zusammenhang stört, und für die vorliegende Erörterung ganz entbehrlich ist, nicht blos eine Parenthese, sondern eine mit Unrecht in den Text aufgenommene Randglosse zu sein. Wahrscheinlich hat Aristoteles nur geschrieben: τὸ γὰρ τέλειον ἀγαθὸν αὔταρκες εἶναι δοκεῖ. (Z. 6 f.) τὸ δ' αὔταρκες τίθεμεν ὃ μονούμενον αἱρετὸν ποιεῖ τὸν βίον καὶ μηδενὸς ἐνδεᾶ· τοιοῦτον δὲ τὴν εὐδαιμονίαν οἰόμεθα εἶναι, ἔτι δὲ πάντων αἱρετωτάτην μὴ συναριθμουμένην (Z. 14 ff.). τέλειον δή τι φαίνεται καὶ αὔταρκες ἡ εὐδαιμονία, τῶν πρακτῶν οὖσα τέλος. Die Worte Z. 16: ἔτι δὲ — συναριθμουμένην bringen in diesem Fall nichts wesentlich neues, sondern das vorhergehende erhält durch sie nur eine kleine Erweiterung. „Wir halten die Eudämonie, sagt Aristoteles, nicht blos für etwas, was für sich allein genügt, um das Leben wünschenswerth zu machen, sondern wir halten sie sogar für das allerwünschenswertheste, ohne dass sie hiefür mit anderem zusammengenommen zu werden brauchte": das μὴ συναριθμούμενος ist dem Sinne nach mit dem vorhergehenden μονούμενος gleichbedeutend.

Mit der Texteskritik der Politik beschäftigt sich

Susemihl, Fr., De Politicis Aristoteleis quaestiones criticae. (Jahrb. f. class. Philol. 1886. Supplementb. 15, S. 331—450.)

Vf. selbst bezeichnet diese Schrift (im Jahresber. f. Alterthumswissensch. 1887, I, 12) als eine überarbeitete Sammlung seiner früher theils lateinisch theils deutsch zerstreut erschienenen kritischen Bemerkungen, in Form eines Supplements zu seiner ersten Ausgabe der Politik (von 1872). Alle, welche sich mit diesem Werke zu beschäftigen haben, werden dem unermüdlichen Forscher für diese Sammlung und Revision seiner werthvollen Arbeiten dankbar sein. Was die Grundfrage über den Werth der verschiedenen Handschriften betrifft, so hat sich S. bekanntlich durch Busse zu einer erheblichen Einschränkung seines früheren Urtheils über die für Mörbeke's Uebersetzung benützte bestimmen lassen. Dagegen gibt er fortwährend der von ihm mit Π¹ bezeichneten Handschriftenfamilie vor der von I. Bekker seiner Ausgabe zu Grunde geleg-

ten (Π²) im Ganzen genommen den Vorzug, und er vertheidigt
diese Ansicht in den Jahrbb. f. class. Philologie 1887 S. 801—805
gegen Heylbut („Zur Ueberlieferung der Politik des Aristoteles".
Rhein. Mus. XLII. 1886. S. 102—110), welcher in einem Vati-
canischen Palimpsest Bruchstücke aus B. III und IV der Politik
aufgefunden und mit der Mittheilung ihrer Varianten eine Erörterung verbunden hatte, in der er gegen S. für die grössere Ursprünglichkeit von Π² eintritt. Diese Frage zum Austrag zu bringen,
muss ich anderen überlassen.

Von der Oekonomik hat
Susemihl, Fr., Aristotelis quae feruntur Oeconomica rec. Leipzig,
Teubner 1887. XXX und 94 S.
eine neue Ausgabe veranstaltet, welche ausser den zwei Büchern
unserer Oekonomik auch die 1295 von Durand von Auvergne ver-
fertigte Uebersetzung des im Original verlorenen sog. dritten Buchs
der Oekonomik in ihren verschiedenen Recensionen enthält. Die
Selbstverleugnung, mit welcher sich S. der undankbaren Aufgabe
unterzogen hat, selbst von so gehaltlosen Stücken, wie das 2. und
3. Buch, durch eine peinlich genaue Handschriftenvergleichung einen
möglichst correkten Text herzustellen, verdient alle Anerkennung.
Die Einleitung zeigt zunächst mit überzeugenden Gründen, dass
schon unser erstes, neben Aristoteles auch von Xenophon's Oekonomi-
kus abhängiges Buch nicht von Aristoteles, wahrscheinlich aber auch
nicht von Theophrast, sondern von einem andern Peripatetiker
der ersten oder zweiten Generation herrührt. Das zweite Buch
verlegt S. in die zweite Hälfte des dritten Jahrhunderts; über die
Abfassungszeit des dritten, d. h. seines griechischen Originals, wagt
er keine Vermuthnng. Ueber die für seine Ausgabe benützten
Handschriften wird S. XXI ff. eingehend berichtet; sorgfältige Re-
gister erhöhen die Brauchbarkeit der Ausgabe. Ein Anhang bringt
Varianten zur eudemischen Ethik und eine reichhaltige Sammlung
eigener und fremder Conjecturen zu allen bis jetzt im Teubner'-
schen Verlag erschienenen aristotelischen Schriften.

Den Text der Rhetorik untersucht

Römer, Ad., Zur Kritik der Rhetorik des Aristoteles (Blätter f.
    bayr. Gymnasialw. XXII. 1886. S. 491—510).

Es ist dies eine Beigabe zu R.'s 1885 erschienener Ausgabe
der Rhetorik, welche den Zweck verfolgt, die neuen Lesarten und
Conjecturen derselben zu rechtfertigen, und welche den Freunden
des aristotelischen Werkes um so willkommener sein wird, je an-
erkannter das Verdienst ist, welches sich R. in seiner Ausgabe
namentlich durch die genauere Vergleichung der ältesten und
weitaus wichtigsten Handschrift (A^c) um dasselbe erworben hat.
Rhet. I, 4. 1360 a 12 ff. halte ich den überlieferten Text nicht für
unmöglich, und glaube nicht, dass eine constructio ad sensum, wie
sie bei demselben vorausgesetzt werden muss (τούτους = diejenigen,
welche dieses Bedürfniss befriedigen können) für Aristoteles zu
kühn ist; will man aber ändern, so wäre das einfachste, Z. 13
παρὰ τίνων zu setzen und das τίνων (mit R.) als Masculinum zu
nehmen. II, 25. 1402 b 27 entspricht dem μὲν, welches den Verf.
S. 507 zu einer Emendation veranlasst, das unmittelbar folgende:
ἔστι δέ; es findet nur bei demselben eine Versetzung statt, wie sie
auch sonst vorkommt, und der Sinn ist der gleiche, wie wenn es
biosse: ὁ κατηγορῶν δι᾽ εἰκότων μὲν ἀποδείκνυσιν. Ebenso lässt sich
Z. 30 (ὁ δὲ κριτὴς οἴεται) das δὲ halten, mögen wir nun ein leichtes
Anakoluth haben, oder δὲ zur Einführung des Nachsatzes dienen
(vgl. Bonitz Ind. arist. 167 a 19). Um endlich noch II, 13. 1389 b 23
zu berühren, so kann ich mich mit R.'s Conjektur: παρὰ für κατὰ
um so weniger befreunden, da das zunächst stehende (φιλοῦσιν ὡς
μισήσαντες) gerade κατὰ τὴν Βίαντος ὑποθήκην geschieht. Ich glaube
vielmehr, dass wir hier einen von den Fällen haben, in denen mit
nachlässigem Ausdruck anscheinend für das Ganze einer Aeusserung
ein Zeuge angeführt wird, dem nur ein Theil derselben angehört.
Beispiele dieses Verfahrens bei Arist. habe ich eben jetzt in den
Sitzungsberichten der Akademie 1888 Nr. 51 gegeben.

Diels, H., Ueber das dritte Buch der aristotelischen Rhetorik (Ab-
    handl. d. K. preuss. Akademie d. Wissensch. 1886) 37 S. 4°.
unterzieht eine Frage, welche schon seit einer Reihe von Jahren
von verschiedenen Seiten berührt, aber bis jetzt nicht gelöst war,

einer gründlich eindringenden Untersuchung und bringt sie, wie ich glaube, zur abschliessenden Entscheidung. Er führt nämlich durch eine umfassende, an feinen Bemerkungen reiche Vergleichung zwischen Theophrast's rhetorischen Fragmenten und den entsprechenden Stellen unseres 3. Buchs den Nachweis, dass schon Theophrast dieses Buch gekannt und Sätze, die ihm angehören, theils wiederholt theils berichtigt und ergänzt hat. Dass es aber keinen ursprünglichen Bestandtheil der aristotelischen Rhetorik gebildet haben kann, räumt auch D. ein, und erkennt in ihm statt dessen (S. 16 f. 34) eine eigene, allerdings zur Ergänzung der Rhetorik bestimmte, Abhandlung über die λέξις und τάξις, die gleiche, welche Diog. V, 24 und der Anonymus Men. unter dem von Theophrast wiederholten Titel περὶ λέξεως anführen. Mit dieser Untersuchung verschlingt sich indessen noch eine Anzahl weiterer werthvoller Erörterungen. Die Besprechung der Punkte, durch die unser Buch Anstoss gegeben hat, führt den Verf. zunächst auf das Citat aus „dem Epitaphios" c. 10. 1411 a 31, von dem er zeigt, dass es sich mit beiden Annahmen vertrage: mit der, dass unser Lysianischer Epitaphios gemeint, aber bei Arist. τῷ τῶν ἐν Σαλαμῖνι τελευτησάντων Interpolation sei, und mit der von Wilamowitz vorgeschlagenen, dass es auf einen älteren Epitaphios, den des Gorgias, gehe. Er untersucht ferner aus Anlass der Verweisung auf die Θεοδέκτεια (c. 9. 1410 b 2) das Verhältniss dieser Schrift zu unserer Rhetorik, und findet es wahrscheinlich, dass dieselbe derjenige Abriss der Rhetorik sei, welchen Aristoteles seinen ersten Vorträgen über diese Wissenschaft zu Grunde legte, und welche Theodektes nicht ohne eigene Zuthaten herausgab, nachdem Aristoteles Athen 347 verlassen und Theod. seine Rednerschule übernommen hatte (dass nämlich Arist. aus Mytilene dorthin zurückkehrte, glaubt D. nicht). Die überzeugende Beweisführung für diese Vermuthung mag man bei D. selbst nachlesen. Weniger überzeugt hat mich der Versuch (S. 20 ff.), auch die Anführung des Menexenus (c. 14. 1415 b 30) als aristotelisch, und dieses Gespräch selbst als platonisch zu retten. Da ich mich aber hierüber schon I, 614 dieser Zeitschrift, und etwas ausführlicher jetzt Phil. d. Gr. II a⁴, 461 f. 480 f. ausgesprochen habe, will ich das, was dort gesagt ist, hier nicht wiederholen.

Rhet. I, 14. 1375 a 15 vertheidigt Zahlfleisch Wiener Stud.
1886, S. 165 — wie ich glaube missverständlich — die LA γραφό-
μενα für ἄγραφα.

Auf die Poëtik werde ich aus Anlass der Schriften zurückkommen, welche die in ihr niedergelegte Theorie besprechen; von
speciellen ihrer Erklärung oder Kritik gewidmeten Arbeiten ist aus
unsern Berichtsjahren (da Gomperz Zu Arist. Poëtik erst dem
nächsten angehört) nichts zu nennen, als einige Erörterungen,
welche die Geschichte der Philosophie so wenig angehen, dass es
genügt, hinsichtlich derselben auf Susemihl's Jahresbericht für
1886 S. 16 u. 18 zu verweisen: Gitlbauer Philologische Streif-
züge S. 405—407 (über den κόμμος c. 12. 1452 b 24 f.) und die
Verhandlungen zwischen Gomperz (Anzeiger der philol. histor.
Kl. d. Wiener Akad. 1886 Nr. 5. Jahrb. f. Philol. 1886, S. 771
bis 775, 1887, S. 460 f.) und Susemihl (ebdas. 1886, 583 f. 1887,
219—223. Jahresber. S. 16 f.) über die Skylla, welche Poët. c. 15.
26. 1454 a 30 f. 1461 b 30 f. erwähnt wird. Ebensowenig Beziehung
zur Geschichte der Philosophie haben die Verse, welche die unächte
Schrift π. θαυμασίων ἀκουσμάτων c. 133 mittheilt, und an deren
Wiederherstellung sich P. Unger De antiquissima Aenianum in-
scriptione (Altenb. 1887. Gymn.-Progr.) versucht.

Von seiner Sammlung der aristotelischen Fragmente hat

Rose, Val., Aristotelis qui ferebantur librorum fragmenta. Lpz.
Teubner. 1886. 463 S.

eine neue Ausgabe, die dritte, veranstaltet, für welche alle Freunde
dieser Studien dem um die aristotelischen Schriften so vielfach verdienten Gelehrten aufrichtig dankbar sein werden. Die Zahl der
Fragmente hat sich darin im Vergleich mit der zweiten (akademischen) Ausgabe von 629 auf 680 erhöbt. Erwünschte Zugaben
bilden die alten Schriftenverzeichnisse und philologisch genaue Abdrücke der vita Marciana in ihren verschiedenen Bearbeitungen,
den zwei griechischen und der lateinischen. Ausführlicher berichtet
über das Verhältniss dieser dritten Ausgabe der Fragmente zu den
früheren Susemihl (Berliner) Wochenschr. f. klass. Philol. 1887.
Sp. 1354—1360, dessen Desiderien ich mich mit wenigen Aus-

nahmen, seiner Anerkennung des Gebotenen ohne Vorbehalt anschliesse.

Von den Schriften, welche das aristotelische System als solches angehen, nenne ich zunächst

HAAS, L., Zu den logischen Formalprincipien des Aristoteles. Burghausen 1887. 38 S. Gymn. progr.

Diese Abhandlung gibt eine sorgfältige, aus den Quellen geschöpfte Darstellung der aristotelischen Lehre über die allgemeinen Voraussetzungen des wissenschaftlichen Erkennens, und insbesondere über den Satz des Widerspruchs, den Arist. selbst als das allgemeinste und unbezweifelbarste Princip alles Denkens bezeichnet. Was Verf. bis S. 31 hierüber ausführt, entspricht m. E. fast durchaus den eigenen Aussagen des Philosophen. Doch sagt dieser Anal. post. I, 32. 88 b 13 nicht (wie Verf. S. 13 angibt), es sei lächerlich „zu sagen, dass etwas sich selbst gleich oder mit sich selbst identisch ist", sondern vielmehr: es wäre albern, wenn man deshalb, weil die Principien der verschiedenen Wissenschaften mit sich selbst identisch sind, schlechtweg sagen wollte, sie seien identisch (also auch mit einander identisch); und Metaph. IX, 9. 1051 a 29 wird nicht allgemein behauptet: „das Mögliche werde erst erkannt, wenn es wirklich geworden ist" (S. 14), sondern nur von der Beweisführung durch geometrische Construction wird bemerkt, sie beruhe auf der Verwirklichung eines Potentiellen (vgl. Bonitz z. d. St.). Bei der Besprechung von De interpret. 9 hätte an den zweifelhaften Ursprung dieser Schrift erinnert werden sollen, wenn auch die dort gegebenen Bestimmungen dem aristotelischen Begriff des Möglichen durchaus entsprechen. Die Behauptung, dass alles Denken und Reden unmöglich werde, wenn man den Satz des Widerspruchs leugnet, wird Aristoteles nicht (nach S. 27) „untergeschoben"; vgl. Metaph. IV, 3. 1005 b 15. 1006 a 11. c. 4. 1008 b 30. 1009 a 3. Diesen Satz selbst bezeichnet Verf. mit Recht als ein blos formales Princip; und damit verträgt es sich vollkommen, dass derselbe, wie er gleichfalls bemerkt, nicht blos logische, sondern zugleich ontologische Bedeutung hat, denn auch über die Beschaffenheit der Dinge sagt er nichts aus als das Allgemeine, dass sie keine mit einander unvereinbaren Eigenschaften gleichzeitig besitzen können. Zweifelhafter ist mir, ob es in Aristoteles' Sinn ist, wenn man dem Satz des Widerspruchs mit dem Verf. (S. 31 ff.) noch ein weiteres Princip in gleicher Stellung beifügt. Denn so bereitwillig ich einräume, dass jener für sich allein nicht genügt, und dass Leibniz alle Ursache hatte, ihn durch das Gesetz des Grundes zu ergänzen, so vermisse ich doch den Beweis dafür, dass auch Aristoteles eine solche Ergänzung nöthig gefunden oder auch nur den Raum für sie offen gelassen hat. H. findet dieselbe in dem „Princip der Convenienz" oder der Uebereinstimmung, welches (nach Hagemann's Logik) besage, dass „Vorstellungen, welche als Theilvorstellungen des Denkobjekts erkannt sind, mit diesem zu verbinden sind;" also ungefähr das gleiche, wie die alte syllogistische Regel: *nota notae est nota rei.* Nun ist ja ganz richtig, dass Arist. in der Beweisführung nach dieser Regel verfährt; aber zu seinen logischen Principien gehörte sie nur dann, wenn er selbst sie als solches ausgesprochen hätte, und diess hat er so wenig gethan, dass H. selbst S. 33 einräumt, er habe den Satz des Widerspruchs „als einziges Prinzip bezeichnet," derselbe sei nach ihm „der einzige unbedingt sichere Ausgangspunkt alles Denkens und Erkennens". Auch der Grundsatz, dass alles Wahre mit sich übereinstimmen müsse (Anal. pr. I, 32. 47 a 9. Eth. I, 8. 1098 b 11. Haas S. 37) ist nur eine Folgerung ʹaus dem Satz des Widerspruchs.

Mit dem Grundbegriff der aristotelischen Metaphysik beschäftigt sich

WEBER, B., De οὐσίας apud Aristotelem natione ejusque cognoscendae ratione. Bonn 1887. Inauguraldiss. 32 S.

Es ist diess eine fleissige und wohlgeordnete Sammlung von Aussprüchen des Aristoteles und seiner Erklärer, die aber nichts Neues bringt. An den tief eingreifenden Schwierigkeiten, welche die Vieldeutigkeit der οὐσία dem aristotelischen System bereitet, geht W. mit dem gleichen Stillschweigen vorbei, wie an der Frage nach dem Wesen des νοῦς ποιητικός und der Art seines Erkennens. Den νοῦς παθητικός hält er mit Brentano für identisch mit der

Phantasie, ohne für diese Meinung etwas haltbareres beizubringen als jener; und die gleiche Ansicht wird mit unzureichender Begründung, sammt der damit verbundenen Unterscheidung zwischen dem νοῦς δυνάμει und dem ν. παθητικὸς, auch Theophrast zugeschrieben.

KAPPES, M., die aristotelische Lehre über Begriff und Ursache der κίνησις. Bonn 1887. 46 S. Inauguraldiss.

Auch diese Abhandlung ist in ihrem Haupttheil ein fleissiger und brauchbarer Auszug aus den hergehörigen aristotelischen Schriften, dem wenig von eigener Untersuchung beigemischt ist; und ebenso sind in der „Kritik der aristotelischen Bewegungstheorie" S. 37 ff. die Citate aus fremden Schriften die Hauptsache. S. 15 wäre zu untersuchen gewesen, wie sich die Behauptung, dass die Bewegung in allen Kategorieen vorkomme, (Phys. III, 1. 201 a 8 f.) mit der sonst allgemein, und so auch im vorhergehenden, vorausgesetzten und Phys. V, 2 näher begründeten Beschränkung dorselben auf vier Kategorieen verträgt; aus Simpl. Phys. 412, 31 ff. geht hervor, dass schon Eudemus und Theophrast, namentlich der letztere, jener Beschränkung widersprachen. Die Antwort liegt wohl darin, dass die Veränderung der Relation u. s. f. zu den κατὰ συμβεβηκὸς erfolgenden Bewegungen gehört, die Arist. nach Phys. V, 1. 224 b 26 ausser Betracht lassen will. Wenn S. 35 von den Planetensphären gesagt wird, sie bewegen sich nicht wandellos im Kreise, sondern in schiefen Bahnen und ungleichmässig, so hätte diess genauer erläutert werden müssen; denn um ihre eigene Achse bewegt sich jede Sphäre gleichmässig in einer horizontalen Ebene. Dass Baco von Verulam „der Begründer der neueren Naturwissenschaften" sei, ist eine starke Uebertreibung.

Höher, als die beiden eben Genannten, steckt sich seine Aufgabe

ADRIAN, K., Aristotelis systema causarum ad motum circularem refertur. Münster 1886. 59 S. Inauguraldiss.

Derselbe will nämlich eine in allen bisherigen Darstellungen des aristotelischen Systems, wie er glaubt (S. 8), offen gelassene Lücke dadurch ausfüllen, dass er in der Kreisbewegung des Him-

mels den Grund des Zusammenhangs nachweist, der alle Ursachen
in der Welt verknüpfe. Es ist nun anzuerkennen, dass er der
Ausführung dieses Gedankens eine ernste wissenschaftliche Arbeit
gewidmet hat, und dass er zu dieser Arbeit eine gute Kenntniss
der aristotelischen Schriften und Lehren mitbringt; und wenn sich
diese auch wohl bisweilen in Erörterungen bethätigt, welche durch
eine einfache Verweisung auf ältere Darstellungen ersetzt werden
konnten, so wollen wir darüber bei einer solchen Erstlingsschrift
nicht rechten. Καλῶς δὲ πάντα ἴσως χαλεπόν. Sehen wir, wie es
sich damit bei dem Verf. verhält. Seine Ergänzung des aristotelischen Systems beruht, neben den allgemein anerkannten Grundzügen der aristotelischen Theologie und Kosmologie, auf der doppelten Voraussetzung: dass 1) die Formen der Dinge Gedanken der Gottheit, und dass 2) alle Kreisbewegungen in der
Welt eine Folge von der des πρῶτος οὐρανὸς seien. Ich meinerseits
muss diese Voraussetzungen alle beide in Anspruch nehmen. Für
die erste derselben, in der er sich an Brandis anschliesst, beruft
sich Verf. auf Metaph. XII, 7. 1072 b 22: ἐνεργεῖ δὲ (sc. ὁ νοῦς)
ἔχων (τὸ νοητόν); denn unter dem νοητὸν könne man nur die Gedanken Gottes verstehen, welche als der Zweck, dem die Materie
zustrebt, die Formen der Dinge seien. (Vgl. S. 16 f. 45 f.) Indessen ist leicht zu sehen, dass damit Aristoteles etwas aufgedrun-
gen wird, was seiner Meinung direkt widerstreitet. Er selbst erklärt ja aufs bestimmteste, (1072 b 20 f. und ausführlicher c. 9. 1074
b 21 ff.) dass nur Gott selbst das νοητὸν sei, welches Gegenstand
seines Denkens ist und sein kann, und andererseits können die
Formen, welche die Substanz der Dinge sind, nicht Gedanken eines
denkenden Wesens sein; wie ich diess alles gegen Brandis schon
längst nachgewiesen habe[1]). Auch mit seiner zweiten Voraussetzung geht aber A. über die ächt aristotelische Lehre hinaus.
Die Planetensphären werden vom Fixsternhimmel zwar mit herum-
geführt, aber ihre Eigenbewegungen rühren nicht von ihm her,
und dass diese Bewegungen Kreisbewegungen sind, ist gleichfalls

---

[1]) Phil. d. Gr. II b, 283 f.² 381 f.³ A. lässt diesen Nachweis unberücksichtigt, wie er denn überhaupt mein Werk nur in seiner ersten, 1846 erschienenen, Ausgabe benützt hat.

nicht eine Folge seiner Einwirkung, sondern diese Eigenschaft derselben ist, wie beim πρῶτος οὐρανὸς selbst, in der Natur ihres Stoffes, des Aethers, begründet (vgl. Phil. d. Gr. II b, 434 ff.). Verf. weiss dies natürlich auch; aber statt die verschiedenen hier zusammenwirkenden Ursachen scharf zu unterscheiden, zieht er sich S. 26 ff. hinter unbestimmte Ausdrücke zurück: *a motu circulari primi coeli pendent, ad motum circ. revocandi sunt* u. s. w. Den Kreislauf der irdischen Dinge bezeichnet Arist. zwar gen. et corr. II, 10. 337 a 1 als eine Nachahmung der κύκλῳ φορά; aber seine Ursache sucht er (vgl. Phil. d. Gr. II b, 487 ff.) in dem Wechsel der Jahreszeiten (ὥραι, was A. S. 33 unrichtig von allen periodischen Zeitabschnitten erklärt), der seinerseits auf der Annäherung und Entfernung der Sonne beruht: von der Kreisbewegung des πρῶτος οὐρανὸς rührt nur der Wechsel von Tag und Nacht, und was von ihm abhängig ist, her. Noch erkünstelter ist der Zusammenhang, den Verf. S. 37 ff. zwischen dem Kreislauf des Entstehens und Vergehens, dem die organischen Wesen unterliegen, und der Kreisbewegung des Himmels herzustellen versucht. Mag man ferner, die *res humanae* (S. 47 ff.) betreffend, den νοῦς ποιητικὸς des Menschen mit dem Verf. für den göttlichen Geist selbst, den νοῦς παθητικὸς für die Einheit der niederen Seelenkräfte halten oder nicht (hierüber Phil. d. Gr. II b, 572 ff.), so wird doch der *motus circularis* von dem Verf. S. 50 zur Erklärung ihres Verhältnisses geradezu an den Haaren herbeigezogen; und ebensowenig hat der Kreislauf der Staatsverfassungen oder der der menschlichen Meinungen in der Geschichte mit der Kreisbewegung des Himmels zu thun. So sehr es sich daher verlohnte, die Frage zu untersuchen, worin der von Aristoteles so entschieden behauptete einheitliche Zusammenhang aller Dinge besteht, worauf er beruht und wie weit er sich erstreckt, so wenig ist es doch dem Verf. gelungen, eine befriedigendere Antwort darauf zu finden, als sie in den bisherigen Darstellungen der aristotelischen Philosophie schon vorlag. In Wahrheit war eben die Aufgabe für Aristoteles selbst unter den Voraussetzungen seiner Metaphysik unlösbar, und eine unbefangene Geschichtsbetrachtung kann nur zeigen, warum sie diess war, aber sie darf ihm keine Lösung unterschieben, die

sich weder durch seine ausdrücklichen Erklärungen noch durch
die Conscquenz seines Systems begründen lässt.

SOROF, G., De Aristotelis geographia capita duo (Halle 1886. 92 S.
Inauguraldiss.)

behandelt zwar nur einen Seitenzweig der aristotelischen Physik,
welcher das philosophische System als solches wenig berührt. Aber
doch will ich es nicht unterlassen, auf diese gute und gründliche
Arbeit aufmerksam zu machen. Den Inhalt derselben bilden die
ersten Abschnitte einer grösseren Schrift, welche die geographischen
Annahmen des Philosophen vollständig darstellen wird. Die vorliegende Probe lässt uns der letzteren mit den besten Erwartungen
entgegensehen; und wird auch die Geschichte der alten Geographie
von ihr den Hauptgewinn haben, so fallen doch immer von solchen
Aussenwerken des Systems auch auf die Philosophie seines Urhebers
und die Art seines schriftstellerischen Arbeitens belehrende Streif-
lichter.

BULLINGER, B., Metakritische Gänge, betreffend Aristoteles und
Hegel. Mit kritischen Seitenblicken auf die Wissenschaft
der Gegenwart. München, Ackermann 1887. 37 S.

Die Antikritiken, die B. unter diesem Titel vereinigt hat,
richten sich so ziemlich gegen jedermann, der in den letzten Jahren
mit seinen Arbeiten irgendwie in Berührung gekommen ist: Susemihl, Vahlen, Wirth, Meiser, Thilo, mich u. s. w.; und sie besprechen demgemäss auch verschiedenerlei Gegenstände: die Lehre
des Aristoteles von der sinnlichen Wahrnehmung, vom Nus, von
der tragischen Katharsis, vom Möglichen und Wirklichen, die Theologie Plato's, die Verdienste G. F. Rettig's um Plato, den philosophischen Unterricht an den Gymnasien, Hegel's Ansicht über den
Satz des Widerspruchs. Vieles ist nur Wiederholung von früher
Gesagtem, in der ungehobelten Manier, in welcher der Vf. sich gefällt. Das Beste in der kleinen Schrift ist m. E. die Erörterung
S. 7 ff. über die πόροι, durch welche Arist. die Eindrücke von den
Sinnesorganen zum Herzen gelangen lässt. Doch hat mich Vf.
nicht überzeugt, dass damit „eigene mit specifischen Organkörpern

angefüllte Kanäle", ein von Arist. „apriorisch gefordertes" „Analogon der Empfindungsnerven" gemeint sind. Bei anatomischen Fragen pflegt Arist. nicht a priori zu construiren, sondern zu beobachten. Nun mag ihn immerhin zu der Annahme von Kanälen, durch welche die von den Sinnesorganen aufgenommenen Bewegungen sich fortpflanzen, neben der Wahrnehmung der Höhlungen im Gehör- und Geruchsorgan (gen. an. II, 6. 744 a 1 ff. V, 2. 781 a 20 ff.), auch die der Oeffnungen in den Knochen veranlasst haben, durch welche der Sehnerv in die Augenhöhle eintritt (a. a. O. 744 a 8 f.). Aber von eigenen, den Empfindungsnerven ähnlichen Organen deutet er nichts an; er denkt sich vielmehr jene πόροι mit Pneuma erfüllt (744 a 3 vgl. 781 b 24. 35). Sie selbst aber münden in die Blutgefässe des Gehirns aus (744 a 3—9). Da nun doch das Herz das Centralorgan der Empfindung ist, so fragt es sich, wie die durch die πόροι sich fortpflanzenden Empfindungsbewegungen zu diesem gelangen; und dass diess durch die Adern geschehe, ergibt sich neben ihrer ausdrücklichen Erwähnung 744 a 3 aus dem Satze [1]), dass weder das Blut selbst noch die blutlosen Theile αἰσθητικά seien, denn dann bleiben nur die blutführenden Theile dafür übrig. Für das nächste Substrat jener Bewegungen scheint aber Arist., nach dem eben angeführten, nicht das Blut zu halten, welches sich schon desshalb nicht dazu eignete, weil es seiner Meinung nach in den φλέβες im allgemeinen vom Herzen nach der Peripherie, und nur zeitweise zum Herzen zurückfliesst, (vgl. Phil. d. Gr. II b, 517 f. 541, 7) sondern das Pneuma, welches die Adern zugleich mit dem Blute durchströmt.

HEMANN, C. F., Des Aristoteles Lehre von der Freiheit des menschlichen Willens. (Zur Geschichte der Lehre v. d. Freih. d. menschl. Will. 1. H. Aristoteles.) Leipzig, Fues's Verlag 1887. XVIII und 194 S.

Ist auch die Darstellung dieser Schrift stellenweise zu breit ausgefallen und ihre Sprache nicht durchaus rein [2]), so wird sie

---

[1]) Part. an. III, 4. 666 a 16. Was mir B. S. 8 aus Anlass dieser Stelle unterlegt, ist nicht meine Meinung; vgl. Phil. d. Gr. II b, 541, 7.

[2]) Vgl. Ausdrücke wie: „grundleglich" (S. 11), „konkupiscibel" (S. 15),

doch als eine mit Liebe zur Sache, mit Sorgfalt und Scharfsinn
ausgeführte wissenschaftliche Arbeit auch von solchen anerkannt
werden müssen, die sich von der Richtigkeit ihrer Ergebnisse nicht
unbedingt zu überzeugen vermögen. In den Schriften und der
Lehre des Aristoteles wohl bewandert, unterwirft Vf. die im Titel
bezeichnete Frage einer Untersuchung, welche die hergehörigen
Aeusserungen des Philosophen und den Zusammenhang seines
Systems eingehend berücksichtigt. Sein Endergebniss aber ist
dieses, dass Arist. zwar allerdings die Freiheit des menschlichen
Willens behaupte, dass er aber unter dieser Freiheit nichts anderes
verstehe, als das von der Vernunft determinirte und dem vernünftigen Denken entsprechende Streben, dass der Wille daher
zwar ihm zufolge (wie S. 89ff. 114ff. 130. 171ff. gut gezeigt wird)
weder von den sinnlichen Antrieben noch von angeborenen Charaktereigenschaften unbedingt bestimmt werde, dass er aber doch
immer determinirt, und Aristoteles mithin „durchaus Determinist“
(S. 171) sei. Ich kann jedoch nicht finden, dass es dem Vf. gelungen ist, diese Ansicht, mit der er bis jetzt wohl ziemlich allein
steht, ausreichend zu begründen und die Bedenken, welche sich
ihr entgegenstellen, zu beseitigen. Arist., sagt er S. 108, behaupte
Rhet. I, 10. 1369 a 5, „dass die Menschen alles, was sie thun, aus
sieben Gründen nothwendig thun,“ zu denen auch die vernünftige
Ueberlegung gehört. Allein Arist. sagt nicht: πάντα ὅσα πράττουσιν
ἀνάγκῃ πράττουσιν u. s. w., sondern: ἀνάγκη πράττειν δι' αἰτίας
ἑπτά: „was die Menschen thun, können sie nur aus einem von den
nachstehenden sieben Gründen thun.“ Er bezeichnet es (S. 95.
171. 186) als aristotelische Lehre, „dass der Mensch immer das
Bessere wähle, und dass er dazu durch seine Vernunft bestimmt
werde,“ „dass der Wille eines vernünftigen Menschen niemals

„intellektiv“ (öfters), „die dreinfallenden Kinder“ (S. 25), „um so viel voll-
kommeuer ..., als wie das Denken vollkommener ist“ (S. 51), Sätze wie
S. 3: „Die Darstellung eröffnet uns sowohl einen Einblick ..., als auch gewinnen wir dadurch einen Einblick“; S. 19: „das Urtheil über Plato präjudi-
cirt das über Arist.“; S. 34: „dass, wenn die Seele sich selbst bewegte, wäre
sie bewegt“ u. s. f. Weitere Beispiele S. 4, 12 v. u. 89, 4 v. u. 97, 7. 104, 16 ff.
115, 2. 116, 8. 126, 12 v. u. 136, 5 v. u. 148, 20. 169, 5 v. u.

etwas wolle, wozu ihn nicht die Vernunft determinirt hat," dass
er „immer nach Gründen handle, welche die alleinigen Ursachen
seien, die ihn in Bewegung setzen," dass er immer nur wirke,
„weil er nothwendig muss infolge einer geschehenen Determination".
Aber er hat es unterlassen, seinen Lesern zu sagen, wo der Philosoph dies alles gelehrt hat. In Wirklichkeit sagt dieser zwar,
(Eth. III, 6. 1113 a 22 ff.) der Zweck des Handelns sei im allgemeinen das Gute; aber er fügt auch sofort bei (a. a. O. und oft;
vgl. Ind. arist. 3 b 10): für jeden aber sei es das, was ihm gut
scheine, und gerade dadurch unterscheide sich der σπουδαῖος vom
φαῦλος, dass er allein das wirklich Gute sich zum Zweck setze.
Nicht der Mensch also, sondern nur der tugendhafte und vernünftige Mensch als solcher ist es, der immer das Gute und Richtige
wählt; der Einzelne dagegen, auch wenn er ein σπουδαῖος genannt werden kann, ist darum doch vor Verfehlungen nicht unbedingt geschützt,
denn auf vollkommene Tugend kann er als ein zusammengesetztes
(sinnlich-geistiges) Wesen keinen Anspruch machen (Eth. X, 8.
1178 a 9. III, 1. 1110 a 24. Polit. III, 15. 1286 b 27), und Arist.
hält desshalb die Tugend zwar für dauerhaft und schwer zu er-
schüttern, aber nicht mit Antisthenes für unverlierbar (Eth. I, 11.
1100 b 12 ff. VII, 15. 1154 b 20 ff.). Ja er ist so wenig der Meinung, unser Wille folge immer und nothwendig den Aussprüchen
der Vernunft, dass er diesen von Sokrates aufgestellten Satz vielmehr aufs entschiedenste bestreitet (Eth. VI, 13. 1144 b 17 ff. VII, 5.
3 Anf. X, 10. 1179 b 23 vgl. Phil. d. Gr. II b, 628 f.), und seinerseits
umgekehrt erklärt, die φρόνησις habe es nur mit den Mitteln zur
Erreichung unserer Zwecke zu thun, die richtige Zweckbestimmung
selbst dagegen, die Beweggründe (ἀρχαί), nach denen sich der Werth
oder Unwerth unseres Thuns bestimmt, seien Sache des Willens
(Eth. VI, 13. 1144 a 8. 20. 26. 29 ff. c. 5. 1140 b 17 vgl. III. 5. 1112
b 11. I, 7. 1098 b 3), nur der Tugendhafte setze sich das Gute
zum Zweck, die Schlechtigkeit dagegen bewirke eine Verkehrung
des sittlichen Urtheils (1144 a 34. VII, 9. 1151 a 14), es sei daher
(1151 a 17) nicht der λόγος, sondern die ἀρετή, wovon das ὀρθοδοξεῖν
περὶ τὰς ἀρχὰς abhänge. Die Tugend aber entsteht nach Arist. ebenso
wie die Schlechtigkeit durch Gewöhnung, dadurch, dass wir wieder-

holt in einem bestimmten Sinn handeln; und unser Handeln haben
wir, wie alles, was von unserem Willen abhängt, in unserer eigenen
Gewalt, wir haben es in der Hand, das Gute oder das Schlechte
zu thun: ἐφ' ἡμῖν ἄρα τὸ ἐπιεικέσι καὶ φαύλοις εἶναι (Eth. III, 7.
1113 b 6ff.). Diese Erklärungen im Sinn des stoischen Determinismus zu deuten, so dass mit dem ἐφ' ἡμῖν nur der äussere Zwang,
nicht die innere Nöthigung, ausgeschlossen werden sollte, wäre nur
dann möglich, wenn Arist. die allgemeine Voraussetzung dieses
Determinismus, die Lehre von der εἱμαρμένη theilte, vermöge der
alles aus der göttlichen Causalität mit unabänderlicher Nothwendigkeit hervorgeht.   Davon ist er aber so weit entfernt, dass er jene
Causalität vielmehr ·darauf beschränkt, als der letzte Zweck der
Welt theils die tägliche Drehung der himmlischen Sphären, theils
die Zusammenstimmung aller Eigenbewegungen in den verschiedenen Theilen der Welt hervorzurufen.   Wie fremd ihm der Gedanke
einer Nothwendigkeit alles Geschehens ist, zeigen schon seine Bestimmungen über das ἐνδεχόμενον oder δυνατὸν (Phil. d. Gr. II b, 223
vgl. 333f.), zu dessen Begriff es gehört, nicht nothwendig zu sein;
und selbst unser Vf. muss einräumen (S. 143), dass die Handlungen,
wie alles Werdende, nach Arist. „auch nicht oder anders hätten
entstehen können". Der Philosoph widerspricht ja aber auch
auf's entschiedenste und mit eingehender Begründung der Behauptung, niemand sei freiwillig böse (Eth. III, 7. 1113 b 14ff.),
und er weist (1114 a 3) die Ausflucht, dass man seine Pflicht
nur deshalb versäume, weil man von dieser bestimmten moralischen
Beschaffenheit ist, mit der Entgegnung zurück: ἀλλὰ τοῦ τοιούτους
γενέσθαι αὐτοὶ αἴτιοι. Ueber seine Meinung lässt er uns daher nicht
im Zweifel.   Wer diese Meinung für falsch hält, der mag ihn
darum tadeln, aber er darf ihm nicht eine solche aufdrängen, die
ihm fremd ist, und wenn die aristotelische Psychologie (wie Ph. d.
Gr. II b, 598ff. gezeigt ist) bei der Willensthätigkeit wie bei anderen psychischen Vorgängen zu Fragen Veranlassung gibt, deren
widerspruchslose Beantwortung über ihre Mittel hinausgeht, so ist
es die Aufgabe einer unbefangenen Forschung, diesen Sachverhalt
zu erklären, aber sie darf sich seiner Anerkennung nicht entziehen.

WRÓBEL, VAL., Aristotelis de perturbationibus animi doctrina. Sanok 1886. 58 S. (I. C. bei O. Fock in Leipzig.)

Der Inhalt dieser Abhandlung geht weiter, als ihr Titel verspricht. Sie beschäftigt sich nämlich nicht blos mit der Lehre des Aristoteles über das, woran man bei den *perturbationes animi*, der ciceronischen Uebersetzung des stoischen πάθος, allein denken würde, die ungeordneten Gemüthsbewegungen, auch nicht blos mit der über die Affekte überhaupt; sondern wo immer Arist. von einem πάθος und πάθημα u. s. f. redet, übersetzt diess Verf. mit *perturbatio*, so dass z. B. S. 31 das Lernen, S. 29 das von Arist. Phys. III, 3 in der allgemeinen Erörterung über die Bewegung dem ποιεῖν gegenübergestellte πάσχειν, das Bewegtwerden, eine *perturbatio* genannt wird. Ist es nun aber schon schwierig, oder vielmehr unmöglich, aus den zerstreuten Aeusserungen des Aristoteles über die πάθη im Sinn der Affekte eine in sich einstimmige und einigermassen vollständige psychologische Theorie herzustellen, so hat sich Verf. diese Aufgabe durch die ungerechtfertigte Ausdehnung der Vorgänge, die er mit *perturbatio animi* bezeichnet, noch erheblich erschwert, und er ist bei dem Versuche, sie unter dieser Voraussetzung zu lösen, auf mehr als eine unhaltbare Annahme gekommen. Von einem ποιητικὸν und einem παθητικὸν als besonderen Vermögen (S. 42 u. ö.) weiss Arist. nichts, sondern dieselben Vermögen verhalten sich nach ihrer jeweiligen Beziehung zu ihrem Gegenstand sowohl wirkend als leidend; dass nicht allein der sinnlichen, sondern auch der Denkthätigkeit eine „*perturbatio*" entspreche (S. 45), folgt aus der mit ihr verbundenen Lust nicht im geringsten, denn die Lust ist gerade nach Arist. kein Leiden und keine Bewegung, und kommt daher auch dem absolut Leidenslosen und Unbewegten, dem göttlichen Geist zu; die Gleichstellung des παθητικὸν Phys. III, 3. 202 a 23 mit dem αἰσθητικὸν ebd. VII, 3. 248 a 8 (S. 49) ist unberechtigt: es gibt ja auch einen νοῦς παθητικός, Phys. III, 3 handelt aber überhaupt nicht blos von dem Wirkenden und Leidenden in der Seele, sondern von dem Wirken und Leiden überhaupt. Ist indessen dem Verf. das, was er in seiner Abhandlung leisten wollte, auch nicht durchaus gelungen, so verdient dieselbe doch die Au-

erkennung, dass sie ihren Gegenstand sorgfältig und mit achtungs-
werther Sachkenntniss untersucht hat.

SCHMIDT, JOH., Aristotelis et Herbarti praecepta, quae ad psycho-
  logiam spectant, inter se comparantur (Wien 1887. Jahresber. d. K. K. Akad. Gymn. 18 S.)
zeigt in eingehender Vergleichung, dass sich zwischen Aristoteles'
und Herbart's psychologischen Lehren, neben ihrer offen liegenden
Verschiedenartigkeit, doch mehr Berührungspunkte finden, als man
vielleicht auf den ersten Blick vermuthen möchte. Da und dort
geht er aber in dieser Parallelisirung doch etwas zu weit. S. 9
dürfte bemerkt sein, dass die Bewegungen der Sinneswerkzeuge,
aus denen Arist. die Träume herleitet, etwas materielleres sind
als die „Vorstellungen" Herbart's. S. 12 wird die Vergleichung
des Nus mit einer unbeschriebenen Tafel herkömmlicher Weise in
sensualistischem Sinn gedeutet, während es nach Aristoteles' Meinung nicht die sinnlichen, sondern die übersinnlichen Objekte sind,
durch deren Aufnahme der Nus einen Inhalt gewinnt; vgl. Phil.
d. Gr. IIb, 192, 3. Dass die Lehre des Aristoteles vom Willen
der deterministischen Herbart's nicht gleichgesetzt werden durfte
(S. 15), ergibt sich aus dem, was oben gegen Heman bemerkt ist.
Inwiefern Herbart thatsächlich von Aristoteles beeinflusst wurde,
hat Verf. nicht untersucht, und vielleicht lässt es sich auch nicht
feststellen. Der Standpunkt der wissenschaftlichen Beurtheilung
ist durchweg der des Herbartianers.

HAGIOSOPHITES, PANAGIOT. A., Aristoteles' Ansicht von den ethischen und intellectuellen Unterschieden der Menschen. Athen
  1886. 95 S.
  Diese griechisch geschriebene und mit griechischem Haupttitel
('Ἀριστοτέλους θεωρία u. s. w.) versehene Schrift, nach dem Vorwort
zu schliessen eine Jenenser Inauguraldissertation, bespricht nach
einleitenden Bemerkungen über die aristotelische Tugendlehre in
ihrem ersten Abschnitt die allgemeinen ethischen und intellectuellen
Unterschiede der Menschen unter den Ueberschriften: A) οἱ ἀγαθοί:
a) οἱ εὐγενεῖς. und zwar 1) οἱ κυρίως εὐγενεῖς, 2) οἱ ἄριστοι; b) οἱ

ἐπιεικεῖς. B) οἱ κακοί: a) οἱ πολλοί; b) οἱ φαῦλοι. Der zweite Abschnitt (S. 59 ff.) handelt von den Unterschieden der Lebensalter und der Geschlechter. Unter diesen Rubriken werden aristotelische Stellen (darunter freilich auch, ohne jede Hindeutung auf ihre Unächtheit, solche aus π. κόσμου und π. ἀρετῶν) nicht ohne Fleiss zusammengetragen, und diese sind auch das einzige Brauchbare in der Schrift; des Verf. Berichte über ihren Inhalt sind unzuverlässig und seine eigenen wortreichen Zuthaten ohne Werth.

BRADLEY, A. C., Die Staatslehre des Aristoteles. Uebers. v. Imel-
    mann. 2. Ausg. Berlin, Heyfelder. 1886. 83 S.
gehört eigentlich nicht mehr in unsern Bericht, da das englische Original schon vor acht Jahren, und die erste Ausgabe von Imelmann's Uebersetzung 1884 erschienen ist. Doch nehme ich von der neuen Ausgabe der letztern gerne Veranlassung, auf den Werth einer Abhandlung aufmerksam zu machen, welche auf mässigem Raume nicht allein über die leitenden Gedanken und die Grundzüge der aristotelischen Staatslehre in zuverlässiger und lichtvoller Darstellung berichtet, sondern auch ihre geschichtlichen Voraussetzungen, ihr Verhältniss zu den heutigen, und besonders den englischen Anschauungen und Einrichtungen, und den in ihr liegenden Wahrheitsgehalt geistvoll und sachkundig erörtert.

KRASIEWICZ, Die Kritik der platonischen Politie bei Aristoteles.
    Neisse 1886. 12 S. 4⁰. (Gymn. progr.)
    Plato's politische Theorie und die Einwendungen, die ihr Aristoteles entgegenhält, werden hier im .wesentlichen richtig dargestellt, und billig beurtheilt. Da und dort finden sich allerdings auch Bemerkungen, mit denen Ref. nicht einverstanden ist. Wenn z. B. Aristoteles S. 11 darüber getadelt wird, dass er Plato sagen lässt, seine Bürger werden nicht vieler Gesetze bedürfen, so lag dazu kein Grund vor, denn Plato sagt diess wirklich Rep. IV, 425 B. 427 A. Dass ferner Plato über die Erziehung und Lebensweise seines dritten Standes sich desshalb nicht aussprach, weil er ihm keine Bedeutung beilegte, bestreitet Verf. ebd. mit. Unrecht; vgl. Phil. d. Gr. II a⁴, 906 f. Von Erblichkeit der Regierungsgewalt

(Kr. S. 11) redet Arist. II, 5. 1264 b 6 nicht, sondern davon, dass
dieselbe auf die Angehörigen des ersten Standes beschränkt ist;
auch von jener hätte er übrigens reden können, da dem Einzelnen
sein Stand in der Regel durch die Geburt angewiesen werden soll.

Die Kunstlehre des Aristoteles hat auch in unsern Berichtsjahren, wie schon seit langem, zahlreiche Erörterungen hervorgerufen.

Meiser, C., Ein Beitrag zur Lösung der Katharsisfrage (Bl. f. d.
   bayer. Gymnasialschulw. XXIII, 211—214)
unterstützt Bernays' Erklärung der κάθαρσις τῶν παθημάτων, wonach dieser Ausdruck die Ausscheidung der Affekte bezeichnet,
durch die zutreffende Parallele bei Plut. De inimic. utilit. c. 10.
Ueber die Hauptfrage freilich, warum gerade die Kunst, und durch
welche ihr eigenthümliche Mittel sie jene Katharsis bewirkt, erhalten wir durch die Plutarchstelle keinen Aufschluss.

Tumlirz, K., die tragischen Affekte Mitleid und Furcht nach Aristoteles (Wien 1887. Progr. 40 S. Lex. Okt.)
unterzieht die Bedeutung von ἔλεος und φόβος in der Definition
der Tragödie, unter umfassender Berücksichtigung der hergehörigen
Literatur, einer eingehenden Untersuchung. Er weist überzeugend
nach, dass es nicht die Furcht vor Uebeln, die uns selbst drohen,
sein kann, welche das tragische Mitleid erregt, dass die Furcht,
von der jene Definition redet, überhaupt nicht uns selbst gilt, sondern dem Helden der Tragödie, welchen wir wegen des Schicksals,
das ihn trifft oder getroffen hat, bemitleiden, wegen dessen, das
wir heranziehen sehen, für ihn fürchten. Für diese Auffassung
hatte auch ich mich Phil. d. Gr. II b, 783 erklärt. Dagegen wun-
dere ich mich, dass T. nicht bemerkt hat, welchen Widerspruch
er Arist. zumuthet, wenn er S. 13f. das φιλάνθρωπον Poet. 1452
b 39. 1453 a 2. 1456 a 21 nicht mit mir (a. a. O. 786, 3) von der
Befriedigung verstanden wissen will, welche die Bestrafung der
Verbrechen gewährt, sondern von dem Mitleid mit dem Verbrecher;
so dass der Philosoph 1453 a 2 sagen würde: das Unglück eines
σφόδρα πονηρὸς erwecke zwar unsere „Theilnahme an seinem
Leid," aber weder Mitleid noch Furcht. Dass meine Erklärung
auch durch Rhet. II, 9 gestützt wird, zeigt

Susemihl, Die Bedeutung des φιλάνθρωπον in der aristotelischen
Poëtik. Jahrbb. f. class. Philol. 1886, S. 681f.

Was dort als eine Eigenschaft des ἦθος χρηστὸν (das doch wohl
auch ein φιλάνθρωπον ist) dargestellt wird, der Wunsch, dass es
den Schlechten schlecht gehe, ist mit dem Mitleid gegen sie, wie
1387 a 3 (vgl. Poet. 13. 1453 a 2f.) auch ausdrücklich bemerkt
wird, unvereinbar.

Weidenbach, P., Aristoteles und die Schicksalstragödie (Dresden
1887. Gymn. progr. 15 S. 4⁰)

sucht zu beweisen, „dass der antiken Kunst die Schicksalstragödie
nicht nur nicht fremd war, sondern dass Arist. sie sogar als das
Muster des echt Tragischen hingestellt hat". Zur Schicksaltra-
gödie rechnet er aber hiebei jedes Stück, in dem zwischen der Verschuldung des Helden und seinem Leiden ein Missverhältniss stattfindet, und diess muss allerdings nach Arist. der Fall sein, denn
so lange der Leidende nur nach Verdienst bestraft wird, gewährt
uns sein Schicksal (wie oben gezeigt ist) moralische Befriedigung,
es erregt daher kein Mitleid. Allein diess ist nicht das, was man
gewöhnlich unter Schicksalstragödie versteht; der Verf. hätte sich
daher erst über den Begriff der letzteren mit seinen Lesern verständigen müssen. Andererseits würde ihm Aristoteles nicht eingeräumt haben, dass derjenige, welcher sich durch einen an sich
verzeihlichen Fehltritt schweres Unglück zuzieht, (nach S. 8) „un-
schuldig leide". Das Leiden des Unschuldigen ist (Poet. 13. 1452
b 34) hässlich (μιαρὸν), es erweckt Widerwillen, aber nicht τὴν ἀπὸ
ἐλέου καὶ φόβου ἡδονὴν (c. 14. 1453 b 12), und ist desshalb kein
Gegenstand der Tragödie; das durchaus verdiente Leiden ist es,
wie bemerkt, noch weniger; es eignet sich daher für sie (1453
a 7ff.) nur die Darstellung eines verschuldeten, aber nicht in diesem Mass verschuldeten Leidens. Ob diess durchaus richtig ist,
ob z. B. Antigone nach der Absicht des Dichters für irgend eine
eigene Verschuldung und nicht blos für die ihrer Angehörigen leidet, ist eine andere Frage; aber auch wenn man sie mit dem Verf.
(S. 14) von jeder Schuld freispricht, wird man Antigone doch keine
Schicksalstragödie nennen dürfen, denn es ist nicht ein unverstan-

denes Schicksal, das den Untergang der Heldin herbeiführt, sondern offen liegende Ursachen: der Konflikt zwischen dem Charakter Antigone's und Kreons, dem göttlichen Recht und dem menschlichen Gebot. Bin ich aber auch hierin mit dem Verf. nicht einverstanden, so verkenne ich doch nicht, dass seine Ausführungen
auf einem genauen Studium der aristotelischen Poëtik beruhen,
und manches Beachtenswerthe enthalten. Die Annahme (S. 6),
dass in der aristotelischen Definition der Tragödie „φόβος ein zur
höchsten Potenz gesteigertes Mitleiden bezeichne," findet in der oben
besprochenen Abhandlung von Tumlirz S. 15 ff. eine gründliche
Widerlegung; der gegen Arist. ausgesprochene Tadel (S. 12), dass
die tragische ἡδονή bei ihm „nicht einen sittlichen, sondern einen
logischen Genuss bedeute, eine Lust nicht des Herzens sondern des
Verstandes sei", ist unbegründet: sie ist weder ein logischer noch
ein ethischer sondern ein ästhetischer Genuss.

Die Bestimmungen des Aristoteles über die Arten der Tragödie bilden das Thema von zwei umfänglichen, gleichzeitig und
ohne Beziehung auf einander erschienenen Gymnasialprogrammen:

1. HEINE, Th., Aristoteles über die Arten der Tragödie. Kreuz-
   burg O. S. 1887. 28 S. 4°.
3. HEIDENHAIN, Fr., die Arten der Tragödie bei Aristoteles. Stras-
   burg W. Pr. 1887. 40 S. 4°.

Die erste von diesen zwei Abhandlungen gewinnt durch eine
sorgfältige Untersuchung der hergehörigen Stellen folgendes Ergebniss. 1) Wenn Arist. in der Tragödie die δέσις und λύσις, die
Schürzung und Lösung der tragischen Verwicklung unterscheidet,
so sagt er doch selbst Poët. c. 18, und die thatsächliche Beschaffenheit der alten Tragödien bestätigt es, dass nur die λύσις, der
Uebergang der Helden vom Glück zum Unglück oder vom Unglück zum Glück, den eigentlichen Gegenstand der Tragödie bilde,
die δέσις dagegen, d. h. diejenigen Vorgänge, welche der glücklichen oder unglücklichen Schicksalswendung (der μετάβασις) vor-
angiengen, von der Tragödie vorausgesetzt, oder nur einleitungs-
weise in ihr berührt werden [1]). 2) Wenn die einfache (ἁπλῆ) Tra-

---

[1]) Wenn Verf. jedoch hiebei (S. 5 f.) c. 18. 1456 a 7 lesen will: δίκαιον δὲ

gödie von der zusammengesetzten (πεπλεγμένη) dadurch unterschieden wird, dass diese eine Peripetie oder Anagnorisis hat, jene nicht, so zeigt Verf. überzeugend (S. 8ff.), dass dieser Unterschied lediglich die Form betrifft, in welcher der tragische Schicksalswechsel sich vollzieht, nicht diesen selbst seinem Inhalt nach: wir haben eine Peripetie, wenn die Handlung selbst, eine Anagnorisis, wenn die Stellung der handelnden Personen „überraschend und doch folgerichtig in ihr Gegentheil umschlägt". Das καθάπερ εἴρηται 1452 a 23 erklärt H. S. 13, indem er καθ' ἅπερ (oder ὅπερ liest): „wonach sie auch ihren Namen hat". Mir ist diese Erklärung, auch abgesehen davon, dass sie ein καὶ vor εἴρηται voraussetzen würde, dem aristotelischen Sprachgebrauch gegenüber bedenklich; und wenn man nicht annehmen will, es habe sich im vorhergehenden schon eine in unserem Text ausgefallene Erwähnung der Peripetie gefunden, möchte ich eher glauben, das καθάπερ εἴρηται sei eine vom Rand in den Text gekommene Erläuterung des ὥσπερ λέγομεν. Nicht mit derselben Sicherheit will sich Verf. 3) S. 15ff. über die Bedeutung der Unterscheidung zwischen der ethischen und der pathetischen Dichtung aussprechen; entscheidet sich aber doch schliesslich bestimmt genug für die Annahme: eine Tragödie sei pathetisch, wenn der Held der angegriffene und getriebene Theil sei, unfreiwillig und gebunden handle, ethisch, wenn derselbe der angreifende und treibende sei und sich in voller Freiwilligkeit befinde. Mir scheint diese Bestimmung auf das Beispiel der Ilias und der Odyssee, von denen jene Poët. 24. 1459 b 14 als pathetisch, diese als ethisch bezeichnet wird, nicht recht zuzutreffen, und ich möchte den Unterschied der beiden Gattungen eher darin suchen, dass es in der pathetischen Dichtung die tragischen Schicksale der Helden sind, welche den Mittelpunkt der Handlung bil-

---

καὶ τραγῳδίαν ὅλην καὶ τὴν αὐτὴν λέγειν οὐδ' ἐν ἴσῳ τῷ μύθῳ u. s. w., und diess erklärt: von einer einheitlich gefügten, kunstgerechten Tragödie zu sprechen sei man nur dann berechtigt, wenn die λύσις aus der δέσις nach Wahrscheinlichkeit oder Nothwendigkeit hervorgehe, so sehe ich nicht, wie die Worte, auch nach seiner Emendation, diesen Sinn haben könnten. Ich halte aber auch keine weitere Textesänderung für nöthig als die ganz leichte: οὐδενὶ ὡς statt des überlieferten οὐδὲν ἴσως.

den und unsere Theilnahme vorzugsweise erwecken, in der ethischen die im Verlauf der Begebenheiten sich äussernden Charakterzüge; von der letzteren Art werden aber im allgemeinen die Stücke mit glücklichem Ausgang sein. Zu dieser Auffassung scheinen mir sowohl die Erklärungen c. 11. 1452 b 11. c. 15. c. 6 1450 b 8 als das Beispiel der Ilias und der Odyssee zu passen, von denen die eine die μῆνις οὐλομένη, die andere den ἀνὴρ πολύτροπος zum Thema hat.

Zu anderen Ansichten gelangt der Verf. von Nr. 2 fast bei allen den Fragen, in denen er sich mit Heine begegnet. Er bestreitet zunächst S. 4 ff., dass Poët. 18. 1455 b 32 als eine von den vier Arten der Tragödie die ἁπλῆ einzuschalten sei, und will statt dessen die τερατώδης 1456 a 2 als die vierte Art einstellen; so befremdend es auch wäre, wenn die mit ἡ μὲν ... ἡ δὲ ... ἡ δὲ begonnene Aufzählung mit einem τὸ δὲ fortgesetzt würde. Mir scheint dies nicht blos wegen c. 10. c. 13. 1452 b 32. c. 24 Anf. (wo Vf. S. 29 die Worte, die ihn widerlegen, einfach streicht), sondern auch desshalb unmöglich, weil die τραγῳδία πεπλεγμένη als ihren Gegensatz die ἁπλῆ voraussetzt; dass aber Arist. jener vor dieser den Vorzug gibt, berechtigt uns nicht zu der Behauptung, er lasse überhaupt keine einfache Tragödie gelten [1]). Ebensowenig hat mich Vf. S. 12 ff. überzeugt, dass unter der πεπλεγμένη τραγῳδία c. 18 etwas anderes zu verstehen sei als c. 11; S. 19, dass das ἀναγνώρισις διόλου 1459 b 15 über die Odyssee einen, und zwar wohlbegründeten, Tadel ausspreche; S. 31 f., dass ebd. Z. 16 mit den Worten: λέξει καὶ διανοίᾳ πάντα ὑπερβέβληκε Homer der Vorwurf des Uebermasses gemacht, nicht, wie wir bisher meinten, seine unerreichte Meister-

---

[1]) K. 18. 1455 b 33 f. möchte ich vorschlagen: ἡ μὲν ἁπλῆ, ἡ δὲ πεπλεγμένη. So steht die ἁπλῆ der πεπλεγμ. voran, wie diess das natürlichste ist und sonst immer geschieht, und man begreift am besten, wie das Auge eines Abschreibers von ΑΠΛ auf ΠΕΠΑ abirren konnte. 1456 a 2 f. scheint hinter ἐν ᾅδου (oder hinter τερατῶδες) irgend etwas ablehnendes gestanden zu haben, wie etwa: ἀτεχνότερον. Denn dafür hielt Arist. die Verwendung des Wunderbaren nach 1450 b 16 jedenfalls, wenn auch aus 1453 b 8 ff. (wie Verf. S. 10 richtig bemerkt) nicht folgt, dass er sie unbedingt verwarf. — C. 18. 1456 a 10 könnte das seltsame ἀεὶ κροτεῖσθαι möglicherweise aus εὖ κεκρᾶσθαι verschrieben sein.

schaft gerühmt werden solle. Wenn Vf. endlich S. 19 ff. die
Unterscheidung der pathetischen und der ethischen Tragödie dahin
deutet, dass jene auf Rührung ausgehe und sich dazu besonders
auch der διάνοια und der Sentenz bediene, diese mit Vernachlässigung der leidenschaftlichen Erregungen ethisch wohl gestimmte
Charaktere schildere, so hat er sich hiebei zu wenig an die
Fingerzeige gehalten, welche uns Arist. selbst über die Bedeutung gibt, die er mit jenen Ausdrücken in seiner Kunstlehre
verbindet, und er bemüht sich S. 28 vergeblich, die Ilias als pathetisch in diesem Sinn nachzuweisen. Wird vollends S. 28 das
παθητικὸν dem πρακτικὸν gleichgestellt, so steht das Gegentheil mit
klaren Worten in eben dem Abschnitt der Politik, auf den er sich
beruft, VIII, 5. 1340 b 4 vgl. m. 7. 1341 b 34. 1342 b 3. Weiter
kann ich auf den Inhalt dieser Abhandlung, namentlich ihre Ausführungen über Homer, hier nicht eingehen. Dagegen möchte ich
zum Schlusse noch einen frommen Wunsch äussern, zu dem mir
allerdings nicht blos die ebenbesprochenen Abhandlungen Anlass
geben. Nr. 1, 1 lesen wir: „ein wie grosser Unterschied zwischen
der modernen und antiken Tragödie besteht“, Nr. 2, 20: „eine wie
wohlgefügte Reihe diese sechs Arten bilden“. Diess ist nicht
deutsch. Man kann wohl sagen: „was für ein grosser Mann“,
„welch ein grosser Mann“, „wie gross der Mann ist, welcher“ u. s. w.;
aber von einem wie grossen Unterschied oder einer wie wohl-
gefügten Reihe zu reden, sollte man den Tagesblättern überlassen,
bei seinen Schülern dagegen eine so sprachwidrige Ausdrucksweise
nicht dulden und ihnen mit dem Beispiel derselben nicht vorangehen.

ZERBST, M., Ein Vorläufer Lessing's in der Aristotelesinterpretation.
Jena 1887. 54 S. Inauguraldiss.
weist in einer Auseinandersetzung, die sehr viel kürzer sein könnte,
nach, dass Daniel Heinsius, der berühmte holländische Philolog
(1580—1655), die aristotelischen Bestimmungen über die tragischen
und komischen Charaktere (Poët. c. 9), über Mitleid und Furcht
und über die Katharsis (c. 6. 1449 b 26) in allem wesentlichen
schon ebenso aufgefasst hat, wie später Lessing.

Auf die äussere Ausstattung der peripatetischen Schule durch die Vermächtnisse ihrer Häupter bezieht sich in dem grösseren Theil ihres Inhalts die der XXXIX. Versammlung deutscher Philologen gewidmete Festschrift von

HUG, A., Zu den Testamenten der griechischen Philosophen. Zürich 1887. 22 S. 4°.

Ausser den Testamenten der Peripatetiker — Aristoteles, Theophrast, Strato, Lyko — bespricht diese anziehende und belehrende Abhandlung (welche leider wegen schwerer Erkrankung ihres Vf. von seinem Bruder zum Abschluss gebracht werden musste) auch die zwei andern uns erhaltenen Philosophentestamente, das Plato's und das Epikur's. Von den vier Abschnitten derselben handelt der erste (in Betreff Theophrast's von Wendland, Berl. Philol. Wochenschr. 1888, S. 488f. bestritten) über „die Passiva und die Universalerben"; der zweite über die Testamentsexecutoren; der dritte über die Vermächtnisse an die Schulen; während der vierte auf verschiedene in den Testamenten zu Tage kommende individuelle Züge aufmerksam macht. Hinsichtlich der Frage, welche für die Geschichte der Philosophie die wichtigste ist, nach der rechtlichen Form für den gemeinsamen Besitz der Schulen, entscheidet sich H. mit Recht für die Ansicht von Wilamowitz, für welche namentlich auch Theophrast's Testament spricht, dass es bei der akademischen und peripatetischen die einer Kultusgenossenschaft war, bei der epikureischen dagegen, für welche diese Art von Verein schlecht gepasst hätte, Garten und Haus in das Eigenthum der Testamentserben übergiengen, aber von ihnen dem jeweiligen Schulhaupt zur Benützung überlassen werden mussten.

UNGER, G. F., Das Sophistengesetz des Demetrios Phalereus (Jahrb. f. class. Philol. 1887. S. 755—763) macht wahrscheinlich, dass das Gesetz des Sophokles, welches die Ertheilung wissenschaftlichen Unterrichts von einer obrigkeitlichen Erlaubniss abhängig machte und dadurch eine Auswanderung Theophrast's und der übrigen Philosophen aus Athen veranlasste, nicht unter Demetrius Poliorcetes, sondern während der Staatsverwaltung und auf Betrieb des Phalereers, 315 v. Chr., erlassen, und im folgenden Jahre, noch vor Xenokrates' Tod, wieder aufgehoben wurde. Unsicherer scheint mir die Vermuthung, dass sich die Akademiker bei dieser Veranlassung nach Megara zurückgezogen haben, und Menedemus aus Eretria während ihres dortigen Aufeuthalts der platonischen Schule vorübergehend angehört habe.

Derselbe Gelehrte gibt im Philologus Bd. XLV (1886) S. 132. 244. 277. 368. 438. 448. 552f. 613. 641 zahlreiche Emendationen zu Theophrast's Charakteren.

Um zum Schlusse noch der griechischen Commentare zu Aristoteles zu erwähnen, so erschienen von der akademischen Ausgabe derselben, deren Einrichtung ebenso, wie ihre musterhafte Ausführung bekannt ist, 1887: Vol. IV a: Porphyr's Isagoge und Commentar zu den Kategorieen, herausgeg. v. A. Busse; XVI a: Johannes Philoponus zur Physik, v. Hier. Vitelli, 1. Hälfte (2. H., XVI b, 1888); von dem dazugehörigen Supplementum Aristotelicum 1886: Vol. I b: Prisciani Lydi quae extant (die sog. Metaphrase zu Theophrast und die Solutiones ad Chosroëm) v. Ingram Bywater; 1887: Vol. II a: Alexander Aphrodisiensis De anima v. Ivo Bruns, welcher auch unserer Zeitschrift einen eingehenderen Bericht über diese Commentare in Aussicht gestellt hat. Kramer's Ausgabe anonymer Scholien zur nikomachischen Ethik (Anecd. Paris. I, 81 ff.) berichtigt G. Heylbut Rhein. Mus. XLI (1886) S. 304—307.

VII.

Jahresbericht über die neuere Philosophie bis auf Kant für 1887

Von

Benno Erdmann in Breslau [1]

Zweiter Teil

Francis Bacon bis Leibniz

Lord Bacon

RAPP, Prof. William Shakespeare oder Francis Bacon? (Beilage zum Programm des Kgl. Realgymnasiums u. s. w. zu Ulm) 19 S. 4°.

Ein sorgfältiger Bericht über die Scheingründe, welche kritischer Unverstand seit vierzig Jahren für die Bacon-Hypothese ins Feld führt. Ein zweiter polemischer Teil soll folgen. Aber für die Orientirung der Kundigen genügt diese Abhandlung vollauf. Die ganze Frage gehört zu jenen, die nur durch Schweigen, nicht durch Reden zu erledigen sind.

Jungius

WOHLWILL, EM. Joachim Jungius und die Erneuerung atomistischer Lehren im 17. Jahrhundert. Ein Beitrag zur Geschichte der Naturwissenschaft in Hamburg. 66 S., 4°, Hamburg. S. A. aus Bd. X der Abh. aus dem Gebiet der Naturwiss. (Festschrift).

---

[1] Den Bericht über die Abhandlungen von Gaul, Schneider, Nenitescu und Bergmann, S. 311—315, hat J. Freudenthal freundlichst übernommen.

Die Abhandlung legt wiederum Zeugniss ab von dem Geiste eindringender und besonnener historischer Forschung, der die Arbeiten E. Wohlwills auszeichnet.

Die Geschichte der atomistischen Hypothesen im sechzehnten und siebzehnten Jahrhundert und ihres Kampfes mit der Aristotelischen Naturauffassung, für deren Erforschung A. Lange durch seine Charakteristik Gassends einen nachhaltig wirkenden Anstoss gegeben hat, ist neuerdings durch die Abhandlungen von Lasswitz über Giordano Bruno (1884), Dan. Sennert und seine Geistesverwandten (1879), über Descartes (1883), und über den Verfall der kinetischen Atomistik im siebzehnten Jahrhundert (1874) auf dankenswerte Weise bereichert worden. Umfassenderes hat derselbe Forscher in Aussicht gestellt. Die Untersuchung Wohlwills ergibt, dass wertvolle Glieder dieser Entwicklung nicht bloss in der Italienischen Naturphilosophie, die Lasswitz bisher zu ausschliesslich vom Standpunkt des Physikers beurteilt hat, noch unaufgedeckt ruhen.

Auch Jungius gehört nach den eingehenden Nachweisen Wohlwills — die Arbeiten von Guhrauer und Avé-Lallemant wussten darüber nichts zu berichten — zu den Erneuerern atomistischer Doktrinen. Es geht dies nicht bloss aus den 1662 veröffentlichten *Doxoscopiae physicae minores* hervor, sondern vor allem aus den beiden bisher ununtersucht gebliebenen Disputationen aus dem Jahre 1642, die Wohlwill bruchstückweise mitteilt. Mancherlei Ergänzungen, schon seit dem Jahre 1622, bietet der Hamburger Nachlass von Jungius, z. B. die Hefte der *Lectiones physicae* von etwa 1630, die den Grundstock der *Doxoscopiae* bilden. Auch bei Benutzung dieser Quellen hat Wohlwill überall auf die Entwicklungsfolge der Gedanken geachtet.

Es ist eine Werkstätte gründlicher, und von wolerwogenen allgemeinen Gedanken geleiteter Arbeit an der Hypothese „syndiakritischer" Verwandlung, wie Jungius im Gegensatz zur „actupotentialen" des Aristoteles sagt, in die uns Wohlwill hineinführt. Eine treffende Aufschrift für dieselbe ist die von Jungius oft erwähnte „Hypothese der Hypothesen": „Die Natur hat demnach nicht so viel Fähigkeiten, Kräfte, Qualitäten den Dingen eingegeben, als

sie Wirkungen in ihnen hat hervorrufen wollen, sondern bestimmte
Gesetze hat sie den Grundbestandteilen (Principien) eingegeben,
nach denen ein Grundbestandteil mit dem andern zusammengesetzt,
zusammengemischt, von den andern unterstützt, gehindert zur Ab-
weichung gebracht wird." Dieselbe charakterisirt ebenso wol
Iungius' Stellung gegen die scholastische Qualitätentheorie wie zu
den Principien der Naturforschung, für welche die mechanischen
Untersuchungen des siebzehnten Jahrhunderts den festen Grund gelegt haben. Eingehend und häufig hat sich Jungius nach den
Nachweisen Wohlwills mit Sennert auseinandergesetzt. Doch ist
es nicht wahrscheinlich, dass er erst durch diesen auf den Weg
seines Atomismus geführt worden ist, zu dem es ja damals Stege
genug gab. Auch eine Juungius' Entwicklung bestimmende Einwirkung Bacons wird man trotz Guhrauers gegenteiliger Behauptung
zweifelhaft finden, sobald man gebührend beachtet, wie langsam
die Anregungen desselben nach Deutschland übertragen worden
sind. Denn schon die von Wohlwill mitgeteilten Proben metho-
dologischer Betrachtungen aus den Jahren 1622—1629 atmen den
Geist induktiver Forschung, und zwar nicht jenen Baconischen
geistreicher Reflexion vom grünen Tisch, sondern den gehaltvolleren,
der aus selbständiger Einsicht in die damals neugewonnenen physikalischen Methoden und Ergebnisse stammt. Sollten doch die
„Antidoxa", als deren Bausteine sie gedacht wurden, zugleich
eine *Isagoge physica* werden. Vielfach dagegen finden sich, wie
zu erwarten, nominalistisch-scholastische Erinnerungen.

Andererseits haben Jungius' Gedanken vielleicht mehr und in
grössere Ferne gewirkt, als sich heut feststellen lässt. Wohlwill
ist allerdings mit Recht bedenklich, einen Einfluss derselben auf
die Lehren Boyles sicher anzunehmen, obgleich dem letzteren seit
1638 durch S. Hartlibs Vermittlung „gedruckte wie ungedruckte
Schriften" von Jungius zu Gesicht gekommen waren, obgleich
ferner die oben citirten Disputationen „im wesentlichen schon die
Gedanken enthalten, um derentwillen Robert Boyles 1661 erschienener *Sceptical chemist* als für die Chemie epochemachend betrachtet wird". Gedanken wachsen nicht durch Uebertragung.
Aber das Verdienst, solche Gedanken vor Boyle bereits ausgespro-

chen zu haben, bleibt für Jungius gesichert. Wenn ferner, wie ich nicht bezweifle, Wohlwills Urteil richtig ist, dass es „geradezu ein Ringen nach dem Kraftbegriff ist, was sich uns in den zerstreuten Betrachtungen" des Capitels *de actione elaborativa* in den *Doxoscopiae* „veranschaulicht", so können auch hier Keime für Leibniz' Entwicklung des Kraftbegriffs liegen; denn solche Keime sind gewiss nicht bloss an einem Orte zu suchen. Allerdings wird dies eine Möglichkeit bleiben, die nur dazu dienen kann, gegenüber den mancherlei bisher versuchten einseitigen Anknüpfungen dieses Leibnizischen Grundgedankens vorsichtig zu machen. Denn Leibniz, der schon 1671 Jungius hochschätzen gelernt hatte (Op. ed. Dutens V 540), erwähnt, so weit ich gesehen habe, eine solche Beziehung nirgends. Auf andere Aehnlichkeiten Leibnizischer Gedanken mit denen von Jungius, die allerdings sehr der Kontrolle bedürfen, hat Guhrauer schon in seinem ersten Schriftchen über Jungius (*de J. J. commentatio histor.-litter.* 1846) hingewiesen.

Von der Ueberschätzung des vielseitigen Mannes, zu der sich Guhrauer und neuerdings Avé-Lallemant haben hinreissen lassen, bleibt Wohlwill durchaus frei.

Von Einzelnem sei hier erwähnt, dass Wohlwill nachweist, das 1635 veröffentlichte *Auctarium Epitomes Physici clar. atque experient. viri Dr. Senneci . . . ex aliis ejusdem libris excerptum* sei von Jungius zusammengestellt oder veranlasst.

Jungius' seltene Logik, die *Logica Hamburgensis, hoc est, Institutiones logicae in usum scholae Hamburg., conscriptae et sex libris comprehensae* (Hamburg 1638; ed. II recensente *Jo. Vagetio ib.* 1681) habe ich so wenig gesehen, wie das *Compendium Logicae Hamb. in usum scholae Johan. editum*, das Hamburg 1641 und 1657 erschienen sein, und Jungius zum Verfasser haben soll. Guhrauers Mitteilungen aus der ersteren ermöglichen trotz ihrer Breite so wenig eine Schätzung des Wertes derselben, als Leibniz' gelegentliche Anerkennung. Ein beträchtlicher Gewinn an sachlichen Einsichten wird sich allerdings auch bei kritischer Untersuchung kaum zu Tage fördern lassen. Wollte Jungius doch selbst, nach dem Zeugnis eines Schülers, dieselbe *„usibus scholae praecipue Hamburgensis, ex mente non sua solum, sed Scholarcharum etiam, a sua* *saepe numero multum abeunte, conceptam"*, nicht *„pro mere sua agnoscere"*. Ihre historische Wirksamkeit scheint überdies nur ganz gering gewesen zu sein.

Hobbes

LOEWE, JOH. HNR. John Bramhall, Bischof von Derry, und sein Verhältniss zu Thomas Hobbes. (Abhandl. der K. Böhm. Gesellsch. d. Wissenschaften VII F. 1 Bd.) 16 S. 4⁰.

Die Episode in Hobbes' litterarischer Tätigkeit, die sich an den Namen des Bischofs von Londonderry knüpft, wird nur wenigen deutschen Lesern des Archivs unmittelbar gegenwärtig sein. Hobbes ist derjenige unter den englichen Philosophen von Lord Bacon bis Hume, dem bei uns die geringste Arbeit zu Teil wird. Mit gründlicher Kenntniss und verständnisvollem Interesse ist in neuerer Zeit bei uns nur F. Tönnies auf seine Lehre eingegangen.

Speziell Hobbes' Erkenntnislehre bedarf jedoch einer eindringenden Würdigung ihres Lehrbestandes wie ihres geschichtlichen Einflusses.

Die Abhandlung von Loewe bringt zunächst eine Skizze Bramhalls nach dem ersten Bande der Ausgabe seiner Werke: The works of ... John Bramhall, Oxford 1842, 4 vol., die hier genannt werde, weil sie in unsern Darstellungen der Geschichte der neueren Philosophie nicht erwähnt wird. Sie enthält sodann einen Umriss der Lehren von Hobbes mit besonderer Berücksichtigung der Voraussetzungen und Ausführungen seines Determinismus, der die Streitschriften Bramhalls und Hobbes' Verteidigungen zur Folge hatte.

Sehr deutlich tritt dabei die Abneigung und Geringschätzung zu Tage, die Loewe Hobbes gegenüber empfindet. Seine Lehre gleicht ihm „einem seichten Bach, dessen Wasser nur den Boden bedeckt". Auf die Arbeiten entgegengesetzter Wertschätzung von Robertson und Tönnies hat Loewe keine Rücksicht genommen.

Comenius

MÜLLER, WALT. Comenius: Ein Systematiker in der Pädagogik. Eine philosophisch-historische Untersuchung. 8⁰. 50 S. Dresden, Bleyl u. Kämmerer.

Eine nach den systematischen Gesichtspunkten der Herbartischen Schule geordnete Zusammenstellung der Andeutungen und Ausführungen Comenius' zur allgemeinen Pädagogik. Neues zur Geschichte der philosophischen Probleme enthält die Arbeit nicht. Den historischen Beziehungen der Elemente des „Comenianischen Systems" ist der Verf. nicht nachgegangen. Die kritische Würdigung einer Reihe von Urteilen über Comenius im Anhang (S. 38 bis 50) bringt manches weniger bekannte Material.

De la Forge

SEYFFARTH, H. Louis de la Forge und seine Stellung im Occasionalismus. I. D. 59 S. Gotha. Emil Behrend.

Die Analyse, welche der Verf. den breiten Ausführungen De la Forges zu Teil werden lässt, ergibt eine durchsichtigere Gedankenfolge, als aus den früheren Darstellungen, selbst aus dem umfangreicheren Auszug bei Damiron II 24—60 zu gewinnen ist. Unter dem Einfluss des Lichts, das die jüngste Diskussion der Lehre Geulincx', vor allem durch die Untersuchungen Zellers, über den Occasionalismus verbreitet hat, kommt der Verf. zu dem Resultat, dass De la Forge das occasionalistische Problem in seiner kosmologischen Allgemeinheit zum Ausgangspunkt nimmt, und hierdurch Geulincx überlegen ist. Trotzdem bleibt es richtig, De la Forge dem Descartes näherzustellen als dem zum Mysticismus neigenden Geulincx.

Dass Bouillers (erst neuerdings, Bd. I S. 55 dieser Zeitschrift bestrittene) Datirung des sehr seltenen französischen Originals für 1766 (nicht 1761) richtig ist, wird von Seyffarth durch eine Bemerkung aus J. Gassetius', des Schülers von De la Forge, Schrift Causarum primarum et secundarum realis operatio (1716) bestätigt. Die faktische Veröffentlichung hat ihr zufolge Ende 1765 stattgefunden.

Spinoza

1. FREUDENTHAL, J. Spinoza und die Scholastik (Philosophische Aufsätze. Eduard Zeller zu seinem funfzigjährigen Doctor-Jubiläum gewidmet, 8°, S. 85—138, Leipzig, Fues's Verlag.)

Ihrem umfangreichsten Teile nach (S. 94—119) ist Freudenthals Arbeit eine Untersuchung von Spinozas Cogitata metaphysica,
die als Appendix zu den 1663 veröffentlichten Prinzipien der
Cartesianischen Philosophie erschienen sind. Der Charakter dieser
Cogitata war unaufgeklärt. Joël z. B. hatte in ihnen „Lesefrüchte
aus jüdischen Philosophen" gesehen, „dazu verwendet, um innerhalb des Cartesianischen Systems solche Fragen zu lösen, die bei
Cartesius entweder gar nicht oder doch nur kurz berührt sind".
K. Fischer hatte in ausführlicher Darstellung erklärt, er sehe „kein
anderes Motiv" für die Abfassung und Veröffentlichung derselben:
„sie sollten die Differenzen (der Spinozistischen und der Cartesianischen
Lehre), auf welche die Vorrede (zu den Principien) hingewiesen
hatte, verdeutlichen und von Seiten des Autors hervortreten lassen".

Freudenthal weist fürs erste überzeugend nach, dass beide
Auffassungen falsch sind.

Er zeigt gegen K. Fischer, dass die Cogitata ebenso wie der
zweite Teil der Prinzipien für jenen Schüler verfasst sind, den er
in seine eigenen Gedanken einzuweihen nicht für würdig hielt.
Er deckt sodann auf, dass von den Sätzen der Cogitata die K. Fischer
als echt Spinozistisch in Anspruch genommen hat, einzelne auch in
den Principia sich finden, andere philosophisches Gemeingut bilden,
dessen Ursprung bis tief in die griechische Philosophie zurückgeht,
noch andere Cartesianisches Eigentum sind, dass endlich eine Reihe
von Erörterungen in den Cogitata vorliegt, die den Grundlagen des
Spinozismus durchaus widersprechen. Gegen Joël hebt er hervor,
dass zwar einige Lehrmeinungen der Cogitata auf die Anregungen
jüdischer Religionsphilosophen zurückzuführen sein mögen, dass
jedoch „der Gesammtinhalt des ersten und vieles aus dem zweiten
Buche keinerlei Verwandtschaft mit jener Philosophie zeigt".

Zur Aufhellung des dunklen Charakters der kleinen Schrift
betritt Freudenthal sodann einen Weg, den einzuschlagen niemandem vor ihm in die Gedanken gekommen ist, so naheliegend er
jetzt, wo auf ihn hingewiesen ist, jedem Kundigen erscheinen wird.
Und es gelingt Freudenthal, ausgestattet mit einer gründlichen
Kenntniss der einschlägigen Litteratur, die Streitfrage definitiv zu
erledigen.

Alle Rätsel nämlich der Schrift, welche die bisherigen Interpreten verwirrten, werden lösbar, sobald man im Speziellen prüft, wie sich ihr Inhalt und ihre Anordnung, das was sie ausführt, und das, was sie ausser Acht lassen zu wollen erklärt, zu den metaphysischen Lehrbüchern der christlichen Scholastiker verhält, die damals hauptsächlich in Gebrauch waren. Die Uebereinstimmung liegt nach den fortlaufenden Belegen Freudenthals aus Suarez, Heerebord, Burgersdijck, Martini, Combachino, Scheibler u. a. auf der Hand. Es ergibt sich daraus, dass die Cogitata „eine vom Standpunkt des Cartesianismus entworfene, in den Formen der jüngeren Scholastik sich haltende gedrängte Darstellung von Hauptpunkten der Metaphysik" sind.

Zu untersuchen bleibt, da Freudenthal, durch die Gelegenheit der Veröffentlichung beschränkt, nur die zahlreichen Belegstellen anführt, ob etwa dieser Uebereinstimmung eine speziellere Abhängigkeit von einem oder wenigen dieser Lehrbücher zu Grunde liegt, was vielleicht für wahrscheinlich zu halten ist.

Noch mehr ist auf solche Ergänzung der zweite Teil der Abhandlung (S. 119—135) angelegt, in dem Fr. die Abhängigkeit Spinozas von der Scholastik auch an den grundlegenden Definitionen und Axiomen des ersten und zweiten Buchs sowie einzelnen Lehrsätzen derselben zu beweisen unternimmt. Der Beweis selbst ist jedoch auch hier vollständig erbracht. Für alles Weitere erhalten wir die erfreuliche Hoffnung, dass es „vielleicht in nicht zu ferner Zeit möglich sein wird", diese Beobachtungen „in grösserem und strengerem Zusammenhange vorzulegen".

Die Bedeutung der Abhandlung reicht jedoch über die Grenzen ihres speziellen Gegenstandes hinaus. Freudenthal deutet in der Einleitung (S. 85—89) an, wie durchaus die Bedingungen, unter denen Spinoza stand, auch für Bacon und Descartes, Geulincx und Malebranche, Leibniz und Wolff gelten. Sie treffen nicht anders auch Herbert von Cherbury und Hobbes. Sie bleiben, wie im ersten Teil dieses Jahresberichts anzudeuten war, selbst für Locke noch mehrfach bestehen. In der Tat: „die Kette der scholastischen Tradition ist nie gerissen". Und es ist zu erwarten, dass diese allgemeine Einsicht, bald auch dem historischen Verständniss

jener anderen Lehrmeinungen des siebzehnten und achtzehnten
Jahrhunderts dienstbar gemacht wird.

Schliesslich sei erwähnt, dass dieser allgemeine Gedanke, so
wenig feste Wurzeln er bisher geschlagen hat, doch nicht neu ist,
eine Tatsache, die das Verdienst Freudenthals natürlich nicht
schmälert. Baumann hat mit ähnlichem historischen Takt seine
Darstellung der Lehren von Raum, Zeit und Mathematik durch
Suarez eingeleitet. Schon er erklärt in gleichem Sinn: „man würde
irre gehen, wenn man die Macht der philosophischen Tradition,
welche die neueren Philosophen hauptsächlich durch·Suarez über-
kamen, für nichts anschlagen oder nur als eine Veranlassung zum
Widerspruch schätzen wollte: die Scholastik bot eine Fülle positiver Anregungen... Die neuen Lehren sind so wenig neu in
dem Sinne, dass sie einen Anfang machten, ohne irgend welche
Anknüpfung in Früherem zu haben, dass sie vielmehr zuweilen
wie einfache Abzweigungen aus der Scholastik aussehen." Und er
hat diese allgemeinen Bemerkungen durch lehrreiche Beispiele aus
der Leibnizischen und der Cartesianischen Lehre gestützt. Mehr
noch endlich hat Gierke getan. Mit staunenswerter Belesenheit
hat er im Althusius wie im Genossenschaftsrecht die Wurzeln der
rechtsphilosophischen Gedanken, die wir·am Beginn der neueren
Philosophie vorfinden, durch die Entwicklung des Mittelalters hindurch verfolgt, überall aufweisend, wie auch hier das Band der
Tradition die Geister an einander reiht.

2. BUSSE L. Beiträge zur Entwicklungsgeschichte Spinoza's. I. Die
    Reihenfolge seiner Schriften. (Zeitschrift für Philos. und
    philos. Kritik, her. von Krohn und Falckenberg N. F. XC.
    Halle, Pfeffer, S. 50—88)

Ueber der Abhandlung Busses, dessen Erstlingsarbeiten zu
Spinoza im vorigen Jahresbericht besprochen worden sind, hat ein
Unstern gewaltet. Wesentlich neu in ihr ist der Versuch, die Abfassungszeit der Cogitata metaphysica in die Zeit um 1656—1660
hinaufzurücken. Busse hat jedoch die kurz vor der seinen erschienene Arbeit Freudenthals nicht gekannt. Seine Auffassung der
Cogitata (S. 56—72), die wesentlich von K. Fischer beeinflusst ist,

verrät alle die Unklarheit, die jener Anhang zu den Principia philosophiae Cartesianae bisher hervorgerufen hat. Sie war deshalb bei ihrer Veröffentlichung bereits weit überholt.

Aber auch die anderen von Busse für seine frühe Datirung beigebrachten Argumente sind wenig überzeugend. Der künstliche Beweis, dass Spinoza „Hauslehrer" bei den Eltern Albert Burghs gewesen sei (S. 60—64), beruht auf einer ganz unsicheren Vermutung. Die Schlüsse ferner aus Colerus' Angabe, das Spinoza nach dem Bannfluch „vouloit d'ailleurs poursuivre ses études et ses méditations Physiques" auf die Beschäftigung mit der Cartesianischen Physik, und damit auf die Ausarbeitung des zweiten Abschnitts der Principia, sind in ihrem ersten Teil nur durch einen Sprung zu gewinnen, in ihrem zweiten gänzlich unsicher. Die Bemerkung über Spinozas Citat Heerebords beweist ebenfalls nichts.

Hinsichtlich der Abfassung der Ethik kommt Busse so wenig zu einem klaren Ergebniss, wie seine Vorgänger.

Busses übrigens scharfsinnige, nur durch die Fülle der Polemik etwas undurchsichtige Abhandlung, die sich auf die Reihenfolge der Schriften Spinozas beschränkt, will Beiträge liefern zu einem Werk, „das es unternähme, die Weltanschauung Spinozas genetisch darzustellen". Ein solcher Versuch fehlt trotz der trefflichen Vorarbeiten, die seit der Entdeckung des tractatus brevis erschienen sind, in der Tat. Die methodologischen Principien für denselben, die Busse andeutet, bedürfen jedoch der Ergänzung. Will jemand „die Weltanschauung eines jeden Stadiums in Spinozas Entwicklung zusammenfassend darstellen", „die Motive der Weiterentwicklung, die Widersprüche und ungelösten Probleme darin aufdecken", und so die folgenden Stufen entwickeln, so wird er nicht der Meinung sein dürfen, „dass so lange und so weit man in dem System selbst Gründe für die weitere Entwicklung finden kann, man nicht gut tut, immer sogleich fremden Einfluss heranzuziehen", dass man „erst wo diese fehlen nach fremdem Einfluss wird fragen können und müssen". Es wird vielmehr notwendig sein, nach der gründlichen Erkenntnis des Lehrbestandes der einzelnen Schriften und der sicheren äusseren Daten ihrer Zeitfolge, sich, gestützt auf die allgemeine Lage der Probleme der Zeit und die Andeutungen des

Philosophen sowie die sorgfältig geprüften Notizen der Biographen
u. s. w., eine nicht minder gründliche Kenntniss der einzelwissen-
schaftlichen Forschungen und philosophischen Lehrmeinungen anzueignen, die als Fermente der Entwicklung in Frage kommen
können. Wer so ausgerüstet die Konstruktion der Entwicklung
beginnt, wird daran festhalten müssen, dass fremdes Denken für
das eigene nur befruchtend wirkt, wenn dieses in selbständiger Entwicklung hinreichend gereift ist, die Probleme, die jenes zuführt,
sich zu assimiliren, wenn es also in jenen durch eigenes Bedürfnis
geweckte Fragen wiedererkennt. Er wird also gewiss nicht immer
sogleich an fremden Einfluss denken. Er wird solchen sogar oft
abzulehnen Anlass finden, wenn er beachtet, wie die Notwendigkeit des Denkens von verwandten Voraussetzungen zu ähnlichen
Ergebnissen führt, wie solche Voraussetzungen ferner aus der intellektuellen, moralischen, religiösen, sozialen und politischen
Bildung der Zeit vielen gleichzeitig und unabhängig von einander
zufliessen. Je grössere geistige Kraft ein Denker hat, um so mehr
wird das Beste, was er besitzt, sein eigen sein. Mit skeptischer
Vorsicht aber gehört es sich den Gründen der Fortbildung gegenüber zu stehen, die man in der eigenen Entwicklung des Philosophen finden kann. Die Gedanken eines Philosophen werden in
dem Nachdenken seiner Interpreten ja um so biegsamer, je reichere
historische Einsicht und je grössere dialektische Gewandtheit dem
letzteren eigen ist. Die Geschichtskonstruktionen Hegels und seiner
Nachfolger auf historischem Gebiet haben deutlich und unerfreu-
lich genug gezeigt, was alles auf solchem Wege gefunden werden
kann. Der historische Zufall spielt überdies auch hier eine,
wenngleich bescheidene Rolle. Auch Spinoza sind, ähnlich wie
Malebranche, Descartes' Schriften nach Colerus' Bericht „in die
Hände gefallen". Nur ist die Bedeutung dieser Zufälle gering,
weil sie keine Wirkung ausüben, wo die erwähnten Vorbedingungen
fehlen. Endlich wird man bei solcher Arbeit der überall sich auf-
drängenden Versuchung widerstehen müssen, diese Entwicklung in
ihren psychologischen Einzelheiten konstruiren zu wollen. Es ist
eine meist unbewusst verlaufende Arbeit, die in solchen Fällen der
Abhängigkeit vor sich gegangen ist. Schon deshalb ist es vergeh-

lich, die Fäden der Anknüpfung vollständig entwirren und einzeln aufspannen zu wollen, ganz abgesehen davon, wie wenig Hilfe uns die Bruchteile der systematischen Verknüpfung der Gedanken in den Schriften eines Philosophen direktes Material für ihren Ursprung an die Hand geben. Zeller hat mit treffenden Worten in der einleitenden Abhandlung zu dieser Zeitschrift (I 7) auf solche Gefahren hingewiesen. Auch Busse hat sich jener Versuchung in seiner Diskussion der Cogitata nicht überall erwehrt.

3. GAUL, K. Die Staatstheorie von Hobbes und Spinoza nach ihren Schriften Leviathan und tractatus politicus verglichen. (Beilage zum Jahresbericht der Grossherz. Realschule zu Alsfeld.)

Über das Verhältnis der Staatslehre Spinoza's zu der Hobbes' sind mehrere zum Teil gründliche Abhandlungen von Sigwart, Hartenstein, Dessauer und Gaspary geschrieben worden. Ausserdem ist in zahlreichen Darstellungen der Geschichte der Philosophie und des Staatsrechtes auf dasselbe hingewiesen worden. Der Verf. der vorliegenden Schrift geht in keinem Punkte über seine Vorgänger hinaus; ja er bleibt schon darum hinter ihnen zurück, weil er nicht alle in Betracht kommenden Schriften der beiden Denker berücksichtigt, sondern sich auf den Leviathan und den Tractatus politicus beschränkt. Man kann auch nicht sagen, dass diese Abhandlung tiefer in den Geist der besprochenen Lehren einführe oder das Einzelne genauer erörtere, als es früher geschehen ist: ein wissenschaftliches Bedürfnis für die Abfassung dieser Schrift, die nur Bekanntes zusammenstellt und Wichtiges übergeht, lag also nicht vor. Zum Erweise des letzten Punktes sei darauf hingewiesen, dass das Verhältnis des Staates zu Kirche, Religion und Wissenschaft, wie Spinoza und Hobbes es fassen, kaum gestreift wird, die wichtigsten Differenzpunkte zwischen den beiden Denkern aber gänzlich übergangen worden sind. — Erwähnenswert sind vielleicht die Bemerkungen des Verf. (S. 9 und 14) über die richtige Übersetzung von *civitas*, *familia*, *pax* und *Deus* bei Spinoza. *Civitas* ist nach Gaul richtiger mit 'Bürgerschaft' als mit 'Staat' zu übersetzen, *familia* eine viel weitere Bedeutung zu geben als

21*

'Familie', *pax* im Sinne von *foedus* zu nehmen und *Deus* mit
'Natur' zu übersetzen. Das aber kann nur für wenige Stellen zugestanden werden; im allgemeinen werden die Worte in gewöhn-
licher Weise übersetzt werden müssen. So ist *pax* der aus einem
foedus hervorgehende oder ohne ein solches vorhandene Zustand
des Friedens. Und trotz der Gleichung *Deus sive natura* deckt
sich der spinozistische Begriff *Deus* sowenig mit 'Natur', wie mit
dem in der religiösen und theologischen Tradition gegebenen
Gottesbegriffe. Denn natürlich entspricht *Deus* bei Spinoza, wie
in der Scholastik, der *natura naturans*, nicht der *n. naturata*, dem
Inbegriffe aller aus Gott hervorgehenden Dinge, an die wir doch
denken, wenn wir von 'Natur' sprechen. Der Verf. hat eben nicht
bedacht, dass es keinen originellen Denker giebt, der den vorge-
fundenen Worten nicht vielfach neue Begriffsmomente eingefügt
hätte.

4. Schneider, Fr. Die Psychologie des Spinoza unter besonderer
    Bezugnahme auf Cartesius (Progr. des Städt. Evangel. Gym-
    nasiums zu Waldenburg). 16. S. 4°.

Dasselbe, was von der Abhandlung Gauls gesagt werden
musste, gilt auch von der Schneiders. Sie zeigt in keinem Punkte
einen Fortschritt den zahlreichen früheren Bearbeitungen desselben
Themas gegenüber, ist daher für die Erkenntnis des Spinozistischen
Systems ohne Bedeutung. Auf etwa vier Seiten wird das Verhältnis
von Körper und Geist und die Erkenntnislehre, auf den folgenden
die Affectenlehre — im Anschluss an Spinozas Darstellung in der
Ethik und mit Berücksichtigung verwandter Cartesianischer Sätze
entwickelt: schon hieraus ist ersichtlich, dass wir es hier nicht
mit einer gründlichen Darstellung der spinozistischen Psychologie
zu thun haben. Ausserdem sind mancherlei Verstösse nicht ver-
mieden worden. Es wird nicht bedacht, dass Descartes und Spinoza
oft aus einer gemeinsamen Quelle geschöpft haben; blosse Aehnlichkeit der Worte gilt dem Verf. bisweilen für Verwandtschaft der
Gedanken; das Eigentümliche der Spinozistischen Lehre im Gegensatz zu modernen psychologischen und ethischen Anschauungen
wird selten hervorgehoben. Und wo dies geschieht, zeigen sich

bedenkliche Voraussetzungen. So wird S. 7 gegen Spinoza eine sehr disputable Lehre einiger neueren Psychologen als unzweifelhafte Wahrheit geltend gemacht. „Die Begierde, so heisst es daselbst, ist die gemeinsame Grundlage, auf welcher die Freude und die Traurigkeit entstehen kann; das Begehren ist . . . allgemeines Lebensprincip." S. 8 heisst es: Keine Freude ist bei vernünftigen Menschen denkbar, ohne von der Vorstellung der äusseren Ursache begleitet zu sein — als ob es kein Lebensgefühl, keine Selbstliebe gäbe, kein aus dem Inneren selbst hervorgehendes Gefühl der Lust und der Freude. S. 8 und 14 wird das *per accidens* in der eth. III pr. 15 mit „durch einen Zufall" übersetzt, während es im Gegensatz zu *per se* gesagt ist, also die „nicht wesentliche, indirekte Ursache" bezeichnet, wie Camerer (die Lehre Spinozas S. 185) übersetzt hat. Falsch wird S. 10 *consensus morsus* mit „Gewissensbisse" übersetzt. Das Wort ist von Spinoza vielleicht schlecht gewählt, es bezeichnet aber nur „nagenden Aerger", wie ebenfalls schon Camerer richtig erkannt hat (S. 193). Wenn ferner der Verf. S. 8 tadelnd hervorhebt, dass Sp. den Begriff der Vereinigung bei der Erklärung der Liebe hätte verwerten müssen, so hätte hinzugefügt werden sollen, dass Spinoza diese Vereinigung als notwendige Folgeerscheinung der Liebe sehr wohl kennt (S. eth. III pr. 13 schol.); die Erklärung zu affect. defin. 6 weicht nur scheinbar ab.

5. NENITESCU, JOAN. Die Affectenlehre Spinozas. I. D. Leipzig 130 S. 8°.

Ausführlicher und eingehender als Schneider erörtert Nenitescu die Affectenlehre Spinozas — keineswegs aber gründlicher. Im Gegenteil. Die vorliegende Schrift giebt — soweit Ref. sie kennen gelernt hat — keine neuen Aufschlüsse über Spinozas Lehre; sie lässt richtige Erklärungen der Vorgänger unbeachtet; sie führt den Leser durch zahlreiche Missverständnisse spinozistischer Gedanken irre. Hierbei sollen die vielen sprachlichen Wunderlichkeiten dem Verfasser, dessen Muttersprache nicht die deutsche ist, nicht zum Vorwurf gemacht werden.

Selten hat der Verf. auf die Beziehungen Rücksicht genommen, die zwischen Spinoza und seinen Vorgängern bestehen. Descartes'

Lehre wird allerdings bisweilen zur Vergleichung benutzt; doch ist
das von Anderen und oft in viel gründlicherer Weise geschehen.
Dass auch Hobbes' Affectenlehre nicht ohne tiefgehende Einwirkung
auf Spinoza geblieben ist, scheint dem Verf. — wie anderen Gelehrten — gänzlich entgangen zu sein. Man vergleiche aber mit bekannten Sätzen Spinozas Hobbes Lehre von den Grundaffecten (opp.
lat. ed. Molesworth I p. 334), die Erklärungen zahlreicher Affecte,
wie der Liebe und des Hasses, der Freude und des Leides, der
Furcht und Hoffnung (wks. IV p. 31 opp. 1 p. 333. II p. 104. III
p. 41), die Auffassung der Begriffe gut und schlecht (opp. II p. 95f.
III p. 42f.), der Freiheit u. A. — Wenig entschädigt uns der Verf.
durch seine Bemerkungen über Spinozas Verhältniss zur Kabbala
(S. 26. 42. 105. 120 u. s.). Es ist begreiflich, dass der gelehrte,
aber einseitig gebildete J. Mises an einen Einfluss der kabbalistischen
Mystik auf Spinoza glauben konnte und dass Verf., der wohl kein
selbständiges Urteil über Kabbala hat, diesen Glauben teilt. Weniger
begreiflich ist freilich, dass auch Schaarschmidt, der kundige und
vielseitige Darsteller der spinozistischen Lehre sich durch scheinbare
Verwandtschaft hat täuschen lassen, trotz Spinozas bekannter, derber Zurückweisung solchen Zusammenhanges (tr. theol. pol. IX, 34)
und trotz der offen liegenden Thatsache, dass lediglich die in die
Kabbala eingedrungenen neuplatonischen Gedanken, welche Spinoza
aus anderen Quellen kannte, jenen Schein erzeugt haben.

    Ein weiteres Eingehen auf den Inhalt der Schrift erscheint über-
flüssig; doch sei ein Theil der zahlreichen Irrthümer zur Begründung
des ausgesprochenen Tadels hervorgehoben. S. 3 wird das Princip
der Selbsterhaltung schon darin gefunden, dass Gott allein die *causa
essendi* der Dinge ist. — Das. heisst es „Gott handelt nur aus der
Notwendigkeit seiner Natur, daher ist er eine freie Ursache. Spinoza
neigt also der mechanischen Weltanschauung zu". S. 8: „Arnold
Geulincx hielt an dem Cartesianischen Gedanken fest, dass
„die Menschen Modi Gottes sind". — S. 19 lesen wir: „Spinoza
erkennt eine zweifache psychische Thätigkeit, von denen die eine
sich in den Ideen kundgiebt, unter denen die adäquaten von den
inadäquaten zu unterscheiden sind, die andre sich durch die Affecte
ausdrückt". Die wahre spinozistische Lehre, die u. A. aus eth. II

pr. 7, pr. 49 mit dem coroll., III pr. 2. 3 sich ergiebt und der ax. 3 des zweiten Theiles keineswegs widerspricht, spricht der Verf. S. 20. 32 und 36 aus. — S. 22 A. 5 wird die Selbsterhaltung der endlichen Dinge aus dem Begriff der *causa sui* abgeleitet. — S. 26 A. 3 behauptet der Verf. „durch den Eintritt in die Zeitlichkeit wird die Essenz negirt". — S. 45 lesen wir: „nur vermittelst der Ideen haben die Steigerung und die Niederdrückung unserer Actions- und Daseinsmacht, wie auch die direkte Bethätigung unseres Beharrungsstrebens einen Inhalt", als ob es nach Spinoza nicht auch eine Steigerung und Verringerung der Macht unseres Körpers gäbe. — S. 51 heisst es: „die Begierde ist das bewusste Verlangen d. h. das rein seelische Correlat des Verlangens", als ob Spinoza nicht ausdrücklich lehrte (eth. III pr. 9 schol.), *hic conatus, quum ad mentem solam refertur, voluntas appellatur.* — S. 55 heissen „die traurigen Gefühle der Reue, der Schande, des Kleinmuts Arten von Hass". — S. 58 wird *causa per accidens* (eth. III pr. 15) mit zufälliger (statt „indirekter") Ursache übersetzt. Diese Proben einer nicht eben gründlichen Kenntniss des vom Verf. behandelten Themas werden wohl genügen.

6. BERGMANN, J. Spinoza, Vortrag gehalten im Goethehause in Frankfurt . . . . . (Philos. Mtsh. XXIII S. 129—164).

Dieser Vortrag zur Feier des Geburtstages Goethes im Goethehause gehalten, daher auch von der Bedeutung, die Spinoza für Goethe gehabt hat, ausgehend und für die grosse Gemeinde der Goethefreunde zunächst bestimmt, will nicht streng gelehrter Forschung dienen, ist aber aus gründlichster Kenntniss der Lehre Spinozas hervorgegangen und enthält manchen werthvollen Beitrag zur Würdigung derselben. Jeden Kenner Spinozas wird interessiren, was Bergmann über den Pantheismus, über den Begriff der Individualität und Persönlichkeit, sowie über den Determinismus Spinozas ausführt. So sei auf diese, von wahrer Verehrung Goethes und Spinozas eingegebene, in schöner und durchsichtig klarer Sprache geschriebene Rede an dieser Stelle besonders aufmerksam gemacht.

Locke

1. RAFFEL, J. Die Voraussetzungen, welche den Empirismus
   Locke's, Berkeley's und Hume's zum Idealismus führten.
   44 S. 8°. I. D. Berlin, Mayer und Müller.

Die Arbeit bekundet selbständige Kenntnisnahme der Haupt-
schriften der drei Philosophen und klares Verständnis der behandelten Lehren. Neues bietet sie nicht.

2. MARTINAK, ED. Zur Logik Locke's. John Locke's Lehre von
   den Vorstellungen. 35 S. 8°. Progr. Leoben, Graz, Leusch-
   ner und Rubensky.

Eine Charakteristik der logischen Lehren Lockes ist eine dankenswerte Aufgabe; denn dieselben haben für den Empirismus des
siebzehnten und achtzehnten Jahrhunderts typische Bedeutung.
Leicht zu lösen allerdings ist diese Aufgabe nicht. Denn die Materialien für dieselbe liegen nur zum kleineren Teil in den vereinzelten kritischen Erörterungen gegen die Schullogik im Essay und
den Briefen an den Bischof von Worcester zu Tage; die meisten
müssen aus den psychologischen und erkenntnistheoretischen Ausführungen des Philosophen, besonders aus dem dritten und dem
wichtigen, oft unbillig vernachlässigten vierten Buch des Haupt-
werks ausgeschieden werden. Der historischen Würdigung fehlt
überdies, soweit der Bestand der scholastischen Logik Englands um
die beiden ersten Drittel des 17. Jahrhunderts in Betracht kommt,
vorerst ein fester Untergrund.

Die letzteren Beziehungen sowie diejenigen zur Cartesianischen
Logik und zu den logischen Lehren von Francis Bacon und von
Hobbes, die das Locke Eigentümliche erst deutlich hervortreten
liesse, hat Martinak nicht in den Bereich seiner Untersuchungen
gezogen. Er beschränkt sich auf eine, übrigens sorgsame und durch-
sichtige Zusammenstellung der Lehren Lockes über ideas, ohne
jedoch die Grenzen des Logischen streng festzuhalten. Neues
kommt dabei nicht eigentlich zu Tage, wennschon die kritischen
Bemerkungen am Schluss der Abhandlung auf manche unverkennbare Mängel der Darstellung des Philosophen aufmerksam
machen.

3. GAVANESCUL, J. Versuch einer zusammenfassenden Darstellung der Pädagogischen Ansichten J. Locke's in ihrem Zusammenhange mit seinem philosophischen System. 84 S. 8°. I. D. Berlin.

Der Verf. hat die pädagogischen Ansichten des Philosophen im Zusammenhang mit den psychologischen Lehren sowie den ethischen und religiösen Ueberzeugungen desselben sorgsam zusammengestellt. Nur die allerdings nicht seltenen, und für den Ursprung der pädagogischen Lehrmeinungen Locke's lehrreichen Daten aus dem Briefwechsel des Philosophen sind unbenutzt geblieben. Neues zur Geschichte der Philosophie zu gewinnen lag nicht im Plane der Arbeit.

La Rochefoucauld

VINTLER, H. v. Die „Maximen" des Herzogs von La Rochefoucauld. Eine literarhistorische Skizze. (S. A. aus dem Programm der K.-K. Oberrealschule Innsbruck.) 32 S. 8°.

Nach dem eigenen Urteil des Verf. „erhebt" die Abhandlung „keinen Anspruch darauf, Neues zu bieten". Aber sie bietet, was sie verspricht, eine aus selbständiger Kenntnisnahme entworfene Skizze.

·Dabei sei erwähnt, dass Larochefoucauld, dieser feinsinnige, glänzende und nicht einflusslose Vertreter einer rein egoistischen Auffassung der menschlichen Handlungen, in Darstellungen der Geschichte der neueren Philosophie, wie sie Ueberweg-Heinze und Falckenberg geben, vielleicht nicht bloss mit einem Citat der ersten Ausgabe der *Réflexions* erwähnt werden sollte. Es möchte wol die reiche Sammlung der Oeuvres de La Rochefoucauld von Gilbert und Gourdault, 3 vol. Paris 1868—83 zu nennen, und wenigstens mit einem Worte auf die Verschiedenheiten der fünf bei Lebzeiten des Verf.'s erschienenen Auflagen hinzuweisen sein.

Leibniz

Bereits im vorigen Jahresberichte ist als wünschenswert bezeichnet worden, dass den historischen Beziehungen Leibnizens zu seinen Vorgängern und Zeitgenossen monographische Untersuchungen

zu Teil werden. Die Gefahr, der wenige solcher einseitigen Arbeiten entgehen, die Einwirkungen auf die Entwicklung der Probleme, die ihren Gegenstand bilden, zu überschätzen, wird später,
wenn aus dem Vollen geschöpfte Zusammenfassungen möglich sind,
unschwer überwunden. Ausserdem pflegt ihr der Leser nicht so
sehr als der Autor zu verfallen, während der Nebel, der über Gegenständen liegen bleibt, die im Einzelnen unzureichend erforscht
sind, beide gleich sehr verwirrt.

Es ist deshalb erfreulich, berichten zu können, dass zwei Arbeiten erschienen sind, die solchen speziellen Abhängigkeitsbeziehungen nachgehen, eine erst im Jahresbericht 88 vorzulegende,
dann vielleicht schon in vollständiger Ausarbeitung vorhandene
Monographie über Leibniz und Spinoza (von L. Stein), und eine
im Nachstehenden zu besprechende Abhandlung von

1. Tönnies, Ferd. Leibnitz und Hobbes (Philos. Monatshefte her.
    v. Natorp und Schaarschmidt. Bd. XXIII S. 557—573).

Der Aufsatz bringt, in sorgfältig nach dem Original (Brit. Mus.)
revidirtem Text, den Brief Leibnizens an Hobbes vom 13/23 Juli
1670 zum Abdruck. Guhrauers Abschrift ist demnach, da alle,
zum Teil sinnentstellende Textfehler in Gerhardts Ausgabe (I 82—85)
sich schon bei ihm finden, erstaunlich ungenau. T. hat es seinen
Lesern überlassen, den überlieferten Wortlaut nach dem seinen zu
verbessern. Ich merke deshalb, und zum Belege für die Bemerkung
S. 324, jene Fehler hier an. Es muss bei Gerhardt heissen:

S. 82 Z. 3 impestive statt impestivum
      Z. 8 addi posse. Definitionibus statt accedere posse, def.
S. 83 Z. 1 abutantur statt abutuntur
      Z. 3 sensibilibus statt sensilibus
      Z. 12 Agnoscis enim statt Agnoso (Gerh.; Druckfehler für
                                  Agnosco bei Guhr.)
      Z. 13 multos statt multosque
      Z. 14 neque statt nec
      Z. 18 in iis mihi lucem statt in iis lucem
      Z. 21 Tuaque statt Tuaeque
S. 84 Z. 11 aut statt autem

S. 84 Z. 11 et ita statt ita

Z. 12 impeditur statt impeditus

Z. 17 incidentiae statt incidentia

Z. 24 ea etiam statt etiam

Z. 27 novare statt notare

Z. 28 conatu statt conatis

S. 85 Z. 2 captum statt coeptum

Z. 5 oppletus statt appletus

Z. 23 at statt et.

In den „Erläuterungen" versucht T. zu beweisen, dass Leibniz „in der ersten und bildsamsten Phase seines Denkens vielleicht die mächtigste Einwirkung durch die Schriften des Hobbes erfahren hat". Wie in seinen früheren Arbeiten über Hobbes und Spinoza zeigt sich Tönnies auch hier gründlich orientirt, scharfsinnig und voll historischen Takts. Ueberzeugend jedoch sind seine Beweisgründe für die Mächtigkeit des Einflusses, die er wahrscheinlich machen will, nicht. Er ist geneigt, denselben zu überschätzen. Wenn Leibniz als Vertreter der neueren Philosophie gegenüber Descartes in einem Athem den Verulamius, Gassendus, Digbaeus, Cornelius ab Hoghelande nennen kann, so ist es doch bedenklich, anzunehmen, dass „es weder ihm noch irgend jemandem ernst sein konnte", diese andern Hobbes (und Descartes) gleich zu setzen, und unsicher, die Frage für sich sprechen zu lassen: „wer konnte ihm" von jenen oben aufgezählten, „einen grösseren Eindruck gemacht haben als Hobbes"? Das Urteil der Mitlebenden oder wenig Späteren steht, auch wenn es von berufenster Seite stammt, unter dem Einfluss der Blendung, den die zu grosse Nähe erzeugt. Die Auslese der Geschichte hat noch nicht dazu geführt, das persönliche Element in demselben bei Seite zu werfen. Leibniz speciell hat in seiner zur Anerkennung bereiten Weise über viele seiner Zeitgenossen Urteile gefällt, welche die Nachwelt keinen Grund mehr findet, für zutreffend zu halten. Ueberdies ist es nicht ganz richtig anzunehmen, dass derselbe „wenigstens keine oder geringe Spuren ihres Einflusses zeigt". Auf Baco und Pierre Gassend hat Leibniz selbst, was Tönnies unberücksichtigt lässt, ausdrücklich als früh von ihm geschätzte Autoren hingewiesen. Die Arbeit Selvers, die Tönnies' Beachtung entgangen ist, hat sogar einen nicht geringen Einfluss Gassendis auf Leibniz in der Zeit seiner Hinneigung zum Atomismus wahrscheinlich gemacht (s. Archiv I 118), die doch bei Hobbes keine Nahrung gefunden haben kann. Die Einwirkungen der beiden anderen oben Genannten sind allerdings wol nur geringfügige gewesen. Es ist sodann zwar eine gewiss richtige Erwägung, „dass eine Autorität, in dem einen Gebiet feststehend, (wie Hobbes im Naturrecht) auf anderen (nämlich dem mechanischen) . . . desto leichtere Annahme findet". Aber Tönnies wird selbst nicht geneigt sein, solcher Möglichkeit viel Gewicht beizulegen. Ebenso wenig ist ausreichend, was Leibniz in seinen Briefen an Hobbes sagt. Leibniz war ja bei solchen Gelegenheiten etwas unbedenklich in seinem Lob.

Dennoch hat Tönnies Recht, für Hobbes mehr Beachtung in Rücksicht auf Leibniz' Entwicklung zu fordern, als ihm bisher zu Teil geworden ist.

Gänzlich verloren gegangen ferner war die Erkenntniss, dass eine oft citirte und verschiedenfach aufgefasste Definition der Hypothesis physica von 1771: *Omne corpus est mens momentanea, sed sine recordatione*, wie es scheint, einen Hobbesischen Gedankengang in eine mehr kurze als deutliche Formel kleidet. T. bringt dankenswerter Weise in Erinnerung, dass schon C. G. Ludovici in seinem nützlichen Sammelwerk über Leibniz (1737) von Streitschriften berichte, die jene, vielleicht auf historischem Zusammenhang beruhende Aehnlichkeit in den Aeusserungen beider Philosophen am Anfang des vorigen Jahrhunderts hervorgerufen hat.

Tönnies' geringschätzige Auffassung der Leibnizischen Metaphysik als eines „Hobbismus, welcher den Spinozismus in sich aufgenommen hat", bedarf spezieller Begründung, um diskutirbar zu werden, als er ihr in diesem Aufsatz hat angedeihen lassen.

2. LEIBNIZ, GOTTFRIED WILHELM. Die philosophischen Schriften, herausgegeben von C. J. Gerhardt. III. Band. 684 S. 4°. Berlin, Weidmann.

Mit dem vorliegenden dritten Bande, dem Schlussbande des Briefwechsels, hat die sechsbändige Gerhardtsche Ausgabe, zwölf

Jahre nach dem Erscheinen des ersten Bandes, ihren Abschluss gefunden. Geplant ist allerdings, wie es scheint, noch ein Ergänzungsband. Zum ersten Male liegen die philosophischen Abhandlungen und Schriften, sowie die meisten der Briefe, welche über philosophische Gegenstände handeln, in zusammenfassendem, würdig ausgestattetem Abdruck vor. Der grossen Dutens'schen Sammlung fehlten bekanntlich ausser zahlreichen Briefen und nicht wenigen teils schon früher, teils erst später erschienenen Arbeiten aus dem Nachlass die kurz vorher veröffentlichten *Nouveaux Essais.* Die für ihre Zeit verdienstvolle, handliche Ausgabe von J. E. Erdmann litt an den Mängeln, die bei jeder Auswahl unvermeidlich auftreten. Von den Torsi der beiden grossen Gesamtausgaben, die Pertz (1843) und O. Klopp (1864) begonnen haben, hat der erstere an philosophischen Werken lediglich einen, allerdings wertvollen Band Briefwechsel, der letztere gar nichts aufzuweisen.

Bei dieser Sachlage muss das erste und stärkste Gefühl der Leser gegen den Herausgeber das des Dankes für eine grosse und erfolgreiche Arbeit sein. Ist doch, besonders in diesem dritten Bande, eine reiche Zahl wertvoller Briefe zum ersten Mal veröffentlicht, und auch an Abhandlungen manches erst jetzt an das Tageslicht gekommen, das zur Vervollständigung des historischen Bildes von dem vielseitigen Werden und Lehren des Philosophen wertvolle Beiträge liefert. Lässt sich doch ferner jetzt schon wahrnehmen, dass die Sammlung der Erforschung der Leibnizischen Philosophie neue Antriebe gegeben hat.

.Die schwierige, niemals rein lösbare Aufgabe, die dem Herausgeber der gesammelten Werke eines Philosophen vorliegt, durch die Reihenfolge der Abdrücke die Bruchstücke für die historische Rekonstruktion der Entwicklung und des Lehrbestandes zu geben, ist bei Leibniz eine ganz besonders verwickelte. Wer rein sachlich ordnen wollte, müsste den Briefwechsel fast durchweg grausam zerstückeln, und besonders in den schöpferischen achtziger und neunziger Jahren vieles im Zusammenhang Gedachte auseinander reissen. Ebenso wenig kann der z. B. von J. E. Erdmann unternommene Versuch bei einer Ausgabe auch nur der philosophischen Schriften und Briefe gelingen, rein die Zeitfolge entscheiden zu lassen. Dazu

kommt die besonders beim Briefwechsel und bei den mathematischen Abhandlungen hervortretende Schwierigkeit, alles Philosophische zum Abdruck zu bringen, und doch die Ausgabe durch
Fremdartiges nicht zu sehr zu belasten. Ein jeder Herausgeber
von Leibniz' philosophischen Schriften wird daher zuletzt auf den
Takt angewiesen sein, den gründliche Erkenntnis des sachlichen
Zusammenhangs der Lehren und wolgeschulte historische Methode
im Gefolge haben. Eben dadurch aber wird derselbe auch den
Kundigen Anlass bieten zu schelten. Wird er doch häufig, wenn
er nicht unnötig Worte machen will, nicht einmal in der Lage
sein, sein Verfahren ausdrücklich zu rechtfertigen.

Trotz alledem darf Gerhardt sicher sein, für die Trennung des
Briefwechsels von den selbständigen Werken, den Abhandlungen
und den mannigfachen Entwürfen zu beiden letzteren ungeteilten
Beifall zu finden. Und kleinlich wäre es zu tadeln, dass die drei
Bände Briefwechsel die erste statt die zweite Abteilung bilden.
Auch für den nicht kargen Abdruck von Gegenbriefen oder Aus-
zügen aus solchen kann man nur dankbar sein. Bedauerlich, aber
durch den Umfang der Hannoverschen Manuscriptsammlung ent-
schuldigt ist es, dass speziell der dritte Band einige Abdrücke enthält, die nicht in den Briefwechsel hineinpassen. So gehört die
Beilage zu den Briefen an Bayle (S. 28—38), die Gerhardt erst
kürzlich aufgefunden hat, der kurze Traktat *de Deo et homine*
(s. Archiv I 264) in Bd. VI; die Beilagen ferner zu den Briefen
an Burnett, die beiden Abhandlungen S. 233—242, hätten ebenso
wie die interessanten *Remarques* über Shaftesburys *Characteristics*
in Bd. V ihre Stelle finden müssen. Andererseits ist mindestens
zweifelhaft, ob es gerechtfertigt war, aus dem Briefwechsel mit
Basnage de Beauval in Bd III die beiden Briefe herauszunehmen,
die in Bd. IV unter den Philosophischen Abhandlungen abgedruckt sind.

Zu ähnlichen Ausstellungen entgegengesetzter Richtung geben
die drei letzten Bände der Ausgabe, welche die Abhandlungen u. s. w.
enthalten, mehrfach Gelegenheit. Ich glaube dieselben, trotz aller
Vorbehalte hinsichtlich der angedeuteten Schwierigkeiten, nicht verschweigen zu dürfen. Gerhardt hat die zweite Abteilung nach den

Rubriken geordnet: Bd. IV: 1) Philosophische Schriften (1663 bis 1671); 2) Leibniz gegen Descartes und den Cartesianismus (1677 bis 1702); 3) Philosophische Abhandlungen (1684—1703). Bd. V: Leibniz und Locke; Bd. VI: 1) Theodicee und Verwandtes; 2) Philosophische Abhandlungen 1702—1716. Hier wäre, wie mir scheint, die rein historische Ordnung angezeigt gewesen. Nur die Schriften gegen Locke lassen sich leidlich vereinigen. Mit Descartes aber setzt sich Leibniz so vielfach in späteren wie in früheren Arbeiten als den von Gerhardt zusammengestellten auseinander, dass hier keine Teilung ein rechtes Bild geben kann. Ueberdies aber enthalten fast alle Abschnitte dieser zweiten Abteilung Briefe, die mit mehr Recht in der ersten ständen. Die Ausgabe wird durch dies Alles einigermassen unübersichtlich.

Sehr übersichtlich kann allerdings bei der Vielgestaltigkeit des Stoffes eine Ausgabe der philosophischen Schriften Leibnizens überhaupt nicht werden. Gerhardt hätte deshalb dem vielen Dankenswerten, das er geleistet hat, noch Eines hinzugefügt, wenn er ein chronologisch übersichtlich geordnetes Gesamtverzeichnis der Schriften und der Briefe beigegeben hätte. Man vermisst ein solches um so mehr, als man jetzt im allgemeinen darauf angewiesen ist, sich die Zeitdaten für die Abhandlungen u. s. w. aus den Einleitungen zusammen zu suchen. Vielleicht gibt der geplante Ergänzungsband solcher Zusammenstellung Raum.

Die Einleitungen enthalten wertvolle, dem Leser unentbehrliche historische Notizen. Weniger reich sind sie an Orientierungen über den sachlichen Inhalt und den historischen Zusammenhang der von Leibniz behandelten Probleme. Was Gerhardt hier bietet, ist meist zu unvollständig, um Hilfe zu geben, mehrfach auch überflüssig, z. B. da, wo einfach wichtigere Stellen der unmittelbar folgenden Briefe auch in ihnen in extenso abgedruckt werden.

Ueber den Umfang, in dem der Herausgeber aus der zerstreuten Schriftstellerei des Philosophen das für die Philosophie Bedeutsame ausgewählt hat, lässt sich fast nur Gutes sagen. Leider fordert es die unerfreuliche Aufgabe des Berichterstatters, das Gute mit wenig Worten abzutun, mehr dagegen dem zu widmen, was er zu kritisiren für nötig findet. Die mathematischen Abhandlungen Leib-

nizens enthalten wie bekannt vielerlei Ausführungen, die ebenso
wol für seine philosophischen Lehrmeinungen bedeutsam sind. Sie
deshalb ganz abzudrucken, wo sie dergleichen aufweisen, ist unzu-
lässig, Auszüge aus ihnen zu geben, nicht immer ausführbar und
in jedem Fall von zweifelhaftem Wert. Es bleibt deshalb nur
übrig, sie, wie Gerhardt getan hat, im wesentlichen unberücksichtigt zu lassen, oder aber an geeigneter Stelle auf sie hinzuweisen.
Sehr erfreulich jedoch ist, dass derselbe (Bd. IV) die *Hypothesis
physica*, und zwar vollständig, abgedruckt hat. Sie gehört zweifellos
in die Philosophischen Schriften hinein.

Sehr auffallend ist mir geblieben, dass Gerhardt Leibnizens
Briefwechsel mit Clarke nicht aufgenommen hat, der doch zu den
wichtigsten Dokumenten seiner Philosophie gehört. Um so auffallender, als Gerhardt in seinem Vorbericht an die Berliner Akademie vom Januar 1886 (Sitzungsberichte S. 21) denselben als in
Bd. III erscheinend aufzählt. Aeussere Gründe, die wol allein
haben bestimmend sein können, durften gegenüber der zwingenden
Kraft der inneren nicht in Betracht kommen. Die Ausgabe bleibt
ohne denselben empfindlich unvollständig! Derselbe ist weniger
zu entbehren, als irgend etwas, was in Bd. III gedruckt ist. Hier
müssen der Herausgeber wie der Verleger durch einen Ergänzungsband Rat schaffen.

Dass ein so umfassender, grossenteils handschriftlicher, teilweis
auch auf nachlässigen früheren Drucken beruhender Text, der kaum
irgendwo philologisch durchgearbeitet ist, Anlass zu vielfachen Ausstellungen im Einzelnen gibt, versteht sich von selbst. Wer solche
macht, muss festhalten, wie wenig Dutens und noch J. E. Erdmann
ihren Lesern in dieser Hinsicht geboten haben. Der Fortschritt
ist im ganzen genommen ein nicht unbeträchtlicher. Allerdings
aber ist hier noch genug zu tun übrig geblieben, wennschon niemand erwarten darf, durch diese Arbeit die sachliche Erkenntnis
nennenswert zu fördern. Proben solcher Mängel hat Natorp schon
vor einigen Jahren in einer Recension des fünften Bandes (1882)
mitgeteilt. Andere finden sich in dem vorstehenden Teil dieses
Jahresberichts, S. 318 f. —

Die äussere Ausstattung der Ausgabe, der die Berliner Akademie von Anfang an ihre Unterstützung hat angedeihen lassen, ist musterhaft.

_____

. Der vorliegende dritte Band enthält reichlich Ungedrucktes, darunter nicht wenige wertvolle Briefe neben den oben erwähnten Abhandlungen. Wertvolles allerdings, wie zu erwarten war, nichts mehr in dem Sinne, in dem noch Grotefends Ausgabe der Briefe zwischen Leibniz, Arnauld und dem Landgrafen Ernst von Hessen-Rheinfels 1846 (bei Gerhardt Bd. II) von Bedeutung war, aber doch an ihrer Stelle lehrreiche Variationen der Grundgedanken der Monadologie, Ergänzungen zur Ethik u. s. w. Es kommen zum Abdruck die Briefwechsel mit Huet, Bayle, Basnage de Beauval, Thomas Burnett, Lady Masham, Coste, Jaquelot, Hartsoeker, Bourguet, Remond, Hugony, die beiden letzten entgegen der oben erwähnten Ankündigung von 1886 statt des Briefwechsels mit Clarke.

Der Briefwechsel mit Huet enthält nominell sechs, tatsächlich sieben Schreiben, darunter eines von Huet, derjenige mit Bayle nach Gerhardts Zählung zehn, faktisch zwölf, unter ihnen zwei von Bayle, dazu als Beilagen in der Einleitung die oben erwähnte Abhandlung von Leibniz, und unter den Briefen eine Abhandlung vom Abbé Catelan (S. 40—42). Neu sind unter den letzteren fünf Briefe. Bisher unveröffentlicht sind die Briefe an und von Basnage de Beauval, nach Gerhardts Numerirung vier und dreissig, in Wirklichkeit sechs und dreissig, fünfzehn darunter von Basnage. Ich erwähne diese Einzelheiten, weil Gerhardt es seinen Lesern überlassen hat, sie sich zusammenzustellen. Zu fragen bleibt, um nur noch Weniges herauszuheben, warum auch zwei Briefe von Leibniz an Basnage (XIV u. XXVII) nur „im Auszuge" abgedruckt sind. In der Vorrede zu Bd. I hat Gerhardt ausdrücklich erklärt: Sämtliche Briefe sind unverkürzt abgedruckt. Gerhardt merkt weder zu dem ersten, undatirten, noch zum zweiten, vom 31. 8. 1797 etwas an. Er ist überhaupt etwas karg mit den Notizen dieser Art, die doch einem kritischen Leser unter Umständen von Wert sein können.

Der Text des vorliegenden Bandes zeigt mehrfach Varianten gegenüber dem Dutensschen, die nicht lediglich auf nachlässigem

Druck bei dem letzteren beruhen können. Indessen trifft, was ich
bei gelegentlichem Vergleich an verschiedenen Orten gefunden habe,
nirgends die Sache.

Doch das sind der leise und laut ausgesprochenen Bedenken
fast schon zu viele, um den Eindruck frisch zu erhalten, der am
meisten Beachtung fordert, dass wir nämlich viel mehr Ursache
haben uns des Gelungenen in der Ausgabe zu freuen, als dem
einen und dem andern an ihr mit kühlender Kritik zu begegnen.

HELMHOLTZ, H. VON. Zur Geschichte des Princips der kleinsten
Action (Sitzungsberichte der Kgl. Preuss. Akad. d. Wissensch.
z. Berlin XIV. S. 225—236).

In dem Abschnitt der Abhandlung, der über den Begriff der
Action bei Leibniz handelt (S. 225—231), weist Helmholtz nach,
dass dem Philosophen „die Entdeckung des Princips der kleinsten
Wirkung gleichsam vor den Füssen gelegen hat".

Leibniz wird damit von berufenster Seite eine Auszeichnung
zu Teil, die ihm bisher in seinem Ruhmeskranze gefehlt hat.

Helmholtz verbreitet ausserdem Licht über eine Frage, die
zwar ihr aktuelles Interesse seit fast hundert und vierzig Jahren
verloren hat, deren Aufhellung jedoch zu Gunsten eines irrtüm-
lich Verurteilten noch immer von Wert ist.

Die Aeusserungen Leibnizens, die das Material für Helmholtz'
Nachweis enthalten, finden sich in der unvollendeten Dynamica de
Potentia et Legibus Naturae corporeae, die Gerhardt erst 1860
(L.'s math. Schriften VI) aus den Hannoverschen Manuscripten
herausgegeben hat. Helmholtz macht nun darauf aufmerksam, dass
das Brieffragment, welches König als einem Briefe Leibnizens an
Hermann entstammend, 1751 in den Nova Acta Eruditorum veröffentlicht hat, durchaus den Auslassungen der Dynamica über das
obige Princip entspricht.

Die Geschichte jenes Fragments ist nur wenigen noch bekannt.
Dasselbe steht in den N. A. E. am Schluss der Abhandlung Königs
De universali principio aequilibrii et motus ct., die im wesentlichen
gegen Maupertuis' Loi de la moindre action gerichtet war. Es
bildet denjenigen Bestandteil derselben, der einen erbitterten Streit

Königs mit Maupertuis sowie der Akademie, deren Vorsitzender dieser war, zur Folge hatte. Das Fragment wurde damals, da König das Original des Briefes, den er vollständig in Abschrift besass, nicht aufweisen konnte, unter dem Einfluss Eulers von der Akademie für unecht erklärt. Nicht ohne ernste sachliche Gründe, wie man zugeben muss, aber doch, wie schon damals nach dem ganzen Inhalt und der Darstellungsform von nicht wenigen, auch von Voltaire geurteilt wurde, mit Unrecht. Neuerdings haben sich sowol Guhrauer als Gerhardt, allerdings ohne speziellere Begründung, für die Echtheit desselben ausgesprochen.

Das sachliche Hauptbedenken Eulers hat jedoch erst Helmholtz durch seine Wahrnehmung beseitigt. Er urteilt mit vollem Recht, dass in Folge jener Uebereinstimmung die Echtheit des Briefes „sehr wahrscheinlich erscheint".

Ein schwerwiegender Einwand gegen dieselbe bleibt allerdings durch diese Uebereinstimmung unberührt. Leibnizens reicher Briefwechsel mit Hermann, den die Berliner Akademie 1757 veröffentlicht hat (abgedruckt bei Gerhardt — L.'s Math. W. Bd. IV), ist nicht nur durchgängig lateinisch geführt, während jener Brief französisch geschrieben ist, der letztere findet auch in demselben weder nach dem Datum, das die Abschrift Königs besass (16. Okt. 1707), noch auch nach seinem Inhalt einen passenden Ort.

Diesem Einwand begegnet jedoch eine Bemerkung Gerhardts, die in so fremdem Zusammenhang steht, dass, wie es scheint, auch Helmholtz sie nicht gesehen hat. Am Schluss nämlich seines Vorberichts über Bd. III der Ausgabe der philos. Schriften Leibnizens (Akad. Sitzungsber. Berl. 1886 S. 22) erwähnt derselbe, dass von dem Briefe, den König zuerst veröffentlicht hat, „bisher das Original nicht aufgefunden ist". Und fährt dann fort: „Dieses vierte Schreiben" — dessen Echtheit Gerhardt bereits 1859 behauptet hat — „war höchst wahrscheinlich an Varignon gerichtet." Die Briefe zwischen Leibniz und Varignon sind von Gerhardt in Bd. IV der Math. Schriften veröffentlicht. In der Tat zeigt ein Blick auf die Briefe beider aus jenen Jahren, dass diese Vermutung eine glückliche ist. Doch Gerhardt wird dieselbe am besten selbst verificiren. Es sei deshalb hier nur erwähnt, dass die Mitteilungen

22 *

Königs über den Weg, auf dem er jene Abschrift erlangt hat —
sie war ihm von Henzy geschickt worden, der bereits mehrere
Jahre vorher als Staatsverbrecher enthauptet worden war — derselben nicht im Wege stehen.

Gerhardt lässt a. a. O. nur die überraschende Bemerkung folgen: „Die Leibnizische Correspondenz mit Varignon ist vollständig
vorhanden, bis auf eine sehr auffallende Lücke in den Jahren
1707—1709. Die Leibnizischen Briefe aus dieser Zeit wurden
wahrscheinlich an Maupertuis ausgeliefert, der sie aber nicht
wieder zurückgab, ebenso wie es gleichzeitig mit den Briefen Leibnizens an den Mathematiker Hermann geschehen ist, welche fast
sämtlich in Hannover fehlen."

4. BRAMBACH, WILH. Gottfried Wilhelm Leibniz Verfasser der
   Histoire de Bileam. Mit vollständigem Abdruck der Hist.
   d. B. in der von Leibniz gebilligten Form. 38 S. 8⁰. Leipzig, Joh. Ambr. Barth.

Im Jahre 1706 erschien anonym, ohne Jahreszahl und Druck-
ort, eine kleine Sammlung französisch geschriebener Flugschriften,
rationalisirende Deutungen einiger bekannter Bibelstellen: Histoire
de Bileam. Renards de Samson. Machoire d'âne. Corbeaus d'Elie.
L'Antechrist. Noch in demselben Jahre erschien die erste Abhandlung selbständig. Die vier anderen wurden im folgenden Jahre
mit einer neuen fünften: Les quatres monarchies in Helmstädt
wieder ausgegeben.

Auch jene erste Abhandlung ist meist dem Verfasser der
übrigen, dem Helmstädter Theologen von der Hardt zugeschrieben
worden, obgleich schon Louis de Jaucourt, der Herausgeber der
Théodicée, Amsterdam 1734, Leibniz als den Urheber derselben
nennt.

Brambach beweist in sorgfältiger Untersuchung, dass diese
Angabe zu Recht besteht. Die Grundlagen dieses Beweises sind
in den Briefen des Philosophen an von der Hardt enthalten, die
der Verf. aus der Sammlung von Briefen beider Forscher in der
Grossherzoglich Badischen Hof- und Landesbibliothek zum Abdruck
bringt. Leibniz schreibt an Hardt unter dem 7./9. 1706: *Interea*

mitto Tibi compendium Historiae Bileami quod ex Tuis et non-
nullis etiam meis meditatiunculis fabricavi.

Die Briefe enthalten manches für Leibniz' Auffassung der
Aufgaben, welche die Bibelexegese zu lösen hat, charakteristische
Urteil.

Die Abhandlung selbst, welche Brambach in musterhafter Text-
revision S. 30—38 abdruckt, ist ohne philosophisches Interesse.
Eine sehr dankenswerte sachkundige Würdigung ihres theologischen
Inhaltes hat E. Ranke in dem Aufsatz „Zur Geschichte der älteren
Exegese" in der Theologischen Literaturzeitung 1888 Nr. 8 S. 192
bis 199 und Nr. 9 S. 227—235 gegeben.

5. HARNACK, AXEL. Leibniz' Bedeutung in der Geschichte der
   Mathematik. Rede. 26 S. 8°. Dresden, v. Zahn und
   Jaensch.

Auf dem Grunde selbständiger Quellenstudien entwirft der
leider zu früh' verstorbene Verfasser ein auch für den Nichtmathe-
matiker anziehendes Bild der mannichfachen Errungenschaften,
welche die Mathematik Leibniz verdankt, mit knappen Strichen
die Stellung desselben zu seinen Vorgängern und Zeitgenossen an-
deutend.

VIII.

The Literature of Modern Philosophy in England and America, 1886—1888.

By

J. G. Schurman.

HUME. By William Knight, LL. D. Professor of Moral Philosophy in the University of St. Andrews. („Philosophical Classics for English Readers".) Edinburgh and London: William Blackwood and Sons, 1886. Pp. VIII, 239.

This volume on Hume by the general editor of the series falls into two main divisions: Hume's Career (pp. 1—100) and Hume's Philosophy (pp. 101—239). The disproportionate space given to the life of the philosopher is in keeping with the light and popular treatment of his philosophy. The author's justification lies in the circumstance that, as is here appropriately reiterated, this series of short studies on great subjects is intended „not so much for the initiated, as for those who wish to know something about the great Systems, and their Founders, but who have not leisure to peruse their treatises in full, or to go into the more recondite aspects of the questions they have raised, still less to master the voluminous critical literature which has subsequently gathered around them". (Preface V.) This primary intention of the series has never been lost sight of in the volume on Hume, which, more than any other work in the series, is especially addressed to the general reader.

The interest of philosophical experts in the present volume is in inverse proportion to the success with which Professor Knight has fulfilled his task of rendering Hume to the unphilosophical public. They will wait for that larger and more exhaustive work on the philosophy of Hume which Prof. Knight is now engaged in preparing. Or they will have recourse to the classic literature on Hume which our language already contains, especially to Mr. Hill Burton's „Life and Correspondence" and to the late Professor Green's „Introduction" or critical examination (from a Kantio-Hegelian standpoint) of the philosophy of Hume, which was prefixed to Green and Grose's monumental edition of his works.

In this little volume the story of Hume's life is pleasantly told. Here are chapters on his early life, on the publication of the „Treatise", on his literary ventures and struggles, on his official career and appointments, on his life at London, Paris, and Edinburgh, and on his closing years. The various incidents are woven together into an interesting narrative, and the phases of his intellectual activity correlated with his philosophy. An attempt, successful so for-as it goes, is made to explain the character of Hume's system from the temperament of the man. His dry, unromantic, prosaic nature is thrown into relief by the poetic sympathies of the biographer, whose fidelity to Hume cannot repress his devotion to Wordsworth. „Hume's temperament, though not frigid, was certainly prosaic. No glow of enthusiasm, no touch of chivalry, no colouring of romance irradiated it" (p. 8). The philosopher was deaf to music, blind to art, and insensitive to poetry. „He passes up the Rhine, and notes neither the ruined castles nor the Siebengebirge. Nature, in its grand or sublime aspects, had no charm to him" (p. 48). „He had a singularly keen intellect; but his intellectual vision was singularly limited. That „inward eye" which discerns the unity of things beneath their manifoldness — which sees a rational meaning in the universe hid behind its symbols — was not his" (p. 98).

This last quotation may be taken to mean that the Weltanschauung of the biographer is different from that of Hume. A one behind the many, a reason beaming through nature, „an ever-during power, and central peace subsisting at the heart of endless agitation" is the „open secret" Prof. Knight has learned

from the „prophets of the beautiful", from Dante to Wordsworth.
But this noble lesson has in a certain measure disqualified him
for a sympathetic interpretation of the system of Hume. If anything about the sources of Hume's mental philosophy is certain, it
is that he wrote it, as it were, with Locke (and Berkeley) before
him. But, without any proof, Prof. Knight asserts that „it was
evolved in him not so much from a study of recent speculation
in England, as from his early familiarity with the Greek and Roman writers" (p. 7). But when he comes to the „Treatise", in
which Hume's system is most fully embodied, Prof. Knight says
„it was throughout an indigenous Scottish growth" (p. 27). And,
not satisfied with Greece, Rome, and Scotland, he adds in the last
chapter of the book that „Hume's Philosophy is meagre .... Although in his own nature an indigenous growth it was more French
than Scottish in its essential features" (p. 236).

A more sympathetic critic might, I think, have found in
Hume's theory of knowledge some other elements than those which
Prof. Knight so successfully explodes (pp. 134—182). Take, for
example, the crucial question of causality. One aspect of Hume's
teaching is given in the histories of philosophy and repeated in
Prof. Knight's book. The other aspect is, that experience of custom-
ary sequence only awakens a dormant causal instinct, which under
a less flattering name is precisely the same thing as the a priori
category of the understanding in Kant or the fundamental belief in
Reid and Stewart on the „intuition of the reason" (p. 163) in
Prof. Knight. What these call by other names, Hume calls an instinct: and all agree that it does not operate independently of experience.

But Prof. Knight thinks too little of Hume's philosophy to
seek even his own truth in it. „As a system, it is poverty
stricken .... It is after all a surface philosophy" (p. 236). Hume
„was blind to the significance of one half of the sphere of reality,
— constitutionally colour-blind" (p. 237; cf. p. 203). But, although Prof. Knight's hostility to empiricism leads him into some
immoderate statements, it does not affect his account of Hume's
philosophy of morals and of religion (pp. 183—221). He thinks

that „Hume shows far more catholicity or width of view in his moral than in his metaphysical philosophy", and that the admissions made in the former undermine the latter (p. 197). And he hits off well Hume's chief difficulty in natural theology, — „how to ascribe a moral character to the great World-Intelligence" (p. 211). The short chapter (pp. 222—227) on Hume as political economist and historian is especially good, as are also the remarks on the same subject scattered throughout the volume.

HEGEL's Philosophy of the State and of History. By George S. Morris, Professor of Philosophy in the University of Michigan. („Griggs's Philosophical Classics".) Chicago: S. C. Griggs and Company, 1887. Pp. 306.

This is the latest addition to Griggs's series (for which see Archiv, Bd. I., Heft 1., p. 152). The work is from the competent hands of the general editor, who had previously supplied the volume on Kant's Critique of Pure Reason. It differs from Professor Porter's Kant's Ethics in being purely expository. This departure from the purpose of the series, which professes to be devoted to a critical exposition of the masterpieces of German thought is much to be regretted. For in the present condition of Philosophy amongst us, when some point exultantly, and others look wistfully, to Hegel, there could be no more helpful service than the critical estimate of Hegel's writings by sympathetic and intelligent expositors. On the other hand, it may be questioned if there is any great need of mere summaries of the eighth and ninth volumes of Hegel's works. The Philosophie der Geschichte has long been accessible in an English translation, which, to say the least, is as clear and intelligible as Prof. Morris's condensed exposition (pp. 111—306). The Philosophie des Rechts has never been translated into English. There is, therefore, a raison d'être for Prof. Morris's abstract of it, which occupies one third of the present volume (pp. 1—110). Had he limited himself to this work, enlarging somewhat his account of it, and then supplementing exposition with comment and criticism, so as to set the subject into vital relation with the thought and problems of our age, his volume would have been more helpful to readers, more conformable to the object of the series in which it appears, and more worthy of the author's scholarship and abilities.

Hegelianism and Personality. By Andrew Seth, M. A., Professor of Logic, Rhetoric, and Metaphysics in the University of St. Andrews. Edinburgh and London: William Blackwood and Sons, 1887. Pp. XI, 230.

Not the least remarkable of the phases of recent philosophy has been the attempt to naturalize Hegel in the English-speaking world. The beginning was made nearly a generation back by Dr. Stirling's „Secret of Hegel", a work of great insight, though fragmentary and often rhapsodical. The movement has been continued, not only by professed Hegelians, but also by the Neo-Kantians, whose common creed is the belief that in Hegel's Logik is to be found the „truth" of Kant's Kritik. Thus Hegel is the burden of all our preachers of German Philosophy. Professors Caird, Adamson, and Morris have written Hegelian accounts of the Critical Philosophy; Green has applied Kantio-Hegelianism to the routing of Empiricism, and Principal Caird to the establishment of religion. Professor Wallace has furnished an admirable translation of the smaller Logik, to which he has prefixed a valuable introduction on the philosophy of Hegel. Hegelian articles occasionally appear in Mind, and in the Journal of Speculative Philosophy Prof. Harris has long maintained an organ especially devoted to Hegelianism. Two volumes on Hegel have already appeared in Grigg's Philosophical Classics; and others are to follow.

But although our Hegelian literature, already not inconsiderable, is still on the increase, there are signs that the Hegelian movement is approaching exhaustion. Of the younger men whose thought it shaped, none has been more productive than the author of the present volume. And his successive works — „From Kant to Hegel", „Scotish Philosophy", and „Hegelianism and Personality" — portrait and objectify the phases through which some of our best minds have been passing in their attitude towards Hegelianism. First, came the epoch of enthusiastic discovery and proclamation;

next, that of sober acquiescence; and, lastly, that of revolt and re-
jection, none the less thorough because of its regretful pathos.

„Hegelianism and Personality" is made up of lectures (with
occasional additions) delivered before the University of Edinburgh
on the foundation established by Mr. A. J. Balfour, now Chief
Secretary for Ireland. The work originated in a reaction against
the philosophy of the late Professor Green, whose „whole system
centres in the assertion of a self or spiritual Principle as necessary
to the existence alike of knowledge and morality" (pp. 3—4). And
its purpose is to trace to its source in Kant and Hegel this central doctrine as well as to locate and exhibit the ambiguity with
which it is infected. The first two lectures (pp. 1—78) are devoted to Kant and Fichte; the rest (pp. 79—230) to Hegel, — to his
Logic, his Metaphysic, his doctrine of God and man, and his system
in general.

It is shown that Green identifies the transcendental ego of Kant's
theory of knowledge with the universal or divine self-consciousness.
In Kant's own words, the logical exposition of thought in general
is mistaken for a metaphysical determination of the object (p. 35).
This fallacy originated with Fichte in his endeavour to escape the
dualism of Kant's system. And the shifting phases of thought to
which it gave rise in Fichte's attempt to find a place for both
God and man in the universe are here very succinctly delineated.
To all of them Prof. Seth replies: „Thought exists only as the
thought of a thinker; it must be centred somewhere . . . Thought
per se . . . . . can have no place in metaphysics as a theory of
Being" (p. 73).

Hegel's Logic being „neither more nor less than an expansion,
a completion and rectification of Kant's table of the categories"
(p. 84), we are next presented with an account of its nature, method, and origin. In spite of Hegel's talk about der Gang der
Sache selbst, his dialectic is shown to rest upon an experiential
basis. „The opposite arises only for a subjective reflection which
has had the advantage of acquaintance with the real world" (p. 91).
And Prof. Seth agrees with Trendelenburg in holding that Hegel's
order of exposition always reverses the real order of thought by

which the results were arrived at. The Logic deals only with categories. The Philosophy of Nature and of Spirit offer a theory of existence. Hegel „systematically and in the most subtle fashion confounds these points of view, and ends by offering us a logic as a metaphysic" (p. 104). Thus be evades the problem of reality. And, in the same way, by making contingency a category, he professes to rationalise nature in all its details. His system throughout deals only with generals. Hence it does not speak, in strictness, either of the divine spirit or of human spirits, but simply of „spirit". And although this was grandly intended by Hegel to be the concrete. unity of both, in practice it „does duty at one time for God, and at another time for man" (p. 156), but never for both together. This result is forcibly exhibited by a skilful unraveling of the different lines of thought in Hegel, according as be begins with the absolute or with the real world.

The pretensions of Hegelianism to be an absolute philosophy are examined in the last lecture. Prof. Seth sees in the Hegelians of the Left the only logical outcome of Hegel's doctrine of man and God. But philosophy must begin with self-conscious persons, not with an impersonal system of thought. And the English Hegelians have really deserted their master's practical philosophy, which is destructive alike to moral endeavour and historical progress. „Green is not slow to point out that the habit of conscientiousness is the very mainspring of morality" (p. 209).

The volume ends with a return to Green's system and a brief argument („because we are anthropomorphic, and necessarily so, to the inmost fibre of our thinking") for the personality of God along with a plea for immortality as implied in the moral reasonableness of the world.

The whole is an admirable piece of work. It represents lucidly, and in a charming style, the results reached, on fundamental points, by a clear-headed and sympathetic student of German Philosophy. And it cannot fail to be helpful to all those who have been touched by the Hegelian influence, although it may not move the smaller number who have surrendered themselves absolutely to its potent magic.

Spinoza. By John Caird, LL. D. Principal of the University of Glasgow. („Philosophical Classics for English Readers".) Edinburgh and London: William Blackwood and Sons, 1888. Pp. 315.

Of none of the great philosophers have the English-speaking peoples so long remained in ignorance as of Spinoza. An essay by a brilliant historian, Froude, and an essay by a subtle critic, Matthew Arnold; a sketch by Lewes in his „History of Philosophy" as graphic but as inaccurate as the rest of the work; a volume entitled „Benedict de Spinoza: his Life, Correspondence, and Ethics" by Dr. R. Willis, a well-meaning achievement but much marred by incorrect translation, — such was our Spinozistic literature prior to the last decade. In 1878 Professor Edward Caird contributed to the current (ninth) edition of the Encyclopaedia Britannica an important article on Cartesianism, nearly half of which was devoted to Spinoza. And since that date Spinoza has been studied with almost as much zeal as Kant, to whom also Professor Edward Caird more than any other single individual has likewise introduced us. In 1880 appeared Mr. Pollock's „Spinoza, his Life and Philosophy", a work so scholarly and judicial that it at once became an authority. Dr. Martineau followed in 1883 with his beautiful and statuesque „Study of Spinoza", in which the system is lucidly expounded and criticised without any attempt to relieve it of contradictions. He has since treated the subject afresh, but with no change of interpretation or judgment on important points, in his great work on „Types of Ethical Theory" (Vol. I, pp. 247— 394). Along with these treatises on Spinoza have appeared good translations of his works. In 1883 Mr. Hale White brought out a version of the Ethica, and Mr. R. H. M. Elwes a version of all the chief works of Spinoza. As the latter translation is not likely soon to be superseded, it is a matter of regret that it could not have been based upon the text of Van Vloten and Land..

The work by Principal John Caird takes the place in Blackwood's Philosophical Classics for which Dr. Martineau's „Study of Spinoza" proved too bulky. But the materials which Dr. Caird had prepared for his book were also found greatly to exceed the

limits assigned to it. He has, therefore, besides other parts of his
plan been compelled to have out the account of Spinoza's life and
letters, and to confine the work to what be calls an examination
of the philosophical system. In fact, his volume is limited to a
critical interpretation of Spinoza's Ethics with some account of its
sources. No room was found for an examination of the treatise
De Deo et Homine, which, however, the author had intended to
use as an introduction to the Ethics.

It was perhaps inevitable that Dr. Caird's volume should suffer
somewhat from the limitations imposed by the conditions of the
series in which it appears. It is not so certain, however, that a
better use might not have been made of the space actually at his
disposal. The beauty of the style, the melody and flow of the
sentences may reconcile, but they cannot blind, us to a tendency
to prolixity and repetition too visible in the author. Furthermore,
Dr. Caird has forgotten that some acquaintance with philosophy
might have been presupposed in his readers. He has an inveterate
habit of expounding and criticising and setting in an Hegelian light
every system of thought, almost every philosophical question, he
has occasion to mention; and though his observations are always
perspicuous and often instructive, it was scarcely fair to allow, in
a volume devoted to Spinoza, disquisitions on Neo - Platonism,
Descartes, and other relatively extraneous subjects to take the
place of a history of the development of the philosopher and a
fuller account of his thought not only in itself but in its genesis
and in its multifarious ramifications.

Spinoza's philosophy, Dr. Caird holds, is the composite result
of conflicting tendencies, neither of which is followed out to its
utmost logical results. As Spinoza approaches his problem from
different sides, the opposite tendencies by which his mind is
governed seem to receive alternate expression. His inconsistency,
however, is due rather to defective logic than to incompatible principles. The fault is not that he started from different premises,
but that he did not carry out what was for him the only true
premiss to its legitimate results. This the expositor must do. It
is for him to discover the dominant idea or general tendency of

Spinoza's philosophy and explain his inconsistencies as only unconscious aberrations from it. And Dr. Caird endeavours to determine this dominant idea or undercurrent of tendency in the mind of Spinoza by a scrutiny of his original impulse towards philosophy and a survey of the influences by which his thought was moulded. An examination (pp. 8—35) of the De Int. Emend. yields the result that Spinoza's aim was not primarily the search for intellectual satisfaction but the discovery of the way to spiritual perfection and blessedness. But these do not, as Dr. Caird supposes, exclude, they rather imply one another. Still it is correct to say that Spinoza's primary impulse to philosophy was a religious one. And its first movement was towards that „most perfect being" which Dr. Caird rightly refuses to follow Mr. Pollock in identifying with the unity and uniformity of nature. When, however, our author comes to treat (pp. 36—111) of the influence of preceding writers on Spinoza he is less happy. He must be critic as well as historian; and he insists on holding theories up to the light of Hegel rather than carefully investigating the facts that bear upon the development of the system of Spinoza. In Chap. II. (p. 36—59) there is much about Neo-Platonism, and the Kabbala, but its sole pertinent result is that in the „intellectual love" of Spinoza „we may discern points of analogy to the Neo-Platonic „ecstasy" and to the Kabbalistic absorption in the 'En Soph.' " (p. 59). Chap. III. it is surprising to find in a volume from which so much had to be omitted, since its only purpose is to show that Spinoza had nothing in common with Maimonides, whose system, it is characteristically explained, is in some important points „irreconcilable, not only with the philosophy of Spinoza, but with any philosophy whatever" (p. 68). A real affinity, however, is in Chap. IV (pp. 75—90) found between Spinoza and Giordano Bruno. Both believed in the absolute unity of all things; both sought to explain the universe from itself; both found in the idea of God the immanent cause or principle of the world (p. 88). The relation of Spinoza to Descartes is not made very clear; but Chap. V. (pp. 91—111) contains an elaborate account and examination from the Hegelian standpoint of the system of Descartes. The chapter might have been omitted without detriment to the author's account of Spinoza and without loss to British philosophy, which already possesses more than one Hegelian exposition of Descartes.

The rest of the volume (pp. 113—115) is devoted to the Ethics. It does not call for detailed notice here. The exposition is lucid, and the criticism, if not new, at least just and sympathetic. The author's constant effort at reconstruction will be differently estimated by different readers. Hegel held that Spinozism was the indispensable beginning of every philosophy, but that in a final philosophy Spirit must take the place of Spinoza's Substance. Now Dr. Caird is an Hegelian, though an Hegelian of the epistemological type that has arisen amongst us in affiliation with the philosophy of Kant. And his work, or the last two-thirds of it, may be justly described as an examination and rehabilitation of Spinoza's system in the light of Hegel's Logik. „At the outset we seem to have a pantheistic unity in which nature and man, all the manifold existences of the finite world, are swallowed up; at the close, an infinite self-conscious mind, in which all finite thought and being find their reality and explanation" (p. 304).

The Ethical Import of Darwinism. By J. G. Schurman, Professor of Philosophy in Cornell University. New York: Charles Scribner's Sons. London: Williams and Norgate. 1887.

This work is a consideration of the bearing of Darwinism upon Ethics, with an examination of evolutionary theories of morals. It may, however, be mentioned in a review devoted to the history of philosophy on account of the second chapter, which contains a history of the evolutionary doctrine from the earliest times to the appearance of Darwin's Origin of Species. The first chapter is an attempt to determine the method and scientific character of Ethics. The last chapter deals with the evolution of the family. The rest of the book is devoted to the ethical implications of Darwinism and an examination of Darwin's theory of the genesis of conscience.

Neueste Erscheinungen auf dem Gebiete der Geschichte der Philosophie.

Ἀκυλᾶς, Ἀθανας. M. ἡ περὶ ἀθανασίας τῆς ψυχῆς δόξα τοῦ Πλάτωνος πρὸς τὴν Γρηγορίον τοῦ Νύσσης, Dissertation, Jena.

Baltzer, Spinoza's Entwicklungsgang dargestellt in seinen Briefen, Kiel, Lipsius.

Brasch, M., Die Weltanschauung Friedrich Ueberwegs, Leipzig, Gustav Engel.

Brieger, A., De atomorum Epicurearum motu principali, in Philol. Abhandl. M. Hertz gewidmet, Berlin, Herz.

v. Döllinger und Reusch, Geschichte der Moralstreitigkeiten der röm.-kathol. Kirche im 16. Jahrh., Nördlingen, Beck.

Druskowitz, Eugen Dühring, Heidelberg, Weiss.

Fischer, Kuno, Geschichte der neuern Philosophie, Bd. II, Leibniz, dritte Aufl., München, Bassermann.

Foerster, Rich., De Aristotelis quae feruntur physiognomicorum indole ac conditione, Philol. Abhandl. M. Hertz gewidm., Berlin, Herz.

Foucher de Careil, Hegel und Schopenhauer, deutsch von Singer, Wien, Konegen.

Freudenthal, J., Ueber die Lebenszeit des Neuplatonikers Proklos, Rhein. Mus. N. Folge XLIII, Heft 4.

Göring, H., Sophie Germain und Clotilde de Vaux, Zürich, Schröter u. Meyer.

Gompertz, Th., Zu Aristoteles' Poetik, Sitzungsberichte der Wiener Akademie 1888, S. 543—583.

Günthert, E. v., Fr. Th. Vischer, ein Characterbild, Stuttgart, Bonz & Co.

Gwinner, M., Denkrede auf Schopenhauer, Leipzig, Brockhaus.

Haacke, Fr., Ueber den inneren Zusammenhang des philos. Systems Schopenhauers, Bunzlau, Kreuschnig.

Hartmann, E. v., Lotze's Philosophie, Leipzig, Friedrich.

Hoffmann, H., Platon's Philebus erläutert und beurtheilt, Programm, Offenburg.

Israel, A., Val. Weigel's Leben und Schriften, Zschopau, Raschke.

Kern, O., Theogoniae Orphicae Fragmenta nova, Hermes Bd. XXIII, Heft 4.

Klette, Beiträge zur Geschichte der italienischen Gelehrtenrenaissance, Greifswald, Abel.

König, E., Die Entwicklung des Causalprobl. von Cartesius bis Kant, Leipzig, Wigand.

Koppelmann, J., Kant's Lehren vom kategorischen Imperativ, Leipzig, Fock.

Kühlenbeck, Giordano Bruno, München, Theod. Ackermann.

Külpe, Osw., Die Lehren vom Willen in der neuern Psychologie, Wundt's philos. Studien Bd. V, Heft 2, p. 179—245.

Langfelder, D., Die Metaphysik und Ethik des Judenthums, Wien, Ch. D. Lippe.

Lasswitz, K., Galilei's Theorie der Materie, Vierteljahrsschr. f. wissensch. Philos. 1888, Heft 4.

Linke, H., Ueber Macrobius Comm. in Somnium Scipionis, Philol. Abh. Hertz gew., Berlin, Hertz.

Luthardt, Geschichte der christlichen Ethik in der Reformation, Leipzig, Dörffling und Franke.

Manno, R., Wesen und Bedeutung der Synthesis in Kant's Philosophie, Zeitschr. f. Philos. Bd. 94, H. 1 u. 2.

Marcus, A., v. Hartmann's inductive Philosophie und der Chassidismus, Wien, Ch. D. Lippe.

Menzel, P., De Graecis in libros קהלת vestigiis, Dissertation, Halle.

Noeldechen, Die Abfassungszeit der Schriften Tertullian's, Leipzig, Hinrichs.

Ohle, R., Die pseudophilonischen Essäer und Therapeuten, Berlin, Mayer & Müller.

Pesch, institutiones logicales secundum S. Thom. Aquinatem, Freiburg, Herder.

Prel, C. du, Kant's Vorlesungen über Psychologie, Leipzig, C. Günther.

Πυθάρινος, Δ., παραβολὴ Δίωνος τοῦ Χρυσοστόμου πρὸς Πλάτωνα κτλ., Dissertation, Erlangen.

Rassow, Zu Aristoteles, Rhein. Mus. N. F. XLIII, 4.

Rawack, P., De Platonis Timaeo quaestiones criticae, Berlin, Mayer & Müller.

Ritschl, Schleiermacher's Stellung zum Christenthum, Gotha, Perthes.

Ritter, Untersuchungen über Plato, Stuttgart, Kohlhammer.

Ritter u. Preller, historia philos. graecae ed. VII, cur. Fr. Schultess et Ed. Welmannus, Gotha, F. A. Perthes.

Schmidt, C., Der Humanist Mich. Schütz, Strassburg, Schmidt.

Schmidt, F. J., Herder's pantheistische Weltanschauung, Berlin, Mayer & Müller.

Schneider, Rousseau und Pestalozzi, Berlin, Gaertner.

Seydel, Rud., Kant's system. Urtheile a priori, Zeitschr. für Pihlos. Bd. 94, Heft 1.

Seydel, Rud., Alb. Lange's geometr. Logik, ebenda H. 3

Siebeck, H., Anfänge der neuern Psychologie in der Scholastik, Zeitschr. f. Philos. Bd. 94, H. 2.

Stapfer, Aur. Aug., Studia in Aristotelis libr. de anima collata, Dissertation, Erlangen.

Stuckenberg, Grundprobleme in Hume, Philos. Vorträge, Heft 13, Halle, Pfeffer.

Tiemann, Joh, Kritische Analyse von Buch I u. II der plat. Gesetze, Progr., Osnabrück.

Wahn, Joh., Kritik der Lehre Lotze's von der menschlichen Freiheit, Zeitschr. für Philos. Bd. 94, H. 1.

Wille, B., Der Phaenomenalismus des Hobbes, Dissert., Kiel.

Witte, J., Die simultane Apprehension bei Kant, Zeitschr. f. Philos. Bd. 94, Heft 2.

Wohlrabe, W., Kant's Lehre vom Gewissen, Halle, Tausch & Grosse.

Zanettas, Joh, Symbolae philosophiae ad Platonis symposium, Dissert., Erlangen.

Zeller, Eduard, Philosophie der Griechen II, 1: Plato, vierte Auflage, Leipzig, Fues.

Ziegler, O., Joh. Nic. Tetens' Erkenntnisstheorie in Bezug auf Kant.

Zoller, Egon, Der Gottesbegriff in der neueren schwedischen Philos., Zeitschr. f. Phil. Bd. 94, Heft 2.

Archiv
für
Geschichte der Philosophie.

II. Band   3. Heft.

XVII.

Archive der Litteratur in ihrer Bedeutung für das Studium der Geschichte der Philosophie.

Von

Wilhelm Dilthey in Berlin.

Der folgende Aufsatz möchte die Kreise, die sich mit der Geschichte der Philosophie und weiterhin mit der Geschichte wissenschaftlicher Bewegungen überhaupt beschäftigen, für einen Plan interessiren, den ich länger im Stillen erwogen und nun neuerdings einem nächstbeteiligten Kreise vorgelegt habe[1]). Die Handschriften der Personen von geistiger Auszeichnung, welche Deutschland seit den Tagen des Humanismus und der Reformation hervorgebracht hat, sind durch die Vernachlässigung, die ihnen gegenüber obwaltet, zum grössten Teil zu Grunde gegangen. Was sich von ihnen erhielt, ist über ganz Deutschland zerstreut, im Besitz von öffentlichen Bibliotheken und von Privatpersonen. Die Gefahr besteht, dass von dem was Privatpersonen besitzen immer mehreres verloren gehe. Dieser Zustand ist unerträglich. Er muss allmälig die

---

[1]) Der Plan von Archiven der Litteratur, auf welchen sich das folgende bezieht, ist von mir zunächst in einem Vortrag vorgelegt worden, welcher am 16. Januar d. J. die Zusammenkünfte einer Gesellschaft für deutsche Litteratur eröffnete. Der Vortrag ist im diesjährigen Märzheft der Rundschau erschienen.

Zerstörung aller Handschriften, die sich nicht durch einen glücklichen Zufall in die Bibliotheken oder in andere öffentliche Stätten
retten, zur Folge haben. Er macht zugleich eine wirkliche Geschichtsschreibung auf dem Gebiete der Litteratur und des geistigen
Lebens unmöglich. Mit Neid muss heute Jeder, der die Geschichte
geistiger Bewegungen studirt, auf den Genossen blicken, der die
moderne politische Geschichte in wolgeordneten Archiven bearbeitet.
Solche Archive bedürfen wir auch für die Litteratur. Und zwar
sind im folgenden überall unter Litteratur alle dauernd wertvollen,
über den Dienst des praktischen Lebens hinausreichenden Lebensäusserungen eines Volkes zu verstehen, welche sich in der Sprache
darstellen. Der Ausdruck Litteratur umfasst demnach Dichtung
und Philosophie, Geschichte und Wissenschaft. Wenn ich nun an
anderem Ort unter dem allgemeinsten Gesichtspunkt die Notwendigkeit solcher Archive besprochen habe, so soll die hier folgende
Darstellung den Wert erörtern, den dieselben für die Geschichtsschreibung der Philosophie sowie der geistigen Bewegungen überhaupt haben würden.

I.

Dass der Wert der Handschriften für die Geschichte der
neueren Philosophie und im weiteren Sinne der neueren intellectuellen Bewegung erst allmälig und sehr langsam zur Anerkennung
gelangt ist, war zunächst durch die solange herrschende Behandlung der Geschichte der Philosophie bedingt.

Die Geschichte der einzelnen philosophischen Disciplinen und der
einzelnen Wissenschaften, wie Aristoteles und seine Schule sie begründet haben, sodann die doxographischen Darstellungen sind, als
aus den Arbeiten der humanistischen Epoche im 17. und 18. Jahrhundert eine Universalgeschichte der Philosophie erwuchs, bei den
Arbeitern auf diesem Gebiete ganz zurückgetreten gegen die Darstellungen des Lebens und der Lehren einzelner Philosophen, des
Lehrsystems einzelner Schulen und die Verbindung solcher Biogra-
phieen zu einem Ganzen. Diogenes Laërtius war für diese beque-
mere und doch zugleich anziehende Form das Vorbild. Auf dieser
Grundlage haben wir Deutsche eine Universalgeschichte der Philo-

sophie geschaffen. Denn Stanley schränkt sich auf die alte, als die einzige Philosophie ein. Pierre Bayle konnte nach seinem ganzen Standpunkt wol Leben und Lehren der einzelnen Philosophen darstellen und der Kritik des souveränen Skeptikers unterwerfen: ein universalhistorischer Zusammenhang bestand für ihn nicht. Dagegen Jakob Thomasius, Brucker und Tennemann haben eine allgemeine Geschichte der Philosophie geschaffen. Schliesst sich Brucker an das Verfahren des Diogenes Laërtius noch an und besteht bei ihm die Geschichte der neueren Philosophie in Leben und Lehre aneinandergereihter grosser Männer, des Giordano Bruno, Cardanus, Baco, Campanella, Hobbes, Descartes, Leibniz, Thomasius, welche er als die „Heroen" der modernen Philosophie bezeichnet (hist. crit. IV. 2. p. 521), so hat er doch schon das Bedürfniss empfunden diese Darstellung zu ergänzen durch eine den letzten Teil seines Werkes füllende Geschichte der einzelnen philosophischen Wissenschaften in den neueren Zeiten. Hier treten uns unter den Philosophen, welche einen einzelnen Teil der Philosophie gefördert haben, Locke, Spinoza, Newton neben den von Brucker so bevorzugten deutschen Eklektikern des 18. Jahrhunderts entgegen. Lag es doch in der Kathedergewohnheit der Philosophen dieser eklektischen Schule, für welche Thomasius vorbildlich war, das Systematische der einzelnen Fächer mit dem Historischen zu verbinden.

Eine wissenschaftliche Geschichte der Philosophie entstand indessen erst, als in der zweiten Hälfte des 18. Jahrhunderts zwei neue Momente in diesen Teil der Historie eindrangen.

Die deutsche Philologie und die von ihr geschaffene litterarische Methode bildete das erste Moment. Man lernte eine Schrift nach Entstehung, Absicht und Composition zergliedern. Man lernte ein verlorenes Werk aus Fragmenten und Nachrichten reconstruiren. Den Zusammenhang von Schriften in dem Kopf eines Autors, die Beziehungen zwischen Schriften oder Autoren in einer litterarischen Bewegung lernte man in methodischer Genauigkeit erfassen. Und in unsern Tagen bildet den Triumph dieser literarischen Methode das auch an alt- und neutestamentlichen Schriften und an mittelalterlichen Geschichtschreibern ausgebildete Verfahren, hinter compilirenden Werken gleichsam die erlösche Schrift der Originale zu

24*

lesen, an langsam entstandenen Büchern die Nähte, Lücken und
Widersprüche zu beobachten, sowie die Schichten ihres Aufbaus zu
unterscheiden.

Das andere Moment, auf dem die Entstehung einer wissenschaftlichen Geschichte der Philosophie beruhte, lag in der seit Winkelmann von der deutschen Historie und Philosophie allmälig vervoll-
kommneten Einordnung der litterarischen Erscheinungen in den Zusammenhang einer aufsteigenden Entwicklung. Diese Entwicklungs-
lehre, welche zwischen den Systemen einen inneren Zusammenhang
hergestellt, die relative Leistung eines jeden von ihnen für die Entwicklung der Menschheit bestimmt und mitten im Wechsel der
Philosophieen ein siegreiches Fortschreiten zur Wahrheit nachgewiesen hat, ist eine der eigenthümlichsten Leistungen des deutschen
Geistes. Unser Volk allein hat im höchsten Sinne geschichtliches
Bewusstsein. Wenn heute die Philosophie Hegels zur Verwun-
derung Vieler in dem empiristischen England einen erheblichen
Einfluss zu üben beginnt, so ist eben dem heutigen Engländer
Hegel das Gefäss dieses geschichtlichen Bewusstseins, das bei uns
alle Geisteswissenschaften durchdringt. Descartes in Frankreich,
Baco, Hobbes und Locke in England zerrissen die geistige Continuität der intellectuellen Entwicklung von Altertum und Mittelalter her. Dagegen haben bei uns seit Melanchton, welcher ganz
von der Einheit des antiken mit dem christlichen Geiste erfüllt
war, Gymnasieen, Universitäten und Wissenschaft in dem Gefühl
dieser Einheit gelebt. Dann hat der andere grosse praeceptor Ger-
maniae, Leibniz, die moderne Wissenschaft in diesen umfassenden
Rahmen aufgenommen. Altertum und Christentum wurden mit der
mechanischen Weltanschauung der Neueren zu einem Ganzen verschmolzen. So ist Universalität der Grundcharakter der deutschen
Wissenschaft geworden. Und solches Zusammenfassen geistiger
Lebensgestalten in der Tiefe des Bewusstseins musste nun zu dem
Gedanken der Entwicklung führen, als in welchem allein eine Ein-
heit dieser Gestalten für das Bewusstsein hergestellt werden kann.
Man sieht diesen Gedanken bei Leibniz aus der Lage hervorwachsen.
So keimt schon in der Vorrede zur Théodicée Lessings Erziehung
des Menschengeschlechts. Die geschichtliche Universalität des deut-

schen Geistes und der in ihr gegründete Gedanke der Entwicklung waren dann die Grundlage für die historischen Ideen und Arbeiten von Winkelmann, Lessing, Herder, Iselin, Pestalozzi. Wie Hegel diesen Gedanken durch das ganze Wissen verfolgt hat, so hat er auch die Geschichte der Philosophie zuerst demselben unterworfen.

Und wenn Hegel leider die exakte Grundlage der philosophischen Methoden verschmähte, so hat die auf ihn folgende Generation die beiden Momente, auf denen wissenschaftliche Behandlung der Geschichte der Philosophie beruht, nun miteinander zu verknüpfen verstanden. Die philologisch-kritisch erforschte Entwicklungsgeschichte der einzelnen grossen Denker ist überall Unterlage für die Erkenntniss des Zusammenhanges des philosophischen Denkens selber geworden. So wird allmälig die ursprüngliche Begrenzung der Geschichte der Philosophie aufgegeben: sie ist nicht mehr nur eine Geschichte der grossen Philosophen.

Doch entsteht das Bedürfniss, wenn die Geschichte der Philosophie ihren hervorragenden Platz in unserm wissenschaftlichen Denken und in dem Unterricht auf den Universitäten behaupten soll, den bedeutenden Stoff in eine noch tiefere Beziehung zu unserm geschichtlichen Bewusstsein zu setzen.

Die philosophischen Systeme sind aus dem Ganzen der Cultur entstanden und haben auf dasselbe zurückgewirkt. Das erkannte auch Hegel. Aber nun gilt es, den Causalzusammenhang nach seinen Gliedern zu erkennen, in welchen sich dieser Vorgang vollzog. Diese Aufgabe hat sich Hegel noch nicht gestellt. Und ihre Lösung, die Versetzung der philosophischen Denker in den lebendigen Zusammenhang, dem sie angehörten, macht dann sofort eine litterarische Behandlung erforderlich, welche aus der ganzen noch erreichbaren Kenntniss über die Mitarbeiter, die Gegner und die beeinflussten Personen den Causalzusammenhang des Vorgangs erforscht. Saint-Beuve in seiner Geschichte von Port Royal, Buckle in einigen Partieen seiner Geschichte der Civilisation, Taine in verschiedenen Theilen seiner Geschichte der englischen Litteratur sind beachtenswerte Beispiele eines solchen Verfahrens. Jedoch sind auch diese Schriftsteller in der Abschätzung der Stärke und des Umfanges der geistigen Bewegungen, in der Verfolgung der ursächlichen Be-

ziehungen, die zwischen Theologie, Litteratur, positiven Wissenschaften und Philosophie bestehen, noch nicht so methodisch verfahren, als dies die Quellen gestatten. Die Bewegung, welche in
Frankreich den Descartes hervorbrachte und durch den Einfluss
seiner Schule dem französischen Geiste teilweise sein Gepräge gab,
die andere Bewegung, in deren Verlauf Bacon, Hobbes und Locke
hervortreten, setzen sich aus dem Zusammenwirken vieler Personen
zusammen. Zwischen dem Kultus der philosophischen Heroen in
einer Geschichtschreibung, welche zwischen diesen Einzelpersonen
abstrakte Fäden spinnt, und der demokratischen Erklärung aus
Massenbewegungen, wie sie Buckle einzuführen versuchte, liegt die
geschichtliche Wahrheit mitten inne: sie lässt sich nicht in einer
Formel aussprechen. Vielmehr ist die Erkenntniss dieser Wahrheit erst das Ergebniss der geschichtlichen Einzelforschung.

Es sei erlaubt, diesen Zusammenhang der Geschichte der
Philosophie mit der Kulturgeschichte von einem psychologischen
Ausgangspunkte aus zu verdeutlichen.

Die Struktur des Seelenlebens enthält in sich das Schema,
gleichsam das Gerüst für alle aus dem Zusammenwirken seelischer
Einheiten entstehenden geschichtlichen Vorgänge. Aus der geistigen
Atmosphäre, in welcher der Mensch lebt, entstehen ihm Eindrücke, sie
werden mit den angesammelten Erfahrungen verknüpft, sie werden
im Denken verarbeitet. Wie nun aber die Wurzel unserer Existenz
ein Mannichfaltiges von Gefühlen und Trieben ist, die mit elemen-
tarer Gewalt sich dem Wirklichen entgegen strecken, und von deren
Befriedigung durch das Wirkliche alsdann Erhaltung, Glück und
Entwickelung des Individuums, wie Erhaltung der Art abhängig ist:
wird dem so gearteten und von Trieben, Begehrungen und Gefühlen
erfüllten Menschen Alles, Sachen, Personen, erkannte Natur- und
Lebensverhältnisse zum Material, an welchem sein Lebensgefühl,
sein Gemüth sich bethätigt. Alsdann werden von diesen Gefühlen,
Trieben und Affekten, als von Motoren, die Willensvorgänge und Bewegungen getrieben, welche dies Eigenleben der Umgebung anpassen
oder unsere Zustände selber den Lebensbedingungen accomodiren.

Die konkrete Einheit dieser Vorgänge in der Person ist immer
geschichtlich. Die Kultur eines Zeitalters kann als die Art und

Weise angesehen werden, wie dieser Strukturzusammenhang, der sich vermittelst der Wechselwirkung zwischen Individuen durch ein Ganzes erstreckt, innerhalb dieses Ganzen eine Ausbildung der Glieder der Struktur und eine Verbindung zwischen diesen Gliedern gewinnt: gleichsam Organe des Gewahrens, Geniessens und Schaffens, sowie einheitliche Macht der Bethätigung. Es ist nun immer bemerkt worden, dass die philosophischen Systeme in einem gewissen Verstande die Kultur eines Volkes und einer Zeit repräsentiren. Dies ist darin begründet, dass sie allein das Leben selber zum vollständigen bewussten Zusammenhang im Denken erheben. Indem ein philosophisches System von den gesammelten Erfahrungen und den positiven Wissenschaften einer Zeit ausgeht, gestaltet es von da eine Einheit, die hinüber reicht in die Lebensführung des Einzelnen und in die Leitung der Gesellschaft. Wo dieser Zusammenhang, der aus der Erkenntniss der Wirklichkeit die in ihr möglichen Ziele entwickelt, so klar und fest ist als es die Mittel des menschlichen Denkens in einer gegebenen Zeit gestatten: da ist Philosophie. Und nur wo Philosophie ist, hat die Ueberzeugung zugleich eine wissenschaftliche Grundlage und ein praktisches Ziel. Der Religion wie der Dichtung fehlt das wissenschaftliche Fundament. Dagegen der positiven Wissenschaft fehlt die führende Kraft, das Leben des Einzelnen und der Gesellschaft zu bestimmen.

Aus diesen Verhältnissen ergiebt sich dann ein zweiter Satz. Die Erkenntniss der geschichtlichen Natur des Menschen, die Einsicht in die Veränderungen des ganzen Seelenlebens nach seiner vollen Lebendigkeit und Wirklichkeit, also der Blick in die Entfaltung des Einen ganzen Menschen innerhalb der Geschichte sind überall auf das Studium der geistigen Bewegungen, zumal aber auf die Geschichte der Philosophie angewiesen. Die geschichtliche Natur des Menschen ist seine höhere Natur überhaupt. Noch sind Psychologie und Psychophysik nicht zu einer sicheren Einsicht darüber gelangt, wie aus dem Zusammenwirken von Elementen und von elementaren Processen die höheren Leistungen von Selbstbewusstsein, Denken und sittlichem Wollen entspringen. Niemand vermag zu entscheiden, ob aus der Zusammensetzung von Elementen und Processen ohne Rest und Minderung diese höheren

Leistungen abgeleitet werden können. Auch vermögen wir nicht
aus den Funden der paläolithischen und neolithischen Zeit über
die seelischen Zustände der ersten Menschen uns eine zuverlässige
Vorstellung zu bilden. Doch was wir wissen, berechtigt mindestens
zu dem Schlusse, dass der höhere Gehalt, welcher früher als die
ursprüngliche Mitgift der Menschennatur angesehen wurde, vielmehr überall in der mühsamen Arbeit der Geschichte erworben
wird. Dem entspricht auch, dass dieser höhere Gehalt nicht all-
gemeingiltig sich in der Menschennatur als stets derselbe ausprägt:
er besteht nur in unterschiedenen geschichtlichen Formen. Und
zwar können wir, da die in der Menschenwelt wirkenden Kräfte
immer dieselben gewesen sind, die Natur dieser geschichtlichen
Arbeit auf der primitiven Stufe aus der Natur derselben in den
späteren geschichtlich helleren Zeiten erschliessen. Auch in diesen
von der Geschichte beleuchteten Zeiten ist freilich die Durchsichtigkeit der Entwicklung auf den verschiedenen Gebieten nicht dieselbe. Die Zunahme des Wissens und der Einfluss seiner Veränderungen auf die Civilisation ist einer genauen historischen Darstellung fähig. Auch die Ausbildung der Erfindungen, Künste und
Lebensordnungen, als der Handgriffe des menschlichen Handelns,
kann festgestellt werden. Zwischen beiden aber liegt, was den
Kern der Menschennatur ausmacht. Dieser Kern entsteht, indem
die uns selbst wie den Weltlauf regierenden mächtigen Triebe, die
sanftern Regungen, die Gemüthszustände, welche alle zunächst vereinzelt wirken, Beziehungen eingehen, indem sie unter den Bedingungen der Lebensumstände, der Lage des Wissens, der Hilfsmittel des Handelns bestimmte Werte für den Zusammenhang des
Lebens empfangen, indem sie in bestimmte Verhältnisse zur Wirklichkeit treten. So entsteht eine gehaltvolle Einheit, ein Kern der
Person. Auch dies Höchste in all unserm menschlichen Thun, ein
einheitlicher Wille, welcher durch die Eindrücke von aussen, durch
die Ansammlung von Erfahrungen bedingt ist und seinerseits das
Handeln bedingt, ist uns nicht mitgegeben, sondern er ist der Erwerb der Arbeit in Sitte und Sprache, in Poesie und Mythos. Die
Person entwickelt sich gerade in diesem ihrem Kerne vorherrschend
unter dem Einfluss von metaphysischem Glauben und weiter von

metaphysischer Wissenschaft. So stellen sich die grossen Veränderungen im Lebensgefühl der Menschen in den Veränderungen der Philosophie dar. Die Geschichte der Philosophie macht die Aufeinanderfolge der Positionen des menschlichen Seelenlebens sichtbar. Sie giebt die Möglichkeit, den geschichtlichen Ort für die einzelnen Erscheinungen der Litteratur, der Theologie und der Wissenschaften zu erkennen. Denn jede im philosophischen Denken erfasste neue Position des Bewusstseins äussert sich gleicherweise im wissenschaftlichen Erkennen dieser Wirklichkeit, in den Wertbestimmungen des Gefühls, und in den Willenshandlungen, also der Führung des Lebens und der Leitung der Gesellschaft.

II.

Diese Sätze umschreiben den Causalzusammenhang, in welchem das langsame Fortrücken der Philosophie stattfindet. Die Geschichte kennt keine verwickeltere Erscheinung als die Philosophie eines Zeitalters ist, sofern man diese Philosophie nicht nur äusserlich beschreiben, sondern als Lebensmacht verstehen will. Demgemäss muss die Analysis dieses Phänomens alle Hülfsmittel benutzen und jeden geschichtlichen Rest des Vorgangs zu Rathe halten. Je grösser das Lebenswerk eines Menschen ist, desto tiefer reichen die Wurzeln seiner geistigen Arbeit in das Erdreich von Wirthschaft, Sitte und Recht seiner Zeit, und in desto mannigfaltigerem lebendigerem Austausch mit Luft und Licht umber athmet und wächst sie. In solchem feinen, tiefen und verwickelten Zusammenhang kann jedes scheinbar unerhebliche Blatt Papier ein Element von Causalerkenntniss werden. Das fertige Buch spricht für sich wenig von dem Geheimniss seiner Entstehung aus. Pläne, Skizzen, Entwürfe, Briefe: in diesen athmet die Lebendigkeit der Person, so wie Handzeichnungen von derselben mehr verraten als fertige Bilder. Wol kann eine Geschichte der Systeme, welche eines nach dem andern, wie mit dem Storchschnabel, in verkleinertem Maassstabe reproducirt, ganz aus den bekannten Büchern geschrieben werden. Eine solche Geschichte beschreibt die Systeme und macht ihre Form sichtbar. Geht man aber von den Büchern zu dem Menschen zurück, will man seine Lebensmacht verstehen und seine Entwicklung erkennen, dann bedarf es hierzu des Inbegriffs aller aus seiner Zeit noch auf uns gekommenen Bücher: man muss über die bekannten Schriftsteller zu den vergessenen zurückgehen und alle Glieder des Zusammenhangs, der aus Büchern besteht, aufspüren: es bedarf endlich auch der Handschriften. Dann ist von keinem Blatt zu sagen, was es mitzuteilen vermag, wenn es nur unter das richtige Auge kommt.

Dem Wirklichkeitssinn unserer Tage erscheint der Mensch als der eigentliche Grundkörper für diesen Zweig von Geschichte, wie für jeden anderen. Dies muss alle Grundvorstellungen über geistige Bewegungen beeinflussen. Zugleich giebt es den unmittelbaren intimen Lebensäusserungen in Handschriften, Briefen einen hohen Wert.

Die Einheit, durch welche wir den Verlauf einer geistigen Bewegung messen, ist in dem Menschen selber zu suchen. Nur von aussen angesehen, liegt das Gerüst des Verlaufs geistiger Bewegungen in dem System von Stunden, Monaten, Jahren und Jahrzehnten, in das wir das Geschichtliche zunächst einordnen. Dem Verhältniss zwischen den Sekunden der Uhr und dem psychologischen Zeitmaass entspricht für die grossen Zeiträume des geschichtlichen Ablaufs das Verhältniss zwischen den Jahrzehnten oder Jahrhunderten und dem Menschenleben oder den Lebensaltern. Im Verlauf des Menschenlebens ist die natürliche Einheit für ein anschauliches Abmessen der Geschichte geistiger Bewegungen gegeben. Eine graphische Darstellung der bald kürzeren, bald längeren Lebenslinien ist zuerst, soviel ich sehe, von dem Physiker und Philosophen Priestley in seiner Chart of biography versucht worden. Poggendorff hat sich dann derselben in seinen Lebenslinien zur Geschichte der exakten Wissenschaften (1853) bedient. Doch blieb nach meiner Kenntniss dies Beispiel bisher ohne erhebliche Nachfolge.

Als Zeiteinheit, vermittelst deren umfassendere geistige Bewegungen oder Veränderungen gleichsam biologisch gemessen werden können, bietet die Generation sich dar [2]). Generation ist die

---

[2]) Die Bedeutung der Grundvorstellung Generation für die Geschichte

Bezeichnung für einen Zeitraum, der von der Geburt bis zu derjenigen Altersgrenze reicht, an welcher durchschnittlich ein neuer Jahresring am Baume einer Descendenzreihe sich ansetzt. Eine solche Generation ist in ihrer Dauer von den Gewohnheiten der Eheschliessung bedingt. Der Altersunterschied zwischen dem Vater und den Kindern, wenn dabei der mittlere Altersunterschied zwischen den ältesten und jüngsten Geschwistern angesetzt wird, beträgt für Deutschland 36½, für England 35½ und für Frankreich 34½ Jahr. Im Ganzen also umfasst ein Jahrhundert drei Generationen. Die intellectuelle Geschichte Europas seit Thales, als dem ersten wissenschaftlichen Forscher, von dem wir wissen, umfasst nur 84 Generationen. Von der letzten Blüte der Scholastik sind wir kaum durch 14 Generationen getrennt. Diese Vorstellung ist sehr nützlich, die lebenswirklichen Abstände geistiger Veränderungen zur Anschauung zu bringen. Jeder von uns kennt den geistigen Abstand, welcher seine Eltern von seinem eigenen Fühlen und Denken trennte, und er kann wieder erfahren, in welchen Grenzen seine Kinder ihn verstehen, seine Gefühle und Gedanken teilen. Diese lebendige Anschauung kann er anwenden, um den Fortgang geistiger Veränderungen in der Geschichte fassbar zu machen. Dann schliesst sich an diese Anschauung des Abstandes der Generationen das Verhältniss zwischen dem Mann auf der Höhe seines Lebens, in den 50er Lebensjahren, und dem lernenden Jüngling: ein Zeitabstand von ähnlichem Umfang trennt diese beiden.

Derselbe Begriff, der so eine innere Abmessung des Zeitverlaufs geistiger Bewegungen ermöglicht, dient ferner der konkreten und realistischen Auffassung des Gleichzeitigen. Wir bezeichnen diejenigen Personen, die gleichzeitig neben einander aufgewachsen sind, die ein gemeinsames Jünglingsalter hatten und dann im Zeitalter der Kraft neben einander wirkten, als dieselbe Generation. Sofern diese Personen in den Jahren der Empfänglichkeit durch

---

geistiger Bewegungen habe ich in einer Abhandlung über Novalis Preussische Jahrbücher 1865 S. 596—650 gelegentlich hervorgehoben. Vom Standpunkte des Statistikers aus behandelte sie Rümelin, Reden und Aufsätze 1875 S. 285 ff., und Ottokar Lorenz über die Geschichtswissenschaft 1886 entwickelt historische Folgerungen.

dieselben grossen Thatsachen bedingt wurden, machen sie trotz der Verschiedenheit im Maassverhältniss dieser Einwirkungen und in deren Mischung mit anderen Faktoren ein homogenes Ganzes aus. Eine solche Generation bilden die Schlegel, Schleiermacher, Hegel, Novalis, Hölderlin, Wackenroder, Tieck und Schelling. Von diesen Grundvorstellungen aus entsteht ein lebendiges, kraftvolles Bild einer Zeit, indem man das Nebeneinanderleben der Gleichaltrigen, das Hineinragen der älteren Generation und das Herannahen der jüngeren berücksichtigt.

Die lebenswarmen Verhältnisse, welche aus den Grundvorstellungen der Einzelperson, der Lebensalter und der Generation für die Geschichte der geistigen Bewegungen entstehen, bedürfen überall auch der Benutzung intimer Lebensäusserungen. Indem man den Lebenslauf der einzelnen Menschen der Betrachtung geistiger Bewegungen zu Grunde legt, findet man sich überall auf biographische, entwicklungsgeschichtliche Materialien angewiesen. Von den Handschriften empfängt eine solche Betrachtungsweise ihr Leben und ihre Fülle.

Man thut einen weiteren Schritt, indem man eine einzelne wichtige Person entwicklungsgeschichtlich betrachtet. Die Lösung dieses biographischen Problems steht an Bedeutung und Schwierigkeit hinter keiner umfassenderen historischen Aufgabe zurück. Denn in der Biographie gelangt der Grundkörper aller Geschichte zum Verständniss. Und hierbei bleibt Alles, was Psychologie und genialer Blick leisten können, ganz ungenügend, wo Handschriften fehlen. Die Beziehungen von Werken aufeinander und zum Geiste des Autors können nur hypothetisch und unlebendig behandelt werden, wenn nicht Entwürfe und Briefe Bezeugung und lebensvolle Wirklichkeit gewähren. Wo wir dann aus dem Nachlass eines grossen Denkers oder Schriftstellers schöpfen können, entsteht das in sich vollkommenste Bild, das wir von irgend einem Teil der Geschichte zu erlangen im Stande sind. Denn die Wahrhaftigkeit von Büchern, die Durchsichtigkeit von Gedanken und zudem die Erhaltung aller wesentlichen Glieder der Vorgänge in der Schrift wirken zusammen, diesem Teil der Geschichte eine ihm allein eigene wissenschaftliche Vollendung zu geben. — Auch

hier gruppiren sich um eine Hauptperson Gleichaltrige, die mit-
streben und mitarbeiten, eine ältere Generation, welche bestimmend einwirkte, und eine jüngere, die Einwirkungen empfing
und nun mit neuem Wollen vor der Thür steht. Alle diese Beziehungen treten nur dem in voller Realität entgegen, welchem
aus Briefen und Papieren der Athem der Personen zuströmt.

Alle Historie geistiger Bewegungen muss in solchen
Monographieen die tragenden Pfeiler besitzen. Soll sie nun ihre
umfassendere Aufgabe lösen, so müssen die quantitativen Verhältnisse zwischen den Teilen der Bewegung festgestellt werden
können. Auch vermögen wir Stärke und Umfang der wissenschaftlichen Richtungen, ihr Wachsthum, ihren Höhepunkt und wieder
ihr Sinken, kurz die Strömungen der wissenschaftlichen Atmosphäre
von der Zeit ab, in welcher der Bücherdruck ein zählendes Verfahren ermöglicht, innerhalb gewisser Grenzen und mit einer gewissen
Unvollkommenheit zu messen. Es bedarf nur der Ausnutzung des
gesammten Bücherbestandes unserer Bibliotheken nach statistischen
Methoden. Durch eine solche wird man einmal das ganze Causalverhältniss einer geistigen Bewegung, von den allgemeinen Bedingungen eines Culturkreises durch die öffentliche Meinung zu
tastenden Versuchen, und von da schliesslich zu einer genialen
Schöpfung, in den wesentlichen Gliedern vorstellig machen können.
Intellectuelle Phänomene, die man bisher nur auf wenige Personen
und Vorgänge zurückführte, zeigen sich dann als letztes Resultat
einer sehr zusammengesetzten geistigen Bewegung. Die Ausbrei-
tung von Gefühlen, Stimmungen und Ideen und die Cooperation
vieler Personen lässt sich auch hier wieder nur erfassen, wenn
man den ganzen noch erhaltenen Bücherbestand benutzen und
ihn zugleich aus den Handschriften ergänzen kann.

III.

Vergleicht man mit diesem unschätzbaren Wert der Handschriften für die Geschichte der Philosophie und der geistigen Bewegungen die Sorglosigkeit, welche denselben gegenüber gewaltet
hat, betrachtet man die aus ihr entstandene Zerstörung des grössten
Teils der wichtigen Handschriften und die Zersplitterung beinahe

aller: so muss bei allen Beteiligten ein lebhafter Wunsch entstehen, einem solchen unerträglichen Zustand sobald als möglich ein Ende zu machen.

Ich erläutere dies zunächst an dem uns interessantesten Nachlass, dem Kants. Dass Kant selber auf seine Papiere Wert legte, ja dass er die Veröffentlichung ihres wesentlichen Gehaltes wünschte, geht daraus hervor, dass er im Anfang des Jahres 1800 alle seine noch vorhandenen Concepte, Entwürfe, Reinschriften, Vorlesungshefte, Compendien und Briefe an Rink und Jäsche übergab, damit diese eine Revision und Anordnung derselben unternähmen und das Geeignete zur Veröffentlichung vorbereiteten. Durfte doch Rink in seiner merkwürdigen Sammelschrift „zur Geschichte der metacritischen Invasion 1800" den Freunden und Verehrern der kritischen Philosophie das allmälige Erscheinen der Metaphysik, Logik, natürlichen Theologie, physischen Geographie und anderer interessanter Schriften Kants durch Rink und ihn selber, Jäsche, versprechen. Auch sind so mehrere Schriften entstanden. Nach dem Tode Kants kam die Hauptmasse an den Professor Gensichen, als den Erben der kleinen Bibliothek, an den Buchhändler Nicolovius, als Verleger Kants, und an den Pfarrer Wasianski, als Exekutor des Kant'schen Testaments. Viele einzelne Papiere wurden verschenkt. Da nach dem Tode der beiden ersten Personen diese Papiere unter den Hammer kamen, dagegen der Besitz von Wasianski der Königsberger Bibliothek geschenkt wurde, die kleineren verschenkten Massen aber schliesslich auch hier und da zum Verkauf umgeboten wurden: entstand der Zustand, wie er heute vorliegt.

Das meiste ist naturgemäss auf der Königsberger Universitäts-Bibliothek zusammengeflossen. Von dem dortigen handschriftlichen Nachlass gebe ich die folgende Beschreibung, welche ich der Güte des Herrn Doktor Reicke verdanke: „der handschriftliche Nachlass Kants auf der hiesigen Königl. und Universitäts-Bibliothek, zum grössten Teil wol durch Schenkungen in den 30er und späteren Jahren erworben, besteht fast nur aus losen Blättern verschiedensten Formates. Schubert hat dieselben behufs Benutzung für die mit Rosenkranz gemachte Ausgabe der Werke Kants in 13 Convolute geschieden, und innerhalb dieser geordnet. Diese Convolute (erst in neuester Zeit mit A—N bezeichnet) tragen von Schuberts Hand folgende Inhaltsangaben: A. 18 Blätter und Papierstreifen zur Physik und zur Mathematik. B. 12 Blätter zur Kritik der reinen Vernunft. C. 15 Blätter zur Logik und gegen Eberhard. D. 33 Blätter zur Metaphysik. Wider den Idealismus. E. 78 Blätter und Papierstreifen zur Moral, zur Rechtslehre und zur Kritik der praktischen Vernunft. F. 23 Blätter. Kants Ansichten über allgemeine Gegenstände der Politik und des reinen Staatsrechts aus den Jahren 1785 bis 1799. G. 28 Blätter. Kants Ansichten zur Religionsphilosophie und natürlichen Religion. Zum Streit der Facultäten. H. 59 Blätter zur Anthropologie. J. 6 Blätter zur physischen Geographie. K. 15 Stücke. Kleine Concepte von Kants Hand, gekauft auf der Bücherauktion des Prof. Gensichen. L. 61 Piecen. Kleine Denkzettel von Kants Hand aus der letzten Zeit seines Lebens (gekauft auf der Prof. Gensichenschen Bücherauktion), dazu 3 Memorienbücher, von Herrn Buck durch Herrn Ober G. R. R. Reusch. M. 36 Piecen. Allgemeine biographische Nachrichten. Entwürfe zu Briefen. N. 63 Briefe an Kant. (Auf der Bücherauktion des Professor Gensichen gekauft.) Dazu noch 6 andere Briefe [3]." Hierzu kommt das Manuscript der Doctor-Dissertation „de igne" aus dem Jahre 1755, dann eine biographisch wertvolle Sammlung „Kantiana" aus Walds Nachlass (1860 von Reicke veröffentlicht), ein Handexemplar der Kritik der reinen Vernunft (1. Ausg.) mit handschriftlichen Bemerkungen, (die Benno Erdmann im Jubeljahr der Kritik publicirte), mehrere Compendien von Wolffianern, nach denen Kant las und die er mit Bemerkungen versah. Soweit Reicke's Beschreibung.

Die anderen Papiere und Briefe Kants sind in Dorpat, Rostock, Hamburg etc. zerstreut. Aus der Versteigerung der Kant-Papiere, die in Gensichens Besitz gewesen waren, gelangte durch Kauf nach Dorpat ein Exemplar der Metaphysik Baumgartens, durchschossen und mit zahlreichen Bemerkungen von Kant auch auf den gedruckten Seiten beschrieben, (daraus Benno Erdmann, Reflexionen

---

[3] A—D veröffentlicht in „Lose Blätter" aus Kants Nachlass mitgeteilt von Rudolf Reicke. 1. Heft. 1889.

Kants zur kritischen Philosophie 1882) und ein ebenso von Kant
mit handschriftlichen Bemerkungen versehenes Compendium der
Vernunftlehre von Meier. Dann besitzt die dortige Bibliothek noch
zwei starke Bände mit Briefen an Kant (einzelnes daraus in der
altpreussischen Monatsschrift veröffentlicht von Sintenis und Reicke,
welche eine Ausgabe des Briefwechsels von Kant beabsichtigen).
Endlich hat Herr Prediger Dr. Krause in Hamburg das neuerdings
veröffentlichte, leider unvollendete Manuscript Kants vom Uebergang von den metaphysischen Anfangsgründen der Naturwissenschaft zur Physik erworben.

So haben sich vom Nachlass Kants drei grössere Massen erhalten. Ausser ihnen finden sich kleine abgesprengte Teile an verschiedenen Stellen.

So sind in Rostock auf der Universitätsbibliothek 7 Briefe
Kants an Beck 1791, 1792, und jene Einleitung zur Kritik der
Urteilskraft, welche Kant für das Werk abgefasst hatte, die dann
aber nicht vor dem Werke abgedruckt ist, sondern durch eine kürzere
ersetzt wurde. Man wusste bisher von dieser Einleitung aus dem
Auszug, welchen Jakob Sigismund Beck von ihr anfertigte und im
zweiten Bande seines erläuternden Auszugs aus Kants kritischen
Schriften abdrucken liess. Dieser Auszug ist zuletzt in Benno
Erdmanns Ausgabe der Kritik der Urtheilskraft (1880) wieder-
gedruckt. Erdmann erwähnt die Stelle der Vorrede Becks, nach
welcher Kant das Manuscript der Einleitung an Beck, während
dieser mit obigem Werke beschäftigt war, zugesendet hat. Hieraus wie aus unserer Kenntniss Becks und dem Styl und Inhalt
der Einleitung versucht dann Erdmann das Verhältniss dieses Auszugs zu dem unbekannten Original zu bestimmen. Nun gut, dies
Original ist da, es ist die Rostocker Handschrift. Dass Erdmann
es bei seiner Edition nicht kannte und benützte, das zeigt uns,
wie die Zerstreuung der Handschriften ihre Verwerthung erschwert. Die Handschrift besteht in 34 Blättern von anderer
Hand, aber von Kant selber durchcorrigirt und mit zahlreichen
Randbemerkungen und Erweiterungen versehen. Da Beck ein per-
sönlicher Schüler Kants war, begreift man das Vertrauen, das er
ihm durch Uebersendung der Handschrift gewährte. Da er in

Rostock Professor gewesen ist, ist nicht zu verwundern, dass die Handschrift neben den Briefen Kants an Beck dort auf die Bibliothek kam. Also die Einleitung Kants haben wir augenscheinlich in dieser Handschrift anzuerkennen. Und nun zeigt eine Vergleichung, die Herr Oberbibliothekar Professor Schirrmacher anzustellen die grosse Güte hatte, dass ganze umfangreiche Capitel gar nicht in den Auszug aufgenommen worden sind. So wird also diese kleine Schrift, die in den Kantausgaben von Rosenkranz und Hartenstein unter dem sonderbaren Titel 'über Philosophie überhaupt' steht, in künftigen Kantausgaben nun in ihrer wahren Gestalt und ihrem ganzen Umfang auf Grund dieses kleinen Fundes erscheinen können. Ich hoffe im nächsten Hefte des Archivs über den Werth der ausgefallenen Theile und ihren Inhalt berichten zu können. — Anderes ist in die Hand von Autographensammlern gelangt. Rudolf Reicke besitzt das wichtige Handexemplar von Kants Beobachtungen über das Gefühl des Schönen und Erhabenen, aus welchem Schubert zuerst so bedeutende Mitteilungen gemacht hat, ausserdem eine lateinische Rectoratsrede: „de Medicina corporis quae Philosophorum est" (von Johannes Reicke im XVIII. Bde. [1881] der Altpr. Mon. mitgeteilt) und einiges Geringere. Manches hat sich ganz in die Ferne verloren; so finde ich in einer Beschreibung der Autographen im Besitz von Fillon: Lettre scientifique et philosophique de Kant au Professeur Schulz à Jéna. 25 juni 1787 (vielleicht an Schütz, vergl. s. Leben II. 208—209).

Dies Schicksal der Papiere Kants ist im höchsten Grade belehrend. Die Papiere enthielten aller Wahrscheinlichkeit nach ursprünglich die volle und ganze Möglichkeit, die Entwicklungsgeschichte eines der grössten philosophischen Genies aller Zeiten und die wahren geschichtlichen Motive seiner Gedankenbildung zu erkennen. Auch ist heute noch jede Aussicht dieser Art an die Trümmer dieses Nachlasses gebunden. Die geniale Jugendepoche dieses Geistes. sein freier Reichthum vor der systematischen Verfestigung werden sich uns immer zuerst in der Naturgeschichte des Himmels, den Beobachtungen über das Schöne und Erhabene und den Träumen eines Geistersehers. in zweiter Linie aber in den Papieren dieser früheren Zeit erschliessen. Und was ist nun ihr

Schicksal gewesen! Viermal mindestens, dass wir wissen, sind erhebliche und wichtige Teile dieses Nachlasses unter dem Hammer des Auktionators, in den Händen der Geldspekulation gewesen. Mindestens in Einem Falle lagen wichtige Papiere Kants in dem Laden eines Gewürzkrämers, um zum Einwickeln von Kaffee und Heringen benutzt zu werden. Weder die Unterrichtsverwaltung noch der Leiter der Königsberger Bibliothek empfand damals die Verpflichtung, selbstthätig das für die Erhaltung dieses Nachlasses Erforderliche ins Werk zu setzen. Niemand hat daran gedacht, sich um die Briefe Kants an die Personen, mit denen er in Korrespondenz stand, rechtzeitig nach seinem Tode zu bemühen. Es bestand eben keine Stelle, welcher in Bezug auf Handschriften Initiative zufiel. So ist der Nachlass zerrüttet; ein Teil desselben gerieth aus Deutschland heraus und was sich bei uns erhielt, ist zersplittert.

Wer nicht sehr geübt ist, in Handschriften zu arbeiten, kann sich unmöglich vorstellen, was das bedeute. Mancher denkt, es koste nur Reisen, Zeit und Geld, um von solchen zersplitterten Handschriften allmälig Einsicht zu nehmen und sie so zu benutzen. Dagegen wer die verlöschten Spuren der Entwicklungsgeschichte eines grossen Menschen aus vergilbten Handschriften abzulesen versuchen musste, der weiss nur zu gut, wie dies schwierige Unternehmen ganz daran gebunden ist. dass man diese Blätter immer wieder an einander hält, dass die Veränderungen der Hand und Schreibweise ein sicherer Besitz werden und mit den Veränderungen des Inhalts sowie mit äusseren Kennzeichen von mancherlei Art immer neu combinirt werden. Umsonst hat man mit einem ungeheuren Aufwand von Arbeit bisher die Entwicklungsgeschichte Platos seinen Dialogen zu entlocken versucht. Hier aber ist bei einem anderen grossen Geiste das Material vorhanden, die Aufgabe wirklich zu lösen. Nun wird aber diese Lösung nur dem gelingen, der eben so genau als zwischen seinen eigenen Papieren im Arbeitshaushalt Kants zu Hause ist und ohne Besinnen aus den Schriftzügen eines Papierstreifens das Lebensalter, in dem Kant ihn niederschrieb, abzulesen vermag. Und alle Begabung, alle Arbeit wird dies Ziel nicht eher erreichen, als bis an Einer Stelle der Nachlass Kants vereinigt ist. Dann erst kann eine abschliessende

Kantausgabe hergestellt werden: eine Ehrenpflicht der Berliner Akademie! Und auch Kants Entwicklungsgeschichte kann dann Jemand schreiben, der unter den Büchern und Handschriften Kants und seiner Zeitgenossen heimisch geworden ist.

Ich wähle ein anderes Beispiel, das viel umfassender, weniger zugänglich, doch ebenfalls im höchsten Grade belehrend ist. Der Verlauf der geistigen Bewegung in Deutschland, der uns von der katholischen und protestantischen Scholastik zu Leibniz und den Leistungen seiner Generation emporführte, ist bisher noch wenig untersucht. Dieselbe Lücke besteht in Bezug auf die englische Entwicklung zu Bacon und Hobbes, die französische zu Gassendi und Descartes. In so verschiedenen Fällen ist dies gleichmässig die Folge der Einschränkung unserer Geschichte der Philosophie auf eine geringe Zahl hervorragender Personen.

Und dennoch ist schon zunächst die Ausbildung der Theologie der verschiedenen Confessionen während des 16. Jahrhunderts eine Veränderung im ganzen Bewusstseinsstande der Menschen und ihrem metaphysischen Glauben, welche von der Geschichte der Philosophie nicht übergangen werden kann. Auch die Logik, Physik und Ethik jener Tage kann, weil sie in dem Dienste der Theologie stand, nicht anders als unter dem theologischen Gesichtspunkt dargestellt werden, welcher damals alles beherrschte. Den Ausgangspunkt bildet, dass der Glaube im protestantischen Dogma als einheitlicher Mittelpunkt aller Kraftwirkung der Person erfasst wird. Die Person und ihr Wille ist vor Gott und seinem Gerichte wie vor den Menschen unteilbare Innerlichkeit. Dies germanische Christentum, das aus dem Kraftgefühl der Person hervorging und selber eine Quelle von Kräften wurde, ist nun bei uns im sechzehnten Jahrhundert mit der humanistischen Verehrung und Erfassung des klassischen Altertums, insbesondere des Aristoteles verknüpft worden, und hier ist die Grundlage unserer deutschen Bildung. Melanchthon, der diese Verknüpfung vollzog, wurde so der Praeceptor Germaniac. Sie ist durch die damals entstandenen Gymnasien dem deutschen Geiste eingeprägt worden. Sie wurde durch unsere Universitäten verbreitet. Aus der Metaphysik und Theologie jener Tage hinüber wirkt sie noch auf die Gegenwart lebendig.

25*

Aber die theologischen Folianten von Gerhard, Calov und deren neukatholischen Gegnern sagen uns wenig von dem Inneren des damaligen Menschen und von den lebendigen Beweggründen dieser Metaphysik und Theologie. Sie müssen zu allen noch erreichbaren seltenen Büchern sowie den Handschriften in Beziehung gesetzt werden. So allein können wir den lebendigen Athem der Menschen jener Tage fühlen. Und welches Material bieten hier allein die beiden ungeheuren Sammlungen, welche in Zürich liegen. Der Thesaurus Hottingerianus, welchen der Orientalist J. H. Hottinger (starb 1667) angelegt hat, enthält in 50 Bänden Korrespondenzen aus dem 16. und 17. Jahrhundert. Und die Simmlersche Sammlung umfasst in 200 Bänden Korrespondenzen, Aktenstücke, Flugschriften von 1500—1783. Beide Sammlungen greifen inhaltlich weit über die Schweiz hinaus und sind gerade für das 16. Jahrhundert besonders wichtig. Ueber ganz Deutschland sind dann Kollegienhefte, ungedruckte Arbeiten und Briefsammlungen der Gelehrten des 16. und 17. Jahrhunderts zerstreut. So enthalten die Bibliotheken von Dresden, Jena, Göttingen und Helmstädt ansehnliche Handschriftenmassen aus den protestantischen Kreisen. Aber gerade in den kleineren Stadt-, Schul- und Kirchenbibliotheken, in den Archiven aller Klassen wird erst die grosse Masse dieser Papiere, und teilweise auch der seltenen Bücher aufgesucht werden müssen. Wenn sie dann zusammengelegt werden, kann erst ein einheitliches Bild entstehen.

Schon die Erkenntniss der einzelnen Personen wird erst auf diese Weise möglich, weil die Briefe gewöhnlich unter dem Namen der Empfänger, nicht der Schreiber in den Sammlungen sich finden. Ferner wird erst dies vereinigte Material die Macht der Theologie jener Tage, die Intensität und den Umfang der einzelnen Bewegungen in ihr zu bestimmen gestatten. Ich zweifle nicht, dass die Registrirung der Handschriften und die Aufstellung eines einheitlichen Verzeichnisses aller gedruckten Bücher aus dem 16. und 17. Jahrhundert einen solchen Reichtum der Materialien und zugleich eine so sinnlose Zerstreuung derselben zeigen wird, dass innerhalb der Kreise der protestantischen Kirche und Theologie eine lebhafte Agitation für die Erhaltung und Sammlung der unschätzbaren Dokumente unserer altprotestantischen Kirche entstehen muss. Und sollten wirklich die einzelnen Bibliotheken ihr Eigentumsrecht an diese für sich fast unbenutzbaren Sammlungen geltend machen? In ihrer jetzigen Zersplitterung sind diese Handschriften wertlose Dinge. Erst durch ihre Zusammenlegung empfangen sie Bedeutung.

Und nun arbeiten sich inmitten dieser herrschenden metaphysisch-theologischen Lehrform die modernen Gedanken empor. Zunächst sind sie wie eingesprengt in das Gestein der alten Denkweise. Sie treten noch innerhalb der Struktur der Metaphysik auf, nach welcher die Welt von einem System psychischer Kräfte beherrscht wird, das gleichsam von oben nach unten wirkt. Die Bewegungen machen sich zuerst getrennt geltend; sie wirken hier und da in einander; bis sie sich dann in der Generation von Leibniz zu einer dauernden philosophischen Schöpfung verbinden. Jede von ihnen bedarf zu ihrer Erforschung der Handschriften und der erleichterten Uebersicht über die noch vorhandenen seltenen Bücher.

Die Bedeutung seltener Bücher sowie der Handschriften hat sich für die erste dieser Bewegungen aus den unermüdlichen Forschungen von Ludwig Keller ergeben, wenn man auch deren Ergebnissen vielfach nicht zustimmen kann. Aus den Tiefen des deutschen Geistes trat in Hans Denck und Balthasar Hubmeier, in Sebastian Franck und Valentin Weigel, als ein Teil der reformatorischen Bewegung, die Interpretation alles religiös Geschichtlichen aus der inneren Erfahrung hervor: die Historie Figur und Symbol zeitlosen inneren Geschehens, die Innerlichkeit des Selbst oder der Mikrokosmos Schlüssel der ganzen Natur, die Menschenseele ein Fünkchen der Gottheit und das wahre Leben der Tod des individuellen Willens. In diesen Männern und Ansichten sind die Wurzeln der modernen Religionsphilosophie und die Motive unserer eigenthümlichsten metaphysischen Leistung, der Monadologie.

Lassen wir die ramistischen und calixtinischen Kämpfe auf sich beruhen, so verknüpft sich nun jene erste Bewegung mit dem grossen Fortgang der Naturerkenntniss, der sich in Copernikus, Kepler, in Geringeren wie Jungius vollzog. Die Bedeutung der

Handschriften hat sich auch bei diesen Personen überall erwiesen.
So beruhen auf der grossen Masse von Manuscripten und den
Briefen von Kepler, besonders in Wien (ein paar Briefe auch in
Graz), auf dem grossen Nachlass des Jungius in Hamburg (obwol
der grössere Teil der hinterlassenen Papiere in einer Feuersbrunst
zu Grunde ging) neuere Arbeiten und Editionen, welche diese
Männer betreffen. Es bleibt dann noch offen, wiefern die weiteren
Einwirkungen der ausländischen von der Naturwissenschaft getragenen
Bewegung auf Deutschland aus Manuscripten einmal aufgeklärt werden
können. Von 1632—1655 folgen sich die Geburtsjahre von Pufendorf, Spener, Leibniz, Tschirnhausen und Thomasius. In dieser
Generation werden die Resultate gezogen. Man sollte denken,
dass die Handschriften aus dieser grossen und glänzenden Zeit
unserer intellektuellen Geschichte der Nachwelt erhalten und vollständig benutzt worden seien. Dies ist nur in Bezug auf Leibniz
der Fall, der auch hierin der Glücklichste unter unseren Philosophen, wie Goethe unter unsern Dichtern, gewesen ist. Dagegen
ist mir für Tschirnhausen bisher keine Fundstelle bekannt geworden.
Von Samuel Pufendorf ist einiges u. A. in Giessen und Dresden.
Von Spener sind Briefe an ganz verschiedene Orte zerstreut, so
nach Halle, Erlangen, Giessen. Nimmt man wenige Personen aus,
so sind demnach von den bedeutendsten damaligen Denkern nur
spärliche Handschriften bekannt und diese in ihrer Zerstreuung
wenig benutzbar.

Soll ich weitere Beispiele häufen? Sie bestätigen nur, was die
bisher gegebenen lehren. Der Nachlass der meisten Philosophen
des 18. Jahrhunderts hat das Schicksal gehabt, das aus der Natur
der Sache selber folgt. Schlecht geordnet, in engem Raum in
einander geschoben, von keinem Sachverständigen durchgearbeitet,
macht ein solcher Nachlass in Privathänden alle Schicksale der
Familien mit. Die erste Generation bewahrt ihn pietätvoll, den
folgenden wird er zu einer Last. Der Wechsel des Aufenthaltes,
der Untergang der Familien, Geld- und Wohnungsnot in anderen Fällen, Feuersbrünste, Wasser, Moder und Staub: diese und
hundert andere Gefahren bedrohen die hilflosen Papiermassen, und
dieselben müssen ihnen früher oder später unterliegen, wenn sie

nicht auf Bibliotheken oder an andre öffentliche Orte gerettet werden. So spielt der Zufall eigensinnig und willkürlich mit diesem unschätzbaren wissenschaftlichen Material. Zuweilen hat sich minder Bedeutendes erhalten. Ein umfangreicher Nachlass von Nicolai ist hier auf der Berliner Bibliothek: 13 Bände aus dem Nachlass von Bouterwek ebenfalls; 42 Bände von Handschriften aus dem Nachlass von Meiners sind auf der Göttinger Universitätsbibliothek; die Handschriften von Kraus auf der von Königsberg. Dagegen ist Bedeutendes in anderen Fällen grossentheils uns verloren. So kennt man von einem Thomasius und Christian Wolff doch nur einen mässigen Teil ihres handschriftlichen Nachlasses. Zwar findet sich in einem älteren Dresdner Handschriftenkatalog rubricirt: Adversaria et collectanea D. Christiani Thomasii 13 volumina 4; aber Herr Oberbibliothekar Dr. Schnorr von Carolsfeld teilt mir über diese Bände mit, dass sie von der Hand eines Schreibers sind und wohl das Portrait von Thomasius in Kupferstich enthalten, sonst aber keine Hindeutung auf dessen Urheberschaft. Auch ist mir bisher nicht gelungen, von Crusius. Lambert, Moritz, Tetens irgendwo erhebliche Handschriften aufzustöbern. Dieses ganze Verhältniss ändert sich erst, wenn man zu Philosophen kommt, die der Gegenwart so nahe stehen und deren Ruhm so gleichmässig das Interesse an ihnen erhalten hat, dass ihr Nachlass bisher in den Familien wohlbewahrt blieb. Aber schliesslich müssen alle die Ursachen, welche unter den Handschriften des 18. Jahrhunderts solche Verwüstungen angerichtet haben, auch den bisher erhaltenen des neunzehnten verderblich werden, wenn sie den Wechselfällen der Familien und ihres Privateigenthums ausgesetzt bleiben.

IV.

Und wie kann diesem Zustande abgeholfen werden?

Bücher sind unsere Hauptquellen. Ihre Ausnutzung wird immer noch durch die Einrichtung der Bibliotheken nicht so erleichtert als wünschenswert wäre. Vor allem fehlt eine Centralstelle, an welcher man sich über die noch in Deutschland vorhandenen Bücher zu unterrichten vermöchte. Die sehr grossen technischen

Schwierigkeiten, mit denen die Aufstellung eines Gesammtkataloges zu kämpfen hat, der Aufwand an Geldmitteln, den er beansprucht, soll nicht verkannt werden. Sowol die Schwierigkeiten als die Anforderungen würden noch sehr wachsen, wenn man anstatt eines Real- oder Namenkatalogs eine Uebersicht der Bücher nach Jahren und dann unter den Jahreszahlen nach Sachrubriken in Aussicht nehmen würde. Dennoch wird etwas der Art einmal geschehen müssen.

Der erste Schritt dazu, die Benutzung der Handschriften möglich zu machen, muss eine Registrirung des Vorhandenen sein. Dass die Handschriften unserer Litteratur endlich in einer Ordnung verzeichnet werden müssen, in welcher man unter einer bestimmten Person und einem Jahre das an den verschiedenen Stellen Vorhandene aufsuchen kann, wird sicher allseitig anerkannt werden, und auch die Regierung kann sich diesem Bedürfniss nicht auf die Dauer verschliessen. Es werden also zunächst für einige Jahre regelmässige Mittel bewilligt werden müssen, um eine solche Aufgabe zu lösen. Privatpersonen, Vereine oder Akademien können hier nicht eintreten, weil die zu erwartenden Hemmungen und Widerstände nur durch die Autorität des Staates besiegt werden können. Die Unterscheidung der Manuscripte nach Folio, Octav und Quart, nach schwerfälligen Realrubriken muss hier einer strengen Anordnung nach Zeit und Person weichen. Mindestens die erheblicheren Briefe müssen aus den Nachlässen einzeln herausgehoben und unter die Namen der schreibenden Personen gebracht werden, während sie zur Zeit meist unter den Namen der Empfänger in deren Nachlass befasst sind.

So bald als möglich muss dann an irgend einer Stelle mit dem Zusammenlegen der Handschriften in einem Staatsarchiv der Litteratur angefangen werden. Die Geschichte der geistigen Bewegungen, der Philosophie, der Wissenschaft, der Litteratur hat sich ihr Existenzrecht selber erkämpfen müssen, und während die politische Geschichte ihre ungeheuren Stoffsammlungen in Archiven wolgeborgen weiss, müssen wir um Archive der Litteratur erst begründen. Die politischen Archive entstanden aus den Bedürfnissen des Lebens selber. Urkundenarchive enthielten den Inbegriff der Gerechtsame eines Klosters oder eines Fürsten. Aktenarchive dienten den Behörden zur Einsicht in die Geschichte der einzelnen Geschäfte. Archive von beiden Arten wurden dann in den modernen Staatsarchiven gesammelt, und nun konnten die Materialien der Geschichte geordnet und aufgeschlossen werden. Was hier die Bedürfnisse des Lebens selber herbeigeführt haben, das soll nun für die Litteratur von den Anforderungen der Wissenschaft aus erwirkt werden. Es wäre hierzu wenig Hoffnung, wenn nicht die Anforderungen des nationalen Gefühles hinzuträten, welche die Erhaltung des grossen, in den Handschriften liegenden nationalen Besitztums fordern. Früher oder später wird das nationale Gefühl diese Forderung durchsetzen. Möge es bald geschehen! Noch sind aus den früheren Jahrhunderten grosse Massen vorhanden. Noch ist unter Anderem der Nachlass der grossen Philosophen nach Kant unverletzt und unzerrüttet. Darauf allein wird es ankommen, dass aus dem Bedürfniss dieser Handschriften selber heraus Einrichtung und Rechtsordnung solcher Archive geregelt werde. Damit sie eine wirkliche Anziehungskraft auf die Familienpapiere üben, müssen sie dem ernsten Familiensinn alle erdenkbaren Garantieen bieten. Sie müssen zwischen dem Archiv und den Familienvertretern feste Rechtsverhältnisse durch gedruckte Reglements schaffen. Sie können das Eigentumsrecht einer Familie sowie das einer Stadt oder eines Landes unberührt lassen, und doch einreihen und eröffnen, indem sie den Nachlass in Deposition nehmen. Sie können den berechtigten Pietätsgefühlen der Familien dadurch genügen, dass Anstössiges oder auch nur Missverständliches zunächst zurück gelegt wird. Und sie können in der Auswahl der Personen, denen ein Nachlass sich eröffnet, Vorsichten aller Art, wie sie den Familien genehm sind, beobachten. In den Räumen eines solchen Archivs wird sich ein Hausgeist einstellen, der über diesen Papieren wacht, sie zugleich öffnet und hütet, hegt und mitteilt. Dann wird es für die Familien hervorragender Personen eine Ehre und eine Beruhigung sein, die Papiere des Familienangehörigen denen so vieler anderer bedeutender Personen eingereiht zu wissen.

Par

Victor Brochard à Paris.

Le sens de la célèbre formule de Protagoras (Platon, Théét. 152, A. πάντων χρημάτων μέτρον ἄνθρωπον εἶναι, τῶν μὲν ὄντων, ὡς ἔστι, τῶν δὲ μὴ ὄντων, ὡς οὐκ ἔστιν), après tant de travaux, parait aujourd'hui bien établi: c'est une formule sensualiste et sceptique: elle exprime la relativité de toute connaissance. En vain d'ingénieux critiques ont-ils essayé d'en étendre la portée, et imaginé que par ἄνθρωπος Protagoras entendait, non pas l'homme individual, non pas la sensibilité de chacun, mais l'homme en général, considéré comme être intelligent. On peut dire que la belle étude de Natorp (Forsch. zur Gosch. des Erkenntnissproblems im Altert.) a fait justice de cette hypothèse, à l'appui de laquelle on ne saurait citer aucun texte précis. Natorp a prouvé par un examen minutieux, et avec un grand luxe d'arguments — ce qui paraissait évident à première vue pour tout lecteur non prévenu — que Platon a été dans le Théétète un interprète fidèle, un adversaire loyal, d'une bonne foi scrupuleuse, et attaché toujours, si non à la lettre, du moins à l'esprit de la doctrine qu'il expose avec tant de profondeur avant de la critiquer avec tant de subtilité. Par suite, l'origine Héraclitéenne de la thèse de Protagoras ne saurait être plus douteuse que la signification de la formule.

Toutefois, s'il nous semble incontestable que la doctrine de Protagoras est, dans son ensemble, relativiste et sceptique, il ne nous parait pas que sa vraie et propre signification ait toujours été suffisamment mise en lumière. Sur un point au moins nous croyons que l'interprétation admise par la plupart des critiques est en défaut. On considère généralement cette doctrine comme signifiant qu'aux yeux de Protagoras les choses sont de simples apparences subjectives. et qu'il n'y a point de vérité objective. Les qualités des corps, les choses mêmes. ou ce qu'on appelle ainsi, connues uniquement par les modifications de la sensibilité. et n'existant que par elles. seraient de simples états du sujet sentant. Bref, Protagoras devançant la critique moderne, se serait fait des qualités des corps, une idée analogue à celle d'un Berkeley ou d'un Hume. Sa philosophie serait un relativisme subjectif. Surtout il n'y aurait pas de différence essentielle entre sa conception et celle de Démocrite. qui lui. sans aucun doute. considère au moins certaines qualités des corps comme de simples états passifs du sujet sentant.

Tout autre est. selon nous. la véritable pensée de Protagoras. Si nous ne nous trompons, il a considéré les choses comme véritablement existantes hors de l'esprit, aussi longtemps du moins qu'elles sont en rapport avec lui. Le chaud, le froid, la couleur auraient une existence distincte de la sensation: ces qualités ne seraient pas en nous, mais hors de nous. Quoique elles ne puissent ni être, ni être connues en-dehors de la représentation, elles seraient cependant distinctes de cette représentation qui nous les fait connaître, non pas comme ayant une réalité durable et permanente. non pas en tant que choses ou êtres en soi, mais comme ayant une réalité passagère et fugitive. pour autant que l'esprit les aperçoit. Par suite, la thèse relativiste serait maintenue dans toute son intégrité: et pourtant ce ne serait pas le pur subjectivisme. Il y aurait deux phénomènes distincts et inséparables; la sensation et la chose sentie; donc il y aurait encore de l'objectivité dans cette philosophie. une objectivité réduite au minimum. Protagoras serait fidèle au principe proclamé par les philosophes antérieurs. et respecté encore par Platon: on ne pense pas ce qui n'est pas. Seulement, dans son système sensualiste, la pensée étant réduite à la sensation, la réalité de l'objet, mesurée, comme l'exige le principe, sur celle de la pensée, serait éphémère et passagère comme elle. La sensation changeant sans cesse, la réalité change-rait avec elle: mais le parallélisme, l'harmonie constante de la pensée et de l'être seraient rigoureusement maintenus.

Cette interprétation s'imposerait d'elle-même s'il fallait s'en rapporter au texte de Sextus Empiricus, qui la suggère naturelle-ment. Hyp. Pyr. t. 217 φησὶν οὖν ὁ ἀνὴρ τὴν ὕλην φευκτὴν εἶναι, ῥεούσης δὲ αὐτῆς συνεχῶς προσθέσεις ἀντὶ τῶν ἀποφορήσεων γίγνεσθαι, καὶ τὰς αἰσθήσεις μετακοσμεῖσθαί τε καὶ ἀλλοιοῦσθαι παρά τε ἡλικίας καὶ παρὰ τὰς ἄλλας κατασκευὰς τῶν σωμάτων· λέγει δὲ καὶ τοὺς λό-γους πάντων τῶν φαινομένων ὑποκεῖσθαι ἐν τῇ ὕλῃ, ὡς δύνασθαι τὴν ὕλην, ὅσον ἐφ' ἑαυτῇ, πάντα εἶναι ὅσα πᾶσι φαίνεται, τοὺς δὲ ἀνθρώπους ἄλλοτε ἄλλων ἀντιλαμβάνεσθαι παρὰ τὰς διαφόρους αὐτῶν διαθέσεις .... 219 πάντα γὰρ τὰ φαινόμενα τοῖς ἀνθρώποις καὶ ἔστιν, τὰ δὲ μηδενὶ τῶν ἀνθρώπων φαινόμενα οὐδὲ ἔστιν.

On voit là clairement que la matière, inconnue en son essence, non seulement revêt à nos yeux les diverses formes sous lesquelles elle nous apparaît, mais les prend réellement; ces apparences sont en elle aussi bien que les sensations en nous: le phénomène est quelque chose qui existe en-dehors de l'esprit qui l'aperçoit: il est l'état, la manière d'être de l'objet: le paraître et l'être. tout en demeurant distincts, ne vont pas l'un sans l'autre. Nous choisissons, ou plutôt nous abstrayons, selon nos dispositions, telle ou telle propriété des corps: mais cette propriété, en l'apercevant, nous ne la créons pas, nous la trouvons préexistante, ou du moins existante en même temps que notre sensation. La matière, la chose, est tout ce qu'elle paraît être.

Il est vrai que ce texte, si clair en lui-même, n'a pas paru décisif à tout le monde. Natorp le récuse (Forsch. p. 57). Il y voit une interprétation arbitraire imaginée par je ne sais quel péripatéticien, et que Sextus aurait admise inconsidérément parce qu'elle lui est commode au moment ou il s'attache à marquer les différences entre le Pyrrhonisme et la thèse de Protagoras.

Il faut avouer toutefois que ce procédé de critique paraît lui-même assez arbitraire. En général, les témoignages de Sextus ne sont pas de ceux qu'on doive tenir pour suspects. Pour la question qui nous occupe, nous voyons que Sextus cite, ailleurs il est vrai (M. VII, 60) les καταβάλλοντες dont nous ne connaissons le titre que par lui. Il a peut-être eu ce livre sous les yeux: tout au moins l'écrivain dont il s'inspire l'avait lu, et il semble bien que le développement qui suit soit emprunté à ce même ouvrage. En tout cas, nous sommes ici en présence d'une source distincte de Platon et d'Aristote, puisque ni l'un ni l'autre ne nomme les καταβάλλοντες. De quel droit supposer que l'écrivain très intelligent et très judicieux, qu'on avoue être bien informé dans un de ses ouvrages, se soit laissé aller, dans un autre livre, pour les besoins de sa cause (qui pouvait fort bien être défendue sans recourir à cet expédient), à accueillir une interprétation suspecte et fausse? Une telle exclusion ne serait légitime que si les deux passages des Hypotyposeis et de l'Adversus Mathematicos se contredisaient formellement: mais si notre interprétation est exacte, ils se confirment l'un l'autre.

Toutefois, quelque incertitude pourrait subsister si le témoignage de Sextus était isolé. Mais il est confirmé par un texte de Platon. Qu'on veuille bien lire attentivement le passage du Théétète 156, A, et l'on se convaincra aisément qu'il exprime la même pensée qu'on lit dans Sextus. Il s'agit du mouvement actif, venu de l'objet, du mouvement passif, qui est celui de l'organe du sens: de la rencontre ou de la simultanéité de ces mouvements nait la sensation. Platon ajoute: ἐκ τῆς τούτων ὁμιλίας τε καὶ τρίψεως πρὸς ἄλληλα γίγνεται ἔκγονα πλήθει μὲν ἄπειρα, δίδυμα δὲ, τὸ μὲν αἰσθητόν, τὸ δὲ αἴσθησις, ἀεὶ συνεκπίπτουσα καὶ γεννωμένη μετὰ τοῦ αἰσθητοῦ· αἱ μὲν οὖν αἰσθήσεις ..... παμπληθεῖς δὲ αἱ ὠνομασμέναι, τὸ δ' αὖ αἰσθητὸν γένος τούτων ἑκάσταις ὁμόγενον, ὄψει μὲν χρώματα παντοδαπαῖς παντοδαπά, ἀκοαῖς δὲ ὡσαύτως φωναί, καὶ ταῖς ἄλλαις αἰσθήσεσι τὰ ἄλλα αἰσθητὰ ξυγγενῆ γιγνόμενα. — Et plus loin: ἐπειδὰν οὖν ὄμμα καὶ ἄλλο τι τῶν τούτῳ ξυμμέτρων πλησιάσαν γεννήσῃ τὴν λευκότητά τε καὶ αἴσθησιν αὐτῇ ξύμφυλον, ἃ οὐκ ἄν ποτε ἐγένετο ἑκατέρου ἐκείνων πρὸς ἄλλο ἐλθόντος, τότε δὴ μεταξὺ φερομένων τῆς μὲν ὄψεως πρὸς τῶν ὀφθαλμῶν, τῆς δὲ λευκότητος πρὸς τοῦ συναποτίκτοντος τὸ χρῶμα, ὁ μὲν ὀφθαλμὸς ἄρα ὄψεως ἔμπλεως ἐγένετο, καὶ ὁρᾷ δὴ τότε, καὶ ἐγένετο οὔ τι ὄψις, ἀλλὰ ὀφθαλμὸς ὁρῶν, τὸ δὲ

ξυγγεννήσαν τὸ χρῶμα λευκότητος περιεπλήσθη, καὶ ἐγένετο οὐ λευκότης
αὖ ἀλλὰ λευκὸν .... καὶ τἆλλα δὴ οὕτω. σκληρὸν καὶ θερμὸν ....
159. D. ἐγέννησε γὰρ δὴ ἐκ τῶν προειρημένων τό τε ποιοῦν καὶ τὸ
πάσχον γλυκύτητά τε καὶ αἴσθησιν, ἅμα φερόμενα ἀμφότερα, καὶ ἡ μὲν
αἴσθησις πρὸς τοῦ πάσχοντος οὖσα αἰσθανομένην τὴν γλῶσσαν ἀπειργά-
σατο. ἡ δὲ γλυκότης πρὸς τοῦ οἴνου περὶ αὐτὸν φερομένη γλυκὺν τὸν
οἶνον τῇ ὑγιαινούσῃ γλώττῃ ἐποίησε καὶ εἶναι καὶ φαίνεσθαι.

Il résulte très clairement de ce texte que les qualités sensibles
sans distinction (σκληρόν, θερμόν, χρῶμα) sont produites réellement
en même temps que la sensation, et durent aussi longtemps qu'elle.
Elles appartiennent à la matière, définie comme la cause qui les
provoque (τὸ ξυγγεννῆσαν) aussi bien que la sensation appartient à
l'esprit. Elles ont ùne essence, en mouvement, il est vrai, mais
qui mérite pourtant de s'appeler οὐσία (177. C), φερομένη οὐσία;
159, E, γιγνομένην καὶ φερομένην πικρότητα. Le ποιοῦν est toujours
ποιόν (182, A). Elles sont dans l'intervalle (μεταξύ) qui sépare
l'esprit et les choses, et ne se confondent nullement avec les sensations elles-mêmes. Il reste vrai d'ailleurs que l'oeil est aveugle
tant qu'il n'y a pas d'objet qui le frappe; et l'objet est incolore
tant qu'il n'y a point d'oeil pour le voir. Rien n'est ou ne devient
en soi et par soi, mais seulement par rapport au sujet qui per-
çoit: on peut donc dire, 157 A, οὐδὲν εἶναι ἓν αὐτὸ καθ' αὑτό, ἀλλά
τινι ἀεὶ γίγνεσθαι, ou encore (Arist. Métap. IX, 3, 1047 A) αἰσθητὸν
οὐδὲν εἶναι μὴ αἰσθανόμενον. Il reste pourtant que cette existence
du sensible, si fugitive qu'elle soit, est une existence: elle est autre
chose et plus qu'une simple apparence subjective. C'est la matière,
qui réellement et pour un moment, a pris telle forme, est de-
venue et est telle chose.

Ainsi s'explique la présence, dans la formule de Protagoras,
des mots ὡς ἔστι et ὡς οὐκ ἔστι. Il serait étrange, si elle avait
la signification purement subjective qu'on lui a si souvent prêtée,
qu'on y vît figures les mots être et ne pas être. Si au contraire
le mot être a un sens indépendamment de la représentation, si
peu de chose que soit d'ailleurs cette réalité, on comprend l'in-
sistance avec laquelle Protagoras introduit ces mots dans sa formule. Il veut rester d'accord avec le sens commun: il affirme une

réalité objective. Si l'homme mesure tout, il n'est pas tout. Il
y a de l'être hors de lui.

Ainsi s'explique encore une autre singularité assez choquante.
Dans le Théétète, la sensation est à chaque instant donnée
comme vraie: le titre même de l'ouvrage de Protagoras que Platon
a eu sous les yeux paraît être la vérité. 161. ἀρχόμενος τῆς ἀληθείας. Cf. 162 A, 170 E, 171 C. Comment comprendre l'emploi si
fréquent de ce mot, si, dans la pensée de Protagoras, il n'y a que
des apparences subjectives? Démocrite, dans une circonstance analogue, disait au moins que la vérité est profondément cachée.
Zeller suppose que le titre de ἀλήθεια pourrait bien être de l'intention de Platon: il croit aussi que Protagoras avait pu déclarer
à plusieurs reprises et avec force qu'il se proposait de faire connaître la vérité sur les choses par opposition à l'opinion vulgaire.
Ces deux suppositions sont inutiles si notre interprétation est exacte. Il est rigoureusement juste de dire que la sensation est
vraie, puisque elle a un objet hors de nous, et Protagoras avait
bien le droit d'intituler son livre: la vérité, puisque à chaque instant nos sensations correspondent exactement à des changements,
qui d'ailleurs ne se produiraient pas sans elle. Et de même, le
mot vérité ne s'appliquerait pas à la thèse de Protagoras prise
dans son ensemble, et dans son opposition à l'opinion vulgaire: il
s'agirait de la nature même de la vérité prise en elle-même. Il
y a de la vérité comme il y a de l'être dans le système de Protagoras. Rien n'empêche d'ailleurs que Protagoras oppose cette
vérité à celle des Eléates, avec laquelle elle forme un parfait con-
traste. Il se peut aussi, comme on le croit généralement, que le
livre appelé ἀλήθεια soit le même que Sextus appelle καταβάλλοντες.
Enfin remarquons que Platon, s'il a peut-être modifié l'expression
de la pensée de Protagoras (152, A τρόπον τινα ἄλλον) en disant
que l'αἴσθησις est l'ἐπιστήμη, n'en a pas du moins changé la véritable signification, puisque l'αἴσθησις est l'ἀλήθεια (152, C αἴσθησις
ἄρα τοῦ ὄντος ἀεί ἐστι καὶ ἀψευδής et 171, A τὰ ὄντα δοξάζειν ἄπαν-
τας): et d'ἀλήθεια à ἐπιστήμη, la distance à coup sûr n'est pas
grande. Par suite, on peut dire avec Schuster et contre Zeller
que, selon Protagoras, il y a une science, au moins une vérité, et

que cette vérité coincide avec.l'αἴσθησις: et il faut prendre comm
traduisant la véritable pensée de Protagoras les expressions analogue
de Platon.

Aristote dit (Métap. IV. 4, 1007 B) que Protagoras supprim
le principe de contradiction. Il se peut, comme le conjectur
Zeller, que cette expression abstraite ne soit pas du langage d
Protagoras: mais la chose même qu'elle exprime est certainemen
dans sa pensée, et il s'agit ici d'une conséquence qu'il est im
possible que Protagoras n'ait pas vue. Il proclamait la réalité ob
jective des contraires à la manière d'Héraclite (Sextus Hyp. Pyr
II, 63 Δημόκριτος ἔφη μήτε γλυκὺ αὐτὸ εἶναι μήτε πικρὸν, ὁ δὲ Ἡρά
κλειτος ἀμφότερα). La matière est, en même temps, quoique sou
des rapports différents, tout ce qu'elle parait être à tous les hommes
Elle confond en elle les déterminations les plus opposées et le
plus contradictoires. Et c'est pourquoi, comme le disait expressé
ment Protagoras (Diog. IX, 51), il y a toujours sur toute question
deux thèses opposées l'une à l'autre. Il faut se souvenir enfin que
le titre de l'ouvrage καταβάλλοντες désigne le choc dialectique des
diverses opinions opposées sur chaque sujet.

L'argumentation de Protagoras nous apparaît donc comme
dominée par le principe commun à toutes les philosophies antérieures
à Platon, et qu'on retrouve même chez Platon: on ne pense pas
(ou on ne sent pas, on ne se représente pas) ce qui n'est pas.
C'est d'ailleurs ce qui nous est formellement attesté dans le Théétète 160, A αἰσθανόμενον γάρ, μηδενὸς δὲ αἰσθανόμενον, ἀδύνατον
γίγνεσθαι. Et plus loin, dans le discours que Platon place dans la
bouche de Protagoras, 167 A, οὐ τὰ μὴ ὄντα δυνατὸν δοξάσαι.

La doctrine de Protagoras est donc un relativisme objectif ou
réaliste. Aussi bien, il est aisé de voir par le Théétète que la
relation de l'objet au sujet est un cas particulier de la relation
de toutes choses entre elles. (Zeller, Philos. d. Griechen. Bd. I,
p. 980, 1.)

Ce n'est donc pas Protagoras qui a le premier, comme on le
croit communément, considéré les choses, les qualités des corps
comme de pures apparences subjectives. Le premier en date des
philosophes subjectivistes fut Démocrito.

La critique de Protagoras était, en un sens, décisive: il fallait faire droit à ses principaux arguments. La connaissance sensible est essentiellement relative: voilà ce qu'il avait établi, reprenant et fortifiant une thèse que tous les philosophes antésocratiques avaient plus ou moins entrevue. Il résulte de là qu'il n'y a point de vérité, si non cette vérité passagère et fuyante que nous venons de définir, et qui ne mérite pas son nom: l'entendre ainsi, c'est, au fond, jouer sur les mots. Démocrite ne voulut pas se contenter d'une conception qui, en fin de compte, ruinait la science. Il chercha la vérité ailleurs, et crut la trouver: il reconnut seulement qu'elle n'est pas aussi facile à atteindre que l'avait pensé Protagoras, qu'elle n'apparaît pas du premier coup à la surface des choses, mais qu'elle est profondément cachée. C'est probablement ce que signifiait sa formule si souvent répétée, Diog. IX, 72 ἐν βυθῷ ἡ ἀλήθεια. On aura pris pour un aveu de scepticisme ce qui était plutôt le programme d'un dogmatisme qui se cherchait encore, et voulait l'établir en face de la critique négative de Protagoras.

Il n'y avait qu'un moyen d'atteindre cette vérité, puisque les sensations sont relatives: c'était de refuser toute valeur objective aux sensations sans distinction, de faire rentrer pour ainsi dire dans le sujet ces qualités que Protagoras avait laissées en face des sensations, avec lesquelles elles faisaient en quelque manière double emploi, et de les remplaces par d'autres toutes différentes, unies cependant aux sensations par un rapport autre que celui de la ressemblance, si bien qu'il fût également vrai de dire que les sensations nous cachent la vérité et qu'elles nous la révèlent. C'est ce que fit Démocrite, au temoignage de Théophraste et de Sextus. De Sensu, 60 (Diels, p. 516) Δημόκριτος ἀποστερῶν τῶν αἰσθητῶν τὴν φύσιν — Hyp. Pyr. II, 63, M. VI, 50 -- VII, 135 — VII, 369, VIII, 6 μηδὲν ὑποκεῖσθαι αἰσθητόν; VIII, 56 — VIII. 184 -- VIII, 355. Désormais, les sensations, au lieu d'être l'expression de réalités extérieures semblables à elles, ne sont plus que des états du sujet, πάθη τῆς αἰσθήσεως (Theoph.), des états vides, et Sextus exprime clairement cette doctrine en disant, VIII, 184: Δημόκριτος μηδὲν ὑποκεῖσθαι φησιν τῶν αἰσθητῶν, ἀλλὰ κενοπαθείας τινάς εἶναι τὰς ἀντιλήψεις αὐτῶν, καὶ οὔτε γλυκύ τι περὶ τοῖς ἐκτὸς ὑπάρχειν, οὐ πικρὸν ἢ θερμὸν ἢ ψυχρὸν ἢ λευκὸν ἢ μέλαν, οὐκ ἄλλο τι τῶν πᾶσι φαινομένων· παθῶν γὰρ ἡμετέρων ἦν ὀνόματα ταῦτα. Pour la première fois, le lien qui unissait l'être à la pensée, la réalité à la représentation, était rompu: c'est un moment décisif dans l'histoire de la philosophie.

Briser ce lien était à la vérité une grande hardiesse: c'était une sorte de scandale logique: cela signifiait qu'on peut penser ce qui n'est pas. Une telle audace est peut-être moins étonnante chez un philosophe qui proclamait ouvertement la réalité du non-être ou du vide, du μηδέν aussi bien que du δέν: il y a du vide aussi dans la pensée (κενοπάθεια). En tout cas, il est peut-être curieux de remarquer que le sujet a été pour la première fois posé en opposition avec l'objet par un philosophe qui voulait échapper aux conséquences mises en lumière par Protagoras. C'est un dogmatiste qui a rompu l'unité de l'être et de la pensée: c'est pour se defendre contre les négations du sophiste que le dogmatisme a forgé l'arme que le scepticisme devait tant de fois retourner contre lui. — Il y a une lointaine ressemblance entre Démocrite, inventant la théorie de la distinction des qualités primaires et secondaires, pour vaincre le phénoménisme de Protagoras, et Thomas Reid, reprenant cette même distinction pour échapper au phénoménisme de Hume.

Si la sensation, comme nous venons de le voir, était déclarée insuffisante, il fallait bien y joindre un autre procédé de connaissance: ce fut le raisonnement, le même λόγος; dont les philosophes antérieurs avaient aussi fait usage sans le définir exactement. Démocrite fit comme eux, et ne parvint peut-être pas à concilier cette théorie, nécessaire pour son système, avec son explication physique de la connaissance, (Natorp, Forsch. p. 164 et Archiv f. G. d. Phil. p. 348). Quoi qu'il en soit, Démocrite affirma l'existence réelle ἐτεῇ de deux choses: l'atome et le vide. (Sext. Hyp. Pyr. I. 214 ἐτεῇ δὲ ἄτομα καὶ κενόν· ἐτεῇ μὲν γὰρ λέγει ἀντὶ τοῦ ἀληθείᾳ). Quant au mouvement, Démocrite n'avait pas besoin ici d'en affirmer l'existence, puisqu'elle était reconnue par l'adversaire qu'il combattait. Il montra seulement que le mouvement ne suffisait pas, comme le croyaient Héraclite et Protagoras, à tout expliquer: il fallait y joindre un principe de stabilité, l'atome, et une condition également indispensable pour la conception de l'atome et celle du mouvement, le vide. Dès lors, ce qu'on a appelé plus tard les qualités primaires des corps, propriétés essentielles des atomes, connues non par les sens, mais au fond pures conceptions mathématiques, la grandeur et la forme, suffisaient à expliquer toutes les propriétés apparentes des objets réels. (Théoph. l. c.)

On dira peut-être que cette interprétation rencontre une difficulté dans les textes qui nous montrent Protagoras disciple de Démocrite (Gal. Hist. Ph. 3. Diels p. 601. — Stob. Ecl. I. 50, Diels p. 396. Clém. Alex. Strom. I. 14, 353. Hermias, Irr. Gent. Phil. 9. Diels p. 613. — Diog. IX. 50. — Aristocl. ap. Euseb. Prop. Ev. XIV. 19, 5). Mais Zeller a déjà montré qu'en dépit de leur nombre ces temoignages doivent être récusés. Tous les historiens s'accordent à faire naître Démocrite environ 20 ans après Protagoras: et ainsi la chronologie confirme ce que l'analyse des doctrines avait montré: la philosophie de Démocrite marque un progrès sur celle de Protagoras.

D'ailleurs nous savons que Démocrite avait écrit un livre contre Protagoras (Plut. Adv. Col. 4. Sext. M. VII, 389). Il ne nous a pas été conservé une ligne de cet ouvrage: Plutarque dit seulement: τοσοῦτόν γε Δημόκριτος ἀποδεῖ τοῦ νομίζειν μὴ μᾶλλον εἶναι τοῖον ἢ τοῖον τῶν πραγμάτων ἕκαστον, ὥστε Πρωταγόρᾳ τῷ σοφιστῇ τοῦτο εἰπόντι μεμαχῆσθαι, καὶ γεγραφέναι πολλὰ καὶ πιθανὰ πρὸς αὐτόν. Sextus dit de son côté: πᾶσαν μὲν οὖν φαντασίαν οὐκ εἴποι τις ἀληθῆ διὰ τὴν περιτροπὴν καθὼς ὅ τε Δημόκριτος καὶ ὁ Πλάτων ἀντιλέγοντες τῷ Πρωταγόρᾳ ἐδίδασκον. — Est-il téméraire de conjecturer que cet ouvrage de Démocrite avait pour objet précisément la question qui nous occupe? Démocrite y démontrait probablement, que la réalité, véritable et absolue, si elle est difficile à atteindre, n'est cependant pas entièrement hors de nos prises; l'existence des atomes et du vide peut être connue avec certitude. Ainsi se trouvait maintenue la légitimité de la science, la réalité de l'ἀλήθεια, non pas au sens de Protagoras, qui ne l'évoquait que pour la faire évanouir aussitôt, mais au sens plein et entier du mot, tel que l'exige l'esprit humain, et que le réclame, la science.

Ainsi envisagé, le livre inconnu du vieux philosophe fait pendant au Théétète: et dans sa théorie de la connaissance, l'œuvre de Démocrite présente de grandes analogies avec celle de Platon. C'est ce que disait déjà Théophraste, l. c. Δημόκριτος καὶ Πλάτων ἐπὶ πλεῖστόν εἰσιν ἡμμένοι: et si différentes que soient leurs autres conceptions, quelque hostilité peut-être qu'il y ait eu entre eux, les noms des deux penseurs. en tant qu'ils s'opposent à Protagoras, sont souvent cités ensemble (Sext. M. VII, 389 — VI, 50 — VII, 116 — VII, 389 — VIII, 6 — VIII, 56). Tous deux en effet ont poursuivi le même but: maintenir contre la critique négative du sophiste les droits de la science. Dans cette œuvre commune, ils ont dû nécessairement se rencontrer en bien des points: tous deux ont en effet diminué la valeur du témoignage des sens; tous deux ont invoqué une faculté de connaître distincte de l'expérience sensible. Bien plus, tous deux, pour expliquer, soit l'erreur, soit le caractère subjectif des apparences sensibles, ont dû admettre la réalité du non-être: à ce point de vue encore il y a une étroite parenté entre le Sophiste et l'œuvre de Démocrite. Mais là s'arrêtent les ressemblances. Au témoignage de Théophraste (l. c.) Platon n'a pas dépouillé les corps de leurs qualités aussi hardiment que Démocrite a osé le faire. La réalité que le philosophe d'Abdère reconnaît au-delà des phénomènes est toute matérielle, et c'est des Idées que Platon prétend démontrer l'existence. La faculté de raisonner qu'invoque Démocrite n'est pas l'intuition intellectuelle de Platon. Enfin, tandis que le non-être de Platon parait n'avoir qu'une existence toute relative dans le domaine des Idées, Démocrite fait du non-être ou du vide une réalité, une sorte d'absolu. Mais en dépit de ces différences et d'autres encore, les deux philosophies n'apparaissent pas moins comme ayant le même rapport à la thèse de Protagoras: elles sont la protestation du dogmatisme, idéaliste ou matérialiste, contre le relativisme réaliste de Protagoras.

XIX.

Sur un fragment de Philolaos.

Par

Paul Tannery à Bordeaux.

D'après Proclus sur Euclide I, p. 36, 46, 48 (édition Friedlein, p. 130, 167, 173, 174) Philolaos avait attribué à quatre dieux, Kronos, Hadès, Arès et Dionysos, l'angle du triangle; à trois déesses, Rhéa, Déméter, Hestia, l'angle du carré; à Zeus seul enfin, l'angle du dodécagone. Comme le remarque très bien E. Zeller (Phil. der Griech. I³, p. 363, n. 1), les explications qu'ajoute Proclus sur ces singulières attributions ne semblent devoir être prises que pour de simples présomptions, issues du cercle des idées néoplatoniciennes, et la vérité, c'est que nous ignorons l'origine des rapprochements bizarres qu'aurait faits Philolaos.

Cependant, si l'on considère l'assertion de Proclus, que les quatre dieux du triangle représentent les quatre éléments, on trouve que le symbolisme ainsi indiqué a joué un rôle beaucoup plus considérable qu'il ne le méritait sans doute, et il devient dès lors intéressant d'en rechercher l'histoire.

Dans les notations chimiques usitées depuis le moyen âge et qui se sont perpétuées jusqu'au milieu du siècle dernier, les quatre éléments sont figurés par des triangles équilatéraux, droits pour le feu et l'air, renversés pour l'eau et la terre. Les triangles du feu et de la terre sont d'ailleurs distingués par l'inscription d'une barre parallèle à la base.

Ces symboles ne sont pas cependant usités dans les manuscrits alchimiques grecs; si donc ils sont venus par tradition dans l'Occident latin, ce ne peut être que par l'intermédiaire des Arabes.

chez lesquels il serait dès lors intéressant de les rechercher. Mais, quels qu'en aient été les inventeurs, le choix de ces signes trouve son explication dans un ordre d'idées tout à fait différent.

Les astrologues combinaient entre eux les signes du zodiaque qui se trouvaient aux sommets d'un même triangle équilatéral ou qui se voyaient réciproquement, selon le langage technique, en aspect trigone.

Ils constituaient ainsi quatre triangles distincts, à chacun desquels était attribué un élément:

1er triangle:	Aries, Leo, Arcitenens.	Feu.
2e triangle:	Taurus, Virgo, Caper.	Terre.
3e triangle:	Gemini, Libra, Amphora.	Eau.
4e triangle:	Cancer, Scorpius, Pisces.	Air [1]).

Nous retrouvons ainsi, dans la tradition scientifique du moyen âge, symbolisées en chimie, nettement exprimées en astrologie, les associations dont parle Proclus pour le triangle. Il semble d'ailleurs faire allusion à la correspondance astrologique de ces associations, lorsqu'immédiatement après avoir indiqué la consécration de l'angle du triangle à quatre dieux, il parle de Philolaos comme πᾶσαν τὴν τετραμερῆ τῶν στοιχείων διακόσμησιν τὴν ἄνωθεν ἀπὸ τοῦ οὐρανοῦ καθήκουσαν εἴτε ἀπὸ τῶν τεττάρων τοῦ ζωδιακοῦ τμημάτων ἐν τούτοις περιλαβών. A la vérité au lieu de τμημάτων, on désirerait τριγώνων, et d'un autre côté, les mots εἴτε .... τμημάτων peuvent sembler, dans ce texte, une glose venue de la marge. Mais le rapport que je signale n'en est pas moins incontestable.

La constitution des quatre triangles astrologiques parait re-

---

[1]) Je me contente d'indiquer comme preuve les vers 50—76, 333—340 du poème astrologique de Camateros:

50 πρῶτον τρίγωνον τοῦτο πυρῶδες νόει.

64 γεῶδες αὖ τρίγωνον ἴσθι μοι τόδε.

72 τρίτον τρίγωνον ἀερῶδες σοι τόδε.

80 τέταρτον ὑδατῶδες ἤδη ἄρτι μανθάνεις.

Quoique d'ailleurs l'attribution d'un triangle astrologique à chaque élément ne semble avoir joué qu'un rôle insignifiant pour les combinaisons servant aux prédictions, elle était assez courante pour que, dans les diagrammes de la sphère céleste des manuscrits grecs, les noms des éléments soient généralement inscrits à côté du zodiaque.

monter jusqu'aux Chaldéens; en tous cas, je les trouve déjà très
nettement décrits dans Geminus, chap. I (Uranologion de Petau.
p. 7). Toutefois, au lieu d'attribuer à chacun d'eux un des quatre
éléments. il leur rapporte les quatre vents: 1° nord, 2° sud.
3° ouest, 4° est, parce que, dit-il, lorsqu'un de ces vents souffle
pendant que la Iune est dans un des signes du triangle correspondant, on peut affirmer que ce vent se maintiendra.

D'ailleurs, s'il y a quatre triangles astrologiques, il y a trois
carrés, que connaît de même Geminus:

. 1ᵉʳ Carré: Aries, Cancer, Libra, Caper.
   2ᵉ Carré: Taurus, Leo, Scorpius, Amphora.
   3ᵉ Carré: Gemini, Virgo, Arciteneus, Pisces;

de même il y aurait deux hexagones (1ᵉʳ et 3ᵉ triangle, 2ᵉ et
4ᵉ triangle), figure qui toutefois n'a été considérée que plus tard
en astrologie; mais il n'y a qu'un dodécagone, qui comprend les
douze signes; les autres polygones réguliers ne peuvent être utilisés de même.

Cette remarque nous fournit une explication du nombre de
quatre dieux pour l'angle du triangle, de trois pour celui du carré,
d'un seul pour celui du dodécagone. Mais aussitôt s'élève une
question préjudicielle; est-il possible d'attribuer cet ordre d'idées
à Philolaos, et ne se trouve-t-on pas en présence d'une combinaison
postérieure? Proclus aurait-il été trompé par un faussaire?

Cette dernière hypothèse doit être écartée en présence du
témoignage de Plutarque (de Is. c. 30), si toutefois le garant qu'il
invoque, pour attribuer aux pythagoriens des combinaisons de ce
genre, est bien Eudoxe de Cnide, le célèbre disciple d'Archytas.
Mais j'écarte, pour le moment, même ce témoignage, parce qu'il
s'y est certainement mêlé un élément emprunté à la mythologie
égyptienne et que, si cet élément ne doit pas nous étonner chez
Eudoxe, il serait absolument suspect pour Philolaos.

Mais on ne peut en tout cas mettre en doute, chez ce dernier.
la connaissance des douze signes du zodiaque, quoique leur distinction
fût peut-être alors encore très récente chez les Grecs²). Or il n'est

---

²) On l'a attribuée à Oenopide qui a dû vivre dans la première moitié

pas besoin de supposer que cette division ait été empruntée aux
barbares, quoique le fait soit assez probable, ni que l'emprunt ait
porté en même temps sur les groupements par triangles et carrés.
La division en 12 étant donnée, ces groupements sont tellement
naturels dès que l'esprit géométrique s'est tant soit peu développé,
qu'ils ont pu se constituer en Grèce tout à fait indépendamment
de leur invention en Chaldée. Je pense donc qu'en écartant toutes
les idées astrologiques, on peut sans scrupule attribuer à Philolaos
les groupements en question.

Dès lors se présente un rapprochement immédiat avec le mythe
astronomique du Phèdre de Platon. Zeus y mène l'armée des douze
signes, comme il préside, pour Philolaos, à l'angle de la figure qui
embrasse tout le zodiaque; Hestia y est mentionnée pour son
immobilité, et nous la retrouvons parmi les trois déesses du carré.
Nous savons d'ailleurs que, pour Philolaos, elle représente le foyer
central plutôt que la terre, mobile dans son système.

Je crois avoir, dans ce qui précède, donné une raison plausible du nombre de dieux et de déesses attribué par Philolaos à
chacune des figures dont il a été parlé. Chaque dieu ou chaque
déesse correspond à un groupement spécial de signes du zodiaque.
La seule objection qu'on pourrait faire contre cette explication,
serait, je crois, à tirer de l'assertion de Proclus (I, 36), d'après
laquelle non seulement Philolaos aurait consacré chaque angle à
plusieurs divinités (ce qui est expliqué), mais attribué à la même
divinité plusieurs angles, suivant les différentes puissances de cette
divinité. Toutefois cette difficulté est évidemment loin d'être
grave, et en tous cas, pour la discuter sérieusement, il faudrait
posséder au moins un exemple déterminé, ce qui nous manque.

Je devrais peut-être m'arrêter ici; car si j'ai pu rester jusqu'à
présent sur un terrain relativement solide, il n'en serait plus de
même dès que je tenterais de formuler une opinion sur les motifs
qui ont fait choisir à Philolaos, pour présider aux groupements
qu'il formait, telles divinités déterminées. Cependant quelques

---

du Vᵉ siècle avant notre ère; je rappelle que la période de 59 ans ou 729
mois a été empruntée par Philolaos à Oenopide. Il a pu lui emprunter
autre chose.

remarques me semblent encore indispensables et l'on m'excusera si je me laisse entrainer à y mêler quelques conjectures sans appui.

Faut-il absolument rejeter l'opinion de Proclus. que les quatre dieux du triangle représentaient pour Philolaos les quatre éléments. et nommément, comme il le dit: Kronos l'eau. Arès le feu, Hadès la terre. Dionysos l'air?

Le fait que cette attribution aux éléments de triangles zodiacaux appartient à l'astrologie ne me parait point une objection décisive; car, en admettant que Philolaos ait fait le premier cette attribution, il est très possible qu'elle ait passé plus tard en astrologie, où elle a joué d'ailleurs, comme je l'ai indiqué, un rôle plus considérable en apparence qu'en réalité. Ce serait en effet une erreur que de regarder l'astrologie comme ayant conservé sans aucun changement ses dogmes et ses procédés chaldéens, quand elle se répandit, après les conquêtes d'Alexandre, dans le monde hellénisé. Il est au contraire facile de prouver que comme déterminations positives, comme matériel d'observations, comme méthodes de calcul, elle a largement profité des progrès de la science grecque; et il serait également aisé de signaler nombre d'idées astrologiques qui sont intimement dépendantes de la langue hellène.

Je ne crois pas non plus devoir tenir grand compte du fait que la fixation à quatre du nombre des éléments appartient à Empédocle; car rien ne me parait, au moins dans l'opinion que je me suis formée de Philolaos, s'opposer à l'hypothèse d'un emprunt fait au Sicilien. Dans cet ordre d'idées, on remarquera que pour ce dernier, comme pour Proclus, Hadès signifie la terre, ce qui, bien entendu, ne peut rien prouver pour Philolaos.

Pour Kronos, le rapport avec l'eau est conforme au témoignage d'Aristote dans Porphyre (Vit. Pyth. 41), d'après lequel Pythagore aurait appelé la mer Κρόνου δάκρυον[3]). Mais pour Arès, l'attribution du feu parait n'avoir d'autre origine que le nom de la planète, πυρόεις; enfin, pour Dionysos, tout rapprochement plau-

[3]) Je ne puis m'empêcher de rappeler ici qu'Empédocle (v. 161) définit Nestis comme la source des larmes.

sible m'échappe, car le motif·indiqué par Proclus[4]) a été évidemment forgé après Aristote.

En résumé, si je ne vois pas de motifs décisifs pour prononcer dans un sens ou dans l'autre, je continue à penser, suivant l'opinion de Zeller, que Proclus n'a rien lu dans Philolaos qui pût justifier le rapprochement qu'il fait entre les quatre éléments et les quatre dieux du triangle.

La remarque que j'ai faite sur le mythe du Phèdre conduirait d'autre part à l'hypothèse que les divinités de Philolaos représentent, avec Hestia, les planètes de son système. J'ai recherché avec soin si les combinaisons résultant de cette supposition n'offriraient point quelques rapprochements avec les attributions astrologiques des signes du zodiaque aux planètes, comme maisons, etc. Mais je n'ai rencontré rien de tel, ce qui d'ailleurs m'aurait plutôt conduit à rejeter l'hypothèse en question, car ce serait, je crois, cette fois une pure chimère que de vouloir attribuer aux Grecs du V° siècle avant notre ère la connaissance de combinaisons très probablement chaldéennes.

Proclus ne nous indique que huit divinités philolaïques, — mais on en peut sans scrupule ajouter deux pour les deux groupements hexagonaux, ce qui compléterait le nombre de dix formé par l'Hestia, la Terre, l'Antichthone, et les sept planètes[5]).

. Sur ces dix divinités, nous en avons incontestablement quatre, Kronos, Zeus, Arès, Hestia, qui sont bien astrales; en prenant, par exemple, Déméter pour la Terre, ce qui ne peut souffrir de difficulté, nous en trouvons une cinquième; si enfin nous empruntons à Plutarque[6]) les noms d'Aphrodite et d'Héra pour ceux qui nous

---

[4]) I, 46: ὁ δὲ Διόνυσος τὴν ὑγρὰν καὶ θερμὴν ἐπιτροπεύει γένεσιν, ἧς καὶ ὁ οἶνος σύμβολον ὑγρὸς ὢν καὶ θερμός.

[5]) Le mythe du Phèdre indiquerait douze divinités; il faudrait dès lors supposer des doublements, comme deux divinités pour une même planète.

[6]) Contrairement au témoignage exprès de Proclus, Plutarque (de Is. 30) rapporte ces déesses à l'angle du carré; mais il est possible qu'il ait copié un document défiguré par une lacune. Son texte est d'ailleurs le suivant (éd. Dübner, chez Didot): Φαίνονται δὲ καὶ οἱ Πυθαγορικοὶ τὸν Τυφῶνα δαιμονικὴν ἡγούμενοι δύναμιν. Λέγουσι γὰρ ἐν ἀρτίῳ μέτρῳ ἕκτῳ καὶ πεντηκοστῷ γεγονέναι

manquent (les divinités de l'hexagone), nous en aurions une sixième.

Resterait à identifier, plus ou moins arbitrairement, le Soleil. la Lune, Mercure, l'Antichthone, avec Dionysos, Rhéa, Hadès, Héra. Il est clair que l'hypothèse n'aboutit ni à une impossibilité ni à une conclusion qui s'impose.

La plus grande difficulté consiste dans l'absence d'Hermès; pour l'expliquer, il faudrait, ce semble, supposer des doublements, comme si, par exemple, pour rétablir l'égalité entre le nombre des dieux et celui des déesses, Philolaos avait jugé à propos de compter pour l'hexagone deux dieux, comme deux déesses, et d'attribuer la Terre à Hadès et Poseidôn, si l'on veut, en même temps qu'à Déméter. L'analogie entre les combinaisons philolaïques et le mythe du Phèdre est insuffisante pour appuyer des conjectures de ce genre.

C'est au reste cette analogie seule qui m'a conduit à considérer l'hypothèse d'une signification astrale pour les divinités philolaïques; je crois d'autant moins devoir la recommander qu'elle nécessiterait tout d'abord, je crois, la solution d'une question préjudicielle: Quelle est la véritable origine des noms divins attribués par les Grecs aux planètes, et à quelle date ces noms ont-ils commencé à supplanter les vocables hellènes: Φαίνων (Saturne), Φαέθων (Jupiter), Πυρόεις (Mars), Φωσφόρος (Vénus), Στίλβων (Mercure), si toutefois ces derniers termes sont bien véritablement anciens?

Je n'ai encore pu réunir que des documents tout à fait in-

Τυφῶνα· καὶ πάλιν τὴν μὲν τοῦ τριγώνου Ἅιδου καὶ Διονύσου καὶ Ἄρεος εἶναι, τὴν δὲ τοῦ τετραγώνου Ῥέας καὶ Ἀφροδίτης καὶ Δήμητρος καὶ Ἑστίας καὶ Ἥρας. τὴν δὲ τοῦ δωδεκαγώνου Διός, τὴν δὲ ἑκκαιπεντηκονταγωνίου Τυφῶνος, ὡς Εὔδοξος ἱστόρησεν. Ainsi Eudoxe (en admettant que son autorité s'applique à tout le passage), n'aurait pas connu Kronos comme dieu du triangle, il aurait ajouté Aphrodité et Héra pour le carré et parlé du polygone de 56 côtés pour Typhon. Je ne crois pas qu'on puisse méconnaître que la dernière attribution représente un emprunt fait à l'Egypte postérieurement à Philolaos; le reste du témoignage semble provenir, plus ou moins fidèlement, de son œuvre.

suffisants pour discuter cette question. laquelle n'intéresse d'ailleurs que médiocrement l'histoire de la philosophie[7]).

---

[7]) J'ajoute, à titre de simple renseignement, que, suivant la tradition astrologique, le premier hexagone zodiacal est qualifié de mâle et de diurne, le second, de femelle et de nocturne. Quant aux trois carrés, ils n'ont été l'objet que de distinctions insignifiantes: ainsi pour Camateros, le premier est celui des signes τροπικά, le second celui des signes στερρά, le troisième celui des signes δίσωμα.

XX.

ΚΡΑΤΗΡΕΣ des Orpheus.

Von

Otto Kern in Berlin.

Es ist das unbestreitbare Verdienst von Lobeck, den orphischen
Studien auch dadurch eine neue und fruchtbringende Richtung gegeben zu haben, dass er den Versuch machte die ungeheure Masse
der Anführungen aus Orpheus nach den von Clemens Alexandrinus
und Suidas überlieferten Büchertiteln zu ordnen und zu sichten.
Dass bei dieser mühseligen Arbeit eine lange Reihe von Irrtümern
untergelaufen ist, welche zum Theil recht erheblich sind, wird
Niemanden verwundern, der sich der Schwierigkeit der Aufgabe
bewusst ist und Lobecks Eigenart kennt. So viele Vorsicht die
Benützung des Aglaophamus demnach im Einzelnen auch erfordert,
das Verdienst 'den Schutt weggeräumt und die Spinnweben abge-
fegt' zu haben wird ihm für alle Zeiten bleiben [1]. Der von ihm
gewiesene Weg ist der richtige, und der Vorsatz des neuesten
Herausgebers der Orphica den Spuren Lobecks zu folgen war gewiss ein weiser. Leider hat demselben der Erfolg nicht entsprochen;
denn die Sammlung der orphischen Fragmente, die Eugen Abel in
der Schenkl'schen Bibliotheca scriptorum Graecorum et Romanorum
im Jahre 1885 hat erscheinen lassen, bedeutet einen entschiedenen
Rückschritt. Nicht nur um dieses Urteil, das jetzt wohl allgemein
getheilt wird [2], näher zu begründen, sondern um vor allem den Beweis einer im vorigen Jahrgang dieses Archivs S. 506 aufgestellten

---

[1] U. v. Wilamowitz Aus Kydathen S. 131.

[2] Unbegreiflich ist mir das Urteil von Cr. im Literarischen Centralblatt
1886 S. 160.

Behauptung anzutreten, möchte ich hier die Ueberlieferung der Κρατῆρες des Orpheus prüfen, eines jetzt verlorenen Gedichts, dessen Beurteilung für die Historiker der Philosophie von Bedeutung sein wird.

Ich gehe von den Fragmenten aus, welche Abel fr. 159—169 zusammengestellt hat. Gleich das erste Fragment (159), das er auf die Autorität von Lobeck I 376 hierher gesetzt hat, gehört weder in dieses Gedicht noch überhaupt in eine Sammlung der Orphica. Denn es ist unklar, wie man aus Servius Comm. ad Virgil. Aen. VI 667 Theologus fuit iste (Musaeus) post Orpheum et sunt variae de hoc opiniones: nam eum alii Lini filium, alii Orphei volunt, cuius eum constat fuisse discipulum: nam ad ipsum primum carmen scripsit, quod appellatur Crater etwas anderes folgern kann, als dass Musaios, der Schüler des Orpheus, an seinen Lehrer ein Gedicht gerichtet hat, das die Ueberschrift Crater trug. Gewiss ist sonst das Verhältniss gerade umgekehrt, indem Musaios immer der von Orpheus Angeredete ist (Lob. 454), aber irgend ein Grund die Angabe des Servius zu verdächtigen liegt nicht vor. Weshalb soll der dankbare Schüler nicht auch einmal dem Lehrer ein Werk dediciert haben, weshalb können nicht Beide ein Gedicht mit dem Titel Κρατήρ oder Κρατῆρες verfasst haben? Gerade von Orpheus und Musaios gab es mehrere Bücher gleichen Titels, ich erinnere an Σφαῖρα, Τελεταί, Χρησμοί. Die Möglichkeit, dass das von Servius citierte Gedicht eine spätere Fälschung ist, muss natürlich zugegeben werden. Aber aus den Fragmenten der Orphica wird das Serviuscitat hoffentlich bald auf immer verschwinden [3]).

Auf dieses Pseudocitat aus den Κρατῆρες des Orpheus folgen bei Abel (fr. 160. 161. 162. 164) Verse aus Johannes Diakonus εἰς τὴν τοῦ Ἡσιόδου θεογονίαν ἀλληγορίαι, welche mit Recht ihren Platz hier gefunden haben, wie ich gleich bemerken will, die einzigen Citate aus der in Rede stehenden Schrift des Orpheus. Eine genaue Durchsicht dieser Verse wird uns über den Charakter der

---

[3]) Der 'vir praeclarus', gegen den Lobeck p. 376 seinen Angriff richtet, ist Passow, welcher den 'Crater' mit Recht für Musaios in Anspruch nimmt. Ihm folgt Kinkel Frgm. Epic. Graec. p. 221, 6. Dagegen hat auch Giseke Rhein. Museum VIII (1853) S. 118 Servius misverstanden.

'orphischen' Κρατῆρες nicht in Zweifel lassen. Ich setze den Anfang her (Flach Glossen und Scholien zur Hesiodischen Theogonie Leipzig 1876 S. 360 f.): ὅτι δὲ καλῶς ἡμεῖς ἐξελαβόμεθα τὸν μὲν Ἄρην εἰς τὸν πόλεμον, τὸν δὲ Διόνυσον εἰς τὸν οἶνον, τὸν δὲ Ποσειδῶνα εἰς τὴν θάλασσαν, τὸν δ' Ἥφαιστον εἰς τὸ πῦρ, καὶ ἄλλα ἄλλως, μαρτυρεῖ καὶ ἐν τῷ μικροτέρῳ κρατῆρι ὁ Ὀρφεύς· τάδε λέγων·

Ἑρμῆς δ' ἑρμηνεὺς τῶν πάντων ἄγγελός ἐστι,
Νύμφαι ὕδωρ, πῦρ Ἥφαιστος, σῖτος Δημήτηρ,
ἡ δὲ θάλασσα Ποσειδάων μέγας ἠδ' Ἐνοσίχθων.
καὶ πόλεμος μὲν Ἄρης, εἰρήνη δ' ἔστ' Ἀφροδίτη.
οἶνος, τὸν φιλέουσι θεοὶ θνητοί τ' ἄνθρωποι,
ὅν τε βροτοῖς εὗρεν λυπῶν κηλήτορα πασῶν
ταυρογενὴς Διόνυσος ἐϋφροσύνην πόρε θνητοῖς
ἡδίστην, πάσῃσι τ' ἐπ' εἰλαπίνῃσι παρέστι,
καὶ Θέμις, ἥπερ ἅπασι θεμιστεύει τὰ δίκαια,
Ἥλιος, ὃν καλέουσιν Ἀπόλλωνα κλυτότοξον,
Φοῖβον ἑκηβελέτην, μάντιν πάντων ἑκάεργον,
ἰητῆρα νόσων, Ἀσκληπιόν. ἐν τάδε πάντα.

Schon a. a. O. habe ich für diese Verse Benützung des Empedokles behauptet und gebe nun die Beweise. Formell und inhaltlich stimmen die ersten drei Verse ganz deutlich mit Empedokles V. 33 Stein:

τέσσαρα τῶν πάντων ριζώματα πρῶτον ἄκουε·
Ζεὺς ἀργὴς Ἥρη τε φερέσβιος ἠδ' Ἀϊδωνεὺς
Νῆστίς θ' ἣ δακρύοις τέγγει κρούνωμα βρότειον.

Νύμφαι ist wohl eine Anspielung auf die hier erwähnte und so oft besprochene Nestis, zweimal wird das Feuer bei Empedokles Hephaistos genannt, θάλασσα erscheint V. 187 (vgl. Zeller I⁴ 686, 1). Die ungeschickte Nachahmung zeigt aber recht deutlich der dritte Vers bei Joh. Diakonus, denn das Wasser war schon V. 2 ganz unzweideutig erwähnt. Es kam dem Verfertiger dieser auch metrisch schlechten Verse eben nicht darauf an, die Elementenlehre des Empedokles in reiner Form wiederzugeben, sondern vielmehr eine allegorische Deutung verschiedener Götter vorzutragen. Die Anknüpfung an Empedokles war dabei natürlich besonders bequem. Auf diese

Verse folgt dann ein Vers, den Empedokles hätte selbst schreiben
können:

$$\varkappa\alpha\grave{\iota}\ \pi\acute{o}\lambda\varepsilon\mu\circ\varsigma\ \mu\grave{\varepsilon}\nu\ \text{"}A\rho\eta\varsigma,\ \varepsilon\grave{\iota}\rho\acute{\eta}\nu\eta\ \delta\text{'}\ \ddot{\varepsilon}\sigma\tau\text{'}\ \text{'}A\varphi\rho\circ\delta\acute{\iota}\tau\eta.$$

Erst die 'vier' Elemente, dann Liebe und Hass, Krieg und Frieden.

Aber diese ersten Verse geben auch sofort noch zu einer ein-
schneidenderen Bemerkung Anlass, wenn wir den Titel des Werks,
aus dem diese Verse stammen sollen, den μιχρότερος Κρατήρ ins
Auge fassen. Ich darf hier an Lobeck anknüpfen, der p. 736 sagt:
'Nomen autem carminis Crateres e Platonis psychogonia sumtum
videtur et ab illa duplici temperatione, quarum in una deus omnem
animum universae naturae permiscuit, ex altera residua parte
mentes delibavit humanas'. Er hat diese Ansicht noch besonders
wahrscheinlich gemacht durch eine Zusammenstellung der Autoren,
welche die berühmte Timaiosstelle nachgeahmt haben. Eine Bestätigung geben die Verse über die Elemente, die in genauer Anlehnung an Empedokles eine Lehre wiedergeben, welche Plato im
Timaios p. 31 B. 32 C aus diesem herübergenommen hat. Eine
ganz klare Anspielung auf den Timaios giebt schliesslich das zweite
Orpheuscitat bei Joh. Diakonus, in welchem es von Zeus heisst:

$$Z\varepsilon\grave{\upsilon}\varsigma\ \delta\acute{\varepsilon}\ \tau\varepsilon\ \pi\acute{\alpha}\nu\tau\omega\nu\ \grave{\varepsilon}\sigma\tau\grave{\iota}\ \theta\varepsilon\grave{o}\varsigma\ \pi\acute{\alpha}\nu\tau\omega\nu\ \tau\varepsilon\ \varkappa\varepsilon\rho\alpha\sigma\tau\acute{\eta}\varsigma.$$

Niemand wird hier den mischenden Demiurgos des Timaios verkennen.

Aber es lässt sich wohl noch Bestimmteres sagen. Nicht nur
Empedokles und Plato sind von dem Verfertiger dieser Verse benutzt, auch die sog. orphischen Hymnen, die zu den allerspätesten
Producten 'orphischer' Dichtung gehören, hat er höchst wahrscheinlich gekannt. Johannes Diakonus gehört zu den wenigen Schriftstellern griechischer Zunge, welche die Hymnen kennen, vgl. Lobeck p. 406 mit Anm. tt. So ist fr. 309 Abel, wo der Vers aus
Joh. Diakonus p. 330 Flach

$$\varepsilon\grave{\iota}\nu\circ\delta\acute{\iota}\eta\nu\ \text{'}E\varkappa\acute{\alpha}\tau\eta\nu\ \varkappa\lambda\acute{\eta}\zeta\omega,\ \tau\rho\iota\circ\delta\widetilde{\iota}\tau\iota\nu,\ \grave{\varepsilon}\rho\alpha\nu\nu\acute{\eta}\nu$$

angeführt wird, kein neues Fragment, sondern nur ein Citat aus
Hymnos I 1. Das hätte Abel aus Lobeck p. 747 lernen können.
Von alter orphischer Poesie kennt der Hesioderklärer nichts,
er holt seine Weisheit aus trüben Quellen. So wird es wahrscheinlich, dass der Κρατήρ des Orpheus, welchen er gelesen hat,

in dieselbe Klasse orphischer Schriften wie die Hymnen gehört, ja den Hymnos XXVIII voraussetzt, in dem V. 6 Hermes angeredet wird ἑρμηνεῦ πάντων, man vgl. den Anfang des Κρατήρcitats Ἑρμῆς ἑρμηνεὺς τῶν πάντων ἄγγελός ἐστιν. Auch der Ζεὺς κεράστης des Panhymnos (XI 12) hat vielleicht dem Verfertiger der Κρατῆρες vorgeschwebt, als er mit Ζεὺς κεραστὴς den Demiurgos des Timaios wiedergab; aus Plato die Vorstellung, aus dem orphischen Hymnos der Klang der Worte. Nach diesen Proben wird es Wenige verlocken die Orpheuscitate des Diakonus näher zu betrachten. Von Interesse ist der Nachklang der rhapsodischen Theogonie (ἐν τάδε πάντα), die ihm wohl in einer schlechten, verwässerten, mit stoischer Theologie durchsetzten Form vorlag; interessant ist fr. 162 das Lob auf die μνήμη ganz im Sinne des Pythagoras, wie Lobeck p. 732 richtig bemerkt, interessant auch fr. 164 die Etymologieen des Namens Ζεὺς, die der zusammenflickende Dichter des Κρατήρ wohl aus Plato Kratylos p. 396 AB selbst entnommen hat.

Das Resultat dieser Beobachtungen ist das Urteil, dass wir in dem von Diakonus citierten Κρατὴρ ein wüstes Conglomerat von allen Seiten hergeholter theologischer Weisheit zu erkennen haben, und man wird sich nun bestimmter ausdrücken können als Giseke, der a. a. O. S. 119 weiter nichts zu sagen weiss, als dass die bei Diakonus erhaltenen Verse zwar Wendungen alter orphischer Gedichte enthalten, aber 'zugleich eine so seltsame Theokrasie, dass man ihnen vielleicht einen späteren Ursprung zuzuschreiben geneigt sein könnte'. Ob nun Suidas, welcher die Κρατῆρες als Werk des Orpheus oder Zopyros citiert, dies von Diakonus benutzte (vielleicht selber gedichtete?) Poem des Orpheus meint, kann mit Sicherheit nicht gesagt werden. Aber wahrscheinlicher ist, dass er ein ganz anderes im Sinne hat, dasselbe, das im Katalog bei Clemens Alexandrinus erscheint, auch da mit der Bemerkung, dass es von Einigen auch auf Zopyros von Herakleia zurückgeführt wird. Gewiss kann es ein orphisches Gedicht Κρατῆρες gegeben haben, aber ebenso gewiss ist, dass Clemens das bei Joh. Diakonus citierte nicht gemeint haben kann. Hier fehlt uns, wie auf diesem Gebiete so oft, ein sicherer Anhalt für die Beurteilung des von Clemens und Suidas angeführten Buchtitels.

Hiermit kann eine Untersuchung über die Κρατῆρες abschliessen.
Aber Abel giebt mir Gelegenheit noch Spuren wirklich alter Poesie
der Orphiker aufzudecken. Er hat nämlich diesen wertlosen Κρατῆρες zwei Neuplatonikerstellen zugeschrieben; gerne möchte ich
diese aus der lästigen Umgebung befreien. Und hier bin ich in
der schönen Lage eine Ansicht Lobecks wieder zu Ehren zu bringen. Es handelt sich zunächst um Proklos in Plat. Tim. V 316 A
ἐπεὶ καὶ ἄλλοι παραδέδονται κρατῆρες ὑπό τε Ὀρφέως καὶ Πλάτωνος.
Πλάτων τε γὰρ ἐν Φιλήβῳ τὸν μὲν Ἡφαίστειον κρατῆρα παραδίδωσι,
τὸν δὲ Διονυσιακόν, καὶ Ὀρφεὺς οἶδε μὲν καὶ τὸν τοῦ Διονύσου κρατῆρα,
πολλοὺς δὲ καὶ ἄλλους ἱδρύει περὶ τὴν ἡλιακὴν τράπεζαν. Die Orpheuscitate der Neuplatoniker beziehen sich sämtlich, soweit ich die
Sache heute überschaue, auf die Theogonie der Rhapsodieen: ich
freue mich hier ganz mit O. Gruppe Die griechischen Culte und
Mythen 1 S. 635 ff. übereinzustimmen[4]). Abel findet freilich überhaupt Gefallen daran die Neuplatonikercitate in alle Winde zu ver-
streuen. Aber gerade dies Orpheuscitat gehört wenn irgend eines
in die rh. Theogonie, welche mit einem Lob des Dionysos und
einer Schilderung seines Reichs und seiner Herrschaft abschloss[5]).
Es ist nicht schwer die Umgebung festzustellen, in der von dem
Κρατήρ des Dionysos die Rede gewesen ist. Ich greife heraus
fr. 191 (Lob. 553)

    καίπερ ἐόντι νέῳ καὶ νηπίῳ εἰλαπιναστῇ, fr. 202. 203. 204. Für
die τράπεζα ἡλιακὴ darf man wohl an den θυωρὸς des Pherekydes
erinnern, vgl. Laertios Diogenes I 119 (Φερεκύδης ἔλεγέ τε ὅτι οἱ
θεοὶ τὴν τράπεζαν θυωρὸν καλοῦσιν, Sturz p. 35 s., Lob. 867 s., meine
Dissertation De theogoniis p. 88. 99 s.). Also ein neues Zeugnis für
die Abhängigkeit des Pherekydes von den Orphikern, s. Hermes
XXIII 483. Zum Glück kann noch ein äusseres Zeugniss mit einiger
Wahrscheinlichkeit hinzugefügt werden. Im Platonischen Philebos
sagt Sokrates p. 61 BC τοῖς δὴ θεοῖς, ὦ Πρώταρχε, εὐχόμενοι κεραν-
νύωμεν, εἴτε Διόνυσος εἴτε Ἥφαιστος εἴθ’ ὅστις θεῶν ταύτην τὴν τιμὴν

---

[4]) Vgl. die Bemerkungen von Diels oben S. 88 ff., denen ich mich in allem
wesentlichen anschliessen kann.

[5]) Vgl. die von Abel fr. 85 gesammelten Zeugnisse, namentlich aber
Lobeck 577 ff.

εἴληχε τῆς συγκράσεως. Erinnert man sich, dass Plato die rhapsodische Theogonie benutzt hat, und dass gerade in diesem Dialog eine sichere Spur derselben von mir (De theogoniis p. 47) aufgedeckt werden konnte, so ist Lobecks Vermutung, dass dies Fragment in die Theogonie gehört, jetzt wohl nach allen Seiten hin begründet und gestützt worden. Die Κρατῆρες des Johannes Diakonus knüpfen an Plato an, und Plato hat eine Anspielung auf den Κρατὴρ Διονυσιακὸς der alten Theogonie. Ob nun Plato in seinem Timaiosmythos in der That an irgend eine orphische Stelle anknüpfte, kann nicht entschieden werden. Sogar die Möglichkeit, dass ihm auch hier jene Stelle der rh. Theogonie vorschwebte, darf nicht ohne Weiteres abgelehnt werden. Es wäre Plato dann ein Bindeglied zwischen echter orphischer Poesie und junger Fälschung. Dass er dann aber die orphische Anschauung in der allerfreisten Weise benützt hätte, muss nach der Art aller seiner Mythendichtung mit Sicherheit behauptet werden.

Auch die zweite Neuplatonikerstelle, welche Abel fr. 163 anführt, ist mit hoher Wahrscheinlichkeit der alten Theogonie zuzuschreiben. Echt neuplatonisch ist die Reflexion über die dreifache μνήμη, welche direct an die des Hermeias über die dreifache Nacht des Orpheus erinnert. Aber warum soll Μνημὼ, Kurzname von Μνημοσύνη, nicht in die Theogonie gehören, in welcher diese Göttin doch ganz sicher (fr. 95) vorkam? Oder soll auch noch nach der dankenswerten Sammlung von E. Maass (Hermes XXIII S. 613 ff.), die man allerdings bald vervollständigt wünschte, Stallbaums Aenderung[6]) μνήμη ihr Dasein fristen? Gerade der Name Μνημὼ ist doch ein Zeugniss für das Alter des orphischen Gedichts, in welchem er vorkam.

Das ist alles, was ich über die Κρατῆρες zu sagen weiss. Nicht berücksichtigt habe ich Abel fr. 165. 166. 167. 168. 169. Denn vergeblich habe ich nach den Gründen geforscht, welche Abel zu dieser Zusammenstellung veranlasst haben. Vielleicht bringt sie uns die versprochene editio major, die man hoffentlich auch 'emendatior' nennen darf; vielleicht auch nicht.

---

[6]) G. Hermann hat Orphica p. 510 nr. 27 richtig das handschriftlich Ueberlieferte beibehalten.

XXI.

Ueber Grundabsicht und Entstehungszeit von Platons Gorgias.

Von

Prof. **P. Natorp** in Marburg.

Ueber Gehalt und Anlage des Gorgias in aller Kürze etwas zu sagen, was der Grösse des Gegenstandes angemessen ist, muss recht schwer sein; auch ist der Eindruck der Schrift an sich ein so klarer und mächtiger, dass für denjenigen, der sich ihm nur ungetheilt, ohne viel Klügeln hingibt, eigentlich kein Wort mehr darüber zu sagen nöthig sein sollte. Doch ist es unerlässlich, die Grundabsicht der Schrift auf einen möglichst präcisen Ausdruck zu bringen, um auf dieser Basis, wenn möglich, über ihre Stellung im Ganzen der philosophischen Wirksamkeit Platons Klarheit zu gewinnen.

Nach dem ersten Anschein nimmt der Gorgias mit den Rhetoren den Kampf auf, wie der Protagoras mit den Sophisten. Doch erkennt man bald aus der Art, wie der Kampf geführt wird, dass der Angriff weit ernstlicher den Staatsmännern gilt. Noch ein wenig schüchtern weist Gorgias, schon offenherziger Polos auf die durch das Mittel der Redekunst zu erlangende Macht im Staate; vollends die Auseinandersetzung mit dem Staatsmann Kallikles fasst das Problem erst bei seiner wahren Wurzel und bringt den Gegensatz der Anschauungen, der hier geschildert werden sollte, zum allerschärfsten Ausdruck. Doch auch damit ist der Gehalt des Dialogs nicht erschöpft. In letzter Linie vielmehr handelt es sich um die wahre Eudämonie, um die rechte Lebensführung, um die Reinigung der ethischen Grundansicht, die Scheidung von Wollen und Belieben, und damit des Guten von der Lust, durch welche das berückende Idol der Macht zertrümmert und in seiner Nichtigkeit blossgestellt wird. Dem entspricht, dass als letztes, positivstes Resultat ethische Philosophie als Grundlage wahrer Staatskunst zum Ersatz für das Verworfene angeboten wird. Die Bekämpfung des Standes der Rhetoren und Staatsmänner — was hier fast Eins ist — ist also schliesslich nur Aussenseite; Platon sieht darin nur den prägnantesten Ausdruck des blinden Machtstrebens der Zeit[1]); und auf dieses, auf die ganze Lebensrichtung von damals, insbesondere auf den politischen Zustand Athens zielt im Grunde die ganze Darlegung, die aus dieser überall durchschimmernden, einigemale auch recht schroff und nackt ausgesprochenen Oppositionsstimmung ihr tiefes, hinreissendes Pathos schöpft. Die Absage an den Zeitgeist wirkt hier, trotz des weit geringeren äusseren Apparats, weit mächtiger als etwa im Protagoras; das Streiten wider den Sophistenwahn der Menschenerziehung will uns fast etwas jugendlich anmuthen gegen diesen neuen Kampf, der die ganze, gesammelte Kraft des gereiften Mannes forderte. Nirgends hat Platon sein in der Apologie gegebenes Versprechen grossartiger erfüllt[2]).

Eine Absage an den Zeitgeist nannte ich die Schrift: das ist viel zu wenig gesagt. Gerade die Vergleichung mit den sokratisirenden Gesprächen muss es fühlbar machen, wie sehr hier der Standpunkt einer bloss negativen Kritik verlassen ist; wie Platon sozusagen Alles daran setzt, zu einer centralen, für immer festen Stellung in der entscheidendsten aller Fragen, nämlich der des Sittlichen, vorzudringen, und damit zugleich die sichere Grundlage

---

[1]) Daher wird die Rhetorik kaum weiter geprüft als eben, sofern sie als Waffe im Wettbewerb um die Staatsgewalt gilt und von ihren Vertretern selbst angepriesen wird: sodass für eine die Redekunst an und für sich betreffende Erörterung (Phädrus) Stoff genug übrig bleibt. (Vgl. unten Anm. 5.)

[2]) Apol. 39 CD. Bis Jemand entscheidende Gegengründe bringt, werde ich die Worte οὓς νῦν ἐγὼ κατεῖχον κτλ. als Zeugniss dafür auffassen, dass Platon vor der Apologie wohl überhaupt nicht als Schriftsteller, sicherlich nicht mit Schriften, welche eine Kritik des öffentlichen Zustands von Athen enthielten (z. B. Protagoras), aufgetreten ist.

für ein positives Wirken im Staate (auf dem indirecten Wege
der philosophischen Erziehung) zu gewinnen. Gewiss sind
die ethischen Grundüberzeugungen, die hier entwickelt werden,
keine anderen als die sokratischen, wie man sie schon aus der
Apologie und dem Kriton erkennt. Doch aber, welcher Unterschied in der Art und Tiefe der Begründung, in der Sicherheit
des Bewusstseins. in der Energie der Aussprache. Schon die Anlage des Gesprächs zeigt den gewaltigen Fortschritt; diese klare
Einheit, dieser feste Zusammenschluss bei so reichem und mäch-
tigem Inhalt, diese Deutlichkeit und wie naturgesetzliche Nothwendigkeit der Gliederung in der auf fortschreitender Verinnerlichung
des Problems beruhenden Steigerung von Gorgias zu Polos zu
Kallikles, mit dem Abschluss in dem ewigwahren Mythos des
Todtengerichts. Noch grösser fast wirkt diese ganz dichterische
Gestaltungskraft; diese einzige Fähigkeit in die Seele des Anderen
sich hineinzudenken, den äussersten Gegensatz der eignen Lebensanschauung in einem Typus — oder um denn ganz platonisch zu
sprechen, einem „Paradeigma" hinzustellen, dessen Lebenswahrheit
jedes Zeitalter der Menschengeschichte bestätigt; und dann wieder
diese Macht des Dialogs, dies zur Rede stellen, diese Gewalt, das
eigne Bewusstsein des Mitunterredners (und damit des Lesers) zum
Zeugen aufzurufen; nicht mehr nur, im sokratischen Sinne, ihn
zum Geständniss zu bringen, dass er mit sich selber nicht einig,
in sich selber nicht klar ist, sondern in jenem positiveren, platonischen Sinne des διαλέγεσθαι, wie wir ihn im Menon zuerst kennen
lernen, die Erkenntniss des Wahren ihn im Grunde der eignen
Seele wiederaufspüren und sich darauf wiederbesinnen zu machen.

Das hatte ich im Gedanken. wenn ich meinte, es sei zu wenig
gesagt, dass der Gorgias eine Absage an den Zeitgeist enthalte.
Es ist nicht mehr eine Absage, es ist ein Ringen mit dem Zeitgeist, ein Ringen wie auf Leben und Tod. Dieser auflodernde
Zorn, er wurzelt in unzerstörlicher Liebe: in jener tapferen Liebe
des Arztes. der das Schneiden und Brennen nicht scheut, denn er
weiss, es ist zum Heile.

Das muss man herausfühlen, ich sage nicht, um den Gorgias
zu geniessen, sondern um seine Bedeutung sich klar zu machen,

und danach denn auch seine Stellung im Ganzen des platonischen Wirkens zu begreifen. Das ist es ja wohl, wodurch Platon, in praktischer Absicht, über Sokrates hinausgeht: dass er sich positiv die Aufgabe stellt, seine Zeit umzuwandeln, auf sie zu wirken in Kraft der Ueberzeugungen, welche Sokrates in ihm zum Leben erweckt, deren Macht er an sich zuerst erprobt hat, und in denen er die alleinige Rettung sieht für sein Volk, für seine Zeit. Es ist in der That meine Ueberzeugung: dass im Gorgias der Plan des platonischen Wirkens, nach ethisch-politischer Seite, niedergelegt ist; derselbe Plan, der seine genauere Ausführung gefunden hat — im Staat.

Daraus ergäbe sich nun schon ein, wie mir scheint, ziemlich sicherer Schluss hinsichtlich der Stellung des Gesprächs in der ganzen Reihe der platonischen Schriften: dasselbe ist an das Ende der Schriften von sokratischem Charakter, oder richtiger an den Beginn der specifisch platonischen Wirksamkeit zu setzen; d. h. es folgt, nicht bloss auf Apologie und Kriton, sondern gleichfalls auf Protagoras und die drei mit diesem eng verknüpften Gespräche Laches, Charmides, Menon; es geht vorher allen sonstigen Schriften von nicht sokratischem Charakter.

Nach Schleiermacher hätten wir im Phädrus das Programm der philosophischen Wirksamkeit Platons und ebendeshalb seine früheste Schrift zu sehen. Ich kann dem nicht beitreten, nicht bloss aus dem Grunde, der für die Mehrzahl der Forscher bestimmend gewesen ist: dass das eigenthümlich platonische Wirken die sokratisirende Periode nicht nur voraussetzt, sondern — wie gerade der Gorgias bestätigt — bewusst überwindet; vielmehr auch, wenn man diesen Fehler berichtigt und also von den sokratisirenden Gesprächen absieht, so ist selbst dann jene Ansicht nur halb wahr: das Programm des platonischen Wirkens enthält an erster Stelle der Gorgias, und nur in ergänzender Weise der Phädrus. Dass der letztere bloss die Form der Philosophie behandelt, betont Schleiermacher selbst; eben deswegen enthält er Platons Programm nur zur Hälfte; eben deswegen fordert er eine Ergänzung, wie nur der Gorgias sie bietet. Aber der Phädrus ergänzt vielmehr den Gorgias, nicht der Gorgias den Phädrus; wie

eine durchgängige Vergleichung beider Schriften es, wie ich glaube,
zur Evidenz bringt[3]).

Richtiger hat Schleiermacher erkannt, dass zwischen Gorgias
und Theätet sehr bestimmte Beziehungen obwalten, welche vielleicht nöthigen, jedenfalls empfehlen, sie auch zeitlich nahe aneinander zu rücken. Doch bestehen nicht minder genaue Beziehungen zwischen Gorgias und Phädrus, und zwischen Phädrus und
Theätet. Dass die vier Schriften: Menon, Gorgias, Phädrus, Theätet
zusammengehören und annähernd dasselbe Stadium der Entwicklung
der platonischen Philosophie darstellen, hat Zeller richtig erkannt,
der jetzt (Phil. d. Gr. IIa, 4. Aufl., S. 540—544) auch in der Anordnung dieser vier Gespräche nahezu die Auffassung vertritt, welche
sich uns als die richtige ergeben wird.

Die vorherrschende Ansicht scheint dagegen zu sein, dass
der Gorgias zu den Schriften von sokratischem Charakter zu zählen
und deshalb, sowie namentlich wegen der vielen und bedeutungsvollen Hinweise auf den Tod des Sokrates, diesem, also dem
Jahre 399 möglichst nahe zu rücken sei. Ich kann dem schon
deshalb nicht beistimmen, weil mir scheint, dass der Gorgias weit
weniger eine zweite Apologie des Sokrates, als (um Schleiermachers
nur etwas zu schroffen Ausdruck einstweilen zu gebrauchen) eine
Apologie Platons enthält. Ich meine, es sei evident, dass der
Autor sich gegen Vorwürfe, die wider ihn selbst — natürlich als
Sokratiker — erhoben worden sind, vertheidigt. Vor allem die
wohlmeinende Ermahnung des Kallikles an Sokrates zur Betheiligung am Staatsleben und was darauf entgegnet wird, kann sich
nur auf Platon beziehen, wie im allgemeinen ja auch anerkannt
wird. Dann aber kann ich mir die Schrift nur in einem gewissen
Abstand vom Tode des Sokrates denken.

Der Einzige unter den Neuern. bei dem ich fassbare Argumente für die frühere Ansetzung finde, ist v. Wilamowitz (Philol.
Unters. I 213 ff.). Derselbe beobachtet richtig, dass im Gorgias
gewiss nicht absichtslos Archelaos von Makedonien als Typus des

---

[3]) Dass Phädr. 260 D sich auf den Gorgias zurückbezieht, halte ich für
sicher; vgl. oben Anm. 1.

Ungerechten, der der Strafe entronnen, dem Sokrates, der sie
schuldlos leiden musste, gegenübergehalten wird; so noch zum
Schluss in der Darstellung des Todtengerichts (525 D, 526 C). Nun
starb Archelaos in eben dem Jahre, wo Sokrates den Schirling
trank; war dies dem Leser gegenwärtig, so musste jener Contrast
desto eindringlicher wirken. Also, meint v. W., müsse die Schrift
möglichst bald nach 399 verfasst sein; schon einige Jahre später
wäre diese Gegenüberstellung minder wirksam gewesen. — Ich
kann mich nicht überzeugen, dass ein Unterschied von wenigen
Jahren hier sehr ins Gewicht fiele. Das Beispiel lag an sich nahe
und hatte etwa 5 Jahre später gewiss noch dieselbe Ueberzeugungs-
kraft. Einen sicheren Schluss hinsichtlich der Abfassungszeit würde
ich auf jene an sich richtige, auch für das Verständniss der Schrift
förderliche Bemerkung in keiner Weise zu bauen wagen. — Entscheidender wäre, wenn er sich aufrechthalten liesse, ein zweiter
Grund, welchen v. W. vorbringt. Nämlich der Gorgias müsse verfasst sein von einem von Athen Abwesenden. Doch mir scheint
das Gegentheil sicher. Die Strafrede des Kallikles setzt zweifellos
voraus, dass der, an den sie gerichtet ist, also Platon, nicht etwa
von Athen sich fernhält, sondern in der Stadt lebt und nur vom
Staatswesen sich vornehm zurückhält, um in der Verborgenheit
mit einer kleinen Schaar von Genossen der Philosophie zu leben.
Ja, ich meine, es müssten Reibungen zwischen den Philosophen
und Staatsmännern schon vorausgegangen sein, die wir uns am
natürlichsten auf dem Boden Athens denken würden. Wer in
Athen hätte sich wohl sonderlich darüber aufgehalten, wenn Platon
weltvergessen bei den Pythagoreern in Unteritalien oder wer weiss
wo sonst sich Forschens halber aufhielt? Nein, sondern er war
anwesend, und man empfand seine Anwesenheit; man verstand in
seiner Zurückhaltung die Verachtung des öffentlichen Zustands der
Stadt; man ahnte auch wohl, dass der Kreis, der um ihn sich erst
zu sammeln begann und den man für jetzt noch meinte mit Geringschätzung behandeln zu dürfen, vielleicht einmal zu einer
achtunggebietenden Macht anwachsen könne. Lässt denn der Spott
des Kallikles, dass Sokrates, bei so trefflichen Anlagen, den Markt
und das Centrum der Stadt, wo wahre Mannestüchtigkeit sich er-

probe, meide und es vorziehe in einem Winkel versteckt mit drei
oder vier Jünglingen flüsternd sein Leben zu verbringen — lässt
dieser Spott sich denn anders als auf Platon, und anders als im
eben erklärten Sinne deuten? Auf Sokrates würde er keineswegs
passen, er mied ja nicht die Mitte der Stadt und schloss sich
nicht in Conventikeln ab. — Aber die „kolossalen Wahrheiten"
des Gorgias, insbesondere die „herben und ungerechten" Urtheile
über die grossen Staatsmänner der Vorzeit Athens, meint v. W.,
hätte Platon nicht wagen dürfen, wenn er damals in Athen sich
aufhielt. — Nun, ich muss gestehen, dass mir die gegentheilige
Voraussetzung ein gut Theil des Eindrucks der Schrift zerstören
würde. Es war gerade kein Heldenstück, aus sicherer Ferne die
bittere Anklageschrift in die Stadt zu senden, sich als Arzt und
Retter, als den Einzigen, der wahrhaft für das Heil des athenischen
Staates wirke, die wahre Staatskunst betreibe (521 D), anzupreisen;
vollends, auf das böse Wort, dass man ihn, wofern er die Redekünste verschmähe, wohl straflos werde ohrfeigen dürfen (486 C,
508 DE, 527 A), ja auf die Drohung, dass ihm selbst leicht das
Schicksal des Sokrates bevorstehen könne (521 C, vgl. Men. 94 E),
Antworten zu ertheilen, wie wir sie 511 B, 521 CD, 522 DE lesen,
wie, dass man ihn sehr gelassen werde sterben sehen, wäre es aus
Ermangelung schmeichlerischer Redekünste. Selbst abgesehen von
dem allen braucht man nur einmal auf die zahlreichen Wendungen [4]) wie ἐν τῇδε τῇ πόλει, ἐν ἡμῖν u. dgl. zu achten, um über
diesen Punkt, auch gegen das Urtheil eines Kenners der Zeit-
geschichte wie v. Wilamowitz, vollständig beruhigt zu sein. Im
Gegentheil wird nun dies Argument zu einer sehr wesentlichen
Stütze unserer Auffassung. Ist der Gorgias sicher in Athen verfasst, so kann schon die allernächste Zeit nach Sokrates' Tode
nicht mehr in Betracht kommen, da Platon eben diese unbestritten
auswärts verbrachte. Der Gorgias kann aber auch nicht wohl diejenige Schrift gewesen sein, mit welcher sich Platon in Athen einführte; sie setzt den Ansatz wenigstens zur Schulbildung, sie setzt

---

[4]) Man prüfe besonders 513 A τῇ πολιτείᾳ ταύτῃ ἐν ᾗ ἂν οἰκῇ und was
folgt; vollends 521 C ὡς οἰκῶν ἐκποδὼν κτλ.

ein beträchtliches Ansehen, vorausgegangene sogar heftige Reibungen, wohl sicher auch schon erfolgte Angriffe auf frühere Schriften (wie Apologie und Protagoras) voraus; sodass wir sie jedenfalls um einige Jahre weiter werden hinabrücken müssen.

Uebrigens kommt v. W. in die Verlegenheit, dass er z. B. den Protagoras weit später, in die Zeiten der Akademie zu setzen genöthigt wird. Ich weiss nicht, ob diese Annahme erst der Widerlegung bedarf, doch ist es nicht ohne methodisches Interesse, die Argumentationsweise zu prüfen, die zu solchem Schlusse führte. Ich lese (S. 218): „Der Mai 399 warf Platon aufs Krankenlager — und das Lachen hat er erst mehr als 10 Jahre später, als er in der Akademie lehrte, Protagoras, Euthydem, Symposion schrieb, wiedergefunden". Und (219): „Das ist doch wahrlich kein modernes noch subjectives Empfinden, wenn man leugnet, dass der Phädrus in der Stimmung des Gorgias und Menon entstanden sein könne." Ich weiss nicht, ob man mit solchem Argument bei andern Autoren etwas ausrichtet; auf Platon scheint es mir unanwendbar. Platon schöpft seine Stimmung aus dem Gegenstande, nicht lässt er seine Gegenstände sich dictiren von der Stimmung, die ihn gerade beherrscht. Der Unterschied des Gegenstands erklärt den Stimmungsunterschied zwischen Menon und Gorgias; und so auch wohl zwischen Gorgias und Phädrus. Schon die Apologie zeigt übrigens keine ausschliesslich trübe, keine resignirte, sondern eine höchst kampfbereite Stimmung; vollends der Ton des Gorgias ist nicht bloss muthig entschlossen, sondern siegesgewiss, und in seinem unerbittlichen Hohne so überlegen, wie ich es nicht begriffe, wenn der Autor in freiwilliger Verbannung mit unthätiger Resignation dem Verderben der Stadt von weitem zusah. Gewiss ist der Phädrus nicht in derselben Stimmung geschrieben: ihn trübt (sagt v. W.) nirgend ein Ton, der auf das Ende des Sokrates deutete. Er kann aber darum doch nach 399, er kann nach dem Gorgias, sogar unmittelbar nach ihm verfasst sein. Warum sollen wir dem Platon, nachdem er in sieben Schriften, deren keine es an Herbheiten fehlen lässt, die letzte sie bis zum äussersten steigert, seine philosophischen Consequenzen aus dem Ereignisse des Mai 399 gezogen, nicht endlich gestatten, auf den Flügeln der Idee

zu jenen Inseln der Seligen zu kurzer Rast zu flüchten, welche
der Schluss des Gorgias dem Philosophen, der dem Welttreiben
entronnen ist, verheisst? — Erst der Erfolg in der Akademie soll
Platons Stimmung verbessert haben. Ich würde dergleichen nie
zu behaupten wagen; übrigens setzt der Gorgias etwas wie eine
Schule Platons voraus; desgleichen sicher der Theätet, an dessen
Entstehung noch in der zweiten Hälfte des ersten Jahrzehnts nach
Zellers Beweisführung (Abh. d. Berl. Akad. 1886) nicht mehr zu
rütteln sein dürfte; es stände also nichts im Wege, den Stimmungs-
umschlag, den man zur Erklärung des Phädrus für nothwendig
hält, schon bald nach dem Gorgias eintreten zu lassen. Ich möchte,
wie gesagt, auf solche Gründe keineswegs etwas bauen; doch wer
sie nöthig hat, dem werden sie nicht fehlen. Allgemein habe ich
Bedenken dagegen, auf Annahmen über den Lebensgang Platons
andere über die Reihenfolge seiner Schriften zu stützen — zumal
ohne die ernstlichste Berücksichtigung ihres inhaltlichen Verhältnisses.

Und so möchte ich auch für meine Ansetzung des Gorgias mich
bloss hülfsweise auf die Lage des Autors, die er voraussetzt, berufen. In der That gelangt man zu demselben Schluss auf dem
geradesten und sichersten, obzwar altmodischen Wege, indem man
sich klar macht, dass der Gorgias, seinem Inhalt nach, die ganze
sokratisirende Periode (d. h. die Schriften von der Apologie bis
zum Menon) voraussetzt. Das hat man auch früher meist angenommen, aber sich die daraus zu ziehende Consequenz verborgen,
indem man Protagoras, Laches, Charmides und wohl gar Menon
noch zu Sokrates' Lebzeiten abgefasst sein liess; was für den letzteren schon wegen der Bezugnahme auf das spätere Schicksal des
Anytos (95 A) unmöglich ist, aber auch für die drei anderen Gespräche Niemand zugeben wird, der sich deren Verhältniss zur
Apologie ernstlich klar gemacht hat; erinnert sei für jetzt (ausser
dem oben Anm. 2 Bemerkten) nur noch daran, dass nicht bloss
Men. 91 CE, sondern auch Lach. 186 B auf den gegen Sokrates (in
Verwechslung desselben mit den Sophisten) erhobenen Vorwurf,
dass er „die Jugend verderbe", sich deutlich bezieht. Doch scheint
es heute fast nöthiger erst das Verhältniss des Gorgias zu den ge-

nannten Schriften ausser Zweifel zu stellen; hat doch die spätere Datirung des Menon gegenüber dem Gorgias noch kürzlich an Gomperz einen beredten Vertheidiger gefunden.

Schon das positive Auftreten Platons im Gorgias zeigt den entschieden fortgeschrittenen Standpunkt. Noch behauptet zwar Sokrates, nichts zu wissen von dem was er vorbringt (506 A, 509 A) — aber doch, dass noch Jeder, der es anders zu sagen versucht, sich lächerlich gemacht hat, wenn er von Sokrates geprüft wurde (509 A, cf. 527 AB). Das ist nicht nur ein andrer Ton, als den z. B. der Protagoras anschlug, sondern es setzt frühere Darlegungen über die ethischen Grundfragen ersichtlich voraus, und wo sollten wir die suchen, wenn nicht hauptsächlich im Protagoras, in zweiter Linie etwa im Menon? Und noch entschlossener erklärt Sokrates: was im Gespräche sich ergeben, das bleibe fest und wohl verwahrt mit eisernen und stählernen Gründen[5]); und nochmals: gegenüber so vielen Sätzen, die alle widerlegt wurden, ist dieser allein festgeblieben, μόνος οὗτος ἠρεμεῖ ὁ λόγος . . .[6]); ihn dürfen wir getrost zur Richtschnur unseres Lebens wählen. Nun handelt es sich dabei eben um den Begriff der Tugend — wie in sämmtlichen sokratischen Dialogen. Jeder wird sich erinnern, wie gerade dieser Begriff dort beständig als noch nicht gefunden galt; so ausdrücklich im Protagoras, im Laches, und noch im Menon, dessen Schluss gerade die Beantwortung der Frage „Was ist Tugend?" als noch ausstehend bezeichnet. Insbesondere wurde die Tugend zwar stets zurückgeführt auf Erkenntniss, und zwar des Guten, was aber das Gute sei, wurde ernstlich noch gar nicht gefragt. Hier im Gorgias zum ersten Male wird der Begriff des Guten untersucht und durch strengste Scheidung von der Lust wenigstens negativ, sodann aber auch positiv, allgemein als τέλος, bestimmter als Gesetz und Ordnung (auch als εἶδος 503 E) erklärt. Wie wäre nach dem allen noch eine so ausschliesslich negative

---

[5]) 509 A κατέχεται καὶ δέδεται ... σιδηροῖς καὶ ἀδαμαντίνοις λόγοις. Vgl. Men. 98 A ἕως ἄν τις αὐτὰς δήσῃ αἰτίας λογισμῷ und διαφέρει δεσμῷ ἐπιστήμη ὀρθῆς δόξης.

[6]) 527 B. Vgl. auch hierzu Men. 87 D (καὶ αὕτη ἡ ὑπόθεσις μένει ἡμῖν), 89 C, 98 A (μόνιμοι).

Behandlung derselben Begriffe möglich gewesen, wie in jenen vier Dialogen? War etwa, was hier „mit eisernen und stählernen Gründen" festgemacht und zur Richtschnur des Lebens erhoben worden, hernach doch wieder zweifelhaft geworden? Ist nicht im Gegentheil die Grundansicht, die hier zuerst gewonnen wurde, fest geblieben im Staat, im Philebus? Gewiss künstlich wäre die Annahme, dass in irgendeiner Zeit zwischen dem Gorgias und diesen späteren ethischen Schriften Platon nochmals von der alten, sokratisch-negativen Behandlungsart dieser selben Grundbegriffe sollte Gebrauch gemacht haben.

Dies Argument, welches vielleicht für sich allein schon durchschlagend wäre, lässt sich übrigens noch viel weiter ins Einzelne verfolgen. So erhalten wir im Gorgias nebenbei auch so bestimmte Erklärungen der einzelnen Tugendbegriffe wie σωφροσύνη, ἀνδρεία u. s. w., wie man sie gleichfalls in jenen vier Gesprächen vergebens sucht. Man weiss, wie Protagoras, Laches, Charmides einen Sonderbegriff einzelner Tugenden fast auszuschliessen scheinen; wie in einer Stelle des Menon (88 A ff.) sogar Besonnenheit, Tapferkeit etc. nicht an und für sich Tugenden sein, sondern, wie andere „Güter", erst unter der Leitung der φρόνησις zu Tugenden werden sollten, während sie daneben doch auch wieder als Einzeltugenden oder „Theile" der Tugend begegnen; sodass ihr wahres und positives Verhältniss zur Einen Tugend noch gänzlich unentschieden blieb. Nun haben zwar auch die Bestimmungen, welche der Gorgias gibt, später im Staat gewisse Modificationen erfahren; aber die Grundauffassung ist doch auffallend dieselbe geblieben, die Abweichungen sind mehr von technischer Bedeutung. Auch hier also bestätigt sich, dass im Gorgias diejenigen Grundzüge der ethischen Ansicht erreicht sind, welche dem Platon dauernd festgeblieben sind.

Erwähnt wurde schon, worauf die scheinbare Ergebnisslosigkeit der vorgenannten vier Schriften gerade in ethischer Beziehung — während sie doch von nichts als vom Begriff der Tugend handeln — zuletzt beruhte; sie beruhte darauf, dass die Tugend ausschliesslich unter dem sokratischen Gesichtspunkt der Erkenntniss behandelt wurde. Hier sind wirkliche Fortschritte zu verzeichnen, in der näheren Bestimmung des Begriffs derjenigen Erkenntniss, in

der die Tugend bestehen sollte; es wurde erreicht, dass diese Erkenntniss, um es kurz zu sagen, die a priori-Erkenntniss des Einen,
an sich und absolut Guten, nicht die empirische der mannigfachen
relativen Güter des Lebens sein müsse. Aber der so dringlich ge-
forderte a priori-Begriff „des" Guten wird, wie gesagt, nirgend erreicht oder nur ernstlich in Untersuchung gezogen. Im engsten
Zusammenhang mit der Auffassung der Tugend als Erkenntniss
wurde ferner die Frage nach der Lehrbarkeit der Tugend wieder
und wieder aufgeworfen. Ihre Verneinung im Protagoras dürfte
ernst zu nehmen sein: Sokrates musste sie, von seinem Standpunkte des Nichtwissens, verneinen; Platon bejaht sie erst im
Menon, auf Grund der sicher ihm specifisch angehörigen, nicht
sokratischen Lehre von der Anamnesis. Im Gorgias nun wird sowohl, dass Tugend ein Wissen, wie, dass ein Wissen nothwendig
lehrbar sei, schlechthin vorausgesetzt, ohne dass der leiseste
Zweifel daran auftauchte. So stimmt es auch allein zu der so
ganz positiven Haltung des Dialogs. Dass übrigens diese selbstge-
wisse und entschiedene Haltung auf dem im Menon zuerst erreichten Resultate fusst, dafür bürgt die ständig wiederkehrende
Berufung auf die Erkenntniss des Grundes (αἰτία, λόγος, daneben
φύσις, besonders 465 A und 501 A), durch welche im Menon (98 A)
die Anamnesis geradezu definirt wurde. Wenn aber ferner nach
diesem Kriterium die wissenschaftliche Erkenntniss von un-
wissenschaftlicher, grundloser Empirie unterschieden wird, so
geht dies sogar über den Menon entschieden hinaus und sticht
merkwürdig ab gegen die Unbestimmtheit, in welcher dort der Begriff der δόξα ἀληθής noch verblieb [7]. Derselbe Gegensatz wird

---

[7] Sie soll einerseits nichts Geringeres als die ἀλήθεια τῶν ὄντων bedeuten,
die von jeher in uns ist und nur noch zum Bewusstsein geweckt zu werden
braucht (86 A ἐνέσονται αὐτῷ ἀληθεῖς δόξαι ... und gleich darauf εἰ ἀεὶ
ἡ ἀλήθεια ἡμῖν τῶν ὄντων ἐστὶν ἐν τῇ ψυχῇ); und wenn es 85 D dann
wieder heisst, dass wir die Erkenntniss aus uns selber schöpfen (ἀναλαβὼν
αὐτὸς ἐξ αὐτοῦ τὴν ἐπιστήμην), so ist damit die ἀ. δ. der ἐπιστήμη fast
gleichgesetzt (daher denn auch Phäd. 73 A ἐπιστήμη ἐνοῦσα καὶ ὀρθὸς λόγος
— nicht mehr ὁ. δόξα). Dagegen wird hernach sehr stark der Unterschied
zwischen ἐπιστήμη und ὀρθὴ oder ἀληθὴς δόξα betont: es wird der letztern
alle Beständigkeit abgesprochen, sie wird als blosser Schatten der Erkenntniss

im Phädrus (260 E u. f., wo die Zurückbeziehung auf den Gorgias von Siebeck erkannt, jetzt auch von Zeller, IIa⁴ 541¹, anerkannt ist) in Erinnerung gebracht, im Theätet aus den tiefsten Tiefen der Erkenntnisstheorie abgeleitet; sodass auch hier der Gorgias über jene vier Schriften hinausgeht, dagegen mit solchen, die Jeder als specifisch platonische anerkennt, in eine Reihe tritt. Weiteres der Art würde eine speciellere Darlegung zu verzeichnen haben; das Gesagte wird genügen, um den Fortschritt des Gorgias im allgemeinen zu kennzeichnen.

Es kommt nun aber eine ganze Reihe von Momenten hinzu, die im Gorgias entweder vollständig neu auftreten, oder höchstens mit dem Menon ihm gemeinsam sind, so aber, dass auch im letzteren Falle ein Fortschritt über den Menon hinaus unverkennbar ist.

Dahin gehört zuerst der nachdrückliche Hinweis auf Philosophie, unter diesem Namen. Man kennt die sehr allmähliche Ausprägung dieses Terminus bis zu der prägnanten Bedeutung, die er zuerst bei Platon, und auch bei ihm nicht von Anfang an erhält. So heisst es zwar schon Apol. 28 E: φιλοσοφοῦντά με δεῖ ζῆν, so ist es die erste Frage des aus dem Feldzug zu seinem gewohnten Treiben (ἐπὶ τὰς ξυνήθεις διατριβάς) zurückkehrenden Sokrates (Charm. 153 D): περὶ φιλοσοφίας ὅπως ἔχοι τὰ νῦν (vgl. 154 E, wo Kritias den Charmides als „weisheitsliebend" rühmt); aber keine dieser Stellen reicht entfernt an die Bestimmtheit heran, mit der Sokrates im Gorgias nicht nur Philosophie als seinen Beruf und seine Liebe erklärt (τὰ ἐμὰ παιδικά, 481 D), sondern auszusprechen

---

als dem Wahren gegenübergestellt. Wie man das auch reimen möge, auf jeden Fall ergibt sich, dass der Begriff der δόξα hier noch sehr im Ungewissen schwebt. Es fehlt namentlich die dem späteren platonischen Begriff der δόξα ganz wesentliche Beziehung auf das Gebiet der sinnlichen Erfahrung; hier scheint sie vielmehr die a priori - Erkenntniss (obwohl bloss als δύναμις) zu bezeichnen. Die wissenschaftliche Erkenntniss ist auf dem Grunde des Selbstbewusstseins festgestellt, der Gegensatz dazu durch die δόξα ἀληθής erst sehr unzureichend, gewissermassen provisorisch bezeichnet. Man mag daraus zugleich ersehen, wie unmöglich es ist den Menon auf den Theätet erst folgen zu lassen, in ihm wohl gar die Auflösung der Schwierigkeiten zu suchen, welche der Theätet im Begriffe der δόξα ἀληθής aufdeckt.

wagt: nicht ich, die Philosophie sagt so (482 A), und sie sagt immer dasselbe (ἀεὶ τῶν αὐτῶν λόγων ἐστίν), sie widerlege, wenn du kannst; worauf denn Kallikles (484 C, 485 A-D, 486 A cf. 487 C) mit der schönen Lehre antwortet, dass man es mit der Philosophie nur ja nicht zu weit treiben müsse. So wird denn durchgängig das Leben des Staatsmanns dem des Philosophen gegenübergestellt, besonders 484 DE (εἰς τὰς ὑμετέρας διατριβάς. Vgl. Theät. 172 CD) und 500 C (ἐπὶ τόνδε τὸν βίον τὸν ἐν φιλοσοφίᾳ), endlich noch in der Darstellung des Todtengerichts (526 C gegen 525 D). Ein so positiver Begriff von Philosophie als festgegründeter Wissenschaft, deren Entscheidung gleichbedeutend ist mit dem Worte der Wahrheit, war auf sokratischem Standpunkt unmöglich. Ich glaube darum nicht (mit v. Wilamowitz), dass der Phädrus, in welchem φιλοσοφία als Terminus begründet zu werden scheint (278 D), dem Gorgias vorausgegangen sein müsse; wohl aber, dass die grundsätzlich negative Haltung, welche Platon als Sokratiker in den bisherigen Schriften noch einnahm, bewusst überwunden sein musste, bevor von φιλοσοφία in solch positivem Sinne die Rede sein konnte.

Sodann finden sich zuerst im Menon Hindeutungen auf gewisse Interna platonischer Philosophie, welche als dem Leser nicht ohne weiteres bekannt und zugänglich vorausgesetzt, daher, nach einem naheliegenden Vergleich, geradezu als μυστήρια bezeichnet werden (Men. 76 E). Darauf weisen auch hier bestimmte Auspielungen (493 B, 497 C), so namentlich die Andeutung von der „geometrischen Gleichheit" (508 A), wo es sehr bezeichnend ist, wie Sokrates sofort abbricht, weil ja ein Kallikles sich um Geometrie nicht kümmere. Die Hervorhebung der Geometrie, schon im Menon so auffällig (76 AE, 86 E u. bes. 82 C ff., 85 E), ist hier doppelt motivirt: innerlich durch die Ausdehnung der ethischen Begriffe von Ordnung und Gesetz auf das Weltall als Kosmos, und zugleich äusserlich durch die sehr entschiedene Anlehnung an pythagoreische Anschauungen, sowohl 493 A (vgl. Böckh, Philolaos S. 181 ff., beachte auch 493 D ἐκ τοῦ αὐτοῦ γυμνασίου) wie 507 E (wo sich Platon gerade für die Bezeichnung des Weltganzen als κόσμος auf gewisse σοφοί beruft, und dann gleich jener Hinweis auf die Geometrie folgt). Wir befinden uns in ganz pythagoreischem

Zusammenhang. Auch der Mythos am Schluss hat damit Verbindung, wie die Andeutung der Unsterblichkeit (492 E — 493 A, neben 523 A, 524 B) und das Wort vom Hades als dem ἀειδές (493 B, vgl. 522 E ff.) lehrt. Ganz besonders ist aber hier, neben der kosmischen Bedeutung der ethischen Grundbegriffe, die ausdrückliche Annahme eines unsichtbaren, übersinnlichen, unkörperlichen Reiches zu betonen: die Seele wird mit dem Tode vom Körper und den Sinnen entkleidet (523 DE); was über das im Menon Angedeutete bereits weit hinausgeht, dagegen sehr geeignet ist, die ganz überschwängliche Darstellung des übersinnlichen Reichs im Phädrus vorzubereiten. Dass Platon damit den sokratischen Standpunkt weit hinter sich lässt — man erinnere sich nur der durchaus zweifelnden Haltung des Sokrates in der Apologie hinsichtlich der Frage der Unsterblichkeit — bedarf keines Beweises. Aber es ist wohl mehr als blosse Vermuthung, dass hier auch die Ideenlehre schon im Hintergrunde steht. Legt schon im Menon die Gegenüberstellung τὰ ἐνθάδε — τὰ ἐν Ἅιδου (81 C), eben auf Grund der Vergleichung mit Gorg. 493 B (τὸ ἀειδές δὴ λέγων), eine solche Vermuthung sehr nahe (vgl. Ribbing, Die platonische Ideenlehre, I, 173 ff.), so haben wir im Gorgias ausser dieser Gleichsetzung (durch welche auch die Schilderung des Todtengerichts erst in die richtige Beleuchtung gerückt wird) auch directere Spuren, welche ebendahin weisen; das εἶδος nebst ἀποβλέπειν (503 DE; vgl. Men. 72 C) kommt dem entwickelten platonischen Begriff der Idee schon ziemlich nahe; das παράδειγμα (525 C) lässt, wenn es doch eben um ein Ewiges, Unsichtbares, Unkörperliches sich handelt, kaum eine andere Deutung zu (vgl. namentlich Theät. 176 E); und wenn παρεῖναι, παρουσία (497 E, 498 D, 506 D) weniger entschieden im Sinne der fertigen Ideenlehre gebraucht scheint[8]), so könnte das auf der absichtlich exoterischen Behand-

---

[8]) Es müsste nicht ἀγαθῶν παρουσία heissen, sondern τοῦ ἀγαθοῦ. — Ist übrigens Euthyd. 301 A im Sinne Zeller's (Ph. d. Gr. II a⁴ 296², 531²) zu verstehen, so sieht man sich nach einer Stelle um, wo der Terminus früher von Platon gebraucht wäre. Ich finde — wenn vom Hipp. mai. abzusehen sein sollte — nur eben Gorg. 497 E (τοὺς ἀγαθοὺς οὐχὶ ἀγαθῶν παρουσίᾳ ἀγαθοὺς καλεῖς, ὥσπερ τοὺς καλοὺς οἷς ἂν κάλλος παρῇ).

lung dieses Punktes beruhen. Denn wenn darauf im Phädrus die erste deutliche Aussprache der Ideenlehre eingeleitet wird mit den merkwürdigen Worten τολμητέον γὰρ οὖν τό γε ἀληθὲς εἰπεῖν (247·C), so lautet das doch, als hätte er mit der schon erkannten Wahrheit bis dahin absichtlich zurückgehalten. Eine solche bewusste Unterscheidung exoterischer und esoterischer Behandlung nöthigt ja auch anzunehmen, was wir von den „Mysterien“ und der geometrischen Erkenntniss hörten; die Annahme ist um so leichter, wenn ein Schülerkreis bereits vorausgesetzt werden darf. Dann aber wird durch diese Beziehungen zweierlei zugleich bewiesen: erstens, dass Platon von dem sokratisch-negativen Standpunkt, wie er im Protagoras, Laches, Charmides, und nicht mehr ausschliesslich zwar, aber doch noch in weitem Umfang im Menon herrscht, sich bereits ziemlich weit entfernt hat; und zweitens, dass er einen gewissen Anhang, einen festen Kreis von Mitforschenden schon gefunden hat; was, selbst unabhängig von jeder Annahme über die Abfassungszeit der Dialoge Prot. bis Men., nöthigen würde, den Gorgias frühstens um die Mitte des ersten Jahrzehnts zu setzen.

Alle angeführten Gründe sind nun zwar auch für die spätere Abfassung des Gorgias gegenüber dem Menon beweisend, doch sei, namentlich mit Rücksicht auf Gomperz, darüber noch Einiges besonders bemerkt. Da scheint mir nun zuerst die eigenthümliche Rolle beachtenswerth, welche dem Kallikles in unserm Dialog zuertheilt wird. Wie soll man die Bedeutung dieser merkwürdigen Figur erklären? Der extremste mögliche Gegensatz der eignen Gesinnung wird vorausgesetzt, damit, was selbst einem so gesinnten Gegner im sokratischen Gespräch abgerungen werden kann, endgültig fest bleibe: Das ist die, nicht hineingelegte, sondern ausgesprochene Absicht der Einführung dieser Figur; man scheint sich aber bisher nicht Rechenschaft darüber gegeben zu haben, dass dadurch das Verfahren der vorigen Dialoge mit Bewusstsein verlassen und berichtigt ist.

Polos wirft (461 B) dem Gorgias vor, er habe aus Scham dem Sokrates zugestanden, was er gar nicht zuzugestehen brauchte, und sich dadurch von dem listigen Gegner in Widerspruch ver-

28*

wickeln lassen: Kallikles erhebt (482 C ff.) genau denselben Vorwurf gegen Polos, wobei er ebenfalls das Unrecht des sokratischen
Verfahrens scharf rügt. Und wie antwortet Sokrates? (486 D bis
488 B:) Er habe in Kallikles den Prüfstein gefunden, an dem seine
eigene Gesinnung ihre Kraft erproben könne, sodass, was selbst er,
Kallikles, einzugestehen genöthigt werden könne, fortan als endgültige Wahrheit feststehe [9]). In solchem Sinne lobt er, ironisch
genug, den edlen Freimuth, die „Parrhesie" dieses merkwürdigen
Helden — während freilich am Schluss der Verhandlung (508 BC)
sich herausstellt, dass, was Gorgias-Polos angeblich aus blosser
Scham zugestanden hatten, vielmehr eben die Wahrheit ist, zu
deren Anerkenntniss auch Kallikles genöthigt ist.

Also deutlich wird uns gesagt: das Problem muss radicaler
angefasst werden; der Beweis des Sittlichen darf nicht länger auf
Zugeständnisse rechnen, die der Scham, nicht der inneren Ueberzeugung des Gegners abgezwungen werden.

Das war nun aber doch ganz ersichtlich das Verfahren, zuerst
im Protagoras, dann im Menon [10]). Hier im Gorgias wird es
an den beiden Figuren des Gorgias und Polos wiederholt und ausdrücklich bemerklich gemacht — um aber dann, eben durch die
Aufstellung eines radicaleren Gegners in der Person des Kallikles,
endgültig verbessert zu werden. Es ist gewiss ein sicherer Schluss:
dass keine platonische Schrift, welche das hier so ausdrücklich be-
richtigte Verfahren noch unbefangen (zumal auf dieselben Probleme)
anwendet, später als der Gorgias geschrieben sein kann. Da nun
gerade das Verhalten des Menon dem des Gorgias und Polos (als
deren Gesinnungsgenossen er sich eben auch darin zu erkennen
giebt) ganz analog ist und das Gespräch eine tiefere Ergründung

---

[9]) Man beachte auch hier die starke Betonung des definitiven Charakters
der hier zu erreichenden Feststellungen: 486 E αὐτὰ τάληθῆ, 487 E τῷ ὄντι
οὖν ἡ ἐμὴ καὶ σὴ ὁμολογία τέλος ἤδη ἕξει τῆς ἀληθείας.

[10]) Es ist sehr merkwürdig und für das Bewusstsein, mit welchem Platon
vorgeht, bezeichnend, dass der Gegner allemal gefasst wird auf Grund der
Gleichsetzung des ἀγαθόν mit dem καλόν, dessen schwankender Begriff die
scharfe Grenze zwischen Scheinen und Sein verdeckt hält. (Man prüfe Prot.
349 E, auch 352 CD, 359 E; Men. 77 B; Gorg. 474 C.) Kallikles muss den
Sokrates auf eben diesem Kunstgriff ertappen, Gorg. 482 D E.

der sittlichen Begriffe eben deshalb nicht erreicht, weil er, immer
auf das Schickliche bedacht, die Skepsis nicht weit genug treibt
und sich zu bald ganz in die Bahn des Sokrates mitfortnehmen
lässt: so ist es unmöglich, dass der Menon auf den Gorgias erst
gefolgt sei; er müsste, nach ihm, als ein schwächliches Nachspiel
erscheinen, während wir nun in ihm ein durchaus passendes Vor-
spiel zum Gorgias sehen und die nicht tiefer führende Behandlung
des Ethischen uns daraus erklären dürfen, dass in dieser Richtung
ein wesentlicher Fortschritt über Protagoras, Laches, Charmides
hinaus noch nicht beabsichtigt ist, sondern für den Gorgias aufge-
spart bleibt, dagegen vorerst nur die erkenntnisstheoretische Frage,
die durch jene Gespräche so nahegelegt war, einen bedeutenden
Schritt weiter gefördert werden sollte.

Nun sieht freilich Gomperz (Plat. Aufs. I, 1887) einen Beweis für die spätere Abfassung des Menon gegenüber dem Gorgias
in der Behandlung der Staatsmänner in beiden Dialogen. Vielleicht hätte das Problem von vornherein nicht so isolirt werden
sollen: das Urtheil über die Staatsmänner ist in beiden Schriften
nur der Ausfluss der ethischen Anschauungen, die sie entwickeln.
Diese mussten zu allererst verglichen werden, wo sich denn wohl
sofort klar herausgestellt hätte, dass der Standpunkt des Gorgias
ein entwickelterer ist. Aber selbst unmittelbar musste einleuchten,
dass der Gesichtspunkt bei der Beurtheilung der Staatsmänner
hier und dort ein ganz verschiedener, und der verschiedene Aus-
fall des Urtheils nur die Folge dieser Verschiedenheit des Gesichts-
punkts ist. Nämlich der Menon behandelt die Frage ganz im Zusammenhange des alten Problems der Lehrbarkeit der Tugend,
allgemein ihres Verhältnisses zur Erkenntniss, daher wesentlich im
Sinne des Protagoras und in möglichst ausdrücklicher Erinnerung
an diesen [11]). Die Frage des sittlichen Verdienstes wird ernsthaft
gar nicht erhoben; der Vorwurf, dass man die Staatsmänner
schmähe, wird zurückgewiesen durch die Erinnerung, dass es sich
jetzt darum gar nicht handle, ob ihr Wirken Lob oder Tadel ver-

---

[11]) Aehnlich urtheilt Zeller, im Archiv f. Gesch. d. Philos. I 418 und
jetzt Ph. d. Gr. II a[4] 542[2].

diene, sondern ob es auf Erkenntniss beruhe oder nicht (93 AB).
Daher ist auch das diesen Hochweisen gespendete Lob genau so
ironisch zu nehmen [12]) wie schon im Protagoras, oder wie im Menon
selbst die Inschutznahme der Sophisten (wo man z. B. die Betonung
des Gelderwerbs, den sie ihrer Vortrefflichkeit danken, nicht übersehen wird). Dass sie tüchtig gewesen, lässt sich Sokrates von
Anytos bejahen; er selbst will es damit gewiss nicht in jedem
Sinne behauptet haben. Ernsthaft möchte ich wenigstens nur die
allgemeine Anerkennung nehmen: dass es wahrhaft tüchtige Staatsmänner gibt und gab (Men. 93 A); doch das erkennt fast [13]) mit
denselben Worten auch der Gorgias an (526 A). Aber freilich
fasst er die Frage weit schärfer im ethischen Sinne, und erklärt
nach diesem Maassstab die Miltiades, Themistokles, Kimon, Perikles
gradezu für schlechte Staatsmänner; den einzigen Aristeides nimmt
er aus, der im Menon, da es sich bloss um die Lehrbarkeit handelte, natürlich ganz auf gleicher Linie mit den Uebrigen behandelt werden durfte; denn aus Erkenntniss handelte er so wenig
wie die Andern [14]). Läge ein Widerspruch vor — direct kann er
nicht vorliegen, weil der Fragepunkt ein anderer ist — so wäre
er zu erklären, nicht aus einer vom Gorgias zum Menon milder
gewordenen Stimmung, sondern daraus, dass Platon im Gorgias die
Sache ernstlicher nimmt und, weil in andrer Absicht, auch mit
andern Augen ansieht. Dass von einer Milderung des Urtheils
keine Rede sein kann, bestätigt ja doch die Vergleichung späterer
Schriften, namentlich des Staates. Man muss wohl folgern: da die

---

[12]) Vgl. z. B. 94 B Περικλέα, οὕτω μεγαλοπρεπῶς σοφὸν ἄνδρα gegen 99 B
οὐκ ἄρα σοφίᾳ τινὶ οὐδὲ σοφοὶ ὄντες οἱ τοιοῦτοι ἄνδρες ἡγοῦντο ταῖς πόλεσιν und
was folgt. Vgl. Prot. 319 E (σοφώτατοι καὶ ἄριστοι).

[13]) Ich übersehe nämlich nicht, dass Platon auch in diesem Endurtheil
keinen lebenden Staatsmann als tüchtig anzuerkennen scheint, wie 503 B,
521 D.

[14]) Am wenigsten kann ich in der Auswahl der Namen im Menon eine
Zurückbeziehung auf den Gorgias erkennen. Perikles war schon im Protagoras. Thukydides und Aristeides im Laches unter demselben Gesichtspunkt
behandelt worden; hinzugekommen ist Themistokles. Der Gesichtspunkt des
Kallikles (Gorg. 503 C) ist ein ganz anderer; Aristeides wird von ihm nicht
(sondern erst 526 B von Sokrates) genannt, Thukydides fehlt ganz.

Behandlung im Menon übereinstimmt mit der Apologie und dem Protagoras, das schärfere Urtheil des Gorgias dagegen mit unzweifelhaft späteren Schriften, so wird Menon nicht zwischen den Gorgias und diese späteren Schriften, sondern zwischen Protagoras und Gorgias zu setzen sein.

Ich schliesse: sind Protagoras, Laches, Charmides, Menon später geschrieben als die Apologie nebst Kriton; ist insbesondere der Menon, wegen der Anspielung auf das spätere Schicksal des Anytos und der Erwähnung der unrechtlichen Bereicherung des Ismenias, frühstens 395, aber schwerlich auch viel später geschrieben, so erhalten wir für den Gorgias, der alle diese Schriften voraussetzt, zunächst einen terminus post quem. Den terminus ante quem liefert der Theätet, wenn derselbe, wie ich mit Zeller annehme, gegen Ende der 90er Jahre verfasst ist. Noch zwischen Gorgias und Theätet würde ich den Phädrus setzen aus Gründen, die nur zum kleinsten Theile im Obigen angedeutet werden konnten; übrigens an anderem Orte zu entwickeln sind. Um für Phädrus und Theätet, insbesondere für das von beiden vorausgesetzte wachsende Ansehen des platonischen Kreises Zeit zu lassen, wird man gut thun, den Gorgias möglichst nahe an den Menon heranzurücken.

Nur wenige Forscher haben dem Gorgias einen wesentlich späteren Termin anweisen wollen. Dass Beziehungen auf die syrakusischen Erlebnisse vorlägen, wie Schleiermacher annahm, wird heute wohl von Niemand mehr festgehalten, und gar in Isokrates' Rede an Nikokles die „nächste Replik" auf den Gorgias zu erkennen (Teichmüller, Lit. Fehden II, 18 f.), wird wohl manchem Andern ebensowenig wie mir gelingen.

XXII.

Zur Psychologie der Scholastik.

Von

H. Siebeck.

7.

Alhacen.

Avicenna's Vorherrschaft in der Psychologie reicht bis in die Mitte des dreizehnten Jahrhunderts. Sie war keine ganz unbeschränkte, da gleichzeitig mit seinen Schriften noch andre Quellen der Erkenntniss sich aufthaten. Sie kamen zum Theil gleichfalls aus dem Arabischen[1]): vor allem aber kommt in Betracht, dass die Thätigkeit der Uebersetzer schon seit dem Ende des zwölften Jahrhunderts sich auch auf die griechischen Originalschriften des Aristoteles zu richten begann und hauptsächlich die der Naturwissenschaft und Psychologie gewidmeten Werke betraf. Aristoteles, der noch bei Wilhelm von Conches kaum genannt wird, ist seit etwa 1240 in seiner Bedeutung als Hauptquelle für Thatsachenmaterial der innern und äussern Erfahrung unbestritten anerkannt[2]). Etwa 1269 ferner übersetzte Witelo aus dem Arabischen die Optik des Alhacen[3]) und brachte damit ein Werk herüber, welches ganz besonders dazu beigetragen hat, das Interesse für die mathematisch-mechanischen Probleme in Verbindung mit psychologischen

[1]) so die Uebersetzungen der Schriften de plantis und namentlich de motu cordis. Jourdain 108.

[2]) s. ebd. 26 ff. Wüstenfeld. Abh. der K. Ges. der Wissensch. zu Göttingen 1877, 91. 96.

[3]) Wüstenfeld 111.

Fragen rege zu erhalten. Denn neben den mathematischen und physikalischen hat es namentlich auch die psychologischen Probleme des Sehens mit Sorgfalt behandelt. Liegt Alhacen's Verdienst auf diesem Gebiete nun· auch mehr in der präciseren Formulirung als in der wirklichen Aufhellung der Fragen, so fehlt es bei ihm doch auch hier nicht ganz an sachgemässen Einblicken und Aufschlüssen.

Der Akt des Sehens setzt sich, nach Alhacen[4]), zusammen aus der Wechselwirkung von Licht und Gesichtssinn, von denen jenes den aktiven, dieser den passiven Beitrag liefert. Das Licht ist, wie er an andrer Stelle[5]) sagt, eine wesentliche Eigenschaft an jedem selbstleuchtenden Körper; mit ihm aber verbindet sich beim Ausstrahlen auf das Objekt die „Form" der Farbe, sodass Licht und Farbe immer zusammen sich vom Gegenstand auf das Organ des Gesichtssinnes übertragen. Das letztere nimmt sie nun aber nicht in der Weise auf, wie dies bei der Luft und andern empfindungslosen durchsichtigen Körpern der Fall ist, sondern die Aufnahme wird hier vermöge der besondern Einrichtung zur Empfindung[6]). Darin ferner liegt es begründet, dass die hierbei im Organ stattfindende Veränderung keine bleibende ist und nach dem Aufhören der objektiven Einwirkung erlischt, wie ja auch die mitunter auftretenden farbigen Nachbilder bald abklingen. Die physiologischen Bedingungen des Sehens sind bei Alhacen die altüberlieferten. Die Form (Species) des Gesehenen geht (mit Hilfe des Seh-Pneuma) von der Oberfläche der Krystallinse jedes Auges in den zugehörigen Ast des Sehnerven über, um an dem Vereinigungspunkte derselben im gemeinsamen Nerven zu einem Eindrucke zu verschmelzen, und als solcher dann weiter zum eigentlichen Prinzipe der Empfindung (im Gehirn) sich fortleiten zu lassen (Opt. II, 16)[7]). Origineller ist die Ansicht, die hierauf folgt, dass

---

[4]) Opticae thesaurus (ed. Bas. 1572) I, 5.

[5]) Abhandlung über das Licht von Ibn-al-Haitan (Alhacen) übs. v. J. Baarmann (Zeitschr. d. deutschen morgenländischen Gesellsch. Bd. 36) S. 193.

[6]) quatenus est sentiens. Opt. I, 30.

[7]) Hierin soll es (nach II, 16) auch begründet sein, dass dem Empfindungsprincip zugleich mit der ihm zugeleiteten Form des Objekts auch der Ort des

die Qualität des passiven Empfindens von Seiten des Organs zur
Gattung der Unlust (ex genere doloris) gehöre; nur werde sie,
weil sie nicht mit einer Alteration des Organs verbunden sei, gewöhnlich nicht als solche aufgefasst. Nur bei stärkeren Reizen
durch blendendes Licht mache dieser Charakter des Vorganges sich
als solcher kenntlich (ebd. 26 f.).

Für den Inhalt des Gesehenen kommt, wie Alhacen weiter
lehrt, der Unterschied in Betracht, ob man es mit einem ober-
flächlichen oder einem bestimmten Erfassen [8]) zu thun hat. Beim
wirklichen Anschauen rückt das Auge durch seine Bewegung sich
das Bild des Objektes in die Mitte; grössere Objekte kommen
daher nur durch beständiges Fortrücken der Sehaxe zur vollständigen Wahrnehmung; zu kleine dagegen bereiten dem Sehen Schwierigkeit, da ihr Bild nur einen Punkt im Organ ausmacht, während
zum Erfassen von Seiten des letzteren wegen seiner begrenzten
Empfindungsfähigkeit immer ein bestimmtes Verhältniss der Grösse
des Bildes zu der des Organs [9]) erforderlich ist (I, 40). Bei hin-
reichender Grösse aber tritt zu der Wirkung des Empfindungsver-
mögens die der unterscheidenden Kraft (distinctiva) hinzu: das
Prinzip der Empfindung (ultimum sentiens) [10]) kann nicht umhin,
an der ihm zugeleiteten Form des Objekts zunächst die Farbe des
Gegenstandes von der Beleuchtung zu unterscheiden, weil das Licht
dem Grade nach wechselt, während die Farbe dieselbe bleibt. Es
unterscheidet ausserdem Lage und Ordnung der Farbe, sowie überhaupt den Inhalt und die Art des am Objekt befindlichen Nebeneinander der Theile, sowie deren Aehnlichkeit und Verschiedenheit.
Man muss jedoch in Hinsicht alles dessen den Akt des erstmaligen
Erwerbens beim jeweiligen ersten Erblicken des Gegenstandes wohl
unterscheiden von dem nachherigen stetigen Haben und Besitzen

---

Sehorgans kund wird, weil es die Form nicht ohne das Innewerden des Ortes,
von dem aus es dieselbe erhält, auffassen kann.

[8]) comprehensio superficialis oder certificata, adspectus oder intuitio (ob-
tutus). Die optische Bestimmung dieses Unterschiedes fällt im Wesentlichen
mit der jetzt gebräuchlichen Unterscheidung des indirekten und direkten
Sehens zusammen (II, 64 f.).

[9]) quantitas sensibilis respectu totius apud totum membrum.

[10]) Das aristotelische πρῶτον αἰσθητήριον. s. Gesch. d. Psychol. Ib, S. 45.

dieser Inhalte von Seiten der Seele (quiescit in anima). Denn wenn letzteres eingetreten ist, bedarf es jener ersten die einzelnen Momente als solche erst unterscheidenden und aneignenden Thätigkeit nicht mehr. Das Bewusstsein ihres Vorhandenseins vollzieht sich dann (modern ausgedrückt) in jedem einzelnen Wiederholungsfalle vermittelst der zu der Empfindung selbst von innen herzutretenden psychischen Ergänzung durch das nun bereits vorhandene Erinnerungs- und Anschauungsbild (II, 16). Die „Intentionen“, welche auf die oben angeführte Weise vom Gesichtsinn selbst am Objekt erkannt werden, sind ausser Licht, Farbe und Lage noch: Entfernung, Körperlichkeit, Gestalt, Grösse, Kontinuität, Diskretion, Zahl, Bewegung, Raum, Rauheit, Glätte, Durchsichtigkeit, Dichtheit, Schatten, Dunkelheit, Schönheit, Hässlichkeit, Aehnlichkeit und Verschiedenheit. Alle andern Qualitäten sind entweder einer von diesen untergeordnet (wie Ordnung unter Lage), oder aus mehreren (z. B. aus Farbe und Bewegung) zusammengesetzt (ebd. 15).

Bei dieser zusammengewürfelten Aufzählung des Verschiedenen hat es jedoch Alhacen keineswegs bewenden lassen. In dem Zustandekommen jeder einzelnen dieser Intentionen erblickt er ausdrücklich ein specielles psychologisches Problem, wenn er auch noch nicht dazu kommt, sie alle demgemäss zu behandeln. Uebergang aber zu dieser Seite der Forschung bietet ihm die klare Einsicht in die Thatsache, dass im Vorgange des Sehens selbst ausser dem rein Empfindungsmässigen immer schon eine geistige Thätigkeit mitwirkt, deren Unterschied von jenem zugleich mit dem Antheile, den sie an dem Resultate des ganzen Vorganges hat, sich genauer ermitteln lässt. Den Beweis hierfür giebt er im Anschluss an die Annahme von den „Formen“, d. h. von den intentionalen Species[11]) der Empfindung. Dass z. B. die Wahrnehmung der Aehnlichkeit zweier Dinge nicht auf Rechnung der Empfindung als solcher kommt, erhellt, wie er ausführt, aus dem Umstande, dass zwar von jedem der Objekte eine solche „Form“ in das Organ kommt, von einer „Form“ der Aehnlichkeit aber dabei nicht ge-

---

[11]) s. ebd. I b, S. 432 f.

redet werden kann. Die Vorstellung der Aehnlichkeit entspringt
vielmehr erst aus der Vergleichung jener beiden Formen, nicht
also aus der Empfindung der Formen selbst (II, 10). Von der
Empfindung ist ferner die An- und Wiedererkennung (cognitio) zu
unterscheiden, die ja mit dem Wiedererblicken nicht immer
schon von selbst sich einstellt. Wo sie aber stattfindet, wirkt
gleichfalls ausser der Empfindung schon das Denken (ratiocinatio),
sofern dabei eine „Assimilation" (Apperception) der Form des Ge-
schenen mit der des Erinnerungsbildes eintritt (ebd. 11). Die
Cognition der Art oder Gattung kommt von der Assimilation des
Objekts mit andern gleichartigen Dingen (17), und zwar unter
Mitwirkung der Unterscheidungskraft, die, sobald der Gesichtsinn
etwas erfasst hat, sogleich nach demjenigen sucht, was in dem
angesammelten Vorrathe von Anschauungsbildern (in imaginatione)
diesem ähnlich ist, ein Vorgang bei welchem in Folge seiner
Schnelligkeit auch ein Vorgreifen, mithin ein Irrthum sich einstellen kann (ebd. 68). Die wesentliche Verschiedenheit der Cognition von der Empfindung zeigt sich namentlich darin, dass sie bei
bereits früher gesehenen Objekten schon „durch Zeichen" (per
signum), d. h. schon auf das Hervortreten einiger hervorstechender
Merkmale erfolgt. Die Empfindung wird demnach durch die Cognition ergänzt (completur), und bei wiederholter Wahrnehmung des
Objektes geschieht überhaupt der Wahrnehmungsakt wesentlich in
der Form der Cognition, wenngleich das Spezifische dieses Unterschiedes von dem ursprünglichen Empfindungsvorgang nicht mit
zum Bewusstsein kommt (II. 24). Nach alledem setzt sich der
vollständige Akt der Wahrnehmung in der Regel zusammen aus
Empfindung, Cognition und Unterscheidung (ebd. 12).

Bemerkenswerth ist in diesen Erörterungen weiter namentlich
die eingehende Art. in welcher Alhacen, wie schon aus dem Vorstehenden ersichtlich ist. auf die Wichtigkeit unbewusster oder
halbbewusster geistiger Akte aufmerksam macht, die im Erkennt-
nissprozesse als unmerkliche, aber nichtsdestoweniger unvermeid-
liche und nothwendige Momente mit unterlaufen. Dass sie gewöhnlich unbemerkt bleiben, sagt er, liege an der Schnelligkeit,
mit welcher der Verstand (ratio) und die Urtheilskraft dabei ar-

beiten, und sei daher nicht nur beim sinnlichen Wahrnehmen, sondern auch beim reinen Denken der Fall, wobei der Schluss aus Gegebenem oft ohne weiteres, d. h. ohne dass die Prämissen gesondert in das Bewusstsein treten, sich vollziehe. So in der Regel beim wortlosen Denken während beim lauten Ueberlegen und Nachdenken mit der Reihe der Worte auch die einzelnen Gedanken in der entsprechenden Ordnung zum Bewusstsein kommen. Deswegen halte man sogar manche Vorstellungen, deren Wahrheit der Verstand in der That nur durch Begründung (per rationem) einsieht, für oberste (axiomatische) Inhalte, wie u. a. den Satz, dass das Ganze grösser ist als der Theil. der in Wahrheit nur durch begründende gegenseitige Beziehung der Begriffe des Ganzen und des Theiles, sowie des Grösseren und des Kleineren zu Stande komme (II, 12). Ueberall, heisst es weiter, wo der Mensch ohne Schwierigkeit einen Zusammenhang erfasst, bemerkt er nicht, dass er schliesst. Schon das Kind vollzieht einen unbewussten Schluss, wenn es von zwei vorgehaltenen Aepfeln den schöneren wählt (13).

Von den Einzelproblemen, welche für den Vorgang des Sehens in Betracht kommen, werden von Alhacen im Besondern das Sehen der Entfernung, der Grösse, des Ganzen, der räumlichen Erstreckung, der Bewegung und Ruhe, sowie der Qualität als solcher behandelt.

1) Zu der Frage, wie Entfernung gesehen wird, ist zuerst zu bedenken, dass das Ausbleiben der Berührung noch nicht identisch ist mit der Erfassung der Distanz, sowie dass Wahrnehmung des Gegenüberliegens noch keine Schätzung der Grösse des Zwischenraumes enthält (II, 22). Allerdings aber ruht das Sehen der Entfernung auf dem Bewusstsein, dass das Objekt ausser uns ist, und gründet sich auf ein hiervon bedingtes Urtheil. Aus dem Umstande, dass das Objekt mit geöffneten Augen erblickt wird, bei geschlossenen aber verschwindet, entnimmt der Intellekt, dass es nicht innerhalb sondern ausserhalb des Gesichtsinnes sich befinde, und die Verallgemeinerung dieser Einsicht wird ihm von selbst zu einer ruhenden und meist unbewussten, aber überall wirksamen Vorstellung (24). Die Schätzung der Entfernung ist nun weiter im Wesentlichen ein Vergleichen: die Unterscheidungskraft setzt die gesehene Strecke in Beziehung zu einer andern, deren Grösse

bereits bekannt ist, oder zu dem gleichzeitig mit wahrgenommenen
Massstabe. Ein unmittelbares Schätzen durch den Gesichtssinn selbst
findet nur da statt, wo eine Reihe stetig aneinander grenzender
Körper zu dem in mässigem Abstande von dem Gesicht befindlichen Gegenstande hinführt[12]). Nach Alhacen's Ansicht wird also
die Grösse der Entfernung von dem Gesichtssinn nur dann direkt
wahrgenommen, wenn es sich nicht um leere sondern um erfüllte
Strecken handelt, weil in diesem Falle das Auge die Grösse der
einzelnen Körper für sich schätzt, also gleichsam addirt[13]). Wo
diese Hilfe fehlt, findet seiner Ansicht nach nur eine unbestimmte
Schätzung (aestimatio) durch Vergleichung mit ähnlichen bereits
gesehenen Strecken statt, auf Grund einer Verstandesoperation, bei
der auch Irrthum sich einstellen kann (a. a. O.).

2) Das Erfassen der Entfernung verhilft weiter zur Bestimmung
der Grösse des Gegenstandes. Sie wird ermittelt durch die Grösse
des Gesichtswinkels in Verbindung mit der Länge der Visirlinie.
Das gegenseitige Verhalten dieser beiden Faktoren bewirkt nämlich
die Einsicht, dass mit der Zu- und Abnahme der Entfernung die
Ab- und Zunahme der (scheinbaren) Grösse des Gesehenen Hand
in Hand geht, daher zur Bestimmung der wahren Grösse nicht nur
die Grösse der (am Objekt befindlichen) Basis des Strahlenkegels,
sondern auch die Länge der Entfernung in Betracht genommen
wird (II, 37).

3) Die Wahrnehmung des Ortes beruht auf der Verbindung
des Gegenstandes mit dem Auge vermittelst der Strahlen. Da das
Licht mit der Farbe in geradlinigen Strahlen zum Auge gelangt
und hier die Form (Species) des Dinges hervorbringt[14]), so nimmt
die unterscheidende Kraft nicht nur diese letztere sondern auch

---

[12]) II, 25, S. 41: Nulla quantitas remotionis visibilium comprehenditur per
sensum visus vera comprehensione, nisi remotiones visibilium quorum remotio
respicit corpora ordinata et continuata, quorum remotio simul est mediocris.

[13]) visus ... certificat mensuras illorum corporum ut se consequuntur.
ebd. Alh. übersieht, dass die Grösse der Erstreckung eines Körpers zu ihrer
Wahrnehmung selbst schon die Fertigkeit im Schätzen von Entfernungen
voraussetzt.

[14]) Abh. üb. d. Licht a. a. O. S. 213. Opt. II, 27, S. 43.

den Theil des Organs wahr, in welchem die Form sich befindet [15]), und auf Grund dessen weiter unter Vermittelung des Strahlenkegels den wirklichen Ort des Gegenstandes selbst, wozu nur als Vorbedingung noch erfordert wird, dass die Schätzung der Entfernung bereits geläufig ist. Von diesen Annahmen aus wird dann von Alhacen das eigentliche Problem der Lokalisation und der Lokalzeichen wenigstens gestreift. Lage und Ordnung der an der Oberfläche zur Unterscheidung kommenden Theile sollen sich dadurch ergeben, dass die unterscheidende Kraft die entsprechenden Theile des Sehorgans auffasst, auf welche die „Form" des Dinges mit den zu ihr gehörigen, dem Objekt selbst gegenbildlichen Theilen fällt; das unterscheidende Prinzip vermag die Ordnung der Theile am Objekt aus der qualitativen Verschiedenheit an den Theilen der Form abzulesen und z. B. die Lage nach rechts oder links aus der Vergleichung dieser verschiedenen Theile abzunehmen (Opt. II, 30. S. 47).

4) Etwas näher kommt Alhacen dem Stande des wirklichen Problems bei der Frage, wie die Körperlichkeit (Tiefendimension) gesehen wird. „Jeder Körper, an welchem der Gesichtssinn zwei sich schneidende Oberflächen erfasst, wird in seiner Körperlichkeit wahrgenommen" (II, 31. S. 48). Convexität als Vorstellung besteht in der Wahrnehmung, dass die mittleren Theile der Kugeloberfläche dem Auge näher, die an den Grenzen ihm ferner liegen, oder auch „aus der ungleichen Erhabenheit der Theile" (33. S. 49).

5) Besser als mit diesen Fragen, die ja z. Th. noch heute zu den umstrittenen gehören, gelingt es Alhacen mit der Erklärung des Sehens von Bewegung und Ruhe. Grundbedingung dafür ist die Möglichkeit der Vergleichung des Bewegten mit einem Unbewegten, in Bezug auf welches das erstere seine Lage stetig verändert. Das Gesicht erfasst dann die Bewegung in und mit der Wahrnehmung der (stetig andauernden) Verschiedenheit der Lage, in welcher sich das eine in Rücksicht des andern befindet [16]). Der

---

[15]) Cum forma rei visae pervenerit in visum, statim sentiens sentiet formam et sentiet partem visus, in quam pervenit forma et sentit verticationem per quam extenditur forma in corpore membri sentientis. Opt. a. a. O.

[16]) Motus comprehenditur a visu ex comprehensione diversitatis situs rei visae motae respectu alterius. Opt. II, 49.

Umstand, dass auch das Bild des Bewegten im Auge sich bewegt,
ist, wie ausdrücklich bemerkt wird, zur Erklärung der Bewegungs-
wahrnehmung unzureichend. Denn in Folge der Bewegung des
Organs bewege sich mitunter auch die „Form" oder das Bild des
Objekts, auch dann, wenn letzteres selbst sowohl thatsächlich wie
auch für die Wahrnehmung in Ruhe bleibe. Zur Wahrnehmung
der Bewegung als solcher gehört daher (nach II, 49), dass sowohl
in der Wirklichkeit, wie in deren subjektivem Gegenbilde (im
Organ), das sich Abheben eines Bewegten gegenüber einem Ruhenden,
d. h. eine stetige Lagenveränderung von jenem in Bezug auf dieses
stattfinde. Wahrnehmung der Ruhe gründet sich darauf, dass der
Gegenstand Ort und Lage innerhalb einer merklichen Zeit unverändert behält (ebd. 52).

6) Die Wahrnehmung sinnlicher Qualitäten im Allgemeinen
beruht nach Alhacen auf dem Unterschiede des direkten und indirekten Sehens, und in Verbindung damit auf einer successiven
Thätigkeit in der Funktion des Auges und der damit parallel
gehenden Unterscheidung oder Vergleichung. Die erste Wahrnehmung des Objekts lässt einen bestimmten Punkt desselben direkt
(manifestior), die übrigen indirekt erblickt werden. Indem nun
beim Fortrücken der Visirlinie der Reihe nach jeder einzelne dieser
Punkte direkt und alle übrigen zusammen wieder indirekt zur
Wahrnehmung kommen, treten die Verschiedenheiten innerhalb
des Gegenstandes in Bezug auf Beleuchtung, Farbe, Grösse u. s. w.
successiv für die Wahrnehmung heraus (II, 64). Aehnlichkeit
ergiebt sich auf Grund der mit der Wahrnehmung sich einstellenden
Unterscheidung und Vergleichung (61). Die Wahrnehmung der
Schönheit beruht auf der durch den Gesichtssinn erfolgenden Zusammenfassung der verschiedenen Theilformen des Ganzen (59),
daher Schönheit nur für die Anschauung besteht. Die Arten der
Schönheit liegen theils schon in den einzelnen Formen als solchen,
theils in der Art und Weise ihrer Verbindung. Was in einer Beziehung an und für sich Bedingung der Schönheit ist, kann oft
anderwärts erst in der Verbindung mit anderem diesen Effekt erzielen, wie beim Gesicht z. B. zu der Rundung noch Zartheit und
Sanftheit hinzutreten muss. Zur Schönheit gehört Proportion und

Symmetrie, und diese erhält das Einzelne nicht mit jedem beliebigen sondern immer nur mit bestimmten andern Momenten.

7) Besondere Aufmerksamkeit endlich hat Alhacen den Unterschieden der Zeitdauer in den Vorgängen des Sehens und Auffassens gewidmet. Man erkennt die geschärfte Beobachtung des Mathematikers auch diesen Verhältnissen gegenüber, wenngleich natürlich hier noch alle Hilfsmittel für genauere Messungen fehlen. Die Auffassung von Eindrücken, die uns von früher her geläufig sind, geschieht, wie er lehrt, in unmerklich kleiner Zeit. Sind sie dagegen ungewohnt oder in undeutlicher Beleuchtung u. s. w., so verfliesst eine merkliche Zeit bis zu ihrer Erkennung (II, 19). Ueberhaupt ist da wo eine Auffassung des Neuen vermittelst eines schon Bekannten stattfindet, weniger Zeit erforderlich als da wo diese Unterstützung fehlt (71). Dass es überhaupt der Zeit zur Auffassung namentlich von Farbequalitäten bedarf, beweist der rotirende Farbenkreisel, dessen Oberfläche dem Auge nur eine Mischfarbe bietet, da sie demselben wegen der schnellen Bewegung zur Erfassung der einzelnen Farbenpunkte keine Zeit lässt (20). Alhacen weiss auch bereits, dass der Augenblick der Reizung des Organs von Seiten des äussern Eindrucks verschieden ist von dem der Erfassung und Apperception des letzteren als eines so und so bestimmten[17]. Neben den naturphilosophischen Gründen für diese Thatsache[18] weist er auch hin auf die Zeitstrecke, welche die Fortleitung des Eindruckes im Nerven in Anspruch nimmt[19]. Im Allgemeinen, lehrt er, wird die Gattung des Eindruckes schneller appercipirt als die speziellen oder individuellen Unterschiede (72). Ueberhaupt aber finden in der Schnelligkeit der Auffassung auch bei gleichartigen Vorgängen je nach individuellen Verschiedenheiten

[17] II, 21: Instans apud quod comprehensio coloris in eo quod est color et comprehensio lucis in eo quod est lux, est diversum ab instanti quod est primum instans, in quo contingit superficiem visus aër deferens formam.

[18] Das Leiden des Organs von Seiten des Eindruckes sei eine qualitative Veränderung und als solche ein zeitlicher Vorgang. a. a. O.

[19] Wie das Licht beim Durchgange durch eine Röhre, so braucht die „Form" des Dinges Zeit bis zur Ankunft bei der Höhlung des Nerven für den Gemeinsinn. ebd.

der Umstände Unterschiede statt. Unter verschieden und undeut-
lich gesehenen Objekten wird dasjenige schneller erkannt, dessen
Form eigenartiger ist und die geringste Aehnlichkeit mit andern
Figuren aufweist; so erkennt man in einem im Garten erblickten
Rothen schneller die Rose als in einem Eindrucke des Grünen die
Myrthe[20]).

Die Sinnestäuschungen beim Sehen theilt Alhacen in drei
Klassen, je nachdem sie Sache der blossen Empfindung oder des
Wissens (in scientia) oder eines unvermeidlichen Schlusses sind
(III, 19). Der erste dieser Fälle soll beispielsweise dann vorliegen, wenn ein Buntes bei schlechter Beleuchtung dunkel erscheint; der zweite da wo man eine Person nach längerer Abwesenheit für eine andere hält. Auf Schlüsse zurückgeführt werden
namentlich die Scheinbewegungen: Wenn in Wirklichkeit die Wolke,
dem Anschein nach aber der Mond sich bewegt, so beruht dies
zunächst darauf, dass (s. o.) Bewegung überhaupt nur auf Grund
von Lageveränderung des einen Objekts in Bezug auf ein anderes
wahrgenommen wird. Während nun bei kleinen und vereinzelten
Wolken diese Lageänderung etwa einem Sterne gegenüber richtig
bemerkt wird, muss, wenn der Himmel in grösserer Ausdehnung
mit zusammenhängenden Wolken bedeckt ist, diese ihre Eigenbe-
wegung (zumal bei der grossen Entfernung) unbemerkt bleiben;
da aber trotzdem die fortgehende Distanzänderung im Verhältniss
zum Monde sich zur Wahrnehmung bringt, mithin die psychologische Bedingung für das Sehen von Bewegung vorhanden ist, so
wird die erscheinende Bewegung durch einen (unbewussten) Schluss
dem Monde zugeschrieben (III, 19).

In Bezug auf das Gedächtniss findet sich bei Alhacen noch
die Bemerkung, dass der Zusammenhang des Einzelnen mit den
dazu gehörigen andern Vorstellungen dem Behalten günstiger ist

---

[20]) Daraus die Regeln: 1) Comprehensio speciei (oder individui) paucae
assimilationis ad alia erit velocior comprehensione speciei multae assimilationis.
2) Tempus intuitionis intentionum (sc. der Species intentionales) visibilium
diversatur secundum diversitatem intentionum intuitarum. Der umschriebene
Kreis z. B. wird schneller aufgefasst als die eingeschriebene vielseitige
Figur.

als isolirte Auffassung. Dass wiederholte Anschauungen das Ein-
prägen befördern, beruhe darauf, dass mit jeder Wiederholung mehr
Theilvorstellungen von der Sache zur Auffassung kommen; das Behalten des Theiles werde durch die Vollkommenheit der Anschauung des Ganzen selbst gefestigt[21]).

---

[21]) Forma verificata et certificata est magis fixa in anima et in imaginatione
quam non certificata. II, 66.

XXIII.

Der Humanist Theodor Gaza als Philosoph.

Nach handschriftlichen Quellen dargestellt

von

Ludwig Stein in Zürich.

I.

Leben und philosophische Schriften.

Nicht blos Bücher, auch Autoren haben ihre Schicksale. Nicht
selten begegnet ganz gediegenen Schriftstellern das unverdiente
Schicksal der Vergessenheit anheimzufallen, während irgend ein
anderer ihrer Zeitgenossen von fragwürdiger Befähigung einen un-
gebührlich breiten Platz im Gedenken der Nachwelt einnimmt.
Dieses bedenkliche Missverhältniss ist aber noch um so schlimmer,
als gerade jene Anspruchslosen, die bei ihren litterarischen Leistungen ihre Persönlichkeit ganz zurücktreten lassen und darum um
so grössere Anerkennung verdienten, gewöhnlich in Vergessenheit
zu gerathen pflegen, während die zudringliche Mittelmässigkeit, die
in wenig angebrachter Dünkelhaftigkeit ihre persönlichen Lebensverhältnisse in die litterarischen Producte hineinverflicht, sich in
der Litteraturgeschichte behauptet.

Ein schlagendes Beispiel eines solchen augenfälligen Missver-
hältnisses bieten die beiden zeitgenössischen Humanisten und Renaissance-Philosophen Georg von Trapezunt und Theodor Gaza dar.
Ersterer ein bramarbasirender Pamphletär, der durch eine giftge-
tränkte Feder peinliches Aufsehen macht, hat in den Handbüchern
der Philosophiegeschichte seine feste Stelle, letzterer ein bescheiden-

stiller, vornehmdenkender Schriftsteller tritt als Philosoph völlig in
den Hintergrund. Man schätzt Theodor Gaza als Grammatiker
und Uebersetzer aristotelischer Schriften; aber keiner von den
neueren Historikern der Philosophie weiss etwas über den Philosophen Gaza zu berichten[1]). Und doch ragte dieser auch als
Philosoph nicht blos über seinen Widerpart Georg von Trapezunt,
vielmehr auch über alle übrigen zeitgenössischen Byzantiner — Gemistos Plethon natürlich ausgenommen — weit hinaus. Ja, er war
im 15. Jahrhundert der einzige, der trotz seines geistlichen Standes einen reinen, von jeglichem theologischen Beigemisch
völlig freien Aristotelismus vertrat. Allen übrigen Gegnern Plethons, und an ihrer Spitze dem persönlich verbitterten und fana-
tisch verbohrten Gennadius, war es nicht der blosse Philosoph
Aristoteles, um dessen Fahne man sich schaarte, sondern vor Allem
der kirchliche Aristoteles d. h. der von der mittelalterlichen Religionsphilosophie zurechtgestutzte und dogmatisch umgemodelte
Aristoteles, dessen Partei man mit blinder Glaubenswuth ergriff.
Man hat nämlich bisher nur wenig darauf geachtet, dass jener berühmte Streit zwischen den Platonikern und Aristotelikern des
15. Jahrhunderts[2]), der die Renaissance der Philosophie tönend

[1]) Erdmann, Grundriss I, 504 übergeht ihn ganz; Heinze-Ueberweg, Geschichte d. Philos. III[7], 13 und Windelband, Gesch. d. neueren Philosophie I,
14 rühmen nur seine Uebersetzungen aristotelischer Schriften.

[2]) Den ersten Versuch einer quellenmässigen Darstellung dieses Streites
machte Boivin le Cadet, Querelle de Philosophes du quinzième siècle, Memoire
de l'académie des inscriptions etc., Band II, Paris 1736, p. 715—29. Diese
recht mittelmässige Leistung, die den Kern der Frage gar nicht trifft, hat
solche Anerkennung gefunden, dass sie zweimal ins Deutsche übertragen
wurde: Acta philosophorum X, 537—79 mit geringwerthigen Noten versehen,
sodann Hissmans Magazin für Philos. I, 4, S. 217—42. Viel werthvoller sind
die Ausführungen Tiraboschis, Storia della letteratura italiana, Vol. VIII (zweite
Auflage) p. 1187 ff. u. ö. Unter Anlehnung an Tiraboschi haben seither mehrere, namentlich deutsche Gelehrte diesen Streit zwischen Platonismus und
Aristotelismus im 15. Jahrh. darzustellen gesucht. Zuvörderst Karl Sieveking,
Geschichte der platonischen Akademie zu Florenz, Göttingen 1812 — eine vor-
zügliche, scharfumrissene, aber leider allzuknappe Arbeit, die noch dazu ihre
Quellen verschweigt. Die philosophischen Differenzpunkte hat besonders
W. Gass, Gennadius und Pletho, Breslau 1849, S. 67 fl. treffend hervorgehoben,
jedoch mit einseitiger Beschränkung auf den Hauptgegner Plethons, Gennadius.

einläutete und zuvörderst in der Begründung der platonischen
Akademie zu Florenz zu Gunsten Platon's zum Austrag kam, anfänglich von einem gewissen bitterbösen Beigeschmack theologischen
Schulgezänkes nicht frei war. Als Plethon nämlich durch sein mu-
thiges und rückhaltloses Eintreten für Platon auf Kosten des von
der Kirche usurpirten und verballhornisirten Aristoteles das Zeichen
zu jener mächtigen philosophischen Bewegung gab, die in ihrem
Verfolge dazu geführt hat, den Bann der Scholastik zu brechen,
da hatte der Kampf anfänglich einen mehr theologischen als philosophischen Charakter. Man stritt weniger darum, ob Aristoteles
Plato gegenüber philosophisch im Rechte sei, als vielmehr darüber, wer mit den Glaubenssätzen der Kirche mehr übereinstimmt. Selbst der vermittelnde, streitschlichtende Kardinal Bessarion, der in seiner, wie ich später nachweisen werde, 1468 verfassten, gegen Georg von Trapezunt gerichteten Gegenschrift: adversus calumniatorem Platonis, zunächst das letzte Wort in diesem
heisswogenden Kampfe sprach, reicht bei aller Anerkennung der
philosophischen Grösse des Stagiriten doch Plato vor Allem darum
die Palme, weil dessen Philosophie dem Christenthum innerlich
verwandter ist und sich dem Kirchenglauben geschmeidiger an-
schmiegt[3]).

Weniger glücklich ist die Darstellung bei C. Alexandre, Plethon, traité des
lois, Paris 1858, Einleitung. Zu kurz fertigt ihn Fritz Schultze, Georgios Gemistos Plethon, Jena 1874, S. 18 f.. 76 f., 98 ff. ab. Ganz neuerdings haben
Gaspary, Gesch. d. italienischen Litteratur, Berlin 1888, II, 157 ff. eine ganz
treffliche und Antonio Casertano, Saggio sul rinascimento del classicismo,
Torino 1887, p. 100 ff.. 131 ff. eine grundverfehlte Darstellung dieses heftigen
philosophischen Streites gegeben. Sämmtliche Darstellungen leiden an einem
grossen gemeinsamen Mangel: sie verwirren vielfach den Knoten dieses Streites
statt ihn zu lösen, weil sie Strömungen unterschiedslos zusammenwürfeln, die
innerlich nur sehr lose zusammenhängen. Ich kann dies hier unmöglich des
Breiteren entwickeln, beschränke mich vielmehr auf die Andeutung, dass dieser
Kampf für und wider Platon drei verschiedene Phasen durchgemacht hat,
und zwar 1) Gennadius gegen Plethon auf byzantinischem Boden. 2) Theodor Gaza, Georg von Trapezunt, Andronicus Callistus für Aristoteles, Michael
Apostolius und Kardinal Bessarion für Plato. Schauplatz dieser zweiten Phase
war Rom. 3) Die platonische Akademie mit ihrem Präsidenten Marsilius Ficinus in Florenz.
   [3]) Vgl. Bessarionis Cardinalis in Calumniatorem Platonis libri IV, Vene-

Nur Theodor Gaza, der verständnissvolle Interpret aristotelischer Schriften, tritt dem einseitigen Herausstreichen der platonischen Philosophie seitens Plethons mit einer wohlthuenden Sach-
lichkeit entgegen, indem er, ganz unbekümmert um kirchliche
Interessen, den Streit auf das rein philosophische Gebiet hinüber-
spielt. Gaza's philosophische Abhandlungen, die sämmtlich noch
ungedruckt und den Geschichtsschreibern der Philosophie nicht
einmal ihren Titeln nach bekannt sind, muthen uns wegen
ihres streng sachlichen und rein philosophischen Tones um so an-
genehmer an, je mehr uns die gereizte, mit Invectiven gespickte
Sprache und die ketzerriechende, salbadernde Manier seiner Mithumanisten, insbesondere seiner philosophischen Widersacher Georg
von Trapezunt und Michael Apostolius, tiefinnerlich anwidern.
Wenn demnach von wirklichen Philosophen des 15. Jahrhunderts
die Rede ist, dann hat zwischen Gemistos Plethon und Marsilius
Ficinus auf diesen Titel keiner berechtigteren Anspruch, als Theodorus Gaza.

Ehe ich jedoch an eine Veröffentlichung und Analyse der
philosophischen Schriften Gaza's herangehe, wird es Noth thun,
zunächst seine Biographie vorauszuschicken, da die bisherigen Le-
bensschilderungen Gaza's gerade in den wichtigsten Daten und her-
vorstechendsten Zügen sämmtlich verfehlt sind. An Biographen
freilich hat es ihm nicht gefehlt[1]); aber sie überbieten einander

---

tiis, Aldus 1503 p. 1ᵃ, wo er als Veranlassungsgrund seines Werkes die Behauptung seines Gegners (Trapezunts) angibt: opiniones Aristotelis nostrae
religionis verissimis optimisque sententiis consentaneas esse conatur ostendere,
ac proinde veriores; Platonis autem dissentire nostris ideoque falsa
esse et a veritate prorsus alienas; vgl. ibid. p. 12: doctrinam Platonis
magis quam Aristotelis nostrae religioni consentaneam esse demon-
strabimus.

[1]) Die ersten biographischen Notizen verdanken wir Barth. Facius, de
viris illustribus, ed. Mehus, Florenz 1745. Gelegentliche Aeusserungen anderer
Zeitgenossen kann ich hier natürlich nicht einzeln aufführen. Die erste zusammenhängende Biographie bietet Palus Jovius, Elogia doctorum virorum,
Basel 1571 p. 61—64. Es folgen sodann Leo Allatius, de Theodoris, abgedr.
bei Fabricius, bibl. gr. IX, p. 192 ff. und danach Migne, patr. gr. Bd. 161,
p. 970 ff. Adolf Clarmund (Pseudonym für Rüdiger), vitae clarissimorum virorum, Wittenberg 1705, IV, 55—64 (enthält einige drollige Schnitzer); Hodius,

förmlich in Falschmeldungen und unhaltbaren Combinationen. Es
ist dies aber auch gar kein Wunder. Denn ohne Zuhilfenahme
des auf den verschiedenen italienischen Bibliotheken zerstreuten,
reichlich aufgespeicherten handschriftlichen Materials können die
Biographien der griechischen Humanisten überhaupt nicht in be-
friedigender Weise abgeschlossen werden, am allerwenigsten die
Theodor Gaza's, der in einer ihn ehrenden Zurückhaltung in seine
gedruckt vorliegenden Werke nichts von seinen Lebensverhältnissen
miteinfliessen liess, so dass man zur Ergänzung und Berichtigung
des Materials seine ungedruckten Briefe herbeiziehen muss. Eine
erschöpfende, allen Details sorgsam nachspürende Biographie werde
ich freilich nicht liefern, da ich seinen Lebensgang naturgemäss
vorzugsweise nur auf seine philosophische Seite hin in's Auge fassen
kann. Aber doch hoffe ich, die greifbarsten biographischen Irrthümer, wie sie über Theodor Gaza in den Handbüchern durchweg
im Schwange sind, durch nachfolgende Darstellung zum grossen
Theil wenigstens beseitigen zu können.

Theodor Gaza (Γαζῆς, Gazes, Gaces) wurde am Ausgang des
vierzehnten Jahrhunderts zu Saloniki geboren. Ueber das Geburtsjahr wie über die früheren Lebensschicksale Gaza's fehlt es uns
so sehr an festen Anhaltspunkten, dass dessen Biographen nicht
einmal den Versuch gewagt haben, das Geburtsjahr auch nur annähernd zu bestimmen. Doch ergibt sich aus folgender Combination, dass er um die Wende des Jahrhunderts geboren sein muss.
Wir haben nämlich für Gaza's Uebersiedelung nach Constantinopel
ein gegebenes Datum in seiner Freundschaft mit Francesco Filelfo. Dieser aber hielt sich von 1422—1427 in Constantinopel

---

de graecis illustribus, London 1742, p. 55 – 102 (breitspurige Materialiensamm-
lung); Boerner, de doctis hom graecis, Leipzig 1750 (Anflug von gesunder
Kritik); Tiraboschi, storia della letteratura italiana VIII, p. 1187 ff. (die erste
kritische Biographie Gaza's); Heeren, Gesch. d. klass. Lit. im Mittelalter,
Göttingen 1822, II, 204—208 (werthlose Reproduction); Bähr, allgem. Encyclo-
paedie s. v. Gaza (beste Uebersicht). Vortrefflich ist die, leider nur allzuknappe
Skizze bei Voigt, die Wiederbelebung des classischen Alterthums, zweite Aufl.
Berl. 1881, II, 145—47.

als Sekretär des Kaisers Joannes auf⁵). Gaza müsste demnach, um eine enge Freundschaft mit Filelfo schliessen zu können, spätestens 1425 schon in Constantinopel gewesen sein. Damit stimmt denn auch eine unbeachtete Episode aus Gaza's früheren Lebensschicksalen zusammen, die er in einem Briefe an seinen Schüler Demetrius Sgoropulos mittheilt⁶). Diese Episode kann sich nur um das Jahr 1422 bei der Belagerung Constantinopels seitens Murads II. abgespielt haben⁷). Und da Murad II. die Belagerung zunächst erfolglos aufgeben musste, so hinderte Gaza nichts mehr, nach Constantinopel zu kommen, wo er 1423 oder 1424 eingetroffen sein

---

⁵) Vgl. die skizzenhafte Autobiographie Filelfos in seinem Briefe an Lodrisio Crivelli vom August 1465, p. 178—183 der Venezianer Ausgabe (1502) der Episteln Filelfos, nach welcher ich citiren werde. Das Datum für den Aufenthalt Filelfos in Constantinopel lässt sich folgendermassen fixiren. November 1423 unterzeichnet er sich schon: Venetorum in curia Constantinopolitana Cancellarius, vgl. Agostini, Scritti Viniz. I. 141; im October 1427 aber landet er schon, aus Griechenland heimkehrend, in Venedig, vgl. Voigt a. a. O. I. 351.

⁶) Eine interessante Episode aus seinem früheren Leben, wie er, durch den Krieg an der Weiterreise verhindert, unterwegs lieber Dienste im Ackerbau verrichtete, um nur nicht auf Gnadenbrot angewiesen zu sein, erzählt Gaza in einem Briefe an seinen Schüler Demetrius Sgoropulos, den die Laurentiana in Florenz LV, 9, fr. 49 f. (Bandini, II, 271) aufbewahrt. Dieser Brief ist jetzt abgedruckt bei Migne. Patr. gr. T. 161, p. 1005 f. Doch wird hier fälschlich vermuthet, der Adressat sei Demetrius Chalcondyles (gleichfalls Schüler Gaza's): die Florentiner Handschr. weist jedoch deutlich auf Demetr. Sgoropulos hin. Diese characteristische Episode erzählt Gaza (f. 62, Migne p. 1007) in folgenden Worten: Παράδειγμα δ' ἴσως ἂν εἴη οὐ φαῦλον . . . . καὶ τὸ ἡμέτερον: ἡμεῖς γὰρ ἀποροῦντές ποτε τρόπου παντὸς εἰς τὸν βίον ἑτέρου, λαβόντες χωρίον ἐγεωργοῦμεν. καὶ ταύτῃ τὰ ἐπιτήδεια ποριζόμενοι οὐδενὶ γεγόναμεν φορτικοὶ δεόμενοι καὶ προσαιτοῦντες. Eine ebenso vornehme Gesinnung, Menschengunst zu verschmähen und nur der eigenen Kraft zu vertrauen, bekundet er auch in einem (noch ungedruckten) Briefe an Bessarion, Laurent. Plut. LV, Cod. IX, 5 f. 66: ἀνθρώπων γὰρ οὐδένα ἐγὼ ὀνομάζειν καὶ αἰτιᾶσθαι ἐθέλω. In dieser noblen Selbstgenügsamkeit bildet Gaza einen wolthuenden Gegensatz zu den übrigen schweifwedelnden und schmarotzenden Humanisten, insbesondere zu seinem Freunde Filelfo.

⁷) Denn in jenem Briefe an Demetrius fährt Gaza fort: ἐμοὶ μὲν γὰρ ὅ τε πόλεμος ἀπέκλειε τὴν εἰς τὰς πόλεις ὁδόν. Da wir Gaza schon gegen 1425 in Constantinopel mit Filelfo unter geregelten Verhältnissen finden, kann unter diesem Krieg wol nur die Belagerung Constantinopels durch Murad II. im Jahre 1422 gemeint sein.

mag. Gar so jung und unbedeutend kann er bei seinem Eintreffen
in Constantinopel auch nicht mehr gewesen sein, sonst würde es
der damals schon 27jährige, eitle und aufgeblasene Geek Filelfo
(geb. 1398), der sich auf seine Hofstellung nicht wenig einbildete[8]),
unter seiner Würde gehalten haben, mit ihm eine intime Freundschaft zu pflegen, die mehr als ein halbes Jahrhundert unge-
schwächt angedauert hat. Wer den egoistischen Streber Filelfo
mit seinem hochfahrenden, aufgeblähten Wesen kennt, weiss, dass
er engere Beziehungen nur mit geistig oder sozial Hochstehenden
unterhielt. Und wenn er gleichwol mit Gaza, als dieser noch in
Constantinopel lebte, eifrige briefliche Verbindung pflog[9]), so be-

[8]) Ueber die gespreizte Ruhmredigkeit, mit welcher er von seinen hohen
Missionen am byzantinischen Hofe prahlte, vgl. Voigt I, 352.

[9]) Leider haben sich von der zwischen Filelfo und Gaza gepflogenen
griechischen Correspondenz nur wenige Briefe erhalten, und auch diese
tragen bedauerlicherweise kein Datum. Wenig bekannt ist es nämlich, dass
sich noch einige ungedruckte griechische Briefe Filelfo's an Gaza im Codex
10,8 Augusteorum manuscriptorum der Bibliothek zu Wolfenbüttel befinden.
Die einzige gedruckte Nachricht, die ich über diesen höchst werthvollen
Codex bei Ebert, Bibl. Guelfobytanae codices graeci et latini classici p. 128,
No. 657 fand: „Philelphi, Franc. epistolae XCIII graecae. Datae ad varios
vires doctos illius sacculi. Insunt etiam VII epistolae Theodori Gazae ad
Philelphum", enthält fast so viele Irrthümer wie Mittheilungen. Der Codex
enthält nicht 93, sondern 103 Briefe, darunter 11 Doubletten. Es sind nicht
VII epistolae Th. G. ad Philelphum, sondern 12 Briefe Filelfo's an Gaza
erhalten. Bei der Bedeutsamkeit F.'s für die Entwicklungsgeschichte der Renaissance hielt ich es für angemessen, von diesen ungedruckten Briefen F.'s,
soweit sie mit den Philosophen der Renaissance irgendwie zusammenhängen,
eine Copie anfertigen zu lassen, die ich den nachfolgenden Untersuchungen
zu Grunde lege. Von dem Umfange dieser Correspondenz zwischen F. und
G. gibt uns ein Brief Filelfo's an Cato Sacci, Rechtsgelehrten in Pavia, eine
ungefähre Vorstellung. Filelfo schreibt an Sacci am 9. Nov. 1440 (Buch IV,
p. 28a ed. Ven.): Scribis me a Theodoro tres ad meam unam epistolam litteras
accepisse. Non tres dumtaxat, sed mille et amplius litteras accepi.
Mag dies nun auch Uebertreibung sein, so muss die Correspondenz zwischen
Filelfo und Gaza doch eine ungemein rege gewesen sein. Im Uebrigen erwähnt auch F. in seiner griechischen Correspondenz mit G. wiederholt den
Namen Sacci's, so Cod. Wolfenb. fol. 12: τὸ δὲ ὑπὲρ τούτων κατὰ μέρος ἔχεις
μαθεῖν παρὰ τοῦ κοινοῦ ἡμῶν φιλοῦ κάτωνος σάχχου καὶ γὰρ ἐπέστειλα δὲ
αὐτῷ παρὰ τῶν λεγόντων λίαν ἀκριβῶς; ebenso ibid. fol. 12a: περὶ δὲ τῶν σοι
ἐντεῦθεν ποθουμένων κάτωνι ἔγραψα.

weist dies zur Genüge, dass er ihn als einen Ebenbürtigen geschätzt hat. Das that aber der 27jährige Hofsekretär sicherlich nur dann, wenn Gaza gleichaltrig oder nur um weniges jünger war. Viel älter als Filelfo kann er nicht gewesen sein, da der Kardinal Bessarion in einem Briefe an Michael Apostolius aus dem Jahre 1462 Gaza wol als ehrwürdigen Alten[10]), jedoch noch nicht als Greis (γέρων) bezeichnet. Nach alledem dürften wir kaum fehlgreifen, wenn wir Gaza's Geburt in das Jahr 1498 — das Geburtsjahr Filelfo's — verlegen.

In Constantinopel muss Gaza eine reiche Lehrthätigkeit entfaltet haben, da zwei seiner damaligen Schüler, Demetrius Chalcondyles und Demetrius Sgoropulos, später recht angesehene Humanisten wurden[11]). Dass er dabei auch die Priesterwürde bekleidet hat, möchte ich aus dem Umstande folgern, dass der Kardinal Bessarion ihm später, wie wir sehen werden, eine einträgliche Pfarre in Calabrien übertragen hat. Das konnte er offenbar nur dann, wenn Gaza schon in seiner Heimath Geistlicher war. Damit stimmt denn auch die gutverbürgte Nachricht zusammen, dass er sein Lebenlang unverehelicht geblieben ist[12]).

Ueber die Motive wie über den Zeitpunkt seiner Uebersiedlung nach Italien sind zahlreiche, einander durchkreuzende oder aufhebende Nachrichten verbreitet, die sämmtlich in das grosse Reich der historiographischen Mythologie gehören. Das Kapitel der historischen Legendenbildung ist ein ungemein reichhaltiges, und Gaza liefert dazu einen interessanten Beitrag. In fast allen Lehrbüchern der Geschichte mit Einschluss der Philosophie- und Kulturgeschichte findet man die marktgängige Auffassung, dass die

---

[10]) Vgl. Ep. Bessarionis ad Mich. Apostol. bei Migne P. Gr. T. 161, p. 688: Θεόδωρός τε τῶν νῦν Ἑλλήνων ἐν τοῖς πρώτοις ὤν—ἤδη πρεσβύτης.

[11]) Dass Demetrius Chalcondyles, ein geachteter Humanist, der in Florenz und Ferrara wirkte, Gaza's Schüler war, ist mehrfach bezeugt, vgl. Hodius l. c. p. 211, 218, 220 ff. Das Schülerverhältniss des Demetrius Sgoropulos, der sich freilich meist durch Abschriften ernährte (Voigt II, 132), ersieht man aus den beiden an ihn gerichteten Briefen Gaza's, abgedruckt bei Migne, Patr. Gr. 161, p. 1005—1014.

[12]) Volaterranus, Anthropol. l. 21: Theodorus . . . senex excessit sine liberis, cum esset sacerdos.

grosse Humanistenbewegung, der Italien zum nicht geringen Theil
die Renaissance seiner Philosophie verdankt, auf byzantinische
Flüchtlinge zurückzuführen sei, die, durch den Fall Constantinopels aus der Heimath vertrieben, nach Italien verschlagen
wurden. Diese vielverbreitete Annahme ist nun einfach fable
convenue, da sie dem nackten historischen Thatbestand schnur-
stracks zuwiderläuft. Die byzantinischen Humanisten sind nicht
aus ihrer Heimath geflohen, sondern sie wurden zum überwiegenden Theil von italienischen Humanisten und Mäcenen nach
Italien gezogen oder geradezu gelockt. Denn als Constantinopel
1453 fiel waren alle bedeutenden Humanisten — Joannes Argyro-
pulos etwa ausgenommen —: Emanuel Chrysoloras, Gemistos Plethon, Bessarion, Georg von Trapezunt, Theodor Gaza u. A. schon
längst, zum Theil sogar schon seit Jahrzehnten, in Italien.
Freilich liebten es die damals so zahlreichen Epigrammdichter, den
von ihnen besungenen griechischen Humanisten die Dornenkrone
des Märtyrerthums auf's Haupt zu setzen, weil sich diese dich-
terisch höchst wirkungsvoll ausnahm. Und so spielt denn auch
der Massenschreiber Jovius Pontanus in seinem Epigramm auf
Gaza's Flucht an [13]), trotzdem sich uns zeigen wird, dass Gaza's
Uebersiedlung nach Italien einen viel harmloseren Beweggrund
hatte.

---

[13]) Jov. Pontanus, das Haupt der Dichter- und Philosopbenschule in
Neapel, singt allerdings Gaza mit den Worten an:
           Te quoque Turcaicae fugientem vincla catenae
           Ejecit patrio Thessalonica solo.
Das ist die einzige zeitgenössische Quelle, in welcher Gaza als politischer
Flüchtling erscheint. Doch blicken diese Verse einerseits nur aus weiter Entfernung auf das verlorene Vaterland zurück, wie Voigt II, 145[1] schön bemerkt,
andererseits sind Epigramme überhaupt eine bedenkliche historische Unterlage,
da sich in denselben zuweilen die dichterische Licenz auf Kosten der historischen Treue breitmacht. Wäre Gaza ein Refugié gewesen, so hätte sein
Freund Filelfo gewiss nicht verabsäumt, diesen mitleiderregenden Umstand in
seinen Gaza empfehlenden Briefen an Cato Sacci und Jacob Cassiani (Buch III,
epp. 24, 25, 28) mit nachdrücklicher Betonung hervorzukehren. Ueberdies
herrschte ja 1440, als Gaza nachweislich nach Italien übersiedelte, in seiner
Heimath politische Windstille, so dass er gar keine Ursache zur Flucht haben
konnte.

Der reiche Zustrom gelehrter Griechen war offenbar nicht so sehr unmittelbares Product politischer Wirren, als vielmehr die Folge des aufblühenden italienischen Mäcenatenthums, das die wissenschaftlich bedeutenden Männer des innerlich morschen, zerfallenen byzantinischen Reiches durch rosige Versprechungen wetteifernd heranlockte. Zu diesen Männern gehörte auch Theodor Gaza, der allem Anscheine nach von seinem Freunde Filelfo angeregt oder ermuthigt wurde [14]), die traurigzerrissene Heimath zu verlassen.

Die Ankunft Gaza's in Italien erfolgte weder 1430, wie Bähr mit der grossen Schaar der hinter ihm stehenden Quellen annimmt [15]), noch 1444, wie Voigt neuerdings unter Zustimmung

---

[14]) Das geht aus dem überaus warmen Ton hervor, in welchem Filelfo den mittellosen Gaza seinen Freunden in Pavia (Sacci und Cassiani lebten in Pavia, nicht in Siena, wie Hodius p. 56 und nach ihm Börner p. 121 irrigerweise annehmen) dringend an's Herz legt.

[15]) Bachr in der Allg. Encyclop. ed. Ersch u. Gruber s. v. Gaza p. 134 nimmt mit Tiraboschi l. c. p. 1188 an, Gaza sei schon 1430 nach Italien geflohen, weil er eben die oben citirten Verse des Pontanus, nach welchen Gaza Refugié war, seiner Fixirung zu Grunde legt und daraus folgert, Gaza müsse 1430 gelegentlich der Einnahme seiner Vaterstadt aus Saloniki geflohen sein. Nun wissen wir aber schon, dass Gaza 1430 längst nicht mehr in Saloniki war (Note 6). Die wunderliche Hypothese Bährs, Gaza sei 1430 in Sicilien gelandet, habe daselbst etwa 10 Jahre verlebt und sei dann 1440 mit Pietro Ronzano nach Pavia gegangen, ist ganz unhaltbar. Denn erstens war Ronzano 1440 erst ein zwölfjähriger Bursche (geb. 1428), also kein geeigneter Gesellschafter für Gaza. Ferner hätte Gaza bei einem zehnjährigen Aufenthalt in Sicilien wol eine Spur seines Wirkens zurückgelassen, was aber entschieden nicht der Fall ist, vgl. Giovanni, storia della filosofia in Sicilia I, 170, wo Gaza's Name fehlt. Endlich tritt noch hinzu, dass ein Brief Filelfo's, der höchstwahrscheinlich Anfangs 1440 an Gaza gerichtet wurde (Cod. Wolfenb. fol. 1a), den Aufenthalt desselben in Byzanz voraussetzt. Wir wissen nämlich, dass Filelfo Anfangs 1440 seinen Sohn nach Byzanz geschickt hat (Voigt I, 534). Der oben erwähnte Brief an Gaza beginnt nun aber mit den Worten: Ξενοφῶν ὁ ἐμὸς παῖς ἀποδίδου σοι τὴν ἐπιστολήν. Da die Reihenfolge der Briefe im Wolfenb. Codex eine chronologisch geordnete zu sein scheint [fol. 5a an Guarino 1428, fol. 6 an Ambrosius Monachus 1428, fol. 6a an Franciscus Barbarus 1428, fol. 7 an Gennadius 1430, fol. 8 an Demetr. Valia 1430, fol. 12 an Gaza (wie aus der Erwähnung des Cato Sacci hervorgeht) 1440, fol. 11 an Gaza (aus dem gleichen Grunde) 1441], so erhellt daraus die frühe Datirung des oben erwähnten Briefes. Am 9. Nov. 1440 aber war Gaza nachweislich

Burkhard-Geigers[16]) vermuthet, sondern im Herbst 1440, wie
aus folgender, sonderbarerweise von allen Biographen Gaza's über-
sehenen Auslassung Filelfo's unwidersprechlich erhellt. Filelfo
schreibt nämlich am 17. December 1440 an den Presbyter Jacob
Cassiani, einen Schüler und Bewunderer Vittonino da Feltre's[17]):
Venit istuc nuper, ut scis, Theodorus Gazes, vir certe et di-
sertus, et eruditus, quem etsi certo scio, non amabis solum, sed
cumulatissime amabis, tamen mea etiam causa velim ita ames, ut
nulla prorsus fieri queat ad amorem accessio. Hoc erit mihi
tam gratum, quam quod omnium maxime.

Die ökonomische ·Lage Gaza's muss in Pavia keine neidens-
werthe gewesen sein, da Filelfo den „desertissimum" Gaza seinen
Freunden in Pavia angelegentlichst empfahl, anscheinend jedoch
ohne sonderlichen Erfolg. Der eine dieser Freunde, Cato Saeco,
muss sich in dieser Angelegenheit nicht tadelfrei benommen haben,
da er Filelfo weismachen wollte, der Senat in Pavia habe sich
mit Gaza's Verhältnissen beschäftigt, während Filelfo diese Meldung
mit herber Rüge als ersonnene Fabel zurückweist. Es handelte
sich dabei keineswegs um eine Anstellung Gaza's als Professor, wie
Bähr irrigerweise annimmt[18]), sondern um eine öffentliche Unter-

schon in Pavia (Philelphi Epist. lib. IV, cp. 20), folglich kann Gaza nur
um die Mitte des Jahres 1440 von Byzanz nach Italien ausgewan-
dert sein.

[16]) Voigt a. a. O. II, 145[1]. Danach Burkhard, Cultur der Renaissance,
4. Aufl., herausg. von Ludwig Geiger, I, 221.

[17]) Philelphi Epist. Lib. IV, cp. 25. Dass Cassiani ein Schüler Vittorino
da Feltres war, ersieht man aus mehreren Briefen Filelfo's, so IV, cp. 7 an
Sacci: Nam Victorinus Feltre, ejus (sc. Cassiani) doctor . . . et mihi veteri
familiaritate conjunctus; ebenso cp 8 an Cassiani selbst: Victorinus Feltrensis
doctor tuus ac idem eruditissimus vir mihique amicissimus; vgl. noch ibid.
cp. 25.

[18]) Allgem. Encycl. s. v. Gaza p. 134. Baehr zieht eben zwei falsche
Schlüsse: einmal folgert er aus einem Briefe Filelfo's, man habe Gaza in Pavia
1440 eine Professur verschaffen wollen, andermal schliesst er, gestützt auf
diese Voraussetzung, Gaza müsse 1440 schon den Unterricht des Vittorino da
Feltre genossen haben, da man sonst nicht daran denken konnte, ihm in
Italien eine Professur zu übertragen. Allein erstens handelte es sich da nicht
um eine Professur, sondern um eine Unterstützung (vgl. lib. IV, cp. 24: nulla
mihi prorsus spes est, ut vir iste publica pecunia ob id muneris donetur).

stützung. Zum öffentlichen Lehrer konnte man den eben aus Griechenland eingewanderten Gelehrten doch wol kaum ernennen, da er die lateinische Sprache gewiss noch nicht genügend beherrschte. Und so verfielen denn Gaza's Freunde auf ein Auskunftsmittel, dessen sich schon der 10 Jahre früher eingewanderte Humanist Georg von Trapezunt bedient hatte: Gaza sollte zunächst halb als Lehrer, halb als Zögling die berühmte Schule des Vittorino du Feltre zu Mantua besuchen, um sich im Lateinischen zu vervollkommnen und sodann in Italien eine Professur zu bekleiden.

Dass nämlich Gaza mehrere Jahre hindurch dieser Musterschule Feltres angehört hat, steht ausser allem Zweifel[19]). Nur über den Zeitpunkt dieses Aufenthaltes konnte man sich nicht einigen. Jetzt aber, da wir einerseits wissen, dass er erst 1440 in Italien landete, während es andererseits feststeht, dass er 1447 bereits Rector der höheren Schule in Ferrara war, so kann sein Aufenthalt in Mantua naturgemäss nur zwischen diese Jahre fallen. Und in der That ist Gaza 1440—1446, dem Todesjahre Feltres[20]), so gut wie verschollen. Er mag eben auf Empfehlung Cassiani's und Filelfo's, den vertrauten Freunden Feltre's[21]), nach Mantua gegangen sein und sich da einige Jahre in stiller Vorbereitung auf-

---

Ferner konnte Gaza vor 1440 unmöglich da Feltres Schule besucht haben — auch abgesehen davon, dass er erst 1440 überhaupt nach Italien kam —, da Filelfo Decemb. 1440 Gaza dem intimen Freunde und Schüler da Feltres, Jacob Cassiani, empfahl (lib. IV, cp. 25), was doch gewiss überflüssig gewesen wäre, hätte Gaza schon mit Cassiani gemeinsam das Institut da Feltres frequentirt.

[19]) Jovius, Elogia doct. vir. p. 61 bezeugt dies ausdrücklich; nach ihm Böhmer, l. c. p. 122. Franc. Prendilacqua, Vita Vict. Feltr. p. 70 berichtet: Romanae enim dictionis penitus ignarus vir consumpto apud Victorinum triennio tantus evasit, ut pauci postea doctiores oratores inventi sint.

[20]) Ueber Vittorino da Feltres Leben und Wirken bietet Manches Tullio Dandolo, storia del pensiero nel medio aevo II, 344 ff. (nach der Monographie von Mad. Benoit, Victorino de Feltre et l'éduction au seizième siècle en Italie). Eine scharfumrissene Skizze seiner Pädagogik gibt Schmidt, Gesch. d. Pädag. II, 358 f. Ein knappes, aber trefflich gezeichnetes Lebensbild dieses Reformators der Renaissance-Pädagogik bietet Voigt, a. a. O. I, 537—548.

[21]) Auf die Freundschaft Filelfo's und Cassiani's mit da Feltre habe ich bereits Note 17 hingewiesen. Der Gedanke ist kaum abzuweisen, dass diese beiden Männer den völlig mittellosen Gaza an ihren gemeinsamen Freund da Feltre empfohlen haben.

gehalten haben. Seine Lebensbedürfnisse muss er in diesen Jahren
durch Abschreiben von Büchern bestritten haben. Wenigstens sind
uns einige von Gaza's Hand herrührende Abschriften von Werken
bekannt, die doch wol nur aus der Zeit seiner ökonomischen Be-
drängniss stammen können, da er sich in späteren Jahren nachweislich selbst Abschreiber gehalten hat[22]).

In der Schule da Feltre's hat sich Gaza's lateinischer Stil in
einer Weise vervollkommnet, dass man ihn übertreibend für den
vornehmsten, aber auch allgemein für einen der elegantesten lateinischen Stilististen seiner Zeit erklärt hat[23]). Und so konnte
denn Filelfo schon im März 1446, also zu einer Zeit, da Gaza das Institut da Feltre's wol eben erst verlassen hatte, Francesco Barbaro auf
dessen Anfrage, wer wol der bedeutendste unter den eingewanderten
griechischen Humanisten sei, ohne Bedenken Gaza als diesen Mann
bezeichnen, dem wegen der Lauterkeit seines Characters, der Tiefe
seiner Kenntnisse und der Eleganz seines Stiles unstreitig der Vor-
rang unter allen Griechen gebühre[24]).

Jedenfalls war es keine geringe Ehre, dass der in der Kenntniss
des Lateinischen kaum der Schulbank entwachsene Gaza schon
1447 an das neugegründete Studio zu Ferrara als Professor berufen
und bald darauf auch zum Rector desselben ernannt wurde[25]).

---

[22]) Dass Gaza Abschreiberdienste geleistet hat, ersehen wir daraus, dass
er für Filelfo die Ilias abgeschrieben hat. Dieses Exemplar schätzte Filelfo
so hoch, dass er es, wie er in seiner gespreizten Uebertreibungssucht Bessarion
schreibt, nicht für das Vermögen eines Krösus veräussern möchte (lib. VI,
p. 41a). Ueber weitere Abschriften von Manuskripten, die sich von Gaza's
Hand noch finden, vgl. Hodius p. 60.

[23]) Jovius l. c. p. 62: Bei Vittorino da Feltre erlernte er das Lateinische
so vortrefflich, ut longe omnium Latinissime scriberet; ähnlich Franc.
Prendilacqua, Vita Vict. p. 70; Leo, Allatius, abgedr. bei Migne Patr. Gr. 161,
p. 974. Weitere Zeugnisse über Gaza's lateinischen Stil bei Hodius p. 86 ff.

[24]) Philelphi Epist. lib. VI, p. 38a.

[25]) Die Anstellung in Ferrara muss spätestens 1447 erfolgt sein, da er
bereits am 5. Juli des gleichen Jahres auf die Berufung nach Florenz aus
Ferrara in ablehnendem Sinne geantwortet hat, Fabroni, Vita Cosm. Medi.
Tom II, p. 68 und 229. Ein Jahr darauf (1448) gehörte er schon nach dem
Berichte des Pater Aliotti, Epist. lib. III, cp. 19 und 20 zu den vornehmsten
Zierden des Studio in Ferrara. Sein begeistertes Lob kündet endlich auch
sein Schüler, Ludwig Carbo, bei Giraldi, de poetis suor. temp. dial. 2, der

Der Aufenthalt in Ferrara, der übrigens zu einer Verwechslung bezüglich Gaza's Theilnahme am bekannten Concil zu Ferrara Anlass gegeben haben mag[26]), gehörte zu den glücklichsten Jahren seines Lebens. Zu seinen Füssen sass eine begeisterte Zuhörerschaar, die dem in der Vollfrische der Manneskraft stehenden Lehrer, dessen Vorträge sich durch dichterischen Schwung und gehobene, gewählte Diction auszeichneten, freudig entgegenjubelte[27]). Grammatik und Rhetorik bildeten hier vorzugsweise den Gegenstand seiner Vorlesungen, was mich auf die Vermuthung führt, dass seine systematische griechische Grammatik, die erste ihrer Art, der er auch seine Stellung in der Weltlitteratur in erster Reihe verdankt, wol in Ferrara entstanden ist[28]).

übrigens auch berichtet, Gaza sei Rector des Studio gewesen. Das bestätigt auch Borsetti, historia Gymnas. Ferr. II, 25: Theodorus Gaza, Thessalonicensis, Medicus, Philosophus etc. .... in qua (sc. Academia) diu graecas Litteras docuit Gymnasiarca appellatus, et vere quidem, nam ejusdem Lionello Estense restitutae primus rector Theodorus fuit; vgl. noch ebenda I, 40. Jacob. Guarini, ad Ferrarii Gymn. historiam, Bononiae 1740, II, 13 theilt mit, dass man 1707 in der Universität zu Ferrara Theodor Gaza ein Epitaph gesetzt hat. Dieses Epitaph meldet nur den ersten Aufenthalt Gaza's in Ferrara, der in die Regierungszeit Lionello's von Este fällt, lässt jedoch den zweiten auffälligerweise unerwähnt.

[26]) So weit ich sehe stützt sich die vielfach verbreitete Annahme, Gaza habe gleichzeitig mit Plethon und Bessarion am berühmten Concil von Ferrara (1439) als Theilnehmer mitgewirkt, nur auf die Anecdote bei Petrus Crinitus, de honest. discipl. I, cap. 10: Erant forte cum Bessarione Nicaeno, viro in philosophia excellenti, Theodorus Gaza et Pletho etc. Nach Crinitus wiederholen diese Fabel von der Theilnahme Gaza's am Concil noch Leo Allatius, de Georgiis, Migne Patr. Gr. 160, p. 779; Hodius p. 57; Fülleborn, abgedr. bei Migne 160, p. 935. Diese Anecdote ist schon deshalb falsch, weil sie ein freundschaftliches Verhältniss zwischen Plethon und Gaza voraussetzt, während zwischen beiden, wie wir sehen werden, von jeher ein entschiedener Antagonismus geherrscht hat. Uebrigens ist ja Gaza auch erst 1440 nach Italien gekommen und konnte daher am Concil (1439) unmöglich theilnehmen.

[27]) Vgl. namentlich die überschwenglichen Lobeserhebungen von Seiten seines Schülers, Ludwig Carbo, in seiner oratio de artibus liberalibus, der Gaza als Dichter Properz und Tibull gleichstellt; Leo Allatius bei Migne 161, p. 974; Hodius p. 81. Uebrigens hebt auch Filelfo Gaza's Fertigkeit im Versemachen hervor, vgl. Ep. lib. XV, p. 109a. Die Vaticana C. 1334, p. 104 und C. 1347, p. 216 bewahrt Epigramme Gaza's.

[28]) Dass seine ungemein häufig gedruckte Grammatik, die den Grundstein

Es mag sein, dass gerade diese Grammatik seinem Namen
einen so guten Klang verschaffte, dass er einen höchst ehrenvollen
Ruf nach der Musenstadt par excellence, nach Florenz, erhielt[29].
Wenn er diese so auszeichnende Berufung nach jenem Centrum der
Renaissance, nach welchem sich die sehnsüchtigen Blicke aller
Humanisten richteten, gleichwol mit der Motivirung ablehnte, er
trage sich mit dem Gedanken, in seine Heimath zurückzukehren,
so gibt mir dieser Umstand einen Fingerzeig, die ungefähre Entstehungszeit seiner Skizze Encomium Canis zu fixiren. In derselben macht er nämlich dem musenfreundlichen Sultan Muhammed II (1451—1481) grosse Complimente[30], so dass die Vermuthung naheliegt, er habe sich mit der Hoffnung getragen, von
demselben in die Heimath zurückberufen zu werden. Trotz des

---

zu seinem Ruhm gelegt hat, so dass man ihn heute fast nur noch von dieser
Seite kennt, spätestens in Ferrara entstanden sein muss, schliesse ich aus
folgendem Umstand: Constantinus Laskaris, der Verfasser der zweitbesten
griechischen Grammatik, hat nach eigenem Zugeständniss Gaza's Grammatik schon benützt, vgl. das Prooemium zu seiner Grammatik bei Migne 161,
p. 933. Nun entstand aber die Grammatik des Laskaris nach dessen eigener
Angabe schon 1463, vgl. Hodius p. 241. In Rom beim Papst Nicolaus und
in Neapel beim König Alphons hat sich aber Gaza nachweislich nur mit Uebersetzungen beschäftigt, folglich bleibt für die Abfassung der Grammatik nur
der Aufenthalt in Ferrara übrig. Dazu passt es denn auch, dass Gaza in
Ferrara, wie Giraldus l. c. (Opusc. Tom II, 550) berichtet, in seinen Vorträgen
vorzugsweise Grammatik und Rhetorik gepflegt hat. Ueber die Bedeutung
der Grammatik Gaza's vgl. Fabricius, Bibl. gr. VII, p. 39; Hodius p. 72—77;
Bernhardy, Gesch. d. Gr. Lit. I, 502 und 512; Voigt II, 384. Nach Hodius
p. 72 soll sich das Autograph der Grammatik auf der Bibliothek in Nürnberg
befinden.

[29] Vgl. Fabroni, Vita Cosm. Med. II, p. 68 und 229 (in Vitae doctt. Ital.).

[30] Gaza's niedliche Plauderei Encomium Canis, die sich auf der Vaticana
(Reg. Svec. 983) befindet, ist jetzt abgedruckt bei Migne Patr. Gr. 161, p. 986.
Hier behandelt er den Bezwinger Constantinopels, Muhammed II., mit einer
auffälligen Auszeichnung; so nennt er ihn p. 988: τὸν τά τε πρῶτα τῶν καθ'
ἑαυτὸν πεπαιδευμένων, ἀρχῆς τε τῆς πασῶν μεγίστης καὶ κυριωτάτης ἐν ἀνθρώποις
ἀξιωθέντα. So hätte er über den Verwüster seines Vaterlandes nicht geschrieben, wenn er sich nicht mit der Hoffnung getragen haben würde, an
dessen musenfreundlichen Hof zu gelangen. Für die frühe Abfassungszeit
spricht auch der Umstand, dass er Plato, den er später so heftig befehdete,
hier noch δαιμόνιος Πλάτων nennt, p. 901 c.

Fehlschlagens dieser Hoffnungen behielt er eine so unbezwingliche
Sehnsucht nach der heimischen Erde, dass er stets den stillen
Wunsch in sich trug, auf griechischem Boden begraben zu werden.

Das Jubeljahr der Stadt Rom (1450) zeitigte in dem kraftgenia-
lisch angelegten, mit nervöser Hast um seinen Nachruhm besorgten
Nicolaus V. den Gedanken, Rom nicht bloss durch äusserlichen Pomp
und verschwenderische Prachtentfaltung wiederum zum religiösen
(und weltlichen) Mittelpunkt der christlichen Welt zu gestalten,
sondern es auch durch Heranziehung aller verfügbaren geistigen
Kräfte unter den lockendsten Versprechungen zum litterarischen
Centrum des Humanismus zu erheben. Das Rom des Nicolaus V
sollte dem medizeischen Florenz die geistige Suprematie ent-
winden.

Den glänzenden Anerbietungen des päpstlichen Maecen's konnte
auf die Dauer auch Theodor Gaza nicht widerstehen. Er verliess
1450 den Musenhof der Este zu Ferrara und folgte dem lockenden
Rufe des Papstes nach Rom[31]). Doch muss er hier sehr bald
herbe Enttäuschungen erfahren haben, da der Papst sein reges Interesse weniger dem Professor, als dem Uebersetzer Gaza zu-
wendete[32]). Nicolaus V wurde eben in seinen litterarischen Be-
strebungen nur von dem einen, an sich anerkennenswerthen Bestreben beherrscht und geleitet, eine möglichst grosse Anzahl
griechischer Autoren in musterhafter lateinischer Uebertragung
zu besitzen, während die selbständigen Leistungen der Humanisten in ihm eine nur mässige Theilnahme weckten[33]). Und
so beschränkte sich denn auch die Thätigkeit Gaza's, wol der
vornehmsten litterarischen Erscheinung am Hofe Nicolaus V, zunächst ausschliesslich auf Uebertragungen griechischer Werke, die
auf der einen Seite freilich seinen Ruhm als Uebersetzer be-

---

[31]) Hodius p. 60.

[32]) Wenigstens ist uns kein selbständiges Werk bekannt, das Gaza unter
dem Pontificat Nicolaus V. verfasst hätte. Von einer erspriesslichen Lehrthätigkeit Gaza's in Rom hören wir nichts, desto mehr aber von seinen
Uebersetzungen.

[33]) Voigt a. a. O. II, 73. Zanelli's Buch, Niccolo V., enthält über die Beziehungen Gaza's zum Papst Nicolaus, p. 73 f., nichts Belangreiches.

gründet, auf der anderen aber auch eine bittere Fehde mit seinem
Mithumanisten Georg von Trapezunt heraufbeschworen haben, welche
für den friedfertigen, mildgesinnten Gaza eine Quelle von Trübungen
und Bitternissen aller Art geworden ist.

Wollte man dem Trapezuntier Glauben schenken, so hätte
Gaza diesen Streit vom Zaun gebrochen. In einer dem König Alphons von Arragonien gewidmeten Schrift nämlich (contra Theodorum Gazam) gibt er als Entstehungsursache des Streites an, Gaza
habe ihn in öffentlicher Versammlung zweimal angegriffen [34]). Wahr
mag daran nur sein, dass der bei Weitem überlegene Gaza den Trapezuntier in einer öffentlichen Disputation dialectisch geschlagen hat,
was ihm dieser verbissene, ränkesüchtige Krakehler nicht verzeihen
konnte. Gesucht hat Gaza die Händel keinesfalls. Denn alle
Zeitgenossen bis auf den Trapezuntier bezeichnen ihn mit einer
an ihnen seltenen Einstimmigkeit als einen sanftmüthigen, fried-
liebenden Menschen und einen vornehmen, goldreinen Character [35]).

---

[34]) So stellte der Trapezuntier die Ursache seiner Fehde mit Gaza in
seinem Widmungsschreiben an König Alphons dar, vgl. Sassi, historia typogr.
Mediol. p. 156; Apostol. Zeno, dissertazioni Vossiane II, 20. Schon der Titel
dieser Widmung ist für den Trapezuntier bezeichnend; er lautet: Georg. Tra-
pezuntii in perversionem Problematum Aristotelis a quodam Theodoro
Gage (eine witzig sein wollende Umkehrung für Gaces) editam, et Problematum Aristotelis philosophiam protectio. Zur Orientirung sei bemerkt, dass die
Ambrosiana in Mailand dieses Pamphlet des Trapezuntiers in drei Exemplaren
besitzt: G. 66, G. 78, G. 290, fol. 1—66.

[35]) So reizvoll auch die Aufgabe wäre, auf Grund des nach dieser Richtung
reichlich zufliessenden Materials eine Characterschilderung Gaza's, des einzigen
intacten Humanisten, zu entwerfen, so muss ich es mir doch an dieser Stelle
versagen, weil eine solche über den Rahmen dieser Untersuchung hinaus-
greifen würde. Einzelne Aussprüche von Zeitgenossen über die Lauterkeit
seines Characters hat schon Hodius p. 72—77 und 87—94 verbotenus repro-
duzirt. Bessarion hatte zu seiner Redlichkeit ein so blindes Zutrauen, dass er
ihm grosse Summen zur Aufbewahrung übertrug, Cortesius, de Cardinalibus
p. 36. Seine vornehme Denkart erkennt man am reinsten aus den sittlichen
Lebensregeln, die er seinem Schüler Demetrius Sgoropulos in einem jetzt bei
Migne Patr. Gr. 161, p. 1012 BC abgedruckten Brief ertheilt. Einzelne kleinere
Züge s. noch bei Platina, Panegyricus Bessarionis, Migne 161, p. 115; Sepulveda,
de correctione anni OPP. p. 301; Bandini, de vita et rebus gestis Bessarionis LVIII.
Selbst der Erzschelm Filelfo athmet eine reinere sittliche Höhenluft, wenn er
an seinen Freund Gaza schreibt, vgl. z. B. dessen Brief an Gaza vom August

Und wer die unstet umherstreifenden Humanisten des 15. Jahrhunderts mit ihren kleinlichen Schwächen und moralischen Gebrechen, mit ihrer kriecherischen, schweifwedelnden Unterwürfigkeit gegen die Grossen der Erde, sowie ihrem hochfahrenden, aufgeblasenen Bettelstolz gegenüber Geringeren kennt, der wird es Gaza nicht hoch genug anrechnen können, dass sein Character inmitten der erschreckenden sittlichen Fäulniss lauter und intact geblieben ist. Während uns von den übrigen Humanisten Schandgeschichten gepfeffertster Art in anwidernder Fülle aufgetischt werden, vernehmen wir — abgesehen natürlich von dem mit Invectiven durchsetzten Pamphlet des scheelsüchtigen Neidharts Georg v. Trapezunt — über Gaza nicht den leisesten Misston, nicht den Schatten einer Anklage. Die zeitgenössischen Berichte überbieten vielmehr einander förmlich in überschwenglichen Glorificirungen seines selbstlosen, makelfreien Characters. Es hat fast den Anschein, als ob Gaza nicht blos der einzige w i r k l i c h e Philosoph unter den Humanisten seiner Zeit gewesen wäre, sondern auch der e i n z i g e w i r k l i c h e Character!

Sicherlich hat also der edeldenkende Gaza den Streit nicht muthwillig mit einem Gegner gesucht, der als Virtuose der Verleumdung verrufen war. Die wahren Ursachen desselben liegen vielmehr in der Rivalität Beider um die Gunst des Papstes Nicolaus V. Georg v. Trapezunt hatte nämlich Aristoteles' Problemata und de animalibus übersetzt und dem Papste gewidmet[36]). Doch

---

1465, p. 174. Zum Schlusse theile ich noch eine Characteristik Gaza's mit, die, soweit ich sehe, von Niemandem benutzt ist, Paul Cortese, de hominibus doctis p. 41 f.; ähnlich p. 55 (bei dieser Gelegenheit sei erwähnt, dass ich auf der Bibl. Magliabecchiana in Florenz, Cl. III, Cod. III, No. 14 einen, inhaltlich freilich unbedeutenden Brief Gaza's an Paul Cortese gesehen habe). Die Kraftstelle bei Cortese lautet: Ego ʼvero sic existimo Theodorum unum e multis laudandum esse, et in eo primum cum summa philosophia summam eloquentiam conjunctam: nec erat is in eorum numero, qui usurpatione disciplinae, verbis m a g i s q u a m v i t a Philosophiae studia persequuntur. At enim ei ingenii et eloquentiae sic humanitatis, i n n o c e n t i a e ac omnium virtutum primae deferebantur .... J u r e i g i t u r t o t i u s I t a l i a e c o n s e n s u a d o c t i s est p r i n c e p s j u d i c a t u s.

[36]) Vgl. Apostol. Zeno, dissertazioni Vossiane II, 10, No. 11 und 15, sowie die Bemerkung des Autors: I problemi furono traslati anche da Teodoro

fiel diese Uebertragung so mangelhaft aus, dass der Papst unbe-
friedigt blieb und Gaza den Auftrag gab, die gleichen Werke
nochmals zu übertragen. Gaza war vornehm genug, in einer Praefatio seiner Uebersetzung so nebenhin wol zu bemerken, dass eine
unzulängliche Uebertragung des gleichen Werkes schon vorhanden sei, ohne den Namen Georg's zu nennen[37]). Darob er-
grimmte nun der missgünstige Trapezuntier und goss die volle
Schale seines Zorns in jenem an König Alphons gerichteten Pamphlet aus. Zwar entfuhren daraufhin auch Gaza einige unsanfte
Zornesausdrücke gegen jenen[38]), aber er watete niemals gleich
seinem Gegner bis an die Knöchel im trüben Schlamm der
Invective. Als er vielmehr einige Jahre später sich gleichfalls an
König Alphons mit einer Widmung wendete[39]), schlug er jenen
formvollen, vornehm reservirten Ton an, der seinem Naturell gemäss war.

Am Hofe Nicolaus' blieb nun wol Gaza Sieger, sofern Georg
weichen musste, aber wir merken nichts von seiner Siegesfreude,
wenn er auch durch die generöse Freigebigkeit seines päpstlichen
Gönners der kümmerlichen Sorgen des Alltags enthoben war und
in behaglichen Verhältnissen lebte[40]). Seine geistigen Productionen
aus dieser Zeit bekunden wenigstens keine sonderliche Frische.

Gaza a concorrenza dell' altro; ed ecco i primi semi della discordia fra loro
insorta.

[37]) Zeno l. c. II, 11 und 20; Fabricius, Bibl. Gr. IX, 195. So stellt auch
Neomagus in der Einleitung seiner Ausgabe der Dialectica des Georg von
Trapezunt den Beginn des Streites dar. Aergerlich mag es dem neiderfüllten
Trapezuntier schon gewesen sein, dass man den weniger bekannten Gaza als
seinen Nachfolger nach Florenz berief, Voigt I, 370 und II, 199.

[38]) So titulirte er den Trapezuntier z. B. Πορνοβόσκος, vgl. J. Mähly,
Angelus Politanus S. 139; Papencordt, Gesch. d. Stadt Rom S. 509.

[39]) Diese Widmung bewahrt die Ambrosiana in Mailand, D. 118, p. 161
bis 163: Theodori Gazae Thessalonicensis ad Alphonsum regem praefatio
in orationes de incomprehensibili dei natura, divi Joannis Chrysostomi,
quas e Graeco in Latinam vertit.

[40]) Die ziemlich verbreitete Ansicht, als habe Gaza wegen seiner Unbe-
holfenheit in finanzieller Beziehung sein Lebenlang am Hungertuche genagt
— vgl. z. B. Brucker, historia critica philosophiae IV, 65 — ist stark über-
trieben, wie wir später sehen werden.

Ausser den obengenannten Uebersetzungen von aristotelischen Schriften hat er damals noch eine griechische Uebertragung des bekannten Sendschreibens von Nicolaus V an den byzantinischen Kaiser Constantinus Palaeologus angefertigt[41]), wie er sich denn überhaupt auch mit der Uebersetzung lateinischer Werke ins Griechische befasst hat.

Bald musste Gaza wieder zum Wanderstab greifen. Nach dem Tode seines Beschützers Nicolaus V (1455) war seines Bleibens in Rom nicht mehr. Er hatte jetzt keinen Mentor, und die Humanisten führten eben ein Dasein wie die Zugvögel, die beim Eintritt der rauhen Jahreszeit in südlichere Klimate wandern. Da mit dem Tode Nicolaus' am päpstlichen Hofe ein rauheres geistiges Klima entstand, richtete Gaza seine Blicke nach dem neapolitanischen Musenhofe, wo König Alphons mit feinsinniger Auslese eine Gelehrtenschaar um sich sammelte, so dass hier ein frischer litterarischer Frühlingshauch wehte.

Die Fühlfäden, die Gaza in seiner schon genannten Widmungsschrift an König Alphons nach Neapel richtete, trafen auf empfänglichen Boden. War er doch von allen Seiten, so von seinem früheren Collegen in Ferrara, Joh. Aurispa, sowie von seinem treuen Freund Filelfo nach Neapel glänzend empfohlen! Der König empfing ihn mit einem Wolwollen, wie es sich bei einem so grossdenkenden Manne gegenüber einem so gefeierten Gelehrten von selbst verstand. Filelfo beglückwünschte den König

---

[41]) Die Uebersetzung dieses bekannten Briefes, jetzt abgedruckt bei Migne 160, p. 1201—1212, erwähnt Gaza bereits in einem an seine in Constantinopel wohnenden Brüder Demetrius und Andronikus gerichteten Briefe vom November 1451 (datirt ἐν ῥώμῃ νοεμβρίῳ μηνὶ τοῦ ͵ϛϡνα[ου] ἔτους). Dieser Brief, ein Autograph Gaza's, in welchem er seine Brüder zur Eintracht mahnt und die Hochherzigkeit des Papstes Nicolaus V. preist, befindet sich in der Vaticana Gr. 1393 (darüber Nolhac, la biblioth. de Fulvio Orsino, Paris 1887, p. 146[1]). Eine Abschrift desselben sah ich auf der Marcelliana in Venedig, Cl. II, Cod. 93, p. 95—97, Ueber Gaza's Rückübersetzungen in's Griechische, vgl. Fabricius, Bibl. Gr. IX, 195 ff.; Hodius p. 70. Erwähnt sei bei dieser Gelegenheit, dass sich Gaza's griechische Uebertragung von Cicero's de senectute auch in Lyon Cod. 52 findet, vgl. Omont, Catal. des manuscr. gr. des départements, Paris 1886, p. 42.

zu dieser glänzenden Acquisition[42]). Gaza stand jetzt auf der
Zinne seines Ruhmes. Der Sekretär des Königs, Antonius Panor-
mita, entwirft eine begeisterte Schilderung von der fruchtbaren
Thätigkeit Gaza's in Neapel[43]). Der Hofdichter Pontanus versteigt
sich gar zu einem Epigramm, in welchem er in der verhimmelnden
Manier der Zeit die Verdienste seines Collegen feiert[44]). Freilich
haben sich feste Spuren seiner Thätigkeit in Neapel nicht erhalten.
Es muss doch wol vorwiegend seine Uebersetzerthätigkeit gewesen
sein, die er ja in reichstem Masse entfaltete[45]), die Alphons fesselte,

---

[42]) Vgl. Filelfo's Brief an Alphons vom Oct. 1456 lib. XIV, p. 95 a:
accessisse audio Theodorum Gazen: non possum non laetari tibique plurimum
gratulari. Habes enim virum, quo nemo est, in universo graecorum genere
neque doctior nec eloquentior nec modestior. Auch nach Neapel hatte Filelfo
griechische Briefe an Gaza gerichtet, in welchen er das Lob des Königs
Alphons mit bombastischer Ueberschwenglichkeit kündet, vgl. Cod. Wolfenb.
fol. 20 und 21 b. Ueber Gaza's Aufnahme in Neapel berichtet Barth. Facius,
de viris illustribus, Florenz 1745 ed. Mehus p. 27; vgl. auch Tiraboschi l. c.
VIII, 1191.

[43]) Im Auszuge ist dieser Brief mitgetheilt bei Hodius p. 62.

[44]) Dieses Epigramm theilt Hodius p. 100 mit.

[45]) Auf die reiche Uebersetzerthätigkeit Gaza's, die sich vorzugsweise auf
naturwissenschaftliche Werke der Griechen, insbesondere des Aristoteles,
erstreckte, kann ich hier natürlich nicht eingehen. Seine Uebersetzungskunst
galt lange Zeit unangefochten als Muster, vgl. z. B. Ermolao Barbaro (über
den Gaza einen bei Zeno, Diss. Voss. II, 367 citirten bemerkenswerthen Ausspruch gethan hat) in den Epp. Angeli Politiani p. 548 ed. Basel; Huetius,
de claris interpretibus p. 219; Erasmus im Ciceroniano p. 160; Poggio, ep. XII
(bei Voigt II, 183). Unter den Neueren urtheilt Bernhardy, Gesch. d. gr.
Lit. I, 503, 512, dass Gaza sich zuerst dem Genius des lateinischen Ausdrucks
anzuschmiegen verstanden habe. Gaza hatte eben eine philologisch-kritische
Methode, über die uns sein Ammanuensis, Gupalatinus, interessante Aufschlüsse
gibt, citirt bei Hodius p. 68. Freilich hat es auch ihm nicht an Verkleinerern
gefehlt, wie z. B. Scaliger und Angelus Politianus, Miscellanea, cap. 90; Vossius,
Inst. rhet. lib. IV, cap. 3. Diese Krittler hat aber Leo Allatius, de mensura
temporum cap. XIX, p. 233 gebührend abgefertigt. Erwähnt mag übrigens
werden, dass Gaza für König Alphons auch militärwissenschaftliche
Werke in's Lateinische übertragen hat, vgl. Barth. Facius, de viris illustribus,
ed. Mehus, Florenz 1745, p. 28. Medicinische Kenntnisse muss Gaza gleichfalls besessen haben. Das geht nicht blos mittelbar aus seiner Neigung zu
den naturwissenschaftlichen Schriften des Aristoteles hervor, sondern erhellt
auch unmittelbar aus seinem Epitaph (oben Note 25), wo er als Medicus

da die selbständigen Werke Gaza's, besonders die philosophischen, wie wir bald sehen werden, nachweislich einer späteren Zeit entstammen.

. Der Tod seines königlichen Beschützers Alphons (1458) bringt ihn wieder in die Zwangslage, sich nach einem neuen Heim umzusehen. Zum Glücke wendet er sich an den Kardinal Bessarion, mit dem er bis dahin wol nur ganz lose Beziehungen hatte, ja vielleicht nur litterarisch bekannt war. Denn der Einladungsbrief, in welchem der treffliche Gelehrte und noch trefflichere Mensch Bessarion, der ein im Verhältniss zu seinen bescheideneren Einkünften grandios zu nennendes Maecenatenthum ausübte [46]), Theodor Gaza bittet seine Gastfreundschaft anzunehmen [47]), verräth einerseits durch seinen fremden, formvollen Ton, dass damals noch kein Freundschaftsverhältniss zwischen beiden Männern bestand, während er uns andererseits durch die Erwähnung einiger Uebersetzungen Gaza's einen Fingerzeig gibt, dass er 1458, kurz nach dem Tode des Königs Alphons, geschrieben sein muss. Gegen Ende des Jahres 1458 muss Gaza wieder in Rom eingetroffen und dem Kardinal Bessarion sehr bald freundschaftlich nähergetreten sein. Denn als dieser kurz darauf (1459) als päpstlicher Gesandter nach Deutschland reiste, richtete Gaza an ihn bereits eine Epistel, die auf der einen Seite ein vertrauteres Verhältniss voraussetzt, während sie auf der anderen beweist, dass Gaza's Lebensunterhalt

---

erscheint. Uebrigens sagt auch Gaza's Zeitgenosse und Freund Facius, ·l. c. p. 28 von Gaza: Praeter haec philosophiae doctus Medicinae quoque operam dedit, ex quo et inter physicos non immerito referendus videtur.

[46]) Voigt, II, 129 f.

[47]) Dieser Brief ist jetzt abgedruckt bei Migne 161, p. 685. Die Schlussworte lauten: σὺ δὲ μὴ κατατείνου ζητῶν, ὅθεν ἂν τροφῆς εὐποροίης, μηδὲν ἑρμηνεύων· τὰ γὰρ ἡμέτερα καὶ σοὶ κοινά .... καὶ εἰ μεταβῆναι τοίνυν δόξειε, μὴ πρὸς ἄλλον, ἀλλὰ πρὸς ἡμᾶς μετάβηθι. Dieser Brief kann nur 1458 geschrieben sein; denn er setzt die Anknüpfung eines Verhältnisses voraus. Allein bei Gaza's erstem Aufenthalt in Rom (1450—55) befand sich Bessarion gar nicht da, sondern in Bologna (vgl. Voigt II, 129); die Anknüpfung muss daher später erfolgt sein, zumal Bessarion im gleichen Brief Gaza schon als Uebersetzer der Problemata lobt, welche Uebersetzung er ja am Hofe Nicolaus V. angefertigt hat. Dass Bessarion aber 1458 in Rom war, ersieht man aus einem Briefe Filelfo's an ihn, p. 102 a.

damals ausschliesslich von Bessarion bestritten wurde[48]). Jedenfalls steht es fest, dass er 1459 sich bereits in Rom aufhielt und
seiner gewohnten Thätigkeit oblag, da ein Brief Filelfo's von Januar 1460, in welchem er ihn auffordert, genauen Bericht über
sein Ergehen zu erstatten, sowie die Uebersendung seiner Uebersetzung der Problemata zu beschleunigen[49]), Gaza's Aufenthalt in
Rom voraussetzt. Und als Bessarion von seiner Gesandtschaftsreise im Laufe des Jahres 1460 heimkehrte[50]), da begann, wahrscheinlich auf Anregung Bessarion's, jene philosophische Fehde, der
wir eine stattliche Reihe von (noch ungedruckten) philosophischen
Abhandlungen Gaza's verdanken.

Der Verlauf dieser philosophischen Fehde ist bisher weder
ihrem inneren Gehalte nach, noch in der Zeitfixirung richtig dargestellt worden. Die meist ungedruckten Schriften lagen wie ein
Knäuel da, dessen Entwirrung nur schwer von Statten ging. Denn
selbst die beiden gedruckt vorliegenden Werke: Georgs v. Tr.
Comparationes Philosophorum Aristotelis et Platonis, sowie Bessarions adversus calumniatorem Platonis, in welchen dieser herb-
geführte Streit zum Austrag kam, waren in Bezug auf ihre Abfassungszeit bisher strittig. Die Behauptung Alexandre's nämlich,
Trapezunt's Werk müsse 1458 verfasst sein, weil er in demselben
von dem seit drei Jahren todten Plethon spricht[51]), hat neuerdings

---

[48]) Dieser Brief Gaza's ist noch ungedruckt, aber in mehreren Bibliotheken
vorhanden; so Vatican. Gr. 1393 f. 46; Ambrosiana in Mailand D. 118 f. 42;
Marcelliana in Venedig Cl. IV, Cod. 52; Lauentiana in Florenz, Plut. LV, 9.
fol. 65. Der Brief beginnt: Ἤδη (ausgef. τὴν?) ἱεράν σὴν κεφαλὴν ἐν Κελτοῖς
εἶναι, καὶ ὑγιαίνουσαν πράττειν τὰ εἰς κοινὴν συντείνοντα ὠφέλειαν ἡγούμενος ἥδομαι.
Die Andeutung, dass Bessarion ἐν Κελτοῖς sei, lässt vermuthen, der Brief sei 1459
geschrieben, da sich der Kardinal damals auf einer Gesandtschaftsreise befand,
vgl. Bandini, vita Card. Bess. bei Migne 161, p. 28. Das vertrautere Verhältniss zeigt u. A. folgende Stelle dieses Briefes: ἐγὼ δὲ διατρίβω μὲν ἔτι ἐν
Ῥώμῃ, σκοπῶ δὴ [l. δὲ] μεταβῆναί που, ἔνθα μοι ὁ βίος ἔσται ἀπ' ἐλαττόνων·
οὐδεὶς γὰρ χορηγεῖ οὐδὲν πλὴν τῆς σῆς ἱερᾶς κεφαλῆς.

[49]) Philelph. Epist. lib. XXV, p. 109a.

[50]) Anfangs 1461 war der Kardinal nachweislich wieder in Rom, Bandini
bei Migne, 161, p. 32.

[51]) Alexandre, praefatio ad Plethonem de legibus, jetzt bei Migne 160,
p. 806. Der sonst gut orientirte Fritz Schulze, Georgios Gemistos Plethon

unverdienten Anklang gefunden. Dieses Datum führt nämlich vollständig in die Irre und stellt die Chronologie der philosophischen Werke auf den Kopf. Glücklicherweise lässt sich jetzt diese Streitfrage entscheidend beantworten. Aus einem unbeachteten Briefwechsel Filelfo's ist nämlich der unanfechtbare Beweis zu erbringen, dass die Abfassung der Schrift Trapezunt's in das Jahr 1464 und die der Gegenschrift Bessarions in 1469 zu setzen ist[52]).

Der offenen Feldschlacht zwischen dem Trapezuntier und Bessarion war zuvor ein stilles Geplänkel zwischen Bessarion und Gaza vorangegangen. Gaza war unbedingter Verfechter des Aristoteles und damit, im Sinne der Zeit, von selbst ein Gegner Platon's; Bessarion hingegen vertrat einen mehr eklektischen Standpunkt, sofern er die Gegensätze zwischen Plato und Aristoteles möglichst zu verwischen suchte. Aus diesem eklektischen Bestreben entsprang in Bessarions philosophischem Gehaben eine gewisse Zweideutigkeit, die nicht unbemerkt blieb[53]). Eine würdige, sachkun-

---

S. 106 nennt diese Combination Alexandre's eine scharfsinnige. Dass aber aller Scharfsinn Alexandre's an der Macht der Thatsachen abprallt, wird die folgende Note zeigen.

[52]) Das ganze Kartenhaus der Combination Alexandre's baut sich auf den Umstand auf, dass Georg's Schrift 1458 verfasst sein müsse, weil er in derselben von dem seit drei Jahren todten Plethon spricht; dieser aber könne spätestens 1455 gestorben sein. Abgesehen nun davon, dass inzwischen gefundene Documente Plethon's Tod um geraum zwei Jahre zurückrücken (vgl. Schulze a. a. O. S. 106), ist die luftige Hypothese Alexandre's, Georg's Schrift sei 1454 verfasst, an sich ganz unhaltbar. Denn gleich beim Erscheinen dieser Schrift schreibt Filelfo im August 1465 (lib. XXVI, p. 175) an Georg von Trapezunt: Praeterea audio te quaedam scripsisse pro Aristotele contra Plethonem. Non parvam rem esse puto. Bessarions Gegenschrift hinwieder muss 1469 verfasst sein, denn Filelfo schreibt im October 1469 (lib. XXXI, p. 214) einen überschwenglichen Dithyrambus an Bessarion, in welchem er ihn zu seinem soeben erschienenen Werk gegen den „maledictum" Georgium Cretensem beglückwünscht! Diese Streitfrage wäre somit geschlichtet.

[53]) Eine gewisse Zweideutigkeit im Verhalten Bessarions gelegentlich des Plethonstreites hat schon der anonyme Uebersetzer der schon besprochenen Boivin'schen Abhandlung in den Actis philosophorum X, 559 bemerkt. Dieser Ansicht tritt auch v. Stein, 7 Bücher zur Gesch. des Platonismus, III, 128 bei, wogegen Prantl, Gesch. d. Logik IV, 156 die Stellung Bessarions ganz schief auffasst. Thatsächlich liegen die Verhältnisse so, dass Bessarion kein fanati-

dige Vertretung des Aristotelismus im Gegensatz zur einseitigen
Hervorkehrung des Platonismus, wie diese von Seiten Plethons,
des Lehrers Bessarions, erfolgt war, mag Bessarion nicht unwillkommen gewesen sein.. Und so dürfte er denn seinen Freund Gaza,
den begeisterten Aristoteliker, ermuntert haben, in einer Abhandlung seine Ansichten darüber niederzulegen, ob die Natur nach
Aristoteles mit Zweckbewusstsein und Ueberlegung handle.
Diesem Wunsche willfahrte nun Gaza in seiner ersten, Plethons
Ausführungen bekämpfenden philosophischen Abhandlung: Ὅτι ἡ
φύσις βουλεύεται, die Anfangs 1461 entstand [54]).

Auf Gaza's Abhandlung antwortete nun Bessarion noch im
gleichen Jahre in einer kleinen Schrift: De natura et arte, in
welcher er sich unter voller Schonung des Stagiriten doch in dieser
Frage Plato annäherte [55]). Wesentliche, tiefer greifende Unterschiede zwischen Plato und Aristoteles, führt hier Bessarion aus,
liessen sich ja doch nur in der Ideenlehre constatiren; aber diese
sei in ein Dunkel gehüllt. Es sei nicht klar, ob den Ideen auch
ein gesondertes Dasein (χωριστὸν) zukomme, und wenn dies der
Fall, ob sie an sich seien oder nur im menschlichen Verstande
existirten [56]).

---

scher Parteimann des Plethon war, vielmehr auch Aristoteles volle Gerechtigkeit widerfahren liess. Um nun die schwebenden Streitfragen seinerseits klären
zu helfen, mag er Gaza angeregt haben, für die philos. Vertheidigung des
Stagiriten einzutreten.

[54]) Diese annoch ungedruckte Abhandlung befindet sich in zwei Bibliotheken: Vatican. Gr. C. 1098 f. 215; Ambrosiana D. 118, fol. 155—159; nach
letzterer citire ich. Auf den Inhalt dieser philosophischen Abhandlung gehe
ich hier nicht ein, da ich sie in der zweiten Hälfte dieser Untersuchungen
zum Abdruck bringen und philosophisch würdigen werde. Dass dies die
erste philosophische Abhandlung Gaza's war, ergibt sich sowohl aus ihrem
Inhalt, wie aus dem Verlauf meiner Darstellung von selbst.

[55]) Diese Schrift Bessarion's, die wol ursprünglich die Form eines Briefes
an Gaza haben mochte (auf der Bibl. Barberiniana in Rom 1, 84, alte No. 399
sah ich nämlich diese Abhandl. Bessarion's unter der Form: Epistola ad
Theodorum Gazam, cujus argumentum, quod natura consulto agat) ist in er-
weiterter, den Trapezuntier bekämpfender Fassung abgedruckt als liber sextus (p. 105—111 der Aidine von 1503) der Gegenschrift Bessarion's: In Calumniatorem Platonis.

[56]) Bessarion, in calumn. Flat. VI, p. 105a: Quo quidem in loco maxima

Diese Andeutung Bessarions griff nun Gaza auf, indem er in seiner umfangreichsten, Ἀντιρρητικὸν betitelten Abhandlung [57]), ausgehend von dem eben entwickelten Gedankgang Bessarions, der Ideenlehre nähertritt und die Einseitigkeiten Gemistos Plethons, der ad majorem Platonis gloriam eine Verkleinerung und Herabwürdigung des Stagiriten vorgenommen hatte, in eine etwas scharfe, vielleicht allzuscharfe Beleuchtung rückt.

Jetzt hatten natürlich die Platonfreunde wieder das Wort. Und wie es im aufgeregten Kampfesgewühl zu ergehen pflegt, dass nicht die Berufensten, sondern die lautesten Schreier die übrigen mit ihrer Stentorstimme übertönen, so erging es auch hier. Platon's Partei wurde von einem unreifen Jüngling, Michael Apostolius, ergriffen [58]), der in einem bramarbasirenden Keiftone gegen Gaza losfuhr und Plethon masslos verherrlichte. Der vorwitzige Streber

---

meo judicio inter Platonem et Aristotelem differentia est. Hinc perdifficilis illa et perobscura de ideis quaestio oritur, etc. Aehnlich formulirt Bessarion diesen Gedanken in einem (noch ungedruckten) Briefe an Joh. Argyropolus, den die Laurentiana (bei Bandini, Cod. Gr. II, 275, 1) bewahrt: εἰ ἔνια τῶν εἰδῶν εἰσι χωριστά, ἢ πάντη ἀχώριστα; καὶ εἰ χωριστά, πότερον καθ' αὐτὰ ὑφεστηκότα, ἢ ἐν ἐπινοίαις κείμενα;

[57]) Gaza's Ἀντιρρητικόν, die philosophische Hauptschrift, die diesen Sturm eigentlich entfesselte, ist noch ungedruckt; sie befindet sich auf der Vatican. Gr. C. 1393 fol. 10; Ambrosiana R. 111 und D. 118 fol. 1—28; Laurentiana in Florenz, Plut. LV, Cod. 13, 2 (ich citire nach dieser Hdschr.). Die Anfangsworte von Gaza's Ἀντιρρητικὸν schliessen sich unverkennbar an die in voriger Note mitgetheilten Worte Bessarion's an: Εἴρηται Βησσαρίωνι ... ὡς ἐλπίσειε μὲν ἄλλα τε τῶν σπουδαιοτέρων θεωρημάτων ἐντεύξεσθαι .... περὶ εἰδῶν, εἰ ἔνια χωριστά ἢ πάντη ἀχώριστα; καὶ εἰ χωριστά, πότερον καθ' αὐτὰ ὑφεστῶτα, ἢ κείμενα ἐν ἐπινοίαις· μηδὲν δὲ εὕροι τοιοῦτο, ἀλλὰ λοιδορίας μόνον καὶ σκώμματα κτλ.

[58]) Das Pamphlet des Mich. Apostolius gegen Gaza, gleichfalls ungedruckt, findet man ziemlich häufig; so Bibl. Palatina im Vatican No. 275; Bibl. Barberiniana I, 84 neu, 399 alt (daselbst No. 206, I, 96 auch 11 Briefe des Apostolius); Ambrosiana M. 41 fol. 90—97 und 95 fol. 1—7; Laurentiana Plut. LVIII, Cod. 33, fol. 91—96 (nach welcher ich citire). Dass diese Gegenschrift sich gegen das Ἀντιρρητικὸν Gaza's wendet, ersieht man u. A. auch daraus, dass Apostolius an die Worte Gaza's über die Schmähsucht (λοιδορία) anknüpft, indem er wie folgt beginnt: Ἔδει Πλήθωνα, εἴπερ αὐτῷ Ἀριστοτέλης οὐκ ὀρθῶς ἐδόκει περὶ οὐσίας [hier fehlt wol εἰπεῖν], ἐλέγχειν τὰ λεγόμενα φαύλως πειρᾶσθαι, ἀλλὰ μὴ λοιδορεῖσθαι τἀνδρί.

glaubte durch dieses Pamphlet Wunder wie hoch in Bessarions
Gunst zu steigen, aber er erfuhr von diesem eine völlig verdiente,
ganz ungewöhnlich herbe Zurückweisung. Auf Apostolius Schmähschrift, die Gaza selbst vornehm ignorirte, antwortete nämlich
dessen vertrauter Freund [59]), Andronicus Callistos, der die Debatte aus dem Schlamm der persönlichen Invective hinaushob in
die Bahn reinsachlicher, strengphilosophischer Polemik. Und als
Bessarion herausgefordert wurde, sein Gutachten über Andronicus'
Schrift abzugeben, da antwortete er in einem längeren, höchst
lesenswerthen Schreiben, dessen Datum uns einen festen Anhalts-
punkt für die Fixirung des Zeitpunktes dieser philosophischen Streitfrage bietet [60]). Dieses Schreiben lautet für Apostolius geradezu
vernichtend.

Der Zwischenfall mit Apostolius war damit erledigt, nicht so
das Geplänkel zwischen Bessarion und Gaza. Bessarion schrieb
nämlich noch eine kleine, wie es scheint, verloren gegangene oder
in seinem Buche Adversus calumniatorem Platonis mitverarbeitete
Abhandlung: Ὑπὲρ Πλάτωνος περὶ εἱμαρμένης, in welcher das Problem
des Determinismus zur Verhandlung kam. Darauf antwortete Gaza
wieder in einer tiefgehenden, scharfsinnigen Schrift: Περὶ ἑκουσίου
καὶ ἀκουσίου, in welcher er den aristotelischen Standpunkt schärfer

---

. [59]) Die vertraute Freundschaft mit Andronicus erhellt aus den Briefen
Gaza's an denselben, welche die Laurentiana Plut. LV, Cod. 9, f. 63—65 aufbewahrt. So redet er ihn beispielsweise im zweiten Brief, fol. 64 an: φίλτατε
ἀδελφὲ χαῖρε. Diese Briefe hat auch die Vaticana Gr. 1393, f. 45 und die Ambrosiana D. 118, fol. 36—38. Die Vertheidigungsschrift des Andronicus (wegen
seines eifrigen Aristotelismus auch Andronicus Peripateticus genannt) ist sehr
selten.

[60]) Diesen Brief Bessarion's, datirt aus den Bädern von Viterba 19. Mai
1462, hat zuerst Boivin l. c. in französischer Uebersetzung publicirt, p. 720
bis 724. Sodann hat die franz. Akademie in einem kleinen Auszug, histoire
de l'académie royale etc., Amsterdam 1731, Tom. II, 455—464, den griechischen
Text mit lateinischer Uebersetzung herausgegeben. In diesem Brief behandelt
er nun den sich an ihn heranschmeichelnden Apostolius wie einen ungezo-
genen Schulbuben. In der gleichen Angelegenheit schrieb Nicolaus Secundi-
nus einen gleichfalls aus Viterba Juni 1472 datirten Brief an Andronicus
Callistus (jetzt abgedruckt bei Boissonade, Anecdota Graeca V, 377—387),
der einen begeisterten Dithyrambus auf Gaza's Charaktereigenschaften an-
stimmt.

hervorkehrte und namentlich die Scheidegrenzen gegen Plato schroffer zog.

Zu einer vierten philosophischen Abhandlung wurde Gaza endlich veranlasst durch eine kleine (noch ungedruckte) Schrift Bessarions: Πρὸς τὰ Πλήθωνος πρὸς Ἀριστοτέλη περὶ οὐσίας, in welcher der Substanzbegriff Plethon's erörtert und der Nachweis unternommen wird, dass zwischen Plethon und Aristoteles im letzten Grunde nur eine Wortverschiedenheit, keine Sachdifferenz in der Fassung des Substanzbegriffs bestehe [61]). Darauf replizirt nun Gaza in einer scharfen Auseinandersetzung in Dialogform: Θεοδώρου πρὸς Πλήθωνα ὑπὲρ Ἀριστοτέλους [62]). Hier weist nun Gaza die

[61]) Die Abhandlung Gaza's über die Willensfreiheit (Περὶ ἐκουσίου καὶ ἀκουσίου), gleichfalls ungedruckt, findet sich mehrfach: Vatican. Gr. 1393 fol. 34—39; Bibl. Reg. Svec. im Vatican Cod. C. 164 f. 25; Marciana in Venedig, Cl. XI, Cod. 18; Ambrosiana in Mailand D. 118, f. 149—154; Laurentiana in Florenz, Plut. LV, Cod. 9, fol. 49—57 (nach dieser citire ich). Die Analyse dieser interessanten, wol originellsten philosophischen Schrift werde ich in der zweiten Abtheilung dieser Abhandlung bieten. Hier will ich nur noch den Nachweis liefern, dass auch diese Schrift Gaza's auf eine vorangegangene Bessarion's Bezug nimmt. Fol. 55a sagt Gaza nämlich folgendes: καλῶς δὲ καὶ Βησσαρίωνι τῷ ἱεράρχῃ ἐν τοῖς ὑπὲρ Πλάτωνος λόγοις περὶ εἱμαρμένης λέγοντι, ἅμα τὸ τε ἑκούσιον καὶ τὸ εἱμαρμένον φυλάττεται. Eine Schrift Bessarion's über Platon's Begriff der εἱμαρμένη hat sich jedoch nicht erhalten; sie ist vielleicht in sein Werk „in Calumniatorem Platonis" hineinverarbeitet worden, da ja Bessarion hierin alle seine philosophischen Leistungen zusammengefasst hat.

[62]) Diese vierte philos. Abhandlung Gaza's findet sich meines Wissens nur in der Ambrosiana in Mailand, D. 118, f. 125—129. Dass sie die letzte sein muss, erhellt daraus, dass Gaza hierin auf seine früheren Arbeiten, besonders auf das Ἀντιρρητικὸν und Περὶ ἐκουσίου schon Bezug nimmt. Die Schrift hat die Form eines Dialogs zwischen Plethon und Gaza, und kommt zum Schluss zu folgendem Ergebniss (fol. 129): καὶ ἐλαμπράνεται (ἐκλαμπρύνεται?) τὸ τοῦ Πλάτωνος, ὅτι μέρος ὅλου ἕνεκα, οὐχ ὅλον μέρους ἕνεκα ἀπεργάζεται ὁ θεός· τοιαῦτα δὲ καὶ Ἀριστοτέλης πολλάκις λέγει καὶ βέλτιον. Diese den Begriff der Substanz behandelnde Schrift nimmt offenbar Bezug auf eine (noch ungedruckte) Abhandlung Bessarions, die ich in der Laurentiana Plut. X, Cod. 14, fol. 69 gefunden habe, betitelt: Βησσαρίωνος πρὸς τὰ Πλήθωνος πρὸς Ἀριστοτέλη περὶ οὐσίας. Auch hier bildet der Substanzbegriff den Ausgangspunkt, und Bessarion kommt daselbst (fol. 70) zu dem echt eklektischen Schluss: Ἀριστοτέλη καὶ Πλάτωνα, ταὐτὸν δ' εἰπεῖν καὶ Πλήθωνα, τοῖς νοήμασι δεῖξαι συμφώνους, κἂν ῥήμασι διενηνόχατον. Uebrigens mag diese Abhandl. Bessarion's schon älteren

Trennungslinien zwischen Platonismus und reinem Aristotelismus
mit feinem Verständniss auf. Dieses Kreuzfeuer von philosophischen Repliken und Dupliken muss sich 1463—1464 in Rom abgespielt haben, da wir Gaza 1465 bereits als Pfarrverweser in
Calabrien antreffen.

Man hat freilich viel gefabelt von einem längeren Aufenthalte
Gaza's auf einer kleinen, ihm von Bessarion übertragenen Pfarre
in Calabrien[63]), ohne sich über das Wo, Wann und die Zeitdauer
dieses Aufenthaltes klar zu werden. Ueber das Wo hat man sich
nach einer Veröffentlichung des Pietro Marcellino[64]) jetzt geeinigt;
es war dies die Pfarre S. Giovanni a Piro in Lucanien, nur uneigentlich Calabrien genannt. Aber auch das Wann lässt sich
leicht ermitteln. Man hat nämlich übersehen, dass in drei Briefen
Filelfo's dieses Aufenthaltes Erwähnung geschieht. Hält man nun
die Daten dieser Briefe zusammen, so springt sofort in die Augen,

---

Datums sein, da Gaza auf dieselbe, wie es scheint, schon im Ἀντιρρητικὸν
Rücksicht nimmt; er spricht da nämlich von einer Schrift Bessarion's: ἐν τοῖς
ὑπὲρ Πλάτωνος λόγοις. Ueber etwaige weitere philosophische Schriften Gaza's
gilt Folgendes. Die Vaticana C. 1334, fol. 98 besitzt noch von Gaza: Ἀποση-
μειώσεις τινὲς εἰς τὸ περὶ ἐνυπνίου καὶ τῆς καθ᾽ ὕπνον μαντικῆς περὶ Ἀριστοτέλους
(nirgends erwähnt); die Ambrosiana D. 118, fol 143—147 und J. 88, fol. 67—71
besitzt von Gaza: λύσις ἀπὸ φωνῆς (ein Excerpt, gleichfalls nirgends erwähnt).
Isaac Vossius berichtet noch von einer Schrift Gaza's: de fato (vgl. Hodius
p. 80); diese ist jedoch wol identisch mit Gaza's περὶ ἑκουσίου. Jene Abhandlung Gaza's de anima, die der ziemlich unzuverlässige Allatius bei Migne
161, p. 972 erwähnt, ist sicherlich nur eine Verwechslung mit der gleichna-
migen Abhandl. des Aeneas Gaza.

[63]) Die unsicher tastenden Berichte über Gaza's Aufenthalt in Calabrien
vgl. bei Hodius p. 62. Jovius p. 62 berichtet: sacerdotium in Magna Graecia
commendante Bessarione promeruit, quod certe satis esset moderato frugique
homini.

[64]) Es war die Abtei S. Giovanni a Piro in Lucanien, an der Grenze
von Calabrien, daher kann man nur uneigentlich von einem Aufenthalt in
Magna Graecia sprechen. Pietro Marcellino berichtet in seiner Geschichte
dieser Abtei: Capitoli fatti et ordinati per lo Magnifico Messer Teodoro Greco
Procuratore et Fattore generale in lo Monastero di S. Giovanni de Piro
nomine e pro parte dello Rev. Monsignore lo Cardinal Greco ... sub anno
Domini 1466. Auf diese interessante Thatsache hat zuerst Tiraboschi l. c.
VIII, 1194 sq. aufmerksam gemacht. Das hier genannte Datum (1466) stimmt
genau mit dem von mir gefundenen und gleich mitzutheilenden.

dass Gaza nur in den Jahren 1465—1467 auf seiner Pfarre geweilt haben kann[65]).

In den nächstfolgenden Jahren widmet Gaza seine Thätigkeit weniger dem Dienste Bessarions, mit dem sich das freundschaftliche Verhältniss durch die philosophische Polemik vielleicht etwas gelockert hatte[66]), als vielmehr dem Bischof Joh. Andreas von Alaria. Man hat nämlich noch nicht bemerkt, dass Gaza 1468/69 mit diesem Bischof gemeinsam eine textkritische Durchsicht sämmtlicher Werke des Plinius vorgenommen hat[67]). Aber auch in den nächstfolgenden Jahren bis zum Tode Bessarions (1472) finden wir Gaza stets in gemeinsamer Thätigkeit mit dem Bischof von Alaria, wie man aus einigen Briefen Filelfo's entnehmen

---

[65]) Im August 1465 schrieb ihm Filelfo (lib. XXV, p. 174): Nunquam tu sane in Lucaniam concessisses rusticatum, si sapientissimus ille pater ac idem μεγαλοπρεπέστατος, Nicolaus V, pontifex maximus, esset in vivis. Im October 1467 aber gratulirt Filelfo seinem Freund Gaza zu seiner Rückkehr nach Rom (lib. XXVIII, p. 109b) und bemerkt scherzweise, er habe befürchtet, Gaza sei in Calabrien so verbauert, dass er auch die Musen in Getreide umgewandelt hätte. Aehnlich schreibt Filelfo im Januar 1468 an Bessarion (lib. XXVIII, p. 195). Gaza kann demnach nur die Jahre 1465 bis 1467 in Lucanien zugebracht haben. Uebrigens hat Filelfo an Gaza auch während dessen Anwesenheit in Calabrien geschrieben, vgl. den griechischen Brief im Codex Wolfenb. fol. 29a, wo er ihm scherzweise vorwirft: οὐ μέντοι γὰρ ἡ Λευκανία μακρότερον ἀπέχει Μεδιολάνου ἢ τὸ Μεδιόλανον Λευκανίας. Mit schwulstigem Pathos beglückwünscht F. den Boden, der seinen Freund Gaza trägt: εὐδαιμον Λευκανία χαῖρε δὴ χαῖρε τὸν σοφὸν Θεόδωρον τὸν Γαζῆν ἐν τοῖς ὀνάγρος παραλαβοῦσα

[66]) Es wäre nämlich nicht undenkbar, dass die oben geschilderten litterarischen Plänkeleien zwischen Bessarion und Gaza zu einer vorübergehenden Verstimmung Anlass gegeben hätten, da die jedenfalls unfreiwillige Entfernung Gaza's von Rom einer kleinen Verbannung nicht unähnlich sieht. Als jedoch des Trapezuntiers Schmähschrift gegen Bessarion erschienen war und dieser sich zur Antwort anschickte, da mag er Gaza als willkommenen Mitarbeiter zurückberufen haben. Dafür spricht ein Brief Bessarion's an Gaza, den Petr. Lambeccius, Comm. de Bibl. Caes. Vindob. VII, 164 auszugsweise mittheilt.

[67]) Diese Thatsache geht aus einer Schlussbemerkung hervor, die ich am Ende der schönen Pliniushandschrift der Bibl. Angelica in Rom (S. II, 4) gefunden habe; hier heisst es: Auxilio gratiae omnipotentis dei et adjutore Theodoro Gaza Joh. Andreas Episcopus Alariensis Plinium maxima labore recognovit XII die mensis decembris MDLXIX Romae. Von der Thätigkeit Gaza's für Plinius war bisher nichts bekannt.

kann [68]). Der Tod Bessarion's ging Gaza begreiflicherweise sehr
nahe; er hatte in ihm nicht blos den Freund, sondern auch den
ökonomischen Rückhalt verloren. Zwar sind die ausgestreuten
Märchen über seine drückende Dürftigkeit eben nur Märchen [69]).
Ebenso ist sein Verhältniss zum Papst Sixtus IV., der ihn angeblich so schnöde behandelt hat, dass er ihm gelegentlich der
Ueberreichung eines in einen kostbaren Einband gehüllten Werkes
nur den Preis des prächtigen Einbandes erstattet haben soll [70]),
stark aufgebauscht und im Geiste der Zeit übertreibend ausge-
schmückt. Sixtus IV. war freilich gerade für wissenschaftliche
Zwecke nicht eben von medizeischer Generosität, aber doch

---

[68]) Dass Gaza mehrere Jahre mit dem Bischof von Alaria zusammen gearbeitet hat, ersieht man aus einer ganzen Reihe von Briefen Filelfo's theils
an Gaza vom Febr. 1469 und December 1471 (lib. XXXIV, p. 243a), theils
an den Bischof selbst, Juni 1470 (lib. XXXI, p. 221; lib. XXXII, p. 225;
lib. XXXIII, p. 229 und 229a). In diesen Briefen kommt Filelfo häufig auf
die Zusammenarbeit beider Freunde zurück. Joh. Andr., episcopus Alariensis
gab nämlich 1469—71 in Rom eine ganze Reihe römischer Schriftsteller in
Gemeinschaft mit Gaza heraus. Dem Text sind meist Praefationes vorgedruckt,
in welchen sich der Bischof über die Mitarbeit Gaza's auslässt, vgl. Botfield,
prefaces to the first editions of the greek and roman classics, London 1861,
p. 78–-99, p. 107, 115 f. In der Praefatio zu Aulus Gellius sagt der Bischof
in der Widmung an Paul II. (bei Botfield p. 80): confisus praecipue de summa
eruditione et benevolentia mei Theodori Gazae, qui non in una aliqua seorsum
facultate, sed omnibus animi generatim ingenui disciplinis, est doctissimus.
Um diese Zeit (nach Hodius p. 72 im Jahre 1470) verfasste Gaza auch seine
berühmt gewordene, zum Theil gegen Plethon gerichtete astronomische
Schrift Περὶ μηνῶν (vgl. darüber Leo Allatius, de mensura temporum p. 137 ff.
und p. 162 f.). Neuerdings entstand über diese Schrift in philologischen
Kreisen eine lebhafte Debatte.

[69]) Vgl. oben Note 40 und Note 6. Wäre er nach dem Tode Bessarion's
ökonomisch gar so verlassen gewesen, dann konnte er nicht an seinen Schüler
Demetrius Sgoropulos schreiben, er möchte ihm gegen entsprechende Ent-
lohnung den Pausanias abschreiben, Laurentiana, Plut. LV, Cod. 9, fol. 63:
τὰ δὲ Παυσανίου ἐὰν δυνηθῇς μοι μεταγράψαι, ἀποδώσω σοι ὡς μισθόν γε τὸ ἱκανόν·
πλέον δέ τι ὑποσχέσθαι οὐκ ἔχω ὑπὸ πενίας, ἣν νόσος ἐμοὶ ὁσημέραι χαλεπωτέραν
καθίστησιν. ἔρρωσο; vgl. auch Migne 161, p. 1008.

[70]) Die weit ausgesponnenen, zweifelsohne mit grellen Farben aufgetra-
genen Berichte über dieses angebliche Rencontre Gaza's mit Papst Sixtus IV.
s. bei Hodius p. 63 ff., der selbst schon das Uebertreibende dieser Berichte
herausgefühlt hat, vgl. p. 65 f.

wieder nicht gar so knickerig, dass nicht Gaza an seinem Hofe ein auskömmliches Dasein gehabt hätte. Gaza selbst schildert seine Verhältnisse um diese Zeit wol als trüb, jedoch nicht als verzweifelt. Er klagt eigentlich mehr über Siechthum, als über ökonomischen Mangel[71]). Jedenfalls blieb er bis gegen 1475 nachweislich in Rom[72]).

Um diese Zeit nämlich fand seine Uebersiedlung nach Ferrara, dem Ort seines einstmaligen glanzvollen Wirkens, statt. Denn dass Gaza 1476 in Ferrara gelehrt haben muss, steht fest, da Rudolph Agricola um diese Zeit dessen Vorträgen über die Philosophie des Aristoteles andächtig gelauscht hat[73]). Damit stimmt denn auch

---

[71]) Allerdings hatte der Papst ein lebhafteres Interesse für Kunst, als für Wissenschaft, wenn er auch die Vatic. Bibliothek zuerst fest fundirt hat, vgl. Papencordt, Gesch. d. Stadt Rom S. 521. Es mag ja sein, dass der Papst, der eben mehr Kunstfreund war, bei Ueberreichung eines Werkes seitens Gaza's diesem nur den Preis des kostbaren Einbandes zurückerstattet hat, weil ihm dieser künstlerisch mehr auffiel, als das Werk selbst. Uebrigens handelte es sich gar nicht um ein für den Papst selbst übersetztes Werk, sondern nur um eine Umarbeitung einer früheren Schrift (Volterranus bei Hodius p. 63). Dass aber Gaza mit Papst Sixtus nicht gar so unzufrieden war, wie Fama berichtet, dafür besitzen wir ein sicheres Zeugniss in seinem (noch ungedruckten) Briefe an seinen Freund Andronicus Callistus, in welchem er klagt, sein Einkommen unter Sixtus sei zum Sterben zu viel, zum Leben zu wenig, Laurentiana, Plut. LV, Cod. 9, f. 63a: κἀμοὶ συμβαίνει νοσοῦντι. καίτοι οἱ δεσπόται ἡμῶν διαταττόμενοι ἡμῖν τὰ ἐπιτήδεια, τἀναγκαῖα μόνον τῷ ὑγιαίνοντι ὁρίζουσι· νόσου δὲ καὶ συμπτωμάτων τοιούτων προμήθειαν ἡμῖν οὐδεμίαν ποιοῦνται. In fast denselben Worten klagt er auch in seinem Brief an Demetrius mehr über Siechthum, als Noth, vgl. bei Migne 161, p. 1007.

[72]) Das zeigen seine beiden soeben besprochenen, aus Rom datirten Briefe, die schon vom todten Bessarion († 1472) sprechen, vgl. Gaza's Brief an Demetrius bei Migne 161, p. 1005: οἰχομένου Βησσαρίωνος ἐφ᾽ ᾧ πᾶσα ἦν ἡμῖν ἡ ἐλπίς. In dem zweitbesprochenen Brief Gaza's (an Andronicus) spricht er ausdrücklich von den παρὰ ξύστου (Sixtus' Pontificat 1471—1485). Den späten Aufenthalt in Rom setzt endlich noch voraus, Const. Lascaris, prooemium ad libros de grammatica, bei Migne 161, p. 933 C.

[73]) Rud. Agricola ist nachweislich erst 1476 nach Ferrara gekommen, vgl. Meiners, Lebensbeschreibungen berühmter Männer etc., III, 334; T. P. Tresling, vita Rud. Agricolae, Groningen 1830, p. 14 f. Dass Agricola Gaza in Ferrara gehört hat steht ausser allem Zweifel, vgl. Agricola Opp. Tom. II, p. 158; Melanchthon, Declamationes p. 435, praef. in Rud. Agric. dial., Opp. Tom. I, p. 248: audierat enim Ferrariae Theodorum Gazam, qui in Aristotelis doctrina excelluit.

die Notiz zusammen, dass Gaza untergegangen wäre, hätte ihn nicht
der Herzog von Ferrara gerettet[74].

Doch scheint er hier bereits den nahenden Tod geahnt zu
haben. Und da er stets eine unüberwindliche Sehnsucht in sich
trug, in griechischer Erde begraben zu sein, so dass sich selbst das
Märchen verbreitete, er habe testamentarisch angeordnet, seine
Leiche möchte nach seiner in Magna Graecia gelegenen Pfarre überführt werden[75], so liegt der Gedanke nahe genug, dass er sich
etwa 1477 auf seine Pfarre zurückgezogen haben mag, wo er 1478
verschieden ist. Dass sein Tod nicht in Rom erfolgt ist, wie vielfach angenommen wird[76], beweist unwiderleglich das bisher unbeachtet gebliebene Pentastichon des Const. Lascaris[77]:

Ἐνθάδε κεῖται ὃς ἦν ἄνθος σοφίης Θεόδωρος
Γαζῆς· ὃν τέκε καὶ κόσμησε μαθήμασιν Ἑλλάς·
Ἔσχε δὲ Ἰταλία φωσφόρον ὡς ἑρμηνέα ἴδριν.
Εἰ δὲ μικρὰ πόλις ἄνδρα τόσον κατέχει ἐνὶ τύμβῳ.
Μὴ ἀγάσῃ· σοφίης γὰρ ἀγνωμοσύνη ὑπερίσχει.

---

[74] Hedius p. 60. Wahrscheinlich hat sein Freund Andronicus Callistus,
der damals in Ferrara lehrte (Hodius p. 259), diese zweite Berufung Gaza's
nach Ferrara vermittelt.

[75] Boissardus bei Hodius p. 67.

[76] Die Berichte, die auf seinen Tod in Rom schliessen lassen, findet man
bei Tiraboschi, l. c. VIII, 1195; Baehr, allg. Encyclop. s. v. Gaza, S. 136. Diese
Annahme muss aber nach dem Material, das ich in folgender Note bringe,
endgültig aufgegeben werden.

[77] Dieses Pentastichon, dessen 3. Vers unmetrisch ist, ist jetzt abgedruckt
bei Migne 161, p. 967. Dass also sein Leichnam in Lucanien liegt, steht danach
ausser Zweifel. Dass man aber seinen Leichnam aus Rom dorthin überführt
hätte ist kaum anzunehmen. Denn da der Papst schon auf den lebenden
Gaza nur geringe Rücksicht nahm, so wird er dem todten wol kaum eine
so weit getriebene Pietät bewahrt haben. Im Uebrigen berichtet Raphael
Volaterranus ausdrücklich, Anthropol. lib. 21: Igitur Theodorus ......,
in Apuliam se contulit, ubi paucis post annis senex excessit sine liberis,
cum esset sacerdos.

XXIV.

Ueber Gassendi's Atomistik.

Von

Kurd Lasswitz in Gotha.

Wenn auch kein Zweifel besteht, dass die Erneuerung der antiken Atomistik durch Gassendi ein unentbehrlicher Factor für die Entwickelung der mechanischen Theorie der Materie und der modernen Naturwissenschaft überhaupt war, so fehlt es doch an einer genügenden Klarstellung darüber, durch welche besonderen Elemente seiner Lehre Gassendi zur Schöpfung derjenigen Begriffe beigetragen hat, auf denen die neuere Auffassung vom Wesen der Körper beruht, und worin die Schranken bestehen, welche seine Atomistik von der gegenwärtigen Physik trennen. Es sei gestattet, eine kurze Prüfung der kinetischen Atomistik Gassendi's in dieser Hinsicht mitzuteilen. Dabei wird sich zeigen, dass sich das Verdienst Gassendi's beschränkt auf die Individualisierung der Materie durch den Begriff der absoluten Solidität im Gegensatz zum leeren Raume, dass jedoch dieser Begriff, so unentbehrlich er ist, zur Fundierung der Atomistik nicht ausreicht.

Gassendi ersetzt die substanziellen Formen des Aristoteles durch die materiellen Substanzindividuen. Das ganze Denken seiner Zeit steht unter dem Einfluss des Begriffs der „Formen" als der individualisierenden und die Wirklichkeit erzeugenden Kräfte. Mit einer eleganten Wendung führt Gassendi unter Beibehaltung des Wortes die „Formen" in eine ganz andere Position. Auch er sagt, die Form ist es, welche Körper von Körper unterscheidet und zum Einzelkörper macht, aber die Form ist bei ihm nicht mehr das zweckbestimmende Wesen, sondern die geometrische Figur. Die Abgegrenztheit, d. h. die Bestimmtheit der Oberfläche, welche zugleich die Grösse fixiert, ist das Kennzeichen der Substanz. Die allseitige Begrenzung, die Discontinuität im Gegensatz zum Raume,

bezeichnet das substanzielle Sein als eine Einheit, als das Atom.
Die mathematische Theilung des Raumes kann ins Unendliche fortgesetzt werden, die physische Unteilbarkeit der Materie ist dagegen
die Bedingung ihrer Substanzialität. Diese in der Begrenztheit bedingte substantielle Einheit heisst im Gegensatz zum Raume Solidität. Dadurch ist der Begriff des Atoms als des substanziellen Raum-
individuums vollzogen. Die Frage ist nun: Inwieweit hat hierbei
Gassendi die Vorstellung der Corpuskel, welche aus dem Bedürfnis
der sinnlichen Anschaulichkeit hervorging, durch rationale Elemente
ersetzt und begrifflich bestimmt?

Alle besonderen Sinnesqualitäten, wie farbig u. dgl., sind von
vornherein ausgeschlossen; auch die Ausdrücke rauh, glatt u. s. w.
sind in übertragenem Sinne zu verstehen und bezeichnen nur geometrische Eigenschaften. Aber ist nicht der Begriff der absoluten
Härte noch aus der Sinnlichkeit der Widerstandsempfindung herübergenommen? Allerdings sind das Harte, das Tangible, das Un-
durchdringliche aus der Sinnlichkeit entlehnte Ausdrücke, um das
Raumbehauptende zu bezeichnen. Der Unterschied der Physik von
der Geometrie, der Dynamik von der Phoronomie, ist psychologisch
in der empirischen Widerstandsempfindung gegeben. Aber wie
Galilei die psychologische Andrangsempfindung durch den Begriff
des Moments objektivierte, so sucht Gassendi im Begriff der absoluten Solidität nach einer rationalen Fixierung des aus der Sinnlichkeit entnommenen Elementes, welches uns als das Tangible, als
Widerstandsempfindung gegeben ist. Es fragt sich nur, ob der
Gassendi'sche Begriff ausreicht, jene Objektivierung zu vollziehen,
deren die Physik für das Körperproblem bedurfte.

Man würde den Begriff der Solidität unzureichend erfassen,
wenn man darunter die Idealisierung einer sinnlichen Eigenschaft,
der Härte, verstehen wollte. Wenn den Atomen die Eigenschaft
der absoluten Härte beigelegt wird, so ist dies nur eine sinnbild-
liche Redeweise, und ihre Berechtigung beruht nicht darauf, dass
eine höchste Steigerung der sinnlichen Eigenschaft der Härte denkbar ist, kraft deren die Atome unzerbrechlich sind[1]); sondern die

---

[1]) In dieser Hinsicht ging Bernier wieder hinter Gassendi zurück, indem
er die Unteilbarkeit auf den Widerstand gegen die Trennung gründen wollte

Solidität der Atome wurzelt bei Gassendi wie in der antiken Atomistik auf rationalem, nicht auf sinnlichem Grunde. Solidität ist der Ausdruck für die Eigenschaft der Raumteile, durch welche sie raumbehauptende Individuen sind. Nicht weil die Atome hart sind, können sie nicht zertrennt werden, sondern das Untrennbare, absolut Solide ist die Bedingung dafür, dass es Körper giebt und eine sinnliche Eigenschaft, die wir hart nennen. Die Solidität soll eine Bedingung des realen Seins überhaupt aussprechen, welche an die Substanz geknüpft ist. Es entsteht aber die Schwierigkeit, von hier zur Veränderung der Körper, d. h. zur Wechselwirkung der Atome zu gelangen. Erst in der Wechselwirkung hat sich der Begriff der Solidität zu bewähren, ob er zur Objectivierung der Materie ausreicht. Das einzelne Atom ist eine wertlose Abstraction; eine Bedeutung für das Erkennen haben die Atome immer nur in ihrer Gesamtheit. Diese Vielheit muss zugleich mit dem Begriff des Atoms gesetzt werden, weil Disconituität, die Trennung und Individualisierung durch die Raumgrenze, nur in der Vielheit einen Sinn hat. Die Raumbehauptung des Atoms kann nur bedeuten, dass etwas vorhanden ist, woran sie ihre Realität erweist, d. h. dass raumbehauptende Individuen mit einander in Concurrenz um denselben Raumteil treten.

Gassendi setzt dabei einen absoluten Raum voraus, das Vacuum, in welchem die Verschiebung der raumbehauptenden Teile, der Atome, vor sich geht. Die Atome bewegen sich, und diese Bewegung ist eine unzerstörbare. Damit sind die von Gassendi aufgestellten Bedingungen für das Vorhandensein einer physischen Körperwelt vollständig. Die Bewegung ist nur Ortsveränderung und eine den Atomen immanente Eigenschaft. Sie ist mit ihnen zugleich vom Schöpfer erschaffen; jedes Atom besitzt eine unverlierbare Neigung, einen inneren, d. h. ihm eigentümlichen Antrieb zur Bewegung. Gassendi nennt diese Eigenschaft die „Schwere" der Atome, aber er versteht darunter nicht eine Tendenz, in einer bestimmten Richtung sich zu bewegen, sondern eine den Atomen zugehörige Geschwindigkeit, und zwar ist die ursprüngliche Geschwindigkeit der Atome eine ausserordentlich grosse; alle anderen

(Doutes de Mr. Bernier sur quelquesuns des principaux chapitres de son abrégé de la philosophie de Gassendi, Paris 1682. S. Acta Eruditorum 1682 p. 476).

Geschwindigkeiten entstehen erst aus derselben durch Unter
brechungen, durch dazwischentretende Ruhepausen [2]). Die unzu-
reichende Vorstellung, welche sich Gassendi vom Zeitmoment macht,
verleitet ihn dazu, verschieden grosse Geschwindigkeiten dadurch
zu erklären, dass eine ursprüngliche Geschwindigkeit durch inter-
mittierende Momente der Ruhe für die sinnliche Vorstellung ver-
langsamt wird. Was sinnlich continuirlich scheint, ist begrifflich
discontinuirlich; dies könne bei der Bewegung ebensogut stattfinden,
wie bei den Abstufungen von Licht oder Wärme. Aus dieser Auffassung erklärt sich, warum Gassendi nicht von einer den Atomen
immanenten Geschwindigkeit spricht, sondern den Ausdruck
„Antrieb" vorzieht. Denn da die empirische Geschwindigkeit für
ihn ein sinnliches Continuum ist, im Begriffe aber in einen Wechsel
von Momenten der Bewegung und Ruhe aufgelöst wird, so muss er die
Bewegung der Atome so fassen, dass sie durch die Ruhe nicht aufgehoben wird. Daher sagt er, dass während der Ruhe die treibende Kraft
der Atome nur gehemmt ist, aber nicht verschwindet, dass vielmehr
der anfängliche Bewegungsantrieb sich constant erhalte.
Die Ruhe gilt ihm als eine Art Spannungszustand. Dass die einzelnen
Atome ihrer Bewegung Ruhepausen in verschiedenem Verhältnis beigemischt haben, kann demzufolge bei Gassendi keinen andern Sinn
haben, als dass der Zusammenstoss mit andern Atomen dieselben
verursacht; denn es ist dies der einzige Grund, welcher für eine Veränderung der endlichen Geschwindigkeit angegeben werden kann.

Dass jener Bewegungsantrieb den Atomen von Gott bei der
Schöpfung mitgegeben ist, das ist ein lediglich im metaphysischen
Interesse gemachter Zusatz, welcher für den erkenntniskritischen
und physikalischen Wert der Gassendi'schen Annahme ganz irrelevant
ist. Es kommt nur darauf an, dass die Grösse dieses Bewegungs-
antriebs, die Kraft oder Bewegungsfähigkeit des Atoms, eine individuelle und unveränderliche Eigenschaft für jedes Atom ist, geradeso
wie seine Grösse und seine Gestalt; denn die „Schwere" steht bei
Gassendi ganz in einer Linie mit den eben genannten und cha-
rakterisiert somit das einzelne Atom.

---

[2]) Opera omnia, Florent. 1727. I, p. 300a. (Phys. sect. I, l. 5, c. 1.)

Das Einzige, was an einem Atome verändert wird, ist seine Richtung. Die Veränderung der Richtung beruht ebensowohl wie die Verzögerung auf endlicher Wegstrecke auf der raumbehauptenden Eigenschaft der Atome. Wenn zwei Atome zusammentreffen, so ändern sie im allgemeinen ihre Richtung, da ihre Bewegung bestehen bleiben muss und die Durchdringung nicht möglich ist. Das Uebergehen einer Richtung in die entgegengesetzte wird dadurch verständlich gemacht, dass dasselbe als ein Gleiten an sehr stark gekrümmter concaver Fläche vorgestellt wird; wir würden sagen, als das Durchlaufen einer Bahn mit unendlich kleinem Krümmungsradius. Somit ist der Stoss auf die Solidität zurückgeführt; von Elasticität oder sonstigen sinnlichen Eigenschaften ist nicht die Rede; die Individualität der Atome, welche unverletzlich ist sowohl an Raumerfüllung wie an Bewegung, erhält die gesamte Welt in Aktion, bewirkt die Veränderung der Richtung und die Verzögerung oder Beschleunigung der Bewegung durch grösseren oder geringeren Aufenthalt; mit einem Worte, sie bedingt zugleich die Wechselwirkung der Atome.

Das ist in der That eine höchst consequente kinetische Atomistik. Es scheint, als ob ihr, um zu einer wissenschaftlichen Physik zu führen, nur Eins — freilich ein Unerlässliches — fehlte, nämlich die mathematische Bestimmung der Bewegung der Atome. Da heim Zusammentreffen zweier Atome ihre Grösse, Gestalt und absolute Geschwindigkeit unverändert bleiben, so wäre eine Festsetzung darüber nötig, wie sich die Richtung durch den Stoss verändert. Denn nur von dieser hängt die Aenderung der Verteilung der Atome im Raume ab. Es müsste also ermöglicht werden, wenn die Verteilung der nach Grösse, Gestalt und Bewegungsrichtung bestimmten Atome in einem gegebenen Zeitmoment bekannt ist, daraus die Verteilung im folgenden Zeitmoment zu berechnen. Eine solche Festsetzung wäre etwa denkbar für den einfachsten Fall gleich grosser kugelförmiger Atome; es leuchtet aber ein, dass bei den complicierten Voraussetzungen Gassendi's höchst mannigfaltiger und unregelmässiger Atomgestalten an eine mathematische Theorie überhaupt nicht gedacht werden kann.

Man hat vielfach auf die Verwandtschaft der Gassendi'schen

Atomistik mit der modernen kinetischen Theorie der Gase aufmerksam gemacht, und bei oberflächlicher Betrachtung könnte es
scheinen, als fehle jener in der That nur die Festsetzung der Stoss-
gesetze der Atome, um in die moderne mathematische Theorie
überzugehen. Dabei übersieht man jedoch den fundamentalen
Unterschied zwischen beiden, den Unterschied, welcher überhaupt
die moderne von der antiken Atomistik trennt und darin besteht,
dass erstere auf dem Begriffe der Energieverteilung, letztere
nur auf dem der Substanzverteilung im Raume beruht, oder,
erkenntniskritisch ausgedrückt, das erstere das Denkmittel der
Variabilität, letztere nur das der Substanzialität zur Verfügung hat.
Um diesen Unterschied und damit den Standpunkt der Gassendi'-
schen Atomistik klar zu legen, empfiehlt es sich, auf den Vergleich
derselben mit der kinetischen Atomistik der modernen Physik einzugehen. Die kinetische Theorie der Gase lässt die Natur des
einzelnen Atoms (Moleküls) unbestimmt und setzt nur fest, dass
bei der Annäherung zweier Molekeln bis auf eine gewisse Distanz
(Radius der Wirkungssphäre) eine Richtungs- und Geschwindigkeits-
änderung der Molekeln stattfindet, während die Bahnen der letzteren
im übrigen gradlinig verlaufen. Der Unterschied von der Atomistik
Gassendi's liegt nicht in der Festsetzung über die Natur der Atome
oder Molekeln; wie die sich bewegenden Corpuskeln beschaffen
sind, darauf kommt es hier gar nicht an; der Begriff der Solidität
würde genügen, die Bewegungsänderung zu erklären, falls man sich
die „Wirkungssphäre" durch ein kugelförmiges Atom von absoluter
Solidität ersetzt denkt. Alles hängt davon ab, wie die Veränderung
der Bahn durch den Stoss erfolgt. Wenn wir hier den Ausdruck
„Stoss" gebrauchen, so geschieht dies nur der Kürze wegen; man
hat aber dabei nicht an einen mechanischen Stoss (wie bei elasti-
schen Körpern) zu denken, sondern nur an die Thatsache, dass eine
Annäherung der Atome bis auf eine bestimmte Grenze eine gesetzliche Bewegungsänderung zur Folge hat (vgl. m. Abhandlung „Zur
Rechtfertigung der kinet. Atom." Vierteljahrsschr. f. wiss. Phil.
Bd. IX. S. 154). Die Festsetzung hierüber braucht nicht etwa aus
den Stossgesetzen für die sinnlichen Körper entlehnt zu werden,
sondern es ist nur erforderlich, solche Gesetze anzunehmen, dass

zwischen den Geschwindigkeiten und Richtungen der Atome vor
und nach dem Stosse soviel Gleichungen bestehen, als derartige
Grössen zu bestimmen sind. Hierzu dienen die Principien der
Mechanik, welche die beim Zusammentreffen stattfindenden Veränderungen eindeutig zu definieren haben. Die moderne Kinetik
betrachtet die Bewegung eines Atoms, das als kugelförmig angesehen wird, und dessen Lage durch die Coordinaten seines Mittel-
punkts für einen gegebenen Zeitmoment bekannt ist, als definiert
durch seine Masse und seine Geschwindigkeitscomponenten, und
nimmt an, dass die Massen der Atome vor und nach dem Stosse
unverändert seien und dass die Geschwindigkeiten und ihre Richtungen bestimmt werden durch den Satz von der Erhaltung der
Summe der nach den Coordinatenaxen projicierten Bewegungsgrössen
und durch den Satz von der Erhaltung der Energie. Die zu er-
klärenden sinnlich wahrnehmbaren Thatsachen werden nun zurückgeführt auf die in jedem gegebenen Falle im betreffenden Raum-
element zur Wirkung kommende Energie. Diese Energie aber ist
abhängig sowohl von der Masse als von der Geschwindigkeit und
Richtung der anlangenden Atome, also sowohl von der Verteilung
der Atome im Raume (der Menge) als von der Verteilung der
Geschwindigkeiten. Es findet zwischen den Atomen ein Austausch
von Geschwindigkeiten und dadurch von Energie statt. Hierbei
haben wir, um Complicationen zu vermeiden, immer nur den einfachsten Fall vor Augen und sehen also z. B. von rotatorischen
oder intramolecularen Bewegungen ab. Demnach verfügt die Theorie
zur Erklärung der empirischen Erscheinungen sowohl über Veränderungen in der Menge als in der Geschwindigkeit der Atome,
oder, wie man auch sagen kann, die Wirkung hängt ab sowohl von
der Anzahl als von der Intensität der in der Zeiteinheit erfolgenden Stösse der ankommenden Atome.

Legt man jedoch der Atomistik die Annahmen Gassendi's zu
Grunde, so ergiebt sich ein völlig anderes Bild. Gassendi nimmt einen
jedwedem Atom immanenten und ihm unveränderlich zugehörigen
„Impetus" an. Wodurch derselbe mathematisch definirt ist, wird
nicht angegeben. Man könnte aber leicht auf den Gedanken
kommen, diesen Impetus durch den Begriff der Energie zu ersetzen,

also jedem Atom einen constanten Vorrat von Energie zuzuschreiben, um dadurch die Theorie Gassendi's im modernen Sinne haltbar zu machen. Dies ist wohl die stillschweigende Annahme, auf welche sich die Ansicht gründet, dass die Gassendi'sche Atomistik sich unmittelbar mit der modernen berühre. Nimmt man an, dass jedes Atom für sich einen unverlierbaren Energievorrat besitze, so würde sich dies allerdings mit der Voraussetzung Gassendi's decken. Denn da die Masse — beim Atom sind Masse und erfülltes Volumen Begriffe, deren Trennung nicht erforderlich ist — bei jedem Atom constant bleibt, so müsste bei constanter Energie auch die Geschwindigkeit des Atoms stets dieselbe bleiben. Bei Gassendi wird dies in der That angenommen; alle Atome haben eine ursprüngliche, sich gleich bleibende Geschwindigkeit. Offenbar könnte, so gut wie Volumen und Figur, auch die Geschwindigkeit eine für die verschiedenen Arten der Atome verschiedene sein; diese Festsetzung wäre an sich völlig berechtigt. Gassendi hält jedoch dafür, dass alle Atome dieselbe absolute Geschwindigkeit besitzen, weil alle Körper im Leeren gleich schnell fallen. So wenig dieser Schluss begründet ist, so kommt es doch hier nicht darauf an, sondern nur auf die Thatsache, dass die empirisch wahrgenommene Verschiedenheit der Geschwindigkeiten der Körper nur beruht auf unaufhörlichen Unterbrechungen der absoluten Bewegung der Atome. Jedes Atom hat nach dem Abprall von einem andern wieder seine ursprüngliche Geschwindigkeit; demnach muss seine Wirkung, insofern sie von seiner Geschwindigkeit abhängt, offenbar unter allen Umständen dieselbe sein. Wieviel Zusammenstösse und Verzögerungen ein Atom auch erlitten habe, wieviel Zeit auch es gebraucht habe, einen endlichen Weg zurückzulegen, — an dem Ziele, an welchem sein Dasein wirksam wird, muss immer dieselbe Intensität des Stosses auftreten, weil es ja auf jedem kleinsten Teil seines Weges, auf jeder freien Strecke, seine absolute Geschwindigkeit hat, also die Kraft seines Anpralls nicht von den vorangegangenen Verzögerungen abhängig ist. Mit anderen Worten: Energie ist nicht übertragbar von einem Atom auf das andere. Das ist offenbar das genaue Gegenteil der modernen kinetischen Theorie, nach welcher alle Veränderung auf der veränderten Verteilung der Energie beruht.

Während in der modernen Theorie die empirische Wirkung abhängig ist von der Grösse und Anzahl der Atome in der Raumeinheit und von ihrer mittleren Geschwindigkeit, fällt bei Gassendi dieser letztere Factor ganz aus; bei ihm kann die mittlere Geschwindigkeit gar keinen Einfluss auf die Grösse der Stosswirkung besitzen, weil, wie gesagt, der Stoss immer mit der absoluten Geschwindigkeit ausgeübt wird. In einem gegebenen Zeitmoment hat ein Atom immer seine volle Anfangsgeschwindigkeit, oder gar keine Geschwindigkeit. Eine Veränderung der Geschwindigkeit giebt es nur ad sensum, auf endlichen Strecken, insofern gleiche Strecken von verschiedenen Atomen in verschiedenen Zeiten durchlaufen werden, je nach dem Verhältnis, in welchem die Momente der Ruhe zu der Zeit der freien Bewegung stehen. Für diese Unterbrechungen der Bewegung giebt es keine andere Ursache als die Hemmung durch entgegenstehende Atome. Es muss daher offenbar angenommen werden, dass jeder Zusammenstoss die sich treffenden Atome einen Moment aufhält (zur Ruhe bringt), und sodann die Bewegung wieder „frei" wird. Die Durchschnittsgeschwindigkeit muss also kleiner als die absolute sein um eine Grösse, welche proportional ist der Anzahl der in der Zeiteinheit stattfindenden Zusammenstösse. Die Energie aber ist nur von der absoluten Geschwindigkeit abhängig. Die Durchschnittsgeschwindigkeit hat demnach einen Einfluss nur auf die räumliche Verteilung der Atome, insofern ihre Herabminderung den Durchgang durch die Raumeinheit verzögert und dadurch eine Anhäufung der Atome bewirkt; die empirische Wirkung ist also lediglich abhängig von der Zahl der auf die Einheit der Fläche in der Zeiteinheit stossenden Atome. Somit ergiebt sich das Verhältnis der substantiell erfüllten Raumteile zu dem Volumen des leeren Raumes als die einzige Grösse, welche veränderlich ist und zur Erklärung der wahrgenommenen Wirkungen dienen kann. Hierin liegt der Grund, warum die kinetische Corpusculartheorie zur Erklärung der Erscheinungen mit der Annahme einfacher Atomgestalten nicht ausreichen konnte, sondern ihre Zuflucht zu den Complicationen nehmen musste, welche durch Ecken, Hervorragungen und Häkchen den Atomen die nötige Mannigfaltigkeit geben sollte, die zu jener

Erklärung erforderlich ist. Je mehr aber die Hypothesen über die
Atomgestalten sich häufen, umsomehr entfernt sich die Corpusculartheorie von der Möglichkeit einer mathematischen Begründung und
nähert sich dem Versuche einer bloss sinnlichen Veranschaulichung
der Vorgänge.

In der begrifflichen Begründung der Physik ist somit Gassendi
über die antike Atomistik nicht hinausgekommen. Es ist ihm nicht
gelungen, die Wechselwirkung der Atome gesetzlich zu fundieren
und damit die Veränderung in der Körperwelt zu realisieren; vielmehr bleibt er bei dem Unterschied des Vollen und Leeren insofern
stehen, als der Wechsel der Substanzverteilung im Raume
das einzige Princip der Naturerklärung wird. Die substantielle
Selbständigkeit der Atome hat er dabei widerspruchsfrei festgestellt;
aber er scheitert schon am Begriff der Geschwindigkeit. Die Bewegung als ein Continuum zu fassen ist ihm unmöglich; und so
ist denn auch bei ihm das Fehlen des Denkmittels der Variablität
der Grund, weshalb alle seine Auslassungen über die Bewegung
unzureichend bleiben. Es zeigt sich dies sogleich bei dem ersten
Versuche, den Begriff einer continuierlichen Geschwindigkeit zu erfassen. Obgleich ihm Raum und Zeit als Continua gelten und er
in dieser Hinsicht die Einwürfe der Eleaten und Skeptiker gegen
die Bewegung zurückweist, bleibt er doch seltsamer Weise beim
Begriff des „insectile physicum" in der alten Schwierigkeit hangen.
Die Atome besitzen Ausdehnung; trotzdem nimmt er an, dass das
insectile physicum in einem einzigen Momente (unico instanti)
durchlaufen werde, d. h. also doch, dass dieser Zeitmoment nicht
teilbar ist, und es erscheint ihm undenkbar, dass bei grösserer Geschwindigkeit in diesem einen Zeitmoment eine Reihe von physikalischen Unteilbaren durchlaufen werde. Es ist ihm also der
Zeitmoment doch nichts anderes als der starre Zeitpunkt und er
vermag nicht in demselben den Begriff der Veränderung festzuhalten als eines Gesetzes, welches auch unter Abstraction von der
Extension die weitere Entwickelung garantiert. Obwohl er fühlt,
dass auch im Moment der Ruhe das Gesetz der Bewegung nicht
aufgegeben werden darf und ihm diese daher als Spannungszustand
erscheint, gelingt es ihm nicht, den adäquaten Ausdruck für die

Eigentümlichkeit der continuierlichen Grösse zu finden, welche darin beruht, dass in ihrem Begriffe in jedem unendlich kleinen Teil das Gesetz ihrer Erzeugung mitgedacht werden muss. Das aber ist der einzige Weg, durch welchen Veränderung denkbar und mathematisch darstellbar wird. Daher bleibt mit dem Gesetz der Veränderung auch der causale Zusammenhang der Atome und ihre Wechselwirkung von der mathematischen Begründung und demnach von der Objectivierung durch Begriffe ausgeschlossen. Die rationale Begründung schreitet vom Begriffe der raumerfüllenden Substanz vor bis zu dem Begriffe, dass die individuellen Substanzen eine Veränderung in ihrer räumlichen Verteilung erleiden. Von der andern Seite schreitet die empirische Physik durch Zerlegung und Abstraction in der sinnlichen Körperwelt vor bis zu Corpuskeln, welche, verschieden nach Grösse und Gestalt, analog dem Stosse harter Körper sich verdrängen und ihre Bewegungen beeinflussen. Aber diese Vorstellung bleibt innerhalb der Grenzen sinnlicher Erfahrung und gründet sich auf Thatsachen der Empfindung, insbesondere der Widerstandsempfindung. Zwischen dieser sinnlichen Thatsache und der rationalen der Raumerfüllung fehlt bei Gassendi die Brücke, es fehlt eine Festsetzung darüber, wie das sinnliche Zeichen der wechselnden Widerstandsempfindungen durch einen mathematischen Begriff zu einer objectiven Realität von wissenschaftlicher Geltung gemacht werden kann.

Derartige Festsetzungen sind die Principien der Mechanik, und sie fehlen bei Gassendi in noch höherem Grade als bei Descartes. Er teilt mit letzteren den Grundfehler, dass er die Richtung als eine von der Natur der Bewegung unabhängige Eigenschaft löst, so dass eine direkte Umkehr der Richtung ohne Schädigung der Geschwindigkeit erfolgen kann, ganz unabhängig von der Grösse des geleisteten Widerstandes. Aber er hat Descartes gegenüber einen Vorteil voraus, welcher seine Bedeutung für die Entwickelung der kinetischen Atomistik ausmacht. Derselbe besteht in der klaren und widerspruchslosen Fassung seines Begriffs des individuellen, substanziellen Atoms. Die Individualisierung der Materie konnte Descartes nicht leisten, Gassendi beginnt damit; er übergiebt der Physik in seinen Atomen substanzielle Individuen, welche durch

ihre Solidität das raumerfüllende Substrat der Bewegung bilden,
und er liefert durch den leeren Raum der mathematischen Mechanik
ein freies Feld, in welchem keine künstlichen Annahmen über die
Materie nötig sind, um ungehinderte Bewegung zu ermöglichen.
Er sondert den physischen Körper durch die Solidität vom geometrischen und von der blossen Ausdehnung des Raumes. Das ist
eine Vorstellungsweise, welche dem Bedürfnis der empirischen
Physik entgegenkam und deren praktische Vorteile auch Descartes
auf Umwegen sich zu sichern suchte, während Galilei anerkannte,
dass er sie seiner Theorie der intensiven Punkte vorziehen würde,
wenn nicht äusserliche Rücksichten ihn hinderten [3]). Insofern ist
Gassendi's Atomistik als eine wichtige Stufe in der geschichtlichen
Entwickelung der Lehre vom Körper auszuzeichnen. Nicht die
Originalität des Gedankens — die freilich Gassendi nicht zukam —
ist hier entscheidend, sondern der historische Ort desselben.
Was der Genius Demokrits geschaffen, lag seit zwei Jahrtausenden
dem wissenschaftlichen Denken bereit, ohne dass der darin ver-
borgene Schatz hätte gehoben werden können. Erst am Genius
Galilei's konnte sich die erloschene Fackel wieder entzünden, welche
dem Fortschritt der Naturwissenschaft die Wege zu erleuchten bestimmt war. Aber die Atomistik war dazu nötig. Die Continuität
des physikalischen Denkens liegt zu klar zu Tage, als dass man
die Erweckung der antiken Atomistik durch Gassendi als einen
Zufall bezeichnen könnte in einem Augenblick, in welchem der
europäische Geist sich anschickte, einen neuen Naturbegriff zu pro-
ducieren. Neben Galilei und Descartes tritt daher Gassendi, nicht
vergleichbar an Originalität, aber an historischer Bedeutung als
bewusster Förderer eines unentbehrlichen Gedankens, der die
Geisteswelt der beiden andern zu ergänzen berufen war. Zunächst
geht seine Atomistik wie die Cartesische Corpuscularphysik nur
äusserlich neben der Mechanik Galilei's her. Die gegenseitige Be-
fruchtung konnte sich erst in der Zukunft vollziehen; Huygens
ermöglichte sie durch die Aufstellung der Principien der Mechanik,
und unsere Gegenwart sieht die ersten Früchte reifen.

---

[3]) Discorsi, Op. III, p. 37. Padua 1744.

XXV.

Leibniz und Montaigne.

Von

Gregor Itelson in Berlin.

Es ist genugsam bekannt, wie verschiedenartig und zahlreich die Beeinflussungen sind, welche Leibniz von seinen Vorgängern und Zeitgenossen erfahren hat: die Monade, welche Leibnizens Seele darstellte, hatte recht viele Fenster. Zu den originellsten Theilen seines Systems rechnet man nun die Lehre von der Apperception und den „petites perceptions". Zwar ist der Unterschied von Bewusstem und Unbewusstem auch der antiken Philosophie und der Scholastik nicht ganz fremd; jedoch gilt die präcisere Fassung und der besonders energische Gebrauch des Begriffs der „petites perceptions" als eine eigene That Leibnizens. Mit Bezug auf diesen Punkt scheint mir aber ein Vorgänger Leibnizens übersehen worden zu sein, der auch auf Leibniz einen entschiedenen Einfluss ausgeübt haben dürfte. Dieser Vorgänger ist Montaigne, und in Betracht kommt hier das ganz kurze Capitel 14 des II. Buches seiner „Essais", betitelt: „Comme nostre esprit s'empesche soy mesme". Da heisst es:

„C'est une plaisante imagination, de concevoir un esprit balancé justement entre deux pareilles envies: car il est indubitable qu'il ne prendra jamais party, d'autant que l'application et le chois porte inegualité de prix; et qui nous logeroit entre la bouteille et le jambon, aveques egal appetit de boire et de manger, il n'y auroit sans doubte remede que de mourir de soif et de faim. Pour pourveoir à cet inconvenient, les stoïciens, quand on leur demande d'ou vient en nostre ame l'eslection de deux choses indifferentes, et qui faict que d'un grand nombre d'escus nous en

prenions plutost l'un que l'aultre, estants touts pareils, et n'y
ayant aulcune raison qui nous incline à la preference, respondent
que ce mouvement de l'ame est extraordinaire et desreglé, venant
en nous d'une impulsion estrangiere, accidentale, et fortuite. Il
se pourroit dire, ce me semble, plutost, que aulcune chose ne se
presente à nous, où il n'y ayt quelque difference, pour legiere
qu'elle soit; et que, ou à la veue ou à l'attouchement, il y a
tousjours quelque chois qui nous tente et attire, quoyque ce soit
imperceptiblement: pareillement qui presupposera une fiscelle egua-
lement forte partout, il est impossible de toute impossibilité qu'elle
rompe; car par où voulez vous que la faulsee commence? et de
rompre partout ensemble, il n'est pas en nature."

Gleichsam im Embryo liegen hier auf engem Raum dicht
neben einander in organischem Zusammenhang die wichtigsten
Glieder des leibnizschen Systems: das principium identitatis in-
discernibilium, das principium rationis sufficientis, die petites perceptions und der aus denselben resultirende Determinismus. Und
in den Stellen in der Theodicee, wo Leibniz von der Unmöglichkeit der Existenz eines Buridan'schen Esels spricht, finden sich
sogar stylistische Anklänge an die Auslassung Montaigne's (Erdmann, p. 517a, 594a). Besonders beachtenswerth ist der Umstand,
dass an diesen Stellen Leibniz die unbewussten Vorstellungen „im-
perceptibles" (und nicht etwa „inapperceptibles") nennt, nachdem
er doch die Unterscheidung von Perception und Apperception eingeführt hatte. Dies erinnert an das „quoyque ce soit imperceptiblement" Montaigne's. In den Nouveaux Essais gebraucht Leibniz
dafür den Ausdruck „perceptions insensibles" (ähnlich in der Epistola ad Wagnerum Erdm. p. 466). Möglicherweise stammen die
bezüglichen Stellen der Theodicee aus einer früheren Zeit. Vielleicht ist auch der Vergleich in Nouv. Ess. Erdm. p. 197b „comme
on ne romperoit jamais une corde" von Montaigne suggerirt. —
Die Entlehnung ohne Quellenangabe kann bona fide geschehen sein,
gemäss Leibnizens eigener Theorie des unbewussten Plagiats, ib.
p. 221: „Il est arrivé, qu'un homme a cru faire un vers nouveau,
qu'il s'est trouvé avoir lû mot pour mot etc."

Jahresbericht

über

sämmtliche Erscheinungen auf dem Gebiete der Geschichte
der Philosophie

in Gemeinschaft mit

Ingram Bywater, Alessandro Chiapelli, Hermann Diels, Wilhelm Dilthey,
Benno Erdmann, J. Gould Schurman, Paul Tannery, Felice Tocco
und Eduard Zeller

herausgegeben

von

Ludwig Stein.

IX.

Jahresbericht über die deutsche Litteratur zur Philosophie der Renaissance 1886—1888.

Von

Ludwig Stein in Zürich.

Erster Theil.

CARRIERE, MORITZ. Die philosophische Weltanschauung der Reformationszeit in ihren Beziehungen zur Gegenwart. Zweite vermehrte Auflage. 2 Bde. 419 und 319 S. Leipzig 1887, F. A. Brockhaus.

Ein Buch von scharf ausgeprägtem Character ist häufig ein Individuum für sich, zu welchem man ganz unbekümmert um die Person des Verfassers Stellung zu nehmen pflegt. Und wie es nicht selten beobachtet werden kann, dass man für ein bestimmtes Individuum trotz aller offenkundigen Schwächen desselben aus unerklärlichen Beweggründen entschiedene Sympathien besitzt, ja dass gerade die Schwächen jenes Individuums durch liebgewordene Vertrautheit uns auf die Dauer derart anheimeln, dass wir sie gar nicht missen möchten, so pflegt es zuweilen auch mit Büchern zu ergehen. Es gibt Bücher, die wir unbeschadet ihrer greifbaren Mängel so liebgewonnen haben, dass wir es nur ungern sähen, wollte man jene Mängel auszumerzen suchen.

Ein solches Buch von starkmarkirter Individualität ist unstreitig Carriere's „philosophische Weltanschauung der Reformationszeit". Entstanden in einer gährenden, wildbewegten Zeit (1847), getragen von einer jugendfrischen, flammenden Begeisterung hat sich dieses Buch einen bestimmten Platz in der deutschen Litteratur erobert. Und wenn jetzt, nach vierzig Jahren, eine neue Auflage nöthig

wurde, so musste die jugendliche Ursprünglichkeit und frische
Unmittelbarkeit des Buches gewahrt bleiben, wollte man keinem
bedenklichen Anachronismus verfallen. Denn andere Zeiten, andere Menschen; andere Menschen, andere Bücher. Hätte Carriere
diese zweite Auflage seines Buches dem heutigen Stande und der
jetzt geltenden Methode der Wissenschaft entsprechend ummodeln
und zurechtstutzen wollen, dann musste er ein neues, grundanderes
Buch schreiben, das mit der ersten Auflage nicht viel mehr als
den Namen gemein hätte. Dann aber wäre dem eingeführten,
gerade in seiner Eigenart beliebt gewordenen Werke jener Reiz
genommen, den es durch seine eigenthümliche Verquickung von
strenger Wissenschaft, und rhetorischem Pathos ausübt. Mit fein-
sinnigem Verständniss für die gesteigerten Forderungen einer neuen
Zeit hat daher Carriere bescheidentlich darauf verzichtet, sein
schönes Buch zu einem umfassenden, erschöpfenden, die neuesten
Forschungsergebnisse sorgsam verarbeitenden Handbuch der Renaissance-Philosophie umzugestalten. Denn ein so dringendes, allgemein
empfundenes Bedürfniss ein solches Handbuch auch ist, zumal auch
die ausserdeutsche Litteratur diese empfindliche Lücke in der Ge-
schichtsdarstellung der Philosophie immer noch nicht ausgefüllt hat,
so wenig eignete sich Carriere's Werk seiner ganzen Anlage und
Richtung nach zu einem solchen.

  Nur wenig Neues fügt die zweite Auflage der ersten hinzu.
Es steht uns darum auch nicht recht zu, eine einlässliche, tiefergehende Kritik an dem Werke selbst zu üben, da die Vorzüge und
Mängel desselben männiglich bekannt sind. Nur im Allgemeinen
sei bemerkt, dass ein gewisser wahlverwandter Zug, den Carriere
mit den treibenden Strebungen der Renaissance-Periode, ganz besonders mit den Gedankenrichtungen eines Giordano Bruno, Tommaso
Campanella und Jacob Böhme gemeinsam hat, der Darstellung
stellenweise ungemein zu Gute kommt. Dort, wo der congeniale
Carriere sich auf heimischem Boden bewegt, wird seine durchdringende Wiedergabe der philosophischen Systeme kaum übertroffen werden können. Hingegen gelangen jene Richtungen der
Renaissance-Philosophie, die ihrer Natur nach eine trockenere Behandlung heischen, nicht ganz zu ihrem Rechte. Männer wie

Nicolaus Cusanus, Gemistos Plethon, Marsiglio Ficino, die beiden. Pico von Mirandula u. A. verdienen denn doch wol eine schärfere Beleuchtung und tiefergehende Beachtung.

Dieser letztberührte Mangel hängt übrigens mittelbar mit einem anderen zusammen, der dieser neuen Auflage anhaftet. Carriere hat die seit 40 Jahren erschienene Litteratur über die von ihm behandelte Materie nicht beachtet. Während der damalige Stand der monographischen Litteratur in den Noten der ersten Auflage fast erschöpfend angegeben war, hat es Carriere bedauerlicherweise verabsäumt, in den Noten der zweiten Auflage die inzwischen erschienene Litteratur nachzutragen, geschweige denn inhaltlich zu berücksichtigen. Das hätte aber geschehen können, ohne den ursprünglichen Character des Buches irgendwie zu beeinträchtigen. Eine solche Angabe der seit 40 Jahren erschienenen monographischen Litteratur zur Philosophie der Renaissance war nun aber um so mehr geboten, als es uns an einer solchen leider immer noch gebricht. Und doch haben uns die letzten Jahrzehnte so manche fruchtbare Arbeit gebracht. Abgesehen von den grundlegenden Werken Burkhardt's und Voigt's, die in ihren zusammenfassenden Darstellungen der Renaissance auch für die Philosophiegeschichte jener Zeit so manche beachtenswerthe Winke gegeben haben, liegen uns auch einige Monographien, namentlich von italienischen Gelehrten, direct zur Renaissance-Philosophie vor, durch deren Zusammenstellung sich Carriere den Dank der Fachgenossen in hohem Grade verdient hätte. Allerdings erhebt Carriere nicht den Anspruch auf Vollständigkeit; aber da sein Buch nun einmal das einzige in Deutschland ist, das speziell der Renaissance-Philosophie gewidmet ist, würde es an Brauchbarkeit erheblich gewonnen haben, hätte es den derzeitigen Stand der bezüglichen Litteratur, wenn auch nur im knappen Rahmen von Titelangaben, verzeichnet.

Es soll allerdings nicht geläugnet werden, dass eine solche Zusammenstellung der hergehörigen Litteratur auf erhebliche Schwierigkeiten stösst, zumal wenn auch die ausserdeutschen Publikationen volle Berücksichtigung finden sollen. Der wissenschaftliche Wechselverkehr unter den Kulturnationen ist eben, so-

weit die Philosophiegeschichte in Betracht kommt, noch gar zu
jungen Datums. Daher mag es auch kommen, dass die mit Recht
so gerühmten und sonst so zuverlässigen Litteraturangaben des
Ueberweg-Heinze'schen Grundrisses gerade bei der Renaissance-
Periode einige Lücken aufweisen. Und so dürfte es denn als Ergänzung des Carriere'schen Buches nicht unwillkommen sein, wenn
ich bei dieser Gelegenheit auf einige neuere ausserdeutsche Publikationen zur Renaissance-Philosophie hinweise, wobei ich mich indess nur auf solche beschränke, die auch im Ueberweg-Heinze'schen
Grundriss nicht verzeichnet sind. Von allgemeineren Werken,
welche die ganze Periode umspannen oder doch einzelne Abschnitte
des Weiteren behandeln, führe ich an: E. Gebhard, Les origines de la renaissance en Italie, Paris 1879, und dessen, La
renaissance italienne, Paris 1887, Cerf. Albert Castelnau, Les
Medicis, Paris, 1879, Calman Levy. Mamiani della Rovere,
Del rinnovamento della filosofia antica italiana. Paris, Delaforest.
Francesco Fiorentino. Il Risorgimento Filosofico nel Quattro-
cento. Napoli 1885. Carducci, Studi Letterari, Livorno 1874.
Antonio Casertano, Saggio del rinascimento del classicismo durante
il secolo XV, Torino, 1887.

Einzelne Philosophen der Renaissance. behandeln: Galeotti,
Saggio intorno alla vita ed agli scritti di Marsiglio Ficino, im Archivio
storico, It. Bd. IX und X. Henri Vast, le Cardinal Bessarion.
Paris 1878. Labanca, Giacomo Zabarella, Napoli 1878. Pietro
Ragnisco, Giacomo Zabarella, Atti del instituto Veneto 1885,
IV, 6. Derselbe, Un autografo del Cardinale Bessarione, atti del
instituto Veneto, 1884, III, 1. Villari, Macchiavelli, sowie dessen
Storia di Gir. Savonarola, Firenze 1887. · F. Buttrini, Girolamo
Cardano, Savona 1884. Domenico Berti, Vita di Giordano Bruno,
ed. Paravia. Zu beachten ist auch. die mit Unterstützung der
italienischen Regierung von Fiorentino begonnene und nach dessen
Tode von den Professoren G. Vitelli und Felice Tocco in
Florenz fortgesetzte Ausgabe: Bruni Nolani opera latine conscripta,
Napoli 1886—88. B. Spaventa, Saggi di critica (Bruno-Cam-
panella), Napoli 1867. Luigi Amabile, Tommaso Campanella.
Napoli, Morano. Natürlich sind meine ergänzenden Litteraturan-

gaben weit davon entfernt, den Gegenstand zu erschöpfen. Nur eine genaue Umfrage bei italienischen Gelehrten kann uns dazu verhelfen, die etwa noch vorhandenen bibliographischen Lücken glücklich auszufüllen. Werke von hervorragender Wichtigkeit freilich dürften in diesem Nachtrag kaum übergangen sein.

In neuester Zeit entwickeln die italienischen Gelehrten eine besondere Rührigkeit in der historischen Erforschung der Glanzperiode ihrer Philosophie. In dieser Richtung haben namentlich die grundlegenden Arbeiten des leider frühverstorbenen Fiorentino höchst anregend und förderlich gewirkt. Aber zu einer durchgreifenden Erfassung und allseitigen Beleuchtung der gesammten Renaissance-Philosophie, die ja das zweihundertjährige verzweifelte Ringen des mündiggewordenen Menschengeistes wider die beengenden Schranken einer verknöcherten Scholastik auf allen Gebieten darstellt, hat sich noch kein Italiener aufraffen können. Es ist eben immer noch nicht ausreichende monographische Vorarbeit vorhanden, um eine solchè Riesenaufgabe mit einiger Aussicht auf vollen Erfolg in Angriff nehmen zu können. Und so lange wir ein solches, von den Fachkreisen sehnlichst herbeigewünschtes Werk über die Renaissance-Philosophie, das auf der Vollhöhe der wissenschaftlichen Forderungen der Zeit steht, noch nicht besitzen, wird Carriere's „philosophische Weltanschauung der Reformationszeit" seinen hervorragenden Platz in der Litteratur behaupten. Trotz mancher Mängel in Anlage und Auffassung, die Carriere selbst nicht verkennt, ist es doch bislang das einzige deutsche Buch, das uns ein farbenreiches, von idealer Gesinnung durchhauchtes und mit echt dichterischem Schwung gezeichnetes Bild der einander durchkreuzenden philosophischen Strömungen der Renaissancezeit entwirft.

GASPARY, ADOLF. Die italienische Litteratur der Renaissancezeit (Geschichte der italienischen Litteratur Band II), Berlin 1888, Robert Oppenheim. 704 S. M. 12.

Nur ein bescheidenes Plätzchen hat Gaspary der philosophischen Litteratur in seiner umfassend angelegten italienischen Litteraturgeschichte angewiesen. Weder hat er ihr einen besonderen Ab-

schnitt gewidmet, noch brachte er dort, wo er philosophische Stre-
hungen in enger Verflechtung mit anderen litterarischen Erscheinungen darstellt, den vorwaltenden oder doch weitgreifenden Einfluss der Philosophie auf die litterarischen Grenzgebiete scharf genug
zum Ausdruck. Und doch boten sich gerade hier der litterarhistorischen Forschung, soweit sie mehr sein will, als dürre Wiedergabe des spröden poetischen Stoffes und trockene Aufzählung von
Daten, sofern sie vielmehr die tieferen und feineren Zusammenhänge unter den einzelnen Litteraturgattungen aufzuspüren bestrebt
ist, höchst fruchtbare Beziehungspunkte dar. Eine solche enge
Wechselbeziehung von Philosophie und Dichtkunst, wie sie uns in
der Renaissance entgegentritt — man denke nur u. A. an Petrarca,
Boccaccio, Pico von Mirandula, Bruno, Campanella — begegnet uns
nur noch einmal in der Litteraturgeschichte: bei Lessing, Herder,
Schiller und Goethe. War aber das philosophische Interesse in der
Renaissance so rege und lebendig, dass es bei einzelnen hervorragenden Vertretern der Dichtkunst auch in die Poesie merklich
hinübergegriffen hat, so erheischt die Darstellung der poetischen
Litteratur der Renaissance gebieterisch eine entsprechende Mitberück-
sichtigung der herrschenden philosophischen Strömungen und deren
Einwirkungen auf die Gesammtlitteratur. ·

Mag nun aber auch die im Verhältniss zu ihrer Bedeutsamkeit
geringe Beachtung, die Gaspary der Philosophie der Renaissance
widmet, ein bedenklicher Mangel seines mit Recht allgemein gerühmten Werkes sein, so trifft ihn selbst doch nur der geringste
Theil der Schuld. Der Litterarhistoriker ist nicht dafür verant-
wortlich zu machen, dass einzelne durch den Character der von
ihm dargestellten Epoche nothwendig gewordene philosophische Abschnitte seines Werkes unbedingt lückenhaft ausfallen müssen, weil
die Philosophen von Fach es verabsäumt haben, die betreffende
Periode mit gebührendem Ernst und gebotener Gründlichkeit zu
behandeln. Man kann keinem noch so gediegenen Litterarhistoriker
zumuthen, sämmtliche Werke der Renaissance-Philosophen mit der
erforderlichen eindringlichen Schärfe zu studiren, um sich durch
die zuweilen unwegsamen Irrpfade und krausen Gedankengänge
jener Halbscholastiker selbst die Bahn zu ebnen. Hier zuvörderst

den Boden von dem überwuchernden Gestrüpp phantastischer
Schwärmereien zu säubern, die philosophischen Endbestrebungen
der Renaissancedenker klar und unverhüllt herauszuschälen aus
dem fast erdrückenden Wust von mystischen Umhüllungen, in welche
jene eingekleidet sind, das ist zunächst und zuhöchst Ehrenpflicht der Fachphilosophen! So lange also von philosophischer
Seite dieser Ehrenpflicht nicht genügt ist, haben wir kein begrün-
detes Recht, es den Litterarhistorikern zu verübeln, wenn sie bei
einer zusammenfassenden Darstellung der litterarischen Gesammt-
leistungen der Renaissance die philosophische Schöpferkraft derselben nur gering anschlagen. Wir wollen darum mit Gaspary um
so weniger darüber rechten, dass die philosophischen Abschnitte
seines sonst vortrefflichen Werkes etwas mager und farblos ausgefallen sind, als man ihm das Zeugniss kaum versagen kann, dass
er sämmtliche Ansätze zur Geschichte der Renaissance-Philosophie,
sofern sie ihm zugänglich waren, sorgfältig gesammelt und ver-
ständnissinnig benutzt hat. So ist z. B. die Kennzeichnung der
philosophischen Persönlichkeit Lorenzo Vallas, (S. 136ff.), da sie
sich auf die glänzenden Vorarbeiten Vahlen's stützen konnte, ganz
vortrefflich ausgefallen. Minder gelungen hingegen scheint mir die
Schilderung (S. 156ff.) des gewaltigen Streites für und wider Plato
und der mit dieser Fehde ursächlich zusammenhängenden Entstehung
der neu-platonischen Akademie zu Florenz. Bei der einschneiden-
den Wichtigkeit dieser Akademie für das gesammte Geistesleben
der Renaissance und nicht zuletzt der Poesie, die damals mit der
Philosophie stark verquickt war, wäre doch wol eine schärfere
Beleuchtung der weitgreifenden Einwirkungen dieser Akademie am
Platze gewesen. Allerdings muss auch hier wieder entschuldigend
für Gaspary hervorgehoben werden, dass noch ein ungeahnt reiches
Material an unedirten Documenten aus jener für den Umschwung
der Philosophie so wichtigen Epoche in den italienischen Bibliotheken, namentlich in der Laurentiana zu Florenz, aufgespeichert
liegt, so dass eine erschöpfende Bearbeitung dieser Periode zur Zeit
kaum möglich ist.

Die Nichtberücksichtigung handschriftlicher Materialien hat
mancherlei Unvollkommenheiten zur nothwendigen Folge. So ist

durch diesen Mangel beispielsweise die höchst bemerkenswerthe Persönlichkeit des Lionardo Aretino (eigentlich Lionardo Bruni genannt) von Gaspary stark in den Hintergrund gedrängt worden. Durch den Umstand, dass zahlreiche Werke Bruni's in der Laurentiana noch der Veröffentlichung harren, ist Gaspary diesem gelehrten Vielschreiber, dessen vielseitige Gelehrsamkeit jedoch von keinem Zeitgenossen erreicht, geschweige denn überboten wurde, nicht genügend gerecht geworden. Wol war Bruni weniger origineller Denker, denn eine encyclopädisch angelegte Natur; allein er hat den Ruhm der florentinischen Gelehrsamkeit wesentlich mitbegründet und — was ihn in erster Reihe auszeichnet — Schule gemacht. Nahezu alle florentinischen Geisteshelden aus der zweiten Hälfte des 15. Jahrhunderts verehrten ihn als Lehrer oder doch als litterarisches Vorbild. Boninsegnius z. B., der Verfasser der ersten „Geschichte der antiken Philosophie in der Neuzeit" (vgl. Archiv I, S. 538 ff.), der Freund und philosophische Berather des Marsilius Ficinus, knüpfte unmittelbar an das Isagagicon, seu introductio ad moralem philosophiam des Lionardo Bruni an. (Nebenbei bemerkt ist dieses Isagagicon, das Janitschek, Voigt und Fiorentino für ungedruckt halten, und das Gaspary (S. 659) in einer Ausgabe von Joh. Weidner, Jena 1607 auf der Stadtbibliothek zu Breslau gefunden hat, schon 1475 in Löwen gedruckt, vgl. Bandini's Index latinus der Laurentiana, I, 260).

Glücklicher ist Gaspary in der Kennzeichnung solcher Philosophen, deren Werke gedruckt vorliegen. So ist seine Skizzirung der Philosophie des Marsilius Ficinus (S. 161—68) trefflich gelungen. Hier zeigt Gaspary eine Vertrautheit mit den eigenthümlichen Gedankengängen der Renaissancephilosophie, die einem Fachmann Ehre machen würde, und darum ist es denn auch doppelt bedauerlich, dass der Verfasser, der sich bei der Behandlung des Ficinus als ein eingeweihter Philosophiekundiger ausgewiesen, sich gelegentlich der Besprechung anderer Philosophen eine gar so kühle Reserve auferlegt hat. Abgesehen davon, dass er Männer wie Pomponatius, Zabarella, Cremonini, Patritius, Cardanus, Telesius, ja sogar einen Tomaso Campanella ganz unerwähnt liess, hat sich Gaspary die lockende Gelegenheit, die sich ihm bei der Behandlung

der Comödie Candelaio des Giordano Bruno (S. 598f.) bot, das
Wechselverhältniss von Poesie und Philosophie an dem klassischen
Beispiel Bruno's zu besprechen, entschlüpfen lassen. Unterliess der
Verf. aber diesen naheliegenden Streifzug auf das philosophische
Gebiet deshalb, weil die Philosophie in den Rahmen jenes die
Comödie behandelnden Capitels sich nicht recht hineinflechten liess,
so ist die Frage denn doch berechtigt, warum er der philosophischen
Litteratur in seinem breit angelegten Werke keinen besonderen
Abschnitt gewidmet hat?

Meine Bedenken gegen das von den litterarhistorischen Fachkreisen mit allseitigem Beifall aufgenommene Werk Gaspary's treffen
natürlich nur die philosophischen Theile desselben, und auch diese
nur in dem, was sie unterlassen, aber nicht in dem, was sie geboten
haben. Das Wenige, das der Verf. positiv zur Philosophiegeschichte
beiträgt, ist wie das ganze Buch solid und gründlich.

MONNIER MARC. Litteraturgeschichte der Renaissance von Dante
    bis Luther. Deutsche autorisirte Ausgabe. Nördlingen
    1888. C. H. Beck'sche Buchhandlung. 422 S.

Nicht als Anhängsel, sondern als auffälliges Gegenstück mag
das Monnier'sche Buch neben das Gaspary's gestellt werden. Beide
Werke behandeln zum grossen Theil die gleiche Materie, aber mit
wie grundverschiedenen Mitteln und entgegengesetzten Methoden!
Beide Werke sind ihrer Anlage und Schreibart nach typisch:
Gaspary repräsentirt in vollendeter Weise den deutschen Gelehrten,
Monnier den französischen Schöngeist. Germanische Gediegenheit
und romanische Geistreichelei können kaum an einem glücklicheren
Beispiel aufgezeigt werden, als an diesen beiden, den gleichen
Gegenstand behandelnden Werken. Gaspary ist von peinlichster
Vorsicht im Urtheil, wenngleich er dasselbe auf eine umfassende
Durcharbeitung und tiefere Durchdringung des Stoffes gründet.
Monnier hingegen urtheilt nach persönlichen Stimmungen und
augenblicklichen Eingebungen etwas vorschnell, zumal ihm eine
erschöpfende und vertiefte Kenntniss seines Gegenstandes offenbar
abgeht. Das deutsche Buch ist dementsprechend von einer erstaun-
lichen Objectivität der Darstellung, das französische stark subjectiv

gefärbt. Stylistisch freilich ist der Franzose im Vortheil; denn eine subjective Parteinahme macht den Styl wärmer, lebendiger und anschaulicher, während eine objective Berichterstattung naturgemäss etwas trocken und farblos ausfallen muss. Da es nun dem ernsten Forscher lediglich um genaue Ermittlung des Thatbestandes zu thun ist, wobei zierliche Redeblumen und bestechende Vergleiche eher hinderlich als förderlich sind, so wird in Fachkreisen nur Gaspary's Buch Geltung gewinnen. Weiteren Laienkreisen jedoch, denen es mehr auf eine allgemeine Orientirung über die Geistesbewegung der Renaissance ankommt, mag das Monnier'sche Buch eine gewisse Anziehung bieten. Der lockere, geistreichelnde Ton macht das Buch zu einer angenehmen Erholungslectüre.

Die philosophischen Theile des Buches, sofern man von solchen reden kann, sind fast gänzlich missglückt. Die hastige, sprunghafte Arbeitsweise des Verfassers eignet sich eben nicht für die Behandlung philosophischer Fragen, die eine umsichtige Nachprüfung und ein tieferes Eindringen gebieterisch heischen. Das Verhältniss der „Göttlichen Komödie" zur scholastischen Philosophie ist S. 35 kaum flüchtig gestreift. Petrarca's Anschluss an's griechische Alterthum und der aus demselben hervorgegangene begeisterte Aufruf nach Erneuerung der Antike hat Monnier garnicht der Erwähnung werth befunden. Und doch liegt in Petrarca's Feuereifer für das classische Alterthum eine der mächtigsten Wurzelfasern der philosophischen Renaissance.

Eine gar zu grosse Willkür herrscht auch in der Anordnung des Stoffes. Männer von einschneidender Bedeutung · werden kurz abgethan, andere unverhältnissmässig breit behandelt. Laurentius Valla wird (S. 162 f.) mit einigen Zeilen abgefertigt, die platonische Akademie auf zwei Seiten (S. 181 f.) skizzirt (Plethons Vorname wird dabei konsequent Gemistios geschrieben). Hingegen werden von Savonarola z. B. ganze Predigten abgedruckt (S. 187—192)[1]).

---

[1]) Bei dieser Gelegenheit möchte ich auf die wenig bekannte Thatsache hinweisen, dass Savonarola auch ein ziemlich fruchtbarer philosophischer Schriftsteller war, der über die meisten Gebiete der damaligen Philosophie Compendien verfasste. Die Laurentiana in Florenz bewahrt folgende, gedruckt vorliegende philosophische Schriften Savonarolas: Compendium Logicale, libris

Am breitesten, freilich auch am einseitigsten wird Erasmus von Monnier behandelt (S. 205—224 und 243—247). Bei ihm werden alle Schwächen und Halbheiten mit dem Mantel der Liebe behutsam verhüllt, während die kleinen Blössen Ulrich von Hutten's (S. 231—243) unnachsichtig aufgedeckt werden. Der zaghafte, unschlüssige, zweideutige Erasmus erscheint da als ein Characterheld, während die urwüchsige Kraftnatur eines Hutten zur jammervollen Zwergfigur eines „Bettelstudenten" zusammenschrumpft. Das ist denn doch eine so augenfällig tendenziöse Umkehrung der Thatsachen, dass man beinahe versucht wäre, hinter Marc Monnier, der sonst einen unbefangenen, freien Geist zeigt, einen katholischen Tendenzschriftsteller zu vermuthen.

Vom philosophischen Gesichtswinkel gesehen leidet Monnier's Buch endlich noch an dem bedenklichen Mangel, dass es bei der Werthabschätzung litterarischer Strömungen kleineren politischen Vorgängen und kleinlichen persönlichen Motiven eine zu grosse, hingegen treibenden Kulturgedanken und tragenden philosophischen Ideen eine zu geringe Beachtung widmet. Man versteht die Geistesgeschichte doch nur halb, wenn man sie willkürlich aus einzelnen zusammenhanglosen, zersprengten Trümmern zusammenfügen will, ohne ein höheres leitendes Prinzip anzuerkennen, das in allen mannigfaltigen, wie auch gearteten Offenbarungen des Geistes mehr oder minder deutlich zum Durchbruch gelangt.

Dante.

Hettinger, Franz, Dr. Dante's Geistesgang, Köln 1888, J. P. Bachem, 132.

Den etwas fremdklingenden Titel erklärt der gelehrte, feinsinnige Verfasser S. 54 dahin: „In Dantes Geistesgang stellt sich

---

XI. Compendium philosophiae naturalis ad Aristotelis et Thomae mentem. Compendium Dialecticae, Physicae et Ethices. Tractatus de actibus humanis. Compendium Metaphysices. Die opera omnia Savonarola's sind 1548 in Venedig erschienen. Allein die philosophische Thätigkeit Savonarola's wurde von seiner sozial-reformatorischen dermassen überstrahlt, dass sie fast ganz in Vergessenheit gerieth, bis der gediegene Pasquale Villari in seiner „storia di Girolamo Savonarola e di suoi tempi" sie wieder in Erinnerung gebracht hat.

uns stets ein Fortschritt dar vom Leiblichen zum Geistigen, von der Geschichte zur Idee" und erläutert ihn ferner S. 103 mit den Worten „So haben wir denn in Dante's Geistesgang eine allmälig sich entwickelnde, stetig fortschreitende, organisch sich aufbauende Aus- und Durchbildung zu erkennen, die durch keinen Gegensatz zum Glauben durchbrochen, ja nicht einmal durch einen Zweifel gehemmt oder getrübt worden ist".

In diesen letzten Worten spiegelt sich die wissenschaftliche Eigenart und hervorstechende Tendenz dieser dankenswerthen Studie des hervorragenden Dantekenners mit unverkennbarer Deutlichkeit wieder. Neben dem warmen und erfolgreichen Eintreten für die Ansicht, Dante's angebetete Beatrice sei keine allegorische Figur, keine abstrahirte Idee gewesen, sondern habe in leibhaftiger Wirklichkeit bis zu ihrem 1290 erfolgten Tode in Florenz existirt (S. 32 und 115), springt uns in dieser gehaltvollen und lehrreichen Studie namentlich nur noch der eine Gedanke als thema probandum in die Augen, Dante könne niemals auch nur einen Anflug von Skeptizismus gehabt haben. Die gediegensten Dantekenner, wie Karl Witte, Hugo Delff, J. A. Scartazzini und Fr. Wegele nehmen nämlich mit einer Einmüthigkeit, die bei gleichstrebenden Forschern selten genug ist, an, Dante zeige in seinem der „göttlichen Komödie" vorausgehenden Werke „Il amoroso Convivio" (oder convito, wie die neue Schreibung lautet) eine solche kirchliche Lauheit und dogmatische Unfestigkeit, dass man versucht ist, dieses Buch als das Erzeugniss einer skeptischen Anwandlung, eines verzweifelnden Ringens der philosophischen Anschauung gegen die kirchliche anzusehen. Diese Annahme stützt sich auf die unbestreitbare Thatsache, dass man an zahlreichen, von Witte sorgfältig zusammengestellten Stellen des „Gastmahls" die Zuckungen der Skepsis deutlich herausfühlen kann. Dazu tritt noch das Selbstbekenntniss Dante's in den Schlussgesängen des Purgatorio, in welchen Dante die früheren Irrthümer bitter bereut. Die „Divina Commedia" bezeichne demnach den Höhepunkt der religiösen und philosophischen Katharsis im „Geistesgang" Dante's, sofern hier bereits die skeptischen Misstöne des „Gastmahls" überwunden wären und in einen berauschenden Accord harmonischer Kirchlichkeit ausklängen.

Dieser psychologisch so naheliegende und historisch so leicht erweisliche philosophische Entwicklungsgang Dante's misshagt Hettinger gründlich, weil er den poetischen Hort der scholastischen Philosophie zu einem, wenn auch nur vorübergehenden, Skeptiker macht, und der Verfasser wagt daher den kühnen Versuch, diese skeptische Periode durch scharfsinnige philosophische Exegese (S. 77—95) wegzudeuten. Die spitzfindige Beweisführung stützt sich vornehmlich darauf, dass die scheinbar skeptisch gefärbten Lehrsätze des „Gastmahls" sich auch bei gut scholastischen Philosophen, wie Albertus Magnus und Thomas von Aquin, oder bei Mystikern wie dem heil. Bernard und Hugo von St. Victor wiederfinden (dabei fällt Hettinger S. 76 ein treffliches Urtheil über das Verhältniss von Scholastik und Mystik). Damit hat H. aber den Skeptizismus Dante's nur zurückgerückt; seine Beweisführungen zeigen eben nur, dass auch scholastische bezw. mystische Schulhäupter wie Albertus und Hugo v. St. Victor zuweilen skeptische Anwandlungen hatten. Warum auch nicht? Wer nicht wie H. (S. 36⁴, 39) strict auf dem Boden der Encycl. vom 4. August 1879 steht, sondern sich mehr an Augustin's „Confessionen" hält, für den hat die Annahme, Dante könnte in seiner Jugend Skeptiker gewesen sein, nichts Verwunderliches und Befremdendes.

X.

L'Histoire de la Philosophie en France pendant l'année 1887.

Par

Paul Tannery à Bordeaux.

L'année 1887 a vu, fait bien exceptionnel, paraître en France au moins trois volumes importants consacrés à l'histoire de la philosophie[1]):

A.-Ed. Chaignet. Histoire de la psychologie des Grecs. — Tome I. Histoire de la psychologie des Grecs avant et après Aristote. — Paris, Hachette, 1887. — XXII—426 pages.

M. Chaignet, recteur de l'Académie de Poitiers, correspondant de l'Institut, auteur de nombreux volumes couronnés par l'Académie des Sciences morales et politiques, est bien connu, en France et à l'étranger, de ceux qui s'intéressent à l'histoire de la philosophie. Qui a lu l'un de ses ouvrages historiques: Pythagore et la philosophie pythagoricienne, 1873; Vie de Socrate, 1866; La Vie et les écrits de Platon, 1871; De la psychologie de Platon, 1863; Essai sur la psychologie d'Aristote, 1884; sait d'avance ce qu'il trouvera dans un volume comme celui qui vient de paraître, une abondance documentaire qui témoigne d'un travail aussi acharné que consciencieux, une interprétation prudente à tendances spiritualistes, bref, les renseignements les plus complets sur le sujet traité; il sait aussi ce qu'il n'y trouvera

---

[1]) En raison de la longueur que je suis en conséquence amené à donner à ce compte-rendu, je diffère jusqu'à l'année prochaine à parler des autres travaux moins considérables et des rééditions d'ouvrages déjà anciens.

pas, la décision critique hardie et révélatrice, le développement régulier d'idées directrices que le lecteur puisse aisément retrouver au milieu des digressions et des preuves et auxquelles il puisse rattacher ce qui passe devant ses yeux. M. Chaignet veut sans doute que nous nous construisions nous-mêmes l'histoire et se contente de nous fournir tous les matériaux préparés et ordonnés; peut-être a-t-il eu raison dans le choix de cette méthode, en ce sens du moins que ses ouvrages ont peut-être ainsi plus de chance d'être étudiés et consultés pendant longtemps. Mais je crois que pour susciter le travail dans l'esprit du lecteur, il est encore plus utile de lui proposer quelque chose de fortement construit, fût-il au reste à démolir.

Dans son dernier volume, M. Chaignet, après quelques pages sur les philosophes antérieurs, reprend son ancien exposé de la psychologie de Platon, esquisse la doctrine de Speusippe et de Xénocrate, saute Aristote, déjà traité en 1884, et continue par Théophraste jusqu'à Straton. Un appendice renferme une histoire extérieure de l'école d'Aristote et une liste alphabétique raisonnée des péripatéticiens du Lycée, liste comportant 286 noms et sur le type de celle de la Bibliotheca Graeca de Fabricius.

Il est au moins singulier que, dans sa préface, M. Chaignet déclare qu'il ne connaît personne ayant traité le même sujet que lui depuis Carus en 1808. Il ne faudrait pas en conclure que, par exemple, aucun exemplaire des écrits de Siebeck n'a pénétré en France, et n'y a été analysé par les recueils compétents. Je n'ai pas besoin d'ajouter que l'exposé de la doctrine du pneuma par M. Chaignet diffère sensiblement de celui donné par le philosophe allemand.

Victor Brochard. Les sceptiques Grecs, Paris, Alcan. — 430 pages.

Ce volume représente, avec les remaniements d'usage lors de la publication, un mémoire qui a obtenu en 1884 le prix Victor Cousin à l'Académie des Sciences morales et politiques. C'est peut-être le cas de dire quelques mots sur le fonctionnement en France de cette institution de prix décernés aux ouvrages sur l'histoire de la philosophie.

C'est une condition imposée aux concurrents que de présenter,
en même temps que l'exposé des doctrines étudiées, une appréciation
de ces doctrines et des conclusions faisant nettement ressortir
l'opinion propre de l'auteur sur les questions agitées. Cette condition est une conséquence d'abord de l'usage traditionnel, toujours
respecté dans une compagnie savante, en second lieu, de la composition même de l'Académie qui décerne les prix et qui est formée
de philosophes plutôt que d'érudits.

Comme d'ailleurs les ouvrages couronnés ont en général une
valeur incontestable et que quelques-uns ont été particulièrement
remarquables, ils donnent, en France, le ton aux travaux sur
l'histoire de la philosophie; il s'y est créé ainsi un genre spécial,
dans lequel le mérite doctrinal l'emporte, le plus souvent, sur le
mérite historique. Pour préciser ma pensée, il me suffira de
rappeler les ouvrages de Fouillée sur Socrate et Platon ou de
Vacherot sur l'École d'Alexandrie.

Le public français est habitué à ce genre et se trouve dérouté
en présence de recherches poursuivies dans un autre esprit. Cependant je crois que le genre est faux et je considère comme
éminemment regrettable le mélange qu'il comporte.

Si j'ai comme philosophe à combattre le scepticisme, j'ai à
m'occuper de la forme que mes contemporains donnent à leurs
arguments, non pas de celle que Carnéade, par exemple, donnait
aux siens. Si, au contraire, je prétends intéresser à Carnéade, il
s'agit pour moi de déterminer son état d'esprit, de montrer en quoi
et pourquoi il différait de celui des hommes de notre temps; je
n'ai pas à m'inquiéter davantage. Autrement dit, l'histoire de la
philosophie n'a nullement à préparer des arguments pour les dis-
putes des écoles; elle doit procéder à l'analyse des conditions
intellectuelles où se sont produites et développées telles ou telles
opinions. C'est par là qu'elle peut enseigner quelque chose d'utile
au philosophe et non pas en entreprenant des discussions qui
risquent d'aboutir à une vaine logomachie.

Je ne fais pas ces observations pour M. Brochard qui a,
autant que possible, évité les défauts du genre. Il a réduit au
minimum obligé son intervention dans le rôle de philosophe, et a

singulièrement développé, dans la partie historique, le mémoire couronné. Il nous a donc donné du scepticisme grec un tableau complet, clair et animé et dont devront tenir compte tous ceux qui aborderont désormais le même sujet.

Une introduction traite des antécédents du scepticisme, avant Socrate et chez les socratiques. L'autour conclut en somme à l'originalité absolue de la position prise par Pyrrhon.

Le premier livre, avant de parler de Pyrrhon et de Timon, c'est-à-dire des anciens sceptiques, traite de la division de l'histoire de la secte. Dans la première période, l'école se contente d'échapper aux subtilités des sophistes en n'y répondant pas; l'essentiel est la vie pratique.

Dans la seconde période, (Aenésidème et ses successeurs immédiats), le scepticisme devient au contraire dialectique; les tropes sont classés et on s'efforce de mettre partout la raison en contradiction avec elle-même.

Enfin, dans la dernière période, l'école est dirigée par des médecins empiriques (Ménodote: Sextus Empiricus): au fond ils méprisent la dialectique; ils entrevoient d'ailleurs la méthode d'observation et voudraient la substituer au dogmatisme et à la dialectique. On peut les rapprocher des positivistes.

A chacune de ces deux dernières périodes, est consacré un des deux derniers des quatre livres de l'ouvrage; après l'ancien scepticisme, se trouve intercalée, dans un livre spécial, l'histoire de la nouvelle Académie, d'Arcésilas à Antiochus d'Ascalon. Dans un chapitre final, avant les conclusions, l'auteur indique les ressemblances et les différences entre les sceptiques et les académiciens; il se prononce pour une distinction tranchée, reconnaissant à Carnéade et à ses disciples par rapport aux pyrrhoniens la position du probabilisme, il va jusqu'à dire du criticisme kantien, en face du positivisme phénoméniste.

L'époque d'Aenésidème est fixée vers 80—70 av. J-C; il aurait donc été contemporain de Philon de Larisse, d'Antiochus et de Cicéron. Rien ne prouverait qu'aucun pyrrhonien, entre Ptolémée de Cyrène et Ménodote, ait été médecin.

Favorinus serait plutôt à rapprocher de la Nouvelle Académie que du pyrrhonisme.

Je terminerai ces brèves indications en signalant une curieuse inscription grecque, publiée dans un récent numéro du Bulletin de Correspondance hellénique (XII, p. 308) et dont M. Brochard n'a pu avoir connaissance:

> ὁ τᾶς ἀοιδᾶς ἀγεμὼν ἀν' Ἑλλάδα,
> ὁ παντάπασιν ἐξισώσας τὰν λόγῳ
> καὶ τὰν ἀτάραχον ἐν βροτοῖς θεύσας ὁδὸν
> Πυρρωνιαστὰς Μενεκλέης ὅδ' εἰμὶ ἐγώ.

M. Picavet a lu, en 1888, à l'Académie des sciences morales et politiques, une note sur cette inscription.

P. Tannery. Pour l'histoire de la science hellène. — De Thalès à Empédocle. — VII + 396 pages. — Paris, Alcan.

Obligé, par suite d'une circonstance imprévue, de rédiger moi-même le compte-rendu d'un volume dont je suis l'auteur, j'en profiterai pour répondre à quelques-unes des bienveillantes critiques qui m'ont été adressées.

Le titre a été trouvé singulier, surtout en France; cependant il correspond assez exactement au but que je me suis proposé. Sans doute ce livre intéressera surtout ceux qui s'occupent de l'histoire de la philosophie; mais, de fait, j'ai été amené primitivement à le commencer à la suite de recherches sur les origines de l'astronomie, et je l'ai destiné plutôt aux savants qui peuvent prendre goût à la philosophie qu'aux philosophes que la science attire. Cela explique d'une part les traductions de documents originaux dont je l'ai chargé, au lieu de citer, le plus souvent, les textes grecs eux-mêmes; cela explique aussi diverses digressions où j'ai pris à partie les théories scientifiques contemporaines; cela explique surtout le point de vue spécial où je me suis placé, pour étudier, d'après les sources, les doctrines des premiers philosophes.

Après avoir proposé, dans l'introduction, pour l'histoire de la science ancienne, une division en quatre périodes d'environ trois cents ans chacune: — période hellène, jusqu'aux conquêtes d'Alexandre; — alexandrine, jusqu'à la fondation de l'empire

romain; — gréco-romaine, jusqu'au triomphe du christianisme;
— de décadence, jusqu'à l'invasion arabe; — division qui me
parait présenter de sérieux avantages, j'ai essayé de préciser la
méthode que je comptais employer et de l'opposer à la méthode
ordinairement suivie dans l'histoire de la philosophie, méthode que
je n'ai d'ailleurs pas l'intention d'attaquer, mais qui ne me parait
pas avoir conduit, pour les origines de la science, à des résultats
satisfaisants. Le but qu'on se propose de part et d'autre étant
différent, les procédés employés pour l'atteindre doivent varier.

En substituant ainsi le point de vue positiviste au point de
vue métaphysique (je me sers d'expressions qui me feront comprendre, je crois, quoiqu'elles ne soient pas rigoureusement exactes),
on arrive à des conséquences qui peuvent parfois choquer le lecteur
imbu des opinions généralement et même justement admises. Parménide, par exemple, sera rapproché d'Héraclite! Mais si l'on se
plaçait à un troisième point de vue, comme celui de la religion,
pour étudier les anciens philosophes, on pourrait bien arriver à
une troisième classification, peut-être encore plus choquante. Tout
rapprochement entre des penseurs originaux n'a qu'une valeur
relative et doit être essentiellement limité au rapport considéré.

Je crois donc que mon volume a une tendance réellement
nouvelle, et sans m'exagérer l'importance de cette tendance, sans
demander aucunement aux philosophes de profession de renoncer
à leur point de vue, que je serais le premier à partager dans
d'autres circonstances, il m'est permis de penser qu'ils pourront
trouver quelque intérêt à se placer momentanément au mien, et
je m'estimerai suffisamment heureux si la lecture de mon volume
leur suggère quelque réflexion nouvelle.

Le premier chapitre, destiné à faire connaître comment nous
est parvenue l'histoire des opinions des premiers penseurs grecs,
est emprunté, de fait, aux prolégomènes des Doxographi Graeci
de Diels, et destiné à faire connaître en France les résultats de ce
travail sur lequel je puis avouer avoir longuement, mais vainement,
cherché l'occasion d'une critique de détail.

Le second chapitre, sur la chronologie des physiologues, a de
même pour fonds principal le travail de Diels sur Apollodore

(Rheinisches Museum, XXXI), dont j'adopte pleinement les
principes et les principales conclusions. Cependant j'ai cru mieux
suivre la méthode tracée par mon guide, en m'écartant de lui sur
certains points, notamment on cherchant à préciser le rôle joué
par Sosicrate.

La divergence la plus importante est relative à la fixation des
dates de l'éclipse de Thalès (j'admets 585 suivant Sosicrate, 597
suivant Apollodore, 610 suivant Hérodote) et de la prise de Sardes
par Cyrus (548 suivant Sosicrate, 558 suivant Apollodore, ce qui
serait la date véritable). Pour l'éclipse de Thalès, j'ai admis comme
bonne la date déduite des récits d'Hérodote, malgré les contradictions dont ces récits ont été l'objet. J'ajouterai aujourd'hui que
la question ne me parait pouvoir être tranchée que par les décou-
vertes des assyriologues, et que ce que j'en connais jusqu'à ce jour
ne me parait point décisif.

Suivent onze chapitres consacrés à: Thalès — Anaximandre —
Xénophane — Anaximène — Héraclite — Hippasos et Alcméon —
Parménide — Zénon — Mélissos — Anaxagore — Empédocle, dans
l'ordre chronologique supposé. Chaque chapitre est suivi d'une
doxographie, et le volume est terminé par deux appendices; une
traduction de Théophraste sur les sensations et une étude sur
l'arithmétique pythagorienne.

Dans la liste des noms ci-dessus, on remarquera l'absence de
Pythagore d'une part, de Leucippe et de Démocrite de l'autre. Le
motif qui m'a déterminé à ces exclusions est, pour Pythagore, que
les documents qui lui sont relatifs ont leur histoire propre et surtout
leur incertitude tout-à-fait spéciale. Ce sont donc des matériaux
qui, d'après mon plan général, devraient être utilisés à part, d'autant
qu'on ne peut supposer, du Maitre, aucun écrit authentique.
D'ailleurs, j'ai été assez souvent amené à parler des doctrines de
l'école de Pythagore pour que la lacune ne soit pas sensible, aux
yeux au moins de qui ne cherchera pas dans mon volume une
histoire complète, que je n'ai jamais eu la prétention de faire.

Quant aux atomistes, j'avouerai simplement que je n'ai encore
rien trouvé à dire sur leur système qui me parût digne d'être
publié. Pour tous les autres penseurs dont j'ai abordé l'étude, je

crois au contraire avoir dit quelque chose de neuf, au moins en France.

Le chapitre sur Thalès, publié, il y a déjà dix ans, dans la Revue philosophique, renferme notamment une divination qui a généralement été acceptée comme plausible. Je ne puis me rappeler sans quelqu'émotion cette publication, parce que c'est elle qui a occasionné mes relations avec Teichmüller, et quoique ce puissant génie, trop ardent à la bataille comme à la poursuite de toute piste neuve, n'ait pas su se ménager, dans sa patrie, l'accueil qu'il pouvait espérer, je suis sûr que ses adversaires eux-mêmes ont déploré la mort qui l'a frappé en pleine vigueur, et quant à moi, je n'oublierai jamais qu'il m'a montré un „coeur d'or".

J'ai adopté, dans mon volume, sous certaines réserves inutiles à signaler ici, ses vues sur Anaximandre et sur Héraclite. C'est là surtout ce qui a provoqué les critiques les plus graves dont j'ai été informé.

La thèse que les premiers Joniens ont attribué au mouvement de révolution diurne de la sphère céleste une prédominance marquée sur tous les autres mouvements, a de trop graves conséquences pour être acceptée sans conteste. Tout en la croyant vraie et en la défendant, je reconnais qu'elle n'est pas fondée sur des textes décisifs qu'on chercherait en vain dans Aristote ou dans Platon; mais je pense que l'absence de ces textes tient plutôt à ce que cette idée était trop courante, trop vulgaire, pour avoir besoin d'être scientifiquement affirmée, et il me suffit de voir que, dans Aristote, l'action du premier moteur se réduit en fait à produire le mouvement de la sphère, de voir que dans Platon, le même du Timée est purement et simplement identifié à ce mouvement. Je crois donc reconnaître là un état d'esprit qui n'est plus le nôtre, à nous qui avons, dès l'enfance, été initiés au système de Copernic. C'est cet état d'esprit dont j'ai essayé de donner une idée[2]).

---

[2]) M. Chiappelli a parlé ici même (Archiv, I, 4, p. 582 suiv.) de mon chapitre sur Anaximène. Je crois devoir faire remarquer, car autrement on pourrait s'y tromper, que l'opinion qu'il adopte sur l'explication des éclipses suivant le Milésien est précisément la mienne et que j'ai même été, je crois, le premier à la proposer.

Pour Héraclite-théologue, je suis disposé à faire plus de
concessions, peut-être même à adopter la formule suggérée par
M. Natorp „Héraclite n'a pas mis la théologie dans l'étude de la
nature, il a mis l'étude de la nature dans la théologie". Toutefois,
quand se produit une thèse aussi neuve et aussi importante que
l'était en réalité celle de Teichmüller, je crois bon qu'elle soit
reprise et propagée, ne fût-ce que pour provoquer des études plus
approfondies[3]); il suffit de se garder des exagérations, ce que j'ai
essayé de faire pour ma part. L'historien de la philosophie ne
doit jamais s'endormir sur la brèche, et quelque monument qu'il
ait élevé, il doit bien se convaincre que son œuvre ne sera pas
éternelle, comme ceux des grands penseurs qu'il étudie. C'est le
sort réservé à tout travail d'érudition que de ne valoir que pour
quelques générations; amassons au moins le plus de matériaux et,
pour cela, remuons le plus d'idées qu'il nous sera possible. Nos
petits-neveux en profiteront.

La façon dont j'ai conçu les Eléates, et qui cette fois m'est
plus purement personnelle, a soulevé également d'assez nombreuses
contradictions. J'ai traité Xénophane comme un poète fantaisiste,
réellement étranger à l'école, Parménide comme un réaliste, parlant
du plein et du vide sous les termes d'être et de non-être, Zénon
comme s'attaquant non pas au sens commun, mais à des formules
erronées de l'école pythagoricienne; je n'ai pas salué, avant Mélissus,
le véritable père de l'idéalisme moderne.

Je crois que, pour juger ces thèses avec équité, et pour pouvoir
apprécier à leur juste valeur les arguments que j'ai développés, il
est essentiel de se dépouiller des préjugés d'école et surtout de
celui que l'idéalisme est une conception facile pour celui qui n'a
pas reçu l'éducation philosophique. Qu'on prenne cent paysans et
qu'on essaie de leur faire comprendre seulement de quoi il s'agit,
on y perdra sa peine; mais qu'on prenne même cent hommes lettrés,
dont l'éducation aura toutefois été terminée à ce qu'on appelle en
France la rhétorique, et dont l'esprit ne soit plus malléable, comme

---

[3]) Je signale, pages 197—200, une note spéciale que j'ai consacrée à l'explication du fragment 91 (Mullach) et qui en tout cas est indépendante de la
question agitée ci-dessus.

l'est encore celui des élèves de philosophie, et qu'on fasse la même expérience; on se fera, le plus souvent, traiter par eux d'esprit de travers. Or, au VI° et au V° siècle, les Grecs en étaient là; je me suis donc demandé comment l'idéalisme s'était constitué et je n'ai pas été le premier à constater que bien certainement il n'a pas surgi d'un seul coup, armé de toutes pièces. Un germe, plus ou moins facile à discerner, est d'abord apparu; il s'est développé par une évolution plus ou moins lente. Maintenant on peut certainement discuter sur le moment où il convient de lui attribuer le caractère décisif pour la classification; car les tendances à ce caractère auraient pu avorter et la doctrine ne pas survivre.

En tout cas, je puis dire que j'ai procédé à mes recherches sans aucun parti pris, et même avec un préjugé en sens contraire à celui des conclusions que j'ai finalement adoptées. Ce n'est qu'après avoir reconnu le véritable caractère des apories de Zénon sur le mouvement, et en avoir donné une explication qui me parait lever les difficultés antérieures, que je suis revenu sur Parménide et que je me suis formé la conviction que son rôle idéaliste avait été beaucoup trop exagéré. J'ai travaillé trop longtemps moi-même cette question et j'ai dû la retourner sur trop de faces pour que je puisse espérer qu'une simple lecture de mon volume suffise à faire partager mon opinion.

J'ai parlé l'année dernière (Archiv, I, 2, p. 304) du chapitre sur Anaxagore; quant à celui qui est consacré à Empédocle, ce qu'il contient de neuf est surtout relatif au système cosmologique, dont je crois avoir sensiblement avancé la restitution. C'est en effet, d'après le plan que j'ai indiqué, surtout aux conceptions de ce genre que je me suis particulièrement attaché dans tout mon volume, et des résultats que j'ai obtenus, on peut conclure, je crois, que si les tendances métaphysiques des premiers penseurs grecs offrent des divergences et des retours singuliers, sur lesquels je n'avais pas à insister, leurs tentatives d'explication du monde présentent, au point de vue scientifique, une unité profonde et témoignent d'un progrès régulier et d'un développement suivi dans les connaissances. C'est l'établissement de ces conclusions qui peut former le principal intérêt de mon livre et en justifier le titre.

L'appendice sur l'arithmétique pythagorienne a pour objet principal d'en distinguer le côté mystique et le côté scientifique. J'ai cherché à préciser le développement atteint par l'ancienne école dans ce dernier sens; pour l'autre, j'ai montré qu'il a apparu dès l'origine, mais sous une forme peu importante et qui semble avoir eu un caractère mnémotechnique; la singulière floraison à laquelle il a donné naissance me parait simplement une fantaisie de faussaires Alexandrins, fabricateurs de poésies prétendues orphiques.

Sur les travaux de mathématiques proprement dits attribués aux philosophes grecs depuis Thalès jusqu'à l'époque de Platon, on trouvera, si on le désire, des renseignements dans un autre volume que j'ai publié la même année:

P. TANNERY.   La Géométrie grecque, comment son histoire nous est parvenue et ce que nous en savons. — 1º Partie: Géométrie élémentaire. — Paris, Gauthier-Villars.

J'y ai notamment essayé de montrer que l'attribution d'un rôle important attribué à Platon pour le développement de la géométrie ne repose que sur une légende inconsistante et forgée après coup sur la lecture de ses écrits.

XI.

The Literature of Ancient Philosophy in England in 1887.

By

Ingram Bywater.

D. MARGOLIOUTH. Analecta Orientalia ad Poeticam Aristoteleam. —
   Londini, D. Nutt. 1887.

We have now at last in print the Arabic version and sundry
other Oriental texts relating to Aristotle's Poetics, edited moreover
by a scholar who possesses qualifications for the work such as are,
in this age of specialization, very rarely found combined in any
one man. The gift would have been more acceptable if the texts
had been accompanied by a translation for the benefit of those
who are not orientalists; but Mr. Margoliouth makes up for this
omission to a certain extent by a section (Symbolae Orientales ad
emendationem Poetices, pp. 46—72) in which he breaks ground
in the new field, and shows how the version may be turned to
account for the purposes of criticism in reference to the Greek
original. It is obviously a somewhat hazardous undertaking to set
to work to recover a Greek text from the evidence presented by
a translation of a translation; and in the case of the Poetics the
difficulty in intensified from the fact that the book treats of matters
which were remote strange and incomprehensible to an Oriental
mind. The Arabian translator accordingly must have often misun-
derstood the Syriac text; and the Syriac translator himself, as we
may see from the surviving fragment of his version, was by no
means incapable of making very grave mistakes in his renderings

of the Greek. As is the way with translators too even in our
own day, important words in the original seem to have been
sometimes overlooked or ignored; and on the other hand there are
here and there instances of a tendency to amplify the text by
glosses and other additions intended to make things easier and
more intelligible to an Oriental reader. And over and above this,
I believe I am right in saying that, owing to the way in which the
text is written in the Paris MS., the interpretation of the Arabic
text itself is in sundry places by no means clear and unquestionable,
and that the sense that one Arabic scholar finds in it would not
always be accepted by another. This is a point however which I
must leave to the consideration of others. I can only say for
myself that in the Version, as translated by the Editor, there are
passages which seem to me so hopelessly wide of the mark that
it is a mere waste of time to attempt to trace a connexion between
them and any statement, possible or actual, in the Greek original.

As has been already intimated, the part of this book to which
an ordinary Greek scholar will turn is the section entitled 'Symbolae Orientales' — in which the Editor deals with certain select
passages in the Poetics and tells us what light the Version throws
on them. The selection itself is not quite what one could have
wished, as there are assuredly many interesting and important
passages about which we are left without information, e. g. in
1451ᵃ17 where there is some reason to think that the Version
supports the reading τῷ ἑνί (Journal of Phil. 10 p. 68), but if it
does, the Editor has omitted to state that that is really the case.
My own impression, derived, I need not say, simply from what
the Editor tells us of the Version, is shortly this, that the Greek
text underlying it was in general agreement with Aᶜ, even ˙in
readings which are manifestly impossible (e. g. ἀνάλογον in 1460ᵃ13),
and that it was not free from errors of its own (e. g. ἄπλαστοι in
1455ᵃ30); it had, however, occasionally better readings than Aᶜ, and
above all preserved here and there a word or words which have
dropped out in our one Greek MS. Thus in 1455ᵇ17 the Version
implies, as the Editor points out, ⟨οὐ⟩ μακρός, and in 1458ᵃ27. τῶν
⟨ἄλλων⟩ ὀνομάτων. It justifies in 1447ᵇ9 the insertion of ἀνώνυμος

(with Bernays); in 1456ᵃ28 that of οὐδὲν (with Vahlen); and in 1461ᵃ17 that of ἱπποκορυσταί (with Christ). It seems to justify also sundry omissions that have been suggested; e. g. in 1447ᵃ26 the omission of μιμοῦνται (with Spengel); in 1447ᵃ29 that of ἐποποιία (with Ueberweg); in 1450ᵇ16 that of πέντε (Journal of Phil. 5 p. 119). It supports also a number of the more simple emendations that have been from time to time proposed; e. g. Forchhammer's τῷ ἐν ἑτέροις in 1447ᵃ17, Heinsius' φυσικόν in 1447ᵇ16, Bonitz's ἀλλὰ καὶ in 1448ᵇ35, Tyrwhitt's μέχρι μὲν τοῦ in 1449ᵇ9, Bigg's ἐν τῷ βαδίζει Κλέων τὸ Κλέων in 1457ᵃ27, Vahlen's ἐν τῷ ὀνόματι in 1457ᵃ33, Madius' κεκρᾶσθαι in 1458ᵃ31, Castelvetro's ἀεικής in 1458ᵇ25, Bonitz's αἱρεῖσθαι in 1460ᵃ4, Twining's ὑπεναντίως in 1461ᵇ16. There are besides some few indications of a fuller text than what we now have: e. g. after ἡμῖν δὲ γλῶττα in 1457ᵇ6 the Version (according to the Editor's translation) adds 'ὄρου vero nobis proprium, populo autem glossa'. A very perplexing addition is that in 1457ᵃ35, where after Ἑρμοκαϊκόξανθος the Version inserts the equivalent of 'qui supplicabatur dominum caelorum' — beneath which there lurks, I suspect, another abnormally long proper name introduced as a second instance of a πολλαπλοῦν ὄνομα. This is only one of the many interesting points which will have to be discussed when the Version comes to be taken in hand by Aristotelian students. Nothing serious can be done however until we have a careful translation of the entire Version with a critical comparison of its readings with those of the existing Greek text. Though this is too much to expect from one man, it would not be impossible, if two would put their heads together, an Orientalist well-versed in the ways of Syriac and Arabian. translators working in collaboration with a Greek scholar familiar with the Poetics and with the language and ideas of Aristotle.

The Politics of Aristotle, with an Introduction, two prefatory Essays and Notes critical and explanatory by W. L. Newman, M. A. Fellow of Balliol College, and formerly Reader in Ancient History in the University of Oxford. Vol. I.

Introduction to the Politics. — Vol. II. Prefatory Essays.
Books I and H. Text and Notes. — Oxford, Clarendon
Press 1887.

This is in every way a noteworthy book, and one which must
be recognized forthwith as a distinct addition to the literature of
Aristotle. It is the mature fruit of many years of study on the
part of a scholar who through his many-sided interests and
attainments is fitted as few men are for the work of editing the
Politics: every page shows how completely he is at home in
everything that relates to Greek history and ancient political and
social ideas.

The book, if the rest of it is to be on the some scale, will
be in four volumes. Of the two now before us the first is entirely
devoted to an Introduction of 577 pages, which is practically a
survey of the contents of the Politics, with incidental criticisms
and digressions on a number of points of general interest, e. g. as
to the Life of Aristotle, the connexion between his political teaching
and his philosophic system, his relations to his predecessors, more
especially to Plato — in other words, as to the antecedents,
historical and personal, of all the main points in Aristotle's dis-
cussion. As a specimen showing the character and quality of this
part of Mr. Newman's work, I cannot do better than quote what
he has to say on a question which every reader of the Politics
must feel to be a difficulty, How comes it that Aristotle is silent
as to the relations between Greece and the new political factor in
the Greek world, Macedon? —

'Not a particle of Aristotle's attention is diverted from the πόλις to the
ἔθνος . . . . It is the πόλις, not the ἔθνος, which Aristotle makes it his object
to reform. It is the πόλις that brings men completeness in respect of good
life, as distinguished from completeness in respect of necessaries. It is in
Greece, not Macedon, that the future of human society in to be made or
marred. Aristotle writes as a Hellene and a disciple of Plato, not as one
whom circumstances had more or less attached to the fortunes of Macedon.
The great spirits of antiquity, and Aristotle among them, seem to draw their
creed from sources too deep to be greatly affected by accidents such as that
which had connected him with Macedon. He still follows in the track of his
philosophical predecessors, and especially of Plato, with whom he stands in
complete filiation. The object of the Politics is to carry on and complete the

work that Plato had begun — the work of re-adapting the πόλις to the pro-motion of virtue and noble living. Aristotle's relation to Plato was the cri-tical fact of his life, not his relation to Philip or Alexander' (I. p. 478).

The second Volume, containing the first two Books and the critical and explanatory commentaries on them, is prefaced by Essays on the history of the Politics, their unity and origin, and on the data we have at our disposal for the establishment of the text. As regards the MSS. the Editor depends for them chiefly on Susemihl; he attaches however a higher value than Susemihl does to the MSS. of the second family, and is able to point to the recently recovered Vatican fragments as confirming the view at which he had arrived independently before the appearance of Heylbut's article. To his account of the Vetus Versio Mr. New-man adds in an Appendix a minute collation of the Cheltenham MS. in Books I—II: certain other English MSS. have also been examined, the Corpus MS. of the Greek text, for instance, and the New College MS. of Aretinus.

The commentary on Bks I—II occupies nearly 300 pages. As may be supposed, it is very full on every point that seems capable of illustration, and it will be invaluable to the student from the care with which in cases of doubt or difficulty all possible views are stated and considered. If any fault is to be found with this part of the Editor's work, it can hardly be on the score of omission: there are very few instances indeed in which I have been able to note anything as wanting in his pages. Perhaps on 1256ª36, when Aristotle is speaking of Etruscan piracy, a reference to fr. 60 in Rose's last edition might have been given with ad-vantage; and in the comment on 1262ª19 (τινὲς τῶν τῆς γῆς περιόδους πραγματευομένων) the reader might have been remended that a γῆς περίοδος had been written by Hecataeus and others, and that the allusion may be to one of these rather than, as the Editor thinks, to Herodotus. In matters of textual criticism Mr. Newman is a 'Conservative', and there are not many emendations which meet with his approval. In 1260ᵇ31 he appears to think that τυγχάνωσιν may possibly be right after all, though he is quite aware of the strong arguments in favour of the indicative, which he quotes himself from Bonitz and Vahlen. In 1264ᵃ2 he decides against Bernays' 'brilliant and ingenious' emendation, εὕνεσιν (for ἕτεσιν), and refers in defence of the vulgate to Vahlen on the Poetics p. 87 — where, however, if I mistake not, Vahlen is dealing with a very different kind of tautology to that which is involved in ἕτεσιν. In 1265ᵃ40 the reading ἂν ὁμαλισθησόμενον is retained, but the reference in support of it to Goodwin's Moods and Tenses is hardly conclusive, as Goodwin distinctly says that the possibility of such a construction is open to a certain 'doubt and suspicion'. An invaluable element in the commentary are the occasional notes on points of grammar, and especially Aristotelian grammar, which the Editor has evidently studied with all due care and attention. Very few points connected with it seem to have escaped him. I observe that on τοῖν χεροῖν in 1274ᵇ14 he acquiesces in the statement (of Liddell and Scott) that in Attic the dual of the article 'has commonly but one gender' — instead of which it would have been more appropriate to say that in in-scriptions of the Attic period there is no trace of an exception to the rule which Aristotle is here following. In a note too on 1253ᵇ35 there is a question raised as to why we have the article before the proper name in τοὺς τοῦ Ἡφαίστου τρίποδας; but the answer which is tentatively suggested is, I take it, somewhat wide of the mark: the Hephaestus meant is the Homeric Hephaestus (Il. 18, 376), and as pointed out long ago by Fitzgerald and after him by Grant, it is a rule, at any rate with Aristotle, to prefix the article to the names of the personages in a poem or dialogue.

   In taking leave of a book of such importance to all serious students of the Politics, I venture to express a hope that the Editor will not forget to give us a very full and complete Index, and also that the appearance of the concluding volumes may not long be delayed.

Journal of Philology. No. 31. J. P. Postgate: Lucretiana. Dis-
      cusses the reading and interpretation of Lucr. I. 356,
      469—70, 884—7; II. 20—4, 98, 180—1, 1033—7; III.
      647, 940; IV. 642, 1152; V. 1117—9; VI. 1022—7,

1194—5. — No. 32. R. Ellis: On Cic. Acad. Prior. XXV.
79—80. Suggests in torquata for inportata.

Dictionary of Christian Biography, edited by W. Smith and
H. Wace. Vol. IV. London, John Murray, 1887.

Among the articles in this volume which treat of matters of
Ancient philosophy, I may single out two as deserving especial
attention, that on Philo by Dr. Edersheim, and that on Synesius
by the late T. R. Halcomb. Dr. Edersheim gives us a very complete and scholarly survey of Philo's life and writings, and from
the care with which the literature on disputed points is noted his
article is simply invaluable for purposes of reference. The account
of Synesius is an attractive and brilliant étude, but too long and
too literary in its treatment of the subject for the ordinary purposes of a dictionary.

Neueste Erscheinungen auf dem Gebiete der Geschichte der Philosophie.

Ἄγγελος Κανέλλος, Διατριβὴ περὶ Βησσαρίωνος ὡς φιλοσόφου, Diss., Leipzig, Athen, Petri.

Beer, Georg, Al. Gazzàli s Makàsid al Falàsifat, Diss., Leipzig, Leiden, Brill.

Berendt, M., Die rationelle Erkenntniss Spinoza's. Abdr. der preuss. Philologenzeitung, Berlin, Lazarus.

– Bobtschew, Nicola, Die Gefühlslehre von Kant bis auf unsere Zeit, Dissert., Leipzig, Osw. Mutze.

Böhringer, Ad., Kant's erkenntnisstheoretischer Idealismus, Progr., Freib. i. B.

Brinkmann, A., Quaestionum de dialogis Fiatoni falso addictis specimen, Diss., Bonn, Georgi.

Bruni, J., Le opere italiane, ristampate da P. de Lagarde, Gött., Dietrich. (Vgl. auch Göttinger gel. Anzeiger 1889, No. 4 von P. de Lagarde.)

Claussen, Fr., Kritische Darstellung der Lehren Berkeley's über Mathem und Naturwissensch., Diss., Halle.

Cron, Chr., Zu Heraklit, Philologus, N. F., Bd. I, H. 3, S. 400—425.

Dessoir, K., Ph. Moritz als Aesthetiker, Berlin, Duncker.

Draesecke, Joh., Zu Augustin's de civit. dei XVIII, 42, Zeitschr. f. wissensch. Theol. Bd. 32, H. 2.

Erbes, C. Lic., Die Lebenszeit des Hippolytus, Jahrb. f. protest. Theol. Bd. 14, H. 4, S. 611—656.

Feller, Die tragische Katharsis in der Auffassung Lessings, Progr., Duisburg.

Felsch, C., In welchem Verhältniss steht die Moral der Bhagavad-Gità zur Moral der Inder etc., Zeitschr. f. exacte Philos. Bd. XVI, H. 4.

Gabelentz, v. d., Ueber den chinesischen Philosophen Mek Tik, Abhandl. d. sächs. Gesellsch. der Wissensch. 1888, S. 62—71.

Garbe, Rich., Die Theorie der indischen Rationalisten von den Erkenntnissmitteln, Ebenda S. 1—30.

Geil, G., Schiller's Ethik und ihr Verhältniss zu Kant, Leipzig, Fock.

Gieser, Carolus, De Plutarchi contra Stoicos disputationibus, Diss., Münster, Coppenrath.

Gille, Alb., Herbart's Ansichten über den mathem. Unterricht, Dissert., Halle, Waisenhaus.

Glossner, Die philos. Reformationsversuche des Nicolaus Cusanus und Marius Nizolius, Philos. Jahrbuch III, 3.

Goldschmidt, J., Schiller's Weltanschauung und die Bibel, Berlin, Rosenbaum u. Hart.

Gompertz, Th., Ueber die Charactere Theophrast's, Sonderabdr. der Akademie, Wien, Tempsky.

Grassmann, Frz. L., Die Schöpfungslehre des heil. Augustin und Darwin's, Regensburg, Verlagsanstalt.

Grillenberger, Studien zur Philos. der patristischen Zeit, Philos. Jahrb. III, 3.

Hausrath, A., Philodemi περὶ ποιημάτων libri secundi quae videntur fragmenta, Diss., Bonn, Georgi.

Heinig, M. Eugen, Die Ethik des Lactanz, Diss., Leipzig, Grimma, Bode.

Heussler, H., Francis Bacon und seine geschichtliche Stellung, Bresl., Koebner.

Jansen, W., Die Theorie der Möglichkeit in Kant's Kr. d. rein. Vern.. Diss., Strassburg, Essen, Geck.

Jodl, Fr., Geschichte der neueren Ethik seit Kant, Stuttgart, Cotta.

Katzer, Kant's Lehre von der Kirche, Jahrb. f. protest. Theol. Bd. 15, 1889, H. 1.

Kille, Joh. Alex., Platon's Lehre von der Materie, Diss., Marburg, Friedrich.

Klette, Th., Beiträge zur Gesch. u. Litteratur der ital. Gelehrtenrenaissance (Lion. Bruni), Greifswald, Abel.

König, G., Maine de Biran, der französ. Kant, Philos. Monatsh. Bd. 25, H. 3, 4.

Krampf, A., Der Urzustand der Menschen nach Gregor von Nyssa, Würzburg, Bucher.

Kühne, Benno, Die Fortbildung der Naturphilosophie auf plat.-aristot. Grundlage, Einsiedeln, Henziger & Co.

Lehmann, E., Die verschiedenen Elemente der Schopenhauer'schen Willenslehre, Strassburg, Trübner.

Liebhold, K. J., Zur Textkritik Platon's, N. Jahrb. für Philol. 1888, H. 11.

Maier, K., Darstellung des philos. Standpunktes des Horaz, Progr., Kremsier.

Mannheimer, D., Die Kosmogonie der jüd. Philosophen von Saadia bis Maimon., Diss., Halle.

Martin, Br. Rich., Leibnizen's Ethik, Diss., Erlangen, Wurzen, Jacob.

Martin, Rud., Kant's philos. Anschauungen 1762—66, Diss., Freiburg, Lehmann.

Mechelson, Carl, Meister Eckart, ein Versuch, Berlin, Mittler & Sohn.

Menzel, P., Der griechische Einfluss auf Prediger und Weisheit Salamonis, Halle, Kämmerer.

Möbius, Ernst, Characteristik der Brüder des gemeinsamen Lebens, Dissert., Leipzig, Grumbach.

Noiret, H., Lettres inédits de Michel Apostolis, Paris, Thorin.

Oethe, Franz, Lucan's philos. Weltanschauung, Programm, Brixen.

Ohse, J., Der Substanzbegriff bei Leibniz, Dissertation, Dorpat.

Pappenheim, Eugen, Der angebliche Heraklitismus des Skeptikers Aenesidem, Progr., Berlin.

Petersen, J., Ad Galeni de plac. Hipp. et Platonis libros quaestiones criticae, Göttingen, Vandenhoeck & Rupprecht.

Pfennig, Rich., De librorum quos scripsit Seneca de ira compositione, Diss., Greifswald, Abel.

Rahstede, H. Georg, Studien zu Larauchefoucauld's Leben u. Werken, Braunschweig, Schwetschke.

Reicke, R., Lese Blätter aus Kant's Nachlass, Heft 1, Königsberg, Beyer.

Rogge, Die Anschauungen des Apostels Paulus vom relig.-sittlichen Character des Heidenthums, Leipzig, Reichard.

Schanz, Joh., Das Freiheitsproblem bei Kant u. Schopenhauer, Diss., Leipzig, Lössnitz, Sulze.

Schneider, Ceslaus, M., St. Thomasblätter, Zeitschr. für die Lehre des h. Thomas, H. 1, Regensburg, Verlagsanstalt.

Schütz, H., Kritische Bemerkungen zu Aristoteles' Rhetorik, N. Jahrb. für Philol. 1888, H. 10.

Sievel, K. G., Die Lehre von der Freiheit bei Kant und Schopenhauer, Diss., Erlangen, Junge & Sohn.

Sperling, K., Aristoteles' Ansicht von der Zeit. Diss., Marburg, Friedrich.

Stapfer, Aurel. Aug., Studia in Aristotelis de anima libros collata, Dissert., Erlangen, Landshut, Thomann.

Stein, Ludwig, Antike und mittelalterliche Vorläufer des Occasionalismus, Sonderabdruck des Archivs f. Oesch. d. Philos., Berlin, Georg Reimer.

Stock, Otto, Descartes' Grundlegung der Philosophie, Diss., Greifswald, Abel.

Stöckl, Geschichte der Philosophie, 2 Bände. 3. Auflage, Mainz, Kirchheim.

Sudhaus, S., Zur Zeitbestimmung des Euthydem, Gorgias und der Republik, Rhein. Mus. 1889, Bd. 44, H. 1.

Sybel, v., Platon's Technik am Symposion und Euthydem nachgewiesen, Marburg, Elwert.

Thieme, K., Der Primat der praktischen Vernunft bei Lotze, Diss., Leipzig, Ackermann u. Glaser.

Voigt, G., Ueber den Ramismus der Universität Leipzig, Abh. d. sächs. Ges. d. Wissensch. 1888, H. 2, S. 31—62.

Wachsmuth, Zu Cicero's Schrift de republica, Leipziger Studien XI, H. 2.

Wahle, Rich., Ueber das Verhältniss von Substanz und Attribut in Spinoza's Ethik, Sonderabdr. der Akademie, Wien, Tempsky.

Wahn, Joh., Kritik der Lehre Lotze's von der Willensfreiheit, Diss., Halle.

Waldaestel, Otte, De enuntiatorum temporalium structura apud L. An. Senecam, Diss., Halle.

Weinsberg, Der Mikrokosmus des ibn Zaddik auf seine Echtheit untersucht, Breslau, Köbner.

Werner, Rud., De L. An. Senecae Hercule etc. quaestiones, Diss., Lpz., Fock.

Wolf, E., Joh. Elias Schlegel, Berlin, Oppenheim.

Zeller, E., Ueber die richtige Auffassung einiger aristotelischer Citate, Sitzungsberichte der Akademie 1888, Heft 51.

Ziegler, Th., Thomas Morius und seine Schrift von der Insel Utopia, Vortrag, Strassburg, Heitz.

Archiv

für

Geschichte der Philosophie.

II. Band 4. Heft.

XXVI.

L'hypothèse géométrique du Ménon de Platon.

Par

Paul Tannery à Bordeaux.

M. Alfred Gercke a récemment proposé ici même (Archiv, Bd. II, Heft 2, p. 171) une nouvelle tentative d'explication du locus mathematicus de Platon = Ménon 86. Je voudrais exposer les raisons pour lesquelles cette tentative ne me parait point acceptable.

J'ai moi-même traité autrefois cette question (Revue philosophique, août 1876, p. 285 suiv.); après avoir indiqué comme possible la solution de Benecke[1]), j'en ai, moi aussi, proposé une autre et je m'appuyais sur des motifs semblables à ceux qu'invoque M. Gercke. Mais, depuis longtemps déjà, une étude plus approfondie m'a montré que ces motifs sont insuffisants et je me suis rallié à l'opinion de Benecke, également admise d'ailleurs par l'historien le plus compétent de la mathématique, je veux dire Moritz Cantor[2]).

Il est certain cependant que, dans cette explication de Benecke, l'énoncé de l'hypothèse géométrique, donné comme exemple par

---

[1]) Ueber die geometrische Hypothesis in Platons Menon, Elbing, 1867.
[2]) Vorlesungen über Geschichte der Mathematik, Leipzig, 1880, p. 187.

Platon, offre quelque chose de défectueux et d'obscur. Pour préciser,
Platon ferait à peu près comme un mathématicien de nos jours,
qui ayant à exprimer une condition telle que

$$n = a,$$

la déguiserait sous une transformation, comme

$$n^2 = 2an - a^2.$$

Est-il admissible qu'il fasse parler Socrate de la sorte, dans
la situation que suppose le dialogue?

Tous ceux qui ont commenté ce passage (sauf, je crois, Carl
Demme, Progr. no. 122, Dresde, 1888) sont d'accord pour reconnaître
que l'hypothèse géométrique de Platon est la condition nécessaire
et suffisante pour que le problème auquel il la rapporte soit possible;
autrement dit, c'est ce que les mathématiciens grecs, dans leur
langage technique, ont appelé plus tard le διορισμός du problème,
expression qui, d'après le témoignage d'Eudème dans Proclus,
remonterait au reste à un Léon, contemporain et ami de Platon[3]).

Ceci nous indique que dans la passage du Ménon, comme
dans celui bien connu du Théétète, 167—168, il y a une allusion
à une question à l'ordre du jour chez les géomètres de l'académie,
et même à un travail récent qui avait attiré l'attention. Après
avoir, dans le Ménon, traité assez longuement de problèmes géométriques
tout à fait élémentaires, Platon pouvait sans doute se permettre
une allusion de ce genre, pour une question de méthode qui devait
d'ailleurs l'intéresser vivement, et comme cette allusion peut se
rapporter à un texte que nous ne connaissons point, nous ne
sommes pas bien placés pour reconnaître si elle est réellement
aussi malheureuse dans la forme qu'elle peut nous le sembler.

En tout cas, l'interprétation de M. Gercke donnerait à l'énoncé
dont il s'agit un sens encore moins admissible, ce me semble,
dans la bouche de Platon. Car, si ce sens est relativement clair
pour les profanes, il lui manque absolument le caractère de pré-
cision qui était certainement exigé dès ce temps-là, comme il l'est
de nos jours, pour quiconque veut s'exprimer en géomètre, ὥσπερ
οἱ γεωμέτραι. Platon commettrait une véritable tautologie sans

---

[3]) Cantor, Vorlesungen, p. 205.

faire avancer la question d'un seul pas, puisque l'existence de la condition imposée est précisément aussi difficile à reconnaître que la possibilité de la solution. Si le Ménon avait été écrit par Socrate, on pourrait peut-être admettre l'interprétation de M. Gercke; mais il ne faut pas oublier qu'il s'agit d'une œuvre de Platon, qu'elle était destinée à un cercle passablement savant, devant lequel le maître pouvait se montrer singulier, mais non ridicule en parlant incongrûment.

Un autre point sur lequel je partageais aussi autrefois l'opinion de M. Gercke, c'est qu'au temps de Platon, la langue mathématique était encore flottante, que les termes techniques prêtaient encore à confusion. Je citais même, comme exemple topique, le passage précité du Théétète, où δύναμις est employé dans le sens de racine carrée, tandis que dans la République IX, 187 d, le même mot signifie au contraire carré. Mais depuis, la poursuite de mes études sur les variations qu'a pu subir la langue mathématique des Grecs m'a conduit à des conclusions tout à fait opposées et je n'hésite plus désormais à regarder le terme de δύναμις dans le Théétète comme devant être remplacé par celui de δυναμένη [4]).

Or, dans cet ordre d'idées, il est impossible de ne pas identifier l'expression dont se sert Platon dans le Ménon: τοῦτο τὸ χωρίον . . . παρὰ τὴν δοθεῖσαν [5]) . . παρατείναντα ἐλλιπεῖν τοιούτῳ χωρίῳ

---

[4]) Annales de la Faculté des Lettres de Bordeaux, 1884, 3 fasc. p. 95 suiv. — Que la langue mathématique grecque ait été fixée de très bonne heure et qu'elle n'ait subi par la suite des temps que des variations sans importance, cela résulte notamment de l'important fragment géométrique d'Hippocrate de Chios, conservé par Simplicius (Simplicii in Aristotelis Physicorum libros quattuor priores, ed. Diels, p. 61—68).

On doit également remarquer, au sujet d'un autre passage mathématique de Platon célèbre par sa difficulté, celui du nombre nuptial (République VII, 546 b), que l'interprétation de la seconde partie: ὧν ἐπίτριτος πυθμὴν . . . . ἑκατὸν δὲ κύβων τριάδος, donnée en admettant la fixité absolue du langage technique (celle d'Otto Weber), doit être certainement considérée comme acquise désormais, ainsi que l'a constaté E. Zeller ici même (Archiv, I, 4, p. 98). Le fait me paraît absolument indéniable, depuis la publication par Schöll des parties inédités du commentaire de Proclus sur la République (Anecdota greeca et latina de Schöll et Studemund).

[5]) Le texte de Platon ajoute αὐτοῦ γραμμὴν: aucune explication n'est

35*

οἷον ἄν αὐτὸ τὸ παρατεταμένον ᾖ, avec l'expression technique παρὰ τὴν δοθεῖσαν εὐθεῖαν τῷ δοθέντι εὐθυγράμμῳ (= χωρίῳ) ἴσον παραλληλό-γραμμον (= χωρίον) παραβαλεῖν ἐλλεῖπον (ou ὥστε ἐλλείπειν) παραλληλο-γράμμῳ ὁμοίῳ τῷ δοθέντι (Euclide, VI, 28), dont l'usage est de la plus grande fréquence dans la théorie des sections coniques.

Dès que l'on admet cette identification, on tombe nécessairement, sauf quelques divergences plus ou moins significatives, sur l'inter-prétation de Benecke. Voici au reste comment je voudrais la voir exposer avec l'emploi du langage et des notations modernes.

Le problème posé, qui peut être possible ou impossible, ἐς τόνδε τὸν κύκλον τόδε τὸ χωρίον τρίγωνον ἐνταθῆναι, serait: Inscrire dans ce cercle donné cette figure (c'est à dire un des carrés primitivement tracés par Socrate)[6], mais non pas sous la forme de carré, au contraire sous celle de triangle, en conservant la même aire, et d'ailleurs en donnant à ce triangle la base la plus grande possible (ἐντείνειν), c'est à dire en lui donnant pour base le diamètre même du cercle.

L'interprétation donnée au mot ἐντείνειν n'est certainement appuyée sur aucun texte comparable, ce terme n'étant pas resté dans la langue mathématique grecque. Mais il doit nécessairement avoir pour Platon une signification technique différente de celle d'ἐγγράφειν, mot déjà bien connu d'Hippocrate de Chios, et si on le compare à παρατείνειν, qui vient ensuite et dont le sens est bien déterminé, on est conduit à cette double signification de dé-formation de la figure et de plus grande extension possible de la base à l'intérieur du cercle.

---

possible si l'on n'admet pas que αὐτοῦ se rapporte au cercle dont Platon a parlé un peu plus haut, et il faut alors supposer que Socrate, tout en énonçant la condition géométrique, montre à Ménon les figures tracées sur le sable. Mais il est très conforme aux habitudes géométriques de dire simplement παρὰ τὴν δοθεῖσαν et le sens n'en reste pas moins clair. Il est donc possible que les mots αὐτοῦ γραμμὴν soient une glose très ancienne et d'ailleurs maladroite, qui sera passée dans le texte.

[6]) Dans le langage mathématique grec, χωρίον, pris isolément, désigne proprement un parallélogramme rectangle; c'est par extension que le sens devient celui d'aire d'une figure quelconque, en tant que celle-ci peut être mesurée sous forme de rectangle.

Sans doute aussi, le texte d'Euclide cité plus haut montre bien que, pour exprimer la même idée, même en conservant le terme ἐντείνειν, il aurait préféré dire ἐς τὸν δοθέντα κύκλον τῷ δοθέντι χωρίῳ ἴσον τρίγωνον ἐντείνειν; mais cette forme plus longue et plus régulière qu'il a adoptée dans son énoncé avec παραβαλεῖν est loin d'avoir été suivie dans le langage classique et à cet égard il ne doit pas y avoir de difficulté.

Pour le problème ainsi posé, désignons par b^2 le carré donné, par 2a le diamètre du cercle ou la base du triangle, par y sa hauteur (à construire), on doit avoir évidemment

$$b^2 = ay.$$

Mais il faut, pour que le problème soit possible, que y soit inférieure à l'ordonnée maxima de la circonférence par rapport au diamètre, c'est à dire inférieure à a. D'où la condition que b soit plus petit que a.

Au contraire. Platon exprime une condition qui se traduit exactement par la possibilité de l'équation

$$b^2 = 2an - n^2.$$

b^2 étant le χωρίον παρατεταμένον, 2a la droite δοθεῖσα, n^2 l'ἔλλειμμα semblable au χωρίον παρατεταμένον (carré). La condition n'en est pas moins identiquement la même, et cette identité se trouve énoncée dans le διορισμὸς du problème précité d'Euclide: δεῖ τὸ διδόμενον εὐθύγραμμον μὴ μεῖζον εἶναι τοῦ ἀπὸ τῆς ἡμισείας ἀναγραφομένου ὁμοίου τῷ ἐλλείμματι.

Il y a certainement, comme je l'ai dit, dans cette complication de l'énoncé, un raffinement qui n'est point absolument de mise dans la bouche de Socrate. Mais ce raffinement n'est en tout cas pas de nature à choquer un géomètre, car Platon, au lieu de se borner au cas particulier du problème posé par lui, indique de fait une méthode générale en faisant intervenir ce qu'on peut appeler l'équation du cercle rapportée à son sommet:

$$y^2 = 2an - n^2.$$

Dès l'invention des sections coniques, attribuée à Ménechme, mais qui remonte peut-être à Eudoxe, elles ont été définies par des relations fondamentales qui se traduisent par des équations analogues. Quoiqu'il ne puisse certainement être établi que la découverte de ces relations soit antérieure à la rédaction du Ménon, il n'est pas impossible que l'énoncé de Platon fasse allusion à leur forme générale. En tous cas, je regarde comme facile à démontrer que la théorie géométrique que suppose cet énoncé, à savoir celle de la παραβολή avec ἔλλειψις ou ὑπερβολή, théorie qui comporte la solution géométrique des problèmes du second degré et qui a été appliquée ensuite à la définition des sections coniques, remonte aux Pythagoriciens, ainsi que l'affirme Proclus en invoquant le témoignage d'Eudème [7]).

---

[7]) Proclus sur Euclide, éd. Friedlein, p. 419. — J'ai traité cette question à fond dans les Mémoires de la société des Sciences physiques et naturelles de Bordèaux, IV_2, p. 396 suiv: De la solution géométrique des problèmes du second degré avant Euclide.

XXVII.

Zu Thales' Abkunft.

Von

O. Immisch in Leipzig.

Diels hat oben (S. 165 ff.) den Nachweis geführt, dass Hexamyes, der Name von Thales' Vater, auf karische, nicht auf phoinikische
Abkunft deute. Die Sicherheit dieses Nachweises lässt sich, wie
ich glaube, noch durch folgende Erwägung erhöhen.

Athenaios, welcher S. 174 f. von einer in Karien üblichen
phoinikischen Flöte spricht, fügt hinzu, εἰ μὴ ἄρα καὶ ἡ Καρία Φοινίκη
ἐκαλεῖτο, ὡς παρὰ Κορίννῃ καὶ Βακχυλίδῃ ἔστιν εὑρεῖν. Die
Griechen, so meint H. D. Müller (Mythol. I 308, wo auch noch
andere Belege) vermochten, als sie zuerst mit Kariern und Phoi-
nikiern in Berührung kamen, beide Nationen nicht scharf zu unterscheiden. Gewiss ist das richtig. Als nun die ionische Kolonisation
begann und es nach hitzigen Kämpfen mit den alten Insassen an
vielen Punkten zu einem Synoikismos der Griechen und Karier,
sowie anderer[1] asiatischer Nationen kam, so mussten fast not-
gedrungener Weise die zahlreichen Ansiedler, die aus Boiotien
kamen, ihre heimischen kadmeischen Erinnerungen an den neugewonnenen karisch-phoinikischen Boden anknüpfen, was auch
thatsächlich nachweisbar ist[2]. Unter dieser Voraussetzung wird
die Herleitung eines karischen Geschlechtes, wie das der Theliden,
aus Phoinikien völlig begreiflich, besonders wenn es das Geschlecht

---

[1] Vgl. z. B. über Erythrai Paus. VII 3, 7.
[2] Vgl. meine Schrift „Klaros" S. 129 ff.

eines Weisen war, dessen Ideen in so innigem Bezuge zu or
talischen Lehren zu stehen schienen[3]).

Interessant ist übrigens, dass auch zu Kolophon, wo das Hi
land gleichfalls karisch war, der Name Hexamyes nachweisbar
Ein Genosse des Mimnermos hiess so, wie wir durch Hermesia
wissen (Leontion fr. 2, 38 Bergk).

---

[3]) Der unversfändliche Zusatz bei Diogenes (I 23) ἐπολιτογραφήθη ὁ
Μιλήτῳ, ὅτε ἦλθε σὺν Νείλεῳ ἐκπεσόντι Φοινίκης bezieht sich wohl auf
Ahnherrn der Theliden und mag seinen Ursprung haben in einer
mannigfaltigen Variationen der κτίσις Μιλήτου.

XXVIII.

Zur Psychologie der Scholastik.

Von

H. Siebeck.

8.

Averroes.

Avicenna, Aristoteles und Alhacen kann man als die Lehrmeister der objektiven empirischen Psychologie im MA betrachten. In der zweiten Hälfte des 13. Jahrh. aber tritt ihnen zur Seite und theilweise voran der Einfluss des grössten der arabischen Philosophen, des Averroes, mit dessen Herübernahme in der Christenheit die Zeit der unbefangenen Hingabe an den zugeführten Bildungsstoff ihr Ende erreichte. Der Aristotelismus des Averroes steht erkenntnisstheoretisch wie metaphysisch von vorn herein im Dienste einer bestimmten Tendenz; dem platonisch-christlichen Dualismus der Weltanschauung tritt mit ihm der Monismus im Sinne des pantheistischen Naturalismus gegenüber, dessen Einfluss sich bis in die kirchlichen Kreise des Abendlandes fühlbar machte und auf dem wissenschaftlichen Gebiete den Empirismus aus einem Mittel der blossen Belehrung zu einer aggressiven und oppositionellen Richtung umzugestalten suchte.

Von Averroes Werken kamen in das Abendland zuerst, wie es scheint, um **1217**, die von Michael Sootus übersetzten Commentare zu de coelo und de anima herüber. Gegen die Mitte des 13. Jahrh. lag abgesehen von dem Kommentare zum Organon und der polemischen Destructio destructionum der ganze Inhalt derselben in lateinischer Sprache vor. Eine Vorstellung von dem Einflusse,

welchen Averroes um dieselbe Zeit bereits besass, gewinnt man
besonders aus dem Werke des Wilhelm von Auvergne († 1249), worin
die Art, wie seine Ansichten in dem Munde „unverständiger Schüler"
sich zur Geltung bringen, aller Orten bekämpft wird. Allerdings
scheinen die ersten Anfänge des oppositionellen Pantheismus und
Naturalismus im MA schon vor die Zeiten der eingehenden Bekanntschaft mit Averroes hinaufzureichen[1]); sicher aber ist, dass
die ganze Strömung an seiner Philosophie das breite und tiefe
Bett fand, welches ihr noch innerhalb der Scholastik für längere
Zeit den Bestand sicherte.

Die charakteristische Stellungnahme des Averroes gegenüber
der ganzen bisherigen Weltanschauung liegt in dem Umstande,
dass er für den Prozess des Werdens, der ihm das Wesen der Welt
bedeutet, die Materie im Grunde zum Hauptfaktor macht und die
bei Plato, wie auch noch bei Aristoteles vorherrschende Bedeutung
der Form in eine schon der Materie als solcher wesentliche Eigenthümlichkeit aufzuheben sucht. Als reine Rezeptivität noch frei
von jeder positiven Qualität ist die Materie, nach averroistischer
Lehre, an sich gleichmässig geeignet, entgegengesetzte Modifikationen
anzunehmen. Sie ist daher die Möglichkeit zu allem, und als
solche nicht erschaffen oder in ihrem Dasein sonstwie bedingt, sondern ewig und selbständig. Daher sind auch die Substanzen ewig
auf Grund der Materie, in der sie wurzeln. Die Reihe der Generationen ist nach beiden Seiten unendlich; es giebt kein Werden
aus nichts und kein Vergehen des materiellen Substrates der Dinge.
Die Form ist zwar nothwendig, um aus der Materie Bestimmtes zu
gestalten, sie ist aber in ihrer Wirksamkeit, ja selbst in ihrem
Dasein, gebunden an das Bestehen der Materie. Die Formen bilden somit einen integrirenden Bestandtheil derselben und treten in
der Bewegung lediglich aus derselben heraus, um ihre Wirksamkeit zu entfalten. Diese Verwirklichung bringt aber folgerichtig
nichts anderes zuwege als was im Grunde (der Möglichkeit nach)
in der Materie schon lag, sodass im strengen Sinne überhaupt
keine absolute Veränderung und kein Zuwachs an Sein stattfindet.

---

[1]) Vgl. Renan, Averroes (Par. 1853) S. 175 ff.

Das Heraustreten der Form ist auch kein willkürlicher oder durch Willkür vermittelter Akt, sondern ein nothwendiger (im Wesen der Materie liegender) Prozess, gegeben durch die Bewegung, welche mit der Materie von Ewigkeit her besteht. So ist alles in der Natur nothwendige Entfaltung der Materie und Rückkehr in dieselbe. Es giebt kein Chaos, das der geordneten Welt vorausläge, so wenig wie man von Fortschritt oder Rückschritt in der Welt reden kann. Die Welt hat nach alledem auch keine Entwickelung nach einem obersten Ziel hin. Auch das geistige Prinzip (die Formen) ist der Materie und ihrer Ausgestaltung, der Natur, nicht entgegengesetzt, sondern wesentlich und ursprünglich in ihr beschlossen und enthalten[2]).

Das Wesen des Seelischen musste bei dieser Auffassung des Verhältnisses von Materie und Form folgerichtig seine substanzielle Unterschiedenheit und Selbständigkeit gegenüber dem Materiellen verlieren und Hand in Hand hiermit die Tendenz sich herausbilden, die Bewusstseinszustände und Veränderungen lediglich als nothwendige Ausgestaltungen des mit der Materie gegebenen Entwicklungsgesetzes zu betrachten. Die Ausbildung, welche der Averroismus im christlichen Abendlande gefunden hat, trägt in der That die charakteristischen Züge einer nach dieser Richtung gehenden Weltauffassung. Die psychologischen Erörterungen bei Averroes selbst waren auch bereits danach angethan, nicht allein den Bestand an empirischen Beobachtungen zu vermehren, sondern namentlich auch die vorwiegend spiritualistische Seite der innern Erfahrung in das Licht der naturalistischen Grundanschauung zu stellen.

In seinen Kommentaren zu den aristotelischen Schriften lässt Averroes sich die Gelegenheiten zur Hervorhebung selbständiger Beobachtungen und eigenthümlicher Ansichten keineswegs entgehen. Zu der Lehre, dass Anschauung (imaginatio) immer mit Empfindung zusammengeht, bemerkt er[3]), dass bei niederen Thieren die Anschauung nur in Gegenwart der Empfindung selbst vorhanden ist, der Besitz von Anschauungen als bleibende Bilder der Wahrneh-

---

[2]) Vgl. ebd. S. 85 f.
[3]) d. an. II, 20 (Ed. Ven. 1550. tom. VI, f. 130 C 40).

mungen dagegen nur dem Menschen und den höheren Thiergattungen
zukomme. Zu der Einsicht, dass die Zeitvorstellung auf dem Ge-
wahrwerden der Succession der Bewusstseinszustände beruht, hebt
er hervor, dass im traumlosen Schlafe auch das Zeitbewusstsein
schwindet, im Traume selbst aber dasselbe mit der Bewegung der
Imagination wieder vorhanden ist[4]). Zu der Lehre von den Begehrungen führt er aus[5]), dass die des Gesichts und Gehörs in
einer näheren Beziehung zur Vernunft stehen als die der andern
Sinne, und unter diesen beiden wieder der Gehörsinn heftiger nach
Vernunft, d. h. Deutung, dränge als die Gesichtswahrnehmung:
man verlange sehr, das zu sehen, was man hört; nicht gleicher-
maassen das zu hören, was man sieht. Zu der Lustlehre wird gelegentlich bemerkt, dass Gegenstände der Erinnerung um so ange-
nehmer sind, je weiter ihre Objekte zeitlich zurückliegen, ausserdem aber hingewiesen auf die Bedeutung, welche das dem Menschen natürliche Verlangen nach Einheit für die Entstehung von
Lustgefühlen besitze: Komposition und Theorie (confictio und doctrina) sind angenehm, weil sie die Einheit unter den Dingen zur
Geltung bringen; aus dem gleichen Grunde gefallen Assimilationen
und Beispiele, ferner innerhalb der Gattung der Mensch dem Menschen, das Pferd dem Pferde u. s. w. (a. a. O. f. 39 bf.).

Bedeutsamer aber für die Zeit der Scholastik als derartige
vereinzelte Bemerkungen ist die naturalistisch-pantheistische Ausdeutung, die Averroes den aristotelischen Lehren mit Vorliebe angedeihen lässt. Man erkennt sofort die Bedeutung wieder, welche
bei ihm die Materie für das Hervortreten der Form hat, wenn zu
der Lehre von der Theilbarkeit der Seele sich die Ansicht ausgesprochen findet, einige Kräfte derselben seien nichts anderes als
Vollkommenheiten körperlicher Organe, da die Prinzipien des Natur-
wirkens (formae naturales) durch die Materie erst zur Vollendung
kommen[6]) und mithin nichts von dem Materiellen (Leiblichen) wesent-

---

[4]) s. Renan 86, der auf die Verwandtschaft seiner auf Zeit und Traum
bezüglichen Ansichten mit denen von Dugald Stewart aufmerksam macht.

[5]) in Rhet. I, 14; f. 39 b.

[6]) perficiuntur per materiam, d. an. II, 11. f. 129 A 12 f.

lich Getrenntes sein können. Die Seele selbst wird einerseits vom
Leibe, andrerseits vom unpersönlichen Intellekt[7]) unterschieden und
hiernach mehr im Sinne eines zu der Wärme noch hinzutretenden
Lebensprinzips aufgefasst, welches ohne Materie nicht bestehen
kann und nach dem Verfalle des Leibes zu der spiritualen und
unsichtbaren Materie zurückkehrt, in der sie ursprünglich beschlossen
war[8]).

Auch die bekannte pantheistische Fortbildung der aristotelischen
Lehre vom νοῦς ἀπαθής zu der von der Einheit des aktiven Intellekt ruht bei Averroes auf naturalistischer Grundanschauung. In
den weitläuftigen Ausführungen derselben tritt bei ihm aller Orten
das Eine deutlich heraus, dass die schon von Aristoteles[9]) angedeutete Analogie des begrifflichen Erkennens mit dem Vorgange
des Sehens und insbesondere der Vergleich der Wirksamkeit des
νοῦς ἀπαθής mit der des Lichtes, durchgreifend und maassgebend
gewesen ist[10]). Wie man beim Sehen zu unterscheiden hat das

[7]) s. Gesch. d. Psych. I, 2, S. 439f.

[8]) Destr. destruct. t. IX f. 62 d f.: Nos non concedimus quod sit separata
a corpore (sc. anima), 63a: Wir, die wir wissen, dass die Seele sit additum
quiddam calori elementali, (weil die Wärme als solche nicht die Ordnung
der Denkvorstellungen bewirken kann), wissen auch, dass die im Saamen befindliche Wärme zur Erzeugung und Gestaltung des Leibes nicht ausreicht.
Hae autem animae aut erunt tamquam mediae inter animas corporum coelestium
et animas quae sunt hic in corporibus sensibilibus, et habebunt absque dubio
in animabus quae sunt hic et corporibus dominium ..., aut ipsae in se ipsis
sunt alligatae corporibus quae ab eis sunt creata propter similitudinem quae
est inter ea. Et cum corrumpantur corpora, revertuntur ad materias suas
spirituales et corpora sua subtilia quae non sentiuntur.

[9]) Ar. d. an. III, 5; 430a 15f. s. Gesch. d. Psych. I, 2 S. 64. 67.

[10]) Aver. d. an. III (t. VI, f. 169 D f): Intentio cogens ad ponendum intellectum agentem alium a materiali et formis rerum quas intellectus materialis
comprehendit, est similis intentioni propter quam visus indiget luce, cum
hoc quod agens et recipiens alia sunt a luce, ... modus qui coëgit nos ad
ponendum intellectum agentem, idem est cum modo propter quem indiget visus
luce. Denn wie das Sehorgan von den Farben nicht erregt wird, ausser wenn
es in actu ist, und dies wieder nicht der Fall sein kann ohne die Gegenwart
des Lichtes, da dieses selbst sit extrahens eos (die Farben) a potentia in actum,
so erregen auch die intentiones imaginatae den int. materialis nicht, ausser
wenn sie intellectae in actu sind (f. 170 A); quod non perficitur eis nisi aliquo
praesente (nämlich eben die Gegenwart des intell. in actu). f. 179 B: der In-

Organ, die von ihm aufgenommene Qualität, und den äussern Erreger, das Licht, so auch beim Erkennen ein Empfangendes (den materialen Intellekt), den intelligiblen Inhalt als das von ihm Aufgenommene, und ein Wirkendes, welches das Aufgenommene im Aufnehmenden gleichsam transparent macht[11]), ein Vorgang, mit dem nicht wie beim Sinnesorgan eine qualitative Veränderung verbunden ist, sondern nur die „Apprehension" des Inhalts, die ihrerseits nichts anderes ist als die aktive Bethätigung des eigenen Wesens von Seiten des Intellekt (t. IX, f. 65 A). Wie das Licht wirkende Ursache und zugleich Form und Zweck der Farben ist, mithin Anfang und Ende des Sehvorgangs in seinem Wesen beschlossen hält, so verhält sich auch der wirkende Intellekt zum materialen nicht nur als anregendes Moment, sondern auch als dessen Vollendung und Ziel[12]). Die pantheistische Wendung dieser Lehre vollzog sich nun bei Averroes dadurch dass er die Analogie des Intellekts mit dem Lichte auch aufrecht erhielt hinsichtlich des Umstandes, dass das Licht gegenüber der Vielheit der individuellen Augen ein allgemeiner und für sich bestehender Faktor ist, der in allen einzelnen wirkt, ohne darum selbst zur Individualität jedes einzelnen zu gehören. Wie das Licht eins ist, sagt er (de an. beat. 3, f. 65 C), welches alles der Möglichkeit nach Sichtbare wirklich sichtbar macht, so muss auch der Intellekt Eins sein, der alles Intelligible zum Akt bringt.

Offenbar ist diese Ausdeutung der aristotelischen Ansicht zugleich eine Fortbildung derselben in derjenigen Richtung, welche nachmals in der Lehre Spinoza's ihren konsequentesten Ausdruck fand. Schon Averroes selbst ist dieser letzteren aber noch näher gekommen durch seine Ansicht, dass die Vereinigung des materialen

---

tellekt, qui in nobis existit, hat zwei Funktionen: cognoscere intelligibilia (analog dem Auge, wenn das Licht darin ist) et efficere intelligibilia (analog dem Lichte selbst).

[11]) Opp. t. IX, f. 65 a (d. anim. beat. 3). t. VI, f. 179 D: in hoc (dem int. materialis) se habet res sicut in ipso transparente, quod quidem recipit colores et lumen simul; lumen autem colores efficit.

[12]) d. an. beat. 3. t. IX, f. 65 A. 66 A: Sol dat visui lucem et postea per hanc lucem quam recipit videns a sole, efficitur videns ipsum solem in actu qui fuit causa faciens ipsum videre rem in actu.

mit dem wirkenden Intellekt für den Menschen das Resultat einer allmäligen Entwickelung ausmacht, die im Verlaufe des Lebens mit seiner geistigen Aus- und Durchbildung Hand in Hand geht und, wenn sie erreicht ist, das wahre Wesen zugleich der Vollkommenheit und Glückseligkeit darstellt, ein Ziel welches von den Einzelnen je nach der individuellen Beanlagung in verschieden hohem Grade erlangt werde[13]). Auch darin endlich kommt seine Lehre mit der des Spinoza überein, dass dieses oberste Ziel der intellektiven Erkenntniss für ihn im letzten Grunde nichts anderes bedeutet als die Thätigkeit, in welcher der allgemeine Intellekt sich selbst in seinem Thun und Wesen innerhalb des Individuums ergreift und erkennt, und dass in dieser einen und einheitlichen Erkenntniss seiner Ansicht nach alle anderen begrifflichen Erkenntnisse enthalten und beschlossen sind[14]).

Es war ein belangreicher Umstand, dass das Hervortreten der averroistischen Lehre im christlichen Abendlande schon eine kräftig entwickelte empirisch-psychologische Richtung innerhalb der Scholastik vorfand. Denn je verbreiteter und gleichsam selbstverständ-

---

[13]) Die Abhandlung de animae beatitudine ist dem Erweise dieses Satzes gewidmet. f. 65 B 42 f. heisst es: eventus hujus perfectionis ut plurimum continget tempore senectutis, aber erst nach anhaltendem spekulativem Studium und Entfernung überflüssiger Dinge, die nur scheinbar nothwendig sind . . . . Cuilibet enti inest divina intentio, ut perveniat ad recipiendum tantum illius nobilis finis quantum competit suae naturae nec denegatur ab ejus essentia pars sibi concessa. ib. 5, f. 66 B: Substantia intellectus agentis est una, quamvis gradus suus contineat id quod dependet ab omnibus animalibus rationalibus receptivis beatitudinis. Vgl. Spinoza, Eth. V, die Scholien zu Propos. 10, 20, 36, 42.

[14]) de an. beat. f. 65 D: Intellectus agens reducit eam (sc. virtutem rationalem) in intellectum in actu et concedit quod alia sint sibi intelligibilia in actu. Ist dies eingetreten, so ascendit ille intellectus in actu ad assimilationem rerum abstractarum et intelliget suum esse quod est actu intellectus (66 A): Intellekt, Intelligibles und Intelligirendes sind dann Eins, sind ganz intellectus agens geworden. Nam intentio divina in hoc fuit quod formae quae sunt aeternae in genere, ut universalia, debeant ascendere ad formam unam numero. Ebd. 5, f. 66 C: Pluralitas intelligendi non est deputata pro ultima nobilitate. Das primum erkennt ja sich allein und damit alles andre, da alles sein Sein von ihm hat. Itaque pluralitas intelligendi perfectio non est. Vgl. bei Spinoza die Erkenntniss sub specie aeternitatis und Eth. V 36.

licher die letztere sich bereits zeigte, um so eher konnte der
naturalistische Gesichtspunkt als die naturgemässe Konsequenz und
Ergänzung derselben erscheinen, da er mit seiner neuen Bestimmung des Verhältnisses von Materie und Form der Erfahrungs- und
Naturwissenschaft einen berechtigten Anspruch auf Alleinherrschaft
zu verleihen schien.   Die objektive empirische Psychologie wurde
auf diese Weise zum tendenziös-naturalistischen Empirismus.   In
wie ausgesprochener Weise dies wenigstens in bestimmten und allem
Anschein nach ziemlich ausgedehnten Kreisen der Fall war, hat
die kirchliche Zensur jener Richtung selbst deutlich ins Licht stellen
helfen.   In der langen Reihe ketzerischer Lehren, welche der Erz-
bischof von Paris im Jahre 1279 den dortigen Averroisten aufzu-
rücken sich veranlasst fand[15]), finden sich Sätze wie die folgenden:
Alles geschieht durch Nothwendigkeit; jedes Agens wirkt nur in
einer ganz bestimmten Weise; der Mensch ist Mensch auch abgesehen von seiner (nicht organischen) Denkseele; die Substanz der
Seele ist ewig (d. h. nicht geschaffen); die Seele ist unzertrennlich vom
Leibe und vergeht, wenn dessen Harmonie sich auflöst; der Intellekt
(der unvergänglich ist) macht die Wesensvollkommenheit (perfectio
essentialis hominis) aus; er ist von Ewigkeit her, und seiner Natur
nach nicht früher in der Potenz als im Aktus; es giebt zwischen den
(individuellen) Intellekten keinen Unterschied der Vollkommenheit;
die Aenderungen im Inhalte des Willens sind immer durch vorhergehende Ursachen bedingt; der Wille unterliegt den seine Anregung bewirkenden Einflüssen mit Unausweichlichkeit; dasselbe
gilt vom sinnlichen Triebe; bei jeder Handlung giebt unter verschiedenen Antrieben immer der stärkere den Ausschlag; gegen
die thatsächlichen Wirkungen von Passionen und Erkenntniss kann
der Wille von sich aus nichts ausrichten; leidenschaftliche Handlungen sind unausweichliche Wirkungen (coacte) bestimmter Ursachen; was aus einem Menschen wird, kann man aus bestimmten
Zeichen an seinem Wesen vorauswissen[16]) u. a.   Besonders deutlich

---

[15]) s. Du Plessis d'Argentré, Collectio judiciorum etc. I, S. 177 ff.
[16]) a. a. O. no. 21. 160. 11. 169. 116. 7. 124. 39. 131. 134. 164. 208. 129.
131. 167.

rdem die Tendenz heraus, die bis dahin unbefangen
der äussern und innern Erfahrung herangebrachte
hode des Erkennens als die allein giltige im Gegen-
halten und Methoden der kirchlichen Glaubenslehre

no. 33. 37. 120. 152 f. 177 u. a.

XXIX.

„Jordani Bruni Nolani Opera inedita, manu propria scripta".

Von

W. Lutoslawski,
Privatdocent an der Universität zu Kazan.

„Jordani Bruni Nolani Opera inedita, manu propria scripta" — diesen überraschenden und vielverheissenden Titel trägt ein dickes Heft in 4° der Moskauer Bibliothek des Rumianzow-Museums. Schon vor mehr als zwanzig Jahren kündigte die Buchhandlung Tross in Paris an, dass sie noch ungedruckte Autographa von Giordano Bruno besitze. Da seit mehr als 250 Jahren keine neuen Werke von diesem Philosophen bekannt geworden sind, ausser den bei seinen Lebzeiten und zweien kurz nach seinem Tode[1] erschienenen, so erregte diese Nachricht unter denen, die sich mit Bruno beschäftigt hatten, ein grosses Aufsehen. Domenico Berti, der damalige italienische Unterrichtsminister und spätere Biograph von Bruno, beabsichtigte die neu entdeckten Werke anzuschaffen. Es kam ihm aber darin Abraham Noroff zuvor, der in seiner reichen Bibliothek schon seit Jahren mit grosser Mühe die seltensten Ausgaben verschiedener Werke von Bruno vereinigt hatte.

Die Bibliothek von Noroff kam nach seinem Tode seinen Wünschen gemäss an das Museum von Rumianzow in Moskau, das gegenwärtig eine der reichsten Bibliotheken Russlands besitzt.

---

[1] Summa terminorum Metaphysicorum Jordani Bruni Marpurgi 1609 und Artificium perorandi Francoforti 1612.

Darin befindet sich jetzt, nebst einer beinahe vollständigen Collection der ersten Ausgaben gedruckter Werke von Giordano Bruno, auch das von der Buchhandlung Tross zuerst angekündigte Manuscript.

Die erste Beschreibung dieses Manuscripts erschien im J. 1868 in französischer Sprache in dem von Noroff selbst herausgegebenen Kataloge seiner Bibliothek [2]) und wurde von Berti [3]), Frith [4]) und Previti [5]) abgedruckt.

Diese Beschreibung ist jedoch in vielen Hinsichten unzuverlässig. Noroff glaubte, dass das ganze Manuscript von Brunos Hand geschrieben sei, und hielt auch solche Theile desselben, die wohl kaum Bruno zuzuschreiben sind, für dessen Werke. Er hat das Verhältniss der einzelnen Theile gar nicht untersucht, und hielt einzelne Capitel für besondere Abhandlungen, so dass er dies Manuscript, welches nur zwei vollständig vorliegende Werke von Bruno enthält, für eine Sammlung von nicht weniger als 9 Tractaten erklärte.

So wie das Manuscript gegenwärtig vorliegt, enthält es nicht, wie Noroff angiebt, 184, sondern nur 182 Blätter, die mit Bleistift numerirt sind. Daraus folgt nicht, dass zwei Blätter verloren gegangen seien, da zwischen Bl. 69 und Bl. 70 zwei vollständig unbeschriebene Blätter liegen, die von Noroff mitgezählt worden sind, dagegen bei der endgültigen Numerirung von der Moskauer Bibliothek-Verwaltung unberücksichtigt gelassen wurden. Von den 182 Blättern hängt der grösste Theil noch gut zusammen, und zwar waren Bl. 7—182 in einer gleichmässigen Weise geheftet; Bl. 1—6 haben dagegen nicht zu demselben Hefte gehört, und wurden nur lose hineingelegt. Von den Bl. 7—182 sind auch einige ganz losgelöst, aber mit sichtlichen Spuren der Zugehörigkeit zu den übrigen. So sind die Blätter 7, 10, 11, 161 ganz frei. Bl. 8—9, 36—47, 48—55, 70—75, 99—106 hängen mit den übrigen nur an einer Stelle zusammen. Aber alle diese Blätter, von 7—182, haben

---

[2]) Bibliothèque de Mr. Abraham de Noroff S. Petersbourg 1868.

[3]) Berti Domenico Documenti intorno a Giordano Bruno Roma 1880.

[4]) J. Frith Life of Giordano Bruno the Nolan London 1887.

[5]) P. Luigi Previti S. J. Giordano Bruno e i suoi tempi. Prato 1887.

Spuren von Nadelstichen in der Entfernung von 18, 45, 165, 195 mm vom oberen Rande, und haben also ein ganz zusammenhängendes Heft gebildet, von dem sich nur mit der Zeit beim Blättern einzelne Blätter zum Theil oder gänzlich losgelöst haben.

Dass aber diese Blätter 7—182 nicht immer ein Ganzes gebildet haben, das ersieht man daraus, dass in den Bl. 7—63 alte Nadelstiche, durch die jetzt der Faden nicht geht, deutlich zu sehen sind.

Mit Rücksicht auf diese Nadelstiche, so wie auch auf die Beschaffenheit des Papiers, kann man das ganze Manuscript in folgende Theile eintheilen:

I. Theil: Bl. 1—5.

I. Bl. 1—5 haben nie zu dem Rest des Ms. gehört, wohl aber zu einem anderen Heft, da in ihnen alte Nadelstiche sichtbar sind, in der Entfernung **14, 62, 122, 188** mm vom oberen Rand. Die Lage dieser Nadelstiche stimmt weder mit denen, die durch das ganze Heft von Bl. 7—162 gehen, noch mit den andern, die in den Blättern 7—63 sichtbar sind, und durch die jetzt kein Faden geht, überein. Die gleichen Nadelstiche sind nicht nur in Blatt 1—4, von denen 1 mit 4 und 2 mit 3 noch zusammenhängen, sondern auch in dem Bl. 5 sichtbar. Von dem Bl. 5 ist das dazugehörige Blatt weggerissen, und nicht vorhanden.

Die Blätter 1—4 haben, wie durch Nebeneinanderlegen ganz sicher zu ersehen ist, einen Bogen gebildet, von einem Papier, in dem ein Wasserzeichen sichtbar ist, das einen Krug mit überschäumendem Trank darstellt. Legt man die Blätter so neben einander, dass Bl. 3 r° links oben, Bl. 2 v° links unten, Bl. 4 v° rechts oben und Bl. 1 r° rechts unten zu liegen kommen, so ist der Krug in der Mitte der linken Hälfte des Bogens zu sehen, mit einem Griff an seiner rechten Seite. Auf dem Kruge bemerkt man zwei Buchstaben, von denen der erste unleserlich, der zweite aber ein N oder ein H bedeutet. Da das Papier nicht beschnitten ist, und der Rand in Folge dessen eine etwas unregelmässige wellenförmige Linie bildet, so sind die Dimensionen der Blätter nicht ganz übereinstimmend, und der Bogen, den Bl. 1—4 gebildet haben, hatte in der angeführten Lage der Blätter unten eine Breite von 411 mm, oben von 414 mm, sein linker Rand betrug 300 mm, der rechte 304 mm. Die durchschnittlichen Dimensionen jedes Blattes sind also 152.206 mm, wobei die einzelnen Blätter etwas kleiner oder grösser sind. Im Papier sind Linien sichtbar: die Querlinien dicht beisammen, die Längslinien in einiger Entfernung von einander. Die Querlinien gehen in den einzelnen Blättern von oben nach unten, und sind auch sichtbar ohne das Papier gegen das Licht zu halten, sie sind $1^1/_4$ mm von einander entfernt, da ihrer 8 auf 10 mm kommen. Die Längslinien treten erst hervor, wenn man das Papier gegen das Licht hält. Es sind ihrer im ganzen Bogen 20 vorhanden, und also auf jedem Blatte 10 zu sehen. Die Entfernungen dieser Linien sind nicht ganz gleichmässig, und weichen an verschiedenen Stellen um 1—2 mm vom Mittel ab. Da diese Längslinien in den einzelnen Blättern von links nach rechts gehen, so liess sich ihre Lage durch die Entfernung vom oberen Rand bezeichnen; sie beträgt, im Durchschnitt aus 10 Messungen, von denen an jedem Blatte zwei ausgeführt wurden:

9, 20, 43, 63, 86, 107, 128, 151, 173, 195 mm.

Solche Messungen reichen hin, um die Identität des Papiers von Bl. 5 mit Bl. 1—4 festzustellen, und zugleich auch, um mit Bestimmtheit behaupten zu dürfen, dass sich im ganzen übrigen Manuscript kein einziges Blatt von dem gleichen Papier findet. Bl. 1 recto ist sehr vergilbt und schmutzig, und hat offenbar lange an der Luft gelegen — aber schon das verso ist weisser, und ebenso auch die Bl. 2—5. Was den Inhalt anbelangt, so ist darin zuerst ein lateinischer Text bemerkbar, von dem ein grosser Theil durchstrichen ist. Auf Blatt 1 recto sind zwischen den Zeilen mit anderer Tinte aber von derselben Hand einige italienische Verse zu lesen. Auch auf Blatt 5 recto kommen italienische Verse und Prosa vor. Auf Bl. 5 v° sieht man 6 Zeilen eines lateinischen Textes, der sehr verblasst und unleserlich ist, und der dem Aussehen nach denselben Einflüssen ausgesetzt gewesen sein muss, wie Bl. 1 r°.

Diese Blätter scheinen Conceptblätter gewesen zu sein, und sind von Brunos eigner Hand geschrieben, wie dies von Prof. Sig-

wart [6]), der mehrere unzweifelhaft echte Autographe Brunos gesehen
und diese mit dem von Noroff publicirten Facsimile verglichen hat,
für unzweifelhaft gehalten wird. Auf Grund einiger Abbildungen
von unzweifelhaft echten Autographen von Giordano Bruno, die ich
der Güte von Prof. Sigwart verdanke, glaube ich auch entscheiden
zu können, dass diese ersten 5 Blätter, vielleicht mit Ausnahme
von Bl. 5 verso, von Giordano Bruno selbst geschrieben sind.

Bl. 1 r° beginnt mit dem Titel „De vinculo spiritus" [7]).
Von derselben Hand aber mit anderer, weniger verblasster Tinte
ist neben dem Titel später hinzugeschrieben

$$\left\{ \begin{array}{l} \text{naturali [8])} \\ \text{animali} \\ \text{divino.} \end{array} \right.$$

Dicht unter dem Titel, aber wahrscheinlich auch später geschrieben und in Folge dessen weniger verblasst steht der Satz „His
absque medicus non est, divinator non [9]) est, operator [10]) non [9])
est, amator non est, philosophus [11]) non est etc." und „per [12]) haec
sunt omnes [13]) omnia".

Dann beginnt der eigentliche Text, der aus einzelnen nicht
immer zusammenhängenden Sätzen besteht, und dessen erste vier
Zeilen gestrichen sind. Sie lauten „Nihil absolute pulchrum [13])
quod [14]) vinciat: sed ad aliquid pulchrum [15]), alioquin asini amarent
pulchras mulieres, simiae *abol*erent [16]) filios. Similiter nihil absolute
bonum [17]) quod [18]) alliciat, sed cum [19]) deus [20]) seu universum [21]) et
ens est ex contrariis [22]). ita etiam bonum est ex contrariis. sunt
enim [23]) alia quae consistunt igne alia quae aqua etc."

---

[6]) Dem Herrn Prof. Sigwart verdanke ich eine Abschrift von Bl. 1 recto,
Bl. 4 recto und Bl. 5 recto, die er nach einem Facsimile und einer Photographie angefertigt hat, und die mir das Lesen der sehr undeutlichen Handschrift ausserordentlich erleichterte, so dass ich einen grossen Theil der
andern Seiten habe entziffern können.
[7]) Ms.: vinc° spūs.   [8]) Ms.: nāli.   [9]) Ms.: n.   [10]) opator.
[11]) phūs.   [12]) p.   [13]) oēs.   [14]) q.   [15]) pulchrū.
[16]) Dies Wort konnte ich nicht sicher lesen, zwischen dem a und e sind
2—3 Buchstaben, von denen zwei zu den oben hervorragenden gehören (b, d,
h, k, l, t).   [17]) bonū.   [18]) q.   [19]) cū.   [20]) deū.
[21]) universū.   [22]) cōriis.   [23]) .n.

Nach diesen vier Zeilen kommen zunächst, aber später geschrieben und weniger verblasst zwei Verse „se si potesse a to chiuder l'entrata, tant il regno d'amor saria piu vago", die den Lesern Brunos aus seinem Werk „Gli eroici furori" bekannt sind, (wo sie im ersten Dialog im 6. Sonnett vorkommen). Der dritte dazu gehörige Vers „quant' il mondo senz' odio et senza morte" kommt erst nach weiteren 7 Zeilen Text, von dem die 5 letzten durchstrichen sind. Die nicht durchstrichenen Zeilen lauten „Honestum et justum civile lege videtur esse, et non natura[24]): sed opinio multum valet ad habitum: ut quasi naturale[25]) sit quod[26]) appetitur et vinciat appetitum[27]). et e contra". In derselben Weise geht der Text in den ersten 4 Blättern fort, wobei am Rande vielmals die Worte „vinciens", „vincibile", „vinculum" vorkommen. Als weitere Probe mögen einige Sätze aus dem Blatt 4 r° dienen: (dies Blatt wurde von Prof. Sigwart nach einer Photographie beinahe vollkommen entziffert)

„Is vere uni vincitur, qui in rebus negotiisque aliis torpescit et in ipso sollicitatur, jocundior enim operatio alteram excludit, animus auribus intentus remittit oculos, hinc vehementius gaudentes, tristitia aestuantes, non vivide aliud agimus, imo statim cessamus ab opere; hoc est teneri, vinciri, abstrahi, trahi."

„Vinculorum diversitas".

„Voluptas hominum minus est determinata ad unum, unde rationalis dicitur, quam voluptas brutorum quae naturalis appellatur, hinc equa pariter omnes equos vincire potest, mulier una viros omnes non item: ita amatur[28])."

„Relaxatio vinculi."

„Pudor et fides propugnator vinculorum optimus. est autem pudor ignominiae metus. quae bene vinculis obstat et vero afficitur pudore rubet. Quae vero timore vecordiaque se proripit a vinculis pallet. Hanc qui vincire cupit, additis animis superabit, non illam. Primum proprie dicimus verecundiam, secundum vero proprie pudorem dixerim, verecundia enim recti honestique rationem habet,

---

[24]) nā.   [25]) nāle.   [26]) q.
[27]) appetitū.   [28]) ita amt.

pudor autem infamiae timorem prae se fert; pallent enim et qui timent verbera et mortem."

„Amor."

„Amor ut in amante est passive dicitur et est vinculum, alio modo dicitur active id quod amare facit: et est quaedam divina vis in rebus, et hic est ille qui vincit. Et Orpheo atque Mercurio est Daemon magnus. Antiquus ante mundum, quo chaos ornamentum appetebat, eratque in sinu illius quia amor in generatione operatur et nova facit et principiis dominatur. Senectutem fugere et odisse dicitur, juvenibus se miscere, duros habitus aufugit, mites mollesque inhabitat, juvenis et tenellus et coelestis habetur" . . .

„Hunc vincientem vel vinculum hoc nec pulchrum neque bonum appellat Socrates quod pulchrum appetit atque bonum, eo igitur caret ideoque noluit esse Deorum aliquem. Item inquit ille amorem medium inter bonum et malum, turpe et pulchrum, mortale et immortale. Sed hic rhetorice et aequivoce sentit de appetitu et medio. Sumimus amorem vinculum secundum rationem communem active passive, quo omnia volunt perfici uniri copulari ordinari et natura agit perfectionem unionem copulam et ordinem." „Et sic nihil est sine amore perfectum."

In der gleichen Weise handelt auch Blatt 4 verso von Liebe und von der Lust. Es schliesst mit dem Satze „plus vincit cautus adulator quam verus amicus".

Bl. 5 recto beginnt mit dem Vers „Chi mette il piè su Pamorosa pania etc.", der gleichfalls den „gli eroici furori" entnommen ist, und sich dort im Dialogo secondo am Schluss findet[29]). Hier fehlt aber der zweite ihn ergänzende Vers „cerchi ritrarlo e non v'inveschi l'ali". Unter dem ersteren Verse liest man einen lateinischen Satz „Crates Thebanus dixit remedium amoris fames, si hoc non sufficit tempus, si hoc non sufficit laqueus". Auf diesen Satz folgen wieder ein italienischer Satz, und einige italienische Verse ohne Abschluss.

Bl. 5 verso sieht man einige Zeilen, die ich nicht entziffern

---

[29]) Opere di Giordano Bruno Nolano ora per la prima volta raccolte e pubblicate da Adolfo Wagner Dettore, Lipsia 1830 vol. II p. 329.

konnte, und die vielleicht auch nicht von Bruno geschrieben wurden: die Tinte ist sehr verblasst, und die Schrift sehr hastig und
undeutlich [30]).

II. Theil: Bl. 6.

II. Bl. 6 ist ein einzelnes loses Blatt, sehr vergilbt und mit
zerfetztem Rande, von einem Papier, das nach den Quer- und
Längslinien und nach einem noch sichtbaren Theil des Fabrik-
zeichens zu urtheilen, identisch ist mit dem Papier der Blätter 11
bis 86. (Dies Papier ist auch identisch mit dem Papier, auf dem
Brunos Brief an den Rector der Helmstädter Universität geschrieben
sit, wie ich auf Grund einer genauen Beschreibung dieses Papiers,
die ich der Güte von Prof. Sigwart verdanke, entschieden behaupten
darf. Dieser Brief befindet sich jetzt in der Bibliothek zu Wolfenbüttel, und gehört zu den unzweifelhaften Autographen Brunos.)
Eine Seite des Blattes 6 ist ganz unbeschrieben, auf der anderen
Seite sieht man eine Zeichnung mit 11 Zeilen eines erläuternden lateinischen Textes, beides von Brunos Hand: die Zeichnung
stellt drei in einander liegende Quadrate dar, wobei an den Seiten
des mittleren die Namen der vier Elemente „ignis", „aer", „aqua",
„terra" geschrieben sind, in den Ecken des grössten aber die vier
Weltrichtungen und die vier Haupteigenschaften der Elemente
stehen. Diese Zeichnung gehört zu dem Werk von Bruno „De
rerum principiis et elementis et causis", das in unserem
Ms. Bl. 39—54 vorliegt.

III. Theil: Bl. 7—10.

III. Bl. 7—10 von einem Papier, das in dem ganzen Manuscript nicht wieder vorkommt, und das an seinem Fabrikzeichen
leicht erkenntlich ist. Dies Fabrikzeichen stellt ein Wappen dar,
in der Mitte mit einem Herz, in dem zwei Pfeile und eine Kugel
mit oben hervorragendem Kreuz zu sehen sind. Das Papier ist
dicker als das des vorhergehenden Blattes, aber kleiner, da der

---

[30]) Proben aus den Bl. 2—3 werde ich anführen bei der Beschreibung der
Blätter 87—98.

Bogen 410 mm Breite und 321 mm Länge gemessen hat. Durch Nebeneinanderlegen der Blätter kann man sich überzeugen, dass diese 4 Blätter einen Bogen gebildet haben. Die Querlinien sind etwas näher bei einander als in den ersten 5 Blättern: es gehen ihrer 19 auf 20 mm. Die Längslinien, die in den einzelnen Blättern von links nach rechts gehen, sind 14, 43, 73, 101, 129, 158, 187 mm vom oberen Rand entfernt, den oberen Rand der Blätter bildet aber die Linie, auf der der Bogen durchgeschnitten wurde, wie überhaupt in allen Blättern von 7—160. Die andern Ränder sind unbeschnitten, aber weniger unregelmässig als an den ersten 5 Blättern.

Bl. 7 r° beginnt ohne Titel „Antequam de Magia, sicut antequam de quocumque subjecto disseratur, nomen in sua significata est dividendum." Die Handschrift ist von der Brunos verschieden. Am Rande sind Bemerkungen, Ergänzungen und Inhaltsangaben von derselben Hand. Der ganze Inhalt dieser Blätter, so wie der folgenden, bezieht sich auf Magie.

IV. Theil: Bl. 11—27.

IV. Bl. 11—27 von demselben Papier, wie Bl. 6 und Bl. 28 bis 86, und nur dadurch von den folgenden Blättern zu unterscheiden, dass diese einem anderen Heft angehört haben, wie aus den Nadelstichen zu ersehen ist. Bl. 11—27 bilden den am meisten zerfetzten und vergilbten Theil des ganzen Ms. und jedes Blatt trägt die Spuren von Nadelstichen an zwölf Stellen, nämlich erstens 18, 45, 165, 195 mm vom oberen Rand, wo der Faden auch gegenwärtig durchgeht, und die den durch das ganze Ms. durchgehenden entsprechen. Ausserdem sind noch alte Nadelstiche sichtbar 10, 58, 88, 93, 119, 138, 143, 178 mm vom oberen Rande der Blätter entfernt. Die meisten von diesen lassen sich auch in Bl. 7—10 nachweisen, und es ist ersichtlich, dass Bl. 7—27 ein Heft ursprünglich gebildet haben. Das Papier hat ein Fabrikzeichen, das in jedem Bogen an derselben Stelle angebracht ist, wie in dem Papier der Blätter 1—4, und das ein kleines Schild darstellt. Die Querlinien sind noch näher bei einander als bei den Bl. 7—10, es gehen ihrer 21 auf 20 mm. Die Längslinien sind 11, 39, 70, 98,

126, 154, 182, 198 mm vom oberen Rand in jedem Blatte entfernt, und das Papier ist unbeschnitten, von dem Format 328 mm Länge und 418 Breite, also noch grösser als das der vorhergehenden Blätter, aber etwas dünner. Jedes Blatt hat durchschnittlich 164 mm Breite und 209 Länge. Es ist hier überall, wie auch auf Bl. 7—10, ein 4—5 cm breiter Rand gelassen, der auf dem recto rechts, auf dem verso links gelegen ist. Was den Inhalt anbelangt, so bildet er eine Fortsetzung der auf Bl. 7 begonnenen Abhandlung über Magie, wobei keine Unterbrechung zu bemerken ist, da Bl. 10 mit den Worten schliesst

„Porro animus ipse cum sua virtute",
und Bl. 11 fortsetzt
„praesens est quodammodo universo, utpote talis substantia, quae non est inclusa corpori per ipsam viventi, quamvis eidem obligata, adstricta".

Die Handschrift ist dieselbe wie Bl. 7—10, und ist von der von Bruno leicht zu unterscheiden, da bei Bruno die Tendenz der Bewegung von links nach rechts vorherrscht, während hier der Schreiber eine grosse Vorliebe zu allen Strichen von rechts nach links zeigt, und dadurch besonders das d, v, s, g anders aussieht, als dieselben Buchstaben in Brunos Handschrift.

Bl. 14 r° kommt eine Ueberschrift
„De Motu rerum duplici et attractione",
worunter der Text beginnt
„Duplex est rerum motus, naturalis et praeternaturalis: naturalis qui est a principio intrinseco, praeternaturalis qui a principio ex- trinseco: item naturalis qui est conveniens naturae, consistentiae vel generationi, praeternaturalis qui non, et hic est duplex: vio- lentus, qui est contra naturam, et ordinatus, seu coordinabilis, qui non repugnat naturae."

Der Inhalt bezieht sich offenbar auch auf magische Kräfte. Dasselbe gilt von dem folgenden Capitel
„Quo modo Magnes trahat ferrum, corallium, sanguinem etc.",
das auf Bl. 15 recto mit den Worten beginnt
„ex istis sequitur ratio, quam (qᵃm, sic) magnes secundum genus

attrahit: porro attractio est duplex: quáedam ex consensu, ut quando partes moventur ad suum totum, locata ad suum locum, similia rapiuntur a similibus et convenientia a convenientibus: alia est sine consensu, ut quando contrarium trahitur a contrario, propter victoriam illius, quod non potest effugere."

Die Abhandlung über die magnetische Anziehung schliesst Bl. 17 recto und wird durch eine kurze Zusammenfassung der verschiedenen Ursachen der Bewegung im Raume ergänzt. Bl. 17 verso schliesst sich daran ein weiteres Capitel an betitelt
„de vinculis Spirituum"
das mit den Worten beginnt
„Supra dictum est spiritus alios crassiorem, alios subtiliorem incolere materiam: alios in compositis, alios in simplicioribus corporibus consistere, alios sensibilia, alios insensibilia, unde operationes animae aliis sunt promptiores, aliis difficiliores, aliis hebetatae aliis aptatae, aliis ablatae; alii item secundum genus unum, alii secundum aliud genus potentius operantur; unde hominibus datae sunt quaedam operationes, et actus, et voluptates quibus privantur daemones",

Diese Worte könnten sich auf Bl. 13—14 beziehen, wo von den Beziehungen zwischen Geist und Körper die Rede war. Andererseits aber scheinen die Bl. 17 v—21 r den Text zu unterbrechen, und enger zu der Abhandlung zu gehören, die Bl. 70 ohne Titel beginnt. Jedenfalls ist der allgemeine Zusammenhang mit dem Vorangehenden unverkennbar. Es wird hier der Gedanke entwickelt, dass nicht alle Dämonen den Menschen, und nicht alle Menschen einzelnen klugen Thieren überlegen sind. Es wird auch der von Bruno in vielen seiner Werke wiederholte Satz vertheidigt, dass alle Körper beseelt sind, was vielleicht Noroff dazu veranlasste, dies Werk Bruno zuzuschreiben. Bl. 18 verso folgt in engem Zusammenhange mit dem Vorangehenden ein Capitel
„De Analogia spirituum",
worin von „unterirdischen Dämonen" unter Anderem Bl. 19 recto gesagt wird:
„Esse daemones subterraneos non solum sensus, experientia, et ratio, sed etiam et divina quaedam authoritas confirmat apud

sapientissimum et multae philosophiae ac profundissimae librum Jobi." Es werden den Dämonen verschiedene Mächte zugeschrieben, und andererseits wieder zugegeben, dass viele Dämonen von gewissen Menschen beherrscht werden können. Bl. 20 verso wird diese Auseinandersetzung mit den Worten geschlossen:

„Jam ad multiplex spirituum vinculum referendum convertamur, ubi omnis Magiae doctrina continebitur."

Es folgt die Aufzählung von 20 vincula, mit Hinweisungen auf § 3, 5, 11—29 eines Werkes, das nicht näher angegeben ist, das sich aber in unserem Ms. Bl. 70—86 findet. Als erstes vinculum wird die „triplex facultas quae requiritur in vinciente seu mago, physica, mathematica et metaphysica" angegeben. Das zweite vinculum „triplex est, quod requiritur tum in operante, tum in operato, tum in eo circa quem est operatio et est fide seu credulitate constans, item invocatione, item amore, et ardenti affectu". So werden die weiteren „vincula", d. h. magische Mittel angeführt, und Bl. 21 recto schliesst die Aufzählung mit dem XIX. vinculum „annuli" und dem XX. „artificia fascinatorum", wonach der Satz kommt: „praeter haec generalia vincula sunt quae in 17 articulis ex Alberti doctrina colliguntur, quorum quaedam sunt relata, quaedam referenda supersunt".

Bl. 21 verso ist weiss, auf Bl. 22 recto beginnt ein neues Capitel mit der Aufschrift

„De vinculis spirituum, et primum de eo quod est ex triplici ratione agentis, materiae, et applicationis."

Dies Capitel enthält die Fortsetzung dessen, was Bl. 7—17 verso abgehandelt wurde, und kann als eine andere Fassung der Capitel „De vinculis Spirituum" und „De Analogia Spirituum" die von Bl. 17—21 gehen, angesehen werden.

Von Noroff wurde dieser Abschnitt fälschlich für eine besondere Abhandlung gehalten. Er ist von derselben Hand auf demselben Papier wie das Vorhergehende geschrieben, und es fehlt in ihm, wie in dem Vorhergehenden, jede Spur irgend einer Bemerkung oder Ergänzung von Brunos Hand.

Der Text beginnt Bl. 22 recto mit den Worten:

„Ad hoc ut actiones in rebus perficiantur tria requiruntur:

potentia activa in agente, potentia passiva in subjecto seu patiente, seu dispositio quae est aptitudo quaedam vel non repugnantia, seu impotentia resistendi, quae omnia ad unum terminum reducuntur, nempe, potentiam materiae, et debita applicatio quae est per circumstantias temporis, loci et reliquorum concurrentium".

Blatt 23 verso kommt ein neues Capitel

„Secundum vinculum ex voce et cantu",

das aufs Neue den Zusammenhang mit dem Vorangehenden bestätigt; jedoch stimmen die Titel des III., IV. und V. vinculum nicht mit denen, die Bl. 20—21 angeführt wurden.

Bl. 24 verso „Tertium vinculorum genus ex visu"

Bl. 25 recto „Quartum vinculum est ex Phantasia"

Bl. 26 verso „De vinculo quinto quod est ex Cogitativa."

Bl. 27 verso schliesst die ganze Abhandlung mit den Worten „et haec de vinculis in genere dicta sint" worunter ein FINIS von derselben Hand geschrieben ist.

Aus dem Inhalt ist ersichtlich, dass Bl. 7—27 ein Ganzes bilden, obgleich die ersten vier Blätter aus anderem Papier sind, als die folgenden. Dies Ganze ist ein Theil einer Abhandlung über die Magischen Wirkungen. Der Name von Giordano Bruno kommt hier nirgend vor, und da die Nadelstiche beweisen, dass die Bl. 7—27 einem ganz anderen Hefte angehört haben als die Bl. 1—6, so ist kein äusserer Grund vorhanden anzunehmen, dass wir es hier mit einem Werke von Bruno zu thun haben, um so weniger, als er in Venedig vor dem Inquisitionsgerichte ausdrücklich sagt[31]), dass er nichts über Magie geschrieben habe, und nur einige darauf bezügliche Werke hat abschreiben lassen, um sie zu benutzen. Vielleicht ist das, was hier vorliegt, ein Auszug oder eine Abschrift aus einem dieser Werke[32]). Die Gegenstände, die hier behandelt werden, hängen in so fern zusammen, als sie sich alle auf magische Wirkungen beziehen. Dass das Heft Bl. 7—27 Bruno angehört haben kann, dafür haben wir mehrere Hinweise.

---

[31]) Berti, Documenti p. 42.

[32]) Das Capitel De vinculis spirituum Bl. 17 verso — Bl. 21 recto scheint den Text zu unterbrechen, und gehört vielleicht einem anderen Werke an als Bl. 7—17 und 22—27.

Erstens ist das Papier der Bl. 11—27 identisch mit dem von Bl. 6, worauf sich Worte von Brunos Hand geschrieben finden; ferner ist der Commentar zu diesem Tractat über magische Wirkungen, der mit Bl. 28 beginnt, wahrscheinlich von Bruno verfasst, da eine Stelle aus diesem Commentar in unzweideutiger Weise in dem Werk „de vinculis in genere" citirt wird, wie dies bei der Betrachtung dieses Werkes gezeigt wird. Schliesslich ist eine interessante Uebereinstimmung zu erwähnen: Bl. 20 recto werden die Verse von Vergil

> „Principio coelum et terras, camposque liquentes
> Lucentemque globum lunae, Titaniaque astra
> Spiritus intus alit, totamque infusa per arctus
> Mens agitat molem"

mit dem Spruch der Bibel „Spiritus Domini replevit orhem terrarum et hoc quod continet omnia" durchaus in derselben Weise zusammengestellt, wie dies Bruno bei dem Verhör in Venedig[33]) gethan hat. Eine solche Uebereinstimmung ist jedoch nicht hinreichend, um ohne weitere Gründe die Abhandlung über magische Wirkungen dem Nolaner zuzuschreiben.

V. Theil: Bl. 28—63.

V. Bl. 28—63, von demselben Papier und derselben Hand wie Bl. 11—27, aber zu einem anderen Hefte ursprünglich gehörig, da hier alte Nadelstiche zu sehen sind, die nicht mit denen von Bl. 11—27 übereinstimmen, und

> für Bl. 28—47.: 11, 96, 152, 185 mm
> für Bl. 48—55: 11, 96, 148, 190 mm
> für Bl. 56—63: 11, 96, 146, 190 mm

vom oberen Rande jedes Blattes entfernt sind.

Was den Inhalt anbelangt, beginnt Bl. 28 recto ohne Ueberschrift und Titel:

„Magia sumitur multipliciter: communissime, communiter, proprie et propriissime:

---

[33]) Berti, Documenti p. 27, vergl. De la causa principio et uno Wagner I, 242.

I   modo pro omni genere scientiae et sapientiae.

II   pro scientia naturali seu rerum naturalium in genere,

III pro sapientia qua complectitur triplex genus scientiarum
realium, cum triplici moralium et triplici rationalium.

IV   pro aggregato habitu ex omnibus his
vel pluribus, cum facultate mirabiliter cognoscendi vel operandi,
et hoc dupliciter, vel per se, vel per aliud, et hoc tripliciter, vel
per superiora vel per aequalia, vel per inferiora, et hoc juxta
diversas circumstantias, notatas et inclusas in significationibus 10
quibus dicitur magus."

Diese zehn Bedeutungen des Wortes „magus" wurden auf
Bl. 7 aufgezählt. Wir haben jedoch hier nicht eine Fortsetzung
der vorhergehenden Abhandlung, sondern eine andere Behandlung
desselben Gegenstandes. Der Text ist in Paragraphen eingetheilt,
und stimmt an vielen Stellen überein mit dem Text der Bl. 7—27.
So kommt eine Auseinandersetzung über die Elemente, die Seele,
die Bewegung, die magnetische Anziehung, das vinculum ex voce
et cantu, ex visu, ex phantasia, ex cogitativa, wobei auf den Text
Bl. 7—28 zurückgewiesen wird, in einer Weise, die darauf schliessen
lässt, dass wir hier einen Commentar der Abhandlung über magische Wirkungen haben, die Bl. 7—27 gegeben war. Man lese
z. B. folgende zu einander gehörige Stellen beider Texte:

Bl. 8 recto, Zeile 12	Bl. 28 recto, Zeile 12
„Magiam esse de genere bonorum."	„Magiam esse de genere honorum."

„Magiam triplicem accipimus, divinam, physicam et mathematicam, primi et secundi generis magia est necessario de genere bonorum et optimorum, III vero generis et bona est et mala prout magi eadem bene et male utuntur."

„Magia est triplex, divina, physica et Mathematica, et ita dupliciter consideratur vel ex parte subjecti, scientiae seu cognitionis et ita absolute et simpliciter est bona, vel quatenus venit in usum scientis, et ita interdum bona est interdum est mala, malam autem esse non intelligimus sub ratione scientiae proprie dictae, scientia enim quatenus scientia semper est bona . . . sed sub ratione istius vel illius in hoc vel illo."

Bl. 8 recto, Zeile 28

„Ut autem ad particularia modo deveniamus, habent Magi pro axiomate, in omni opere ante oculos habendum, influere Deum in Deos, Deos in (corpora coelestia seu) astra, quae sunt corporea Numina, astra in daemones, qui sunt cultores et incolae astrorum, quorum unum est tellus, daemones in elementa, elementa in mista, mista in sensus, sensus in animum, animum in totum animal, et hic est descensus schalae, mox ascendit animal per animum ad sensus, per sensus in mista, per mista in elementa, per haec in daemones, per hos in elementa, per haec in astra, per ipsa in Deos incorporeos seu astereae substantiae . . .

Bl. 28 verso, Zeile 1

„Principium Magiae est considerare ordinem influxus seu schalam entium qua Deum in deos, deos in astra, astra in daemones, daemones in elementa, elementa in mista, etc. Distingue de influxu: influxus est duplex, essentialis et accidentalis, et hic intrinsecus et extrinsecus" . . . .

Die zu commentirenden Worte sind auf Bl. 28 mit grösserer Schrift aber von derselben Hand geschrieben. Ebenso ferner:

Bl. 8 verso, Zeile 19

„Iuxta tres praedictos magiae gradus, tres mundi intelliguntur, archetypus, physicus et rationalis."

Bl. 28 verso, Zeile 17

„Iuxta tres praedictos magiae gradus tres mundi intelliguntur etc.

Distinguendum est de mundo secundum significationem communem, propriam et propriissimam . . . ."

37

Bl. 11 recto, Zeile 16

„Ita cum Animus cujusque
unius continuationem habeat cum
anima universi, non sequitur ea
impossibilitas quae fertur in corporibus, quae non se mutuo
penetrent, . . .“

Bl. 30 verso, Zeile 1

„Immateriales substantiae ut
ubi sunt totae sunt, ita etiam
in uno et eodem spacio, eo mode
quo esse possunt, totae in toto,
et totae in qualibet parte illius, . . .“

So beziehen sich Bl. 28 recto — Bl. 32 recto auf die Bl. 7—17.
Das Capitel „De vinculis spirituum“ das von Bl. 17 verso —
Bl. 21 recto geht, ist in diesem Commentar unberücksichtigt, dagegen wird das ebenso betitelte Capitel „De vinculis spirituum“
das von Bl. 22 recto — Bl. 27 verso geht, ausführlich commentirt
Bl. 32 recto — 38 verso, wie dies aus folgenden Beispielen zu ersehen ist:

Bl. 22 recto, Zeile 1

„Ad hoc ut actiones in rebus
perficiantur tria requiruntur: Potentia activa in agente, potentia
passiva in subjecto seu patiente
. . . . et debita applicatio . . . ex
defectu horum trium perpetuo
impeditur omnis actio“ . . .

Bl. 32 recto, Zeile 19

„In omni actione seu ma-
gica seu physica seu cujus-
cunque generis illa sit tria
requiruntur: potentia activa,
passiva, et debita applicatio
alterius ad alterum, et ex
defectu omnium istorum ac-
cidit impedimentum secun-
dum totum vel secundum
partem simpliciter, vel secundum quod in omnibus
productionibus[34]).

Distinguendum est hoc de potentia et de actione, quia alia
est immanens, alia transiens, et
item est distinguendum de defectu
omnium, consideratio vel simpliciter, vel secundum quid, . . .“

---

[34]) Das gesperrte ist im Original mit grösserer Schrift geschrieben, aber
von derselben Hand.

Bl. 23 verso, Zeile 1

„33. Secundum vinculum ex voce et cantu.

II vinculi ratio est a conformitate numerorum ad numeros, mensurae ad mensuram, momenti ad momentum, unde illi rythmi atque cantus qui maximam habere efficatiam perhibentur".

Bl. 34 recto, Zeile 1

„33. Multiplex est vinculorum genus, quo spiritus atque corpora physice alligantur, quorum primum genus non ex natura rei sed ex positione constituimus ex voce et cantu: cantum vero non solum harmonicum anteferimus, seu mathematicum, sed etiam occultum quendam qui nihil ad tibiam vel ad lyram, qui non ex consensu quodam animae operatur sed interdum ex occulta quadam violentia."

„Patet ex his quae habentur in 33 articulo."

Man sieht aus diesem Beispiel, dass die einander entsprechenden Stellen des Textes und des Commentars dieselbe Paragraphenzahl am Rande haben. Dies ist aber nicht bei allen der Fall, da diese Randzahlen nur im Commentar Bl. 28—38 ununterbrochen fortlaufen von 1—57. Im Text Bl. 7—27 kommen die Zahlen nicht überall vor, und folgen nicht auf einander, da z. B. auf 14 (Bl. 11) 18 (Bl. 13) 22 (Bl. 15) folgen.

Bl. 24 verso, Zeile 1

„41 Tertium vinculorum genus ex visu.

Per visum etiam vincitur spiritus ut passim quoque superius est attactum, dum formae aliter atque aliter ante oculos obversantur, hinc fascinationes activae et passivae ab oculis proficiscuntur et per oculos ingrediuntur." '

Bl. 34 verso, Zeile 22

„41 Visum etiam vincire seu per visum spiritum obligari, inculcari altercari et consequenter corporis et compositi totius immutationes notabiles ingenerari non dubitamus, neque sapiens quispiam dubitare debet. Probatur per exempla articulo 41 allata."

37*

In derselben Weise wird auch das quartum vinculum ex phantasia und das quintum ex cogitativa Bl. 35—38 erläutert; dabei finden sich jedoch im Commentar Erläuterungen, die sich auf solche Stellen des Textes beziehen, die Bl. 7—27 nicht vorhanden sind, woraus zu schliessen ist, dass uns in Bl. 7—27 eine unvollständige und gekürzte Abschrift oder ein Auszug aus einem grösseren Werke über die magischen Wirkungen vorliegt, zu dem der Commentar auf Bl. 28—38 verfasst wurde[35]). Ob dieser Commentar ganz oder theilweise Bruno zuzuschreiben ist, darüber ist schwer zu entscheiden, da Brunos Name nirgends vorkommt, und auch keine Bemerkungen oder Ergänzungen von Brunos Hand zu sehen sind. Aber wahrscheinlich ist wenigstens der Schluss auf Bruno zurückzuführen, da darin alle vincula auf ein einziges „amor" zurückgeführt werden, und diese Stelle in der Abhandlung „de vinculis in genere" aufgeführt wird. Ferner haben Bl. 28—38 allem Anschein nach ein Heft mit den folgenden gebildet, die eine wahrscheinlich von Bruno verfasste Abhandlung enthalten.

„De rerum principiis et elementis et causis."

Diese Abhandlung beginnt Bl. 39 recto. Rechts vom Titel am Rande liest man das Datum: A° 1590 16 Martii ☽, das, wie es scheint, von derselben Hand des Schreibers, den wir mit A. bezeichnen wollen, geschrieben ist, wie der Text, und wie die Bl. 7—38. Der Text beginnt mit den Worten: „Rerum causae efficientes et moventes sunt intellectus et anima, supra quibus est principium unum absolutum, mens, seu veritas . . ."

Weiter im Text, Bl. 39 recto, liest man „Sub istis est unum spatium infinitum, infinitae substantiae capax . . . . et hoc pluribus rationibus ostendimus in dialogis de infinito et universo et mundis."[36]).

---

[35]) Dass dieser Commentar nicht von demselben Verfasser ist, wie das Werk, auf das er sich bezieht, sieht man aus manchen Wendungen, die den Unterschied der Meinungen hervorheben. Bl. 33 recto sagt der Commentator in Bezug auf eine Behauptung des Textes: „illud si praestabit argumentator, nos libenter docebimur ab ipso".

[36]) D. h. in dem schon 1584 herausgegebenen Werke von Bruno „De l'infinito, universo e mondi".

Bl. 39 verso schliesst die Einleitung mit den Worten: „Hac stante rerum primordialium distinctione ad complementum profundioris hujus philosophiae, quatenus ad naturalem contemplationem et operationem spectat praetermittimus Metaphysicam considerationem de mente et intellectu, ad peculiarem aliam tractationem differimus contemplationem de spiritu et anima, nunc tantum universalia aggregemus I circa lucem communiter et ignem, generalem loquendi modum usurpantes, II circa spiritum seu ventum seu aerem . . . . III circa aquam seu vaporem, seu tenebras, ultimo circa terram seu aridum.“

Dann kommt Bl. 40 recto ein Capitel „De Luce et igne“, Bl. 42 verso „De aere seu spiritu“, Bl. 44 recto „De aqua“, Bl. 45 recto „de Terra“. In diesen vier Capiteln werden die Eigenschaften der vier Elemente behandelt, und man bemerkt ebensowenig wie in den vorangegangenen Blättern irgend welche Bemerkungen oder Ergänzungen von Brunos Hand. Bl. 46 kommt ein weiteres Capitel „De Tempore“ und neben dem Titel begegnen wir zuerst einigen Worten von einer andern Hand, die wohl die von Bruno sein könnte: „Pᵒ de dominio elementorum.“ Eine sichere Entscheidung ist schwer. Der Text beginnt mit den Worten „Ad complementum istius pertractationis maximum et praecipuum negotium et ut videtur totius rei forma est, temporis habere rationem, . . .“ und bildet offenbar eine Fortsetzung des Tractats „De rerum principiis et elementis et causis“. Dasselbe gilt vom folgenden Capitel, das Bl. 47 recto beginnt unter dem Titel „De Tempore et dominio Planetarum 7 seu 7 principum“. Unten unter dem Text liest man eine Bemerkung von einer fremden Hand „post impetum cogita an uncus hic sit Nolani“, welche uns bezeugt, dass schon ein früherer Leser an der Echtheit dieser Handschrift zweifelte. Bl. 48 recto wird die Schrift von Bruno **„de umbris idearum“**[37] angeführt, was wieder dafür spricht, dass wir hier es mit einem Werke von Bruno zu thun

---

[37] De umbris idearum implicantibus artem quaerendi, inveniendi, judicandi, ordinandi et applicandi ad internam scripturam et non vulgares per memoriam operationes explicatis. Paris. 1582.

546   W. Lutoslawski,

haben. Bl. 48 verso beginnt ein weiteres Capitel „De inveniendo arcu diei et noctis“.

Bl. 49 verso schliesst mit den Worten: „. . . universalem rationem rerum debemus indicare, ex qua quilibet vel mediocris ingenii per seipsum fragmenta veritatis, quae sunt sparsa, in medio tot vanitatum[38]), quibus referti sunt libri astrologici et judiciarii, perfacile possit colligere, experiri, corrigere et complementum invenire, cujus rei viam demonstramus eam quam novimus per intelligentiae superioris solis favorem, de particularibus periculum et experientiam facere hactenus non est concessum nobis, propter magis urgentes occupationes et plurima impedimenta quibus obligamur. Haec sunt quae plus quam ad medietatem facere quilibet per se potest videre, crebra et jugi experientia hoc huc ambulantibus facile sine aliorum librorum studio et rerum particularium ratio se illis insinuabit.“

Dies stimmt überein damit, was Bruno vor der Inquisition in Venedig sagte „Quanto alli libri di conjurationi, et altri simili io sempre li ho disprezzati, e mai li ho havuti appresso di me, ne li ho attribuito efficacia alcuna, quanto poi alla divinatione particularmente quella che è dalla astrologia giuditiaria ho detto, et havuto ancora proposito di studiarla per vedere se haveva verità, o conformita alcuna, et questo mio proponimento l'ho communicato a diversi dicendo haver atteso a tutte quante le parti della filosofia, et d'esser stato curioso in tutte le scientie eccetto che nella giuditiaria, et che havendo commoditá et otio, volevo attendere a quella trovando loco solitario, et quieto, il che non ho fatto ancora et giamai proposto di fare se non a questi tempi incirca“ [39]).

Wenn man dies Zeugniss mit dem oben citirten Text und noch mit folgendem Bekenntniss von Bruno zusammenstellt: „io ho fatto trascrivere a Padoa un libro de sigillis Hermetis, et Ptolemei, et altri, nel quale non so se oltra la divinatione naturale vi sia alcun cosa dannata, et io l'ho fatto trascrivere per servirj mene nella giuditiaria, ma ancor non l'ho letto, et ho procurato

---

[38]) Im Original nicht unterstrichen.
[39]) Berti, Documenti p. 43.

d'haverlo ... et l'ho fatto trascriver a Padoa come ho detto di sopra, et hora si trova in mano del Claris. Mocenigo[40])", so wird man wohl nicht annehmen können, dass die Abhandlung über Magie Bl. 7—27 dem Bruno zuzuschreiben sei, sondern sie wird wahrscheinlich eine von denen sein, die Besler für Bruno abgeschrieben hat, und die dieser noch nicht Zeit gehabt hat durchzulesen, woraus sich auch erklärt, dass darin gar keine Bemerkungen oder Verbesserungen von Brunos Hand zu finden sind. Einer Mittheilung von Prof. Sigwart verdanke ich die Bestätigung dieser Voraussetzung, da Hieronymus Besler Noribergensis am 19. November 1589 im Album der Universität Helmstädt immatriculirt worden ist, und also im J. 1590 in Helmstädt dem Bruno als Schreiber dienen konnte, ebenso wie er nach dem Zeugniss von Bruno im J. 1591 ihm in Padua als Schreiber gedient hat.

Obgleich Bl. 49 einen gewissen Abschluss zu enthalten scheint, folgen noch einige Capitel, die mit dem Vorangehenden zusammenhängen :

Bl. 50 recto „De virtute et vitiis signorum et planetarum singulorum, nempe luce et tenebris quibus singuli dominantur.

Bl. 51 De virtute loci.

Bl. 52 verso „De virtute nominum".

Bl. 53 verso „De virtute gestus".

Bl. 54 recto „De numero et mensura".

In diesen Abschnitten, die jedenfalls ein Ganzes mit dem Vorangehenden immer gebildet haben, werden also einige Einzelheiten in der auf Bl. 49 projectirten Weise behandelt. Es ist kein Grund anzunehmen, wie dies Noroff thut, das mit Bl. 50 ein neuer Tractat beginnt.

Das ganze Werk De rerum principiis et 'elementis et causis schliesst auf Bl. 54 verso mit den Worten „Et haec sunt praecipua capita circa quae oportet meditari, aggregare universalia, exercere

---

[40]) Berti, Documenti p. 47. Vergl. p. 24 „io l'ho fatto trascrivere da un' altro libro scritto à mano, che era appresso de un mio scolaro Alemano de Norimberga, che si chiama Hieronimo Bislero et che stava poco fa in Padoa, m'ha servito per scrittor forsi dui mesi". (Sein eigentlicher Name ist Besler.)

actum contemplationis et applicare praxes eum qui plene magiam vult in pristinum et nobilissimum statum instaurare, et de his satis." Daraus sieht man, dass die aufgezählten Capitel von Bl. 39 bis Bl. 54 zu einem Ganzen gehören, vielleicht auch mit dem Inhalt der Bl. 7—38 einem Werk über Magie zum Theil entnommen sind.

Von anderem Inhalt ist der folgende Abschnitt, der Bl. 55 recto mit der Ueberschrift beginnt:

„Medicina Lulliana partim ex mathematicis, partim ex physicis principiis educta, fideliter collecta per nos, nihilo praeter et extra intentionem adducto, addito, neque diminuto".

Wir haben hier einen Auszug aus einem Werk [41]) von Lullus, das nicht näher angegeben ist. Zuerst kommen IX Capitel, die zum Theil in Paragraphen eingetheilt sind, und bis Bl. 62 recto reichen. Das IX. Capitel schliesst Bl. 62 recto mit den Worten „Quod vero ad complementum artis attinet, sufficiet potentis nostrae Lullianae institutos colligere, proprietates et virtutes domorum aspectuum, planetarum, signorum, imaginum mansionum lunae et diversorum synodorum quibus solent concurrere simul variae virtutes, quae omnia nos aptissime et luculenter si tempus dabitur adducemus sub specie imaginum minori quam centenario numero contentarum, iuxta canones in 30 sigillis explicatos."

Aus dieser Beziehung auf das Werk Brunos „Recens et completa ars reminiscendi", worin die „triginta sigillorum explicatio" gegeben wurde, folgt, dass der vorliegende Auszug entweder von Bruno selbst oder von einem seiner Schüler ausgeführt worden ist. Bl. 62 verso beginnt wieder ein Capitel „De febribus", das his Bl. 66 recto geht.

VI. Theil: Bl. 64—86.

VI. Theil Bl. 64—86, von demselben Papier und von derselben Hand wie Bl. 11—63, aber von dem IV. und V. Theil da-

---

[41]) Der grösste Theil des Auszugs ist beinahe wörtlich genommen aus dem „Liber principiorum medicinae Divi Raymondi Lulli Doctoris illuminati", p. 31—39. Dies Werk findet man im „Beati Raymundi Lulli Doctoris illuminati et martyris operum tomus primus Moguntiae MDCCXXI".

durch zu unterscheiden, das hier nicht mehr frühere Nadelstiche
zu sehen sind. Daraus darf man nicht schliessen, dass nicht
wenigstens die ersten Blätter zu dem Heft, das mit Bl. 28 beginnt,
gehört haben, da wir hier bis zum Bl. 69 eine Fortsetzung des
vorhergehenden Textes haben, ohne dass irgend eine Lücke bemerkbar wäre. Bl. 63 verso schliesst mit den Worten „nam si
gradus IV^{us} qui agit per appetitum" und Bl. 64 recto setzt fort
„agit per appetitum corrumpitur et tollitur a febre, alii gradus
subordinati ipsi IV° et ad unum finem tendentes non consistent".
Bl. 66 recto schliesst das Capitel „de febribus" und beginnt ein
anderes „de urinis" Bl. 69 recto: „de pulsibus". Der Text
bricht Bl. 69 verso plötzlich ab, wodurch die Ansicht, dass Bl. 64
bis 69 zu demselben Hefte wie die Bl. 28—63 gehört haben, aber
nicht dazu geheftet waren, sondern frei darin lagen, eine Bestätigung
findet; nach dem Bl. 69 kommen noch zwei unbeschriebene und
von der Moskauer Bibliothekverwaltung nicht numerirte Blätter,
die den Schluss des Heftes bilden, das mit Bl. 28 beginnt. Dies
Heft hat also enthalten: 1. einen Commentar zu dem Werk über
magische Wirkungen, von dem wir einen Theil in Bl. 7—27
haben. — 2. ein Werk von Bruno „de rerum principiis et elementis es causis", 3. einen Auszug aus den auf Medicin bezüglichen
Theilen von nicht näher angegebenen Werken von Raymundus Lullus,
oder seinen Schülern.

Nach den zwei unbeschriebenen Blättern kommt das Bl. 70,
womit wahrscheinlich ein neues Heft begonnen haben wird.

Bl. 70 recto beginnt ohne Titel mit den Worten:

„Influit Deus in angelos, angeli in corpora coelestia, coelestia
in elementa, elementa in mixta; mixta in sensus, sensus in animum,
animus. in animal. Ascendit animal: ascendit animal per animum
ad sensus per sensus in mixta, per mixta in elementa, per elementa
in coelos, per hos in daemones seu angelos, per istos in Deum seu
in divinas operationes."

Dieser erste Paragraph stimmt dem Sinne nach mit der entsprechenden oben citirten Stelle des Blattes 8 durchaus überein.
So findet man auch im weiteren Text Anklänge an Bl. 7—27 —
dabei aber macht das Ganze den Eindruck, als ob es nicht von

demselben Verfasser wäre, wie der Text der Blätter 7—27. Nur
das Capitel „De vinculis spirituum" Bl. 17—21 scheint in engem
Zusammenhange mit dem vorliegenden Text zu stehen, und gewissermaassen die Einleitung dazu zu bilden. Bl. 7—17 und
Bl. 22—27 sind in einem viel weitläufigeren Stil geschrieben, als
die von Bl. 70 an beginnende kurze Zusammenfassung der Magie.
Diese Zusammenfassung ist eingetheilt in XXIX Paragraphen, die
durchaus genau den Paragraphenzahlen entsprechen, die Bl. 20—21
bei der Aufzählung der XX vincula citirt waren. Es werden hier
also die dort aufgezählten vincula genauer erörtert. Dabei trägt
der XXV. Paragraph noch den besonderen Titel Secundus Tractatus (Bl. 80 recto) und die Paragraphen XXVI—XXIX werden
unter dem Titel Tertius tractatus zusammengefasst. Dieser
Tertius tractatus behandelt unter Anderem auch einige Gegenstände,
die gleichfalls in dem Werk „De rerum principiis et clementis et
causis" behandelt waren, aber beim Vergleich ergiebt sich, dass
man beide Texte wohl kaum demselben Verfasser zuschreiben
könnte. Dagegen kann die Identität der Handschrift keinem Zweifel unterliegen. Meistentheils gleicht der Text einer sorgfältigen
Abschrift; an mehreren Stellen findet man einige Worte oder
Citate von einer anderen Hand, die aber nicht Bruno zugeschrieben
werden können, sondern eher diesem späteren Leser, der auf
Bl. 47 einen Schriftzug von Bruno erkennen zu können meinte,
und eine hierauf bezügliche Frage aufschrieb.

Bl. 84 verso folgt mit der Ueberschrift „Alberti generalis
doctrina" ein Capitel, auf welches schon Bl. 21 hingewiesen wurde,
und das, in Uebereinstimmung mit diesem Hinweis, in 17 articuli
eingetheilt ist. Der magische Tractat schliesst Bl. 86 verso mit
den Worten:

„Haec sunt quae universam magiae rationem continent, quae
homini prudenti atque sensato sola sufficiunt, nec placuit attulisse
exempla et caetera particularia, in quibus alii occupantur, quan-
doquidem illa non habenti harum rerum rationem nihil deservire
possunt, et frustra tentantur. Porro haec ipsa intelligenti et in
eorum consideratione profundanti, non solum talia et eadem, sed
et similia et maiora et maxima sunt pervia; si quis quidem existi-

met, nos completam artem non attulisse, et omnia quae ex aliorum studiis ad complementum scientiae solum supervacaneis praetermissis non aggregasse, sciat illud esse defectum sui judicii, et mentis imbecillitatem, quae ad haec et alia percipienda minus a coelo facta est idonea. Quod si qui libros maiores inscripsisse videntur, ipsum est quia extranea et ad rem minus facientia plurimum miscuere fortasse ut artem minus perviam facerent, quod nos fecisse potuimus."

"FINIS."

VII. Theil: Bl. 87—98.

VII. Theil Bl. 87—98 hat allem Anschein nach ein besonderes Heft gebildet, und trägt die Spuren früherer Nadelstiche, die nicht mit denen der anderen Theile des Ms. übereinstimmen. Die Entfernung dieser Nadelstiche vom oberen Rand beträgt

9, 18, 46, 99, 147, 162, 183, 200 mm

wobei durch die unterstrichenen Stellen noch der Faden in einer Weise geht, welche die ursprüngliche Unabhängigkeit dieses Heftes von dem Rest beweist.

Das Papier ist anders als in den Bl. 1—86. Es hat das Format von 308 . 420 mm, und die Querlinien sind sehr dicht bei einander, es gehen ihrer 13 auf 10 mm. Die Längslinien der Bögen kommen in jedem Blatt als Querlinien zum Vorschein, in der Entfernung von 18, 47, 73, 100, 127, 154, 181, 207 mm vom oberen Rande. Man bemerkt zwei Fabrikzeichen auf jedem Bogen: ein Hammer an derselben Stelle, wo sich auf dem früher beschriebenen Papier das Fabrikzeichen befand, und ausserdem ein E in einer Ecke des Bogens.

Das Papier ist viel weisser als das der Bl. 7—86, und viel besser erhalten.

Bl. 87 recto beginnt mit dem Titel

„Jordani Bruni Nolani De vinculis in genere".

Hier kommt zum ersten Male im Manuscript der Name Brunos vor. Die Handschrift ist viel sorgfältiger als auf den Bl. 7—86, aber ist von derselben Hand, was besonders leicht zu ersehen ist, wenn man gewisse characteristische Buchstaben vergleicht: d, v, t,

x, q, f, g. Der Unterschied dieser Handschrift von der Brunos ist
gerade hier leicht ersichtlich, da sich die Blätter 1—5 auf denselben Gegenstand beziehen, und ganze Sätze aus diesen Blättern
hier wiederholt werden.

Erwägt man, dass hier das Wort vinculum in einem ganz
anderen Sinne gebraucht wird, als in den Werken über magische
Wirkungen, die wir Bl. 7—28 und 70—86 haben, so wird man
wohl darin eine neue Bestätigung der Ansicht haben, dass jene
Werke nicht Brunos eigene Lehre enthalten. Nach einer kurzen
Einleitung, worin von der Mannigfaltigkeit der Wirkungen auf
Menschen gesprochen wird, beginnt Art. I betitelt „Vincientium
species", mit den Worten „Vincientia per universum sunt Deus,
Daemon, Animus, Animal, Natura, Fors et Fortuna, tandem Fatum".
Das ganze Capitel ist in 30 articuli eingetheilt, und schliesst Bl. 90
verso. Bl. 91 recto beginnt ein anderes „De Vincibilibus in
genere", das ebenfalls in 30 articuli eingetheilt ist. In dem ersten
articulus „Species vincibilis" sind 4 solche angeführt „Mens, anima,
Natura, Materia, Mens per se stabilis, anima per se mobilis, Natura
partim stabilis partim mobilis, Materia ex toto mobilis et ex toto
stabilis", in völliger und wörtlicher Uebereinstimmung mit einem
auf Bl. 1 verso von Brunos Hand geschriebenen aber gestrichenen
Satze „mens, anima, natura, materia, mens per se stabilis, anima
per se mobilis, natura mobilis in alio non ab alio, materia mobilis
in et ab alio".

Aus dieser Uebereinstimmung und einigen anderen sieht man,
dass die losen Blätter 1—5 sich auf dies Werk Brunos „De vinculis in genere" beziehen, und nicht, wie Noroff glaubte, auf
das Capitel „De vinculis spirituum", das zu der ersten Abhandlung über Magie gehört. In beiden Werken ist der Sinn des
Wortes vinculum durchaus nicht übereinstimmend. Bei Bruno
handelt es sich hauptsächlich um die Bande, die zwischen Menschen
bestehen, und er führt sie gern auf Liebe zurück. In den Fragmenten der magischen Werke, die uns Bl. 7—27 und 70—86 vorliegen, bedeutet meistentheils „vinculum" ein magisches Mittel, um
übernatürliche Wirkungen auszuführen, die sich nicht nur auf
Menschen, sondern auch auf Dämonen erstrecken. Auch sieht man

bei Bruno eine viel grössere Vorsicht bei solchen Behauptungen, die schwer zu beweisen sind. Während der Verfasser der magischen Auszüge die Existenz der verschiedenen Engel und Dämonen für unzweifelhaft hält, sagt Bruno im XXX. articul. des Capitels „De vincibilibus in genere" (Bl. 93 verso)

„etsi enim nullus sit infernus, opinio et imaginatio inferni sine veritatis fundamento vere et verum facit infernum".

Bl. 94 recto beginnt ein neues Capitel

„De vinculo cupidinis et quodammodo in genere."

„Diximus in his quae de naturali magia, quemadmodum vincula omnia tum ad Amoris vinculum referantur, tum ab amoris vinculo pendeant, tum in Amoris vinculo consistant."

Dies bezieht sich nicht etwa auf Bl. 7—27, wo von einer solchen Einheit aller vincula nirgends die Rede ist, sondern auf den Schluss des Commentars zu diesem Theil des Ms., Bl. 38, wo invidia, aemulatio, indignatio, verecundia, timor, odium, ira auf amor zurückgeführt werden, und geschlossen wird „satis ergo fecerit qui eam nactus fuerit philosophiam seu magiam quae vinculum summum praecipuum et generalissimum amoris seiat contractare, unde fortasse amor a Platonicis daemon magnus est appellatus".

Im Text findet man wieder viele Sätze, die auf den losen Conceptblättern von Bruno selbst geschrieben waren, z. B.:

Bl. 2 recto, Zeile 16	Bl. 94 recto, Zeile 27
„solae res compositae vincirent .... Nunc autem puri colores, vox una, fulgor auri, argenti candor ... nil citius labitur et senescit quam pulchritudo: nil tardius quam figura ... ut accedit quibusdam post fruitionem rei amatae .... sed et in quadam rapientis et rapti condispositione ut ita dicam ..."	„Ad plura vero respicientibus, saltem ad hoc quod non solum res compositae, et membrorum varietate consistentes vinciunt, sed interdum purus color pura vox: Nihil enim citius labitur et senescit quam pulchritudo: nihil vero tardius alteratur quam figura et forma quae ex membrorum compositione enitescit .... interdum post rei amatae fruitionem

praeterit amor, quocirca praeser-
tim in quadam rapientis et
rapti condispositione vinculi ratio consistit."

Diese Beispiele zeigen uns, dass die Bl. 1—5 nur einen ersten
Entwurf der Gedanken Brunos enthalten, der hier vollständig ausgeführt ist. Die übereinstimmenden Worte sind in beiden Texten
gesperrt gedruckt. Auch ist die Reihenfolge der übereinstimmenden Fragmente nicht identisch. So findet man weiter Bl. 95 verso
Sätze, die im Concept Bl. 1 verso stehen:

Bl. 1 verso, Zeile 28	Bl. 95 verso, Zeile 10
„Haec Platoni˙ pulchrum, Socrati excellons animi ve- nustas, Timaeo animi tyran- nis, Plotino naturae privi- legium, Theophrasto tacita deceptio˙, Salomoni ignis absconditus, aquae furtivae, Theocrito eburneum detri- mentum, Carneadi regnum sollicitum, et aliis alia."	„Vinculi descriptio: art IX. Vinculum Platoni est secundum genus pulchritudo, seu confor- mitas, Socrati excellens ani- mi venustas Timaeo animae Tyrannis, Plotino naturae privilegium, Theophrasto ta- cita deceptio, Salomoni ignis absconditus et aquae fur- tivae, Theocrito eburneum detrimentum, Carneadi re- gnum sollicitum."

So könnte man viele andere Beispiele anführen, aber die schon
angeführten reichen wohl vollkommen dazu aus, um die vorhandene
Uebereinstimmung nachzuweisen. Wir sehen also, dass in den
Bl. 87—98 ein Werk von Giordano Bruno vorliegt, das aber nur
ein Fragment geblieben ist, da es mitten im XXII. articul. des
III. Capitels Bl. 98 recto mit den Worten abbricht:

„judicat amans debitum amatae, ut animam illi ablatam
restituat, ubi in proprio corpore mortuus in alieno vivit. Si amans
amatae minus blanditur, queritur haec quasi eam ille curet minus.
Queritur amans versus amatam si"

Man sieht, dass der letzte Satz unbeendet geblieben ist, sei es,
dass er im Original von Bruno nicht beendet war, sei es, dass nur

der Abschreiber durch irgend etwas verhindert wurde, seine Abschrift zu Ende zu führen. Der unterbrochene Satz ist in den Conceptblättern 1—5 nicht vorhanden. Bl. 98 verso ist unbeschrieben.

VIII. Theil: Bl. 99—160.

VIII. Theil Bl. 99—160 von demselben Papier und derselben Handschrift wie Bl. 87—98, aber dadurch zu unterscheiden, dass hier keine alten Nadelstiche zu sehen sind, und somit dieser Theil ein besonderes Heft gebildet hat. Die Handschrift ist ebenso sorgfältig wie Bl. 87—98, und bedeutend sorgfältiger als Bl. 7—86. Die Ueberschriften sind hier mit grossem Zeitaufwand ausgeführt, und überall sieht man das Streben nach Deutlichkeit und Genauigkeit, obgleich der Text keineswegs frei von Schreibfehlern ist, die den Abschreiber verrathen. Dieser Abschreiber A, der auch den ganzen Text von Bl. 7 an geschrieben hat, hat besonders in seiner Schrift ein characteristisches d, das dem t zum Verwechseln ähnlich ist, und ein v, das man häufig für ein p halten könnte.

Hier ebensowenig als in den früheren Theilen der Handschrift, begegnen uns Ergänzungen oder Bemerkungen von Brunos Hand. Nur das Datum am Anfang und am Ende:

„1591 $\overline{\text{VII}}$ 1 ☉ —“

„F Anno 1591 I Mens: Octob: N Die 22 ♂ I Paduae S“ könnte vielleicht von Bruno geschrieben sein, aber dies ist schwer zu entscheiden. Was den Inhalt anbelangt, enthält dieser Theil des Ms. das von Bruno nicht herausgegebene, aber als von ihm geschrieben bezeugte Werk, das bisher unter dem Titel „Liber XXX statuarum“ bekannt war, hier aber mehrere Mal als die „Ars inventiva per XXX statuas“ bezeichnet wird. Es beginnt ohne Titel mit den Worten:

„Animae cibum esse veritatem utpote quae in ejus substantiam, veluti proprium nutrimentum transmutabilis est, esse constat.“

Es wird alsdann in einer Einleitung der Zweck des Werkes erklärt: es soll darin das ganze Gebiet des Denkbaren in 30 Felder eingetheilt, und mnemotechnisch jede Idee mit einer concreten Figur oder „Statua“ verbunden werden, damit mit Hülfe dieser

Kunst jede Eintheilung und Definition eines beliebigen Gegenstandes erleichtert werde. Wir haben hier also ein eigenthümliches Lehrbuch der Logik und Metaphysik, das viele richtige und tiefe Gedanken, die Giordano Brunos würdig sind, enthält, aber nur durch die phantastische Form, in die es eingekleidet ist, zuerst unverständlich und sogar sinnlos erscheint. Der Substanzbegriff ist hier nicht weniger eingehend behandelt als in irgend einem anderen Werke von Bruno, aber die Gedanken des Philosophen sind häufig verdunkelt durch das Streben, sie in eine willkürliche und phantastische Form einzukleiden. So wird jedes Capitel beinahe ohne Ausnahme in 30 articuli eingetheilt, wie in dem vorangehenden Fragment „De vinculis in genere". Die Zahl der Capitel sollte auch nach dem Plan 30 sein, und man sieht, dass Bruno dieser Zahl eine besondere Bedeutung zuschrieb. Thatsächlich enthält das Werk mehr als 30 Capitel, und es ist schwer zu entscheiden, welche von diesen in eins zusammengefasst werden müssten, damit die vom Autor beabsichtigte Zahl 30 nicht überschritten werde.

Die Beschreibung der einzelnen statuae beginnt Bl. 101 recto mit der Ueberschrift

„De tribus informibus et infigurabilibus."

Dieser erste Abschnitt enthält vier Capitel, je in 30 articuli eingetheilt:

    (1) Bl. 101 recto „De Chaos I infigurabili".

    (2) Bl. 103 recto „De II informi, orco sive abysso".

    (3) Bl. 105 recto „De III infigurabili puta de nocte seu tenebris".

    (4) Bl. 107 recto „De noctis statua".

Dann folgt Blatt 108 recto ein zweiter Abschnitt betitelt:

De opposita superna Triade.

Hier haben wir drei Capitel zu 30 articuli:

    (1) Bl. 108 recto „De Patre seu mente seu plenitudine".

    (2) Bl. 109 verso „De Primo intellectu".

    (3) Bl. 112 recto „De Lumine seu spiritu universi".

Bl. 114 recto beginnt ein neuer Abschnitt unter dem Titel **„Ordo secundus",** und zerfällt in die 8 folgenden Capitel:

    (1) Bl. 114 recto „De Apolline et monade seu unitate".

(2) Bl. 115 recto „De Saturni statua et principio".

(3) Bl. 116 verso „De statua Promethei et causa efficiente".

(4) Bl. 117 verso „De officina Vulcani, seu de 30 formae conditionibus vel rationibus".

(5) Bl. 118 verso „De Statua Vulcani vel formae propriis distinctionibus et definitionibus".

(6) Bl. 120 recto „De Thetidis Statua seu de subjecto".

(7) Bl. 122 recto „Statua Sagittarii pro explicatione causae finalis".

(8) Bl. 123 recto „De Monte Olympo, ad describendas omnes seu universas **finis** significationes".

Bl. 124 recto folgt der **Ordo tertius** mit folgenden 17 Capiteln:

(1) Bl. 124 recto „De campo coeli et Bonitate naturali".

(2) Bl. 125 recto „De campo Vestae seu Bono morali".

(3) Bl. 125 verso „De campo Oceani seu magnitudine".

(4) Bl. 126 verso „De statua Martis seu virtutis".

(5) Bl. 127 recto „De campo telluris seu de potentia".

(6) Bl. 128 recto „De campo Junonis seu medio".

(7) Bl. 129 recto „De Momorgene, (sic) hoc est Habitudine seu Relatione".

(8) Bl. 130 recto „Explicatio Cornu Acheloi seu de Habere".

(9) Bl. 131 recto „De Campo Minervae seu de Noticia".

(10) Bl. 132 recto „De Schala Minervae seu de Habitibus Cognitionis".

(11) Bl. 133 recto „De Campo Veneris hoc est de concordia".

(12) Bl. 134 recto „De Veneris statua, concordia in voluntate".

(13) Bl. 135 recto „Tela seu nodi Cupidinis, Concordia in actione".

(14) Bl. 135 recto „De Statua et Membris Cupidinis seu differentiis voluntatis".

(15) Bl. 136 verso „De pelle Amaltheae caprae et Diversitatis significationibus".

(16) Bl. 137 recto „De Campo Litis et contrarietatis
conditionibus".

(17) Bl. 137 verso „De Campo Aeonos seu aeternitatis."
Wenn wir die dem Inhalt nach verwandten Capitel „De officina Vulcani" und „De Statua Vulcani" zusammenfassen, und
ebenso auch die Capitel „De concordia in voluntate" und „de concordia in actione" die einander ergänzen, so erhalten wir im Ganzen
30 statuae, wie am Anfang angekündigt wurde. Ob aber gerade
diese Paare für eins zu halten sind, oder andere, damit die im
Titel und häufig im Text erwähnte Anzahl „30 statuarum" nicht
überschritten werde, darüber finden wir keine Andeutungen.

Bl. 138 verso beginnt ein neuer Theil des Werkes mit dem
Titel **„De Applicatione Triginta Statuarum".** Hier werden
noch verschiedene Fragen erörtert, und besonders der Begriff der
Substanz untersucht.

Die Capitelüberschriften sind folgende:

Bl. 138 verso „Primo de applicatione sex infigura-
bilium".

Bl. 139 verso **„De ratione praedicatorum communicabilium
diversis Schalae gradibus".**

„De quatuor infimis simplicibus".

Bl. 140 recto „De quatuor prope simplicibus".

Bl. 140 recto „De tribus generibus imperfecte incom-
positorum".

„De tribus perfecte compositis".

„De quinque animalium generibus".

Bl. 140 verso „De imperfectis compositis prope lucem
seu plenitudinem".

„De perfecte compositis prope lucem".

Bl. 141 recto „De iis quae sunt prope simplicia".

Bl. 141 verso „De substantia pura et simplici".

„Arbor substantiae".

Bl. 142 verso **„De explicata schala praedicatorum seu
attributorum substantiae et naturae".**

Bl. 145 verso „**De Statuis dictionum**".

Es folgen einige Capitel mit mythologischen Namen, und

Bl. 149 verso „D e Applicatione Artis inventivae et iu-
dicativae".

Bl. 150 recto „Utilitas Lampadis huius ad alias".

Bl. 151 recto „De praxi inventionis per praedicta".

Bl. 154 verso „De ratione verificandi seu enuntiandi".

Bl. 156 verso „De tertia et ultima praxi".

In diesem letzten Capitel ist die Anwendbarkeit der XXX statuae an einem ausführlichen Beispiel illustrirt, indem der Beweis für den Satz geführt wird „Anima non est accidens". Einen grossen Theil dieses Capitels hat Noroff in seinem Katalog abgedruckt. Das ganze Werk schliesst auf Bl. 160 recto mit folgenden Worten:

„Itaque gratias Deo agentes Artem inventivam per 30 statuas perfecimus. Reliquum est, ut quo quisque prout credit posse ex istius lumine bonum, meliorem, vel optimum fructum comparare, bene, melius, vel optime in istis assuescat: Multum enim confert bonam non solum incurrisse disciplinam, et a bono lumine, sed illud praecipuum esse videtur, ut aliquis quod habet fidat se habere, et iuxta fidem excolat agrum et iugi meditatione rerum rigans agrum, ingenii, propria iniecta semina adolescere faciat, incrementum sumat, et fructus suo tempore praestoletur. Infidi vero et desperantes quos neque numina posse curare testantur, otio et torpore et innata desidia talentum suffodiunt et segetem muribus corrodendam praetermittunt.

F Anno 1591. I Mens. Octob: N Die 22 ♂ I Paduae S" [42]).

IX. Theil: Bl. 161.

IX. Theil Bl. 161 ist ein loses Pergamentblatt, mit einem Netz von 13.22 nebeneinander gezeichneten Quadraten, von denen 158 ausgeschnitten sind. Noroff glaubte bei seiner Beschreibung, dass sich die Erklärung im Text finden würde. Ich habe diese Er-

---

[42]) Nach dem Bl. 160 folgen noch zwei unbeschriebene und nicht numerirte Blätter von demselben Papier, die das Heft, das Bl. 99 begonnen hatte schliessen.

klärung nicht finden können, und kann daher nicht entscheiden, ob dies lose Blatt zu irgend einem der Hefte, aus denen die Sammlung besteht, gehört hat.

X. Theil: Bl. 162—182.

Sehr wichtig ist der **letzte Theil** des Ms., Bl. **162—184,** weil er zum Theil von Brunos Hand geschrieben ist.

Das Papier ist dicker und viel gelber als das der Blätter 87 bis 160. Es unterscheidet sich auch von allen früheren Theilen des Manuscripts dadurch, dass der Rand hier beschnitten ist, und infolge dessen man die Zusammengehörigkeit der einzelnen Blätterpaare zu Bögen nicht bestimmen kann. Wenn man davon absieht, was am Rande weggefallen ist, ergiebt sich für jeden Bogen von 4 Blättern das Format von 428 . 315 mm. Es müssen also die Bögen ursprünglich viel grösser gewesen sein als die der Blätter 87 bis 160. In jedem Blatt sind wie in den anderen Blättern des Ms. Querlinien und Längslinien sichtbar. Erstere sind nicht sehr nahe bei einander, da 9 auf 10 mm gehen. Die Längslinien sind nicht so deutlich sichtbar wie in den anderen Papiersorten, aus denen das Ms. besteht, aber in jedem Blatte kann man ihrer 7 zählen, die von links nach rechts gehen.

Bl. 162 recto ist sehr vergilbt, schmutzig, und die Tinte verblasst. Sowohl das Aussehen des Papiers, als auch die Farbe der Tinte erinnert sehr an das recto des Blattes 1.

Beide waren offenbar mehr den äusseren Einflüssen ausgesetzt als die inneren Blätter. Die Handschrift ist, wie mir scheint, bis Bl. 167 ohne Zweifel von Bruno, wenn man zugiebt, dass die Blätter 1—6 von ihm geschrieben sind. Leider hat Noroff, der in seinem Katalog 8 Proben der Schrift des Abschreibers A. gegeben hat, in der Meinung, es seien Proben der Schrift von Giordano Bruno, es nicht für nöthig gehalten, ein einziges Facsimile aus dem letzten Theile zu liefern, so dass diese Schrift nicht leicht mit einer grösseren Anzahl von unzweifelhaften Autographen Brunos wird verglichen werden können. Die Echtheit, so weit dieselbe aus dem Vergleich mit den ersten losen Blättern des Manuscripts ersehen werden könnte, ist für mich unzweifelhaft. Auch innere Gründe sprechen dafür, dass der hier vorliegende Text von Bruno selbst geschrieben sei. Wir haben hier nämlich einen ersten Entwurf des Auszugs aus den Werken von Lullus, den wir in einer geordneten Gestalt auf den Bl. 55—69 sehen. Der Text ist in Capitel und Paragraphen eingetheilt, aber häufig werden die Sätze nicht abgeschlossen, und ganze Paragraphen bleiben nicht ausgeführt. Das Verhältniss beider Texte möge aus folgenden Zusammenstellungen ersehen werden:

Bl. 162 recto:

Artificiosa Methodus medicinae ex Lullianis Fragmentis [43]).

Subjectum medicinae est corpus humanum quatenus sanabile et aegrotabile...

§ 1.

Intentio nostra non est de medicina tractare sed solum modum praebemus ipsam applicandi ad artem quandam generalem Lullii, ad quam omnes sciunt difficultates generaliter applicare .... per quem modum unusquisque in verae medicinae...

Bl. 55 recto:

Medicina Lulliana partim ex mathematicis partim ex physicis principiis educta, fideliter collecta per nos, nihilo propter et extra intentionem adducto, addito neque diminuto.

§ 1.

Intentio nostra est non tam vulgari more principia medicinae quae praxi proxima sunt adducere, quam artem Lullii illam generalem ad omnes scientias et facultates ita limitare et modificare iuxta ejus intentiones ut quislibet facile in verae medicinae totius cognitionem venire possit...

§ 2.

Subjectum adaequatum medicinae est corpus humanum, quatenus sanabile et aegrotabile...

Bl. 163 recto:

Tractatus secundus.

§ 1.

Medicus causam huius in-

Bl. 57 verso:

Caput II.

§ 1.

Medicus etsi in astrologia

[43) Im Text unterstreiche ich die in beiden Texten vorkommenden Worte.

vestigare deberet si in astrologia...

.
:

Bl. 163 verso:
§ 7.
Tertia regio est autumnus
et durat de domo CC usque
ad domum DH. Haec regio
constat ex signis...

Bl. 164 recto:
Tractatus tertius.
§ 1.
Constructa figura ex prae-
dicto, investigandae sunt in
ea regiones...

Bl. 164 verso:
Secunda circulatio cap. II
Secundae circulationis prima
domus est de AB secunda de
EF etc....

Bl. 165 recto:
Tertia circulatio cap III.
§ 1.
Ia domus tertiae circula-
tionis est de AF, CE etc.

.
:

§ VIII.
In domo BH est aequaliter
contrarietas per frigid^m cali-

non sit peritus habchit ex hac
figura rationem investigans...

.
:

Bl. 58 recto:
§ 7.
III regio vocatur Autumnus
et durat ex CC usque ad DH,
haec regio constat pariter suis
signis...

Bl. 58 verso:
Capitulum III.
§ 1.
Ubi figura constructa fuerit
in distinctis eius regionibus:
ex infirmitatis et sanitatis eo qui
sequitur modo sunt investigandae...

Bl. 59 recto:
Caput IV.
§ 1.
Secundae circulationis domus sunt AB, EF....

Bl. 59 verso:
Caput V.
§ 1.
IIIae circulationis domus
sunt AF, EC, BG...

.
:

§ VIII.
In domo BH est aequaliter
contrarietas per frigidum

dit^m humiditatem et sicci-
tatem, sed quia H est in sua
regione, B vero non, H est
dominus, B vero servus, et
humiditas non est multum
domina nec siccitas ancilla...

calidum humidum et siccum,
sed quia H est in sua regione
B vero non, H dominat, B
servit, nec admodum humi-
ditas dominat neque admodum
siccitas ancillat ...

Bl. 165 recto:

Quarta circulatio Cap. IV.
Prima domus 4ae circula-
tionis est de AC, 2a de EG
etc. .

Bl. 60 recto:

Cap. VI.
IVae circulationis domus
juxta suas regiones distinctae
sunt AC, EG, BD ...

Bl. 165 verso:

Quinta circulatio Cap. V.
Prima domus quintae cir-
culationis est de AC 2a de
DE etc.

Bl. 60 verso:

Cap. VII. Va Circulatio.
Domus Vae circulationis
sunt AC, ED, BH ...

Bl. 166 recto:

Septima circulatio Cap. VII.
Prima domus Septimae cir-
circulationis est AH in qua
A vincit H, ut in prima circulatione dictum est.

Bl. 61 recto:

Cap. IV. VIIa circulatio.
VIIae circulationis domus
sunt AH, EH ...
In prima domo AH A vincit
H ut in 1a circulatione dic-
tum est.

Bl. 166 verso ist eine Zeichnung, die sich auf den vorangehenden Text bezieht, und der entsprechenden Zeichnung Bl. 57 recto
ähnlich ist.

Auf der Peripherie eines grossen Kreises sind die Namen der
zwölf Monate und der vier Jahreszeiten verzeichnet, und unter
den Monaten, auf einem kleineren Kreise die Buchstaben HAEBF
CGD in derselben Reihenfolge auf beiden Figuren, nur dass die
Figur auf Bl. 57 sorgfältiger gezeichnet ist, und ausserdem noch
in der Mitte eine Zeichnung enthält, die in der Figur des Bl. 166
nicht ausgeführt worden ist. Die Berufung auf das Werk „de

30 sigillis" die Bl. 62 sich findet, fehlt im ursprünglichen Entwurf, wo sie Bl. 166 hätte kommen müssen.

Bl. 167 recto:	Bl. 62 verso:
De Febribus Tractatus quartus.	De Febribus.
Actum est de regionibus sanitatis et infirmitatis praeter quas nulla sanitas et infirmitas esse potest	Postquam perfecimus tractatum de regionibus sanitatis et aegritudinis in quarum latitudine omnis sanitas et infirmitas constituitur . . .
:	:
Cap. II de Tertiana.	De Tertiana.
Tertiana regio tendit de BF usque ad AE et CG et habet unum triangulum . . .	Tertiana regio tendit de BF usque ad AG et CG et habet unum triangulum . . .
Bl. 167 verso:	Bl. 63 recto:
Cap. III de febre continua lenta et acutissima.	De Febre continua lenta et acutissima.
:	:
Cap. IV. De febre quotidiana.	De Quotidiana febre.

Bl. 168 recto beginnt eine Handschrift, die nicht von Bruno, und auch nicht von dem Schreiber A ist. Die wichtigsten Unterschiede sind: das l hat häufig eine Schleife oben während es bei Bruno immer ohne Schleife ist; das b und das d haben meistentheils grössere Schleifen als in den ersten Blättern. Dagegen ist s, v, p, a, e, m, n, t, r, c, o, u sehr ähnlich den entsprechenden Buchstaben in den Bl. 1—6, und 162--167. Der Inhalt der Blätter 168—181 bildet die Fortsetzung der vorangehenden, und die Uebereinstimmung mit den Bl. 63—69 ist noch vollkommener als am Anfang, wie aus dem Folgenden zu sehen ist:

Bl. 168 recto:	Bl. 63 verso:
„Cap. V de febre quartana".	„De febre quartana."

Bl. 65 verso:

„De febre quartana du-
plici.

Quartana duplex incipit
in camera CD et mutatur in
cameram BD et ex BD re-
vertitur CD et ideo est peior
in CD quam in BD"...

Bl. 66 recto:

De urinis.

„Ad maiorem febrium et
morborum evidentiam"...

Bl. 69 recto:

De Pulsibus.

Bl. 69 verso:

„De Pulsu significante dominium sanguinis. Pulsus
homini sanguinei est mag-
nus, plenus, suavis et facit
duas percussiones, una enim
est propter A, alia prop-
ter B...

percussio autem facta ab
ipso A est maior quam ipsius
B, verumtamen percussio
ipsius B est acutior quam
percussio ipsius A"...

Hier bricht der Text Bl. 69
verso ab.

Der Text Bl. 174 geht noch weiter fort und enthält folgende
Capitel:

Bl. 174 recto: De Pulsu significante dominium Phlegm.

Bl. 174 recto: De Pulsu significante dominium Melanc.

De Pulsu tertianae.

Bl. 174 verso: De Pulsu febris continuae.

De Pulsu phlegmatico.

De Pulsu quartanae.

Bl. 175 recto: De regionibus digestionum.

Tractatus 7us.

De causis doloris tractatus 8.

Bl. 175 verso: De Appetitu tractatus nonus.

Bl. 176 recto: De Humoribus tractatus X.

Bl. 176 verso: De gradibus infirmitatum Tractatus XI.

Bl. 178 verso: De curis infirmorum Tractatus XII.

Bl. 178 verso: De XVI ellectuariis generalibus Tractatus XIII.

Bl. 181 recto schliesst mit den Worten:

„talis doctrina est utilis, et facilis scientibus istum librum.
Et quia sine isto libro vel arte non potest haberi scientia de
omnibus supradictis, quae (?) ars sive scientia thesaurus pauperum
vere erit".

Bl. 181 verso ist unbeschrieben, und auf Bl. 182 ist die Zeichnung begonnen, aber nicht vollendet, die sich auf Bl. 57 und zum
Theil auch auf Bl. 166 verso findet. Man sieht, dass wir Bl. 55
bis 69 nicht eine einfache Abschrift, sondern eine Bearbeitung des
ersten Entwurfs haben, der von Bruno selbst Bl. 162—167 und
von einem Schreiber Bl. 168—173 aufgeschrieben worden ist.
Wenn man Einzelnes vergleicht, scheint der Text Bl. 55—69 ein
Dictat zu sein, das Bruno nach dem Entwurf auf Bl. 162—173
seinem Schreiber dictirte. Der Schreiber, der da, wo er abschreibt,
wie z. B. Bl. 87—160 eine grosse Sorgfalt auf die Ausführung der
Titel und Initialen, und auch auf den Text verwendet, hat die
Bl. 55—69 viel nachlässiger und wie es beim Ansehen derselben
offenbar ist, flüchtiger geschrieben. Im Entwurf dagegen sind die
letzten Capitel viel mehr ausgearbeitet als die ersten, und es

kommen darin nicht mehr unterbrochene und unbeendete Sätze
vor. Es ist möglich, dass desswegen auch das Dictieren unterbrochen wurde, weil der Rest des Entwurfs dem Verfasser hinreichend ausgearbeitet erschien und keiner Verbesserungen bedurfte.

Schluss.

Aus der Betrachtung des Ms. hat sich also gezeigt, dass wir
hier verschiedene von einander unabhängige Hefte haben, die erst
später zusammengenäht wurden, die aber wahrscheinlich alle einst
im Besitz von Giordano Bruno gewesen sind. Da die Buchhandlung
Tross leider über die Herkunft des Ms. nichts mittheilte, bleibt
ungewiss, auf welchem Wege diese Hefte, die Bruno auf seiner
letzten Reise vor seiner Gefangenschaft begleiteten, nach Deutschland, und später nach Paris kamen. Aus folgenden zwei Tafeln
ist der Zusammenhang der einzelnen Theile zu ersehen:

ersieht der einzeluen Theile des unedirten Ms. von einigen Werken von Giorda[n] Bruno, das jetzt sich im Moskauer Rumianzow-Museum befindet.   Uebersicht der

Bl.						
1—5	I	G. Bruno	14, 62, 122, 188.	Conceptblätter zu dem Werk Brunos „De vinculis in genere" von dem ein Fragment auf den Bl. 87—98 erhalten ist. Einzelne, nicht immer zusammenhängende und abgeschlossene Sätze, von denen viele Bl. 87—98 sich wiederfinden.	Bl. 1 recto stark ve[r]gilbt und schmutzi[g] Bl. 1 und 4, 2 und[] häugen zusamme[n] und liegen im Hef[t] frei. Alle 5 Blätt[er] haben einem beso[n]deren grösseren He[ft] angehört.	Papier / Bl. 1—5 gebräch / I
6	II	G. Bruno	keine Nadelstiche vorhanden.	Zeichnung und Erklärung zu Bl. 39 bis 54 gehörig.	liegt frei im Heft, ab[er] nicht an der Stel[le] wo es hingehört	
7—10	III	Besler	18, 45, 165, 195, wo der Faden auch jetzt durchgeht und noch: 10, 58, 88, 93, 119, 138, 143, 178.	Auszug oder Abschrift ohne Titel aus einem Werk über magische Wirkungen, nicht von Bruno	Bl. 7 recto schmutzi[g] und Bl. 7—27 hab[en] offenbar ein beso[n]deres Heft gebilde[t]	II / Bl. 6 Bl.
11—27	II	Besler				
28—38	II	Besler		Commentar zu Bl. 7 bis 27 wahrscheinlich von Bruno.	Bl. 28 recto u[nd] Bl. 69 verso etw[as] beschmutzt. De[r] Aussehen nach h[a]ben Bl. 28—63 e[in] Heft gebildet, in d[as] zu[r] Ergänzung no[ch] die Bl. 64—69 hi[er] eingelegt aber nic[ht] angeheftet wurde[n]	
39—54	II	Besler	18, 45, 165, 195 wo der Faden auch jetzt durchgeht und ausserdem: 11, 96, 146—152, 185 bis 190.	Werk von Bruno: „De rerum principiis et elementis et causis" unvollständig ausgearbeitet.		III / Bl. 7—10
55—63	II	Besler		Auszug aus R. Lullus.		
64—69	II	Besler	nur 18, 45, 165, 195.	Wahrsch. v. Bruno.		
70—86	II	Besler	18, 45, 165, 195 wo auch jetzt der Faden durchgeht.	Kurzer Abriss der Magie, wohl nicht von Bruno.	Hat allem Ansche[in] nach ein besonder[es] Heft gebildet.	IV / Blatt
87—98	IV	Besler	9, 18, 46, 99, 147, 162, 183, 200 durch die unterstrichenen geht der Faden.	Fragment von dem Werk von Bruno „De vinculis in genere".	Hat ein besonder[es] Heft gebildet. Bl. 8 recto etwas schmu[t]zig.	
99—160	IV	Besler	18, 45, 165, 195.	Ars inventiva per 30 statuas.	ein besonderes He[ft]	Blatt
161				ein loses Pergamentblatt mit einer Zeichnung.		
162—167	V	G. Bruno	18, 45, 165, 195.	1. Entw. zu dem Auszug aus R. Lullus, der Bl. 55—69 ausgearbeitet vorliegt.	Rand beschnitte[n] Bl. 162 recto sel[...] schmutzig und ve[r]gilbt.	Alle V
167—182	V	X				

Uebersicht der verschiedenen Papierarten, die in dem Ms. vorkommen.

Papier	Länge des ausgebreiteten Bogens von oben nach unten in mm	Breite des Bogens von links nach rechts in mm	Entfernung der Querlinien, die im Bogen von links nach rechts gehen, in mm	Entfernung der Längslinien vom oberen Rand jedes Blattes, d. h. von der Linie auf der der Bogen zusammengelegt wurde	Fabrikzeichen	Bemerkungen
I Bl. 1—5 gelblich	300—304	411—414	1,25	9, 20, 43, 63, 86, 107, 128, 151, 173, 195 mm — zwischen diesen beiden Linien das Fabrikzeichen	Ein Krug zwischen der 4. und 5. Längslinie vom linken Rand gerechnet.	Der Rand unbeschnitten.
II Bl. 6 Bl. 11—86 ganz gelbbraun	328	418	0,95	11, 39, 70, 98, 126, 154, 182, 198 — auf dieser Linie das Fabrikzeichen.	Ein kleines Schild auf der 5. Längslinie von links gerechnet.	Der Rand unbeschnitten.
III Bl. 7—10 beinah weiss	321	410	1,05	14, 43, 73, 101, 129, 158, 187 — über diese drei Linien erstreckt sich das Fabrikzeichen.	Ein grosses Schild mit zwei Pfeilen, einem Herz, einem Kreuz und einem Apfel.	Der Rand unbeschnitten.
IV Blatt 87—160 weiss	308	420	0,77	18, 47, 73, 100, 127, 154, 181, 207. ·	Ein Hammer und ein E.	Der Rand unbeschnitten.
V Blatt 162—182 ganz gelbbraun	315	428	1,11	7 Längslinien, · schlecht sichtbar.	Kein Fabrikzeichen.	Der Rand beschnitten.

Alle Maasangaben sind Mittelzahlen, von denen die einzelnen Messungen häufig um 1—2 mm. abweichen. Die Entfernung der Querlinien wurde berechnet, indem deren Anzahl in 20 mm. gezählt wurde.

Wie man sieht, haben wir hier nicht, wie Noroff in seinem Cataloge behauptet 9 Tractate von Bruno, sondern nur

1. Ein einziges vollständiges und abgeschlossenes Werk:
„Ars inveniendi per XXX statuas".

2. Ein zwar vollständiges, aber nicht vollkommen durchgearbeitetes und abgeschlossenes Werk:
De rerum principiis et elementis et causis.

3. Ein Fragment von 12 Blättern des Werkes
„De vinculis in genere".

4. Den Rest bilden verschiedene Auszüge, von denen einer aus R. Lullus sowohl in seinem ersten Entwurf als auch zum Theil bearbeitet vorhanden ist; die beiden anderen Auszüge aus Werken über Magische Wirkungen sind nur in einer Abschrift da, und rühren vielleicht gar nicht von Bruno her.

Der Schreiber A, der mit Ausnahme der Bl. 168—182 Alles was nicht von Bruno selbst geschrieben ist, geschrieben hat, hat zum Theil abgeschrieben, zum Theil nach dem Dictat geschrieben, wobei ihm Schreibfehler mitunterliefen, aber nicht in sehr erheblicher Anzahl. Dieser Schreiber könnte Hieronimus Besler sein, von dem Bruno in seinem Verhör zu Venedig vor dem Inquisitionsgericht sagte, dass er ihm in Padova zwei Monate als Schreiber gedient hat. Da am Schluss der „Ars inventiva" sich das Datum 22. October 1591 und als Ort Padova angeführt findet, so könnten diese zwei Monate oder etwas mehr, sich vom 1. September bis zum 22. October 1591 erstreckt haben, übereinstimmend mit dem Datum am Anfang und Schluss der „Ars inventiva". Die sorgfältige Ausführung dieser Abschrift im Vergleich mit den übrigen Theilen des Ms. scheint darauf hinzudeuten, dass Bruno sie für eine angesehene Persönlichkeit bestimmte, vielleicht für den Mocenigo, der ihn aus Deutschland nach Italien lockte, und später so verrätherisch der Inquisition überlieferte.

Da Besler ein Schüler Brunos gewesen ist, und zwar ein aus Nürnberg stammender Deutscher, so ist nicht auffallend, dass er ihm auch schon früher, im J. 1590, als Bruno sich in Deutschland aufhielt, Schreiberdienste geleistet hat, und so erklärt sich das Datum 16. März 1590, das neben dem Titel der Schrift „De

rerum principis et elementis et causis" zu lesen ist. Man kann
aber auch annehmen, und vielleicht mit grösserer Wahrscheinlichkeit, dass zum Theil diese Zeitbestimmungen sich nicht auf die Abschrift, sondern auf das uns nicht erhaltene Original beziehen. Jedenfalls ist nicht glaublich, dass alle Hefte, aus denen jetzt unser Ms.
besteht, in kurzer Zeit oder gleichzeitig geschrieben wurden: dazu
sind die Unterschiede des Inhalts sowohl als auch der Ausführung
zu gross. Es ist möglich, das Besler Giordano Bruno auf der ganzen
Reise von Deutschland nach Italien begleitet hat, und dass sich
mit der Zeit noch andere von ihm abgeschriebene Werke von
Bruno finden, oder wenigstens das Original der hier unvollendeten
und sehr sorgfältigen Abschrift „De vinculis in genere". Da alle
Papiere und Manuscripte von Bruno durch Mocenigo, in dessen
Hause er zu Venedig im J. 1592 lebte, der Inquisition überliefert
wurden, und später mit Bruno nach Rom kamen, so wäre am
ehesten zu hoffen, dass das hier noch Fehlende im Vatican verborgen liegt. Vielleicht ist sogar das jetzt in Moskau vorhandene Ms. aus dem Vatican auf nicht gesetzliche Weise entlehnt
worden, wodurch sich allein erklären liesse, dass es über zwei ein
halb Jahrhunderte unbekannt geblieben ist, während alle Werke
von Giordano Bruno stets mit hohen Preisen bezahlt und gesucht
wurden. Klarheit in dieser dunkeln Angelegenheit würde nur dann
zu erreichen sein, wenn die Buchhandlung Tross etwas Bestimmtes
über die Herkunft des Ms. mitgetheilt hätte. Noroff weiss nicht
mehr zu sagen, als dass er es durch die Vermittelung der Buchhandlung Tross gekauft hat. Ob erst der Buchhändler Tross die
verschiedenen Hefte in eins zusammengeheftet, oder sie schon in
dieser Gestalt „in Deutschland", wie es bei Noroff heisst, vorge-
funden hat, bleibt auch ungewiss.

Moskau, d. 20. Mai 1889.   W. Lutoslawski.

XXX.

Einige Bemerkungen über die sogenannte empiristische Periode Kant's.

Von

G. Heymans in Leiden.

Es hat sich während der letzteren Decennien die Kantliteratur in so schreckenerregender Weise angehäuft, dass man fürchten könnte, durch Veröffentlichung neuer Ansichten eher die Verwirrung noch gründlicher zu machen, als zur Klärung derselben etwas beizutragen. Auch erscheint es fast übermüthig zu glauben, dass man über einen Gegenstand, auf welchen schon so viel Scharfsinn verwendet worden ist, noch etwas Neues und zugleich Richtiges vortragen könnte. Wenn ich es dennoch wage, eine Ansicht, welche sich mir beim Lesen der vorkritischen Schriften Kant's unabweislich aufgedrängt hat, hier zu veröffentlichen, so kann ich mich nur damit entschuldigen, dass diese Ansicht selbst, sowie die Gründe, welche ich für dieselbe anführen werde, sehr einfach ist; demzufolge dieselbe, wenn unrichtig, in kürzester Zeit wird abgeurtheilt, begraben und vergessen sein können. Wenn aber richtig, so wird sie, wie ich glaube, die Entwicklung Kant's bis 1770 etwas natürlicher und einheitlicher erscheinen lassen als bis jetzt möglich war.

Soviel ich weiss, haben alle Schriftsteller ohne Ausnahme, welche sich mit der Vorgeschichte des Kriticismus beschäftigten, angenommen, dass es zwischen den Jahren 1755 und 1770 eine Zeit gebe, in welcher Kant meinte, „dass alle Wissenschaft des Uebersinnlichen .... unmöglich .... sei" [1]): in welcher er „erweiternde (synthetische) Erkenntnisse apriori", „Erkenntniss der Dinge an sich durch die ratio pura" verneinte [2]); nicht glaubte, „dass man aus reiner Vernunft zu der Erkenntniss von Thatsachen gelangen könne" [3]). Nun ist es unbezweifelte Thatsache, dass Kant sowohl in der „Nova Dilucidatio" von 1755, als in der Inauguraldissertation von 1770 den entgegengesetzten Standpunkt einnimmt, und daraus entsprang dann das doppelte Problem, erstens jenen Uebergang zum Empirismus, zweitens diesen Rückfall in den Rationalismus auf befriedigende Weise zu erklären. Wie dies möglich sei, darüber herrscht bekanntlich ein tiefgehender Streit. Jenen ersten Frontwechsel wollen Einige auf den Einfluss Hume's zurückführen, während andere für diese Zeit denselben ganz bestimmt verwerfen; der zweite wird von Einigen der Einwirkung der „Nouveaux Essais" von Leibniz zugeschrieben, während Andere diese Annahme für vollständig „ausgeschlossen" erklären. Diesem Streit gegenüber wage ich nun die etwas vermessene Behauptung, dass derselbe im Grunde gegenstandslos ist. Zwischen den Jahren 1755 und 1770 hat im Kantischen Denken keine principielle Revolution, sondern nur eine regelmässig fortschreitende Entwicklung stattgefunden.

Fangen wir damit an, uns über den Wortgebrauch zu verständigen. Rationalismus nennt man im Allgemeinen die Ueberzeugung, dass aus dem blossen Denken, ohne Mitwirkung der Empfindung, Erkenntnisse entspringen können. Dieser Rationalismus kann aber sehr verschiedener Art sein. Es kann gemeint sein, dass sich aus den logischen Denkgesetzen allein diese Erkenntnisse entwickeln lassen, oder auch dass dazu neben den logischen Gesetzen noch andere im reinen Denken gegebene Grundbegriffe oder Grundüberzeugungen erforderlich seien (logischer-, erkenntnisstheoretischer Rationalismus). Es kann zweitens behauptet werden, dass das blosse Denken eine vollständige, das Wesen derselben

---

[1]) Fischer, Gesch. d. n. Phil. III (3. Aufl.) 268.
[2]) Vaihinger, Viertelj. f. wiss. Phil. XI. 219.
[3]) Paulsen, Entwicklungsgesch. d. Kant. Erkenntnissth. 97.

erschöpfende Erkenntniss von seinen Objecten erwerben könne, —
oder auch, dass es nur im Stande sei, gewisse allgemeine Bestimmungen derselben zu erfassen (materialer —, formaler Rationalismus). Endlich kann man glauben, dass die Objecte, über
welche das Denken Aufklärung giebt, für sich existirende Dinge, —
oder auch, dass es blosse Erscheinungen sind (realistischer —,
idealistischer Rationalismus). Diese dreifache Unterscheidung
setze ich bei den hier folgenden Untersuchungen voraus.

Sehen wir uns zunächst die Schriften aus den Jahren 1762/63
und 1766 etwas näher an. Dieselben boten bis jetzt der Interpretation unüberwindliche Schwierigkeiten dar. Allgemein hält man
sie für „Ausführungen einer und derselben Ansicht, nämlich des
antirationalistischen Princips: es giebt aus reiner Vernunft keine
Wahrheit über Thatsachen" (Paulsen a. a. O. 45); und beruft sich
darauf, dass in denselben ganz entschieden die Sterilität der logischen Gesetze betont und die Erfahrung als einzige Grundlage für
die Erkenntniss specieller Causalverhältnisse anerkannt wird. Ist
dann der Standpunkt dieser Schriften derjenige des Empirismus?
Jedenfalls kaum eines bewussten Empirismus: denn wie hätte Kant
sonst, von zahlreichen anderen Incongruenzen zu schweigen, eben
in dieser Zeit den „Einzig möglichen Beweisgrund" schreiben
können? Auch findet sich in den sämmtlichen vorkritischen
Schriften eine unzweideutige Erklärung zu Gunsten des Empirismus nicht vor. So hat man denn gemeint annehmen zu müssen,
Kant schwebe noch in einer unhaltbaren Mitte; er habe zwar
die Principien des Rationalismus, nicht aber alle Anschauungen
desselben verworfen; er sei sicher in der Kritik des alten, nicht
aber in der Ersetzung desselben durch einen neuen Standpunkt.
Mit anderen Worten: man glaubt die Sache nur erklären zu
können, indem man bei dem vierzigjährigen Kant einen Grad der
Unklarheit und der Inconsequenz voraussetzt, der genügen würde
einen angehenden Denker für sein ganzes Leben hoffnungslos zu
discreditiren. Einem Kant gegenüber verdient eine solche Erklärung kaum noch den Namen.

Demgegenüber glaube ich nun nachweisen zu können, dass
Kant während der sechziger Jahre einen scharfbestimmten erkennt-

nisstheoretischen Standpunkt eingenommen, denselben in der Preisschrift unzweideutig dargestellt und in den übrigen Schriften mit vollster Consequenz daran festgehalten habe. Dieser Standpunkt ist derjenige des formalen, erkenntnisstheoretischen, realistischen Rationalismus. Das heisst also: Kant hat damals geglaubt, dass das logische Denken nicht an und für sich, sondern in Verbindung mit gegebenen Vernunftbegriffen, aber jedenfalls ohne Hinzuziehung von Erfahrungsbegriffen, zur Erkenntniss gewisser allgemeiner Bestimmungen der existirenden Dinge gelangen könne; — dass aber Erfahrung erforderlich sei, um diesen allgemeinen Bestimmungen Inhalt zu geben und die concrete Beschaffenheit und Wirkungsweise der Dinge kennen zu lernen. Ich werde jetzt versuchen, diesen Standpunkt aus der Preisschrift zu erläutern.

Die Preisschrift fängt damit an, die Anwendung der mathematischen Methode in der Philosophie (= Metaphysik und Naturwissenschaft) mit den bekannten Gründen zu bestreiten. Die Philosophie solle nicht aus allgemeinsten Begriffen deductiv-synthetisch ein System aufbauen, sondern durch Analyse der gegebenen „verworrenen Begriffe" (Begriff = Vorstellung, „idea") den wesentlichen Inhalt derselben kennen lernen. Soviel von der Methode. Das Object der Untersuchung, die aufzuklärenden verworrenen Begriffe, findet die Naturwissenschaft in den Wahrnehmungsdaten; wo findet es aber die Metaphysik? „Die Metaphysik ist nur eine auf allgemeinere Vernunfteinsichten angewandte Philosophie" (I. 100)[4]. Dass es solche Vernunfteinsichten giebt, ist für Kant nicht zweifelhaft: „es ist aus Erfahrung bekannt: dass wir durch Vernunftgründe, auch ausser der Mathematik, in vielen Fällen bis zur Ueberzeugung völlig gewiss werden können" (I. 100). Keineswegs sind aber diese reinen Vernunfteinsichten auch schon in klaren Begriffen gegeben: „in der Metaphysik habe ich einen Begriff, der mir schon gegeben worden, obzwar verworren; ich soll den deutlichen, ausführlichen und bestimmten davon aufsuchen" (I. 89).

---

[4]) Die Citate aus Kant beziehen sich auf die Rosenkranz-Schubert'sche Ausgabe.

Diesen Zweck zu erreichen, giebt es nur Einen Weg: man soll durch Selbstbesinnung sich des eigentlichen Inhaltes jener Vernunfteinsichten vergewissern, und dann dieselben einerseits auf einfachere und allgemeinere zurückzuführen versuchen, andererseits als Grundlage zu weiteren Folgerungen benutzen. „Die ächte Methode der Metaphysik ist mit derjenigen im Grunde einerlei, die Newton in die Naturwissenschaft einführte, und die daselbst von so nutzbaren Folgen war. Man soll, heisst es daselbst, durch sichere Erfahrungen, allenfalls mit Hülfe der Geometrie, die Regeln aufsuchen, nach welchen gewisse Erscheinungen der Natur vorgehen. Wenn man gleich den ersten Grund davon in den Körpern nicht einsieht, so ist gleichwohl gewiss, dass sie nach diesem Gesetze wirken, und man erklärt die verwickelten Naturbegebenheiten, wenn man deutlich zeigt, wie sie unter diesen wohlerwiesenen Regeln enthalten seyen. Ebenso in der Metaphysik: suchet durch sichere innere Erfahrung, d. i. ein unmittelbares augenscheinliches Bewusstseyn, diejenigen Merkmale auf, die gewiss im Begriffe von irgend einer allgemeinen Beschaffenheit liegen, und ob Ihr gleich das ganze Wesen der Sache nicht kennt, so könnt Ihr Euch doch derselben sicher bedienen, um Vieles in dem Dinge daraus herzuleiten" (I. 92).

Man wird mir einräumen, dass dieser Standpunkt an principieller Klarheit nichts zu wünschen übrig lässt. Man mag denselben richtig oder unrichtig finden; man muss aber gestehen, dass es ein Standpunkt ist, auf dem sich stehen und nicht blos schweben lässt. Auch dass derselbe sich einerseits von dem logischen Rationalismus, andererseits von dem Empirismus scharf genug abgrenzt. Es ist nur die Frage, ob Kant denselben auch in den übrigen Schriften dieser Periode consequent festgehalten, ausgeführt und angewendet hat.

Offenbar muss nun diese Frage wenigstens für die Schrift über den Einzig möglichen Beweisgrund unbedingt zustimmend beantwortet werden. Hier wird dem Leser gleichsam ad oculos vordemonstrirt, wie man einer Sache „durch Vernunftgründe bis zur Ueberzeugung völlig gewiss werden kann": aus dem blossen Vernunftbegriff des Möglichen wird zu beweisen gesucht, dass ein

absolut nothwendiges Wesen existiren und dass demselben die
göttlichen Eigenschaften zukommen müsse. Auch ist Kant über
die Natur dieses Beweises sich vollständig klar: „Der Beweisgrund
von dem Daseyn Gottes, den wir geben, ist lediglich darauf erbaut,
weil etwas möglich ist. Demnach ist es ein Beweis, der vollkommen a priori geführt werden kann. Es wird weder meine Existenz, noch die von andern Geistern, noch die von der körperlichen
Welt vorausgesetzt" (I. 195). Hätte aber wirklich Kant, wie die
Interpreten behaupten, schon damals eingesehen, „dass durch
blosses Denken niemals Dasein zu erkennen ist" (Fischer III. 211),
so liesse sich doch vermuthen, dass er etwas von dem Widerspruch
bemerkt haben würde. Thatsächlich aber liegt kein Widerspruch
vor: Kant hat nur eingesehen, dass durch logisches Denken allein
kein Dasein zu erkennen ist, und darum verwirft er den „Cartesianischen" Beweis. Mit Unrecht haben dann auch Fischer (III. 211)
und Paulsen (61) gemeint, dass in der Kantischen Kritik dieses
Beweises schon diejenige seines eigenen enthalten sei. Es ist ganz
etwas Anderes, aus dem willkürlich construirten Begriff
eines Dinges die Existenz desselben beweisen zu wollen, — oder
zu glauben, dass durch Zergliederung gegebener Vernunftbegriffe gewisse allgemeinste Bedingungen alles Daseins erschlossen
werden können. Allerdings könnte man, wie Fischer (III. 211)
ausführt, aus dem Begriff Gottes auf seine Möglichkeit, daraus auf
Möglichkeit überhaupt schliessen, und so den alten Beweis in den
neuen überführen, — aber nur vermittelst des Vernunftbe-
griffes der Möglichkeit. — Der Kantische Beweis mag werth-
los sein: das gebe ich gern zu, aber er passt vollkommen auf
seinen damaligen, in der Preisschrift entwickelten Standpunkt.
Auch findet er sich in der Preisschrift schon in allgemeinen Umrissen angedeutet (I. 106—107), und wird dort hinzugefügt: „in
allen Stücken demnach, wo nicht ein Analogon der Zufälligkeit
anzutreffen ist, kann die metaphysische Erkenntniss von Gott sehr
gewiss seyn." Auch Kant selbst betrachtete demzufolge seinen
Gottesbeweis als ein erstes Ergebniss jener neuen Methode, welche
er in seiner wichtigsten vorkritischen Schrift der Metaphysik zu
Grunde legen wollte.

Es ist nicht schwer, aus diesen und den anderen Kantischen Schriften dieser Periode weitere Belege für das Fortwirken derselben Denkrichtung anzuführen. Als Objecte reiner Vernunfterkenntniss werden genannt, und theilweise nach der in der Preisschrift empfohlenen Methode untersucht, die Begriffe des Raumes und der Zeit (I. 84, 89; 116; VII. 61), des Daseins (I. 169—173), des Körpers und der Materie (I. 92—94, 205—207), der einfachen Elemente derselben (I. 83), der Vorstellung und der verschiedenen Gefühle (I. 84), und Andere; offenbar hat Kant damals noch unter Vernunfterkenntniss alle von der äusseren Erfahrung unabhängige Erkenntniss zusammengefasst. Als reine Vernunfteinsichten werden, ausser der Gewissheit von dem Dasein Gottes, angeführt oder angewendet die Sätze: dass „um etwas Positives, was da ist, aufzuheben, eben sowohl ein wahrer Realgrund erfordert (wird), als um es hervorzubringen, wenn es nicht ist" (I. 142); — dass „in allen natürlichen Veränderungen der Welt .... die Summe des Positiven .... weder vermehrt noch vermindert (wird)" (I. 148); — dass „die Folge den (Real-) Grund nicht übertreffen kann" (I. 192); — dass „wenn etwas da ist, ... auch etwas (existirt), was von keinem andern Dinge abhängt" (I. 280); — dass „die Substanzen .... welche Elemente der Materie sind, ... einen Raum nur durch die äussere Wirkung in andre einnehmen, für sich besonders aber .... keinen Raum (enthalten)" (VII. 41); — dass „eine jede Substanz, selbst ein einfaches Element der Materie, doch irgend eine innere Thätigkeit als den Grund der äusserlichen Wirksamkeit haben (muss), wenn ich gleich nicht anzugeben weiss, worin solche bestehe" (VII. 46). Von der Metaphysik, dieser „auf allgemeinere Vernunfteinsichten angewandten Philosophie", schreibt er 8. April 1766 an Mendelssohn: „Ich bin so weit entfernt, die Metaphysik selbst, objectiv erwogen, für gering oder entbehrlich zu halten, dass ich vornehmlich seit einiger Zeit, nachdem ich glaube, ihre Natur und die ihr unter den menschlichen Erkenntnissen eigenthümliche Stelle einzusehen, überzeugt bin, dass sogar das wahre und dauerhafte Wohl des menschlichen Geschlechts auf sie ankomme" (XI. 8). Und in der „Nachricht von der Einrichtung seiner Vorlesungen in dem Winterhalbjahr von 1765—66" beruft sich Kant ausdrücklich auf die Preisschrift von 1762, und erklärt „(er) habe seit geraumer Zeit nach diesem Entwurfe gearbeitet", und hoffe „auf diesem Wege" bald so weit zu kommen, „dasjenige vollständig darlegen zu können, was (ihm) zur Grundlegung (seines) Vortrages in der genannten Wissenschaft (die Metaphysik) dienen (könne)" (I. 293).

Es dürfte demnach nicht mehr zweifelhaft sein, dass der formal-erkenntnisstheoretische Rationalismus in dem Kantischen Denken der 60er Jahre eine ganz hervorragende Stelle einnimmt. Es bleibt aber die Frage, ob sich daneben vielleicht Aeusserungen Kant's nachweisen lassen, welche mit diesem Rationalismus im Widerspruch stehen und sich nur empiristisch erklären lassen. Ich habe nach solchen Aeusserungen eifrig gesucht, und ich werde Nichts von demjenigen was ich gefunden habe, dem Leser vorenthalten. Insbesondere werde ich diejenigen Thatsachen, welche von den Interpreten als Beweise für den zeitweiligen Empirismus Kant's angeführt worden sind, in möglichster Vollständigkeit vorführen und die Beweiskraft derselben untersuchen.

Es finden sich nämlich erstens zahlreiche Stellen, welche auf eine klare Ueberzeugung von der Werthlosigkeit der herrschenden Metaphysik und auf einen steigenden Unwillen gegen die Vertreter derselben hinweisen. Da aber diese herrschende Metaphysik fast ohne Ausnahme dem Wolff'schen, material-logischen Rationalismus huldigte, kann aus jenen Aeusserungen nur geschlossen werden, dass Kant diesem material-logischen, keineswegs aber dass er dem Rationalismus überhaupt entsagt habe, oder gar zum Empirismus übergetreten sei.

Es finden sich zweitens deutliche Spuren einer scharf ausgeprägten Vorliebe für empirische Untersuchungsmethoden. Aber empirische Methode ist mit Empirismus keineswegs identisch. Auch der formale Rationalismus ist für den concreten Inhalt der Erscheinungen auf die Erfahrung angewiesen; und selbst die allgemeinen Vernunfteinsichten, welche derselbe voraussetzt, kann er auf empirischem Wege, durch Erforschung der gegebenen Denkerscheinungen, aufsuchen. Eben dieses war, wie wir gesehen haben, die Meinung der Preisschrift.

Drittens sind es aber ganz besonders die auf das Causalverhältniss sich beziehenden Urtheile gewesen, welche Kant den Namen
eines Empiristen oder gar Skeptikers eingebracht haben. Betrachten
wir demnach dieselben etwas genauer. In der Schrift über die
negativen Grössen wird zuerst die Frage aufgeworfen: „wie soll
ich es verstehen, dass, weil Etwas ist, etwas anderes sey"? (I. 158).
Und nachdem Kant dieselbe ausführlich erläutert, bittet er den
Leser zu versuchen, „ob man etwas mehr sagen könne, als was ich
davon sagte, nämlich, lediglich, dass es nicht durch den Satz des
Widerspruchs geschehe" (I. 159). Aehnlich in den anderen
Schriften: „wie etwas könne eine Ursache seyn oder eine Kraft
haben ist unmöglich, jemals durch Vernunft einzusehen, sondern
diese Verhältnisse müssen lediglich aus der Erfahrung genommen
werden. Denn unsere Vernunftregel geht nur auf die Vergleichung
nach der Identität und dem Widerspruche. So ferne aber Etwas
eine Ursache ist, so wird durch Etwas etwas Anderes gesetzt, und
es ist also kein Zusammenhang vermöge der Einstimmung anzutreffen; wie denn auch, wenn ich eben dasselbe nicht als eine
Ursache ansehen will, niemals ein Widerspruch entspringt, weil es
sich nicht contradicirt: wenn Etwas gesetzt ist, etwas Anderes aufzuheben. Daher die Grundbegriffe der Dinge als Ursachen, die
der Kräfte und Handlungen, wenn sie nicht aus der Erfahrung
hergenommen sind, gänzlich willkürlich sind, und weder bewiesen,
noch widerlegt werden können. Ich weiss wohl, dass das Denken
und Wollen meinen Körper bewege, aber ich kann diese Erscheinung,
als eine einfache Erfahrung, niemals durch Zergliederung auf eine
andere bringen, und sie daher wohl erkennen, aber nicht einsehen"
(VII. 102—103, Träume eines Geistersehers). Und in dem bereits
angeführten Brief an Mendelssohn: „. . . . so fragt man, ob es an
sich möglich sey, durch Vernunfturtheile a priori diese Kräfte
geistiger Substanzen auszumachen. Diese Untersuchung löst sich
in eine andere auf, ob man nämlich eine primitive Kraft d. i. ob
man das erste Grundverhältniss der Ursache zur Wirkung durch
Vernunftschlüsse erfinden könne, und da ich gewiss bin, dass dieses
unmöglich sey, so folgt, wenn mir diese Kräfte nicht in der Erfahrung gegeben sind, dass sie nur gedichtet werden können"

(XI. 10). — Was wird nun eigentlich in diesen Sätzen behauptet? Offenbar nichts anderes, als dass man aus dem blossen Begriffe eines als Ursache auftretenden Dinges oder Ereignisses durch logische Schlussfolgerung nicht die zugehörige Wirkung auffinden könne, sondern dafür ausnahmslos auf die Erfahrung angewiesen sei. Mit anderen Worten: Kant verneint erstens den logischen Rationalismus, der behauptet, dass sich die Wirkung aus der Ursache, wie die Folge aus dem Grunde, logisch deduciren lasse; er verneint zweitens den materialen Rationalismus; demzufolge es möglich wäre, aus reiner Vernunft (sei es auch unter Hinzuziehung anderer als der rein logischen Vernunftbegriffe) den ganzen Weltlauf zu reconstruiren. Aber keineswegs verneint er das Gegebensein abstracter causaler Begriffe und causaler Grundsätze aus reiner Vernunft, keineswegs auch die Geltung derselben für die reale Welt. Dass alles Entstehen und Vergehen causal bedingt sei, dass dabei zwischen Ursache und Wirkung vollständige Aequivalenz stattfinde, das wird, wie wir gesehen haben, in eben derselben Schrift, welche am klarsten und ausführlichsten die Unbegreiflichkeit specieller Causalverhältnisse darthut, ausdrücklich gelehrt und nach Kant's eigenen Worten „aus metaphysischem Grunde hergeleitet." (I. 149). Dass „die Folge den (Real-)Grund nicht übertreffen kann" (I. 192), wird in dem „Einzig möglichen Beweisgrund" als selbstverständlich vorausgesetzt; und in derselben Schrift findet sich eine ausführliche Erörterung über nothwendige, in der Möglichkeit der Dinge begründete und selbst von dem göttlichen Willen unabhängige Wirkungen derselben (I. 207—209); sowie die Vermuthung, dass „die Verhältnisse des Raums . . . . Mittel an die Hand geben können, die Regeln der Vollkommenheit in natürlich nothwendigen Wirkungsgesetzen, in so ferne sie auf Verhältnisse ankommen, aus den einfachsten und allgemeinsten Gründen zu erkennen" (I. 250). Und in den Träumen eines Geistersehers gilt es als apodiktisch gewiss, dass „eine jede Substanz, selbst ein einfaches Element der Materie, doch irgend eine innere Thätigkeit als den Grund der äusserlichen Wirksamkeit haben (muss), ob ich gleich nicht anzugeben weiss, worin solche bestehe" (VII. 46). Offenbar können alle diese Einsichten nicht

der Erfahrung zu verdanken sein. Denkt man sich Kant als Empiristen, so können dieselben nur wieder der Nachwirkung früherer
Anschauungen zugeschrieben werden; liest man aber in seinen
Worten nicht mehr als darin enthalten ist, so schliessen sich diese
mit den vorher citirten Aussprüchen ganz leicht' unter dem gemeinsamen Gesichtspunkte des formal-erkenntnisstheoretischen Rationalismus zusammen [5]). Kant hat gemeint, die Begriffe der Ursache
und der Wirkung, mitsammt den causalen Grundsätzen, seien als
reine Vernunftbegriffe, wenn auch in „verworrenem" Zustande gegeben; auf die logischen Grundbegriffe seien dieselben aber nicht
zurückzuführen; und über specielle Causalverhältnisse könne nur
die Erfahrung uns belehren.

Der geneigte Leser hat ein Recht, ungeduldig zu werden.
Giebt es denn gar keine Aeusserungen Kant's, so wird er fragen,
welche die herrschende Ansicht von dem Kantischen Empirismus
oder Skepticismus bestätigen? — Ich habe, wie gesagt, eifrig und
wiederholt nach solchen gesucht; und ich gestehe offen, dass ich
über das Ergebniss dieser Untersuchung selbst im höchsten Grade

---

[5]) Wie weit eine vorgefasste Meinung selbst den redlichsten Forscher
führen kann, erhellt aus Kuno Fischer's Referat über die Kantische Widerlegung des kosmologischen Beweises. „Auf (der) zweifachen Täuschung über
die logische Erkennbarkeit des Realgrundes und des Daseins ruht der kosmologische Beweis: er setzt voraus, dass etwas existire, was von anderem abhänge, es müsse daher ein Wesen geben, das von keinem anderen abhänge,
also schlechterdings nothwendig sei und darum alle Vollkommenheiten in sich
vereinige; er schliesst von dem Dasein der Welt als Wirkung auf die Existenz Gottes als Ursache. Dieser Schluss ist unmöglich, weil die Verknüpfung
zwischen Ursache und Wirkung (Realgrund) durch keinerlei logische Folgerung begreiflich gemacht werden kann. Auch ist der Begriff eines schlechterdings nothwendigen Wesens kein empirischer, sondern ein blosser Begriff: daher
endet der kosmologische Beweis, wie der ontologische anfängt" (Fischer III. 201).
Es ist aber einfache Thatsache, dass Kant an der bezeichneten Stelle (Einz.
mögl. Beweisgr. Abth. III. 1—4) den Schluss von dem Dasein der Welt als
Wirkung auf die Existenz Gottes als Ursache nicht nur nicht ablehnt,
sondern ausdrücklich als eine „regelmässige Folgerung" (I. 280)
anerkennt. Offenbar hat Fischer unbewusst seine eigene Auffassung der
Kantischen Lehre in die Darstellung der Kantischen Gedanken hineinge-
mischt; wovon man sich durch Vergleichung der betreffenden Stellen überzeugen wolle.

erstaunt gewesen bin. Ich habe nämlich in den sämmtlichen zwischen 1760 und 1770 erschienenen Schriften Kant's nur drei oder vier vereinzelte Aussprüche auftreiben können, welche mit meiner Auffassung im Widerspruch zu stehen schienen. In der Falschen Spitzfindigkeit heisst es zweimal: „dass die obere Erkenntnisskraft schlechterdings nur auf dem Vermögen zu urtheilen beruhe" (I. 72, 73); und in den Träumen eines Geistersehers: „unsere Vernunftregel geht nur auf die Vergleichung nach der Identität und dem Widerspruche" (VII. 103); es wäre zu erwarten gewesen, dass Kant hier auch die „reinen Vernunftbegriffe" erwähnt hätte. Sodann findet sich in der zuletztgenannten Schrift noch der Ausspruch, neben der wenig lohnenden Aufgabe, verborgenern Eigenschaften der Dinge durch Vernunft nachzuspähen, gäbe es für die Metaphysik noch die andere: „einzusehen, ob die Aufgabe aus demjenigen, was man wissen kann, auch bestimmt sey, und welches Verhältniss die Frage zu den Erfahrungsbegriffen habe, darauf sich alle unsre Urtheile jederzeit stützen müssen" (VII. 99). Auch diese Stelle lautet entschieden empiristisch. — Ich will nun nicht einmal fragen (obgleich es vielleicht nicht schwer wäre die Frage zu beantworten), ob sich nicht diese Aeusserungen aus dem Orte wo sie stehen oder dem Zweck der sie enthaltenden Schriften erklären liessen; ich bitte nur den Leser zu überlegen, was wahrscheinlicher ist: dass Kant einige Male, in der Hast des Schreibens oder in der Erregung des Gemüths, einen unpassenden Ausdruck für seine Gedanken gewählt habe, — oder dass die ganze Preisschrift ein unverständlicher Mischmasch, der Einzig mögliche Beweisgrund eine einzige riesige Inconsequenz, und die sämmtlichen Schriften dieser Periode ein Tummelplatz kleinerer Inconsequenzen sein sollten.

Es bleibt nur noch die Frage: wenn sich wirklich so wenig zu Gunsten des behaupteten Kantischen Empirismus anführen lässt, wie ist es dann zu erklären, dass derselbe nachgerade zu einem Dogma in der Geschichte der Philosophie geworden ist? Ich finde hierfür nur zwei Gründe. Der erste liegt in der Vernachlässigung des Unterschiedes zwischen logischem und erkenntnisstheoretischem Rationalismus, demzufolge man überall, wo ersterem widersprochen

wurde, diesen Widerspruch auf den Rationalismus überhaupt ausgedehnt und auf Empirismus geschlossen hat. Dass die behauptete
Vernachlässigung hier wirklich vorliegt, bezeugen mehrere Stellen
aus Fischer's Geschichte: „so ist der Satz vom Grunde .... nicht
mehr dem blossen Denken einleuchtend oder logisch erkennbar" (III. 183); „der Satz vom Realgrund ist demnach
kein Denkgesetz, keine logische Regel" (III. 191); „die
Existenz kein logischer Begriff, sondern ein Erfahrungs-
begriff" (III. 211). In gleicher Weise Paulsen: „Der Satz des
Grundes oder das Gesetz der Causalität ist nicht identisch mit
dem Gesetz des Widerspruchs oder der Identität. Eben deshalb
ist es nicht ein Princip reiner Vernunfturtheile" (73). Ueberall
wird vorausgesetzt, dass es in der Erkenntniss kein Drittes gebe
neben logischem Gesetz und Erfahrung: nach Kant giebt es aber
ein Drittes: die reinen Vernunfturtheile. — Der zweite Grund
liegt in dem Mythus von der frühzeitigen Einwirkung Hume's.
Die selbst im Wortlaut beinahe identische Problemstellung in den
„Negativen Grössen" und in Hume's Essay, in Verbindung mit
der bekannten Erzählung Borowski's, mussten offenbar den Gedanken nahe legen, Kant habe sich vollständig den Hume'schen Anschauungen angeschlossen. Nachdem aber die Untersuchungen der
letzteren Jahre es stets wahrscheinlicher gemacht haben, dass die
theoretische Philosophie Hume's erst viel später in Kant's Entwicklung eingegriffen habe, ist auch dieser letzte Grund für die Annahme einer empiristischen Periode im Kantischen Denken hinfällig
geworden.

Man hat in der Preisschrift nicht nur Empirismus, sondern
auch Spuren von altwolffischem (logischem) Rationalismus nachweisen zu können geglaubt. Als solche werden von Paulsen
(79—82) folgende Kantische Sätze angeführt: „Alle wahren Urtheile müssen entweder bejahend oder verneinend seyn. Weil
die Form einer jeden Bejahung darin besteht, dass etwas als ein
Merkmal von einem Dinge, d. i. als einerlei mit dem Merkmale
eines Dinges vorgestellt werde, so ist ein jedes bejahende Urtheil
wahr, wenn das Prädicat mit dem Subjecte identisch ist. Und

da die Form einer jeden Verneinung darin besteht, dass etwas einem Dinge als widerstreitend vorgestellt werde, so ist ein verneinendes Urtheil wahr, wenn das Prädicat dem Subjecte widerspricht .... Es ist aber ein jeder Satz unerweislich, der unmittelbar unter einem dieser obersten Grundsätze gedacht wird, aber nicht anders gedacht werden kann; nämlich, wenn entweder die Identität oder der Widerspruch unmittelbar in den Begriffen liegt und nicht durch Zergliederung vermittelst eines Zwischenmerkmals eingesehen werden kann oder darf. Alle andere sind erweislich" (I. 102—103). Bei etwas schärferem Zusehen stellt sich aber der ganz unschuldige Charakter dieser Sätze leicht heraus. Denn die „Begriffe", von denen hier die Rede ist, sind gegebene Begriffe, Locke'sche „ideas": all dasjenige, welches wahrgenommen und vorgestellt wird. „Die Identität oder der Widerspruch liegt in den Begriffen", bedeutet nichts weiter als: die Eigenschaft, welche ich dem Dinge beilege, ist in der durch Wahrnehmung und Experiment gegebenen Vorstellung des Dinges enthalten. Die Erfahrung liefert mir z. B. ein Ding, welches ich Eisen nenne, und in welchem ich experimentell etwa die Eigenschaft der Schmelzbarkeit antreffe. Sage ich nun auf Grund dieses Experiments: Eisen ist schmelzbar, so bilde ich einen der „unerweislichen Sätze" Kant's. — Dass wirklich a. a. O. nur solche Erfahrungsbegriffe, und keineswegs aus willkürlicher Synthese entstandene Begriffe gemeint sind, dürfte durch folgende Parallelstelle aus der „Falschen Spitzfindigkeit" über allen Zweifel erhoben werden: „Alle Urtheile, die unmittelbar unter den Sätzen der Einstimmung oder des Widerspruchs stehen, das ist, bei denen weder die Identität noch der Widerstreit durch ein Zwischenmerkmal (mithin nicht vermittelst der Zergliederung der Begriffe), sondern unmittelbar eingesehen wird, sind unerweisliche Urtheile, diejenigen, wo sie mittelbar erkannt werden kann, sind erweislich. Die menschliche Erkenntniss ist voll solcher unerweislicher Urtheile, vor jeglicher Definition kommen deren etliche vor, sobald man, um zu ihr zu gelangen, dasjenige, was man zunächst und unmittelbar an einem Dinge erkennt, sich als ein Merkmal desselben vorstellt" (I. 74). Offenbar ist hier nur vor Definitionen auf

Grund der Erfahrung die Rede, und der Schluss auf die Bedeutung
der entsprechenden Stelle in der Preisschrift liegt auf der Hand.
— Auch der Umstand, dass Kant in der Preisschrift selbst, wenige
Zeilen nach den incriminirten Sätzen, ganz ausdrücklich die Nothwendigkeit „materialer Grundsätze" hervorhebt und die Unfrucht-
barkeit der blos formalen („aus diesen allein kann wirklich gar nichts
bewiesen werden") betont, könnte schon beweisen, dass Kant gewiss
nicht daran gedacht hat, dem logischen Rationalismus das Wort
zu reden. — Als ein weiterer Beleg für den zeitweiligen Rückfall
Kant's wird von Paulsen angeführt, dass die Preisschrift schliesslich doch wieder, wenn auch nur für die entfernte Zukunft, ein
demonstratives System der Metaphysik in Aussicht stellt: „Wenn
die Analysis uns zu deutlich und ausführlich verstandenen Begriffen
wird verholfen haben, wird die Synthesis den einfachsten Erkenntnissen die zusammengesetzten, wie in der Mathematik, unterordnen
können" (I. 97). Freilich; aber was ist denn damit gesagt, das
nicht auch der consequenteste Empirist unterschreiben könnte?
Denn hier ist es doch vollkommen klar, dass die „deutlich und
ausführlich verstandenen Begriffe", welche Kant der Synthesis zu
Grunde legen will, keineswegs Ergebnisse willkürlicher Nominal-
definitionen, sondern eben allgemeinste Erfahrungsbegriffe, compri-
mirte Naturgesetze sind. Das Ideal, welches Kant für die Meta-
·physik und für die ganze Philosophie aufstellt, ist eben dasjenige,
welches in der Jetztzeit die mathematische Physik für ihr Gebiet
zu realisiren bestrebt ist.

Auf Grund der vorhergehenden Erörterungen wird man sich
jetzt leicht davon überzeugen können, dass die Inauguraldissertation von 1770 keineswegs als ein „Rückfall in den
Rationalismus" qualificirt zu werden verdient. Rationalistisch ist
dieselbe allerdings: aber es ist noch immer der nämliche formal-
erkenntnisstheoretische Rationalismus von 1762, nur etwas weiter
ausgeführt. Metaphysik ist, wie damals, die Wissenschaft der
reinen Vernunftbegriffe: „philosophia autem prima continens principia usus intellectus puri est Metaphysica" (I. 313); und auch
über die Methode derselben denkt Kant noch ganz so wie in der

Preisschrift: „Conceptus in ipsa obvii non quaerendi sunt in sensibus, sed in ipsa natura intellectus puri, non tanquam conceptus cennati, sed e legibus menti insitis (attendendo ad ejus actiones occasione experientiae) abstracti, adeoque acquisiti" (I. 313). Das heisst also: nicht die wissenschaftliche Erkenntniss der Vernunftbegriffe, sondern gewisse das Denken beherrschende Gesetze sind angeboren: aus der Wirkungsweise dieser Gesetze soll man die reinen Vernunftbegriffe analytisch kennen lernen. Was nun weiter diese Vernunftbegriffe selbst betrifft, so sind Raum und Zeit als die reinen Formen der Sinnlichkeit von denselben abgesondert worden; dagegen werden noch immer als solche angeführt: „possibilitas, existentia, necessitas, substantia, causa etc. cum suis oppositis aut correlatis" (I. 313). Dass dieselben reale Geltung haben, daran zweifelt Kant eben so wenig als zur Zeit des Einzig möglichen Beweisgrundes: „Quum itaque, quodcunque in cognitione est sensitivi, pendeat a speciali indole subjecti ....; quaecunque autem cognitio a tali conditione subjectiva exemta est, non nisi objectum respiciat, patet: sensitive cogitata esse rerum repraesentationes, uti apparent, intellectualia autem sicuti sunt" (I. 309—310)[6]. Aber noch immer ist Kant davon überzeugt, dass aus reiner Vernunft nicht der concrete Inhalt, sondern nur allgemeine, formale Bestimmungen des Daseins erkannt werden können: „Intellectualium non datur (homini) Intuitus sed non nisi cognitio symbolica, et intellectio nobis tantum licet per conceptus universales in abstracto, non per singularem in concreto" (I. 314); „praedicatum in qualibet judicio intellectualiter enunciato, est conditio, absque qua subjectum cogitabile non esse asseritur" (I. 332). Wie dem materialen, so widerspricht er auch aufs Bestimmteste dem logischen Rationalismus: „ante omnia probe notandum est: usum

---

[6] Wenn Fischer (III. 326—327) und Paulsen (120—125) den unzweideutigen Worten Kant's gegenüber behaupten, nach der Inauguraldissertation beziehe sich auch die reine Vernunfterkenntniss am Ende nur auf die Erscheinungen, so lässt sich zur Bestätigung dieser Behauptung aus der Schrift selbst kein einziges Wort anführen. Dieselbe steht ausserdem mit den bekannten Mittheilungen Kant's in dem Brief an Marcus Hertz vom 21. Februar 1772, in offenbarem Widerspruch.

Intellectus, s. superioris animae facultatis esse duplicem: quorum
priori dantur conceptus ipsi, vel rerum vel respectuum, qui est
Usus Realis; posteriori autem, undecunque dati, sibi tantum
subordinantur, inferiores nempe superioribus (notis communibus)
et conferuntur inter se secundum principium contradictionis, qui
Usus dicitur Logicus" (I. 310). Und was speciell die Causali-
tätsfrage betrifft, so wird die Unmöglichkeit den Realgrund auf
den logischen Grund zurückzuführen, die Unerkennbarkeit specieller
Causalverhältnisse aus reiner Vernunft, und die ausschliessliche
Erkennbarkeit derselben durch Erfahrung, fast in den nämlichen
Worten wie in den Schriften aus den sechziger Jahren, auf's
Nachdrücklichste gelehrt. „Cum vis non aliud sit, quam respec-
tus substantiae A ad aliud quiddam B (accidens) tanquam rationis ad rationatum: vis cujusque possibilitas non nititur iden-
titate causae et causati, s. substantiae et accidentis, ideoque etiam
impossibilitas virium falso confictarum non pendet a sola con-
tradictione. Nullam igitur vim originariam ut possibilem su-
mere licet, nisi datam ab experientia, neque ulla intellectus
perspicacia ejus possibilitas a priori concipi potest" (I. 338). Selbst
das specielle Ergebniss der „Träume eines Geistersehers" findet
sich hier noch einmal ausdrücklich wiederholt: „quidnam vero
immaterialibus substantiis relationes externas virium tam inter se
quam erga corpora constituat, intellectum humanum plane fugit"
(I. 335).

Wie man sieht, ist der erkenntnisstheoretische Standpunkt der
Inauguraldissertation mit demjenigen der vorhergehenden Schriften
vollkommen identisch. Hier wie dort der nämliche formale,
erkenntnisstheoretische, realistische Rationalismus: ein scharf aus-
geprägter, zwischen Wolff und Hume in der Mitte liegender Standpunkt, — welchen man aber eben deshalb, je nach dem was man
davon erwartete, in dem einen Falle für Empirismus, in dem anderen
für Wolff'schen Rationalismus ansehen konnte. Von principiellen
Revolutionen in dem Entwicklungsgange Kant's ist demnach wenigstens für die Zeit zwischen 1760 und 1770 keine Rede. Und
selbst der Uebergang von der Nova Dilucidatio zu den ersten

Schriften aus den sechzigern Jahren kann kaum als eine solche betrachtet werden. Denn auch in der Nova Dilucidatio findet sich schon die Einsicht in die Unmöglichkeit, aus dem blossen Begriffe eines Dinges das Dasein desselben abzuleiten, mit der Anwendung auf den ontologischen Beweis (I. 13—14); — sowie auch die andere, dass aus dem blossen Dasein der gegebenen Dinge sich die causalen Beziehungen zwischen denselben nicht erschliessen lassen (I. 40—41). Man glaubt fast die Abhandlung über die Negativen Grössen vor sich zu haben, wenn man in der Nova Dilucidatio liest: „Si substantia A existit, et existit praeterea B, haec ideo in A nihil ponere censeri potest. Fac enim in A aliquod determinare, hoc est rationem continere determinationis C; quia haec est praedicatum quoddam relativum, non intelligibile nisi praeter B adsit A, substantia B, per ea quae sunt ratio τ̀ȣ C, supponet existentiam substantiae A. Quoniam vero si substantia B sola existat, per ipsius existentiam plane sit indeterminatum, utrum quoddam A existere debeat nec ne, ex existentia ipsius sola non intelligi potest quod ponat quicquam in aliis a se diversis, hinc nulla relatio nullumque plane commercium" (I. 41). Andererseits schliesst sich aber die ganze zugehörige Ausführung in bemerkenswerther Weise an die Leibniz'sche Bekämpfung des influxus physicus an. Es scheint mir keineswegs unwahrscheinlich, dass in dieser das erste Ferment für die späteren Ausführungen der sechzigern Jahre zu suchen wäre; doch will ich diesen Gedanken hier nur angedeutet haben.

Es sei mir gestattet, zum Schluss noch zwei allgemeinere Gründe für die von mir vertretene Auffassung beizubringen.

Erstens: die vollständige Uebereinstimmung zwischen der Art und Weise, wie in der Nova Dilucidatio, und wie in der Inauguraldissertation das metaphysische Causalproblem gestellt und zu lösen versucht wird (I. 40—44 und 327—329). Diese Uebereinstimmung fordert keine Erklärung, wenn, wie ich annehme, die betreffenden Ansichten Kant's während der Zeit von 1755 bis 1770 im Grossen und Ganzen dieselben geblieben sind; wohl aber wenn er in jenen Jahren durch einen denselben völlig entgegengesetzten

Standpunkt wie denjenigen des Empirismus hindurchgegangen wäre.
Es gäbe wohl in der ganzen Geschichte der Wissenschaft kein
zweites Beispiel eines rastlos arbeitenden Denkers, der, nachdem
er einmal den Grundfehler einer Jugendanschauung klar eingesehen,
genau dieselbe Anschauung fünfzehn Jahre später, ohne neue
Gründe anzuführen und als ob Nichts geschehen wäre, wieder vorgetragen hätte. Man bedenke doch, dass wie die Geschichte überhaupt, so auch die Geschichte der Wissenschaft vor Allem die
psychologische Wahrscheinlichkeit zu wahren hat!

Zweitens glaube ich mich noch auf eigene Worte Kant's
berufen zu können. In den „Prolegomena" hat Kant an bekannter
Stelle über sein Verhältniss zu Hume Rechenschaft gegeben; es sei
mir erlaubt die vielfach citirten Sätze hier noch einmal vorzu-
führen. „Ich gestehe frei: die Erinnerung des David Hume war
eben dasjenige, was mir vor vielen Jahren zuerst den dogmatischen
Schlummer unterbrach, und meinen Untersuchungen im Felde der
speculativen Philosophie eine ganz andere Richtung gab. Ich war
weit entfernt, ihm in Ansehung seiner Folgerungen Gehör zu geben,
die blos daher rührten, weil er sich seine Aufgabe nicht im Ganzen
vorstellte, sondern nur auf einen Theil derselben fiel, der, ohne
das Ganze in Betracht zu ziehen, keine Auskunft geben kann ....
Ich versuchte also zuerst, ob sich nicht Hume's Einwurf allgemein
vorstellen liesse, und fand bald, dass der Begriff der Verknüpfung
von Ursache und Wirkung bei Weitem nicht der einzige sey, durch
den der Verstand a priori sich Verknüpfungen der Dinge denkt,
vielmehr, dass Metaphysik ganz und gar daraus bestehe. Ich suchte
mich ihrer Zahl zu versichern" u. s. w. (III. 9). Daraus geht aber
hervor: erstens, dass Kant selbst den Zeitpunkt der Einwirkung
Hume's unmittelbar vor der Entwerfung der transcendentalen Analytik, also jedenfalls nach dem Jahre 1770, gestellt hat; sodann,
dass er bis dahin den „dogmatischen Schlummer", in dem er befangen war, fortdauern lässt. Wie wäre aber Letzteres möglich,
wenn Kant wirklich schon in den sechzigern Jahren alle Erkenntniss aus reiner Vernunft verworfen, und nur die Erfahrung hätte
gelten lassen? — Dagegen würde sich nach meiner Auffassung die
Sache folgendermaassen verhalten. Kant ist vor 1762, unabhängig

von Hume, zur Einsicht gelangt, dass der Realgrund kein logischer Grund ist, und dass die causalen Axiome sich nicht auf die logischen Gesetze zurückführen lassen. Da dieselben aber dennoch dem natürlichen Denken einleuchtend erscheinen, hat er sie für selbständige reine Vernunfteinsichten gehalten, und übrigens eben so wenig wie seine Vorgänger daran gedacht, die reale Geltung derselben zu bezweifeln. Zwischen 1770 und 1772 (man vergleiche den bereits angeführten Brief an Marcus Hertz und die Einleitung der Prolegomena) hat er dann Hume näher kennen gelernt; und diese Bekanntschaft hat ihn zu der Frage geführt, mit welchem Rechte wir denn eigentlich Uebereinstimmung der Dinge mit unseren rein subjectiven „Vernunfteinsichten" annehmen. Aus dieser Frage, in Verbindung mit den bereits vor 1770 erworbenen Einsichten zur transcendentalen Aesthetik, ist dann zuletzt die transcendentale Analytik hervorgegangen.

XXXI.

Die Rostocker Kanthandschriften.

Von

Wilhelm Dilthey in Berlin.

Herrn Professor Schirrmacher zugeeignet.

I.

Acht Briefe Kants an Jakob Sigismund Beck.

Seitdem ich zuerst im Verlauf meiner Nachforschungen nach den Handschriften deutscher Philosophen auf die Handschriften Kants aufmerksam wurde, welche auf der Rostocker Bibliothek liegen und sich durch einen sonderbaren Zufall so lange Zeit hindurch den Augen der eifrigsten Kantsammler und der gründlichsten Kantkenner gänzlich entzogen hatten, haben Sie meiner Arbeit Ihren einsichtigsten Beistand geschenkt. Sie haben aber inzwischen einen noch näheren Anteil an den nachfolgenden Mitteilungen gewonnen. Denn Sie haben nun selber weitere Handschriften Kants in Rostock aufgefunden und gestatten mir freundlich, auch aus diesen mitzuteilen und über sie zu berichten.

Ich beginne doch mit den beiden Handschriften, die zuerst meine Aufmerksamkeit auf sich zogen, und von deren Existenz in Rostock ich schon im letzten Hefte dieses Archivs Nachricht gab. Sie stehen in einem inneren Zusammenhang mit einander. Die erste besteht in acht Briefen Kants an seinen Schüler Jakob Sigismund Beck. Vor nun 4 Jahren hatte der um Kant hochverdiente Rudolf Reicke in Königsberg, welcher zusammen mit Sintenis in Dorpat eine Sammlung der Correspondenz Kants vorbereitet, 17 Briefe von Beck an Kant als Anhang seines Vortrags: Aus Kants

Briefwechsel (1885) mitgeteilt und eine, wenn auch kurze Antwort Kants an Beck aus dem Besitz von Eduard Erdmann in Halle einfügen können. Nun bieten die Rostocker Handschriften unerwartete Ergänzung, indem sie in nachstehender Reihenfolge eintreten. Der zweite der vorhandenen Briefe Becks an Kant ist vom 19. April 1791. Nun reiht sich ein: Kant an Beck 9. Mai 1791. Beck an Kant: 1. Juny 1791. Kant an Beck 27. September 1791. Beck an Kant 6. October 1791. Kant an Beck 2. November 1791. Beck an Kant 11. November 1791. Kant an Beck 20. Januar 1792. Beck an Kant 31. May 1792. Kant an Beck 3. Juli 1792. Beck an Kant 8. September 1792. Kant an Beck 16. October 1792. Beck an Kant 10. November 1792. Kant an Beck 4. Dezember 1792. Beck an Kant 30. April 1793. Kant an Beck 18. August 1793. Und zwar liegen die 7 ersten Briefe Kants im Original, der 8te in einer eigenhändigen Abschrift Becks vor. Beck selbst berichtet in einer letztwilligen Bestimmung den Grund hiervon. Er hatte den 8ten Brief verschenkt. Da derselbe aber gerade jenes Manuscript der ersten Einleitung zur Kritik der Urteilskraft betraf, welches Kant an Beck und dieser an seinen Freund Professor Francke geschenkt hatte, so schrieb Beck diesen Brief für Francke ab „damit meinem Freunde an jener Gabe nichts fehle". So hebt Beck selbst den Zusammenhang zwischen den Briefen und der Abhandlung hervor. Die Abschriften hat Herr Dr. L. Schleker in Rostock freundlich für mich angefertigt und Herrn Professor Schirrmacher habe ich die Revision derselben zu verdanken.

Die Abhandlung war, um hier den früheren Bericht zu vervollständigen, ursprünglich als Einleitung zur Kritik der Urteilskraft abgefasst. Da sie für dieses Werk zu weitläufig geworden war, sandte Kant sie an Beck zur Benutzung für seinen erläuternden Auszug aus den kritischen Schriften des Herrn Professor Kant (1793 ff.), und Beck veröffentlichte einen Auszug aus der Abhandlung in dem angegebenen Werke. (Band 2. 1794 S. 543—590.) Dieser Auszug Becks ist dann unter dem Titel „über Philosophie überhaupt" in den ersten Band der Ausgabe Kants von Rosenkranz und Schubert aufgenommen worden. Das Original dieses Auszugs ist nicht von Kants Hand, jedoch von diesem vielfach verbessert und mit zahl-

reichen Randbemerkungen versehen. Beck selber berichtet in der
Vorrede zu seinem erläuternden Auszug aus Kants Schriften (II.
1794): „während der Ausarbeitung desselben hatte Herr Professor
Kant die Güte, mir ein Manuscript zuzuschicken, welches eine Einleitung in die Kritik der Urteilskraft enthielt, die er ehedem zu
seinem Werke bestimmt und nur ihrer Stärke wegen verworfen
hatte. Er überliess es mir in meinen Schriften davon Gebrauch
zu machen." Und die nun mitzutheilenden Briefe Kants an Beck
decken das ganze Verhältniss beider in den neunziger Jahren auf,
welches den Lehrer bestimmt hat, seinem Schüler die Handschrift
zu überlassen. Sie zeigen wie der Auszug Becks zu Stande kam.
Und die letztwillige Bestimmung Becks erweist dann, wie sie nebst
den Briefen in den Besitz Franckes übergegangen ist, aus welchem
sie die Rostocker Bibliothek empfing.

Jakob Sigismund Beck und seine Stellung in der transs-scendentalphilosophischen Bewegung.

In dem grossen Vorgang der Ausgestaltung unserer deutschen
Transscendentalphilosophie auf der Grundlage Kants spielt Beck
eine respectable Rolle. Als Fichte Becks „einzig möglichen Standpunkt, aus welchem die kritische Philosophie beurtheilt werden
muss" (1796), in seiner Einleitung in die Wissenschaftslehre mit
der vornehmen Miene des Gönners lobte, bezeichnete er sie als die
„beste Vorbereitung für die, welche aus meinen Schriften die
Wissenschaftslehre studiren wollen". „Sie führt nicht auf den Weg
dieses Systems, aber sie zerstört das mächtigste Hinderniss, das
denselben so vielen verschliesst" [1]. Die Marke, welche Fichte in
diesen Worten dem Buche aufdrückte, ist ihm geblieben. Eduard
Erdmann hat zuerst darauf hingewiesen (deutsche Speculation I, 538),
dass einer der ehrenvollsten Plätze in der Kantischen Schule Beck
gebührt. Aber sowol seine Darstellung als die Kuno Fischers
reihten Beck als ein Glied in den dialektischen Prozess ein, der
nach ihrer Ansicht von Kant zu Fichte hinführt. Die transscenden-
talphilosophische Bewegung, welche damals stattfand, hat vielmehr

--- - - -

[1] Fichte Werke I. 444. Vergl. auch 420.

nach unserem heutigen Urteil in sich einen selbständigen Wert;
die Hauptpersonen in dieser Bewegung interessiren uns jede für
sich, sofern die ganze Verknotung des Problems, um welches es
sich in dem langen Streite jener Jahre handelte, sich nach ihren
verschiedenen Seiten eben in diesen verschiedenen Personen zeigt.
Fichte macht uns eben auch nur Eine Seite sichtbar.

Denn die Geschichte der deutschen Philosophie in dieser klassischen Zeit unserer Literatur während des letzten Drittheils des
vorigen Jahrhunderts ist ein spannendes Drama voll von Verwickelungen, welche alle auf den Voraussetzungen beruhen, unter denen
Kant und die anderen auftretenden Personen gedacht und geschrieben haben. So lange diese Voraussetzungen bestanden, waren
die Verwicklungen unauflösbar. Hamann, Herder, Jakobi zogen
in einem gewissen Umfang diese Voraussetzungen in Zweifel. Aber
sie waren Dilettanten in der Philosophie. Sie haben nicht vermocht,
diese Voraussetzungen durch wissenschaftlich haltbarere Sätze zu
ersetzen. Und das deutsche Denken, schliesslich müde einer trans-
scendentalphilosophischen Grübelei, welche alle Wege zum Wissen
und Handeln sperrte, vollzog dann seit dem Beginn unseres Jahrhunderts die gewaltsame Wendung aus dem kritischen Standpunkt
in die Identitätsphilosophie, welche nur aus der Unlösbarkeit dieser
Verwickelungen unter den bestehenden Voraussetzungen verständlich — und verzeihlich ist. Die Dämme, durch welche die Transscendentalphilosophie das metaphysische Sinnen eingeschränkt hatte,
wurden durchbrochen.

Kant kam aus der Schule von Leibniz, Newton und Wolff,
aus der Schule der mathematischen Naturwissenschaft. Er setzte
voraus, im Erkenntnisszusammenhang sei ein System von Bestimmungen enthalten, welche überall gelten und allgemein ausgedrückt werden können. Solche Bestimmungen enthalten die
Axiome der Mathematik, die Denkgesetze und Denkformen der
reinen Logik, die Principien der Physik und Metaphysik, wie sie
Leibniz und seine Geistesverwandten ausgebildet hatten. Diese
überall im Wahrnehmungs- und Denkzusammenhang auftretenden
allgemeinen und notwendigen Bestimmungen, unter denen alle
Einzelerfahrungen stehen, sind das logische Prius in der Ver-

kettung der menschlichen Erkenntniss. Die Allgemeingiltigkeit des
Erfahrungswissens ist durch sie bedingt. Dass aus unseren Wahrnehmungen eine allgemeingiltige Erfahrungserkenntniss sich bildet,
ist durch sie ermöglicht. So haben wir in ihnen den Inbegriff
der Bedingungen, unter welche die Wahrnehmungen treten und
durch die sie in einen allgemeinen und notwendigen Zusammenhang gesetzt werden. Eine solche Bedingung ist die Anschauung
des Raumes: damit ich Empfindungen auf Etwas ausser mir
beziehe oder sie an verschiedenen Orten mir vorstellen könne,
muss diese Anschauung schon zu Grunde liegen. Dann bilden eine
solche Bedingung die Verstandeshandlungen, durch welche der
Gegenstand entsteht und in den Urtheilen und Begriffen erkannt
wird: denn diese Verbindung (conjunctio) eines Mannigfaltigen kann
niemals durch Sinne in uns von aussen hereintreten, muss also in
der verbindenden Einheit des Bewusstseins begründet sein. Ja die
grosse Frage, kraft welchen Rechtes wir diese allgemein und notwendig im Verstande bestehenden Beziehungen als Begriffe und
Grundsätze auf die Objekte anwenden, löst sich eben durch die
Einsicht, dass dieselbe synthetische Einheit der Apperception das
Objekt hervorgebracht hat, welche es dann in abstracto durch die
Verstandeshandlungen erkennt. In dem Zusammenhang dieser Gedanken hat sich die Voraussetzung, unter welcher Kants Transscendentalphilosophie steht, entwickelt und befestigt.

　　Gleichviel wie Jemand die schwebenden Fragen über die Methode Kants und den Sinn seines apriori bei sich entscheiden mag:
jedenfalls sind diese im abstrakten wissenschaftlichen Bewusstsein
enthaltenen Bestimmungen, unter denen unsere Erfahrungen stehen,
für Kant der Ausdruck der in der Einheit unseres Bewusstseins
wirkenden Handlungen unserer Intelligenz. So hat er im Gebiet des Wahrnehmens und Erkennens einen abstrakten Intellek-
tualismus durchgeführt, der weder die Existenz einer Aussenwelt,
noch die Thatsache, dass wir dieselbe unseren Begriffen zu
unterwerfen vermögen, erklären oder begründen konnte. Er hat
die menschliche Intelligenz zu einem System innerer Beziehungen
von Formen oder Handlungen gemacht, deren jede gleichsam die
abgezogene Regel eines in der Intelligenz überall auftretenden

Verhaltens verwirklicht, die sich sonach psychologisch als Vermögen darstellen. Jedes Rad in diesem Werk arbeitete nach Regeln; jedes war eine vorstellende Kraft. Die primitiven Impulse des menschlichen Daseins, der Wille, die Triebe waren aus diesem Erkenntnissvermögen Kants ausgeschlossen.

An zwei Punkten musste das System den Schülern, den Freunden und den Gegnern als der Aufklärung und Fortbildung bedürftig erscheinen. Der eine war das produktive Ich als hervorbringender Grund dieser Formen und Handlungen. Der andere das Afficirende, welches den Stoff der Empfindungen liefert, das Ding an sich.

Die Schüler Kants suchten ein oberstes Princip der Transscendentalphilosophie. Und es ist für die Voraussetzungen des Systems bezeichnend, dass dieses Princip zugleich oberster Grundsatz im Zusammenhang der Erkenntniss und oberste Regel in dem Schaffen der Intelligenz sein sollte. Reinhold fand ein solches Princip in seinem Satz des Bewusstseins: Die Vorstellung wird im Bewusstsein vom Vorgestellten und Vorstellendem unterschieden und auf beide bezogen. Fichte ging von dem Zusammenhang der Thathandlungen aus, in welchem ursprünglich das Ich sein eigenes Sein setzt, diesem Ich ein Nichtich entgegengesetzt wird und dann schliesslich innerhalb dieses Ich durch einen Akt der Synthesis dem theilbaren Ich ein theilbares Nichtich gegenüber tritt[2]). So setzten diese und andere weniger bedeutende Philosophen ihre Kraft an eine unlösbare Aufgabe. Und auch der Gegner der Transscendentalphilosophie, der Verfasser des Aenesidemus, ist hierin mit ihnen einstimmig: „Dass es der Philosophie bisher noch an einem obersten allgemein geltenden Grundsatze, welcher die Gewissheit aller ihrer übrigen Sätze entweder unmittelbar oder mittelbar begründete, gemangelt habe, und dass dieselbe erst nach der Entdeckung und Aufstellung eines solchen Grundsatzes auf die Würde einer Wissenschaft Ansprüche machen könne: darüber bin ich mit dem Verfasser der Elementarphilosophie vollständig ein-

---

[2]) Grundlage der Wissenschaftslehre I. Grundsätze. § 1—3. G. W. S. 91—123.

verstanden." In Wirklichkeit giebt es aber einen solchen obersten
Grundsatz nicht, aus welchem die Beziehungen aller allgemeinen
und notwendigen Wahrheiten abgeleitet werden können. Und gäbe
es einen solchen Grundsatz, so müsste der Zusammenhang der
Wahrheiten durch denselben innerhalb der hochentwickelten Erkenntniss ganz unterschieden werden von dem Zusammenhang
der primitiven Vorgänge, welche der Intelligenz zu Grunde liegen.

Hier war nun Beck siegreich. Die Stellung, welche er in
dieser schwebenden Frage einnahm, war ganz im Geiste der
Transscendentalphilosophie, selbstständig, unanfechtbar. Der Anfang
der Philosophie kann nicht in einem obersten Grundsatz liegen.
„Die berühmten Philosophen in unsern Tagen, die Elementarphilo-
sophien zu gründen für nöthig erachten, geben in ihren obersten
Principien Gesetze das ist: Begriffe vom Bewusstsein, der Vorstellung,
der Beseelung u. s. w. Diesen Sätzen Beglaubigungen zu geben,
berufen sie sich auf Thatsachen. Wie kann man nun anders
urteilen, als dass die Thatsache selbst ein noch höheres Princip
abgeben müsse?"

Daher muss der Transscendentalphilosoph so beginnen wie der
Geometer. Dieser leitet seine Wissenschaft von keinem Schulbegriff
des Raumes ab, sondern er postulirt das ursprüngliche Vorstellen:
Raum, und auf dieses Raumvorstellen gründet er seine Wissenschaft. Auch der Transscendentalphilosoph beginnt nicht mit einem
Satz, sondern mit einem Postulat. Er fordert seinen Leser oder
Hörer auf, sich ein Objekt ursprünglich vorzustellen; indem er
hinter die Begriffe, hinter die Subsumtion von Dingen unter Merkmale, hinter das abstrakte Denken überhaupt zurückgeht, ergreift
er die ursprüngliche Einheit des Bewusstseins, in welcher ein Gegenstand auftritt und erfasst in ihr die Handlungen des ursprünglichen
Vorstellens, durch welche dieser entsteht. So besteht das Postulat,
das den Anfang der Transscendentalphilosophie ausmacht, in der
Anmuthung, sich ein Objekt ursprünglich vorzustellen und hiervon
ausgehend sich in die ursprüngliche Vorstellungsweise überhaupt
zu versetzen [3]).

---

[3]) Beck: Erläuternder Auszug aus den Schriften des Herrn Prof. Kant.

Die Methode Becks will in den Grenzen der Voraussetzungen seines Lehrers dessen Methode verbessern. „Diese Methode fügt sich in die dogmatische Denkart ihres Lesers, und geht von dem Standpunkt blosser Begriffe aus. Nur nach und nach leitet sie die Aufmerksamkeit auf den transscendentalen Standpunkt, und der Leser wird allererst in der Deduction der Kategorien auf den ursprünglichen Verstandesgebrauch in denselben und auf die ursprünglich synthetisch-objective Einheit des Bewusstseins geleitet. Diesen transscendentalen Standpunkt muss man schon erreicht haben, um die Kritik auf ihrem Wege zu demselben zu verstehen" [4]). Beck zeigt musterhaft klar, welche Nachtheile aus dem äusseren Anschluss der Vernunftkritik an die dogmatische Begriffsphilosophie entsprungen sind [5]).

Da alles Verfahren mit Begriffen auf dem ursprünglichen Verstandesgebrauch beruht, in welchem die synthetische Einheit des Objektes entsteht, so muss die Darstellung mit dem ursprünglichen Vorstellen, mit den ursprünglichen geistigen Handlungen beginnen. „Blos demjenigen Leser, der den Standpunkt der ursprünglich-synthetisch-objektiven Einheit erreicht hat und der sich darauf zu erhalten weiss, wird die Kritik aufgeschlossen seyn; und wenn Philosophie überhaupt mehr als ein kümmerliches Gedankenspiel seyn soll, so muss sie diesen verständlichen Boden haben" [6]). So will er den Leser gleichsam mit einem Ruck auf die Höhe des Standpunkts erheben, auf welchem derselbe am Schlusse der transscendentalen Deduction in der Vernunftkritik sich findet. Wobei er denn freilich erfahren musste, wie wenig zumal seine schwerfällige mühsame Darstellungsweise die Dunkelheit, die dieser Methode naturgemäss anhaftet, überwinden konnte. Wusste er sich nun in diesem seinem Verfahren mit dem Sinne der Kantschen Philosophie völlig eins, so empfand er andrerseits aufs stärkste seinen

---

Auf Anrathen desselben. Band 3: einzig möglicher Standpunkt, aus welchem die kritische Philosophie beurteilt werden muss. S. 120—126, 169 f. Beck Grundriss der critischen Philosophie 1796 S. 6. 7,

[4]) Beck Grundriss S. 56.
[5]) Beck Grundriss S. 57—70.
[6]) Beck Standpunkt. S. 483,

Gegensatz gegen Fichte. Er hat ihn immer als einen seichten und
unwissenden Mann angesehen. „Wahre kritische Philosophie besteht in der kritischen Vorsicht, auf die ursprüngliche Synthesis in
den Kategorien, wodurch ursprünglich Begriffe allererst erzeugt
werden, aufmerksam zu seyn. Gerade eine dieser kritischen entgegengesetzte Denkart athmet die Wissenschaftslehre" [7]). Hier wie
überall bemerkt man, wie Beck sich, in aller Bescheidenheit, doch
vermöge seiner Kenntniss der Mathematik und der mathematischen
Naturwissenschaft besser für das Verständniss Kants ausgerüstet
wusste, als Reinhold und Fichte es waren.

Damit stimmt überein, dass sein Verständniss Kants in entscheidenden Punkten dem der heutigen Kantschen Schule entspricht.
Mit sicherem Griff erfasst er den Hauptpunkt. Wir können die
Dinge nicht mit unseren Vorstellungen vergleichen, ihre Uebereinstimmung also nicht feststellen, und wenn die Dogmatiker die Beziehung zwischen Vorstellungen und Dingen, das Band zwischen ihnen
festzustellen suchen, die Skeptiker, insbesondere Berkeley, diese Beziehung oder dies Band verwerfen, so discutiren beide über eine Frage,
die gar keinen Sinn hat. „Wenn gefragt wird, ob der Mond Bewohner
habe, so liegt Bejahung oder Verneinung dieser Frage in der Sphäre
des Verständlichen. In der Frage nach der Verbindung zwischen
der Vorstellung und dem Gegenstande verstehe ich mich selbst
nicht" [8]). Der Wahrheit näher wenigstens sind Hume und Berkeley, weil sie das Unverständliche, das in der objektiven Realität
des Kausalbegriffs und in der Uebertragung der Eigenschaften von
Dingen in ein Bewusstsein liegt, erkannten. Eine Wissenschaft
der Erscheinungen besteht, das heisst: das Verfahren der Wissenschaft, welche die Dinge durch die Kategorien bestimmt, sie in den
Urtheilen diesen subsumirt und sie so zur Erkenntniss in einem
Zusammenhang von Begriffen bringt, ist darum berechtigt, weil der
Verstand durch seine Handlungen (die Kategorien) ursprünglich die
objective Einheit des Gegenstandes hervorgebracht hat: sonach durch

---

[7]) Beck in Jacob's Annalen der Philosophie 1795 S. 122. Anonym.
Vergleiche 2. Jahrg. 1796 S. 402 ff. (ebenfalls anonym). Gegen diese beide
Besprechungen Becks dann Fichte Wr. 1. 444. 445.
    [8]) Grundriss 17.

dieselben Verstandeshandlungen, durch welche er sie nunmehr in Begriffen (in abstracto) erkennt. Sonach ist die kritische Philosophie diejenige, welche hinter den Standpunkt blosser Begriffe, durch welche ein Ding an sich erkannt werden soll (den Dogmatismus, die Speculation) zurückgeht auf den Standpunkt des ursprünglichen Vorstellens, der Handlungen, in welchen die Einheit des Objektes entsteht, und von hier aus die Wissenschaft durch Begriffe zum Verständniss ihrer Selbst, zur klaren Durchbildung und zur Begründung bringt. Sie erkennt, dass der analytische Zusammenhang des Denkens einem Dinge Grösse, Realität, Substantialität, Causalität nur beilegen kann, weil diese Bestimmungen in den ursprünglichen Verstandeshandlungen die synthetische Einheit des Gegenstandes hervorgebracht haben. Die Intellektualität der Sinneswahrnehmungen, darauf gegründet: Wissenschaft als ein immanenter Zusammenhang der Bewusstseinserscheinungen, diese Errungenschaften der Kantschen Philosophie will Beck verwerthen und in die Naturerkenntniss einführen[9]).

Es gab einen anderen Punkt, an dem man in jenen Tagen die Verständigung Ķants mit sich selbst und die Vollendung seines Systems herzustellen suchen musste. Seitdem Descartes die Beziehung der Probleme zu einander festgestellt hatte, die von der Gewissheit des Selbstbewusstseins hinüberleitet zur Realität und den Bestimmungen äusserer Objekte, hatte der Nachweis der Existenz einer Aussenwelt die Philosophen beschäftigt. Er bildete ein wichtiges Glied in der methodischen Verkettung der Fragen, welche das Kennzeichen der modernen Philosophie ist. Turgot disoit souvent, qu'un homme, qui n'avoit jamais regardé la question de l'existence des objects extérieurs comme un objet difficile et digne d'occuper notre curiosité, ne ferait jamais de progrès en Métaphysique. So erzählt Condorcet in der Lebensbeschreibung des grossen Vorgängers von d'Alembert und Comte (1786 p. 213).

In dem System Kants war diese Frage durch folgende einfache Formel beantwortet. Die Analysis der Form unsrer Intelli-

---

[9]) Vergl. bes. Grundriss § 8 ff. S. 6 ff. § 71 ff. S. 56 ff. Standpunkt S. 141 ff. 152. 170. 171.

genz setzt überall die Materie der Empfindungen voraus, und diese
Materie der Empfindungen ist in der Receptivität unsrer Sinnlichkeit bedingt, durch die Art wie wir von Gegenständen afficirt
werden. So behandelte Kant dieses Afficirende einerseits als die
Voraussetzung aller transscendentalen Analysis, andrerseits musste
er dessen gänzliche Unerkennbarkeit behaupten. Die Schwierigkeiten die hier entstanden, waren unter der Voraussetzung der
intellektualistischen Anschauung der menschlichen Erkenntniss
schlechterdings unauflöslich. Vergebens hat Kant selber auch
nach dem Erscheinen seiner Erkenntnisskritik unablässig an der
Auflösung dieser Verwicklung gearbeitet[10]. Es war wie Jakobi
sagte: man konnte ohne dies Ding an sich nicht in Kants System
hineinkommen, mit demselben aber nicht darin bleiben.

Die gänzliche Unmöglichkeit, auf dem Boden der Voraussetzungen Kants die Frage zu lösen, ist nun damals eben durch
die verschiedenen Stellungen deutlich geworden, von denen
aus sie behandelt wurde.

Reinhold, welchem bei grossem Scharfsinn immer seine scholastische Erziehung anhaftete, wollte aus den Beziehungen der
Vorstellungsthätigkeit zum vorstellenden Subjekt und dem vorgestellten Gegenstande, sonach aus den blossen Verhältnissen der
Vorstellungen von Subjekt und Objekt im Bewustsein die Existenz
des Objektes beweisen. Sein Kunststück war der Mönche würdig,
welche den ontologischen Beweis ersonnen haben. Er analysirte
das räthselhafte Verhältniss, dass ich das Was, den Inhalt meines
Vorstellens diesem als Objekt gegenüberstelle (welches Verhältniss
in dem Satz des Bewusstseins ausgedrückt ist) durch die Begriffe
Stoff, Form, Receptivität, Spontaneität etc. und deren im Bewusstsein enthaltene Beziehungen. So zeigte er selbstverständlich
nur im Einzelnen, dass im Bewusstsein ein Zwang Gegenstände zu
setzen besteht. Aber dafür konnte er nur einen Scheinbeweis
liefern, dass aus diesem Zwang, Objekte im Bewusstsein zu setzen,
deren Realität in der äusseren Wirklichkeit folge. Der Hauptsatz,

---

[10] Vergl. jetzt auch Reicke, lose Blätter aus Kants Nachlass S. 98—104.
189. 190. 200—205. 209—216. 260—263.

um den dieser Scheinbeweis sich dreht: zu jeder Vorstellung gehört deren Inhalt, ihr Was oder in der Sprache Reinhold's[11]) ihr
Stoff, im Unterschied von ihrer durch das Bewusstsein bedingten
Form; durch diesen Stoff der Vorstellung wird nun im Bewusstsein das repräsentirt, was der Vorstellung ausserhalb des Bewusstseins zu Grunde liegen muss — das Ding an sich. Der Beweis
selbst: in dem blossen Vermögen der Vorstellungen ist der bestimmte Inhalt derselben nicht enthalten; die blosse Beschaffenheit
des Vorstellungsvermögens ist nicht im Stande eine inhaltlich bestimmte Objektsvorstellung zu erzeugen; solches Hervorbringen
wäre eine Schöpfung aus Nichts; also: „Das Dasein der Gegenstände ausser mir ist eben so gewiss als das Dasein einer Vorstellung überhaupt[12]).“

Welch eine andere Stellung zu dem Problem zeigte Jakobi
(1787 üb. d. transscendentalen Idealismus)! Er erweist mit souve-
ränem Scharfsinn, dass die Schwierigkeiten in dem Begriff von
Dingen an sich unter den Voraussetzungen Kants überhaupt nicht
gehoben werden können. Dinge sind für uns vermöge der unserer
eigentümlichen Sinnlichkeit zugehörenden Form unseres Bewusstseins vorhanden. Aber die Annahme der Existenz von Gegenständen, welche Eindrücke auf unsere Sinne machen und auf diese
Weise Vorstellungen hervorbringen, kann unmöglich objektive
Gültigkeit haben, wenn weder Raum noch Zeit, ja nicht einmal
Veränderungen des eigenen inneren Zustandes diese objektive Realität besitzen. Wenn ich die Annahme festhalte, dass Gegenstände
Eindrücke auf unsere Sinne machen, so muss ich auch den Begriffen von Kausalität und Dependenz den Werth realer und objektiver Bestimmungen zuerkennen. Daher kann unsere ganze
Erkenntniss für den folgerichtigen Idealismus nichts anderes sein,
als das Bewusstsein eines Zusammenhangs von Bestimmungen unseres eigenen Selbst. Von da trägt kein Schluss hinüber zu irgend
etwas ausserhalb dieses Selbst[13]). Aber derselbe Jakobi, welcher
so scharfsinnig einsah, wie unfähig Kant nach seinen Voraus-

---

[11]) Reinhold Theorie 299 f. 258.
[12]) Reinhold Theorie 299 ff.
[13]) Jakobi W. II, 303. 304. 306. 308. 310.

setzungen war, über die Erscheinungen im Bewusstsein hinauszu-
gehen, erwies sich zugleich selber ganz unfähig, diese Voraussetzung
Kants durch andere von wirklich wissenschaftlichen Charakter zu
überwinden. Das war der Unsegen des Dilettantismus in dieser
grossen Natur. Sein Glaube war ein Sprung in das unbestimmte
Leere.

Grundverschieden davon ist die Stellung des Verfassers · des
Aenesidemus, obwohl derselbe die Beweisführungen der älteren
Schulen und Jakobis benutzt. Dem dogmatischen Beweis des
Dinges an sich bei Reinhold tritt in Aenesidemus-Schulze die ein-
fache empirisch - skeptische Zurückziehung auf die Thatsachen des
Bewusstseins gegenüber. Kann die Kategorie von Ursache und
Wirkung jedenfalls nicht über den Kreis der Erfahrungen angewandt werden, ja ist Humes Zweifel gegen die objektive Bedeutung der Kausalität unwiderlegt geblieben, so dürfen wir nicht
als Ursachen für den Inhalt unserer Vorstellungen Dinge annehmen,
die ausserhalb des Vorstellens existiren. Ist der Grund für die
Form unserer Vorstellungen im Subjekt gelegen, so kann die
Annahme nicht ausgeschlossen werden, dass auch ihr Stoff durch
dies Subjekt hervorgebracht sei. Umgekehrt: wenn Dinge möglich
sind und wir von deren Eigenschaften gar nichts wissen, so
können wir auch nicht behaupten, dass die Form der Nothwendigkeit in unseren Erfahrungen nur aus den Eigenschaften unseres
Bewusstseins erklärbar sei, zumal Zwang (Nothwendigkeit) jede
sinnliche Wahrnehmung begleitet. So bleibt nur das empirische
Studium der Thatsachen des Bewusstseins. Von diesem zu dem
äusseren Sein giebt es keinen Uebergang, und aus der Einrichtung
unseres Bewusstseins, das die Unterscheidung des Objektes als einer
Realität vom Subjekt enthält, lässt sich nicht deduciren, dass ihr
ein objektiv gültiger Thatbestand unabhängiger Gegenstände entspricht.

Eine verblüffend neue Stellung nimmt nun in dieser Verwicklung Fichte ein. Er geht von dem schöpferischen· Vermögen des
Ich aus. Das war der menschlich mächtigste Punkt der Transscendentalphilosophie, Einheitspunkt des Denkens und Handelns:
das was Schiller bewegt hat, was Goethe in seinen späteren Jahren

immer inniger überzeugte und was Carlyle zum Transscendental-
philosophen machte. Aber er will von diesem Prinzip aus auch die
Materie der Empfindungen erklären und so den kritischen Idealismus
vollenden. Das konnte nur geschehen, indem er den die ganze Kantische Philosophie ermöglichenden und begründenden Unterschied
aufhob: den Unterschied zwischen dem Was der Empfindungen,
ihrer Einzelgegebenheit, und den in der Einheit des Selbstbewusstseins gegründeten, mit dem Charakter der Allgemeinheit und
Nothwendigkeit ausgestatteten Bedingungen des Bewusstseins, unter
welche diese Empfindungen einheitlich geordnet und so zu allgemein
gültigen Erfahrungen erhoben werden. Das bewusstlose Schaffen
der Einbildungskraft, in welchem durch eine Begrenzung der an
sich unbeschränkten Thätigkeit die Empfindung, dies zufällige Einzel-
dasein, entsteht und nun, als unbewusst producirt, dem Ich als
ein von aussen ihm Gegebenes gegenübertritt: das war die Ver-
nichtung der ganzen Grundlage der Kant'schen Transscendentalphilosophie, wenn anders Tiefsinn durch solche heroische Ueber-
spannung vernichtet, und nicht blos zeitweilig in Schatten gestellt
werden konnte. Nach der Aufhebung dieser Unterschiede war für
Kants Methoden, auf deren Ergebnisse Fichte sich berufen musste,
kein Platz mehr. Das Ich Fichte's musste Kant und seinen ächten
Schülern scheinen in einem Zustande von Verrückung seine eigenen
Schöpfungen als Träume sich gegenüberzustellen, sich vor ihnen
zu entsetzen oder an ihnen zu erfreuen. Das war die Herrschaft
entweder der dichterischen Einbildungskraft oder des Wahnsinns
über das kritische Denken.

Wie anders muthet uns Heutige die Stellung an, welche sich
Maimon und Beck in dieser Verwicklung des Dinges an sich gaben.
Gelten die Voraussetzungen Kants, so ist diese Stellung allein
folgerichtig und wirklich wissenschaftlich. Dazu ist Fichte in dem,
was er mit Maimon theilt, abhängig, Beck aber hat sich seinen
Standpunkt, auch in dem, worin er sich mit Fichte berührt, selbständig, ich will mich vorsichtig ausdrücken: in den wirklich werthvollen Punkten selbständig errungen.

Dem Salomon Maimon gebührt das grosse Verdienst, zum
Zweck einer rechtfertigenden Kantinterpretation folgenden bedeu-

tenden Satz eingeführt zu haben, dessen sich dann Fichte bediente. Der Grund, aus welchem die Empfindung als ein Gegebenes in uns auftritt, liegt darin, dass sie nicht in vollständig bewussten Vorgängen von uns hervorgebracht wird. So ist das Gegebene eben nur dasjenige, dessen Ursache und Entstehungsart uns unbekannt ist. Dasselbe ist für die bewussten Handlungen des Erkenntnissvermögens gleichsam von aussen gegeben: sie finden es vor, als ausserhalb ihrer entstanden, und es ist nicht in sie auflösbar. So ist uns nicht nur in der Empfindung die gelbe Farbe gegeben, sondern Zeit und Raum in der Anschauung ebenfalls. Nur ist die Gegebenheit des Raumes a priori, weil er die Bedingung eines jeden Körpers ist, die der gelben Farbe dagegen a posteriori. Dieser und viele andere weniger einflussreiche Sätze sind aber augenscheinlich von Maimon der Philosophie des Leibniz entnommen. So kann aktenmässig die Einführung der Lehre von unbewussten Leistungen der Intelligenz in die neuere Philosophie, zunächst in die von Fichte und Schelling, weiterhin in die Philosophie des Unbewussten durch das Mittelglied von Salomon Maimon auf Leibniz zurückgeführt werden, abgesehen von anderen Verbindungsgliedern, welche bestehen. Aus diesem fruchtbaren und wichtigen Satz, zusammen mit negativ wirksamen Sätzen, welche die Bedenken von Vertretern der älteren Schule, zumal von Jakobi und Aenesidemus-Schulze weiter fortführen, entsteht für Maimon folgendes Schlussergebniss: „alle Funktionen des Bewusstsein beziehen sich auf einander und bestimmen einander wechselweise, aber keine bezieht sich auf ein fingirtes Etwas." Das Gegebene ist Grundlage der vollständig bewussten Verstandeshandlungen, es befindet sich also wol gleichsam ausserhalb des Erkenntnissvermögens, aber nicht ausserhalb der Intelligenz. Ein Ding an sich ausserhalb des Bewusstseins wäre ein Ding, das ohne Merkmal gesetzt würde: ein Nonsens, ein Nichts.

Beck ist auch an diesem kritischen Punkte der sicherste wissenschaftliche Kopf, zugleich bedächtig und doch höchst folgerichtig. Es giebt — so haben wir schon oben aus seinem Standpunkt und seinem Grundriss ersehen — eine Wissenschaft der Erscheinungen. Dieser Zusammenhang des Bewusstseins begreift das

ganze Verhältniss zwischen dem Ich und seinen Verstandeshandlungen, den so hervorgebrachten Objekten und den Begriffen, durch
die wir sie in abstracto denken, in sich. Ein Verhältniss des
Denkens zu Gegenständen in einem anderen Sinne, im Sinne eines
Verhältnisses des Bewusstseins zu etwas ausser ihm ist
innerhalb der theoretischen Philosophie ein Wort ohne Sinn. Beck
stand hier dicht vor dem Satz, der sich naturgemäss eingefügt hätte:
das Verhältniss des Abbildens oder der Aehnlichkeit, das zwischen
den Objekten und den Begriffen, durch welche sie gedacht werden,
schon vermöge der in ihnen beiden wirksamen Handlungen der Intelligenz besteht, muss, als die natürliche Auffassung, innerhalb
der dogmatischen Philosophie die Lehre vom Abbilden der Dinge
in der Intelligenz, ihrem Entsprechen, dem Band zwischen ihnen
zur Folge haben.

Die Sinnlosigkeit dieser dogmatischen Annahme für den Trans-
scendentalphilosophen kann näher so im Einzelnen gezeigt werden.
Die Aussagen von Evidenz, Dasein oder Wirklichkeit, von einem
Etwas das afficirt, sind nur der Ausdruck von Verstandeshandlungen, welche die synthetische Einheit des Dinges hervorbringen
und ebenso dann in den Begriffen, durch welche dies Ding bestimmt
wird, sich manifestiren. In den Kategorien der Relation und ihrem
Schematismus entsteht Dasein, Afficiren, und ohne diese Denkbe-
standtheile hat Ding an sich keinen Sinn mehr. „Da das Prädikat:
Existenz, das wir den Gegenständen beylegen, auf dem ursprünglichen Verstandesgebrauch: Existenz in der Kategorie der Relation,
beruht, und also (welches dasselbe sagt) bloss ein Prädicat der
Gegenstände der Erfahrung ist, so hat die Frage: ob Noumena
existiren, keinen Sinn. Diese Frage verlässt die Quelle, aus welcher
alle Bedeutung und Sinn aller Fragen und Begriffe entspringen
kann, und giebt sich doch das Ansehen, als unterscheide sie sich
nicht von Fragen, welche Objekte der Erfahrung betreffen. Sie
verwechselt das Noumenon im negativen Sinn mit dem im positiven
Verstande. Denn in dem letzten meynt man Gegenstände, die der
Verstand, nachdem man von aller Sinnlichkeit (welches so viel ist
als: vom ursprünglichen Verstandesgebrauch) abstrahirt, erkennen,

41*

wie sie an sich sind, (existiren)"[14]). „In dem ursprünglichen
Vorstellen setze ich ein Beharrliches, woran ich mir die Zeit selbst
vorstelle, setze ich ein Etwas (Ursache), wodurch der Wechsel
meines eigenen subjektiven Zustandes, da ich nämlich ohne diese
Vorstellung war, und da ich diese Vorstellung hatte, seine Zeitbestimmung erhält"[15]).

Hier legt Beck gleichsam die Wurzel des Kantschen Idealismus blos. Hätte Kant Recht, wären Existenz, Dingheit, Causalität
Ausdruck von blossen Verstandeshandlungen, alsdann gäbe es kein
Entrinnen: diese Merkmale von Existenz, Afficiren, Substantialität,
durch welche wir etwas von uns Unabhängiges constituiren, sie
würden nur die Natur der menschlichen Verstandeshandlungen ausdrücken. Kant und Beck trennen streng die theoretische und die
praktische Philosophie. Das Ding an sich, das bei Kant in der
theoretischen Philosophie keine Stelle mehr haben sollte und bei
Beck keine mehr hat, wird dann in der praktischen Philosophie
wieder zu Ehren gebracht. Aber die primitiven Vorgänge, auf denen
die Leistungen der Intelligenz beruhen, sind eben nicht nur Vorstellen, blosse Intellectualität. Indem an diesem Punkte die Voraussetzungen Kants überschritten werden, kommt doch erst zu seinem Rechte, dass sein harter Verstand an dem Afficirenden, an
der Empfindung, als dem in der Receptivität gegebenen Stoff, an
den Dingen an sich unentwegt auch in der theoretischen Philosophie festhielt. War es genug damit, diesen Bestandtheil derselben auszustossen? Indem man sich über die Voraussetzungen
Kants erhebt, vermag man dann erst diesen Bestandtheil zu begründen.

Aber derselbe Beck musste auf Grund seiner soliden Auffassung
der Grundlagen einer Transcendentalphilosophie die Lehre, dass
der Stoff der Objekte in dem Ich seinen Grund habe, ebenfalls als
eine Ueberschreitung der kritischen Grenzen ansehen. Er nahm
es sehr ironisch auf, als Fichte, dem er in Jena Ostern 1797 einen
Besuch abstattete, ein Gespräch damit begann: „Ich weiss es, Sie

---

[14]) Beck Grundriss S. 44.
[15]) Beck Erläuternder Auszug III. S. 156. 2. Abschn.

sind meiner Meynung, dass der Verstand das Ding macht". War er
doch schon Februar 1795 in den Annalen der Philosophie Fichte
entschieden entgegengetreten. Damals freilich musste er noch das
an Jakobi erinnernde Spiel mit einer Offenbarung von Dingen an
sich im Gefühl bekämpfen. Er tadelte damals Fichte hart wegen
folgender Aeusserungen: „Die künftige Wissenschaftslehre wird wohl
dahin entscheiden, dass unsere Erkenntniss zwar nicht unmittelbar
durch die Vorstellung, aber wohl mittelbar durch das Gefühl mit
dem Dinge an sich zusammenhänge; dass die Dinge allerdings bloss
als Erscheinungen vorgestellt, dass sie aber als Dinge an sich
gefühlt werden" [16]).

Seine Jugendjahre und der Anfang des Briefwechsels.

Jakob Sigismund Beck war den 6. August 1761 zu Marienburg
in Westpreussen geboren [17]). Er studirte in Königsberg Mathematik
und Philosophie und gehörte dort zu Kants talentvollsten und
fleissigsten Zuhörern. Den Einblick in seine Jugendgeschichte eröffnen uns nun Briefe, welche er von dem Sommer 1789 ab an
seinen Lehrer in kindlichem Vertrauen richtete. Siebzehn solcher
Briefe haben sich erhalten und sind von Rudolf Reicke in Königsberg, welcher zusammen mit Friedrich Sintenis in Dorpat eine
Ausgabe des Kantischen Briefwechsels vorbereitet, herausgegeben;
auch eine Antwort Kants aus dem Besitz von Professor Erdmann
in Halle konnte hinzugefügt werden. Diese Briefe umfassen die
Jahre von 1789—1797. Und nun treten aus den Rostocker Handschriften acht Briefe Kants hinzu, welche vom Frühling 1791 bis
zum Sommer 1793 reichen.

Da sieht man nun zuerst den jungen mittellosen Mathematiker
und Philosophen sich nach einer Stellung umsehen, in welcher er
seine wissenschaftliche Laufbahn verfolgen kann. Er war aus der
Heimath nach Halle gegangen, von da nach Leipzig. Auch dort
glückte es ihm nicht. Kant hat ihm einen Empfehlungsbrief an

---

[16]) Annalen der Philosophie 1795. S. 123.
[17]) Erdmann III, 1, 537 und Kuno Fischer V, 1, 162 geben Lissau bei
Danzig an, wie Meusel, jedoch das Kirchenbuch der Rostocker Jakobi-Gemeinde
und Brüssow (Schwerin) in N. Nekrolog 18, 928 Marienburg.

seinen Schüler Friedrich Gottlob Born mitgegeben; dieser war dort
Professor der Philosophie und hat sich später durch eine lateinische
Uebersetzung der Kantischen Hauptwerke verdient gemacht, die
diesen in Klöstern und katholischen Schulen den Eingang erleichterte. Doch weiss Beck nur vom schlechten Vortrag des Mannes,
seinem Mangel an Zuhörern, und seiner Gereiztheit darüber zu berichten. Auch der Professor der Philosophie Carl August Cäsar
bemühte sich Kant zu studiren, obwohl er durch wunderliche
Zweifel Beck in Staunen setzte. Besonders aber konnte Beck von
dem berühmten Mathematiker Hindenburg, den später Schelling
durch das schöne Wort schilderte: einfach wie ein Erfinder, mitteilen, „dass derselbe mit der Philosophie wieder versöhnt sei, seitdem er Kants Schriften studire". Dagegen war der Modephilosoph
des damaligen Leipzig, Ernst Platner, ein scharfer Gegner Kants.
Ordentlicher Professor der Medicin, wusste dieser zugleich durch
seine philosophischen Vorlesungen zuerst für Leibniz, dann für einen
skeptischen Eklecticismus einen grossen Zuhörerkreis zu erwerben.
Seine Polemik gegen Kant war nicht frei von der Bitterkeit eines
Mannes, der sich mit diesem auf demselben Wege glaubte, nun
aber hinter ihm zurückgeblieben war. „Platner ist ein jämmer-
licher Mann. Sein Ich welches, wenn von Philosophie die Rede
ist, wol wenig Bedeutung hat, vernimmt der Zuhörer öfter als Inhalt und wirklich öfter als das was dieses Ich eigentlich geleistet
hat. Ohngeachtet er mich kannte und im Auditorium zu bemerken schien, unterliess er doch nicht seine Zuhörer misstrauisch
gegen Kantische Philosophie, deren Geist er vollkommen gefasst zu
haben vorgab, zu machen [18]". Durch diese Verhältnisse zwischen
Kant und Platner war denn wol auch das Gesammturteil des
Kantianers ein wenig bedingt. „Reissender kann wohl nicht der
Strom der Zuhörer zu den philosophischen Hörsälen seyn, als er
hier ist, aber elender als hier kann die Art Philosophie zu lehren,
geschweige sie zu entwickeln und zum philosophiren anzuführen,
nirgends existiren." Seine persönlichen Wünsche erreichte Beck

---

[18] Reicke, Aus Kants Briefwechsel S. 22, vergl. das übereinstimmende
Urteil Schellings in: Aus Schellings Leben I. 3.

nicht, es wollte sich ihm weder eine Hofmeisterstelle noch Arbeit bei einem Buchhändler aufthun, so verliess er Leipzig.

Anfang August finden wir ihn in Berlin. Von hier erbittet er in dem ersten Brief an Kant (1. August), welcher auch die obigen Mittheilungen über Leipzig enthält, eine Empfehlung an den mächtigen Gedike oder einen anderen einflussreichen Mann. Doch ist schon der nächste Brief vom 19. April 1791 aus Halle geschrieben. Er hat sich nun dort mit einer Dissertation über das Taylor'sche Theorem habilitirt. Er hat an dem dortigen Professor der Mathematik Klügel einen Halt gefunden. Auch dieser zeigte, wie Hindenburg, für die Philosophie Kants ein lebhafteres Interesse; „er sagt, die Ursache, warum Sie von Freunden und Gegnern nicht verstanden werden, ist weil diese nicht Mathematiker sind". Dann nahm sich seiner Ludwig Heinrich Jakob an, welcher eben damals mit 32 Jahren ordentlicher Professor der Philosophie in Halle wurde und mit jugendlichem Eifer und vielschreiberischer Hast die Philosophie Kants verkündete und vertheidigte. Derselbe verschaffte ihm eine Stelle am alten lutherischen Gymnasium der Stadt Halle, an dem er selbst, bis er nun Professor wurde, unterrichtet hatte. Diesen zweiten Brief aus Berlin (19. April 91) beantwortet nun Kant am 9. Mai 1791, im ersten Brief den er an Beck schrieb oder wenigstens der sich erhalten hat.

Kant an Beck (1).

Hochedelgebohrner Herr Magister
Sehr werthgeschätzter Freund

Die Nachricht, die Sie mir von dem Antritt Ihrer neuen Laufbahn, nämlich der eines academischen Lehrers, geben, ist mir, zusammt dem Geschenk Ihrer, die dazu erforderliche grosse Geschicklichkeit hinreichend beweisenden Dissertation, sehr angenehm gewesen. Zugleich aber hat sie mich auch an eine Unterlassungssünde erinnert, die, wie ich hoffe doch wieder gut gemacht werden kan.

Ich hatte Sie nämlich, als Sie das erstemal in Halle waren, an den Canzler Hrn. v. Hoffmann, mit welchem ich zufälliger Weise in Correspondenz kam, nach Möglichkeit empfohlen; erfuhr aber nachher, dass Sie Ihr damaliges Vorhaben der Promotion noch auf-

geschoben hätten und nach Preussen auf ein Jahr zurück gegangen
wären. Als ich nachdem hörete, dass Sie sich zum zweyten Maale
in Halle befänden, so schrieb ich abermal an den Herren v. Hoffmann, um, was in seinem Vermögen wäre, zur Beförderung ihres
academischen Fortkommens beyzutragen. Dieser hochschätzungs=
würdige Mann schrieb mir darauf: „Hrn. Mag. Beck habe ich
kennen lernen, als ich von meiner Schweitzerreise zu-
rückkam; Ihm nützlich zu seyn, soll mir **Wonne** werden."
Er setzte hinzu: dass, ob er zwar seine wiederholentlich gebetene
Dimission vonder Canzlerstelle erhalten und sein Wort. also weder
bey der Universität Halle (von der Er sagt, dass das Interesse derselben Ihm jederzeit ins Herz geprägt bleibe und Er stets bemüht
seyn werde, ihr nützlich zu seyn) noch beym Oberschulcollegio viel
Nachdruck haben könne, er sich doch für einen verdienten Mann
verwenden wolle.

 Nun wäre es nothwendig gewesen Ihnen hievon Nachricht zu
geben, damit Sie gelegentlich selbst an Hrn. v. Hoffmann (geheimen
Rath) schreiben und etwas, was Ihnen nützlich seyn könnte, vorschlagen möchten. Allein, gleich als ob ich voraussetzte, dass sie
das von selbst thun würden, oder ob ich mir es vorsetzte Ihnen
jenes zu melden und es hernach vergessen habe, so habe ich es
Ihnen zu melden unterlassen.

 Meine Meynung war nehmlich: dass, da die Subsistenz, die
auf blosser Lesung von Collegien beruht, immer sehr mislich ist,
Sie gleich anderen Lehrern Ihres Orts eine Stelle heym Pädagogio
und was dem Aehnlich ist *zu* [19]) suchen möchten die Ihnen Ihre
Bedürfnis sicher verschaffte, wozu die Verwendung des Hrn. Geheimen Rath v. Hoffmann wohl beytragen könnte. — Ist es nun
dieses, oder etwas Anderes dem Aehnliches, dazu dieser würdige
Mann Ihnen behülflich werden kan, so wenden Sie sich getrost an
Ihn, indem Sie sich auf mich berufen.

 Aus den Ihrer Dissertation angehängten thesibus sehe ich, dass
Sie meine Begriffe weit richtiger aufgefasst haben, als viele andere,
die mir sonst Beyfall geben. Vermuthlich würde bey der Be-

---

[19]) Die cursiv gesetzten Worte sind in den Briefen durchstrichen.

stimmtheit und Klarheit, die Sie als Mathematiker auch im Metaphysischen Felde Ihrem Vortrage geben können, die Critik Ihnen
Stoff zu einem Collegio geben, welches zahlreicher besucht würde,
als es gemeiniglich mit den mathematischen, leider! zu geschehen
pflegt. — Hrn. Prof. Jacob bitte meine Empfehlung zu machen,
mit Abstattung meines Danks für Seine mir im vorigen Jahr *mir*
zugeschickte Preisschrift. Den damit verbundenen Brief habe, leider! noch nicht beantwortet. Ich hoffe es nächstens zu thun und
bitte, der wackere junge Mann wolle hierinn dem 68sten Lebensjahre, als in welches ich im vorigen Monat getreten bin, etwas
nachsehen. Kürzlich vernahm ich von Hrn. D. und Staabsmedicus
Conradi (einem herzlichen Freunde des Hrn. Prof. Jacob) dass Er
eine Vocation auf die Uniuersitaet Giessen bekommen habe;
worann ich jetzt zu zweifeln anfange. — Wenn Sie einige Zeit
übrig haben, so geben Sie mir, so wohl was die obige Angelegenheit betrift, als auch sonst von literärischen Neuigkeiten gütige
Nachricht; aber wohl zu verstehen, dass Sie Ihren Brief nicht fran-
kiren, welches ich für Beleidigung aufnehmen würde!

Gelegentlich bitte meine Hochachtung an Hrn. Prof. Klügel zu
versichern und übrigens versichert zu seyn, dass ich mit Hochachtung und Freundschaft jederzeit sey

Koenigsberg d. 9. May. 1791.

Ew: Hochedelgeb. ergebenster Diener

J. Kant.

Beck antwortet den 1. Juni 1791. Er habe inzwischen seine
mathematischen Vorlesungen vor ein paar nichtzahlenden Zuhörern
begonnen: für seine philosophischen Vorlesungen hatte er keinen
Zuhörer gefunden. „Ich bin dieses schlechten Anfangs wegen aber gar
nicht muthlos. Denn ich meyne es ehrlich und glaube dass man die
Absicht zu nutzen mir anmerken werde." Der Brief des Meisters
hat „sein Gemüth gestärkt, das leider manchmal wegen Zweifel
an eigenen Kräften und Tauglichkeit niedergeschlagen ist". Auch
von der literarischen Lage über welche Kant gern von seinen
Schülern und Freunden Mittheilung empfängt, findet sich der be-
dächtige, gründliche und mit der Scrupulosität seines Lehrers

lesende und arbeitende Beck nicht erbaut. Er schätzt Jakob wegen
dessen guter Denkungsart, wünscht aber doch, dass ihm die Philosophie mehr Sache des Herzens, als des Vorteils wäre. Die Viel-
schreiberei des Mannes macht die gute Sache vor dem denkenden
Teil des Publikums verdächtig, und die Affectation seiner kritischen
Versuche, als Mathematiker erscheinen zu wollen, lässt ihn ausserordentliche Absurditäten begehen. Ueber Reinhold kann Beck nicht
günstiger denken. „Herr Professor Reinhold will durchaus alle
Aufmerksamkeit an sich ziehen. Aber so viel ich aufgemerkt
habe, so verstehe ich doch kein Wort und sehe nichts ein von
seiner Theorie des Vorstellungsvermögens.“ Ja der ehrliche Beck
muss überhaupt bemerken, wie in der an Zahl und Macht wachsen-
den Genossenschaft der Kantianer Ehrgeiz und Interesse — sehr
unkantisch! — regieren. „Verehrungswürdiger Mann! Sie lieben
die Sprache der Aufrichtigkeit, und verstatten es mir Ihnen herzlich
zu beichten, was mir auf dem Herzen liegt. Die Kritik habe ich
gefasst. Es war mir Herzenssache sie zu studiren, und nicht Sache
des Eigennutzes. Ich habe Ihre Philosophie lieb gewonnen, weil
sie mich überzeugt. Aber unter den lauten Freunden derselben
kenne ich keinen einzigen, der mir gefällt. So viel ich spüren
kann, ist es eitel Gewinnsucht, welche die Leute belebt, und das
ist unmoralisch und schmeckt wahrlich nicht nach Ihrer praktischen
Philosophie.“

Nun ist es Kant selber gewesen, der den Bedächtigen in eben
diese schriftstellerische Betriebsamkeit der Schule hineinzog und
ihn zu der wissenschaftlichen Arbeit bestimmte, welche seine nächsten Lebensjahre erfüllen und ihm seine Stellung in der Geschichte
der Transscendentalphilosophie geben sollte. Der Buchhändler
Hartknoch wünschte einen Auszug aus den kritischen Schriften,
der mit selbstständigem Geiste abgefasst wäre. Kants Kenntniss von Beck, die von demselben erhaltenen Aeusserungen,
wie er Kants Philosophie liebgewonnen und von ihr überzeugt
worden sei, liessen Kant in Beck den richtigen Mann erkennen.
Zwar wünschte Hartknoch einen lateinischen Auszug, und einen
solchen zu schreiben musste Beck ablehnen. Er bot bei dieser
Gelegenheit Hartknoch eine Prüfung von Reinholds Theorie des

Vorstellungsvermögens, oder eine Vergleichung der Philosophie
Humes mit der Kants an. Aber Kant schlägt ihm nunmehr vor,
den Auszug zunächst in deutscher Sprache erscheinen zu lassen.
Der Plan eines lateinischen Kant ist dann in anderer Art durch
Born's Uebersetzung der Kritiken verwirklicht worden. Beck nahm
dies an und so begann die Arbeit an den 3 Bänden dieses Aus-
zuges. Daneben arbeitete Beck an der Schrift gegen Reinhold,
welche zugleich die Wahrheit der Kant'schen Vernunftkritik und
die Nichtigkeit der Reinhold'schen Vorstellungstheorie erweisen
sollte.

Kant an Beck (2).

Aus beyliegendem Briefe Hartknochs an mich werden Sie,
Werthester Freund, ersehen, dass, da jener einen tüchtigen Mann
wünschte, der aus meinen critischen Schriften einen nach seiner
eigenen Manier abgefassten und mit der Originalität seiner eigenen
Denkungsart zusammenschmeltzenden Auszug machen könnte und
wollte, ich nach der Eröfnung, die Sie mir in Ihrem letzteren
Briefe von Ihrer Neigung gaben [20]), sich mit diesem Studio zu beschäftigen, keinen dazu geschickteren und zuverlässigeren als Sie
vorschlagen konnte und Sie daher ihm vorgeschlagen habe. Ich
bin bey diesem Vorschlage freylich selber interessirt, allein ich
bin zugleich versichert, dass, wenn Sie sich von der Realität jener
Bearbeitungen überzeugen können, Sie wenn Sie sich einmal darauf eingelassen haben, einen unerschöpflichen Quell von Unterhaltung zum Nachdenken, in den Zwischenzeiten da Sie von Mathematik (der Sie keineswegs dadurch Abbruch thun müssen) aus-
ruhen, für sich finden werden und umgekehrt, wenn sie von der
ersteren ermüdet sind, an der Mathematik eine erwünschte Erholung
finden können. Denn ich bin theils durch eigene Erfahrung, theils,
und weit mehr, durch das Beyspiel der grössten Mathematiker
überzeugt, dass blosse Mathematik die Seele eines denkenden Mannes
nicht ausfülle, dass noch etwas anderes und wenn es auch, wie bey
Kästner, nur Dichtkunst wäre, *etwas* sein muss, was das Gemüth
durch Beschäftigung der übrigen Anlagen desselben theils nur er-

---

[20]) oder: geben.

quiekt, theils ihm auch abwechselnde Nahrung giebt und was kan dazu, und zwar auf die ganze Zeit des Lebens, tauglicher seyn, als die Unterhaltung mit dem, was die ganze Bestimmung des Menschen betrift; wenn man vornehmlich Hofnung hat, dass sie systematisch durchgedacht und von Zeit zu Zeit immer einiger baare Gewinn darinn gemacht werden kan. Ueberdem vereinigen sich damit zuletzt Gelehrte = so wohl als Weltgeschichte, auch verliehre ich nicht die Hofnung gänzlich, dass, wenn *sie* dieses Studium gleich nicht der Mathematik neues Licht geben kan, diese doch umgekehrt, bey dem Ueberdenken ihrer Methoden und hevristischen Principien, *und* sammt den*en* ihnen noch anhängenden Bedürfnissen und Desideraten, auf neue Eröfnungen für die Critik und Ausmessung der reinen Vernunft kommen und dieser selbst neue Darstellugsmittel für ihre abstracte Begriffe, selbst etwas der ars uniuersalis characteristica combinatoria Leibnitzens Aehnliches, verschaffen könne. Denn die Tafel der Categorien so wohl als der Ideen, unter welchen die cosmologische Etwas den unmöglichen Wurzeln[21]) ähnliches an sich zeigen, sind doch abgezählt und in Ansehung alles möglichen Vernunftgebrauchs durch Begriffe so bestimmt, *dass* als die Mathematik es nur verlangen kan, um es wenigstens mit ihnen zu versuchen, wie wie viel sie, wo nicht Erweiterung, doch wenigstens Klarheit hinein bringen könne.

Was nun den Vorschlag des Hrn. Hartknoch betrift, so ersehe ich, aus Ihrem mir von ihm communicirten Briefe, dass Sie ihn nicht schlechterdings abweisen. Ich denke es wäre gut, wenn Sie ungesäumt daran gingen, um allererst ein Schema im Grossen vom System zu entwerfen, oder, wenn Sie sich dieses schon gedacht haben, die Theile desselben; daran Sie sich noch etwa stossen möchten, aussuchen und mir ihre Zweifel oder Schwierigkeiten von Zeit zu Zeit communiciren möchten, (wobey mir lieb wäre, wenn Ihnen jemand, vielleicht Hr. Prof. Jacob, den ich herzlich zu grüssen bitte, behülflich wäre, aus allen Gegenschriften, [als den

---

21) Kant fügt unter dem Text Folgendes hinzu. Wenn nach dem Grundsatze: in der Reihe der Erscheinungen ist alles bedingt ich zum *des* unbedingten *als jene* und dem obersten Grunde des Ganzen der Reihe strebe so ist es als ob ich $\sqrt{-2}$ suchte.

Abhandlungen, vornehmlich Recensionen im Eberhardschen Magazin, aus den älteren Stücken der Tübinger gel. Zeitung und wo sonst noch dergleichen anzutreffen seyn mag] vornehmlich die mir vorgerückte Wiedersprüche in terminis aufzusuchen; denn ich habe den Misverstand in diesen Einwürfen zu entwickeln so leicht gefunden, dass ich sie längstens alle insgesammt in einer Collection aufgestellt und wiederlegt haben würde, wenn ich nicht vergessen hätte mir die jedesmal bekannt *gemachte* gewordene aufzuzeichnen und zu sammeln). An die lateinische Uebersetzung kan, wenn Ihr Werk im Deutschen herausgekommen wäre, immer noch gedacht werden.

Was die dem Hartknoch vorgeschlagene zwey Abhandlungen, nämlich die über Reinholds Theorie des Vorstellungsvermögens und die Gegeneinanderstellung der Humschen und K—tschen Philosophie betrift, (in Ansehung der letzteren Abhandl. bitte ich den Band von seinen *Philosoph* Versuchen nachzusehen, darinn sein — Hume's — moralisches Princip anzutreffen ist, um es auch mit dem meinigen zu vergleichen, mit welchem auch sein ästhetisches daselbst angetroffen wird) so würde, wenn letztere Ihnen nicht zu viel Zeit wegnähmen, es allerdings der Bearbeitung des ersteren Thema vor der Hand vorzuziehen sey. Denn Reinhold, ein sonst lieber Mann, hat sich in seine mir noch nicht wohl fasliche Theorie so leidenschaftlich hinein gedacht, dass, wenn es sich zutrüge, dass Sie in einem oder anderen Stücke, oder wohl gar in Ansehung seiner ganzen Idee mit ihm *zusamm* uneins wären, er darüber in Unzufriedenheit mit seinen Freunden versetzt werden könnte. Gleichwohl wünsche ich wirklich, dass Sie nichts hinderte jene Prüfung zu bearbeiten und heraus zu geben und thue dazu den Vorschlag: dass, wenn Sie mich mit Ihrer Antwort auf diesen meinen Brief beehren, *mir* Sie mir auch Ihre Meynung *sag* darüber sagen möchten: ob Sie wohl dazu einstimmeten, dass ich an Reinhold schriebe, ihn mit Ihrem Character und jetziger Beschäftigung bekannt machte und zwischen ihnen Beyden, da sie einander so nahe sind, eine litterärische Correspondenz, die ihm gewis sehr lieb seyn, veranstaltete, wodurch vielleicht eine freundschaftliche Uebereinkunft in Ansehung dessen, was Sie über jene Materie schreiben wollen, zu Stande gebracht werden könnte.

Das Honorarium für Ihre Arbeiten (philosophische so wohl
als mathematische) würde ich zwischen Ihnen und Hartknoch
schon vermitteln, wenn Sie mir darüber nur einigen Wink geben;
unter 5 oder 6 rthlr. den Bogen brauchen Sie ihre Arbeit ihm
nicht zu lassen.

Ich beharre mit der grössten Hochachtung und freundschaft-
liebster Zuneigung

Koenigsberg   Der Ihrige
d. 27. Sept. 1791.   J. Kant.
    N. S. Wegen des Postporto bitte ich nochmals
           mich keinesweges zu schonen.

Diesen Brief Kants beantwortete Beck am 6. Oktober. Er
konnte Kant damals schon eine Probe seiner Schrift gegen Reinhold
senden. Das kleine Werk war in Briefen verfasst, wie das in der
damaligen philosophischen Literatur beliebt war, und sollte anonym
erscheinen. Beck versprach, Alles was Reinhold verletzen könnte
aus demselben fern zu halten. Zugleich aber war er nun auch zu
dem Auszug aus Kants Vernunftkritiken entschlossen. „Die Kritik
der r. Vernunft habe ich mit dem herzlichsten Interesse studirt,
und ich bin von ihr wie von mathematischen Sätzen überzeugt.
Die Kritik der praktischen Vernunft ist seit ihrer Erscheinung
meine Bibel.“ Er war auch trotz seines Widerwillens gegen
die Büchermacherei für seine Existenz auf dieselbe angewiesen.
Er wünscht nur, dass Kant wegen derselben bei den Königsberger
Collegen Kraus sein Fürsprecher sei „Seinen Unwillen fürchte
ich mehr, als den Tadel der Recensenten.“ Hierauf beziehen sich
denn auch Kants Scherze im nächsten Brief.

Kant an Beck (3).

Werthester Herr Magister!

Meine Antwort auf Ihr mir angenehmes Schreiben vom 8. Oct.
kommt etwas spät, aber, wie ich hoffen will, doch nicht zu spät,
um Sie in Ihren Arbeiten aufgehalten zu haben. Meine Decanats-
und andere Geschäfte haben mich zeither aufgehalten und selbst
das Vorhaben zu antworten, mir aus den Gedanken gebracht.

Ihre Bedenklichkeit sich um blossen Gewinnswillen dem leidigen Tross der Büchermacher beyzugesellen, ist ganz gerecht. Eben so vernünftig ist aber auch Ihr Entschlus, wenn Sie glauben dem Publicum „etwas Gedachtes und nicht Unnützes" vorlegen zu können, *Sie* auch ohne den Bewegungsgrund des Erwerbs zu dem öffentlichen Capital der Wissenschaft gleich Ihren Vorfahren (deren hinterlassenen Fonds sie benutzt haben) auch ihren Beytrag zu thun.

Zwar hätte ich gewünscht dass Sie von den zwey Abhandlungen, die Sie Hrn. Hartknoch in Vorschlag brachten, die erstere gewählt hätten, um damit zuerst aufzutreten; weil die Theorie des Vorstellungsvermögens des Hrn. Reinhold so sehr in dunkele Abstractionen zurückgeht, wo es unmöglich wird das Gesagte in Beyspielen darzustellen, so, dass wenn sie auch in allen Stücken richtig wäre (welches ich wirklich nicht beurtheilen kan, da ich mich noch bis jetzt nicht habe hineindenken können) sie doch eben dieser Schwierigkeit wegen unmöglich von ausgebreiteter oder daurender Wirkung sein kan, vornehmlich aber auch Ihre Beurtheilung, so sehr mich auch die mir gütigst zugeschickte Probe derselben von Ihrer Gabe der Deutlichkeit auf angenehme Art überzeugt hat, die der Sache selbst anhängende Dunkelheit nicht wohl wird vermeiden können. — Vor allem wünsche ich dass Hr. Reinhold aus Ihrer Schrift nicht den Verdacht ziehe, als hätte ich Sie dazu aufgemuntert oder angestiftet; da es vielmehr Ihre eigene Wahl ist; auch kan ich, wenigstens jetzt noch nicht Sie mit demselben, wie ich Sinnes war, bekannt machen, weil es ihm alsdann leichtlich falsche Freundschaft zu seyn scheinen möchte. Uebrigens zweifle ich gar nicht, dass der Ton Ihrer Schrift nichts für diesen guten und sonst aufgeweckten, jetzt aber, wie mir es scheint, etwas hypochondrischen Mann, Hartes oder Kränkendes enthalten werde.

· Ihr Vorhaben Werthester Freund aus meinen critischen Schriften einen Auszug zu machen, da Sie von deren Warheit und Nützlichkeit überzeugt zu seyn bezeugen, ist ein für mich sehr interessantes Versprechen; da ich meines Alters wegen dazu selbst nicht mehr wohl auferlegt bin und unter allen, die diesem Geschäfte sich unterziehen möchten, der Mathematiker mir der liebste seyn muss. Die Ihnen, die eigene Moral betreffende, vorgekommene Schwierigkeiten bitte mir zu eröfnen. Mit Vergnügen werde ich sie zu heben suchen und ich hoffe es leisten zu können, da ich das Feld derselben oft und lange nach allen Richtungen durchkreutzt habe.

Die mir zugesandte Probe Ihrer Abhandlung behalte ich zurück, weil in Ihrem Briefe nicht angemerkt ist, dass ich sie zurückschicken solle.

Aber darinn kan ich mich nicht finden; was Sie zum Schlusse Ihres Briefes anmerken, dass Sie ihn auf mein Verlangen für dasmal nicht frankirten und dennoch habe ich ihn frankirt bekommen. Thun Sie doch dieses künftig bey Leibe nicht. Der Aufwand bey unserer Correspondenz ist für mich unerheblich für Sie aber jetzt so wohl als noch eine ziemliche Zeit hin erheblich gnug, um die letztere deswegen bisweilen auszusetzen welches für mich Verlust wäre.

Dass Hr. Prof. Kraus alle Gelehrte gern zu Hagestoltzen machen möchte, die, weil so viel Kinder bald nach der Geburt sterben, sich unter einander bereden, *lieber* keine mehr zu zeugen, gehört zu seinen fest beschlossenen Grundsätzen, von denen *ihn* unter allen Menschen wohl keiner weniger als ich im Stande seyn würde ihn abzubringen. In Ansehung der Parthey, die Sie in diesem Puncte zu nehmen haben, bleiben Sie, was mich betrift, noch immer völlig frey. *und* Ich verlange mich nicht einer Autorsünde theilhaftig zu machen und wegen der Gewissensscrupel, die Ihnen darüber etwa darauss entspringen oder von andern erregt werden möchten, die Schuld zu tragen: und bleibe übrigens mit aller Hochschätzung und Freundschaft

Koenigsberg   Ihr
d. 2. Nov. 1791.   ergebenster Diener
                                                        J. Kant.

In der Antwort auf diesen Brief vom 11. November zeigte sich nun Beck entschlossen, die Schrift gegen Reinholds Theorie des Vorstellungsvermögens fallen zu lassen. War ihm doch immer deutlicher geworden, dass sie im Grunde kein Publikum habe. Und als dann Kants Brief angekommen war, musste Beck zugleich empfinden, wie sein Lehrer durch diese Schrift eines seiner befreundeten Anhänger gegen den andern in eine wunderliche Lage gebracht wurde. Dagegen lebte er von nun ab ganz in dem Werke Kants. Und zwar legte er sogleich Kant seine Bedenken über einen Punkt vor, von welchem aus seine ganze Auffassung der Vernunftkritik entscheidend bestimmt werden sollte. Denn aus dem reinen Streben einer ganz angemessenen Darstellung des Kantschen Systems entsprang ihm sein eigener Standpunkt. „Ich habe mich — so beschreibt er in der Vorrede des ersten Bandes sein Verhalten — in dem Geist der kritischen Philosophie zu denken bemüht. Dieses ist eine Sache mehrerer Jahre, indem ich sie in Verbindung mit Mathematik als die beste Gefährtin meines Lebens befunden habe. Auf diese Weise habe ich den Gang der Kritik gleichsam zu meiner eigenen Gedankenstimmung gemacht, und die Gedanken eines Andern, gleichsam als wären sie meine eigenen, ausdrücken gelernt." So strebte er von Anfang an Kants Transscendentalphilosophie in Begriffe zu übersetzen, welche unter einander ganz einstimmig und nirgend misverständlich wären. Er versuchte, die Begriffe, deren die Vernunftkritik in ihrem Anfang bedarf, so zu bestimmen, dass dieselben nichts einschliessen, was erst später begründet werden könnte. So entsteht ihm nun schon die Definition der Anschauung als einer in Ansehung eines Gegebenen durchgängig bestimmten objektiven Vorstellung; er findet die Definition des Begriffs, nach welcher dieser eine in Rücksicht auf ihren Inhalt nicht durchgängig bestimmte Vorstellung ist [22]. Zu diesen und ähnlichen Erörterungen des Briefs vom 11. November traten dann die eines weiteren leider verloren gegangenen Briefes vom 9. Dezember, welche den angegebenen Gesichtspunkt noch tiefer und genauer durchgeführt haben müssen. Das zeigt der wichtige Brief vom 20. Januar 1792.

Kant an Beck (4).
Werthester Freund

Ich habe Sie auf Ihren Brief vom 9ten Dec: vorigten Jahres lange warten lassen, doch ohne meine Schuld, weil mir dringende

---

[22] Briefwechsel S. 30. Erläuternder Auszug 1. (1793): Vorrede 7 f., Auszug S. 8.

Arbeiten auf dem Halse lagen, das Alter mir aber eine sonst nicht gefühlte Nothwendigkeit auferlegt, über einen Gegenstand, den ich bearbeite, das Nachdenken durch keine allotria zu unterbrechen bis ich mit diesem zu Ende bin; weil ich sonst den Faden nicht mehr wohl auffinden kan, den ich einmal aus den Händen gelassen habe. Künftig soll es, wie ich hoffe, keinen so langen Aufschub mehr geben.

Sie haben mir Ihre gründliche Untersuchung von demjenigen vorgelegt, was gerade das schweerste von der ganzen Critik ist, nämlich *namlich* die Analysis einer Erfahrung überhaupt und die Principien der Möglichkeit der letzteren. — Ich habe mir sonst schon einen Entwurf gemacht in einem System der Metaphysik diese Schwierigkeit umzugehen und von den Categorien nach ihrer Ordnung anzufangen (*nachdem ich* vorher blos die reine Anschauungen von Raum und Zeit, in welchen ihnen Objecte allein gegeben werden, vorher exponirt habe, ohne noch die Möglichkeit derselben zu untersuchen) und zum Schlusse der Exposition jeder Categorie, z. B. der Quantität und aller darunter enthaltenen Prädicabilien, sammt den Beyspielen ihres Gebrauchs nun beweise: dass sie insgesammt als Grössen *vorgeste* gedacht werden müssen und so mit allen übrigen; wobey dann immer bemerkt wird, dass sie uns nur als in Raum und Zeit gegeben vorgestellt werden. Woraus dann eine ganze Wissenschaft der Ontologie als immanenten *Erkenntnisses* Denkens d. i. desjenigen, dessen Begriffen man ihre objective Realität sichern kan, entspringt. Nur nachdem in der zweyten Abtheilung gezeigt worden, dass in derselben alle Bedingungen der Möglichkeit der Objecte immer wiederum bedingt seyn und gleichwohl die Vernunft unvermeidlich aufs Unbedingte hinaus zu gehen antreibt, wo unser Denken transcendent wird, d. i. den Begriffen derselben als Ideen die objective Realität gar nicht verschafft werden und also kein Erkenntnis der Objecte durch dieselbe stattfinden kan; in der Dialectik der reinen Vernunft (der Aufstellung ihrer Antinomien) wollte ich zeigen, dass jene Gegenstände möglicher Erfahrung als Gegenstände der Sinne die Objecte nicht als Dinge an sich selbst, sondern nur als Erscheinungen zu erkennen *lassen* geben und nun allererst die Deduction der Cate-

gorien in Beziehung auf die sinnliche Formen von Raum und Zeit
als Bedingungen der Verknüpfung derselben zu einer möglichen
Erfahrung vorstellig machen, den Categorien selbst aber *diene* als
Begriffen Objecte überhaupt zu denken (die Anschauung mag von
einer Form seyn welche sie wolle) dann den auch über die Sinnen-
grentzen erweiterten Umfang, der aber kein Erkenntnis verschafft,
ausmachen. Allein hievon gnug.

Sie haben es ganz wohl getroffen, wenn Sie sagen: „Der Innbegrif der Vorstellungen ist selbst das Object und die Handlung
des Gemüths, wodurch der Innbegrif der Vorstellungen vorgestellt
wird, heisst sie auf das Object beziehen." Nur kan man noch
hinzufügen: wie kan ein Innbegrif | Complexus der Vorstellungen
vorgestellt werden? Nicht durch das Bewusstseyn, dass er uns
gegeben sey; denn ein Innbegrif *se* erfordert Zusammensetzen
(synthesis) des Mannigfaltigen. Er muss also (als Inbegrif) gemacht werden und zwar durch eine *f* innere Handlung, die für
das ein gegebenes Mannigfaltige überhaupt gilt und a priori vor
der Art, wie dieses gegeben wird, vorhergeht d. i. er kan nur durch
die synthetische Einheit des Bewusstseyns desselben in einem Begriffe (vom Objecte überhaupt) gedacht werden und dieser Begrif,
unbestimmt in Ansehung der Art, wie etwas in der Anschauung
gegeben seyn mag, auf Object überhaupt bezogen, ist die Categorie.
Die blos subjective Beschaffenheit des vorstellenden Subjects, so
fern das Mannigfaltige in ihm (für die Zusammensetzung und die
synthetische Eiuheit desselben) auf besondere *Art aber* Art gegeben
ist, heisst Sinnlichkeit und diese Art (der Anschauung a priori
gegeben die sinnliche Form der Anschauung. *und* Beziehungsweise
auf sie werden vermittelst der Categorien die Gegenstände blos als
Dinge in der Erscheinung und nicht nach dem was sie an sich
selbst sind erkannt; ohne alle Anschauung werden sie gar nicht
erkannt, aber doch gedacht und wenn man nicht blos von aller
Anschauung abstrahirt, sondern sie sogar ausschliesst, so kan den
Categorien die objective Realität (dass sie überhaupt Etwas vorstellen und nicht leere Begriffe sind) nicht gesichert werden.

Vielleicht können Sie es vermeiden gleich anfänglich Sinnlichkeit durch Receptivität, d. i. die Art der Vorstellungen wie sie im

42 *

Subjecte sind, so fern es an Gegenständen afficirt wird, zu definiren
und es *blos* in dem setzen, was in einem Erkentnisse blos die Beziehung der Vorstellung aufs Subject ausmacht, so, dass die Form
derselben in dieser Beziehung *nich* aufs Object der Anschauung
bezogen nichts mehr als die Erscheinung desselben erkennen lässt.
Dass aber dieses Subjective *von* nur die Art wie das Subject durch
Vorstellungen afficirt wird, mithin blos Receptivität desselben ausmachen, liegt schon darinn dass *de* es blos die Bestimmung des
Subjects ist.

Mit einem Worte: da diese ganze Analysis nur zur Absicht
hat darzuthun, dass Erfahrung selbst nur vermittelst gewisser synthetischer Grundsätze a priori möglich sey, dieses aber alsdann,
wenn dise Grundsätze wirklich vorgetragen werden, allererst recht
fasslich gemacht werden kan, so halte ich für rathsam, ehe diese
aufgestellt werden, so kurz wie möglich zu Werke zu gehen. Vielleicht kan Ihnen die Art, wie ich hiebey in meinen Vorlesungen
verfahre, wo ich kurz seyn muss, hiezu einiger maassen behülflich seyn.

Ich fange damit an, dass ich Erfahrung durch empirisches
Erkentnis definire. Erkentnis aber ist die Vorstellung eines gegebenen Objects als eines solchen durch Begriffe; sie ist empirisch, wenn das Object in der Vorstellung der Sinne (welche also
zugleich Empfindung und diese mit Bewusstseyn verbunden d. i.
Wahrnehmung enthält) Erkentnis aber apriori, wenn das Object
zwar, aber nicht in der Sinnenvorstellung (die also doch nichts
desto weniger immer sinnlich seyn kan) gegeben ist. Zum Erkentnis werden zweyerley Vorstellungsarten erfordert 1) Anschauung
wodurch ein Object gegeben und 2) Begrif wodurch es gedacht
wird. Aus diesen zwey Erkentnisstücken nun ein Erkentnis
zu machen wird noch eine Handlung erfordert: Das Mannigfaltige in der Anschauug gegebene der synthetischen Einheit des
Bewusstseyns, die der Begrif ausdrückt, gemäs, zusammenzusetzen.
Da nun Zusammensetzung *nicht* durch das Object oder die Vorstellung desselben in der Anschauung nicht gegeben sondern nur
gemacht seyn kan so beruht sie auf der reinen Spontaneität des
Verstandes in Begriffen von Objecten überhaupt (der Zusammen-

setzung des Mannigfaltigen gegebenen). Weil aber auch Begriffe,
denen gar kein Object correspondirend gegeben werden könnte,
mithin ohne alles Object nicht einmal Begriffe seyn würden *weil
sie* (Gedanken durch die ich gar nichts denke) so muss eben so
wohl a priori ein Mannigfaltiges *welches für* jene Begriffe a priori
gleichfalls gegeben sein *dessen* und zwar, weil es a priori gegeben
ist, in einer Anschauung (ohne Ding als Gegenstand) d. i. in der
blossen Form der Anschauung, die blos subjectiv ist (Raum und
Zeit) mithin der blos sinnlichen Anschauung, deren Synthesis durch
die Einbildungskraft unter der Regel *welch* der synthetischen Einheit des Bewusstseyns, welche der Begrif enthält, gemäs; da dann
die Regel auf Wahrnehmungen (in denen Dinge den Sinnen durch
Empfindung gegeben werden) angewandt, die des Schematismus der
Verstandesbegriffe ist.

Ich beschliesse hiemit meinen in Eile abgefassten Entwurf und
bitte Sich durch meine Zögerung, die durch zufällige Hindernisse
verursacht worden, nicht abhalten zu lassen Ihre Gedanken mir,
bey jeder Veranlassung durch Schwierigkeiten, zu eröfnen und bin
mit der vorzüglichsten Hochachtung [23])

Der Ihrige

Königsberg [24]) I. Kant
d 20. Jan: 17.92.

N. S. Innliegenden Brief bitte doch so fort auf die Post zu
geben.

Der folgende Brief Becks v. 31. Mai 1792 gestattet, weiter zu
verfolgen, wie Becks Standpunkt aus dem gewissenhaften Streben
allmälig erwuchs, die Vernunftkritik zu interpretiren. Er suchte
zunächst Begriffsbestimmungen, welche von den Voraussetzungen
frei sind, wie sie die Sprache der Vernunftkritik in ihrem Anfang
dogmatisch machen.

Die Kritik nennt die Anschauung eine Vorstellung, die sich
unmittelbar auf ein Objekt bezieht. Da nun aber erst durch die

---

[23]) Die letzten durch das Siegel zerstörten Buchstaben sind ergänzt.
[24]) Die ersten durch das Siegel zerstörten Buchstaben sind ergänzt.

Anwendung der Kategorien auf die Anschauung der objektive
Charakter derselben entsteht, sonach erst in der transscendentalen
Logik die objektive Vorstellung auftreten kann; so muss eine Definition der Anschauung, welche dies Merkmal der Beziehung
derselben auf das Objekt entbehrlich macht, aufgesucht werden.
So hatte Beck schon im Brief v. 20· Jan. 1792 geschlossen. Er
bestimmt nun also die dort entworfene Definition genauer und hier
redet der Mathematiker, welcher an der Raumanschauung naturgemäss die im Denken bestimmbaren Elemente bevorzugt. „Die
Anschauung ist eine durchgängig bestimmte Vorstellung in Ansehung des Mannichfaltigen." Mathematik ist ihm eine „Wissenschaft durch Construktion der Begriffe". Und zwar werden die
Theile des Mannigfaltigen durch die Identität des Bewusstseins
verbunden.

Wie nun hier Beck Sinnlichkeit und Verstand in ihrem lebendigen Zusammenhang zu erfassen strebt, so beginnt er auch schon
von dieser Leistung die der Urtheilskraft zu trennen, welche die
Unterordnung der Anschauung vermittelst des Schema unter die
Kategorie und so die Entstehung der objektiven Einheit des Gegenstandes bewirkt. So sagt er bereits in dem früheren Brief: „diese
Einheit" (des Mannichfaltigen im Bewusstsein) „erhält nun in
meinen Augen den Charakter der objektiven Einheit, wenn die
Vorstellung selbst unter die Kategorie subsumirt wird". Und
nun erklärt er genauer: „die empirische Anschauung erhält nur
dadurch Objektivität, dass sie unter die Schemata der Kategorien subsumirt wird." Diese Einsicht löse „die Frage, wie
es zugehe, dass die Gegenstände sich nach jenen synthetischen
Sätzen a priori richten müssen". So ist der Grundsatz, dass allen
Erscheinungen etwas Beharrliches zu Grunde liegt, darum gültig,
weil der Gegenstand erst durch diese Anwendung des Schema
der Substanzialität auf die empirische Anschauung entsteht, also
auch in abstracto dieser synthetischen Verknüpfung nach Substanz und Accidenz im nachträglichen Urtheil unterworfen werden kann. Sonach ist die „Handlung der objektiven Beziehung",
durch welche empirische Anschauung zur objektiven Einheit eines
Gegenstandes erhoben und so der Gegenstand erzeugt wird, ein Ur-

theilen, eine Leistung der Urtheilskraft, sofern hier die empirische Anschauung vermittelst des Schema durch die Kategorien bestimmt wird,
aber natürlich ist dies Urtheilen unterschieden von dem, durch
welches nachher analytisch (im discursiven Denken) das Objekt
der Kategorie subsumirt wird.

Hier, in diesem Unterschiede zwischen Synthesis in der Anschauung und objektiver Beziehung oder Bestimmung der empirischen Anschauung vermittelst der Kategorien liegt bei Beck der
Ausgangspunkt des von ihm angestrebten tieferen Verständnisses
vom ursprünglichen Vorstellen, in welchem der Gegenstand entsteht.

Man wird zunächst bemerken, wie Kants Antworten, mühsam
demselben abgerungen, Beck nichts nutzen können, weil sie sich gar
nicht in seinen Gedankengang versetzen, dann aber, wie Beck in
der eingeschlagenen Richtung weitergeht.

Kant an Beck (5).

Es ist, hochgeschätzter Freund! ganz gewis nicht Gringschätzung
Ihrer mir vorgelegten Fragen gewesen, was mich gehindert hat
Ihren letzten Brief zu beantworten, sondern es waren andere Arbeiten, auf die ich mich damals eingelassen hatte und mein Alter,
welches mir es jetzt nothwendig macht mein Nachdenken über eine
Materie, mit der ich mich beschäftige, durch nichts Fremdartiges zu
unterbrechen, indem ich sonst den Faden, den ich verlassen hatte,
nicht wohl wieder auffinden kan. — Der Unterschied zwischen
der Verbindung der Verbindung der Vorstellungen in einem Begrif
und der in einem Urtheil z. B. der schwarze Mensch und der
Mensch ist schwarz, (mit andern Worten: der Mensch der schwarz
ist und und der Mensch ist schwarz) liegt meiner Meynung nach
darinn, dass im ersteren ein Begrif als bestimmt im zweyten die
Handlung meines Bestimmens dieses Begrifs gedacht wird. Daher haben Sie ganz recht zu sagen, dass in dem zusammengesetzten Begrif die Einheit des Bewustseyns, als subjectiv
gegeben, in der Zusammensetzung der Begriffe aber die Einheit
des Bewustseyns, als objectiv gemacht, d. i. im ersteren der Mensch
bios als schwarz gedacht (problematisch vorgestellt) im zweyten

als ein solcher erkannt werden solle. Daher die Frage, ob ich sagen kan: der schwarze Mensch (der schwarz ist zu einer Zeit) ist weis (d. i. er ist weiss, ausgebleicht, zu einer anderen Zeit) ohne mir zu wiedersprechen? Ich antworte Nein; weil ich *weil* in diesem Urtheile den Begrif des Schwarzen in den Begrif des Nichtschwarzen mit herüber bringe, indem das Subject durch den ersteren als bestimmt gedacht wird, mithin, da es beydes zugleich seyn würde, sich unvermeidlich wiederspräche. Dagegen werde ich von eben demselben Menschen sagen können er ist schwarz und auch eben dieser Mensch ist nicht schwarz (nämlich zu einer anderen Zeit, wenn er ausgebleicht ist) weil in heyden Urtheilen nur die Handlung des Bestimmens, welches hier von Erfahrungsbedingungen und der Zeit abhängt, angezeigt wird. In meiner Crit: d. r. V. werden Sie da, wo vom Satz des Wiederspruchs geredet wird, hievon auch etwas antreffen.

Was Sie von Ihrer Definition der Anschauung: sie sey eine durchgängig bestimmte Vorstellung in Ansehung eines gegebenen Mannigfaltigen, sagen, dagegen hätte ich nichts weiter zu erinnern, als: dass die durchgängige Bestimmung hier objectiv und nicht als im Subject befindlich verstanden werden müsse (weil wir alle Bestimmungen des Gegenstandes einer empirischen Anschauug unmöglich kennen können), da dann die Definition doch nicht mehr seyn würde als: sie ist die Vorstellung des Einzelnen gegebenen. Da uns nun kein Zusammengesetztes als ein solches gegeben werden kan, sondern wir die Zusammensetzung des mannigfaltigen Gegebenen immer selbst machen müssen, gleichwohl aber die Zusammensetzung als dem Objecte gemäs nicht willkührlich seyn kan mithin wenn gleich nicht das Zusammengesetzte doch die Form *desselben*, nach der das mannigfaltige Gegebene allein zusammengesetzt werden kan, a priori gegeben seyn muss: so ist diese das blos Subjective (Sinnliche) der Anschauung, welches zwar a priori, aber nicht gedacht (den nur die Zusammensetzung als Handlung ist ein Product des Denkens) sondern in uns gegeben seyn muss (Raum und Zeit) mithin eine einzelne Vorstellung und nicht Begrif (repraesentatio communis) seyn muss. — Mir scheint es rathsam sich nicht lange bey der allersubtilsten

Zergliederung der Elementarvorstellungen aufzuhalten; weil der Fortgang der Abhandlung durch ihren Gebrauch sie hinreichend aufklärt.

Was die Frage betrift: Kan es nicht Handlungen geben, bey denen eine Naturordnung nicht bestehen kan und die doch das *Natur* Sittengesetz vorschreibt, so antworte ich, allerdings! namlich eine bestimmte Naturordnung z. B. die der gegenwärtigen Welt z. B. *wenn* ein*em* Hofmann muss es als Pflicht erkennen jederzeit warhaft zu seyn, ob er gleich alsdann nicht lange Hofmann bleiben wird. Aber es ist in jenem Typus nur die Form einer Naturordnung überhaupt d. i. der Zusammenhang der Handlungen als Begebenheiten nach sittlichen Gesetzen gleich als Naturgesetzen blos ihrer Allgemeinheit nach; denn dieses geht die besondere Gesetze irgend einer Natur garnicht an.

Doch ich muss schliessen. — Die Ubersendung Ihres Manuscripts wird mir angenehm seyn. Ich werde es für mich und auch in Gemeinschaft mit H. Hofpr. Schultz durch gehen. — Hrn. Prof. Jacob bitte ich für die Uebersendung, imgleichen die mir erzeigte Ehre seiner Zuschrift gar sehr zu dancken; imgleichen dem Hrn. Mag. Hoffbauer, der mir seine Analytik zugeschickt hat, dafür zu danken und beyden zu sagen, ich würde nächstens ihre Briefe zu beantworten die Ehre haben — Leben sie übrigens recht glücklich — und ich verbleibe

Der Ihrige
J Kant

Königsberg
d 3 July 1792

Diesen Brief Kants vom 3. Juli 1792 beantwortet Beck am 8. September. Er sendet nun an Kant das Manuscript seines Auszugs aus der Kritik der reinen Vernunft, das bis zur transscendentalen Dialektik reicht. Er wünscht dringend, dass Kant die Darstellung der transscendentalen Deduktion der Kategorien und die der Grundsätze durchlese. Lag hier doch für Beck übereinstimmend mit unserer heutigen Ansicht der Schwerpunkt des Kantschen Werkes. Durch ein Versehen sendet Kant das Manuscript früher als nothwendig, 15. November, zurück, dann aber folgenden Tages

liest er Becks Brief nach und ist nun bereit, den Abschnitt nachträglich, wenn ihm eine Abschrift gesandt wird, durchzusehen.

Kant an Beck (6).

Königsberg d 16 Octobr. 1792

Hochgeschätzter Freund

Ich habe vorgestern d 15 Oct Ihr Mscrpt in grau Papier
eingepackt, besiegelt und A. M. B. signirt auf die fahrende Post
zur retour gegeben, aber, wie ich jetzt sehe, zu eilig; indem ich
durch einen Erinnerungsfehler statt des Novembers, vor dessen
Ablauf Sie Ihre Handschrift zurück erwarteten, mir das Ende
Octobris, als den gesetzten termin, vorstellte und, bey der schnell
gefassten Entschliessüng den eben nahe bevorstehenden Abgang
der Post nicht zu verfehlen, es unterliess, Ihren Brief nochmals
darüber nachzusehen, und, da ich im Durchsehen der ersten Bogen
nichts Erhebliches anzumerken fand, Ihre Deduction der Categorien und Grunsätze ihrem Schicksal in gutem Vertrauen überliess.

Dieser Fehler kan indessen, wenn Sie es nöthig finden, doch
dadurch eingebracht werden: dass Sie diejenige Blätter, worauf
jene befindlich in der Eile abschreiben lassen, sie mir durch die
reitende Post eilig (versteht sich unfrankirt) überschicken und so
noch vor Ablauf der Zeit die Antwort von mir zurück erhalten.
— Meinem Urtheile nach kommt alles darauf an: dass da im
empirischen Begriffe des Zusammengesetzten die Zusammensetzung nicht vermittelst der blossen Anschauung und deren Apprehension sondern nur durch die selbstthätige Verbindung des
Mannigfaltigen in der Anschauung gegeben und zwar in ein Be-
wustseyn überhaupt (das nicht wiederum empirisch ist) vorgestellt
werden kan, diese Verbindung und die Function derselben unter
Regeln a priori im Gemüthe stehen müssen, welche das reine
Denken eines Objects überhaupt (den reinen Verstandesbegrif) ausmachen unter welchem die Apprehension des Mannigfaltigen stehen
muss, so fern es eine Anschauung ausmacht, und auch die Bedingung aller möglichen Erfahrungserkentnis vom Zusammengesetzten
(oder zu ihm gehörigen) ausmacht [25]), die durch jene Grundsätze

---

[25]) Am Rande: d. i. darin eine Synthesis ist)

ausgesagt wird. Nach dem gemeinen Begriffe kommt die Vorstellung des Zusammengesetzten als solchen mit unter den Vorstellungen des Manngfaltigen welches apprehendirt wird, als gegeben vor und sie gehört so nach nicht, wie es doch seyn muss ganzlich zur Spontaneität u. s. w.

Was Ihre Einsicht in die Wichtigkeit der physischen Frage: von dem Unterschiede der Dichtigkeit der Materien betrift, den man sich muss denken können, wenn man gleich alle leere Zwischenräume, als Erklärungsgründe derselben, verbannt, so freut sie mich recht sehr; denn die wenigsten scheinen auch nur die Frage einmal recht zu verstehen. Ich würde die Art der Auflösung dieser Aufgabe wohl darinn setzen: dass die Anziehung (die allgemeine, Newtonische,) ursprünglich in aller Materie gleich sey und nur die Abstossung verschiedenen verschieden sey und so den specifischen Unterschied der Dichtigkeit derselben ausmache. Aber das führt doch gewissermaassen auf einen Cirkel aus dem ich nicht herauskommen kan und darüber ich mich noch selbst besser zu verstehen suchen muss. Ihre Auflösungsart wird Ihnen auch nicht gnug thun; wenn sie Folgendes in Betrachtung zu ziehen belieben wollen. — Sie sagen nämlich: Die Würkung eines kleinen Korpers *auf* der Erde auf die ganze Erde ist unendlich klein, gegen die, welche die Erde durch ihre Anziehung auf ihn ausübt. Es sollte heissen gegen, die welche dieser kleine Körper gegen einen anderen ihm **gleichen** (oder **kleineren**) ausübt; denn, so fern er die ganze Erde zieht, wird er durch dieser ihren Wiederstand eine Bewegung (Geschwindigkeit) erhalten, die gerade derjenigen gleich ist, welche die Anziehung der Erde ihm allein *er* ertheilen kan: so, dass die Geschwindigkeit desselben doppelt so gros ist, als diejenige, welche eben der Korper erhalten würde, wenn er selbst gar keine Anziehungskraft hätte, die Erde aber durch den Wiederstand dieses Körpers, den sie zieht, eben so eine doppelt so grosse Geschwindigkeit, als sie, wenn sie selbst keine Anziehungskraft hätte, von *dem* jenem Körper allein würde bekommen haben. — Vielleicht verstehe ich aber auch Ihre Erklärungsart nicht völlig und würde mir darüber nähere Erläuterung recht lieb seyn.

Könnten Sie übrigens Ihren Auszug so abkürzen, ohne doch
der Vollständigkeit Abbruch zu thun, dass ihr Buch zur Grundlage
für Vorlesungen dienen könnte, so würden Sie dem Verleger
und hiedurch auch Sich selbst viel Vortheil verschaffen; vornehmlich, da die Crit. d. pract. Vernuft mit dabey ist. Aber ich be-
sorge die transc. Dialectik wird ziemlich Raum einnehmen. Doch
überlasse ich dieses insgesammt Ihrem Gutdünken und bin .mit
wahrer Freundschaft und Hochachtung

Ihr

Koenigsberg   ergebenster Diener
d 16 Octobr   J Kant
1792

Beck, nachdem er Kants Brief vom 16. Oktober und das
Manuscript zurückerhalten, lässt die Blätter abschreiben und sendet
sie mit dem Brief vom 10. November 1792 an Kant. Der nachfolgende Brief Kants enthält dann kleine Berichtigungen zu diesen
Blättern. — Beck fügt eine Nachricht für Kant bei. Garve war
vor Kurzem in Halle; Eberhard hatte mit ihm über die kritische
Philosophie Gespräche und Garve gestand in diesen Eberhard zu,
dass der Idealismus Kants und der Berkeley's „ganz einerlei seien".
Sowohl Beck als Kant finden das unfasslich: — Nun zuerst schreibt
auch in dem jetzt folgenden Briefe Kant von der Einleitung in
die Kritik der Urtheilskraft, die er an Beck senden will.

Kant an Beck (7).

Da Sie mir, würdiger Mann, in ihrem Briefe vom 10ten November einen Aufschub von 4 Wochen bis zu meiner Antwort gelassen haben, welchen dieser Brief nur um wenig Tage übersteigen
wird, so glaube ich beygehende kleine Anmerkungen werden nicht
zu späth anlangen. — Hiebey muss ich vorläufig erinnern: dass,
da ich nicht annehmen kann, dass in der mir zugeschickten Abschrift die Seiten und Zeilen mit Ihrer in Händen habenden eben
correspondiren werden, Sie, wenn Sie die Seite der Abschrift, die
ich citire, nach den Anfangsworten eines Perioden, die ich hier durch
Häckchen „" bemerke, nur einmal aufgefunden haben, Sie, wegen der
Gleichförmigkeit der Abschrift, die correspondirende Seiten in Ihrem

Manuscript wohl auffinden werden. — Denn das mir zugeschickte mit der fahrenden Post an Sie zurück zu senden würde die Antwort an Sie gar zu sehr verweilen, sie aber mit der reitenden Post abzusenden ein wenig zu kostbar seyn: indem ihr letzter Brief mit dem Mscrpt mir gerade 2 Rthlr postporto gekostet hat, welche Kosten der Abschreiber leicht um $^3/_4$ hätte vermindern können, wenn er nicht so dick Papier genommen und mehr compress geschrieben hätte.

Seite 5 heisst es von der Eintheilung: „Ist sie aber synthetisch, so muss sie nothwendig Trichotomie seyn". Dieses ist aber nicht unbedingt nothwendig, sondern nur, wenn die Eintheilung 1) *nach blossen* a priori, 2) nach Begriffen (nicht, wie in der Mathematik, durch Construction der Begriffe) geschehen soll. So kan man z. B. die reguläre Polyedra in fünferley Körper a priori eintheilen, indem man den Begrif des Polyedri in der Anschauug dargelegt. Aus dem blossen Begriffe desselben aber würde man nicht einmal die Möglichkeit ·eines solchen Körpers, viel weniger die mögliche Mannigfaltigkeit derselben ersehen.

S.—7. Anstatt der Worte (wo von der Wechselwirkung der Substanzen und deren Analogie der wechselseitigen Bestimmung der Begriffe in disjunctiven Urtheilen mit jener geredet wird) „Jene hängen zusammen indem sie": Jene machen ein Ganzes aus mit Ausschliessung mehrerer Theile *indessen* ausser demselben; im disjunctiven Urtheil u. s. w.

S.—8. · Statt der Worte am Ende des Absatzes „das Ich denke muss alle Vorstellungen in der Synthesis derselben begleiten" begleiten können.

S.—17. Statt der Worte „Ein Verstand, dessen reines Ich denke Ein Verstand dessen reines Ich bin u. s. w. (denn sonst würde es ein Wiederspruch seyn zu sagen dass sein reines Denken ein Anschauen seyn würde).

Sie sehen, l. Fr. dass meine Erinnerungen nur von geringer Erheblichkeit seyn; übrigens ist Ihre Vorstellung der Deduction richtig. Erläuterungen durch Beyspiele würden manchem Leser zwar das Verständnis erleichtert haben; allein auf die Erspahrung des Raums musste auch gesehen werden.

Hrn. Eberhards und Garven Meynung von der Identität des Berkleyschen Idealisms mit dem critischen, den ich besser das Princip der Idealität des Raumes und der Zeit nennen könnte, verdient nicht die mindeste Aufmerksamkeit: denn ich rede von der Idealität in Ansehung der Form der Vorstellung: jene aber machen daraus Idealität derselben in Ansehung der Materie d. i. des Objects und seiner Existenz selber. — Unter dem angenommenen Nahmen Anesidemus aber hat jemand einen noch weiter gehenden Scepticism vorgetragen: nämlich dass wir gar nicht wissen können ob überhaupt unserer Vorstellung irgend etwas Anderes (als Object) correspondire, welches etwa so viel sagen möchte, als: Ob eine Vorstellung wohl Vorstellung sey (Etwas vorstelle). Denn Vorstellung bedeutet eine Bestimmung in uns, die wir auf etwas Anderes beziehen (dessen Stelle sie gleichsam in uns vertritt).

Was Ihren Versuch betrifft den Unterschied der Dichtigkeiten (wenn man sich dieses Ausdrucks bedienen kan) an zweyen Körpern, die doch beyde ihren Raum ganz erfüllen, sich verständlich zu machen, so muss das moment der acceleration aller Körper auf der Erde hiebey, meiner Meynung nach, unter sich doch als gleich angenommen werden, so: dass kein Unterschied derselben, wie zwischen dx und dy, angetroffen wird, wie ich in meinen vorigen Briefe angemerkt habe und die Quantität der Bewegung des einen, *gegen* mit der des andern verglichen, (d. i. die Masse derselben) doch als ungleich können vorgestellt werden, wenn diese Aufgabe gelöset werden soll; so dass man sich so zu sagen die Masse unter demselben volumen nicht durch die Menge der Theile sondern durch den Grad *der* specifisch verschiedenen Theile, womit sie, bey eben derselben Geschwindigkeit ihrer Bewegung, doch eine verschiedene Grösse derselben haben könne, denken könne. Denn, wenn es auf die Menge ankäme, so müssten alle ursprünglich als gleichartig, folglich in ihrer Zusammensetzung unter einerley Volumen nur durch die leere Zwischenräume unterschieden gedacht werden (quod est contra hypothesin). — Ich werde Ihnen gegen Ende dieses Winters meine Versuche, die ich hierüber *bey* wärend der Abfassung meiner Metaph: Anf: Gründe der N. W. anstellete,

die ich aber verwarf, mittheilen, ehe Sie an die Epitomirung derselben gehen. — Zum Behuf Ihres kümftigen Auszugs aus der
Critik der U. Kr. werde Ihnen nächstens ein Pack des Manuscripts
von meiner ehedem abgefassten **Einleitung** in dieselbe, die ich
aber blos wegen ihrer für den Text unproportionirten Weitläuftigkeit verwarf, die mir aber noch Manches zur vollständigeren Einsicht des Begrifs einer Zweckmässigkeit der Natur beytragendes zu
enthalten scheint, mit der fahrenden Post zu beliebigem Gebrauche
zuschicken. — Zum Behuf dieser Ihrer Arbeit wollte ich auch
rathen Snells, noch mehr aber Spaziers Abhandlungen, *über* oder
Commentarien über dieses Buch in Ueberlegung zu ziehen.

Den Titel, den Sie Ihrem Buche zu geben denken: **Erläuternder Auszug aus den crit: Schrifte des K. Erster Band,
der die Crit. der specul: und pract: Vernuft enthält,**
billige ich vollkommen.

Uebrigens wünsche Ihnen zu dieser, so wie zu allen ihren
Unternehmungen, den besten Erfolg und bin mit Hochachtung und
Ergebenheit

Der Ihrige

Koenigsberg   J Kant
d 4ten Dec: 1792

Auf Kants Brief vom 4. Dez. 1792 antwortet Beck 30. April
1793. Der erste Band des Auszugs, welcher die zwei Vernunftkritiken umfasste, war nun abgeschlossen. Beck empfand dankbar,
dass diese Arbeit seine äusseren Umstände verbessert und ihm Einsicht und gegründete Ueberzeugung in Bezug auf die kritische
Philosophie verschafft habe. „Diese Philosophie ist mein grösstes
Gut und in der gegenwärtigen Beschäftigung mit ihr erkenne ich
mehr als jemals die wichtige Wohlthat, die Ihre Bearbeitungen
der Menschheit erweisen, und preise mich glücklich, weil ich in
dieser Epoche und in Umständen lebe, da ich daran Antheil nehmen kann." Wenn er damals schon die stylistischen Fehler seiner
Arbeit lebhaft empfand und mit den Eigenthümlichkeiten des
Mathematikers entschuldigte, so hat er den tiefer liegenden Mangel
ein Jahr später, in der Vorrede zu seinem Auszug aus der Kritik

der Urtheilskraft, folgendermassen ausgesprochen. Da die Kritik erst allmälig in dem Kapitel über die transscendentale Deduction den Standpunkt der Transscendentalphilosophie erreichte, er aber als Epitomator ihrem Gange folgte, so habe er dieser Philosophie nicht die volle Deutlichkeit der Darstellung gegeben, deren sie nach seiner Ansicht fähig war.

Schon im Frühling 1796 ist Beck dann mitten in der Darstellung der Kritik der Urtheilskraft. Er hatte, belehrt durch die Fehler des ersten Bandes, diese mehrmals durchgelesen und durchgedacht ehe er die Feder ansetzte und konnte nun Kant schon den Anfang zur Prüfung senden. „Sie erlauben mir aber wohl, Sie an das Versprechen zu erinnern, das Sie mir in Ihrem letzten Briefe thaten, mir zur Benutzung ein paar Manuscripte zuzuschicken, eins welches die Kritik der Urtheilskraft und ein Anderes, welches die Metaphysik der Natur angeht." Hierauf erfolgt die Uebersendung der Einleitung in die Kritik der Urtheilskraft in einem Briefe, bei dessen Abschrift folgende eigenhändige letztwillige Notiz Becks lag.

Erklärung Becks.

P. M.

Ich habe diese in diesem Convolut eingeschlossene Briefe von Kant meinem Freunde dem Prof. Francké zugesagt, dass sie nach meinem Tode ihm von den Meinigen gegeben werden sollen. Nun ist aber jetzt hier ein Engländer, Herr Semple, der mich bittet, ihm einen dieser Briefe zu schenken. Ich werde seinen Wunsch erfüllen. Da aber der Brief, den ich ihm schenken will, gerade das mir von Kant geschenkte Manuscript einer Einleitung zu seiner Critik der Urtheilskraft betrift, die er ihrer Weitläuftigkeit wegen, seinem Werke nicht vorsetzte, und ich dieses Manuscript schon dem Professor Francke geschenkt habe, so sehe ich mich genöthigt, diesen Brief ehe ich ihn weggebe, abzuschreiben, damit meinem Freunde, an jener Gabe nichts fehle. Er lautet:

Kant an Beck (8).

Königsberg den 18. Aug.

1793.

„Ich übersende Ihnen, werthester Mann! hiemit, meinem Ver-

sprechen gemäss, die vordem zur Vorrede für die Critik der U. Kr.
bestimmte, nachher aber, ihrer Weitläuftigkeit wegen, verworfene
Abhandlung, um nach Ihrem Gutbefinden, Eines oder das Andere
daraus, für Ihren concentrirten Auszug aus jenem Buche zu benutzen — zusammt dem mir durch Herrn Hofprediger Schultz zu-
gestelltem Probestück desselben.

Das Wesentliche jener Vorrede (welches etwa bis zur Hälfte
des Mspts. reichen möchte) geht auf die besondere und seltsame
Voraussetzung unserer Vernunft; dass die Natur in der Mannigfaltigkeit ihrer Producte eine Accomodation zu den Schranken
unserer Urtheilskraft, durch Einfalt und spätere Einheit ihrer Gesetze und Darstellung der unendlichen Verschiedenheit ihrer Arten
(species), nach einem gewissen Gesetz der Stetigkeit, welches uns
die Verknüpfung derselben, unter wenig Gattungsbegriffe, möglich
macht, gleichsam willkührlich und als Zweck für unsere Fassungs-
kraft beliebt habe, nicht weil wir diese Zweckmässigkeit, als an
sich nothwendig erkennen, sondern ihrer bedürftig, und so auch
a priori anzunehmen und zu gebrauchen berechtigt sind, so weit
wir damit auslangen können. — Mich werden Sie freundschaftlich
entschuldigen, wenn ich bey meinem Alter und manchen sich
durchkreuzenden vielen Beschäftigungen, auf das mir mitgetheilte
Probestück, die Aufmerksamkeit nicht habe wenden können, die
nöthig gewesen wäre, um ein gegründetes Urtheil darüber zu
fällen. Ich kann aber hierüber Ihrem eigenen Prüfungsgeiste schon
vertrauen. — Uebrigens verbleibe ich in allen Fällen, wo ich Ihren
guten Wünschen mein ganzes Vermögen leihen kann,

Ihr   dienstwilligster

J. Kant"

Mit diesem Briefe endigt die Sammlung der Briefe Kants an
Beck, die wir mitteilen. Acht weitere Briefe Becks an Kant und
ein kleiner Brief Kants vom 19. November 1796 sind dann noch
in Reickes Druck enthalten. Wir verfolgen an diesem Leitfaden die
weitere Geschichte des Verhältnisses, die interessante Beziehung
Becks mit Fichte tritt dann hinzu.

Der weitere Verlauf des Verhältnisses von Beck zu Kant
und sein Verhältniss zu Fichte.

Am 24. August 1793 schreibt Beck an Kant voll Begeisterung
über das Licht, welches ihm nun das Studium der Kritik der Urteilskraft auf die Transscendentalphilosophie geworfen hat. „Ich habe
seit der Zeit, da ich Ihren mündlichen Vortrag anhörte, sehr viel
Vertrauen zu Ihnen gehabt, aber ich gestehe auch, dass bei den
Schwierigkeiten die mich lange gedrückt haben, dieses Vertrauen
öfters zwischen dem zu Ihnen, und dem zu mir selbst gewankt
hat." Kant hat ihn mit sich selbst bekannt gemacht. So hat ihm
diese Philosophie gewährt, was einem vernünftigen Wesen das
höchste Gut sein muss. Beinahe ein Jahr nach diesem Brief,
am 17. Juni 1794[26]), wie sich nun seine Darstellung der Kritik
der Urteilskraft und der Anfangsgründe der Naturwissenschaft im
zweiten Bande dem Schlusse nähert, legt er seinem Lehrer den
Plan der neuen Schrift vor, in welcher er seinen an der Interpretation der drei Kritiken erworbenen Standpunkt selbstständig
entwickeln will; die Trennung bereitet sich vor.

Wir haben zwei Zeugnisse, wie sich ihm damals im Frühjahr
und Sommer 1794 sein Standpunkt darstellte: die Vorrede zum
zweiten Bande des Auszugs vom 3. April 1794 und die Briefe an
Kant vom 17. Juni und 16. September desselben Jahres. Wir
fassen das zusammen.

Erster Satz. Ziel und Leistung der Transscendentalphilosophie besteht im Selbstverständniss.

Zweiter Satz. Dieses ist bei Kant vielfach noch in der
Form der Begriffsphilosophie, es sind aber die hinter den Begriffen
liegenden Handlungen überall aufzusuchen. So ist die Verstandeshandlung, welche sich in der Kategorie der Grösse darstellt, eins
mit dem reinen Anschauen von Raum und Zeit. Und die Geometrie hat es, wie Klügel u. A. von Leibniz bedingte Mathematiker
richtig annehmen, mit Formen der Grössen zu thun[27]). Auch die
Denkgesetze dürfen nicht als ein Ursprüngliches betrachtet werden.

---

[26]) Die Briefe 11 und 12 sind bei Reicke verstellt.
[27]) Reicke Briefwechsel S. 31.

Dritter Satz. Die Methode der Darstellung, die in der Vernunftkritik vorliegt, muss umgekehrt werden. Wenn diese allmälig aufsteigt zur transscendentalen Einheit der Apperception, in welcher das Mannigfaltige der Anschauung zum Begriff des Objekts vereinigt wird, so hat die neue Darstellung vielmehr von diesem Vorgang auszugehen und ihn zu analysiren. „Sie führen Ihren Leser in Ihrer Kritik der reinen Vernunft, allmählig, zu dem höchsten Punkt der Transcendentalphilosopie, nämlich zu der synthetischen Einheit. Sie leiten nämlich seine Aufmerksamkeit zuerst auf das Bewusstseyn eines Gegebenen, machen ihn nun auf Begriffe, wodurch etwas gedacht wird, aufmerksam, stellen die Categorien anfänglich auch als Begriffe in der gewöhnlichen Bedeutung vor, und bringen zuletzt Ihren Leser zu der Einsicht, dass diese Categorie eigentlich die Handlung des Verstandes ist, dadurch er sich ursprünglich den Begriff von einem Objekt macht, und das: ich denke ein Objekt erzeugt[28]“. Aber erst auf dem so erreichten Standpunkt der synthetischen Einheit der Apperception kann die Natur des synthetischen und analytischen, des a priorischen und a posteriorischen Urteils aufgeklärt, die Möglichkeit der Erfahrung eingesehen und die Streitfrage entschieden werden, ob das was uns zur Dingvorstellung afficirt als Ding an sich, oder als Erscheinung zu denken sei. Also: der Gang der Vernunftkritik muss umgewandt werden.

Vierter Satz. Auf diesem Standpunkt löst sich die Selbsttäuschung der Vernunft auf, welche im Erkennen eine Verbindung der Vorstellung mit ihrem Gegenstande aufsucht, und diese Verbindung entweder dogmatisch behauptet, oder skeptisch aufhebt. Die Frage des Skeptikers: was verbindet meine Vorstellung des Gegenstandes mit diesem? ist für den dogmatischen Philosophen unüberwindlich. Der kritische dagegen durchschaut, dass alle Erkenntniss das Objekt nachträglich in abstracto denselben Verstandeshandlungen unterordnet, welche dasselbe im ursprünglichen Vorstellen erzeugt haben, und dass hierin der Rechtsgrund für alle Constructionen der Erfahrung durch Begriffe gelegen ist.

---

[28]) Reicke Briefwechsel S. 53 ff.

43*

Fünfter Satz. So beginnt der Transscendentalphilosoph mit einem Postulat wie der Geometer. Dieser hebt mit der Forderung an sich den Raum vorzustellen. Der Transscendentalphilosoph verlangt von seinem Leser, dass er das ursprüngliche Vorstellen in sich erzeuge, in welchem durch die Einheit des Bewusstseins vermittelst der Beilegung der Categorien das Objekt hervorgebracht wird. Der Satz des Widerspruchs: kein Gegenstand kann durch widersprechende Bedingungen vorgestellt werden, setzt den anderen Satz voraus: jeder Gegenstand muss durch Beilegung gewisser Bestimmungen vorgestellt werden. Durch solche Beilegung wird sonach das Postulat des ursprünglichen Vorstellens erfüllt.

Sechster Satz.. So geht die ursprüngliche Beilegung, in welcher der Gegenstand entsteht, der abgeleiteten regelmässig voraus, in der durch Merkmale dieser Gegenstand, vermittelst des Urtheils, gedacht wird, ja jene ermöglicht erst diese. Sonach muss jede abgeleitete Beilegung auf eine ursprüngliche, auf Thatsachen (des Bewusstseins) zurückgeführt werden. In Kants Worten: jeder Analysis geht eine Synthesis voraus. Und wie nun Kant weiter die Leistungen des Verstandes und die der Urtheilskraft, die Synthesis in den Categorien und den Schematismus derselben unterscheidet, so hat Beck diese ursprüngliche Beilegung als die Synthesis nach den Categorien unterschieden von einer ursprünglichen Anerkennung, nämlich dem Schematismus derselben. Doch findet sich diese Unterscheidung in der Darstellung der Vorrede vom 3. April 1794 und des Briefes vom 17. Juni noch nicht, sondern tritt uns zuerst in dem Brief vom 16. September entgegen.

Ein Fall von sehr grossem Interesse. Der Entwurf Becks, den diese vom 3. April 1794 datierte Vorrede mitteilt, entstand aus dem Streben, die Transscendentalphilosophie Kants aufzuklären und von Widersprüchen zu befreien. In demselben April 1794 beschloss Fichte den Vortrag der Wissenschaftslehre vor den Züricher Freunden; er siedelte nach Jena über und veröffentlichte sein Programm: „Begriff der Wissenschaftslehre". Sein Entwurf war aus demselben Streben entstanden, die Transscendentalphilosophie Kants klar, folgerichtig und widerspruchsfrei zu machen, und er war mit dem Becks in auffallender Uebereinstimmung. Die gänzliche Unabbängigkeit beider Männer von einander innerhalb der dargelegten Grundzüge leuchtet ein.

Ist aber Beck von Fichte ebenso unabhängig in allen weiteren Ausführungen seiner Standpunktslehre von 1796? Bevor wir diese Frage zu beantworten suchen, werfen wir einen Blick auf das Verhalten Kants zu Beck.

Kant alterte ungewöhnlich früh. Nach der systematischen Verfassung seines Geistes grenzte er voneinander Vermögen ab, innerhalb deren er Regeln des inneren Wirkens und Formen des Verhaltens annahm; er liess diese Vermögen maschinenartig, gleichsam in festen räumlichen Abständen und von da ineinander greifend zusammenwirken. Der Fluss seiner Gedanken erstarrte ungewöhnlich früh in solcher abgezirkelten Anordnung von Begriffen. Den Scrupeln Becks hatte er nur die eigenen geschlossenen Sätze gegenübergestellt. Nie hatte er den Werdenden zu verstehen gesucht, wie hätte er vermocht ihn zu leiten! Seitdem nun aber in Beck ein selbstständiger Standpunkt sich geltend machte, schwieg Kant sich völlig aus. Der letzte Brief, den wir mitteilen konnten, war vom 18. August 1793. Dann ist erst vom 19. Nov. 1796 eine flüchtige Zeile Kants da. Beck empfand das. Als er Kant Juni 1794 den Plan des „einzig möglichen Standpunktes" vorgelegt hatte, knüpfte er die Frage daran: „Was urtheilen Sie wohl davon? Ihr Alter drückt Sie und ich will Sie gar nicht bitten, mir hierauf zu antworten, obwohl ich gestehen muss, dass Ihre Briefe mir die kostbarsten Geschenke sind." Im nächsten Brief (Sept. 94) hatte er geschrieben: „meine Briefe mögen Ihnen vielleicht lästig sein." Noch förmlicher 17. Juni 95: „ich ergreife die Gelegenheit, einen Brief an Sie zu bestellen, weil ich mich versichert halte, dass Sie freundschaftlich gegen mich gesinnt sind." Dass Kant sich in dieser Zeit völlig ausschwieg [29]), bestätigen die Zeilen, in denen er 19. Nov. 1796 wieder anknüpft. „Sie haben mich mit verschiedenen Ihnen Ehre bringenden Schriften, zuletzt noch mit dem Grundrisse der crit. Phil. beschenkt und ich mache mir darüber Vorwürfe, die in ihren Briefen an mich gerichtete Anfragen, Entwürfe und Nachrichten, so angenehm sie mir

---

[29]) Dagegen beweist der Brief Kants 17. Nov. 1796. Verloren gegangen.

auch allemal waren, durch keine Antwort erwiedert zu haben. —
Werfen Sie immer die Schuld auf die Unbehaglichkeit meines
Alters, dessen übrigens sonst ziemliche Gesundheit doch nicht, wie
bei einem Kaestner, durch körperliche Stärke unterstützt wird und
mich, da ich immer beschäftigt seyn muss, durch seine Launen
unaufhörlich abzubrechen und mit Beschäftigungen zu wechseln
nöthigt."

Gerade in dieser Zeit festigte sich andererseits innerlich und
äusserlich die Position Becks. Die ersten Jahre seines Aufent-
halts in Halle waren: „von mancherlei Kümmernissen begleitet."
„Jetzt wird derselbe von Tag zu Tag heiterer". „Fünf Jahre war
er den Studirenden ein wahrer Obskurus." Jetzt erfreut er sich
ihres Beifalls. Er hat sich von der Schule freimachen und seine
Schulden abtragen können. Er hat viele und herzliche Freunde[30]).
Das war schon ehe seine Hauptschrift von 1796 erschien. Die
Vorrede derselben ist vom Aug. 1795 und sie trägt dann die
Jahreszahl 1796. Mit ihr war nun seine Stellung in der philo-
sophischen Welt entschieden.

Hierzu trug Fichte nicht wenig bei, zu welchem nunmehr Beck
in ein ebenfalls recht zusammengesetztes Verhältniss trat. Nach
dem Programm der Wissenschaftslehre war die breite, wenig geniess-
bare Grundlage der Wissenschaftslehre erschienen, deren Vorrede von
der Ostermesse 1795 datirt ist, und dem Werke Becks folgte dann 1797
die schöne erste Einleitung in die Wissenschaftslehre. Wie stellen
sich nun beide Männer zu einander? Beck besprach sofort in Jakobs
Annalen, dem Organ der Kantianer (Febr. 1795) Fichtes Begriff
sowie dessen Grundlage der Wissenschaftslehre[31]). Hier fertigte
er Fichtes Aeusserungen über mathematische Gegenstände mit
gebührendem Spotte ab. Doch zeigte er nicht das Talent, sich in
den Mittelpunkt der Lehre desselben zu versetzen und ihn so wirklich zu kritisiren. „Wir glauben, so lautet sein derbes Schluss-

---

[30]) Reicke Briefwechsel S. 56.
[31]) Dass diese anonyme Recension Annalen Stück 16. 17. 18, sowie die
Recension der Grundlage des Naturrechts Annalen 1796 S. 400—421 von Beck
sei, erschliesse ich aus dem Styl und dem Inhalt derselben, zusammengenommen mit der nachher berührten Aeusserung Fichtes W. 1. 444 f.

urteil, jeden Leser der wie ein Mann denkt durch die bisherige Beurteilung und Darstellung der Fichteschen Einfälle von ihrem gänzlichen Unwerth überzeugt zu haben. Ein ungereimtes Märchen ist in Wahrheit etwas ganz leidlicheres, als eine überfeine Philosophie von dieser Art, weil in jenem die Ungereimheit selbst doch noch unterhalten kann, diese aber gar nichts zu denken verstattet" [32]). Die im zweiten Heft des Jahrgangs 1796 enthaltene Anzeige der Rechtslehre war massvoller. Becks Schrift war nun abgeschlossen und er empfand die Verwandschaft mit der eigenen Ansicht, wenn nach Fichte das Ich kein Vermögen ist, sondern Handlung, wenn es die Sinnenwelt ausser sich setzt und bestimmt [33]). Im Uebrigen stiess ihn auch dies Buch durchweg ab. Fichte seinerseits kannte Beck als den Verfasser der Recension, hob ihn aber dennoch in der ersten Einleitung 1797 aus allen Kantianern hervor. Kant war nach ihm bisher ein verschlossenes Buch, „abgerechnet einen neuerlich gegebenen Wink" [34]). Dass hier Becks Schrift gemeint sei, zeigt die nachfolgende ausführlichere Stelle, in welcher er „dem Manne, der sich aus der Verworrenheit des Zeitalters selbstständig zur Einsicht erhoben, dass die Kanntische Philosophie keinen Dogmatismus, sondern einen transscendentalen Idealismus lehre und dass nach ihr das Objekt weder ganz noch halb gegeben, sondern gemacht werde, öffentlich seine Hochachtung bezeugt und es von der Zeit erwartet, dass er sich noch höher erhebe" [35]). Doch tadelte er, dass Beck diesen theoretischen Idealismus, der das Ding an sich verwirft und nur einen Zusammenhang von im Bewusstsein auftretenden Erscheinungen kennt, gänzlich von der Moralphilosophie trennte, welche dann doch die intelligible Welt wiederherstellte. Und er „bedauert Beck wegen der Eilfertigkeit, mit der er in einer Gesellschaft, für die er zu gut ist, über Bücher herfährt, die er nicht versteht".

In den Osterferien 1797, nachdem Becks Buch erschienen und Fichtes Einleitung in die Wissenschaftslehre, mit der Stelle über

---

[32]) Jakobs Annalen 1795. S. 142.
[33]) Jakob Annalen 1796 S. 407 f.
[34]) Fichte W. 1. 419.
[35]) Fichte W. 1. 444 f.

diesen darin, geschrieben war, besuchte Beck in dem Halle benachbarten Jena Fichte. Er hat Kant über den Besuch berichtet. Der
nüchterne, in seinen tief erwogenen Gedankenkreis eingeschränkte,
unbehülfliche Mann hatte das Gefühl, Fichte wolle ihn als „auf demselben Wege befindlich" für seine Schule „in Anspruch nehmen"
und „berücken". Fichte begann das Gespräch: „ich weiss es Sie
sind meiner Meinung, dass der Verstand die Dinge macht". „Er
sagte mir manche närrische Sachen und vielleicht ist er, da ich
meinen Mann bald durchsah, noch von Niemanden durch freund-
liche Antworten so verlegen gemacht worden als durch mich".
Auch der Hauptunterschied zwischen ihnen, wie ihn Fichte im
Journal hervorgehoben hatte, kam zur Sprache.

Nach Fichte wird alle Realität durch die Einbildungskraft hervorgebracht. In dieser findet vermöge einer gleichsam rückläufigen
Thätigkeit Begrenzung, Bestimmung statt. Dem entspricht, dass
Fichte die Unterscheidung der Intelligenz, die nach Kant in Verbindung und Verallgemeinerung wirkt, von dem Willen, der das
Bestimmte, Partikulare setzt, in seinem neuen System aufhebt.
Wille, Einbildung und Verstand rinnen so in trübem Gemenge
durcheinander. In dieser Hervorhebung der Einbildungskraft (vorgebildet bei Leibniz) lag doch ein originales Element des Fichteschen Denkens, das dem ästhetischen Zeitalter entsprach. Aber
zugleich wurde durch diese Wendung die Grundlage der ganzen
Transcendentalphilosophie aufgehoben; Fichte sägte den Ast selber
ab, auf dem er sass.

Beck hatte in seiner Hauptschrift von 1796 und dem im selben
Jahre erschienenen Grundriss der kritischen Philosophie zu den bisher dargestellten, dauernd interessanten Gedanken andere hinzugefügt, die sich der Lehre Fichtes näherten, mit der Grundlage
Kants unverträglich waren und so von ihm auch nicht festgehalten
worden sind.

Die Intention im Grossen, in der er ganz selbstständig mit
Fichte zusammentrifft, ist gesund. Wie Fichte will er in die Tiefen
des bewusstlosen Schaffens dringen, hebt heraus, dass die hier
stattfindenden Vorgänge Handlungen sind, will diese erfassen,
nicht aber Begriffe der Vermögen voneinander abgrenzen. So will

er die Philosophie auf Thatsachen (des Bewusstseins) gründen, nicht auf Begriffe[36]). Er möchte erfassen, wie das synthetische Vermögen Raum, Zeit und Kategorien erwirkt. Sinnlichkeit und Verstand gehören ihm demselben Zusammenhang dieses Vermögens an. Immer wieder hebt er das Merkmal des Selbstverständnisses an der Transscendentalphilosophie hervor.

Wie aber hat nun Beck das ursprüngliche Vorstellen erfasst, in welchem das Objekt entsteht? Dieses wird in der Einheit des Bewusstseins durch die Verstandeshandlungen, deren Ausdruck die Kategorien sind, vermittelst der so entstehenden ursprünglichen Synthesis und ursprünglichen Anerkennung hervorgebracht. Synthesis und Anerkennung sind innerhalb jeder Verstandeshandlung (Kategorie) zusammengehörige Vorgänge, deren Ineinandergreifen die Entstehung des Objektes bewirkt.

So ist die Kategorie der Grösse „die ursprüngliche Zusammensetzung (Synthesis) des Gleichartigen, welche von den Theilen zum Ganzen geht: der Raum selbst"[37]). Diese Synthesis ist Anschauen[38]), Anschauen und sinnliches Anschauen sind dasselbe. Erst indem ich nun dieses reine Anschauen mir vorstelle, entsteht die abgeleitete Vorstellung oder der Begriff des Raumes. Man sieht, dass hier Beck im Einverständniss insbesondere mit dem Halleschen Mathematiker Klügel die durch die Trennung von Sinnlichkeit und Verstand charakterisirte Seite der Kantschen Raumlehre aufhebt. Ich betrachte ein Haus. Das Erste ist die Synthesis, in welcher der Raum erzeugt wird, vielmehr welche der Raum selber ist[39]). Nun macht Beck den folgenden Uebergang vom Raum zur Zeit, zu dem Schematismus der Kategorie und — der Fixirung des Concreten im Denken. Dieser Uebergang war schon den ihm Nahestehenden damals dunkel und verdächtig[40]). In ihm nähert er sich Fichte. In der Synthesis des Räumlichen nämlich entsteht auch Succession: Zeit. „Das ursprüngliche Festmachen

---

[36]) Standpunkt S. 169.
[37]) Standpunkt S. 140.
[38]) Ebds. 141.
[39]) Ebds. 143.
[40]) Recension in Jakob Annalen 1796. S. 32 ff.

(Bestimmen) dieser Zeit ist die ursprüngliche Anerkennung. Durch dieses Fixiren der Zeit, fixire ich jene ursprüngliche Synthesis und erhalte dadurch den Begriff von einer bestimmten Gestalt des Hauses[41]."

Eine zweite ursprüngliche Verstandeshandlung stellt sich in der Kategorie der Realität dar. Diese ist das empirische Anschauen selber. In ihr „synthesire ich durch einen Vorgang, der vom Ganzen zu den Theilen geht, meine Empfindung". Auch in dieser wie in jeder anderen Synthesis erzeuge ich die Zeit (Schematismus der Kategorien). Und nun wird auch hier in der mitwirkenden ursprünglichen Anerkennung die Synthesis durch das Bestimmen dieser Zeit fixirt: so erzeuge ich das Reale des Dinges. Innerhalb der Kategorien der Relation entsteht erst Dasein der Dinge, ja in der Synthesis und Anerkennung innerhalb dieser Kategorien besteht das ganze Dasein der Dinge. Ich setzte nämlich ein Beharrliches, woran ich mir die Zeit vorstelle; ich setze ein Etwas (Ursache), wodurch der Wechsel meines eigenen Zustandes, da ich zunächst ohne diese Vorstellung war, sie aber nachher hatte, seine Bestimmung in der Zeit erhält[42]. Der Sinn der empirischen Aussage: der Gegenstand afficirt mich, liegt sonach in der transcendentalen Aussage: der Verstand setzt ursprünglich ein Etwas. Selbst der Begriff von meinem Ich empfängt erst in diesem ursprünglichen Setzen Sinn und Bedeutung[43].

Es ist nicht erforderlich, auch durch die anderen Kategorien und durch die Grundsätze hindurch dieser unfruchtbaren und von der Zeit mit Recht weggespülten Arbeit zu folgen, welche in das unbewusste Walten der Intelligenz dringen will. Unfruchtbar und dunkel: denn Beck hält an den intellektualistischen Voraussetzungen Kants fest, der in der Synthesis und deren abstrakten Handlungsweisen die ganze Natur unseres Erkennens erblickte — und doch möchte er das für Kant Unerklärbare klar machen. Insbesondere hebt er an der Zeit, die Kant wie einen abstrakten Bestandtheil

---

[41] Standpunkt 143.
[42] Ebds. 156.
[43] Ebds. 157,

des Begriffs der Bewegung behandelt hatte, den Grundzug hervor, durch welchen Gegenwart sich von Vergangenheit und Zukunft abhebt. So dient die Zeit der Bestimmung und Fixirung des Dinges. Dieses und verwandte Probleme können ihn zu seiner dargelegten Lehre vom ursprünglichen Anerkennen geführt haben. Ich vermag es nicht zu beweisen, betrachte es aber nicht als unwahrscheinlich, dass Fichte's Einfluss mitwirkte. So verwandt sind die Begriffe des ursprünglichen Anerkennens und des ursprünglichen Setzens. Jedenfalls war diese Epoche in seiner Entwicklung die der grössten Annäherung an Fichte. Er musste den Widerspruch mit den Voraussetzungen Kants bemerken. Und Kant selber rief ihn gleichsam zurück. Hier greift der Fortgang seiner Beziehungen zu Kant ein.

Kant hatte, wie es scheint, Becks Schrift nicht selber gelesen. Aber ihm hatte der treueste der Seinen, Schultz über dieselbe mit Unwillen berichtet. Insbesondere, dass Beck den Nebentitel „erläuternder Auszug aus den Werken des Herrn Professor Kant, auf Anrathen desselben" belassen hatte, musste Kant missbilligen. In die Materie der Sache scheint sein leider verlorener Brief nicht eingegangen zu sein. Beck seinerseits spricht offen aus, dass die beiden 1796 erschienenen Schriften dem Missverständniss ausgesetzt seien; er ist zu Retraktationen bereit, welche er schon vor dem Eintreffen des Kantschen Briefes ins Auge gefasst hatte und in denen er die Dunkelheiten und Unbestimmtheiten dieser Arbeiten heben will. So nachdrücklich als möglich aber erklärt er sich dagegen, dass er in einem der beiden Bücher gelehrt habe, was Schultz ihm zuschreibt: der Verstand mache das Ding. Er erklärt das für baaren Unsinn und beruft sich auf die Stellung, die er zu Fichte in seinen Anzeigen genommen hat. Vielmehr ist seine Absicht eine methodische Sonderung der theoretischen und der praktischen Philosophie. Er will den Zugang in jene dem Ding an sich verschliessen. Er will in dieser die ganz eigene Art von Realität dieses Dinges an sich auf das moralische Bewusstsein begründen. Da Erscheinung das Objekt meiner Vorstellung ist, in welcher Bestimmungen desselben gedacht werden, die ich durch das ursprüngliche Verstandesverfahren erhalte, und da hierunter auch das ursprüngliche Fixiren meiner Synthesis von Wahrnehmungen als

einer successiven, wodurch Erfahrung einer Begebenheit möglich
wird, gehört: so ist der Gegenstand, der mich afficirt, Erscheinung und nicht Ding an sich. Dem Menschen ist nur das
Bewusstsein von der Beziehung der Natur überhaupt auf ein Substrat derselben vergönnt: eine Beziehung, dèren er sich in seiner
Anlage zur Moralität bewusst ist. Dass der Naturmechanismus einer
Zweckeinheit entspricht, erhöht in der Seele des guten Menschen das
Bewusstsein der Beziehung zu diesem Substrat, obwol er sich dasselbe immer nur auf symbolische Weise vorzustellen vermag⁴⁴). In
diesen Sätzen hat Beck seine Position, in welcher er sich ebensowohl von Fichte als von Kant trennt, vollkommen klar ausgedrückt. In der persönlichen Beziehung erscheint der ehrenfeste
Mann derber, als Kant gegenüber angemessen war. Er spricht zu
viel von Kants Alter, und er findet „seine Seele täglich durch
den Gedanken erheitert, einst auch nach dem Abgang des grossen
Stifters der kritischen Philosophie diese dem Menschengeschlecht
wichtige Angelegenheit kräftiglich besorgen zu können." Solche
briefliche Aeusserungen waren kaum in Kants Geschmack. Auch
die Vermittlung von Tieftrunk hatte kein Ergebniss.

In der Erklärung Kants gegen Fichte 1799 findet sich dann
seine öffentliche Absage an Beck. „Der Recensent behauptet, dass
die Kritik in Ansehung dessen, was sie von der Sinnlichkeit wörtlich lehrt, nicht buchstäblich zu nehmen sei, sondern ein jeder,
der die Kritik verstehen wolle, sich erst des gehörigen (Beck-
sehen oder Fichteschen) Standpunktes bemächtigen müsse, so
erkläre ich, dass die Kritik allerdings nach dem Buchstaben zu
verstehen ist"⁴⁵). Unter den Handschriften der Rostocker Bibliothek ist ein Zettel, der nach der Handschrift von dem juristischen
Professor Roppe geschrieben ist, mit folgender Aufzeichnung. „Ein
Kantisches Wort über Herrn Beck in Halle, Verfasser der Standpunktslehre, ist folgendes: der gute Mann ist mit seinem neuen
Standpunkt über seine eigenen Füsse gefallen. Aber das kömmt
daher, wenn die Herren Schüler sich selbst setzen und stellen."

---

⁴⁴) Briefw. 61 f.
⁴⁵) Intelligenzblatt der Jen. Litt. Z. 1799 Nr. 109, Hartenstein 8, 600.

Spätere Lebensschicksale Becks.

Beck selber aber ging aus der Gährung dieser Jahre klar, ausgereift, obzwar ohne entschiedene Originalität hervor, als ein selbständiger Kantianer. So zeigt ihn die vortreffliche Propädeutik zu
jedem wissenschaftlichen Studio 1799. Sein Accept der Stellung,
die Kant ihm zu sich gab, liegt in den an Reinhold anklingenden
Worten der Vorrede: „auf die Vorbereitung dieser wahren Philosophie, die keines Mannes Namen tragen darf, hinzuwirken, ist der
Zweck dieser Schrift." Die eindringliche Darstellung der grossen
Lehre Kants von der Intellektualität der Sinneswahrnehmungen,
die Vereinfachung Kants, die männliche Polemik gegen die dogmatische Fassung des Vernunftsglaubens bei Kant (besonders in Bezug auf die Unsterblichkeitslehre) zeigen jene freie Handhabung
der Transscendentalphilosophie, welche für Fries, Schopenhauer u. a.
eine Vorstufe gewesen ist.

In diesem Jahre 1799 wurde er auch, nachdem er inzwischen
in Halle 17. Juni 1796 ausserordentlicher Professor geworden war, zu
der ordentlichen Professur der Metaphysik in Rostock berufen, die er
von da ab in der zweiten längeren Lebenshälfte bis zum Todestag
bekleidet hat. Die Fakultät schlug in einem Schreiben vom 29. März
1798, als der bisherige Professor der Metaphysik Schadeloock in
eine mathematische Professur eingetreten war, den Bestimmungen
entsprechend 6 Gelehrten vor, darunter Bouterwek, Beck, Krug,
Mellin, hob aber aus ihnen Bouterwek und Beck besonders hervor.
Man bemerkt wie nun die Stellen mit Kantianern besetzt wurden.
Beck wurde als „ungemein berühmt durch seinen erläuternden
Auszug aus Kants Schriften" bezeichnet. War doch die kritische
Philosophie durch englische Bearbeitung seines Auszugs 1797 in
England verbreitet worden. Und es wurde besonders darauf hin-
gewiesen, dass „sogar Fichte, der selten Anderen Gerechtigkeit
widerfahren lässt, sagt, dass er das Hauptmoment der Kritik der
reinen Vernunft am besten aufgefasst habe" [46]). Das Concil wählte
Beck, Krug und Visbeck, den Kantianer von Reinholdscher Ob-

---

[46]) Schreiben der Fakultät v. 29. März 1798 an Rektor und Concil, in dem
Rostocker Universitätsarchiv.

servanz: so gelangte 16. April 1798 der Vorschlag an Bürger-
meister und Rath in Rostock[47]). Beck nahm 12. Februar 1799
den Ruf an, wurde im April dem Concil vorgestellt sowie in
die Fakultät aufgenommen[48]), und begann mit dem Anfang des
Sommerhalbjahrs 1799 seine Rostocker Lehrthätigkeit. Diese erstreckte sich, in dem Umfang vergleichbar der seines grossen
Lehrers, auf verschiedene Theile der Mathematik, Mechanik, mathematische und metaphysische Grundsätze der Physik, Astronomie,
mathematische Geographie, Anthropologie, Encyclopädie der Philosophie, kritische Philosophie, natürliche Theologie, Pädagogik, Ethik
und Moraltheologie, Naturrecht, Staatswirthschaft[48]). Auch seine
Arbeiten breiteten sich nun auf mehrere Gebiete, z. B. auf das staats-
wissenschaftliche, aus. Er genoss grossen Ansehens, wie er denn dreimal Dekan und viermal Rektor der Universität war. Einen Ruf nach
Berlin, als Professor der Philosophie bei dem adligen Cadettenhofe,
lehnte er ab, „da er an jedem fremden Orte langer Zeit bedürfen
würde, sich die gute Meinung derer zu erwerben, an deren Meinung
einem rechtdenkenden Berufsmann gelegen sein müsse"[50]). Er
starb hochbetagt, beinahe achtzigjährig, in voller Wirksamkeit bis
zum letzten Tage, am 29. August 1840[51]). Ihn überlebte seine
seit 1803 mit ihm verheirathete Frau und eine einzige Tochter.

---

[47]) Schreiben v. Rektor und Concil an den Magistrat 16. April 1798 im
Rostocker Stadtarchiv.

[48]) Missiven v. 19. u. 27. April 1799.

[49]) Nach den Indices lectionum.

[50]) In dem Rostocker Stadtarchiv.

[51]) So nach Grabschrift und Kirchenbuch, während ein Regierungserlass
über Wiederbesetzung irrthümlich 9. August angiebt.

Jahresbericht

über

sämmtliche Erscheinungen auf dem Gebiete der Geschichte der Philosophie

in Gemeinschaft mit

Ingram Bywater, Alessandro Chiapelli, Hermann Diels, Wilhelm Dilthey,
Benno Erdmann, J. Gould Schurman, Paul Tannery, Felice Tocco
und Eduard Zeller

herausgegeben

von

Ludwig Stein.

XII.

Bericht über die deutsche Litteratur der Vorsokratiker. 1888.

Von

H. Diels in Berlin.

Wie sehr unser Archiv gleich im ersten Jahrgange dem Bedürfnisse entsprochen hat, einen Sammelpunkt philosophiegeschicht-
licher Arbeiten darzustellen, ergiebt die Thatsache, dass von den
nicht sehr zahlreichen im J. 1888 veröffentlichten Arbeiten über
die vorsokratische Philosophie neun in unserer Zeitschrift erschienen
sind. Ich verzeichne hier ihre Titel:

1) Zu Pherekydes von Syros (Diels) S. 11.

2) Ein Wort von Anaximander (Ziegler) S. 16.

3) Un fragment d'Anaximène dans Olympiodore le chimiste
(Tannery) S. 314 (vgl. S. 594[44]).

4) Sur le secret dans l'École de Pythagore (Tannery) S. 28.

5) Zu Pythagoras und Anaximenes (Chiappelli) S. 582.

6) Zur Lehre des Xenophanes (Freudenthal) S. 322.

7) Empedokles und die Orphiker (O. Kern) S. 498.

8) Ueber Demokrits γνησίη γνώμη (Natorp) S. 348.

9) Zu Diogenes von Apollonia (Weygoldt) S. 161.

Den übrigen anderwärts veröffentlichten Arbeiten schicke ich
eine kurze Anzeige voraus über ein umfassenderes Werk:

Windelband, W. Geschichte der alten Philosophie. Nördlingen
    1888. (Sep.-Abdr. aus I. Müllers Handbuch d. kl. Alter-
    tumsw. V. 1, 117 ff.) 220 S. 8°.

Es ist jetzt kein Mangel mehr an guten, für die studierende
Jugend bestimmten Compendien der Geschichte der antiken Philosophie. Trotzdem darf Windelbands bescheiden auftretender Versuch willkommen geheissen werden, weil er es verstanden hat,
nicht nur in wissenschaftlicher, sondern auch, was viel seltener ist,
in pädagogischer Beziehung ein brauchbares Buch zu schreiben.
Der Verf. ist kein Compilator. Er hat trotz der Kürze, und trotzdem seine Specialstudien auf anderem Gebiete liegen, eine selbst-
ständige und geistvolle Arbeit geliefert; namentlich in der Ge-
sammtauffassung und Gruppierung der Systeme geht er vielfach
seine eignen Wege. So erscheint Pythagoras, was Manchem wun-
derlich vorkommen wird, gar nicht unter den Philosophen, sondern
unter den religiös-politischen Reformern neben den Orphikern,
Pherekydes u. A., während der wissenschaftliche Pythagoreismus
bei Philolaos abgehandelt wird. Die milesische Naturphilosophie
des Thales, Anaximander und Anaximenes spaltet sich dann in
den metaphysischen Grundgegensatz Heraklit und die Eleaten.
Der Gegensatz ruft Vermittlungsversuche hervor: Empedokles, Anaxagoras, Leukipp und Pythagoreertum. Dann kommt die griechische
Aufklärung: die Sophistik und ihr Ueberwinder Sokrates, dessen
Grösse der Verf. bereits in seinen 'Präludien' in lebhafter Darstellung
gewürdigt hatte. Die kleinen Sokratiker dagegen werden als Fort-
setzungen der Sophistik in Kürze abgethan. Die Blüte hellenischen
Denkens erscheint in den beiden grossen Schöpfungen Demokrits und
Platons, die das abschliessende System des Aristoteles vorbereiten. Die
nacharistotelische Philosophie fasst W. unter dem Namen „hellenistisch-
römische Philosophie" kurz zusammen (1. Schulkämpfe. Peripatetiker,
Stoiker (9 Seiten!). Epikureer (5 Seiten). 2. Skepticismus und
Synkretismus. 3. Patristik. 4. Neuplatonismus. Schluss: Augustin).
Mit sichtlicher Vorliebe verweilt der Verf. bei der knospenden
Philosophie des 6. und 5. Jahrhunderts. Er bringt dazu nicht nur
das philosophische Interesse für die allgemeinen Probleme der
Wissenschaft mit, sondern auch die historisch-kritische Schulung,
die jetzt, namentlich durch Zellers Werk, Gemeingut geworden ist,
daneben aber auch naturwissenschaftliches Verständnis, das besonders zu einer ausführlicheren und tieferen Erfassung der abderitischen

Philosophie geführt hat, ohne dass diese Vorliebe den Verf. etwa zu positivistischer Einseitigkeit und Plattheit verleitet hätte. In Bezug auf Leukipps und Demokrits historische Stellung schliesst sich der Verfasser den Ansichten des Ref. an. Leukipp ist ihm der Gründer des atomistischen Systems, Demokrit der Vollender, der sogar durch den Sensualismus des Protagoras starke Einwirkung erfahren hat. Ich glaube, dass der Verf. hier etwas hegelisch konstruiert hat. Es ist unbezweifelbar, dass Demokrit, wie Platon, von der Sophistik beeinflusst ist und sie bekämpft, aber die Erkenntnis der Subjektivität der Sinnesqualitäten z. B., wie überhaupt die atomistische Psychologie, stammt nicht von Protagoras, sondern von Leukipp, so gut wie der Begriff der ἀνάγκη. Was Leukipp gelehrt hat, kann man, abgesehen von der noch nicht gehörig gewürdigten doxographischen Ueberliefernng, indirect durch Rückschluss aus den Systemen des Empedokles (vielleicht auch des Anaxagoras) gewinnen. Der Verf. wird mir dies um so eher zugestehen, als ihm die Porentheorie des Empedokles selbst als innerer Widerspruch erscheint (S. 45[3]). Er findet aber seine einfachste Lösung in der Abhängigkeit von Leukippos, wie ich früher einmal ausgeführt habe. Sehr energisch wird Demokrits Ethik hervorgehoben und in geistreicher Weise mit der Physik verknüpft. Doch scheinen mir die Grundlagen dieser Auffassung (Hirzel und Natorp) sehr unsicher.

Was ich sonst noch auf dem Gebiete der Vorsokratiker, auf das sich mein Referat zu beschränken hat, über die Auffassung des Verfassers bemerken möchte, ist in Kürze folgendes:

Beim Hylozoismus scheint mir der Zoismus, wenn ich so sagen darf, zu wenig betont. Umgekehrt wird der „Denkstoff" des Anaxagoras doch etwas zu materialistisch behandelt. Auch hier helfen uns Nachtreter, wie Diogenes, die Lücken der Ueberlieferung ergänzen. Auf Einzelheiten einzugehen, gestattet der Raum nicht. Unwesentliche Versehen, wie die Erklärung von ἄϊστον als „unsichtbar" (S. 24. 30. 33[2]) oder die Bezeichnung des Aristeas von Prokonnesos als „Logographen" (neben Kadmos, Dionysios, Hekataios) werden um so weniger Schaden stiften, als das Buch sich ja an Philologen wendet. Die Litteraturangaben sind mit sorgfältiger Auswahl gegeben. Doch vermisse ich z. B. beim κυριεύων des Dio-

44*

doros Zellers, bei Platons Gesetzen Bruns' Abhandlung und wünsche
die Erwähnung der Krohnschen Bücher weg, die jungen Lesern
nicht empfohlen werden dürfen[1]).

Theologen.

KERN, O. De Orphei Epimenidis Pherecydis theogoniis quaestiones
criticae. Berolini 1888. 110 S.

Diese aus einer Berliner Dissertation erweiterte Schrift enthält
drei Teile. Im ersten versucht der Verfasser die Ansicht Lobecks,
dass die sog. rhapsodische Theogonie der Orphiker mindestens dem
6. J. v. Chr. angehöre, gegenüber neueren Zweifeln, namentlich
Schusters, genauer zu begründen. Er schickt einen Abriss des Inhaltes voraus und sucht nun die Beziehungen des Xenophanes,
Pindar, Aischylos, Parmenides, Empedokles (s. Archiv I 498) Anaxagoras, Aristophanes und Platon zu dieser alten Rhapsodie sicher zu
stellen. Vor allem sieht er in der Stelle Platons Legg. IV. 715 E
eine Beziehung auf die pantheistische Auffassung des Zeus in der
Rhapsodie, die z. B. Zeller I⁴ 87f. als deutliches Kennzeichen späteren (nachstoischen) Ursprungs betrachtet. Die sog. hieronymia-
nische Theogonie erklärt er für eine späte Nachahmung der alten
orphischen. Die Theogonie des Apollonios Rhodios verliert ihren
orphischen Charakter vollständig dadurch, dass Kern hier eine gelehrte Compilation grösstenteils aus Empedokles nachweist. Auch
die Eudem'sche Theogonie scheint ihm identisch mit der Rhapsodie;
den Irrtum Eudems über die principielle Bedeutung der Nacht in
derselben führt er auf Aristoteles unbestimmte Aeusserung Met.
Λ 6. 1071b 27 οἱ ἐκ νυκτὸς γεννῶντες zurück, die zu falscher Auffassung der Rhapsodie geführt habe. So scharfsinnig diese Vermutung ist, so halte ich doch Eudem eines solchen Irrtums für
unfähig. Die Möglichkeit, dass verstümmelte und interpolierte
Exemplare der Rhapsodie früh umliefen, liegt nahe und ist thatsächlich in anderen Fällen zu erweisen, so dass mir diese Erklärung

---

[1]) Nach Abschluss dieser Zeilen geht mir die eingehende Rezension des
Windelband'schen Buches von F. Lortzing zu (Berl. philol. Wochenschrift
1889, 507), die in der Beurteilung bis in Einzelheiten so merkwürdig mit
meiner Anzeige übereinstimmt, dass ich ausdrücklich die gegenseitige Unabhängigkeit betonen muss.

den Vorzug zu verdienen scheint. Abgesehen von solchen Einzelheiten hat das Ganze der gelehrten, scharfsinnigen und originellen Beweisführung einen überzeugenden Eindruck auf mich und Andere[2]) gemacht. Vielleicht würde dieser Eindruck noch stärker sein, wenn die Polemik ruhiger gehalten und Wichtiges und weniger Wichtiges besser geschieden wäre. Aber bei der ausserordentlichen Schwierigkeit der Frage wird man sich schon darüber freuen dürfen, dass die verschütteten Gruben wieder fahrbar gemacht sind. Es wird noch bedeutender Einzelarbeit bedürfen, um nun das Katzengold vom echten zu scheiden. Zunächst wird da zweierlei von nöten sein: 1) sorgfältige Erklärung der einzelnen Fragmente (wozu Kern einige hübsche Beiträge gegeben hat) nebst genauer Untersuchung der Sprache und Metrik. 2) Geschichte des orphischen Geheimcults (möglichst nach Zeit und Ort geschieden)[3]).

Der zweite Teil des Kern'schen Büchleins beschäftigt sich mit Epimenides von Kreta. Er schickt die kärglichen Fragmente seiner Θεογονία voraus und sucht sodann die Entstehungszeit dieses Werkes auf das Ende des 6. Jahrh. zu bestimmen. Er sieht nämlich in der Voranstellung der Luft in jener Theogonie eine Einwirkung der Lehre des Anaximenes, während sein zweites Princip die Nacht und vor allem das Weltei der orphischen Rhapsodie, anderes Hesiod entlehnt ist. (Umgekehrt sei Epimenides bereits von Anaxagoras ausgebeutet worden Schol. Apoll. Rhod. I 498). Die hierdurch gegebene chronologische Bestimmung der Theogonie berührt sich mit dem von G. Löschcke zu Ehren gebrachten Zeugnisse der Platonischen Gesetze (I 642 D).

Der letzte Teil ist der Pentemychos des Syriers Pherekydes gewidmet, deren Fragmente S. 84 ff. in neuer Bearbeitung vorliegen. Die Abfassungszeit der mystischen Schrift setzt Kern, meiner Ansicht folgend[4]), nach Anaximander, aber auch nach der orphischen

---

[2]) S. Ref. v. Th. Gomperz, D. Litteraturzeit. 1888, 974; A. Ludwich, Berl. Wochenschr. 1889, 557; O. Crusius, Lit. Centralbl. 1889, 615.

[3]) Einen feinsinnigen Beitrag dazu hat E. Lübbert gegeben in dem Vorlesungsverzeichnis der Bonner Universität W. S. 1888/9 Commentatio de Pindaro theologiae Orphicae censore.

[4]) Diese Ansicht beruht wesentlich auf der von Zeller gegebenen Erklärung

Theogonie, deren Spuren er z. B. in dem Χρόνος und der Χθονίη[5]) der Pentemychos erblickt. Die fünf Schlüfte selbst deutet er auf Feuer, Luft, Wasser (Ogenos), Erde und Tartaros, womit sich wiederum ein orphisches Fragment 123 Abel. berührt.

GRUPPE, O. Berichtigung. Beilage zu B. 137. H. 11 d. N. Jahrbücher f. Philol. u. Pädag. 1888. S. 1. 2.

Der Verf. wendet sich gegen die Anzeige des über die Orphiker handelnden Abschnittes seines Buches „Griechische Kulte und Mythen", die im Jahresberichte des Archivs II 91 ff. erschienen ist. Da die Redaction dieser Zeitschrift grundsätzlich Antikritiken ausschliesst, so erfordert es die Unparteilichkeit unsere Leser umsomehr auf jene „Berichtigung" hinzuweisen. Als wesentlich hebe ich folgendes heraus:

Es ist zunächst erfreulich, dass der Verf. jetzt das gefälschte Orphikerfr. bei Clem. Strom. 624 nicht mehr als Original Heraklits angesehen wissen will. Freilich wird auch jetzt noch jeder Philologe die Darlegung S. 650 so auffassen müssen, wie es Ref. gethan hat, aber der Autor ist ja gewiss der beste Interpret seiner Werke. Ref. bittet daher um die Erlaubnis, auch seinerseits eine authentische Interpretation abgeben zu dürfen. Unter den „Fratzen paradiesischer Urweisheit" habe ich nicht die angeblichen orientalischen Urgedichte Gruppes verstanden, sondern die Constructionen Creuzers und seiner Nachfolger, auf die ich durch die orientalisierende Tendenz des Verf. und vor allem durch seine eigentümliche quellenkritische Methode geführt worden war, welche sich als eine durch und durch Creuzer'sche bezeichnen lässt. Man vgl. z. B. mit dem in meiner Anzeige (S. 92 unten) Angeführten Creuzers Symbolik I[3] 190. Dass die Urreligion Gruppes sich sehr wesentlich von dem Systeme Creuzers unterscheidet, ist

---

der ὑπόπτερος δρῦς, gegen die soeben A. Chiappelli in einem interessanten Aufsatze Sulla teogonia di Ferecide di Syros (Rendic. d. acc. d. Lincei 1889, 230) Widerspruch erhoben hat. Ich komme vielleicht später darauf zurück.

[5]) Er deutet diese Göttin auf Demeter, wofür er auch Pausanias III 14, 5 anführen konnte Δήμητρα δὲ χθονίαν Λακεδαιμόνιοι μὲν σέβειν φασὶ παραδόντος σφίσιν Ὀρφέως.

mir nicht unbekannt. Aber ich hatte glücklicherweise keine Veranlassung im Archiv für Geschichte der Philosophie auf diese Hypothese einzugehen. Ob meine Ansicht über das Verhältnis der griechischen Philosophie zu den Orphikern richtig wiedergegeben ist, was der Verf. bestreitet, kann ich um so mehr den Lesern überlassen, als ich ja S. 91 durch Abdruck von 14 Zeilen des Buches, in denen jene Ansicht zusammengefasst schien, eine objective Beurteilung ermöglicht habe.

Heraklit.

CRON, CHRISTIAN. Zu Heraklit. Philologus XLVII[6]) 209—234. 400—425. 599—616.

Der Verf. plaudert in behaglichster Breite über einige Heraklitfragmente. Fr. 65 soll heissen: „Eins will das weise Wesen allein nicht genannt werden, es will auch den Namen Lebensquell". Gänzlich verfehlt wie die darin gesuchte Beziehung auf Xenophanes! Pfleiderers Konjectur zu Fr. 38 (s. Archiv I. 107 unten) wird zurückgewiesen, ebenso wie dessen Bezeichnung der Heraklitischen Philosophie als Panzoismus, statt dessen er selbst „Kosmologie" vorschlägt.

Die physikalische Bedeutung des Systems sucht er dann ausführlich gegen die religiöse Auffassung Pfleiderers zu rechtfertigen, wobei u. A. neueren Philosophen bes. Hamann mit Heraklit zusammengestellt wird. Zum Schlusse wird Fr. 1 und der Begriff λόγος weitläufig, aber ohne greifbares Resultat behandelt.

Gorgias.

APELT, O. Gorgias bei Pseudo-Aristoteles und bei Sextus Empericus. Rhein. Museum XLIII (1888) 203—219.

Der verdiente Herausgeber der Pseudaristotelischen Schrift de Melisso etc. (bei Teubner 1888) giebt hier eine eingehendere Be-

---

[6]) Die mit diesem Bande neben der bisherigen eingeführte Zählung als *Neue Folge I. Bd.,* zu der kein Grund vorliegt, ist geeignet, Verwirrung zu stiften, zumal die Jahreszahl 1889 (statt 1888) ebenfalls irreführend ist (Bd. 45 trägt die Jahreszahl 1886, 46 dagegen 1888). Vielleicht kann wieder zur alten Band- und Jahr-Zählung zurückgekehrt werden. Das bereits erschienene erste Heft des Bd. 48 trägt wenigstens die richtige Jahreszahl 1889.

sprechung der Gorgias betreffenden Abteilung jener Schrift c. 5. 6.
Er zieht die sehr corrupte, aber treuere Darstellung des Peripatetikers mit Recht der des Sextus Emp. Math. VII 65—87 vor und
rechtfertigt im Einzelnen seine Verbesserungsvorschläge, die in
seiner Ausgabe Aufnahme gefunden haben. Vgl. Bericht im
Archiv I 246.

Diels, H. Atacta II. Hermes XXIII (1888) 284.
   Sucht ein Fragment des Gorgianischen Olympikos zu bessern.

Im Anschluss an Gorgias sei wenigstens der Titel einer uns
überwiesenen Abhandlung erwähnt
Liers. Rhetoren und Philosophen im Kampfe um die Staatsweis-
   weisheit. Waldenburg i. Schl. 1888 12 S.
   Zu näherem Eingehen hat eine wissenschaftliche Zeitschrift
keinen Anlass.

XIII.

Die deutsche Litteratur über die sokratische und platonische Philosophie 1888.

Von

E. Zeller in Berlin.

Das einzige diese ganze Periode umfassende Werk aus dem vorigen Jahr ist

ZELLER, E. Die Philosophie der Griechen. Zweiter Theil 1. Abth. 4. Aufl. Leipzig Fues's Verlag 1889. X u. 1050 S.

Da es sich bei der Anzeige eines so bekannten, nun schon in vierter Auflage vorliegenden Buches nur darum handeln kann, über die Aenderungen und Zusätze der neuen Bearbeitung zu berichten, diese aber mir am genausten bekannt sind, trage ich kein Bedenken, dieses Geschäft selbst zu übernehmen. Dass es nun solcher Zuthaten nicht wenige sind, zeigt schon der Umfang der neuen Auflage, welcher gegen den der dritten um 149 Seiten angewachsen ist. Es war mir dies nicht eben erwünscht; aber es liess sich schwer vermeiden, wenn der massenhaften Litteratur der letzten 14 Jahre und den von ihr angeregten Fragen ihr Recht widerfahren sollte. Von den Hunderten von Zusätzen, welche diese Erweiterung bewirkt haben, will ich die erheblicheren im folgenden berühren. Die Einleitung (S. 1—43) ist nur unbedeutend vermehrt worden. Dagegen schien mir in dem Abschnitt über Sokrates schon S. 54 ff. das Märchen von seiner Bigamie eine etwas eingehendere Beleuchtung und S. 62 die Vermuthung, dass der sokratische Kreis bereits eine ähnliche Organisation ge-

habt habe, wie in der Folge der platonische, eine Prüfung zu verlangen. S. 73 f. sind der Untersuchung über das Dämonium, ohne
Aenderung des Ergebnisses, einige weitere Erläuterungen beigefügt.
S. 96 ff. 121 f. veranlassten mich Krohn's und Teichmüller's Auf-
stellungen über Xenophon's Denkwürdigkeiten zu Erörterungen,
deren Ergebniss in einer Bestätigung ihrer Aechtheit und Glaub-
würdigkeit, der letzteren allerdings mit gewissen Einschränkungen,
besteht. S. 101 ff. 109 f. wird der Antheil des wissenschaftlichen
und des praktischen Interesses an Sokrates' Philosophie, S. 107 f.
die ihm von Neueren zugeschriebene Unterscheidung von ἐπιστήμη
und δόξα weiter untersucht. Der sokratische Eros wird S. 130 f.
nicht blos an einer späteren Stelle als in den früheren Ausgaben
besprochen, sondern auch mit der erziehenden Einwirkung des
Philosophen auf andere in eine engere Verbindung gebracht.
S. 136 f. bestreite ich den Versuch (Krohn, Fouillée, Chiappelli),
für Sokrates wenigstens in seinen jüngeren Jahren eine Beschäftigung mit anaxagorischer Physik wahrscheinlich zu machen; auch
Mem. IV, 7, 2 ff. möchte ich eher auf eine solche Kenntniss mathematischer und astronomischer Lehren beziehen, die er sich in
seiner späteren Zeit erworben hatte, um zu sehen, was diese Studien
an praktisch verwerthbarem Wissen zu bieten haben. S. 168 f.
wird (gegen Bernays) Sokrates' angeblicher Kosmopolitismus
noch eingehender als früher abgelehnt; S. 175 f. werden Xenophon's
Angaben über die sokratische Theologie gegen neuere Einwendungen vertheidigt. Für die Geschichte der gerichtlichen Verhandlungen gegen Sokrates ist S. 193 Hirzel's Abhandlung über
Polykrates dankbar benützt; S. 212 wird der Nachweis geführt,
dass seine Verbindung mit Alcibiades (trotz Isokr. Bus. 5)
Sokrates schon vor Gericht vorgeworfen worden war. Die Geschichte der sokratischen Schule gab, neben einzelnem Xenophon
betreffenden, S. 243 zu einer weiteren Erörterung über den Schuster
Simon und seine angeblichen Schriften Anlass. S. 251 ff. empfiehlt
sich mir nach wiederholter Prüfung die Annahme, dass Plato
Soph. 242 Bff. die Megariker im Auge habe; S. 258 f. wird
Stallbaum's und Apelt's Vermuthung, die Einwürfe gegen die
Ideenlehre im ersten Theil des Parmenides stammen von Euklides,

durch das von Bäumker nachgewiesene Vorkommen des τρίτος ἄνθρωπος bei einem Schüler Bryso's bestätigt und für die Geschichte der megarischen Schule benützt. Auf Euklides beziehe ich S. 260,1 auch Plato Rep. VI, 505B. Für den Abschnitt über die Cyniker sind neben anderen neueren Untersuchungen namentlich Dümmler's Antisthenica benützt, an die ich mich S. 296 ff. mit der Annahme anschliesse, dass schon Antisthenes den Stoikern in ihrem Materialismus vorangegangen sei, und Plato's Schilderung einer materialistischen Theorie im Theätet und im Sophisten ihm gelten. Wenn jedoch die Stoiker das Merkmal der Realität in der Fähigkeit fanden zu wirken oder zu leiden, so haben sie diese Bestimmung m. E. nicht Antisthenes sondern Plato entnommen; und ebensowenig folgt aus Theät. 191 Cff., dass schon Antisthenes die Wahrnehmung als einen Abdruck der Dinge in der Seele bezeichnete. Dagegen stimme ich Dümmler's Vermuthung bei, dass die Theät. 161 Bff. erhobenen und später ungenügend befundenen Einwendungen gegen Protagoras Antisthenes angehören. Auf ihn beziehe ich ferner fortwährend Plato Phil. 44 Bf. 51 A, und habe diese Ansicht S. 308f. gegen Hirzel und Natorp vertheidigt. Aristippus betreffend zeige ich S. 344f., dass Diog. II, 64. 84 kein Recht zu der Behauptung gibt, Panätius habe seine Schriften für unächt erklärt, und S. 352f., (vgl. Archiv I, 172ff.), dass Plato Phil. 31 Bff. 42 D. 53 Cff. Arist. Eth. VII, 12. 1152 b 12 f. auf ihn gehen; wogegen ich (S. 350) nicht glaube, dass die im platonischen Theätet Protagoras beigelegte sensualistische Theorie eigentlich Aristippus angehört. Ueber Plato's Leben und Lehre, namentlich aber über seine Schriften, ist in den letzten 15 Jahren so viel geschrieben worden, und meine eigenen Studien gaben mir so manches neue an die Hand, dass es schwer war, und vielleicht auch nicht gelungen ist, allem, was Berücksichtigung verdiente, innerhalb der Grenzen, die meiner Darstellung gezogen waren, gleichmässig Rechnung zu tragen. Aus „Plato's Leben" erwähne ich S. 399, 2, wonach mir eine besondere Abneigung Plato's gegen Demokrit unerweislich, seine Bekanntschaft mit demselben wenigstens für seine spätere Zeit unzweifelhaft zu sein scheint; S. 400, 3 den Nachweis, dass Plato's Abwesenheit an Sokrates'

letztem Lebenstag, nebst der Krankheit, die sie veranlasst haben
soll, wahrscheinlich eine Fiction ist; S. 404 ff. einiges was meiner
Ansicht über Plato's Aufenthclt in Megara und seine Reisen zur
Bestätigung dient; S. 415 f. 425 f. weitere Bemerkungen über die
platonische Schule und die ihr und ihrem Haupte von Neueren
zugeschriebene politische Parteistellung. In dem Abschnitt über
Plato's S c h r i f t e n, welcher die relativ grösste Erweiterung erfahren
hat, war es hauptsächlich die vielumstrittene Frage nach ihrer
Reihenfolge und ihrer Abfassungszeit, die eingehendere Auseinandersetzungen hervorrief; auf die Aechtheitsfrage bezieht sich
S. 441 f. eine weitere Erörterung über die Werthlosigkeit der Angabe, das Panätius die Aechtheit des Phädo bezweifelt habe;
S. 461, 5. 480, 2 die ausführliche Besprechung der Gründe, welche
das aristotelische Citat des Menexenus unsicher, seine Aechtheit
unwahrscheinlich machen; um vieler kürzerer Zusätze nicht zu
erwähnen [1]). Was nun die Abfassungszeit der Schriften betrifft,
so wird zunächst S. 488, 1 die Werthlosigkeit der meisten aus dem
Alterthum stammenden Angaben darüber an der immer wieder
benützten Aussage des Gellius (XIV, 3) über die Republik näher
nachgewiesen. Es erfährt ferner S. 490 f. 505 ff. 510 ff. die Untersuchung über die Brauchbarkeit der Merkmale, nach denen die
neueren Kritiker die Reihenfolge der Gespräche bestimmen zu
können geglaubt haben, eine bedeutende Erweiterung, indem sie
auf die verschiedenen seit dem Erscheinen der 3. Auflage in dieser
Richtung gemachten Versuche ausgedehnt wird. Mein Ergebniss
ist aber freilich, dass bis jetzt keiner von diesen Versuchen eine
zuverlässige Grundlage darbiete: dass die zeitgeschichtlichen Beziehungen platonischer Aeusserungen auch da, wo wir solche vermuthen müssen, sich verhältnissmässig selten mit einiger Wahrscheinlichkeit ausmitteln lassen; dass aus dem Theätet (142 C)
nicht geschlossen werden könne, Plato habe nach demselben keine
wiedererzählten Gespräche mehr verfasst, dass aber auch die
statistische Sprachvergleichung, so werthvoll sie auch ist, doch bis

---

[1]) Einer von diesen jedoch, 437, 1 Schl. beruht auf einem Irrthum, auf
den mich Herr L u c i e n H e r r in Paris aufmerksam gemacht hat: die von
M e n a n d e r π. ἐπιδεικτ. c. 6 Schl. angeführte Stelle steht Gess. II, 672 B.

jetzt auf zu unsicheren Voraussetzungen beruhe, an zu vereinzelten Beispielen durchgeführt sei, und zu wenig übereinstimmende Ergebnisse liefere, um über die Reihenfolge der platonischen Schriften das entscheidende Wort beanspruchen zu können. (Ich werde hierauf tiefer unten noch einmal zurückkommen.) Meine Ansicht über die Abfolge der einzelnen Gespräche hat sich mir bei erneuter Untersuchung bestätigt, und ich habe sie da und dort durch weitere Gründe gestützt; so S. 536 ff. 843, 3 hinsichtlich des Phädrus, S. 406, 1 hinsichtlich des Theätet, S. 544 f. vgl. 697 f. hinsichtlich des Sophisten, S. 547, 1. 548, 2 hinsichtlich der Priorität des Parmenides vor dem Philebus und des letzteren vor der Republik. Doch hat es mir (S. 541 f.) Siebeck wahrscheinlich gemacht, dass Meno und Gorgias dem Phädrus, nicht in demselben Masse Gomperz, dass der Gorgias dem Meno vorangeht. Der längst geäusserten, neuerdings wieder von Krohn, Teichmüller und besonders eifrig von Chiappelli verfochtenen Behauptung, dass Aristophanes in den Eklesiazusen die platonische Republik berücksichtige, bin ich S. 551 ff., Krohn's und seiner Nachfolger Zerstücklungshypothese S. 558 ff. entgegengetreten. Aus der Darstellung der platonischen Philosophie mögen als die erheblichsten neuen Zuthaten die folgenden angeführt werden. S. 572 ff. wird die Bedeutung der dialogischen Gedankenentwicklung für Plato, unter Bestreitung Joël's (vgl. Archiv I, 413 ff.) noch genauer als früher nachgewiesen. S. 590 f. vertheidige ich meine Auffassung der Abzweckung von Theät. 187 B—200 D gegen Bonitz; S. 605, 4 den platonischen Protagoras noch eingehender als früher gegen den Vorwurf eines Widerspruchs mit Plato's sonstigen Grundsätzen. S. 622 suche ich zu zeigen, wie die Mängel des induktiven Verfahrens bei Plato nicht blos mit denen der sokratischen Induktion, sondern auch mit der Hypostasirung der Begriffe zu transcendenten Ideen zusammenhängen. S. 647—652 werden die Erörterungen des Sophisten und des Parmenides über das Seiende nicht blos ausführlicher, sondern, wie ich hoffe, auch genauer wiedergegeben als in den früheren Auflagen; der Zweck des Parmenides wird hier, im Anschluss an Apelt und an meine eigenen früheren Erörterungen, in einer Auseinandersetzung mit Euklides, und der seines zweiten Theils im besondern in dem Nachweis gefunden, dass das Seiende nicht als eine alle Vielheit von sich ausschliessende Einheit gedacht werden könne. S. 661, 1 bestreite ich die von Steinhart und Jackson versuchte Beschränkung der Ideen auf einen Theil der allgemeinen Begriffe; S. 665, 4. 668, 3 Auffarth's, Jackson's und Krohn's Umdeutung der Ideen theils in subjektive Gedanken, theils in „natürliche Typen"; S. 671f. Lotze's Versuch, ihr Fürsichsein auf ihre unbedingte „Geltung" zurückzuführen. S. 678f. wird die Bestimmung, dass in jedem Begriff Sein und Nichtsein verknüpft sei, etwas weiter in ihre logischen Motive verfolgt, dagegen (675, 1) ein Zusammenhang derselben mit Demokrit abgelehnt. Die Untersuchung über die Causalität der Ideen und die sie betreffenden Erörterungen des Sophisten und des Philebus liegt S. 686—698 in neuer Bearbeitung, auch inhaltlich da und dort modificirt vor. Plato's Lehre von der Materie (S. 719—744) bot vielfache Veranlassung, meine Auffassung derselben zu vertheidigen und zu erläutern; die Frage, woher die Weltseele ihre Bewegung hat, wird 774, 2 untersucht. Der Sinn und die Bedeutung des platonischen Unsterblichkeitsglaubens wird S. 825ff. durch einige weitere Bemerkungen erläutert, welche sich theils gegen neuere Umdeutungen richten, theils den Zusammenhang dieses Dogmas mit den übrigen Theilen des Systems, die Anamnesis und die jenseitige Vergeltung betreffen. Die Darstellung der Psychologie (S. 843ff.) hat bald im Anschluss an neuere Bearbeitungen derselben bald im Widerspruch gegen sie Erweiterungen erfahren, welche sich hauptsächlich auf die Fragen über die Theile der Seele und über die Willensfreiheit beziehen. Die Untersuchung über die platonische Zahl (S. 857ff.) konnte mit Rücksicht auf Susemihl's Behandlung dieses Gegenstandes (Arist. Politik. 1879. II, 369ff.) etwas verkürzt werden; um so mehr bemühte ich mich, was sich darüber sagen lässt, möglichst sicherzustellen. Plato's Ethik (S. 867ff.) gab nur zu wenigen Zusätzen Anlass; etwas mehr bringt deren der Abschnitt über die Staatslehre des Philosophen (S. 892ff.); da sich aber auch diese auf die Vertheidigung und Erläuterung einzelner Punkte beschränken, kann ich hier ebenso von ihnen absehen, wie aus demselben Grunde von denen, welche sich Kap. 10 (Plato's Verhältniss zur Religion und zur Kunst) finden. Auch die Untersuchung über die spätere Form der platonischen Lehre (S. 946 ff.) ist unverändert geblieben, und der Bericht über den Inhalt der Gesetze (951 ff.) nur um die Erörterung über die „nächtliche Versammlung" und die sie betreffenden Stellen, S. 967, 2, vermehrt worden. Dagegen wurde S. 978 ff. die Frage über die Integrität der Gesetze auf's neue besprochen und es wurde im Anschluss an I. Bruns und in weiterer Verfolgung früherer Bemerkungen wahrscheinlich gefunden, dass der Herausgeber nicht blos platonische Bruchstücke ungeschickt combinirt, sondern sich auch eigene, inhaltlich nicht gleichgültige, Zusätze erlaubt hat. Die Geschichte der platonischen Schule (S. 982—1049) gab nur zu kleineren Ergänzungen Anlass; in der Erörterung über die rechtliche Stellung des akademischen Vereins hätte 986, 1 auch Heitz (O. Müller's Geschichte der gr. Litt. II b, 161 ff.) genannt werden sollen.

Siebeck, H. Untersuchungen zur Philosophie der Griechen. Freiburg i. B. Mohr. 1888. 279 S.

Auch hier handelt es sich um die zweite Auflage eines Werkes, welches den Fachgenossen schon längst (seit 1873) bekannt ist; dasselbe hat jedoch eine solche Bereicherung erfahren, dass mehr als ein Drittheil seines jetzigen Inhalts zu dem früheren neu hinzugekommen ist. Von den vier Abhandlungen, welche die 1. Ausgabe enthielt (über Sokrates' Verhältniss zur Sophistik; Plato's Lehre von der Materie; Aristoteles von der Ewigkeit der Welt; den Zusammenhang der aristotelischen und stoischen Naturphilosophie) ist in der 2. die vorletzte beseitigt worden. Dagegen sind drei seitdem in Zeitschriften erschienene Arbeiten neu hinzugekommen: Nr. III: „Zur Chronologie der platonischen Dialogen" (S. 107—151. 253—274); IV: „Zu Aristoteles" (152—180); V: „Zur Katharsisfrage" (163—180). Unter den älteren Stücken sind mir nun in Nr. I (Sokr. u. Soph.) nur unerhebliche Zusätze oder Weglassungen begegnet. Auch Nr. II, Plato's Lehre von der Materie, hat nur wenige Erweiterungen erfahren, und das Ergebniss dieser Untersuchung ist, wie früher, in allem wesentlichen mit dem meinigen in

Uebereinstimmung geblieben. Wenn jedoch Verfasser S. 72, 1 die
Ansicht äussert, die Idee des Guten sei als höchste αἰτία der göttlichen Vernunft übergeordnet, so scheint mir ausser allem andern
auch aus Phileb. 22 C hervorzugehen, dass Plato vielmehr mit
beiden Begriffen ein und dasselbe absolute Wesen bezeichnen
will und je nach dem Gesichtspunkt, unter dem es sich uns darstellt, den einen oder den anderen Ausdruck wählt. Vgl. Ph. d.
Gr. II a⁴, 709 ff. Dass die Worte des Aristoxenus: καὶ τὸ πέρας
ὅτι ἀγαθόν ἐστιν ἕν nicht so erklärt werden können, wie diess
S. 69,1 geschieht, habe ich schon a. a. O. S. 578³ (692⁴) gegen
Rettig bemerkt, und dieser selbst hat es inzwischen eingeräumt.
Die letzte von den sechs Abhandlungen: „die Umbildung der
peripatetischen Naturphilosophie in die der Stoiker" ist gleichfalls
fast unverändert geblieben. Zu dem, was m. E. einer Revision
bedurft hätte, gehört die Angabe (S. 241), dass Gott bei Aristoteles
die einzige immaterielle und ewige Substanz sei, und die Bemerkung S. 222, 2 über die Stelle des Clemens Protrept. 44 A, welche
Aristoteles die Annahme einer Weltseele zuschreibt; denn es handelt sich hier, wie Diels Doxogr. 130 f. gezeigt hat, um ein Missverständniss, dessen Anlass wir nicht in dem Inhalt der aristotelischen Gedanken, sondern in einem Uebersetzungsfehler (ψυχὴ
statt νοῦς für Cicero's *mens*) zu suchen haben. Ebensowenig kann
in der epikureischen Aussage bei Cic. N. D. I, 13 (mit S. 225) ein
wirkliches Zeugniss über Theophrast's Lehre gesehen werden.
Weiter will ich aber auf diese ältere Arbeit, deren Werth ich nicht
verkenne, hier nicht eintreten, und nicht untersuchen, ob Zeno dem
Aristoteles in derselben nicht doch etwas zu nahe gerückt wird.
Jüngeren Datums sind die drei übrigen Stücke, unter welchen die
1885 zuerst erschienene Abhandlung „Zur Chronologie der platonischen Dialogen" (Nr. III, S. 107—151) nebst zwei neueren Nach-
trägen zu derselben (S. 253—274) nach Umfang und Bedeutung
die erste Stelle einnimmt. Vf. verfolgt in dieser Abhandlung den
Zweck, „aus Plato's Werken bestimmtere Citate seiner eigenen
Schriften herauszuerkennen" und für die Chronologie derselben zu
verwerthen (S. 108 f.); und er fasst hiefür theils die Fälle in's Auge,
in denen ein Gespräch auf ein früheres, theils die, in denen es auf

ein späteres Bezug nimmt. Hinsichtlich der ersteren ist er nun
mit mir und andern darüber einig, dass Rep. X, 611 A f. der Phädo,
Phädo 72 Ef. der Meno, Gess. V, 739 Bf. IV, 709 Eff. die Republik citirt werde, während er die, wie mir scheint unverkennbare
(Ph. d. Gr. II a⁴, 548 f. nachgewiesene) Berücksichtigung des Philebus in der Republik nicht anerkennt; andererseits habe ich ihm
a. a. O. 541, 1 eingeräumt, dass Phädr. 260 E f. auf Gorg. 462 B ff.
zurückweise.   Noch mehr Gewicht legt aber S. auf die Fälle, in
denen ein Gespräch in einem andern zum voraus angekündigt
werde; und in diesem Theil seiner Untersuchung hat er mich, so
weit dieselbe über die bisherigen Annahmen hinausführt, nur zum
kleinsten Theil überzeugt.   Zunächst nämlich kann ich ihm die
Voraussetzung (S. 122f.) nicht einräumen, dass Plato, wenn er eine
Erörterung mit einem εἰσαῦϑις σκεψόμεϑα oder einer ähnlichen
Wendung abbricht, dabei immer auf „einen erst für die Zukunft,
aber mit Bestimmtheit in Aussicht gestellten Dialog" hindeute. In
Stellen, wie Prot. 361 E. Meno 99 E. Gorg. 447 C. 449 B. Phileh.
33 B, ist das „ein andermal" lediglich eine höflichere Form der
Ablehnung; ob es in anderen Stellen neben der Anerkennung, dass
eine weitere Erörterung wünschenswerth sei, auch die Absicht ausdrückt, auf den Gegenstand wieder zurückzukommen, ob sich ferner
diese Absicht, wenn sie vorhanden war, auf eine schriftliche Darstellung bezog, oder nur überhaupt eine weitere Besprechung in
Aussicht gestellt werden soll, die aber auch eine mündliche sein
konnte, und nach Phädr. 276 A ff. jedenfalls auch eine solche sein
musste, ob endlich die Absicht einer weiteren schriftlichen Erörterung, falls sie bestand, auch in einer unserer platonischen Schriften
ausgeführt worden ist, auf alle diese Fragen lässt sich nicht
allgemeingültig, sondern immer nur nach den Anhaltspunkten antworten, die uns der einzelne Fall an die Hand gibt. Diese scheinen
mir aber nur zum kleinsten Theil von der Art zu sein, dass sie
uns zu der Behauptung berechtigten, Plato wolle in einem seiner
früheren Gespräche ein späteres ankündigen. Für die Trilogie des
Sophisten, Staatsmanns und Philosophen, die Tetralogie des Staats,
Timäus u. s. f. steht die Sache freilich ausser Zweifel, und ebensowenig wird man sie für den Theätet im Verhältniss zum Sophisten

bestreiten dürfen. Aber dass Rep. VII, 532 D) auf Unter.uchungen
hingedeutet werden soll, „wie sie im Sophisten und im Philebus
vorliegen" (S. 118), ist schon deshalb nicht wahrscheinlich, weil
gerade das, was a. a. O. zunächst in Frage steht, die Art der dialektischen Erhebung zur Idee, dort lange nicht so deutlich und
ausdrücklich erörtert wird, wie hier. Wenn daher Glaukon dem
Sokrates sagt, er nehme seine Aeusserungen zwar an, hoffe aber
später noch mehr darüber zu hören, so soll dies m. E. zwar darauf
hinweisen, dass das, was hier in kurzen Zügen skizzirt ist, seine
vollständige Erläuterung nur in dem ganzen Zusammenhang der
platonischen Lehre finden könne; dass dagegen Plato in weiteren
Schriften darauf zurückzukommen beabsichtigte und diese Absicht ausgeführt hat, folgt nicht daraus. Von Polit. 285 A und
Theätet. 206 A f. räumt Vf. (S. 119 f.) selbst ein, dass eine „Vorausdeutung" dieser Stellen auf den Philebus sich nicht erweisen
lässt. Bestimmter sieht er (S. 120) im Laches 190 C den Protagoras angekündigt; ich kann dies nicht finden. Ebensowenig hatte,
wie ich glaube, einer von den ersten Lesern des Protagoras Anlass,
bei 355 f. und 361 E an beabsichtigte schriftliche Fortsetzungen der
dortigen Untersuchungen zn denken; so glaublich es auch ist, dass
sich Plato (wie S. 124 bemerkt wird) an beiden Stellen anders
ausgedrückt hätte, wenn der ersten Polit. 283 D ff., der zweiten
Meno und Gorgias vorangegangen waren. Aus Tim. 38 E schliesst
Vf. mit Susemihl, Plato habe in einem späteren Gespräch, wahrscheinlich dem Hermokrates, seine astronomische Theorie ausführlicher darlegen wollen. Aber das Astronomische kann nach 27 A
nur dem Timäus, nicht dem Hermokrates und dem von ihm zu
behandelnden Thema zufallen, jener könnte auch 38 E schicklicher
Weise kein Versprechen geben, das dieser einzulösen hätte. Es
liegt daher am Tage, dass die Bemerkung, „hierüber werde vielleicht (ἴσως τάχ' ἄν) später einmal eingehender gesprochen werden", nicht das Versprechen, dies zu thun, in sich schliesst, sondern nur das Mittel ist, eine solche weitere Erörterung an diesem
Ort abzulehnen. Ebenso klar ist dies Charm. 169 D, wenn Sokrates hier, ἵνα ὁ λόγος προίοι, zu Kritias sagt, sie können ja die
Möglichkeit einer ἐπιστήμη ἐπιστήμης vorläufig zugeben; αὖθις δὲ

ἐπισκεψόμεθα εἴτε οὕτως ἔχει εἴτε μή. Wird diese Frage auch Theät. 200 B wieder berührt, so geschieht dies doch viel zu flüchtig, als dass man Plato die Absicht zuschreiben dürfte, die im Charmides zurückgestellte allgemeine Erörterung derselben an diesem Orte zu geben: es ist ein Zusammentreffen, wie es sich gerade bei Plato oft ganz ungesucht ergeben musste, aber dass er während der Ab-fassung des Charmides sich schon mit dem Plan zum Theätet trug, kann man daraus nicht schliessen. Soll ferner Polit. 263 A mit dem ταῦτα δὲ εἰσαῦθις ... μέτιμεν auf Phil. 16 ff. vorausgedeutet werden (S. 125), so steht dem entgegen, dass die Frage, auf welche diese Worte sich beziehen, die Verschiedenheit von γένος und μέρος, im Philebus gar nicht untersucht wird. Noch weniger vermag ich (mit dem Vf. S. 126) Rep. IV, 430 C eine „Vorausdeutung" auf den Laches zu entdecken, der mit seinem negativen Resultat keinen-falls für die Ergänzung dessen gelten könnte, was a. a. O. ungleich inhaltsvoller über das Wesen der Tapferkeit gesagt ist. Das αὖθις δὲ περὶ αὐτοῦ ... ἔτι κάλλιον δίιμεν geht vielmehr auf S. 441 Cff., wo der ἀνδρεία πολιτικὴ (430 C), d. h. der Tapferkeit des Gemein-wesens, die des Einzelnen zur Seite gestellt wird, und diese zweite Besprechung heisst deshalb eine noch schönere, weil sie die Tapferkeit ihrem inneren Wesen und ihrer psychologischen Begrün-dung nach schildert. Wenn daher Siebeck (127. 139 ff.) der Mei-nung ist, Rep. I—IV, 444 E müssen vor dem Laches und mit diesem vor dem Protagoras verfasst sein, so verliert diese in seine Ansicht über die Reihenfolge der platonischen Schriften tief ein-greifende Annahme durch eine richtigere Beziehung von Rep. 430 C sofort ihren Boden. Auch das kann ich nicht finden, dass Rep. X, 607 A im Widerspruch mit dem früheren alle Poesie aus dem Staate verbannt werde (S. 143), es wird hier vielmehr nur die-jenige verworfen, welche dem blossen Genuss dient (die ἡδυσμένη Μοῦσα), Hymnen und Enkomien dagegen werden ausdrücklich zu-gelassen; ebensowenig steht X, 600 E mit III, 392 D ff. im Wider-spruch: alle Poësie ist Nachahmung der Erscheinung, aber sie be-dient sich dafür (nach B. III) verschiedener Darstellungsformen; beanstandet endlich Vf. S. 144 die Angabe X, 612 C: ὑμεῖς γὰρ ἡγεῖσθε u. s. w., so scheint sie mir, da es sich hier nur um eine

kurze Erinnerung an das frühere handelt, durch II, 365 C. 366 E.
367 C. E vollkommen gerechtfertigt zu sein. — Vom Phädrus
sucht Vf. S. 130 ff. nachzuweisen, dass er die Sophistenrede des
Isokrates berücksichtige, und somit um 390 geschrieben sei. Ich
meinerseits glaube mit Usener vielmehr den Phädrus in der Sophistenrede berücksichtigt, und halte es für ganz undenkbar, dass
Plato dem Rhetor nach dem Erscheinen dieser mit gegen ihn
selbst gerichteten Kriegserklärung das Lob noch ertheilt hätte,
das ihm am Schluss des Phädrus gespendet wird. Zwischen
§ 12 f. der Sophistenrede und Phädr. 275 C f. scheint mir überhaupt keine Beziehung stattzufinden, da sich jene Paragraphen weder auf die schriftstellerische Thätigkeit noch auf die
Philosophen beziehen; wenn Isokr. § 2 die letzteren tadelt, dass sie
Zukünftiges zu kennen glauben, so geht dies nach § 3. 7 nicht
auf „logische Tendenzen“ zur Gewinnung einer Theorie der Induktion (Sieb. 137 f.), sondern auf das Versprechen, ihre Schüler
glücklich zu machen. Auf Grund der bisher besprochenen Untersuchungen setzt nun S. den Meno um 395, Rep. I 394 an und
lässt hierauf Rep. II—IV, Lach. Prot. Gorg. Phädr. Rep. V—IX.
Menex. Symp. (385) Theät. (nach 374) Soph. Polit. Phileb. Parm.
Gess. in dieser Ordnung folgen. Zur Unterstützung dieser Annahmen dienen ihm (neben einer Auseinandersetzung mit Pfleiderer,
S. 266 ff., die ich hier übergehen darf) einige sprachstatistische
Beobachtungen (S. 253 ff.), welche sich auf die Frage- und Antwortsformeln beziehen. Indessen hat das, was er in dieser Bezie-
ziehung beibringt, keine grosse Beweiskraft. Von 100 direkten
Fragen werden in den Gesetzen 28 mit ἆρα eingeführt, Soph. 27,
Pol. und Phil. 29, Rep. nur 19. Aber in der Rep. selbst hat das
X B. einen kleineren Procentsatz der ἆρα (19) als B. V—IX (20),
und diese einen kleineren als B. II—IV (23), und unter den übrigen Schriften steht eine so frühe wie der Lysis (23) dem Parmenides (24), der nach S. dem Philebus gleichaltrig wäre, nahezu
gleich, und der Theätet (17), den er so weit herabrückt, wird nicht
blos von ihm und von der Rep., sondern auch vom Phädo (19),
Krat. (19), und Prot. (19) übertroffen. Da fehlt es doch gerade
an dem einzigen, worauf ein Schluss auf die Abfassungszeit der

Schriften gegründet werden könnte: an der stetigen Zu- oder Abnahme im Gebrauch eines Ausdrucks. Nicht anders verhält es sich
in einem zweiten Fall, den S. anführt. Auf 100 S. Herm. finden
sich in den Gess. 6, 23 (nach Ritter 6, 95) μῶν, Soph. 13, 41
(R. 14, 63), Pol. 9, 64, Phil. 10, 94 (R. 11, 49), Rep. nur 1, 26.
Aber was kann man daraus schliessen, wenn man sieht, dass der
Meno und Euthydem (mit je 6, 66) in der Häufigkeit der μῶν den
Gess. gleichstehen, der Theätet (3, 96) weit hinter ihnen zurückbleibt, dem Parmenides dieses Fragewort ganz fehlt, während andererseits Soph. Pol. Phil., die dem Parm. und den Gess. unmittelbar vorangehen sollen, alle andern Gespräche in seinem Gebrauch
so weit übertreffen? Weiter bemerkt S. (259 ff.), wenn Plato die
Antworten bald problematisch (ἔοικεν und ähnliches) bald asser-
torisch (φημί u. s. w.) bald apodiktisch (ἀνάγκη u. dgl.) ausdrücke,
so zeige sich, „dass der Gebrauch der problematischen Ausdrücke
mit der Zeit entschieden zu Gunsten der apodiktischen zurückgetreten sei". Allein seine eigene Zusammenstellung beweist, wie
unmöglich es ist, die Aufeinanderfolge der Gespräche nach diesem
Merkmal zu bestimmen. Berechnet man nämlich auf Grund derselben
das Verhältniss der apodiktischen Bejahungen zu den problematischen in den Gesprächen, welche nach diesem Masstab die spätesten sein müssten, so erhält man auf je 100 problematische Bejahungen an apodiktischen: im Theät. 246; Parm. 306; Gorg. 328;
Polit. 371; Euthyd. 375; Phädo 415; Phädr. 420; Soph. 451; Gess.
452; Rep. 474; Phil. 619. Diese Reihenfolge stimmt weder mit
der von S. angenommenen noch mit irgend einer anderen denkbaren auch nur annähernd überein. In der Republik allerdings
ist der Unterschied der späteren Bücher gegen die früheren ein
auffallender (B. I hat auf 100 problematische Bejahungen 188 apo-
diktische, B. II—IV 341, B. V—IX 673, B. X 980); aber wer deshalb diese Theile des Werkes in verschiedene Sprachperioden verlegen wollte, der müsste hieraus auch die weiteren Consequenzen
ziehen, die Gesetze für älter erklären als Rep. V—X und Philebus
u. s. w. Macht S. endlich auch noch die verschiedene Häufigkeit
der Antwortsformeln τί μήν; und ἔγωγε geltend, so werde ich über
jenes sofort (S. 680) sprechen; ἔγωγε (bezw. ἔμοιγε), dessen selteneres

Vorkommen ein Anzeichen späterer Abfassung sein soll, findet sich nach Siebeck's eigener Angabe (S. 262) im X B. der Republik verhältnissmässig ebenso oft als im I, und häufiger als B. II—IV. V—IX und Prot.; im Theät., den er so spät setzt, doppelt so oft, als Prot. und Rep., und im Phädrus, den er doch auch nicht über 390 herabrückt, fehlt es gänzlich. Auch dieses Merkmal ist somit unbrauchbar. — Von den noch übrigen Theilen unserer Schrift bespricht Nr. IV „Zu Aristoteles" (S. 152—162 aus Bd. XL des Philologus) die Stellen De an. II, 7. 418 b 4. III, 2. 425 b 17. IH, 4. 429 b 16. De memor. 2. 452 a 17 ff. (vgl. Freudenthal Arch. II, 5 f.) Anal. post. II, 19. 99 b 20, und macht dabei namentlich auf den Zusammenhang zwischen Aristotelischem und Platonischem aufmerksam. In Nr. V „Zur Katharsisfrage" (S. 163—180, v. J. 1882) will Vf. die κάθαρσις τῶν παθημάτων nicht als Befreiung von Affekten, sondern als Reinigung der Affekte aufgefasst wissen (was mir aber doch für den aristotelischen Sprachgebrauch zweifelhaft ist); die sachlich wichtigere Frage, wie sich Arist. diese Reinigung bewirkt denkt, beantwortet er dahin, dass „der Affect, indem er aufgeregt wird und sich ausleben darf, doch auch zugleich einer ästhetisch-künstlerischen Beeinflussung durch die Eigenschaften des Geschauten unterliege"; was in ansprechender und durchdachter Erörterung weiter ausgeführt wird.

· Unter den Arbeiten über einzelne Philosophen bespricht Sokrates:

Ogórek, J. Sokrates im Verhältniss zu seiner Zeit. Lemberg 1888 (Selbstverlag) 188 S.

Was uns hier geboten wird, sind Vorträge vor einem grösseren Kreise; und von solchen lassen sich im allgemeinen keine neuen Forschungen erwarten, namentlich wenn der Vortragende bei seinen Zuhörern so geringe Vorkenntnisse voraussetzen zu dürfen glaubt, wie dies hier der Fall zu sein scheint. Zeigt sich daher der Verfasser auch mit den Quellen, denen wir unsere Kenntniss des Sokrates verdanken, wohl vertraut und in der neueren Litteratur über ihn und seine Zeit belesen, so wird doch der Fachmann seinem Buche kaum etwas Neues entnehmen können.

Es soll dies an sich kein Tadel sein; es ist vielmehr viel besser, sich in populärwissenschaftlichen Schriften an das Gesicherte zu halten, statt ohne ausreichenden Beweis (wie man in diesem Fall muss) Neues zu bringen. Allerdings hätte aber der Verfasser auch innerhalb der Aufgabe, die er sich gestellt hatte, vollkommeneres leisten können, wenn er in seinen Schilderungen das bedeutende und geschichtlich wichtige voller ins Licht zu stellen, das ausserwesentliche auf einen engeren Raum zu beschränken gewusst hätte; wenn er ferner unzuverlässigen Berichten der Alten und unsicheren Vermuthungen der Neueren grösseres Misstrauen entgegengebracht; wenn er sich endlich einer geschmackvolleren Darstellung und eines reineren Deutsch befleissigt hätte.

Eine neue Erklärung des sokratischen Dämonium verheisst

DU PREL, C. Die Mystik der alten Griechen. Leipzig, Günther, 1888. S. 121—170.

·Das Mittel dazu ist die „transcendentale Psychologie". Ihr verdankt der Verfasser die Erkenntniss, dass „unser irdisches Wesen nur die Hälfte unseres eigentlichen Wesens ist, dessen andere Hälfte für uns transcendental bleibt" (S. 136), dass aber dieses „transcendentale Subjekt" (was muss sich der gute Kant nicht alles gefallen lassen!) doch auch in manchen Fällen, wie im Traum, Somnambulismus, Spiritismus u. s. w., in das irdische Bewusstsein herübergreift, und dass in solchen Uebergriffen auch das dämonische Zeichen des attischen Philosophen bestand. Ob sich diese Erklärung auf das sokratische Dämonium anwenden liesse, wenn sich dieses in der Weise bethätigt hätte, wie Verfasser es sich vorstellt, kann hier deshalb ununtersucht bleiben, weil er sich schon von dem Thatbestand, den er erklären will, ein ganz falsches Bild macht. Mit den authentischen Mittheilungen Xenophon's und Plato's stehen für ihn so apokryphe Berichte, wie die des I. Alciblades und des Theages, auf Einer Linie; denn wenn der letztere — bemerkt er S. 149 scharfsinnig — auch nicht ächt sei, so müsse man einem Autor doch glauben, dessen Schrift einem Plato so lange zugeschrieben wurde. Den Scherz im Euthydem 272 E nimmt er für baare Münze und aus Symp. 175 C schliesst er

(S. 147) alles Ernstes auf eine physische „Gedankenübertragung".
Plutarch De genio Socratis ist ihm eine Geschichtsquelle ersten
Ranges, und zu den Eideshelfern, die er für seine Theorie herbei-
holt, gehört neben dem Buch Tobia und Virgil, Cardanus und der
Seherin von Prevorst und vielen anderen, auch Defoe's Robinson.
Wer in seiner historischen Kritik über diesen Stand der Unschuld
hinaus ist, kann zum Verständniss des Sokrates mit der gemeinen
Psychologie auskommen und die transcendentale entbehren.

Ueber die kleineren sokratischen Schulen liegt mir nichts
vor. Plato betreffend nenne ich zunächst:

RITTER, CONST. Untersuchungen über Plato. Stuttg., Kohlhammer.
  1888. VIII u. 187 S.

Von den zwei Abhandlungen, welche diese Schrift enthält,
bespricht die zweite (S. 143 ff.): „Gedankengang und Grund-
anschauungen von Plato's Theätet", indem sie eine klare Uebersicht über den Inhalt und Gang dieses Gesprächs gibt, und S. 168 ff.
einige weitere Erläuterungen beifügt. Doch ist dieses, vom Verfasser selbst in einen Anhang verwiesene Stück von geringerer
Bedeutung; dem gegenüber, was es S. 177 ff. von dem Zweck der
Aporieen hinsichtlich der δόξα ψευδής (Th. 187 Bff.) sagt, glaube
ich an meiner Auffassung dieses Abschnitts (Ph. d. Gr. II a⁴, 590 f.)
festhalten zu dürfen. Viel ausführlicher und wichtiger ist die
erste Abhandlung, welche die Aechtheit und die Chronologie der
platonischen Schriften auf dem von Dittenberger zuerst be-
schrittenen Wege der sprachstatistischen Vergleichung auszumitteln
unternimmt. Sein Ergebniss fasst R. selbst S. 127 f. dahin zusammen: Wir haben drei zeitlich getrennte Gruppen platonischer
Schriften zu unterscheiden. Die erste umfasst diejenigen, welche
theils vor, theils in den 15 Jahren nach Sokrates' Tod verfasst
sind; zu jenen rechnet R. Lach. Hipp. I und II, Charm., Prot.,
Euthyd., Krat.; zu diesen: Apol., Krito, Euthyphro, Gorg., Meno,
Phädo, Menex., Gastmahl. Eine eigene Schreibweise haben die
Gespräche der zweiten Gruppe: Theätet, Phädrus und Republik.
Verfasser lässt diese (S. 54. 128) nach einer längeren Pause in
Plato's schriftstellerischer Thätigkeit in dem Zeitraum entstehen,

den seine zweite sicilische Reise begrenzt; der Theätet, glaubt er, sei um 370, der Phädrus etwas später, keinenfalls aber vor 375, und beide seien in denselben Jahren geschrieben worden, in denen Plato an der Republik arbeitete. Eine dritte Klasse platonischer Schriften, aus der letzten Lebensperiode des Philosophen, bilden, wie schon Dittenberger annahm, der Sophist, welcher höchstens zwischen der zweiten und dritten sicilischen Reise verfasst sein soll, und die nach der letzteren niedergeschriebenen Werke: Polit. Phileb. Tim. Kritias, Gesetze. Auch hier findet aber R. (S. 48 ff.) die Annahme nöthig, dass der Philebus den ersten Büchern der Gesetze gleichzeitig sei oder unmittelbar vorangehe, der Timäus gleichzeitig mit der zweiten Hälfte der Gesetze geschrieben, die Vollendung des Kritias ebenso, wie die der Gesetze, durch Plato's Tod verhindert worden sei. Den Lysis und den Parmenides erklärt er für unächt.

Die Begründung dieser Annahmen beruht bei R., wie bemerkt, fast ausschliesslich auf statistischen Erhebungen über den Sprachgebrauch der einzelnen Schriften; nur eine nachträgliche Vertheidigung ihrer Ergebnisse enthalten die weiteren Bemerkungen S. 112 ff. Folgen wir ihm nun zunächst auf das von ihm gewählte Untersuchungsfeld, so verdient der Fleiss, die Geschicklichkeit und die Genauigkeit, womit er bei der Sammlung und Zusammenstellung des sprachstatistischen Materials verfahren ist, eine rückhaltlose Anerkennung. Die Arbeit des Verfassers übertrifft alle ihre Vorgängerinnen in dieser Hinsicht an Reichhaltigkeit; und auch für die Verwerthung dieses Materials finden wir bei ihm neue beachtenswerthe Gesichtspunkte. Er sieht nämlich das bezeichnendste Merkmal für die chronologische Abfolge der platonischen Schriften in dem Gebrauch der verschiedenen Frage- und Antwortsformeln; und um die Durchschnittszahl für das Vorkommen jeder Formel in einer gegebenen Schrift zu bestimmen, theilt er die Zahl ihres Vorkommens nicht mit der Seitenzahl dieser Schrift, sondern mit der Gesammtzahl der „formelhaften Antworten", die sich in ihr finden; so dass z. B. die Republik, in der auf 318 S. 35 τί μήν vorkommen, zu den Gesetzen, welche deren auf 417 S. 48 haben, im Gebrauch dieser Formel sich nicht verhalten soll, wie 10, 69 : 11, 51, sondern

wie 2, 78 : 8, 45, weil die Gesammtsumme der Antwortsformeln
in jener 1260 beträgt, in diesen nur 568. Indem nun Verfasser
die relative Häufigkeit der verschiedenen Antwortsformeln nach
diesem Masstab, die vieler anderen Ausdrücke nach den Seiten-
zahlen bestimmt, findet er (S. 32f.), dass unter etwa 40 von ihm
zusammengestellten sprachlichen Erscheinungen, die „zum überwiegenden Theile" dem Soph. Pol. Phileb. und „so weit dort Raum
dazu ist", auch dem Timäus und Kritias mit den Gesetzen gemein
sind, 24 auch in der Rep. vorkommen, 20 im Theätet, 18 im
Phädrus, während uns in den übrigen Gesprächen nur die wenigsten
derselben, oft nur eine oder zwei begegnen; und er glaubt dadurch
zunächst seine Unterscheidung der drei Gruppen hinreichend gerechtfertigt zu haben. Mir, ich gestehe es, hat er weder durch
diese, noch durch seine weiteren Erörterungen die Bedenken benommen, welche ich den bisherigen Versuchen, die Reihenfolge
der platonischen Schriften ausschliesslich oder doch überwiegend
nach sprachstatistischen Merkmalen zu bestimmen, (zuletzt Ph. d.
Gr. IIa, 512ff.) entgegengestellt habe; und er hat mich weder von
der Unfehlbarkeit seiner Methode noch von der Sicherheit seiner
Ergebnisse so ausreichend überzeugt, dass ich den apodiktischen
Ton gerechtfertigt fände, in den er dann und wann verfällt. Diese
Anwendung der Sprachstatistik auf die platonischen Schriften beruht auf der Voraussetzung: wenn sich Schriften desselben Verfassers in ihrer Ausdrucksweise so erheblich unterscheiden, dass
diese Unterschiede nicht für zufällig gehalten werden können, so
müssen dieselben auf eine Aenderung im Sprachgebrauch des
Schriftstellers zurückgeführt, und somit die Schriften, zwischen
denen sie sich finden, verschiedenen Perioden seines Stils zugewiesen werden. Aber woran lässt sich erkennen, welche Sprach-
unterschiede nur von dieser, welche von anderen Ursachen herrühren können? denn „zufällig" im strengen Sinn ist überhaupt
keine solche Erscheinung, so möglich es auch ist, dass ihre
Gründe zu verwickelt, ihre äusseren und inneren Veranlassungen
zu individueller Art sind, um auf dem einzigen hier zulässigen
Wege, dem der Hypothese, von uns aufgefunden werden zu
können. Und wie verhalten sich die platonischen Schriften zu

einander nicht blos hinsichtlich einzelner, wenn auch verhältnissmässig zahlreicher, Wörter und Wendungen, sondern hinsichtlich ihres ganzen Sprachgebrauchs? Die erste von diesen Fragen
liesse sich nur durch eine umfassende Induktion einigermassen
befriedigend beantworten: es müssten von einer Reihe von Schriftstellern Werke, deren Abfassungszeit genau bekannt ist, sprach-
statistisch untersucht, und es müsste dadurch so weit als möglich ermittelt werden, ob und an welchen Merkmalen das Spätere
sich von dem Früheren auf diesem Weg unterscheiden lässt. So
lang es an sicheren Kriterien hiefür fehlt, schweben alle Vermuthungen über die Reihenfolge der platonischen Schriften, deren
alleinige oder hauptsächlichste Grundlage die Sprachstatistik ist,
mehr oder weniger in der Luft. Auch die zweite Frage bedarf
aber zu ihrer endgültigen Beantwortung eines umfassenderen Apparats, als er auch nach des Verfassers mühsamen und dankenswerthen Ermittlungen bis jetzt vorliegt. Nur eine vollständige,
auch das Grammatische, Syntaktische und Stilistische umfassende
Bearbeitung der platonischen Sprach- und Darstellungsweise in den
verschiedenen Schriften könnte der Aufgabe genügen, wie schon
Ph. d. Gr. a. a. O. bemerkt ist. Eines der werthvollsten Hülfsmittel,
sowohl für diese als für andere Untersuchungen, wäre ein neues,
dem Stand und den Bedürfnissen der heutigen Platophilologie ent-
sprechendes Lexicon Platonicum, und es wäre höchst anerkennens-
werth, wenn der Verfasser, dem bereits so schöne Vorarbeiten hiefür zu Gebote stehen, einige Jahre einer solchen Arbeit widmen
wollte. Denn wenn sich überhaupt auf dem Wege der Sprachstatistik etwas erreichen lässt, so kann dies nur durch eine allseitig erschöpfende Untersuchung des platonischen Sprachgebrauchs
geschehen; dagegen lassen sich jeder auf partielle Beobachtungen
ruhenden Theorie über die Reihenfolge der platonischen Schriften
nicht blos aus anderen, sondern auch aus dem sprachstatistischen
Gesichtspunkt selbst Bedenken entgegenstellen, die sie wirklich zu
widerlegen nicht im Stand ist. Ich habe dies anderswo an den
Vorgängern des Verfassers nachgewiesen; ich will es auch an
seinen Ergebnissen, so weit mir hier möglich ist, nachzuweisen
versuchen.

Unter 100 von den Antwortsformeln, auf welche R. für seine
Anordnung das Hauptgewicht legt, kommen auf Ναί im Gorg.
19, 64; Soph. 14, 92; Theät. 12, 56; Polit. 11, 15; Phädr. 10, 14;
Phädo 8, 52; Phileb. 7, 32; Rep. 7, 14; Gess. 5, 83. Ἀληθῆ
ohne Beisatz Theät. 3, 16; Rep. 2, 30; Soph. 2, 22; Pol. 2; Gess.
0, 71; Phileb. 0, 64; Phädo 0, 57; Gorg. 0; Phädr. 0. Πάνυ μὲν
οὖν Phädo 9, 66; Pol. 7, 17; Phil. 6, 69; Theät. 5, 64; Gess. 5,
8; Rep. 5, 08; Soph. 4, 44; Phädr. 2, 90; Gorg. 2, 08; Παντάπασι
μὲν οὖν (welches nur in den nachbenannten 9 Gesprächen vorkommt) Phädr. 4, 35; Rep. 3, 31; Soph. 3, 17; Theät. 3, 16;
Gess. 2, 27; Pol. 1, 6; Lach. 1, 3; Phil. 1, 27; Tim. (der nur
13 Antworten hat) 7, 69. Antworten mittelst Wiederholung
der Frage: Rep. 17, 3; Phädo 17, 04; Phil. 10, 83; Polit. 10, 79;
Theät. 9, 82; Phädr. 8, 7; Gorg. 8, 33; Soph. 6, 38; Gess. 6.
Τί μήν; Phädr. 17, 82; Gess. 8, 45; Phil. 8, 28; Polit. 7, 97;
Theät. 4, 56; Soph. 3, 81; Rep. 2, 78; Phädo 0; Gorg. 0. Ἢ γάρ;
Phädr. 5, 8; Gorg. 3, 96; Gess. 2, 81; Theät. 2, 45; Rep. 2, 22;
Soph. 2, 22; Phil. 1, 59; Pol. 1, 19; Phädr. 0, 57. Πῶς; Polit.
6, 77; Soph. 6, 35; Phil. 5, 73; Rep. 2, 54; Gess. 2, 46; Phädr.
2, 9; Theät. 1, 4; Phädo 0, 57; Gorg. 0. Keine von diesen
Reihen entspricht der von R. nach andern Beobachtungen her-
gestellten, keine zeigt uns eine stetige Zu- oder Abnahme der angeführten Antwortsformeln in der Richtung von Gorgias und Phädo
durch Theät. Phädr. Rep. zu Soph. Pol. Phil. Gess. Und das
gleiche liesse sich noch an weiteren Beispielen nachweisen. So
kommt z. B., wenn ich richtig gezählt habe, die von R. nicht ver-
zeichnete Antwortsformel: πῶς γὰρ οὔ; in den Gesetzen (568 formel-
hafte Antworten) 43mal vor; Soph. (315) 25 m.; Polit. (251) 10 m.
Phil. (314) 16 m.; πῶς δ᾽ οὔ; (bezw. καὶ πῶς οὔ;) Gess. 22 m.;
Soph. 12 m.; Pol. 14 m.; Phil. 8 m. — so dass wenigstens der
Philebus (und bei πῶς γὰρ οὔ; auch der Polit.) im Gebrauch
dieser Formeln hinter den Gesetzen, denen er nach R. zunächst
stände, bedeutend zurückbleibt und dem Gorgias (16 π. γ. οὔ;
auf 336 Antworten) fast ganz gleich steht. Noch wichtiger ist
aber, dass die Zahl der Antwortsformeln, wie sich gerade aus
Ritter's Uebersicht ergibt, und somit auch die der ihnen ent-

sprechenden Fragen und Antworten, auf die einzelnen Gespräche
so ungleich vertheilt ist. Es kommen nämlich unter den obengenannten Dialogen von jenen Formeln auf je 100 Seiten Hermann's
in Rep. 396; Soph. 384; Phileb. 361; Polit. 302; Gorg. 289;
Theät. 282; Phädo 223; Phädr. (nach Abzug der Reden) 162;
Gess. 136. Der Wechsel von Frage und Antwort tritt also, so
weit er in diesen Formeln zum Ausdruck kommt, in den Schriften,
welche R. in die nächste Nähe der Gesetze herabrückt, 2—3 mal
so oft ein, als in diesen, und nicht viel weniger häufig als in der
Republik, welche unter allen platonischen Gesprächen, mit Ausnahme des Parmenides (in dem auf 100 S. 972 kommen), die
höchste Procentzahl von Antwortsformeln hat. Mir scheint diese
Eine Thatsache für die vorliegende Frage entscheidender zu sein
als alles Zusammentreffen in einzelnen Frag- und Antwortsformeln.
Denn sie beweist, was freilich auch sonst am Tage liegt, dass
Plato, als er die Gesetze verfasste, von der dialektischen Schärfe
und Beweglichkeit weit abgekommen war, die sich im Sophisten,
Politikus und Philebus, trotz ihres theilweise trockenen Tons, nicht
weniger bethätigt, als in der Republik und den ihr vorangehenden
Schriften; dass daher jene drei Gespräche den Gesetzen unmöglich
gleichzeitig sein oder zeitlich so nahestehen können, wie R. annimmt. Und damit stimmt vollkommen überein, dass auch die
Unterbrechung des Gesprächs durch längere fortlaufende Vorträge,
welche in den Gesetzen einen so breiten Raum einnehmen, (B. V.
VI, 754 A — 768 E.   770 B — 776 E.   VII, 806 D — 810 C.   814 D
— 817 E.   VIII, 842 B — 852 D.   IX, 864 C — 876 A.   876 A —
883 C.   X, 907 D — XI, 922 C.   XI, 926 A — 931 A.   931 E—XII,
960 C) in Soph. Pol. Phil. keine Parallele hat, und dass den
29 Fällen von fingirtem Dialog, die meine Plat. Stud. 79 f. aus
den Gesetzen anführen, in den genannten drei Schriften zusammen
(252 S. gegen 417 der Gess.) nur zwei (Soph. 243 D ff. Phil. 63 A ff.
— Soph. 248 A ist anderer Art) gegenüberstehen. Auch diese
Züge scheinen mir viel charakteristischer zu sein und viel weniger
aus „zufälligen" Ursachen abgeleitet werden zu können, als das
Zusammentreffen in einzelnen Ausdrücken.

Neben den Frag- und Antwortsformeln sucht R. (S. 29 ff.) auch

von anderen Ausdrücken zu zeigen, dass ihr Gebrauch seine Anordnung der Gespräche unterstütze. Auch hier kann ich aber nicht
umhin, ihm auf Grund seiner eigenen Ermittelungen einige negative Instanzen entgegenzuhalten. Auf 100 Hermann'schen Seiten
finden sich Beispiele von Δῆλον ὅτι Rep. 14, 78; Gorg. 12, 93;
Soph. 12, 19; Polit. 12, 05; Phädr. 11, 76; Phil. 9, 2; Phädo 7, 59;
Gess. 3, 84; Theät. 1. Jonische Dativformen (— οἷσι — αἷσι)
Gess. 20, 38; Pol. 4, 82; Phädr. 4, 41; Rep. 1, 89; Gorg. Phädo
Theät. Soph. Phil. O. Ἕνεκα Gorg. 26, 72; Gess. 26, 62; Polit.
26, 5; Phil. 21, 84; Rep. 21, 7; Phädo 16, 46; Phädr. 13, 23;
Theät. 11, 88; Soph. 7, 32. Χάριν (wegen) Phädr. 11, 76; Gess.
7, 91; Theät. 3, 96; Rep. 3, 77; Pol. 3, 61; Phil. 3, 46; Gorg. 2, 58;
Soph. 1, 22; Phädo O. Ἴσως (ohne τάχα) Gorg. 33, 62; Phädo 24,
0, 5; Phil. 21, 95; Theät. 21, 78; Soph. 19, 51; Phädr. 19, 12; Rep.
17, 92; Pol. 12, 05; Gess. 0, 96. Τάχα (in der Bedeutung vielleicht,
ohne ἴσως) Soph. 8, 54; Phil. 8, 04; Phädr. 7, 35; Pol. 6, 02; Theät.
3, 96; Phädo 2, 53; Rep. 1, 57; Gorg. O, 86; Gess. O, 24 [II, 658 A].
(Dagegen allerdings τάχα ἴσως, das sonst nur noch einmal im
Timäus vorkommt, Pol. 3, 61; Phil. 3, 46; Gess. 2, 64; Soph. 2, 44.)
Auch in diesen Fällen stehen Soph. Pol. und Phil. der Republik
und einigen anderen Schriften weit näher als den Gesetzen. Ebenso
fehlt ihnen ein häufigeres Vorkommen jener Eigenthümlichkeiten,
deren auffallendes Hervortreten in den Gess. schon meine plat.
Stud. S. 85 ff. nachgewiesen haben: die Vorliebe für ungewöhnliche
Wörter und Wortformen, für die Substantive auf — μα, die zusammengesetzten Zeitwörter, für eine feierliche, sogar schwülstige
Ausdrucksweise, für Limitationen, welche die Bestimmtheit der Rede
verwischen, für eine Verflechtung von Substantiven, unter welcher
die Durchsichtigkeit leidet u. s. w. — Dinge, welche doch auch zu
dem gehören, was den Sprachcharakter der Schriften bezeichnet.
Höchst auffallende Erscheinungen zeigt ferner (vgl. Ph. d. Gr.
II a⁴, 514, 2) Höfer's Nachweisungen zufolge der Gebrauch
von Τε. Diese Partikel, in der Mehrzahl der platonischen Gespräche, namentlich in den anerkannt frühesten, sehr vereinzelt,
kommt in den oben verglichenen nebst Timäus und Kritias in folgender Progression vor. Es stehen auf je 100 Seiten: 1) einfache

τε: Gorg. 0, 86; Phil. 1, 15; Phädo 1, 27; Soph. 3, 66; Theät. 5, 95; Pol. 7, 23; Rep. 7, 85; Gess. 10, 31; Phädr. 32, 35; Krit. 147, 35; Tim. 255, 68; 2) τε . . . τε: Phil. 0; Gorg. 0, 86; Phädo 2, 53; Pol. 3, 61; Soph. 3, 66; Theät. 4, 95; Krit. 5, 26; Rep. 11; Gess. 11, 99; Tim. 12, 5; Phädr. 17, 65. Es wäre sehr kühn, wenn jemand schliessen wollte: da eine so ausserordentliche Ungleichheit im Gebrauch einer so charakteristischen Partikel „unmöglich zufällig sein könne", so müssen die Gespräche, zwischen denen sie sich findet, verschiedenen Stilperioden angehören: der Philebus u. s. w. der ersten, Soph. u. a. einer zweiten, Polit. Rep. und Gess. einer dritten, Tim. Krit. Phädr. der letzten. Aber an sich wäre dieser Schluss ebenso berechtigt, wie diejenigen, welche nach der gleichen Methode aus anderen Erscheinungen andere Resultate ableiten. Mir beweist dieser Sachverhalt nur, wie gross auch bei scheinbar durchschlagenden Parallelen die Gefahr ist, dass man sich zu übereilten Folgerungen verleiten lasse. Und das gleiche bestätigt die schon öfter besprochene Erscheinung, dass sich nicht selten auch zwischen den Theilen einer und derselben Schrift sprachliche Unterschiede von der gleichen Art und dem gleichen Umfang finden, wie die, deren Vorkommen in verschiedenen Schriften ein unfehlbarer Beweis ihrer weit auseinanderliegenden Abfassungszeit sein soll. R. selbst weist (S. 48f.) darauf hin, dass in den vier ersten Büchern der Gesetze die Form πότερον nur dann gebraucht wird, wenn das folgende Wort mit einem Vokal anfängt, während vor Konsonanten immer die Pluralform πότερα dafür eintritt; dass ferner B. V und VI keines von beiden haben, und in den folgenden πότερα nur noch einmal, sonst immer πότερον, darunter viermal vor Konsonanten steht. Er schliesst nun daraus, Plato habe seine frühere Uebung, πότερον auch vor Konsonanten zu setzen, nur vorübergehend verlassen, und sei in der zweiten Hälfte der Gesetze wieder zu ihr zurückgekehrt. Sehr wahrscheinlich ist diess eben nicht; und in anderen Fällen urtheilt Vf. auch anders: dass ὄντως in der Rep. B. I—IV und VIII gar nicht, B. IX nur an Einer Stelle vorkommt, wo es gar nicht umgangen werden konnte, dass ebd. von 44 πότερον B. VII—IX jetzt drei stehen, und keines davon vor einem Konsonanten, dass heit; so ὧς dem V und IX, τῇ ἀληθείᾳ dem I. II. V. VII, χάριν dem I. IV. VIII—X Buch fehlt, ist für ihn mit Recht kein Grund, der Vertheilung dieser Schrift an verschiedene „Stilperioden" zuzustimmen. Ebensowenig hindert ihn die obenberührte so äusserst ungleiche Vertheilung der τε und τε . . . τε, den Philebus der ersten, den Timäus und Kritias der zweiten Hälfte der Gesetze gleichzeitig, den Phädrus weit früher zu setzen. Auch dem Fehlen von πότερον und πότερα Gess. V. VI legt er keine Bedeutung bei. Ist es dann aber consequent, ein andermal nach analogen Erscheinungen das Zeitverhältniss der Gespräche mit grösster Sicherheit bestimmen zu wollen? Die Abfassungszeit ist doch immer nur eines von den Momenten, welche den Sprachcharakter einer Schrift bedingen; neben ihr können aber noch viele andere einen, vielleicht weit bemerkbareren Einfluss darauf gehabt haben. So mag z. B. das Eigenthümliche, was die Sprache und Darstellung des Parmenides bietet, theilweise damit zusammenhängen, dass derselbe in seinem ersten Theil Einwendungen Euklid's gegen die Ideenlehre berücksichtigt (Ph. d. Gr. II a⁴, 259, 1), im zweiten ein Gegenstück zu Zeno's Schrift geben will; so lässt sich die sprachliche Verwandtschaft des Philebus mit Sophist und Politikus, auch wenn er von diesen um einige Jahre weiter abliegen sollte, als sie von einander, ohne Mühe daraus erklären, dass diese drei Werke (abgesehen von Pol. 269 Cff.) in dem gleichen Ton einer schmucklosen streng wissenschaftlichen Darstellung gehalten sind. Ob die sprachlichen Berührungspunkte zwischen Soph. Pol. Phileb. auf der einen, den Gesetzen auf der anderen Seite eingreifend genug sind, um eine besondere Erklärung zu fordern, steht mir bei den vielen Differenzen, welche sich in der Sprache und Darstellung der beiden Schriftengruppen, und namentlich in ihrer Behandlung des Dialogs finden, keineswegs sicher. Hält man aber eine solche Erklärung für nöthig, so könnte sie auch auf einer anderen Seite gesucht werden, als dies von R. geschieht. Die Gesetze sind, wie auch er annimmt, nicht von Plato selbst herausgegeben; es ist uns auch nicht der von Plato hinterlassene Entwurf dieses Werks unverändert überliefert; wer bürgt uns nun dafür, dass die Eingriffe des Herausgebers, welche sich an so manchen Stellen desselben erken lassen, sich nicht auch auf seine Sprache erstreckten? Das

vielleicht einzelne Partieen, welche in dem hinterlassenen Entwurf
ebenso, wie B. V und andere Stücke, die Form einer fortlaufenden
Darstellung hatten, erst von ihm in die dialogische gebracht wurden? Und wenn dies der Fall gewesen sein sollte: könnte nicht
die eine und andere Aehnlichkeit zwischen der Ausdrucksweise der
Gesetze und derjenigen gewisser anderer Schriften auch davon herrühren, dass der Herausgeber der Gesetze aus dem reichen Schatz
der platonischen Sprache gerade diese Ausdrücke und Wendungen
sich angeeignet hatte? und wenn R. S. 93 sagt, der Verfasser der
Epinomis habe sich die Ausdrucksweise der Gesetze fast vollständig
zu eigen gemacht, ist nicht auch das andere denkbar, dass er in
manchen Fällen die ihrige nach der seinigen zurechtgemacht hat?
Wenn diese Frage auch nur aufgeworfen werden kann, so beweist
dies, wie unsicher die Operationsbasis ist, welche die Gesetze für
sprachstatistische Untersuchungen darbieten.

Weit unerheblicher als seine sprachstatistische Schriftenver-
gleichung ist R.'s Erörterung der „inhaltlichen Gesichtspunkte"
(S. 112—141). Auf die Entwicklung der philosophischen Lehren
legt er keinen Werth, da von den hier in Betracht kommenden
Punkten „die Dreitheilung der Seele zu keiner Zeit Plato's wahre
Meinung gewesen sei", und die Ideen von uns allen, seit Aristoteles,
mit Unrecht hypostasirt werden; wofür natürlich die Beweise, und
zwar bessere, als sie bis jetzt vorliegen, erst geführt werden müssten.
Die Rückweisungen der Schriften auf einander werden, wo sie dem
Vf. nicht passen, bestritten; hier mag es genügen, dagegen auf
die Belege zu verweisen, die Phil. d. Gr., II a⁴, 491, 3. 547 f. zu
finden sind, und denen noch die Bemerkung beigefügt sei, dass
auch Symp. 187 A wie eine kritische Bemerkung zu der Angabe
über Heraklit Soph. 242 E aussieht. Bei der Frage über die zeitgeschichtlichen Beziehungen einiger Gespräche hält sich R. S. 121,
den Theätet betreffend, einfach an Rohde; indessen habe ich schon
wiederholt nachgewiesen, wie es sich mit dessen Vermuthung verhält, und wie unstatthaft es ist, den Theätet über 390 v. Chr. herab-
zurücken (vgl. Ph. d. Gr. II a⁴, 406, 1), und dieser Nachweis ist bis
jetzt nicht widerlegt. Der Phädrus bringt R. sichtbar in Verlegenheit; seine Auskunft (S. 129 ff.), dass die Mahnungen, welche Plato

im Phädrus dem Lysias und Isokrates ertheilt, „nicht eigentlich an die genannten beiden Männer gerichtet" seien, und dass Isokrates S. 278 Ef. nur gesagt werden solle: von ihm hätte man Besseres erwartet, werden wohl nicht allzuviele sich anzueignen den Muth haben. Der Schluss des Euthydem, den Vf. trotz der deutlichen Beziehungen auf Antisthenes (301 A. 303 Df.) noch vor Sokrates' Tod setzt, soll gar nicht auf Isokrates gehen, auf den alles darin Zug für Zug passt, sondern auf irgend einen uns unbekannten Mann. Wenn die sprachstatistische Chronologie der platonischen Schriften zu solchen Unwahrscheinlichkeiten und Gewaltsamkeiten zu greifen genöthigt ist, wäre es doch wohl Zeit, sich zu erinnern, dass sie selbst eben auch nichts anderes ist, als eine Hypothese zur Erklärung gewisser Erscheinungen; eine Hypothese, die nur dann erwiesen ist, wenn sich darthun lässt, dass diese Erscheinungen keine andere Erklärung gestatten, und nur dann zulässig, wenn sie mit andern Thatsachen nicht in Streit kommt.

WALBE, E. Syntaxis Platonicae specimen. Bonn 1888. 38 S. Inauguraldiss.

ist gleichfalls der platonischen Sprachstatistik gewidmet. Vf. untersucht nämlich mit dankenswerther Sorgfalt das Vorkommen der Allheitsbezeichnungen πᾶς, ἄπας, ξύμπας, ξυνάπας und der von ihnen abgeleiteten Formen und Wortverbindungen in den platonischen Schriften. Seine Zusammenstellungen scheinen im wesentlichen vollständig zu sein; doch war S. 36 Nr. 11a das S. 23 allerdings erwähnte ξύμπας οὗτος ἀριθμὸς Rep. 546 C ebenfalls zu berücksichtigen. Indessen liefert diese Vergleichung für die Frage über die Reihenfolge der plat. Schriften (ohne die Schuld des Vf.) keinen grossen Ertrag. Auch das einzige Ergebniss, welches er selbst in dieser Beziehung gewinnt, dass nämlich Soph. Pol. Phil. Tim. Gess. die letzten Gespräche sein müssen, wird durch seine Nachweise lange nicht so sicher gestellt, *„ut paene nefas esse videatur dubitare".* Aus der Tabelle S. 4 ergibt sich allerdings, dass πᾶς und seine Composita in Soph. Pol. Phil. Tim. Krit. Gess. besonders häufig vorkommen [1]). Da aber zwei so frühe Schriften wie das Gastmahl

---

[1]) Es finden sich nämlich von solchen Allheitsbezeichnungen auf je 100

(229, 32) und der Euthydem (222) den Sophisten hierin noch übertreffen und hinter dem Philebus nur wenig zurückbleiben, kann
man aus diesem Umstand über die Abfassungszeit der letzteren
nichts schliessen; man müsste denn auch den Timäus für später
halten als die Gesetze, denen er in der Häufigkeit jener Wörter
um mehr als $^1/_3$ voraus ist. Auffallender ist, was auch W. allein
hervorhebt, dass die genannten Schriften unter den Verstärkungen
von πᾶς die Form ξύμπας gegen das sonst gebräuchlichere ἄπας verhältnissmässig bevorzugen. Allein sie thun dies weder gleichmässig noch in stetiger Progression. Soph. Pol. und Phil. stehen
in der Procentzahl der ἄπας hinter der Republik, Soph. um mehr
als 100/00, zurück, die Gesetze übertreffen dieselbe fast um die
Hälfte. Dagegen haben jene Gespräche weit mehr, Polit. mehr als
dreimal so viele ξύμπας als die Gesetze, welche darin noch hinter
dem viel älteren Laches zurückbleiben. Soph. und Polit. haben
$2^1/_2$ mal so viele ξύμπας als ἄπας, Gess. halb so viele. Im Soph.
Pol. Phil. zusammengenommen kommen 6 ξυνάπας auf 492 πᾶς, im
Tim. 3 auf 313, in den Gess. ein einziges auf 1035 [2]). Und ebenso
ungleich ist (s. o.) der Gebrauch von παντάπασι, den W. besonders zu verfolgen versäumt hat. Was lässt sich mit solchen
Zahlen anfangen?

LIEBHOLD, K., Zur Textkritik Platons.   Jahrbb. f. class. Philol.
     Bd. 137. 1888. S. 756—760.

Verbesserungsvorschläge zu Apol. 21 C. 23 A. E. 26 D. 41 B.
Krito 45 E. 52 E. 53 E. Prot. 316 C. 323 D. 325 B. 327 C. 347 D.
349 D. Ich kann mir von allen diesen Vorschlägen nur einige
wenige aneignen, die längst von andern gemacht sind.

Hermann'sche Seiten: Soph. 220, 73; Phil. 240, 23; Polit. 287, 95; Gess. 309,
35; Krit. 352, 63; Tim. 426, 14.

[2]) Auf 100 πᾶς kommen

	Lach.	Rep.	Soph.	Polit.	Phileh.	Tim.	Gess.
ἄπας	24, 13	11, 53	5, 33	10, 28	11, 4	14, 3	16, 42
ξύμπας	10, 34	2	13, 33	25, 71	12, 6	4, 47	8, 11
ξυνάπας	0	0	2	0, 57	1, 2	0, 96	0, 1.

Apelt, O., Zu Platons Apologie (Ebd. S. 160)

beantragt Apol. 19 C statt des seltsamen: μή πως ἐγὼ ὑπὸ Με-
λήτου τοσαύτας δίκας φύγοιμι zu setzen: μή ποθ' ὡς ἐγὼ ... φύγοι,
und es gibt dies jedenfalls einen viel besseren Sinn als die überlieferte LA. Nur dürfte in diesem Fall auch im vorhergehenden eine
kleine Aenderung angezeigt sein, indem geschrieben wird: καὶ (oder
κἂν) εἴ τις ... ἐστι μή ποθ' u. s. w. ohne Kolon hinter ἐστι.

Aars, J., Das Gedicht des Simonides in Platons Protagoras.
(Christiania Videnskabs-Selskabs Forhandlinger. 1888 Nr. 5.)
Christiania, Dybwad. 1888. 16 S.

Eine Reconstruction des bekannten Gedichtes, die mit Bergk
und Blass von der Annahme ausgeht, es sei kein Epinikion sondern
ein monostrophisches Enkomium gewesen, die aber im einzelnen
von jedem von beiden abweicht. Da sie Plato selbst kaum berührt,
überlasse ich ihre Prüfung den Philologen.

Demme, C., Die Hypothesis in Platons Menon. Dresden 1888.
22 S. 4°. Gymn. progr.

Den Gegenstand dieser Abhandlung bildet Meno 86 Ef., wo
an dem Beispiel eines in einen gegebenen Kreis einzutragenden
Dreiecks erläutert wird, was mit dem Ausdruck: σκοπεῖν ἐξ ὑποθέσεως gemeint ist. So viel aber Vf. zu diesem Behuf aus seiner
Kenntniss der griechischen Mathematik beibringt (und es ist dessen
mehr, als für den nächsten Zweck erforderlich war), so glaube ich
doch nicht, dass er in der Lösung des Räthsels glücklicher gewesen
ist als die Gelehrten, deren Versuche er darstellt und prüft. Das
Beste ist, dass wir des mathematischen Beispiels nicht bedürfen
um die Bedeutung des σκοπεῖν ἐξ ὑποθ. zu verstehen.

Schirlitz, C., Beiträge zur Erklärung der Platon-Dialoge Gorgias
und Theätet. Neustettin 1888. 31 S. 4°. Gymn. progr.

In dem grösseren Theil dieser Abhandlung, S. 1—22, vertheidigt Vf. mit überzeugenden Gründen die von Bonitz ange-
nommene dreigliedrige Eintheilung des Gorgias; der Rest derselben behandelt mehrere Stellen dieses Gesprächs (460 D. 464 C. 468 E. 485 D.

492 B. 503 D. 514 D) und des Theätet (155 D. 157 B. 167 B. 169 A.
171 A. 182 D. 186 A. 188 A. 199 A. 210 D), theils nach der Seite
der Textkritik theils nach der der Worterklärung. In einigen
Fällen scheinen mir seine Conjecturen nicht unerlässlich zu sein,
da auch der überlieferte Text einen annehmbaren Sinn gibt; Gorg.
485 E würde ich als Ersatz für ἱκανὸν, wenn ein solcher nöthig befunden wird, Heindorf's νεανικὸν seinem δικανικὸν vorziehen. Gorg.
514 C hat die Vermuthung, statt „πολλά" sei ὀλίγα zu setzen, viel
für sich. Ebenso Theät. 167 B: ἀλλ' οὐκ ἀληθεῖς für τε καὶ ἀλ.
(doch wäre οὐκ ἀλ. ohne ἀλλὰ ausreichend vgl. Prot. 337 C); 169 B
hinter Σκείρωνα μᾶλλον der Zusatz: δὲ πρὸς τὸν 'Ανταῖον. Theät.
199 B würde mir die Aenderung des überlieferten διαπεπταμένων in
διαπεπταμένην oder διαπταμένην (bezw. διαπτομένην): „einer ihm ent-
flogenen Vorstellung nachjagend" genügen.

Würz, C., Die sensualistische Erkenntnisslehre der Sophisten und
    Platons Widerlegung derselben. Nach dem Theätet dar-
    gestellt und beurtheilt. 1888. 22 S. 4⁰. Gymn. progr.

Ein Auszug aus Theät. 142—187 A, gegen dessen Richtigkeit
sich kaum etwas einwenden lässt, der aber keinem Kenner der
platonischen Schrift, vollends nach Bonitz' Analyse derselben
(Plat. Stud. 47 ff.) etwas neues bringt. Auch die Untersuchung über
die Treue der platonischen Darstellung lag so wenig als die über
die Abfassungszeit des Gesprächs in der Absicht des Vf.; und auf
die Composition desselben bezieht sich nur S. 19 die Bemerkung,
in der berühmten Episode 172 B—177 C werde die 157 D nicht
erledigte Frage entschieden, ob auch das Gute und Schöne ein
Werdendes sei. Ich kann dies nicht finden: diese Frage wird
hier weder untersucht noch auch nur in dieser Form aufgeworfen,
und die wenigen Andeutungen, die man hieher ziehen könnte
(176 E, weniger 176 B) werden mit der Untersuchung über den
Begriff des Wissens in keine Verbindung gesetzt. Unser Abschnitt
gibt sich nicht nur als Episode, sondern er ist es auch; an der
Hauptuntersuchung würde man nichts vermissen, wenn man ihn
herausnähme, und anderseits weisen in ihm zahlreiche Spuren
darauf hin, dass besondere Veranlassungen, die wir theilweise noch

muthmassen können, Plato bestimmten, ihn dem Gespräch einzu-
fügen. Möglich, dass der Theätet auch seine bei Plato einzig da-
stehende Form eines vorgelesenen Dialogs einer ähnlichen speciellen
Veranlassung zu danken hat: wenn er nämlich bereits als direktes
Gespräch ausgearbeitet war, als Theätet's Verwundung und Erkrankung Plato bestimmte, ihm in c. 1 seine jetzige Einleitung
voranzustellen.

1. Sybel, L. v., Platon's Symposion ein Programm der Akademie.
   Marburg, Elwert 1888. VI und 122 S.
2. Derselbe, Platon's Technik an Symposion und Euthydem nachgewiesen. Ebd. 1889. VI und 46 S.

Diese zwei zusammengehörigen Schriften gehen beide darauf
aus, den Zusammenhang zwischen Plato's Unterricht in der Akademie und seinen schriftstellerischen Arbeiten an den obengenannten
Gesprächen in der doppelten Richtung zu verfolgen, dass theils der
Zweck und Aufbau dieser Gespräche durch jenen Zusammenhang
beleuchtet, theils auch ihnen neue Aufschlüsse über den Gang und
Charakter des Unterrichts entnommen werden sollen, welchen Plato
seinen Schülern ertheilte. Diese Aufgabe hat unstreitig etwas ver-
lockendes: ihre Lösung würde unsere Kenntniss der platonischen Philosophie und ihrer Urkunden wesentlich fördern, sie würde uns von
beiden ein vollständigeres und anschaulicheres Bild geben. Je allgemeiner daher jener Zusammenhang heutzutage anerkannt ist, je
ansprechender uns andererseits aus der Darstellung des Vf. nicht
blos eine warme, ja begeisterte Liebe zu Plato, sondern auch ein
lebendiges Verständniss seines Geistes und eine kunstsinnige Betrachtung seiner philosophischen Dichtungen entgegentritt, um so
dankbarer wird man dem Vf. dafür sein, dass er die Aufgabe gestellt hat, um so lieber ihn auf den Gängen begleiten, auf denen
er den Beziehungen nachspürt, deren Aufsuchung ihn beschäftigt.
Aber das darf man sich freilich nicht verbergen, dass wir uns hier
ganz und gar in Vermuthungen bewegen, welche von sehr ungleicher
Sicherheit sind, und welche sich zu einem höheren Grade der Wahrscheinlichkeit nur dann erheben lassen, wenn es gelingt, sie von
dem schwankenden Grunde subjektiver Eindrücke auf den festen

Boden exegetisch gesicherter Thatsachen zu verpflanzen und als die
unentbehrlichen Voraussetzungen oder Consequenzen dieser Thatsachen zu erweisen. Sowohl das Gastmahl als der Euthydem sind
nach der Ansicht des Vf. Programme der Akademie, in denen das
Ziel und der Gang des Unterrichts, wie er in Plato's Schule ertheilt wurde, für eine tiefer eindringende Betrachtung noch erkennbar niedergelegt ist. Diesem Lehrgang liegt aber (Nr. 2, 12 u. ö.)
das nachstehende Schema zu Grunde: A. Die dialektische Hodegese.
I. Propädeutik (1. der Schüler; 2. die Aufgabe) II. Epistematik
(1. die Wissenschaften; 2. die eine Wissenschaft). B. Das dialektische Wissenschaftssystem. I. Unterclasse (1. Naturstudium;
2. Culturstudium) II. Oberclasse (1. Mathematik; 2. Dialektik).
Dieses Schema beherrscht, wie Vf. nachzuweisen sucht, nicht allein
den ganzen Aufbau der beiden Gespräche, sondern es wird auch
in zwei von den Reden im Gastmahl, der des Eryximachus und
der der Diotima, mit unverkennbarer Deutlichkeit ausgesprochen.
Mir, ich gestehe es, würde es schwer werden, zu glauben, dass
Plato — wenn ihm auch nach dem Zeugniss der Republik ein
bestimmter Stufengang des wissenschaftlichen Unterrichts als der
sachgemässe feststand — in seinen Schriften sich an ein so ein-
förmig. wiederkehrendes Schema gebunden haben sollte; dasselbe
müsste sich denn in denselben so sicher erkennen lassen, dass wir
gewiss wären, es wirklich in ihnen zu lesen und nicht in sie hin-
einzulesen. Eben dies aber ist es, wovon ich mich bis jetzt so
wenig wie Natorp (Philos. Monatsh. XXV, 235 ff.) zu überzeugen
vermocht habe. Ich glaube nicht, dass Symp. 210 A f. mit den
καλὰ σώματα etwas anderes gemeint ist, als schöne Menschenge-
stalten, und mit dem ἐρᾷν etwas anderes als die Liebe im patho-
logischen Sinn, die ästhetische Freude am Schönen; eine Hindeutung auf Naturstudien weiss ich in dieser Stelle nicht zu finden.
Auch statt des wissenschaftlichen Kulturstudiums möchte ich ebd.
209 A ff. 210 B f. lieber von sittlicher Arbeit reden; denn die praktische Thätigkeit des Erziehers und Gesetzgebers ist es, welche
diese Stufe des Eros kennzeichnet. Und ähnlich geht es mir mit
der Rede des Eryximachus S. 186 A ff. Dieser Redner weist seinen
Satz von der universellen Bedeutung des doppelten Eros an der

Heilkunde und der Musik, an den Jahreszeiten und ihrer Einwirkung auf Pflanzen und Thiere, 'an dem Verhältniss der Menschen
zu einander und zu den Göttern nach. Aber um einen Stufengang des wissenschaftlichen Unterrichts handelt es sich hiebei nicht,
und um das obige Schema in dieser Auseinandersetzung zu finden,
muss man m. E. von der Kunst, zwischen den Zeilen zu lesen und
auch solches als „Metapher" zu deuten, was buchstäblich genommen
einen befriedigenden Sinn gibt, öfter Gebrauch machen, als dem
einfachen Ausleger erlaubt ist. Der Raum fehlt mir, um diese
Bedenken näher auszuführen, oder die Gründe eingehender darzustellen, welche Vf. für sich geltend macht; und aus demselben
Grunde muss ich darauf verzichten, auseinanderzusetzen, weshalb
mir meine längst ausgesprochenen Bestimmungen über den Plan
des Gastmahls und Bonitz' Ansicht über den des Euthydem noch
immer genügen. Statt diese Differenzen weiter zu verfolgen, schliesse
ich lieber mit der wiederholten Anerkennung des Schönen und
Sinnigen, was unsere Schriften (z. B. in dem Abschnitt 1, 100 ff.
über die Personen des Gastmahls) auch dem bieten, welcher nicht
alle Bedenken gegen ihre weitergehenden Combinationen überwinden kann.

ZANNETOS, J., Συμβολαὶ φιλοσοφικαὶ εἰς τὸ πλατωνικὸν συμπόσιον.
 . Erlangen 1888. 99 S. Inauguraldiss.
  Materialien aus alten und noch mehr aus neueren Schriftstellern, nicht ohne Fleiss, aber mit wenig Auswahl und in über-
mässiger Breite zusammengetragen. Unter den Reflexionen, die
Vf. selbst hinzugethan hat, ist mir nichts begegnet, dessen Anführung sich verlohnte.

HOFFMANN, H., Platons Philebus erläutert und beurtheilt. Offenburg 1888. 23 S. 4°. Gymn. progr.
  Von den zwei Aufgaben, welche diese Abhandlung sich stellt:
den Philebus zu erläutern und ihn auf die Richtigkeit seiner Ergebnisse zu prüfen, geht die zweite die Geschichte der Philosophie
nicht direkt an; es mag daher hinsichtlich ihrer die Bemerkung
genügen, dass H. dem Philebus zwar manche Unklarheiten und

sonstige wissenschaftliche Mängel nicht ohne Grund schuldgibt, aber ihm doch nicht immer gerecht geworden ist. Was er über den Gang und Inhalt des Gesprächs sagt, ist zwar seinem überwiegenden Theile nach richtig; aber doch muss ich seiner Darstellung an mehr als Einem Punkt widersprechen. Die Behauptung, dass Plato „die Lust als solche insgesammt für unvereinbar mit dem Guten erkläre" (S. 12 unt.), ist grundlos, und H. gibt auch die Stelle nicht an, in der er dies thun soll: Pl. sagt, die ἡδονὴ sei nicht ταὐτὸν καὶ τἀγαθόν (22 C. 54 Cf. u. ö.); aber den Widersinn hat er sich nicht zu Schulden kommen lassen, dass er in Einem Athem die Lust schlechthin für unvereinbar mit dem Guten erklärte, und gewisse Arten der Lust ausdrücklich in seinen Begriff des höchsten Guts aufnahm. Ebensowenig hat er S. 63 E „die unlauteren Freuden zum Guten zugelassen" (H. S. 21), wie dies keines Beweises bedarf. Auch das ist ein Missverständniss, wenn S. 16 das ἀγαθὸν ἐν τῷ παντὶ auf dasjenige gedeutet wird, was für das Weltall, und somit für einen „Weltgeist" das höchste Gut sei, während Pl. vielmehr fragt, was das Werthvolle im Menschen nnd im Weltganzen sei. Indessen hat alles dieses nicht so viel auf sich, wie die Entdeckung des Vf. (S. 6f. 22), dass Pl. im Philebus „mit der Ideenlehre im alten Sinn breche" und „die Welt der sinnlichen Dinge in den Mittelpunkt seiner Weltanschauung rücke, den früher die Ideen eingenommen haben". Dass das Gegentheil Phil. 14 D ff. so deutlich wie möglich ausgesprochen ist, kann er selbst sich nicht ganz verbergen, und was er dieser Thatsache entgegenhält, wird niemand überzeugen, der sich deutlich gemacht hat, dass die Frage nicht die ist, ob Plato alle Bedenken, zu denen die Ideenlehre Anlass gibt, befriedigend beantwortet hat, sondern ob diese Lehre die seinige war. Ich will daher nur noch darauf hinweisen, wie undenkbar es ist, dass der Philosoph das Fürsichsein und die Transcendenz der Ideen in derselben Zeit aufgegeben haben sollte, in der er sie nach Aristoteles' unantastbarem Zeugniss auf's entschiedenste gelehrt hat. In diese Zeit nämlich müsste H. die Abfassung des Philebus verlegen, da nicht blos die Republik (die er jenem vorangehen lässt), sondern auch der Timäus die Ideenlehre nur „im alten Sinn" kennt.

Liebhold, C. Zu Platon's Politeia. Jahrb. f. class. Philol. Bd. 137. 1888. S. 105—112

bespricht die Stellen I, 328 E. 331 B—D. 332 C. II, 359 D. 364 C. 378 C. III, 388 A. IV, 430 B. E. 439 E. 440 C. 444 B. V, 449 D. 459 C. 466 E. 467 C. 473 D. 478 B. In allen diesen Stellen schlägt er Textesänderungen vor; nur III, 416 A wird der überlieferte Text gegen Madwig durch Verweisung auf Gorg. 513 E u. a. mit Glück vertheidigt. Von seinen Emendationen empfiehlt sich mir am ehesten der Vorschlag, 440 C, in theilweisem Anschluss an HSS, zu setzen: καὶ διὰ τοῦ πεινῆν καὶ διὰ τοῦ ῥιγοῦν καὶ πάντα τὰ τοιαῦτα πάσχων ὑπομένειν νικᾷ. Die übrigen halte ich theils für überflüssig, theils für. unannehmbar. 364 C., wo L. für διδόντες „διελθόντες" vorschlägt, ist vielleicht εὐπέτειαν διδόντας, 439 E, wenn hier überhaupt eine Aenderung nöthig ist, statt ἀκούσας τι „ἀκ. τινὸς" zu setzen.

Rawack, P. De Platonis Timaeo quaestiones criticae. Berlin, Mayer u. Müller. 1888. 81 S.

Diese werthvolle Schrift, das Werk einer mühsamen gelehrten Arbeit, benützt für die Textkritik des Timäus ein Hülfsmittel, welches für diesen Zweck bisher lange nicht so umfassend herbeigezogen worden war: die Untersuchung der Lesarten, welche sich den alten Uebersetzungen, Erklärungen und Anführungen der platonischen Schrift entnehmen lassen. Eine aus diesen Quellen geschöpfte reichhaltige Vervollständigung des kritischen Apparates zum Timäus nimmt die zweite Hälfte von R.'s Schrift, S. 40—81 ein; die erste enthält eine kritische Besprechung von Tim. 17 C. 19 A. 21 E. 22 C. 30 B. 41 A. 80 E. 27 B. 40 C. 33 A. D. 41 E. 66 A. 70 D. 86 C. Seine Erörterungen erscheinen mir fast durchaus überzeugend; als eine Probe derselben wähle ich S. 15 ff., wo für die berühmte Stelle 41 A, unter Entfernung der Worte: ἃ δι' ἐμοῦ γενόμενα, (dies im Anschluss an Bernays, auf Grund der ältesten Citate) der Text hergestellt wird: Θεοὶ θεῶν, ὧν ἐγὼ δημιουργὸς πατήρ τε ἔργων [ἃ δι' ἐμ. γεν.] ἄλυτα ἐμοῦ γε θέλοντος. Doch möchte ich bei den Schlussworten mit Bernays

der LA ἐμοῦ μὴ θέλοντος (γε μὴ θέλ.) den Vorzug geben; denn
sie hat nicht allein die ältesten Zeugen, sondern auch die Vermuthung für sich, dass ein Abschreiber eher das μὴ in γε verwandelt haben werde, · als umgekehrt, da man bei ihr zu dem
θέλοντος aus dem ἄλυτα ein λύειν ergänzen muss, was weit eher
Bedenken erregen konnte, als die bei der LA γε nöthige Ergänzung:
ἄλυτα εἶναι.

TIEMANN, J. Kritische Analyse von Buch I und II der platoni-
    schen Gesetze. Osnabrück 1888. 33 S. 4⁰. Gymn. progr.
    sucht in ausführlicher Untersuchung die Ansicht von Bruns
zu widerlegen, nach der in B. I und II der Gesetze zwei unabhängig
von einander entstandene Entwürfe nebeneinander gestellt, aber
nicht in innere Uebereinstimmung gebracht sind. Ist es ihm aber
auch gelungen, den einen und anderen von den Gründen zu ent-
kräften, auf die Bruns seine Ansicht stützt, so hat er doch m. E.
das Hauptbedenken gegen die ursprüngliche Zusammengehörigkeit
jener zwei Bücher nicht zu beseitigen vermocht, welches darauf
beruht, dass B. II sich zwar in seinem Anfang als eine Fortsetzung
der I, 632 Dff. begonnenen Auseinandersetzung über die Benützung
der μέθη für die Erziehung zur σωφροσύνη gibt, in Wirklichkeit
aber von etwas anderem handelt, was damit gar nicht zusammen-
hängt: von der erzieherischen Verwendung der Musik und der
hiefür dienlichen Einrichtung eines „dionysischen“, aus Männern,
denen der Weingenuss erlaubt ist, bestehenden Chors. Der Beweis, den Verfasser S. 18f. versucht, dass gerade dieser dionysische
Chor es sei, dessen Mitglieder durch die μέθη zur σωφροσύνη er-
zogen werden sollen, konnte ihm unmöglich gelingen. Denn nach
I, 635 C. 643 B handelt es sich bei der pädagogischen Anwendung
der Trunkenheit um ein Erziehungsmittel, das, wie jedes, von
Jugend auf angewendet werden muss; II, 666 A f. dagegen wird
den jungen Leuten bis zum 18. Jahr der Weingenuss, bis zum 30.
die μέθη und πολυοινία unbedingt untersagt. Andererseits wird
von der Trunkenheit und der durch sie beförderten Uebung in
der Selbstbeherrschung ʼbei dem „dionysischen Chor“ überhaupt
nicht gesprochen, wie es denn auch seltsam wäre, mit diesem Theil

der Erziehung erst bei den Dreissig- und Vierzigjährigen anzufangen; sondern es handelt sich bei ihm nur um den mässigen Weingenuss, der nöthig ist, um reifere Männer die Scheu vor der Theilnahme am öffentlichen Gesang überwinden zu lassen. Ebensowenig wird später für die Gesetzgebung von dem Funde, auf den B. I solchen Werth legt, irgend ein Gebrauch gemacht; während dieses Buch den Hauptmangel der dorischen Verfassungen darin sieht, dass sie für eine Uebung in der Bekämpfung der Lust, wie die Trinkgelage sie darbieten, keine Sorge tragen, ist in den Einrichtungen der kretischen Kolonie dieses Bedenken vollständig in Vergessenheit gerathen: B. I ist für dieselbe nicht vorhanden. Wird ferner II, 664 E auf 653 D mit den Worten: εἴπομεν κατ᾽ ἀρχὰς τῶν λόγων zurückgewiesen, so wäre dies sehr seltsam, wenn dieser Stelle schon das ganze I. Buch vorangegangen war; denn die ἀρχαὶ τῶν λόγων können nur den Anfang der ganzen Unterredung, nicht den des Abschnitts bezeichnen, der mit B. II beginnt[1]). Dass endlich B. III mit den vorangehenden nicht verknüpft ist, räumt auch Verfasser ein; aber er glaubt (S. 26. 31) ihre Zusammengehörigkeit dennoch durch die Voraussetzung retten zu können, es sei in dem fehlenden Schluss von B. II der Uebergang zu B. III mit der Bemerkung gemacht worden, dass bei dem Ungenügenden der dorischen Verfassungen eine befriedigendere mit Hülfe der nun folgenden historischen Uebersicht gesucht werden solle. Allein sowohl in B. I als in B. II ist die Auseinandersetzung der positiven Vorschläge, dort über die Trinkgelage, hier über die drei Chöre, gegen die Kritik der kretischen und spartanischen Verfassung so entschieden im Uebergewicht, dass wir den Zweck dieser zwei Bücher unmöglich darin suchen können, eine kritische Einleitung zu B. III zu geben. Es scheint mir daher durch die Ausführungen des Verfassers, so beachtenswerth sie immerhin sind, doch die Annahme von Bruns in der Hauptsache nicht widerlegt zu sein.

---

[1]) Anders verhält es sich mit II, 671 A: ὅπερ ὁ λόγος ἐν ἀρχαῖς ἐβουλήθη. Hier ist mit dem λόγος die vorliegende Erörterung, und mit dem Anfang desselben die Stelle 665 A ff., insbesondere 666 B f. gemeint. Wird dann aber zugleich auch auf die weit davon abliegenden Stellen I, 640 C. 646 E ff. verwiesen, so wird man dies dem Herausgeber auf Rechnung zu setzen haben.

BERNDT, TH. Bemerkungen zu Platon's Menexenos. Herford 1888. 11 S. 4°. Gymn. progr.

vertheidigt seine (schon 1881 vorgetragene) Ansicht von der ironischen Abzweckung des Menexenus gegen Roch (Tendenz d. Menex. 1882) und Perthes (über den Arch. I, 613f.). Was er diesen entgegenhält, ist begründet; warum ich meinerseits mich weder von der ironischen Tendenz noch von der Aechtheit des Menexenus überzeugen kann, habe ich schon Plat. Stud., 144ff. und neuerdings Phil. d. Gr. II a⁴, 480ff. auseinandergesetzt.

LUKAS, FR. Die Methode der Eintheilung bei Platon. Halle, Pfeffer. 1888. XVI u. 308 S.

Den kleineren Abhandlungen, die Bd. I, 421. 600 angezeigt sind, lässt Verfasser hier eine ausführliche Monographie über das im Titel bezeichnete Thema folgen. Derartige Untersuchungen haben ja nun immer nicht blos für den Verfasser, sondern auch für den Leser etwas Ermüdendes; nichtsdestoweniger verdient derjenige unsern Dank, welcher sich durch die Trockenheit seines Gegenstandes nicht abhalten lässt, demselben eine so gründliche und sorgfältige Arbeit zu widmen, wie dies in der vorliegenden Schrift geschehen ist. Wäre nun über die Reihenfolge und die Aechtheit der platonischen Schriften schon ein allgemeines Einverständniss erreicht, so wäre es, wie Verfasser nicht verkennt, das zweckmässigste gewesen, sie in ihrer zeitlichen Aufeinanderfolge zu besprechen, und uns so zu zeigen, welche Fortschritte der Philosoph theils in der thatsächlichen Handhabung des Verfahrens, um das es sich handelt, theils in der Feststellung und Begründung seiner Regeln gemacht hat. Da dies nicht der Fall ist, hat er es vorgezogen, sie nach dem Grade der Sicherheit zu ordnen, mit der ihre Aechtheit sich darthun lässt. Er bespricht demnach die Methode der Eintheilung 1) „in den von Aristoteles vollgültig als ächt bezeugten Dialogen" Rep. Tim. Gess.; 2) „in den von Arist. zwar nicht vollgültig als ächt bezeugten, aber doch allgemein als ächt anerkannten", Phädr., Gorg. Theät.; 3) „in den von Arist. nicht vollgültig bezeugten und auch nicht allgemein als ächt anerkannten", Soph. Polit. Philebus. Bei jedem von diesen Gesprächen

werden zuerst im Anschluss an den Gang desselben sowohl die
Beispiele von Eintheilungen, Aufzählungen u. s. f., die darin vorkommen, als die Regeln über das Eintheilungsverfahren, wo sich
solche finden, erörtert und bei dieser Gelegenheit wird auch manches andere auf ihre Erklärung bezügliche berührt; es wird sodann
am Schluss das Ergebniss dieser Einzelbetrachtung übersichtlich
zusammengefasst und das gleiche geschieht am Schluss eines jeden
von den drei Hauptabschnitten und am Schluss des Ganzen. Mir
scheint zur Trennung des zweiten Abschnitts von dem ersten kein
genügender Grund vorzuliegen, ohne dass ich doch darauf viel Gewicht lege. Ich hätte ferner gewünscht, dass Verfasser aus allen
für ächt zu haltenden Gesprächen — wenn es auch nicht angebracht gewesen wäre, sie ausführlich zu besprechen — doch wenigstens
übersichtlich die darin vorkommenden Eintheilungen verzeichnet
hätte. Es hätte sich endlich, wie mir scheint, immerhin verlohnt,
ausdrücklich zu untersuchen, ob und wie weit sich in den platonischen Schriften ein Fortschritt in der theoretischen und praktischen Behandlung des Eintheilungsverfahrens wahrnehmen lässt.
Indessen sollen mich diese Desiderien von der Anerkennung dessen,
was uns Verfasser bietet, und der Mühe, die er darauf verwendet
hat, nicht abhalten. Von Einzelheiten, die mir aufgestossen sind,
berühre ich die folgenden. Gess. X, 894 A kann ich der sinnreichen
Vermuthung (S. 77 f.) nicht beitreten, dass hier auf die Lehre des
Timäus von der Entstehung der Körper aus den Elementen und
der Elemente aus den Elementardreiecken hingedeutet werde; denn
es liegt nichts in den Worten, was einen Leser, dem der Timäus
nicht gegenwärtig ist, hieran erinnern könnte, und ἀρχὴ αὐτὴν
λαβοῦσα kann auch nicht ein Zusammentreten von Begrenzungs-
flächen zu einem Körper bezeichnen. Es scheint mir vielmehr hier
nur das ganz einfache und gewöhnliche gesagt zu sein: „wenn
der Kern oder Keim eines Körpers sich vergrössert und schliesslich
seine volle Gestalt und Grösse erreicht". — Dass die Vertheidiger
der Aechtheit des Sophisten Arist. part. an. I, 2. 642 b 10 auf
Soph. 220 A f. beziehen (S. 150), ist in dieser Allgemeinheit nicht
richtig; ich bin z. B. Ph. d. Gr. II a, 438 (381) dieser Beziehung
ausdrücklich entgegengetreten. — S. 229 widerspricht Verfasser

der Deutung des μεσοτομεῖν Polit. 265 A auf zwei Theile von gleichem Umfang, und will es nur von zwei (begrifflich) gleichwerthigen Theilen verstehen. Indessen verlangt Plato ja nur ein μεσοτομεῖν ὡς μάλιστα (so viel wie möglich), und dagegen verstösst im folgenden die Eintheilung der zahmen Heerdenthiere in gehörnte und ungehörnte nicht: zu jenen gehören die Ziegen und Rinder, zu diesen die Schafe (wenigstens a potiori), die Pferde und die Menschen. — S. 251 wird gegen Steinhart's Meinung, dass Plato mit den Eintheilungen des Politikus naturwissenschaftliche Klassifikationen persifflire, mit Recht daran erinnert, dass es deren um jene Zeit wohl noch nicht viele gab. In Plato's späterer Zeit wird gerade er und seine Schule ihretwegen von Komikern angezapft. — Diejenigen, welche den Sophisten und Politikus ihrer Abfassungszeit nach zwischen Republik und Gesetze stellen wollen, möchte ich auf S. 280f. aufmerksam machen, wo treffend gezeigt wird, um wie viel freier sich Plato bei der Eintheilung in Phileb. Rep. Tim. Gess. bewegt als im Sophisten und Politikus; wofür der Grund doch wohl der sein wird, dass er die elementarischen Regeln des Eintheilungsverfahrens streng anzuwenden und an einer Masse von Beispielen zu erläutern dort nicht mehr so nöthig hatte, wie hier.

Pᴀᴊᴋ, J., Platons Metaphysik im Grundriss. Wien 1888. 26 S.

Die *ratio essendi* dieses Schriftchens besteht darin, dass es ein Gymnasialprogramm ist. Tiefer dringende Untersuchungen liessen sich von einer Darstellung, welche Plato's ganze Metaphysik auf beschränktem Raum erledigt, schon an sich höchstens bei einzelnen Punkten erwarten. Die vorliegende hat sich derselben so vollständig enthalten, dass sie uns eben nur sagt, wie ihr Urheber Plato verstanden oder auch missverstanden hat. Wir erfahren also durch sie zwar, dass der Vf., beispielsweise, der Meinung ist, gewisse „Vernunftdinge" bewirken nach Plato „der Vernunft entäussern nur das Zufällige und Ungeordnete" (S. 8); die „Grenze" des Philebus seien die Ideen (S. 9); die Republik rede (wo, wird uns nicht gesagt) von einem Demiurg, der als „Gottes personificirte Creationskraft" „im Auftrag und nach dem Plane des Höch-

sten die Welt geformt habe" (S. 10. 18); die χώρα des Timäus sei
„die Substanz" als „ein Seiendes oder Absolutes" (S. 14 f.); die
Seele sei nicht blos eine Idee, sondern sie stehe sogar „unter den
Ideen am höchsten" (S. 13 f.) u. s. w. Da aber alles dieses ohne
jeden ernsthaften Versuch einer Beweisführung hingestellt ist, bleibt
nur übrig, es da, wo es steht, stehen zu lassen.

KILB, J. A., Platons Lehre von der Materie. Marburg 1887.
    46 S.

Diese Dissertation, welche mir jetzt erst zugekommen ist, will
zeigen, dass Plato's Lehre von der Materie „eine ganz neue Behandlung verlange"; und der jugendliche Verfasser bezweifelt nicht,
dass sie diese durch ihn selbst erhalten habe, und sieht mit ge-
hobenem Selbstgefühl auf die herab, die sich noch immer von dem
aristotelischen Missverständniss der platonischen Grundlehren nicht
loszusagen vermögen. Indessen ist das Vollbringen bei ihm hinter
dem Wollen sehr weit zurückgeblieben. Nachdem er sich zunächst
zu Cohen's (eigentlich von Lotze herrührender) Deutung der Ideenlehre bekannt, aber für den urkundlichen Nachweis ihrer Zulässigkeit, dessen sie so sehr bedürfte, nicht das geringste gethan hat,
ergeht er sich S. 8—36 in Betrachtungen über Plato's Ansichten vom Charakter und Werth der Mathematik. Neu ist
darin nur der Versuch, eine Fortbildung dieser Ansichten nachzuweisen. Plato lasse nämlich in der Republik und den ihr vorangehenden Schriften die Mathematik zwar „neben den Ideen
wissenschaftliche Bestimmungen an den Sinnendingen treffen, daher
zu ihrer Objektivirung beitragen", (S. 18), wenn er sie auch („man
weiss nicht recht warum" S. 27) der Dialektik nachsetze; aber erst
im Politikus und noch bestimmter im Philebus spreche er den
Gedanken aus, „alles Sinnensein habe dadurch Bestand, dass es durch
feste, im Hinblick auf die Idee gesetzte Massbestimmungen geordnet
und bestimmt ist" (S. 23). Allein war denn Plato durch die
Fragen, mit welchen die Republik oder der Phädo sich beschäftigen,
genöthigt, sich über die Bedeutung der mathematischen Masse für
den Bestand der Sinnenwelt auszusprechen, falls er sich diese schon
zum Bewusstsein gebracht hatte? und wenn er dies offenbar nicht

war: mit welchem Recht kann man schliessen, weil er in der Rep. nicht von ihr spricht, habe er auch noch nichts von ihr gewusst, als er die Republik schrieb? Oder erwähnt er ihrer etwa in den Gesetzen, die doch auch K. nicht für älter halten wird als den Philebus und Timäus? Aber dass alles in der Natur (den δαιμόνια καὶ θεῖα πράγματα) wie in den Werken der Menschen durch die Zahl bestimmt sei, hatte schon Philolaos (Fr. 13 b. Stob. Ekl. I, 8) gesagt; da wird es Plato bei der Abfassung der Republik wohl auch nicht mehr unbekannt gewesen sein. • Dass die letztere ohnedies (wie Ph. d. Gr. II a⁴, 548 nachgewiesen ist) den Philebus an mehr als einer Stelle augenscheinlich berücksichtigt, wird von K. ganz unbeachtet gelassen. In seinen Erörterungen über den Philebus bespricht Vf. S. 28 ff. auch das ἄπειρον, unter dem er, in der Sache zutreffend, das extensiv oder intensiv Continuirliche versteht. Wenn er nun aber dieses von der sog. Materie des Timäus ganz und gar unterschieden wissen will (S. 38 f.), so ist dies nur theilweise richtig: die letztere fällt mit dem ἄπειρον zwar nicht zusammen, da sie ein engerer Begriff ist, aber sie ist eine bestimmte Art des ἄπειρον, das räumlich Unbegrenzte, der Raum als eine seiner Natur nach einer unendlichen Theilung wie einer unendlichen Vermehrung fähige Grösse. Auf die Materie des Timäus kommt K. erst S. 41 zu sprechen und schon S. 43 hat er die Ueberzeugung gewonnen, dass die Materie „gar kein fundamentaler Begriff des platonischen Systems" sei, sondern „ganz ausserhalb desselben stehe", und von Plato „nur vermuthungsweise angenommen werde", um ein hypothetisches Substrat für die mathematische Construction der Elemente zu haben. Mit den Beweisen für diese Behauptung nimmt er es ungemein leicht. Es genügt ihm dafür an der Bemerkung, dass Plato selbst 'seine Physik' als ein geistreiches Spiel bezeichne und ihr keinen streng wissenschaftlichen Charakter beilege. Aber eine παιδιά nennt er bekanntlich seine Reden oft genug, mag es ihm damit auch noch so ernst sein (vgl. Ph. d. Gr. II a⁴, 574); und wenn er anerkennt, dass die Naturerklärung nicht der gleichen Sicherheit fähig sei, wie die reine Begriffswissenschaft (Tim. 29 B. 30 B. 48 D. 53 D. 7), so heisst dies doch nicht, dass alle „seine Auseinandersetzungen" im Timäus keinen Anspruch auf irgend welchen

wissenschaftlichen Werth machen können" (S. 41). Oder sollen
wir etwa die Beseeltheit der Welt deshalb bezweifeln, weil diese
30 B κατὰ λόγον τὸν εἰκότα für ein ζῷον ἔμψυχον ἔννουν τε erklärt
wird? Werden wir die Lehre von der Kreisbewegung der Gestirn-
sphären und der Kugelgestalt der Welt Plato deshalb absprechen,
weil sie im Timäus vorgetragen wird? Oder etwa auch die Unterscheidung des Ewigen und des Veränderlichen, von der ebd. 51 Bff.
gehandelt wird? Nach der Methode des Vf. müsste man auch
dies thun; denn das Ergebniss dieser ganzen Auseinandersetzung
wird in der bekannten Erklärung zusammengefasst: τούτων δὲ οὕτως
ἐχόντων ὁμολογητέον, ἓν μὲν εἶναι τὸ κατὰ ταὐτὸ εἶδος ἔχον ... τὸ δ᾽
ὁμώνυμον ὅμοιόν τε ἐκείνῳ δεύτερον, αἰσθητόν ... τρίτον δὲ αὖ γένος
ὂν τὸ τῆς χώρας ἀεί u. s. w. Ist nun von diesen drei Stücken das
dritte eine blosse Vermuthung „ohne irgend welchen wissenschaftlichen Werth", so müsste dies von den beiden andern, deren un-
entbehrliches Ergänzungsstück es bildet, offenbar ebenso gelten.
Plato selbst freilich erklärt von seiner Lehre über das πανδεχές 49 D:
ἀσφαλέστατον μακρῷ ὧδε λέγειν, 50 A: μακρῷ πρὸς ἀλήθειαν ἀσφαλέστατον εἰπεῖν. Allein wir wissen das heutzutage besser: w i r
sprächen nicht so, wenn wir Plato wären, also kann er auch nicht
so gesprochen, oder es wenigstens nicht so gemeint haben. Mit
dieser Erhabenheit des Vf. über den Text des Timäus stimmt es
nun ganz überein, dass er auch nicht den Versuch macht, seine
Vorstellung von der platonischen Materie als einem raumerfüllenden
Substrat gegen die gewichtigen Einwendungen, die ihr im Wege
stehen, durch Zergliederung der platonischen Aussagen zu vertheidigen oder die Frage, wie sie sich mit Plato's Lehre von den
Elementen verträgt, zu beantworten. Auch sein Ausdruck ist mitunter ungenau und inkorrekt. Von „apriorischen F o r m e n des
Denkens" (S. 10) hat zwar Kant, aber nicht Plato gesprochen; das
„wissenschaftliche Sein" (S. 11. 13) ist eine sprachwidrige Bezeichnung desjenigen Seins, welches Gegenstand der Wissenschaft ist;
ἐκμαγεῖον mit „Bildungsmittel" zu übersetzen (S. 14), oder von
Plato zu sagen, er „werthschätzt die Mathematik", ist nicht
deutsch.

Sartorius, Ruht oder bewegt sich die Erde im Timäus? Ztschr.
f. Philosophie Bd. 93 (1888) S. 1—25.

Der Vf. dieser Abhandlung, die ihren Gegenstand mit gelehrter
Gründlichkeit bespricht, sucht S. 18ff. aus Plut. plac. III, 15, 10
und Arist. De coelo II, 13. 293 b 15ff. zu beweisen, dass Plato
der Erde zwar keine Ortsveränderung und keine Achsendrehung
zugeschrieben, aber ihr Inneres für flüssig gehalten und eine Verschiebung seiner Theile angenommen habe. Indessen ist leicht zu
sehen, dass Arist. a. a. O. nicht von einer Flüssigkeit des Erdinnern
(von der auch im Timäus nichts steht) sondern von einer Achsendrehung der Erde redet; diese schreibt er aber (wie Sitzungsber.
d. Berl. Akad. 1888, Nr. 51 gezeigt ist) nicht Plato, sondern
Heraklides zu. Die Placita sagen: τόπους αὐτῆς κατ' ἀραιότητα
σαλεύεσθαι, wir haben jedoch keinen Grund, dabei an etwas anderes
als an die partiellen Erderschütterungen zu denken, welche auch
sonst mit diesem Ausdruck bezeichnet und von Höhlungen im Erdinnern hergeleitet werden. Die Vorstellung einer Bewegung „des
ganzen Innern" der Erde wird durch das τόπους αὐτῆς ausgeschlossen.
Dass der Kritias (121 C) die Lehre vom Centralfeuer voraussetze
(S. 5. 24) ist unrichtig: der Mythus folgt der populären Vorstellung,
und die Burg des Zeus steht auf dem Scheitel des Himmels-
gewölbes.

Kalmus, Platon's Vorstellungen über den Zustand der Seele nach
dem Tode. Pyritz 1888. 16 S. 4°.

Dieses Gymnasialprogramm enthält in seinem Haupttheil kaum
etwas, woran jemand, der seinen Plato kennt, Anstoss nehmen
müsste, und nichts, woraus er etwas lernen könnte, da es sich
ganz auf Auszüge, meist aus den eschatologischen Mythen, beschränkt. In der Einleitung über die vorplatonischen Vorstellungen
vom Zustand nach dem Tode kommt ziemlich viel vor, was zu
beanstanden wäre.

Neueste Erscheinungen auf dem Gebiete der Geschichte der Philosophie.

Beyersdorff, R., Giordano Bruno und Shakespeare, Leipzig, Fock.

Blencke, F., Die Trennung des Schönen vom Angenehmen bei Kant, Lpz., Fock.

Bodemann, E., Der Briefwechsel des Gottfr. W. v. Leibniz in Hannover, Hannover, Hahn.

Bruni Aretini, de tribus vatibus florentinis, herausg. von Wottke, Lpz., Freytag.

Brütt, Max, Der Positivismus, Programm, Hamburg, Herold.

Cohen, H., Kants Begründung der Aesthetik.

Deter, Katechismus der Geschichte der Philosophie, Berlin, Weber.

Droeseke, Joh., Zu Michael Psellos, Zeitschr. f. wissensch. Theol. Bd. 32, H. 3, S. 303—330.

Dümmler, F., Akademika, Giessen, Riecker.

Feller, W., Die tragische Katharsis in der Auffassung Lessings, Lpz., Fock.

Fiebiger, Ernst, Ueber die Selbstverleugnung bei den deutschen Mystikern, Leipzig, Fock.

Frank, G., Kant und die Dogmatik, Zeitschr. f. wissensch. Theol. Bd. 32, H. 3, S. 257—280.

Geil, G., Die Lehre von den μέρη τῆς ψυχῆς bei Platon, Strassburg, Heitz.

Germann, W., Altenstein, Fichte und die Univers. Erlangen, Erlangen, Blaesing.

Gompertz, Th., H. Bonitz, Berlin, Calvary & Co.

Groos, K., Systematische Darstellung von Schellings rationaler Philosophie, Heidelberg, Weiss.

Herders Briefe an Hamann, herausg. von Hoffmann, Berlin, Gaertner.

Hermes, H., Bemerkungen zu den Briefen Senekas, Progr., Moers.

Höffding, H., Einleitung in die englische Philos. unserer Zeit.

Ilberg, Ueber die Schriftstellerei des Galenos, Rhein. Museum Bd. 44, H. 2, S. 207—240.

Kayser, Das Buch von der Erkenntniss der Wahrheit, nach dem Syrischen, Leipzig, Hinrichs.

Kloe, P., De Ciceronis librorum de officiis, Jena, Pohle.

Kronenberg, Herders Philosophie nach ihrem Entwicklungsgang, Heidelberg, Winter.

Meyer, P., Quaestiones Platonicae, Progr., M.-Gladbach.

Müller, J., Kritische Studien zu Seneka, Wien, Gerold.

Paik, J., Platons Metaph. im Grundriss, Progr., Wien.

Pamer, C., Baco v. Verulam, Progr., Triest.

Papst, A., De Melissi Samii fragmentis, Diss., Bonn.

Pappenheim, E., Der angebliche Heraklitismus des Ainesidemos, Berlin, Gaertner.

Pullig, H., Ennio quid debuerit Lucretius, Leipzig, Fock.

Reusch, Die Fälschungen im Tractat des Aquinaten gegen die Griechen, München, Franz.

Schenk, R., Zum ethischen Lehrbegriff der Hirten des Hermas, Programm, Aschersleben.

Schmidt, A., Kritische Studie über Buch I von Spinoza's Ethik, Berlin, Schneider & Co.

Seidl, A., Zur Geschichte des Erhabenheitsbegriffs seit Kant, Lpz., Friedrich.

Tönnies, F., Thom. Hobbes, Deutsche Rundschau, Bd. 15, H. 7.

Troost, Inhalt und Echtheit der platonischen Dialoge auf Grund logischer Analyse, Berlin, Calvary & Co.

Trepte, A., Das moralische Uebel bei Augustin und Leibniz, Dissert., Halle.

Ziegler, Th., Schillers Stellung zum Pessimismus, Berichte des freien deutschen Hochstifts, 1889, H. 2.